offcn 中公教育

2025 版四川省公开招聘教师考试辅导教材

教育公共基础笔试题库

中公教育四川教师招聘考试研究院◎编著

西南财经大学出版社
Southwestern University of Finance & Economics Press

中国·成都

图书在版编目（CIP）数据

教育公共基础笔试题库 / 中公教育四川教师招聘考试
研究院编著 . —成都：西南财经大学出版社，2024.
10. --（2025 版四川省公开招聘教师考试辅导教材）.
ISBN 978-7-5504-6291-5

Ⅰ . G40-44

中国国家版本馆 CIP 数据核字第 2024G20H10 号

2025 版四川省公开招聘教师考试辅导教材·教育公共基础笔试题库

2025Ban Sichuan Sheng Gongkai Zhaopin Jiaoshi Kaoshi Fudao Jiaocai · Jiaoyu Gonggong Jichu Bishi Tiku

中公教育四川教师招聘考试研究院　编著

责任编辑：乔　雷
责任校对：余　尧
封面设计：千秋智业图书设计中心
责任印制：朱曼丽

出版发行	西南财经大学出版社（四川省成都市光华村街 55 号）
网　　址	http://cbs.swufe.edu.cn
电子邮件	bookcj@swufe.edu.cn
邮政编码	610074
电　　话	028-87353785
印　　刷	河北品睿印刷有限公司
成品尺寸	210 mm × 285 mm
印　　张	29
字　　数	799 千字
版　　次	2024 年 10 月第 1 版
印　　次	2024 年 10 月第 1 次印刷
书　　号	ISBN 978-7-5504-6291-5
定　　价	78.00 元

前　言

　　四川省公开招聘教师工作包括网上报名、资格初审、复核、笔试、面试、体检、考核、拟聘用人选公示等流程。四川省教师招聘考试自2014年7月起实行全省统考，并且在每年上下半年各举行一次。

　　四川省公开招聘教师笔试科目为教育公共基础，部分地区加试学科专业知识或者职业能力倾向测验。需要注意的是，宜宾市的笔试科目除教育公共基础和学科专业知识之外，还有心理素质测评。教育公共基础科目的试卷参照《四川省中小学公开招聘教师教育公共基础笔试和复习大纲》统一命制，内容包括教育学基础、教育心理学、教育法学和教师职业道德，其中，教育学基础和教育心理学是重点考查内容。笔试的题型也略有变化：2014年上半年到2017年下半年的考试题型为判断题、单项选择题、判断简析题和案例分析题；从2018年上半年开始，判断简析题改为10道多项选择题。面试由各市、区、县统一组织，采取综合面试和试讲、说课、答辩等形式进行。

　　本书是针对四川省公开招聘教师笔试教育公共基础科目的辅导用书，其主要特色表现为以下几个方面。

特色一：分专题归纳历年真题

　　为了便于考生配合教材进行复习，本书编者在深入研究教育公共基础科目的考试大纲和历年真题的基础上，将近几年的考试试题以章、节为主线，按题型分专题归纳。考生可以在复习完教材的一章或一节内容之后，利用本书的试题检验复习的效果。分专题设置真题不但有利于考生检查知识的掌握情况，而且便于考生掌握每一个重要考点，合理安排复习时间。

特色二：分层归纳历年真题

　　本书将每节设置为基础题和提升题两个部分。先做基础，后谈提升。基础题反映的是考查重点，反映题目的重要程度。提升题反映的是知识的灵活运用。科学、合理的分层是短时间快速掌握考试规律的一种可靠途径。为了帮助考生由浅入深理解知识点，提高复习效率，本书编者对题目进行了科学分层。

特色三：细致讲解每一道试题

在每节结尾，配有本节试题的答案和解析。每道试题的答案和解析都是图书研发人员经过数次讨论、精心推敲而成的。希望考生能够通过试题的解析，在理解的基础上知其然并知其所以然，做到举一反三，灵活运用知识。

本书所用真题来源于网络或根据考生回忆整理。期待考生为我们提出更多意见和建议，使本书更好地帮助更多的人。同时，我们也相信各位考生通过努力，定能顺利通过考试，早日圆梦三尺讲台，做一名优秀的人民教师。

目 录

第一部分 教育学基础

第三部分　教育法学

第四部分　教师职业道德

第五部分　案例分析题专项训练

第一部分

教育学基础

第一章　教育与教育学

第一节　教育的认识

▍基础题▍》》》

一、判断题

1.（2015 上）上课听讲、师傅带徒弟、母鸡带小鸡都是教育现象。（　　）

2.（2018 下）人类的教育活动与动物的教育活动存在本质区别，这主要表现为人类的教育具有永恒性。（　　）

3.（2024 上）有研究表明，成年猎豹会有技巧地教育幼崽学习如何捕猎。可见，动物界也存在教育。（　　）

4.（2018 上）如果没有受教育者发挥主导作用，教育活动就不会呈现好的效果。（　　）

5.（2014 上）教育的基本要素是教育者、学习者和教育组织形式。（　　）

6.（2020 下）学校教育具有极强的目的性、系统性和组织性，而家庭教育不具有目的性、系统性和组织性。（　　）

7.（2022 下）刘老师在教《济南的冬天》的时候，使用影像、歌曲、图片等资源来营造良好的教学氛围，这是虚拟教育。（　　）

8.（2023 下）家庭教育是指父母对未成年人实施的生活技能和行为习惯方面的培育和影响。（　　）

9.（2022 下）教育既能促进个体社会化，又能促进个体个性化。（　　）

10.（2023 上）幼儿一开始不懂吃饭夹菜的规矩，经父母多次教育后，逐渐学会遵守餐桌礼仪。这是个体社会化的过程。（　　）

11.（2014 上）教育对个体和社会发展所产生的作用只能是正向的、促进的。（　　）

二、单项选择题

1.（2020 下）下列选项中不属于教育要素中教育内容的是（　　）。

A. 教科书、教学参考资料

B. 教育的方式、方法、工具、手段和模式

C. 教育者的知识、经验、言谈举止、思想品德

D. 师生探讨和生生探讨时涉及的各种经验、见闻

2.（2014 下）教育要素不包括（　　）。

A. 教育影响　　　　　　　　　　B. 教育形态

C. 教育者　　　　　　　　　　　D. 学习者

3.（2014 下）工业社会教育的突出特征是（　　）。

A. 阶段性　　　　B. 封闭性　　　　C. 生产性　　　　D. 个别化

4.（2024 上）从教育现象在时空中的存在形态看，网课属于（　　　）。

A. 非正规教育　　　　B. 实体教育　　　　C. 虚拟教育　　　　D. 终身教育

5.（2016 上）片面追求升学率易造成教育的荒废。这是教育的（　　　）。

A. 正向个体功能　　　B. 负向个体功能　　　C. 正向社会功能　　　D. 负向社会功能

6.（2023 下）全面发挥教育的功能，主要体现为促进人的全面发展和（　　　）。

A. 社会的全面进步　　　　　　　　B. 文化的传承与交流

C. 社会个性化　　　　　　　　　　D. 个体的社会化

❙ 提升题 ❙ »»

一、判断题

1.（2014 上）教育是在一定的社会背景下发生的促使个体的社会化和社会的个性化的实践活动。（　　　）

2.（2021 上）真正的教育不仅发生在课堂上，同时发生在师生交流的任何一个时刻。（　　　）

3.（2015 下）教育既作用于人，又作用于社会，但归根结底是首先且直接作用于人。所以教育的基本功能在于影响人的发展。（　　　）

4.（2014 下）教育的个体功能与社会功能是背道而驰的，强调教育的个体功能会削弱教育的社会功能。（　　　）

二、单项选择题

1.（2022 下）熊猫基地用自编资料对参观者进行讲解，这属于（　　　）。

A. 社会教育　　　　B. 学校教育　　　　C. 家庭教育　　　　D. 正式教育

2.（2022 下）下列选项中不属于广义的学校教育制度内涵的是（　　　）。

A. 办学体制　　　　　　　　　　B. 学校层级与类别

C. 入学与修业年限　　　　　　　D. 学校目的与功能

3.（2014 下）在教育的社会功能中，与人类教育共始终的基本功能是（　　　）。

A. 文化功能　　　　B. 政治功能　　　　C. 经济功能　　　　D. 科技功能

三、多项选择题

1.（2020 上）关于教育要素，以下说法正确的有（　　　）。

A. 教育者是教育活动中教的主体

B. 受教育者是教育活动中学的主体

C. 教育者的教学风格是重要的教学手段

D. 教育活动方式是连接教育活动主体和客体的中介

E. 教育内容一般表现为课程、教科书、教学参考资料

2.（2018 下）下列关于教育的相对独立性的描述，正确的有（　　　）。

A. 经济要发展，教育要先行

B. 教育的发展并不必然受制于社会的政治、经济、文化水平

C. 教育思想、制度可能落后于社会发展也可能超前于社会发展

D. 当商品经济飞速发展时，教育要坚持自己的价值追求，不能变得商品化

E. 长善救失、启发诱导等教育规律不会因为社会政治、经济变化而被否定

参考答案

基础题 »»»

一、判断题

1. × **解析**：教育是人类社会所独有的现象，动物界不存在教育。上课听讲是狭义的学校教育，师傅带徒弟是广义的教育中的社会教育，母鸡带小鸡不是教育现象。

2. × **解析**：人类的教育活动与动物的教育活动的本质区别在于，人类的教育活动是一种有目的地培养人的社会活动，主要表现为人类的教育具有社会性。

3. × **解析**：本题考查教育的本质属性。教育是一种有目的地培养人的社会活动，是人类特有的、有意识的社会活动。成年猎豹教幼崽捕猎只是基于本能，不具有意识性，不是教育。动物界没有教育。

4. × **解析**：教师是学校教育的主体，是直接的教育者，在整个教育过程中起主导作用。学生在教育活动中，处于主体地位。如果没有受教育者的积极参与，教育活动也不会获得好的效果。

5. × **解析**：教育的三个基本要素是教育者、受教育者和教育影响。

6. × **解析**：学校教育是目的性、系统性和组织性极强的教育形式，其具有明确的培养目标，而且培养目标必须由国家指定，体现国家意志，任何人都不得随意更改。家庭教育在教育目标的制定上，很大程度上取决于家长，教育目标往往体现着父母的教育观念和价值追求。学校教育的内容是有计划的，有明确的课程安排和教学大纲的，教师要讲授系统的科学知识。而家庭教育一般没有计划，也没有系统的、稳定的教育内容，教育内容具有很强的随意性，往往寓于日常生活之中。由此可知，家庭教育是具有目的性的。

7. × **解析**：本题考查教育的形态。根据教育活动的存在形式，教育形态可分为实体教育与虚拟教育。实体教育是在实在、现实、具体的环境中，承担教育者角色的人对需要受教育的人的身心施加适当影响的教育形态。虚拟教育是以当下的电子技术、信息技术和网络空间为媒介展开的教育形态，其教学过程发生在一系列虚拟化的教育环境中。题干中的教学发生在真实的课堂中，属于实体教育。故题干说法错误。

8. × **解析**：本题考查家庭教育的概念。根据《中华人民共和国家庭教育促进法》第二条的规定，家庭教育是指父母或其他监护人为促进未成年人全面健康成长，对其实施的道德品质、身体素质、生活技能、文化修养、行为习惯等方面的培育、引导和影响。题干窄化了家庭教育的概念，说法错误。

9. √ **解析**：本题考查教育的个体功能。教育的个体功能主要包括促进个体社会化、促进个体个性化、个体谋生功能与个体享用功能。其中，个体社会化功能体现为促进个体思想意识和行为的社会化、培养个体的职业意识和角色。个体个性化功能表现为促进人的主体性的发展、促进个性特征的发展、促进人的个体价值的实现。故题干说法正确。

10. √ **解析**：本题考查个体社会化的含义。个体社会化是个体在与社会相互作用的过程中，将社会期望的价值观、行为规范内化，获得社会生活需要的知识和技能，以适应社会变迁的过程。餐桌礼仪是社会生活中关于文明用餐的一套行为规范。幼儿学习餐桌礼仪的过程就是逐渐使自己的行为符合社会规范的过程，是个体社会化的过程。

11. × **解析**：从作用方向来看，教育功能分为正向功能和负向功能，阻碍个体和社会进步的作用就是负向功能。

二、单项选择题

1．B 解析：教育内容是指教育者引导受教育者在教育活动中学习的前人积累的经验，它主要是根据教育目的和青少年学生发展的特点选编的，具有教育价值的科学文化基础知识，一般体现为课程、教科书、教学参考资料；但教育活动过程中，教育者自身所拥有的知识、经验、言谈举止、思想品质和工作作风，以及师生与生生探讨和交流所涉及的各种经验、见闻与事物也是影响受教育者学习的重要内容。A、C、D 三项均属于教育内容。

B 项，教育的方式、方法、工具、手段和模式属于教育活动方式。教育活动方式是指教育者引导受教育者学习教育内容所选用的交互活动方式。

2．B 解析：教育的三要素分别是教育者、受教育者和教育影响。

3．C 解析：工业社会教育的特征：现代学校的出现和发展；教育与生产劳动从分离走向结合，生产性日益突出；教育的公共性日益突出；教育的复杂程度和理论自觉性越来越高。

4．C 解析：本题考查教育现象的类型。根据教育现象在时空中的存在形态，教育可分为虚拟教育和实体教育。其中，虚拟教育是以信息为中心、以网络为媒介、以计算机为手段，在虚拟空间中进行教育信息传递和接收的一种新的教育形态。网课是以网络为媒介的教育活动形态，属于虚拟教育。

5．D 解析：按教育功能作用的对象划分，教育功能可分为个体发展功能和社会发展功能；按教育作用的性质划分，教育功能可分为正向功能和负向功能。片面追求升学率易造成教育的荒废是负向的社会功能。

6．A 解析：本题考查教育功能。教育在我国社会主义现代化建设中具有基础性、先导性、全局性意义。其中，教育的全局性是指教育的发展关乎社会主义现代化建设的方方面面。教育使人的价值提升，对我国社会结构的良性演变，对城乡差距、地区差距以及贫富差距的缩小和社会公平的拓展，对人与人、人与自然关系的协调，对和谐社会的建设和完善，都起到独特的积极作用。我们要全面发挥教育的功能，就是要促进人的全面发展和社会的全面进步。故本题选 A。

┃ 提升题 ┃ ⟫⟫⟫

一、判断题

1．√ 解析：教育的本质是培养人的社会活动，就是要把人培养成社会人和自然人的合体，分别对应了个体的社会化和社会的个性化。

2．√ 解析：对学生而言，真正的教育不仅发生在课堂上，同时发生在师生交流的任何一个时刻。

3．√ 解析：教育的个体发展功能指教育对个体发展的影响和作用。它由教育活动的内部结构特征所决定，发生于教育活动内部，也称为教育的本体功能。

4．× 解析：教育的个体功能和社会功能的关系是辩证统一的。教育的个体功能是教育的社会功能衍生的前提和基础；教育的社会功能对教育的个体功能的发挥具有制约作用。

二、单项选择题

1．A 解析：本题考查教育的形态。社会教育是指旨在有意识地培养人、有益于人的身心发展的各种社会活动。题干中，"熊猫基地用自编资料对参观者进行讲解"是有益于人的身心发展的社会活动，属于社会教育，故本题选 A。

学校教育是指学校教育者根据一定的社会要求，有目的、有计划、有组织地对受教育者的身心施加影响，促使他们朝着期望的方向变化发展的活动。家庭教育是指在家庭内由父母或其他年长者对新生一代和其他家庭成员所进行的有目的、有意识的教育。正式教育是正规教育和非正规教育的统称，具有目的性、组织性和计划性。题干所述属于非正式教育。

2．D　解析：本题考查广义的学校教育制度内涵。对学校教育制度的理解，有广义与狭义之分。广义的学校教育制度是指现代国家有关学校教育种种制度的总和。它既包含一个国家实施何种层级与类别的学校制度，也包含各级各类学校的运行与管理制度。这里，我们本着广义的理解，把学校制度分为学校层级与类别制度、学校办学制度、学校入学与修业年限制度、学校管理制度等。故本题选 D。

3．A　解析：教育是培养人的一种社会活动，是传承社会文化、传递生产经验和社会生活经验的基本途径。因此，教育的文化功能是伴随教育始终的基本功能。

三、多项选择题

1．ABDE　解析：教育要素一般包括教育者、受教育者、教育内容和教育活动方式。教育者是指一切从事能够增进人们的知识和技能，影响人们思想品德的活动的人，教育者主要是指教师。教育者是教育活动中教的主体。A 项正确。受教育者是指在各种教育活动中从事学习的人，既包括在学校中学习的儿童、少年和青年，也包括在各种形式的成人教育中学习的学生。受教育者是教育活动中学的主体。B 项正确。教育者、受教育者是教育活动的主体，教育内容是师生传承的精神客体，要使三者形成一个有目的地培养人的教育活动，必须选用并通过一定的中介——教育活动方式才能实现。D 项正确。教育内容是指教育者引导受教育者在教育活动中学习的前人积累的经验，它主要是根据教育目的和青少年发展特点编选的、最有教育价值的科学文化基础知识，一般体现为课程、教科书、教学参考资料。教育内容是教育者与受教育者共同认识的客体。E 项正确。教学手段是指在教学活动中所采用的一切物质手段和指导有效使用这些物质手段的方式和方法。简要地说，教学手段就是教学活动中师生互相传递信息的工具、媒体或设备及其运用的方式与方法。教育者的教学风格不属于教学手段。C 项错误。

2．ACDE　解析：教育的相对独立性具体体现在以下方面：教育对社会的作用具有能动性，教育具有自身的质的规定性，教育具有历史继承性，教育具有与生产力发展和政治经济制度发展的不平衡性。A 项反映了教育与生产力发展的不平衡性。教育一方面会受一定社会的政治经济制度、生产力、文化、人口等制约；一方面也会能动地反作用于一定社会的政治经济制度、生产力、文化、人口等，促进或阻碍它们的发展，B 项错误。C 项体现了教育与政治经济制度发展的不平衡性。D、E 两项体现了教育的历史继承性。

第二节　教育的历史发展

▌基础题▐ >>>

一、判断题

1．（2017 下）教育的生物起源说的代表人物是法国的利托尔诺和英国的沛西·能。　　　（　　）

2．（2020 下）《学记》中提到："一年视离经辨志，三年视敬业乐群，五年视博习亲师，七年视论学取友，谓之小成；九年知类通达，强立而不反，谓之大成。"体现了古代教育德智并重、循序渐进的特点。　　　　　　　　　　　　　　　　　　　　　　　　　　（　　）

二、单项选择题

1.（2019 上）下列教育起源论和倡导者匹配正确的是（　　）。
A. 教育的模仿说——斯宾塞　　　　B. 教育的本能起源说——孟禄
C. 教育的需要起源说——杨贤江　　D. 教育的劳动起源说——沛西·能

2.（2020 上）下列人物与其教育观点配对错误的一项是（　　）。
A. 孟子——存心养性
B. 荀子——化性起伪
C. 黄炎培——无业者有业，有业者乐业
D. 晏阳初——教育是把一切事物教给一切人类的全部艺术

3.（2015 上）针对当时农民存在的"愚、穷、弱、私"四大问题，提出文艺、生计、卫生、公民四种教育，采取学校教育、社会教育、家庭教育三大方式的教育家是（　　）。
A. 雷沛鸿　　　　B. 晏阳初　　　　C. 陶行知　　　　D. 梁漱溟

4.（2017 上）以下选项中不属于现代社会教育特点的是（　　）。
A. 开放性　　　　B. 多样性　　　　C. 融合性　　　　D. 先导性

5.（2014 上）下列不属于信息社会教育的主要特征的是（　　）。
A. 学校教育网络化　　　　　　　　B. 学校类型进一步多样化
C. 学校教育与生产劳动分离　　　　D. 教育目的是满足人们的多种需要

6.（2022 上）教育信息化是 21 世纪世界教育发展的重要趋势，下列选项不属于信息技术给教育带来的挑战的是（　　）。
A. PPT 或电子白板难以呈现解题思路
B. 部分年龄较长的教师面临技术培训问题
C. 家境贫寒的学生在使用电脑、互联网时呈现数字鸿沟
D. 学生在课堂上滥用手机、平板等通信设备所造成的分心

▎提升题▎▶▶▶

一、判断题

（2014 上）教育的终身化和全民化理念是当代社会指导教育改革的基本理念。　　　　（　　）

二、单项选择题

1.（2018 上）《学记》中说，"一年视离经辨志，三年视敬业乐群，五年视博习亲师，七年视论学取友，谓之小成；九年知类通达"。这句话体现的我国古代教育的特点是（　　）。
A. 德智并重　　　B. 官师合一　　　C. 脑体分离　　　D. 学在官府

2.（2018 上）"百年大计，教育为本"，体现了教育在社会主义现代化建设中的（　　）地位。
A. 全局性　　　B. 先导性　　　C. 基础性　　　D 限制性

参考答案

▎基础题▎▶▶▶

一、判断题

1. √　**解析：** 生物起源说是第一个正式提出的教育起源学说，其代表人物是沛西·能和利托

尔诺。该理论认为教育的产生完全来自动物的生存本能。

2. √ **解析**：题干中的语句出自《学记》，意为第一年考查学生断句分章的能力和是否明确自己的学习志向。第三年考查学生是否恭敬学业，是否与同学和睦相处。第五年考查学生是否学识广博、尊敬老师。第七年考查学生研究学问的本领和识辨选择朋友的能力。如果能达到上述的标准，就叫小有成就。到第九年，学生在学业上已能触类旁通，在政治上能立场坚定，矢志不渝，就叫大有成就。

题干这句话一方面明确了教育的总目标，又确定了教育在每个阶段的具体标准和要求，而且逐步深化与提高，体现了循序渐进的特点。另一方面，每个阶段要达到的标准中都规定了学业知识和思想品德两方面的要求，体现了德智并重的特点。

二、单项选择题

1. **C** **解析**：A项，教育的模仿说即心理起源学说，认为教育起源于儿童对成人无意识的模仿，其代表人物是孟禄。B项，教育的本能起源说即生物起源说，认为教育起源于动物界的生存本能活动，其代表人物是利托尔诺、桑代克、沛西·能等。C项，教育的需要起源说认为教育起源于社会生活实际的多方面的需要，其代表人物为杨贤江。D项，教育的劳动起源说认为教育起源于人类所特有的生产劳动，其代表人物为米丁斯基、凯洛夫等马克思主义者。综上所述，匹配正确的是C项。

2. **D** **解析**：晏阳初是近代著名的平民教育家、世界平民运动与乡村改造运动的倡导者。他的主要教育思想包括以下几点：①重视乡村教育；②中国农村问题可以用"愚""穷""弱""私"四个字来代表；③提出"四大教育"，即文艺教育、生计教育、卫生教育和公民教育；④推行"四大教育"，必须采用"三大方式"，即学校式教育、家庭式教育和社会式教育；⑤主张要"化农民"，自己首先必须"农民化"。"教育是把一切事物教给一切人类的全部艺术"是夸美纽斯的教育思想。D项错误。孟子的教育思想主要包括以下几个方面：①"性善论"；②教育的目的是"明人伦"；③教育的过程就是扩充人固有的善性的过程；④道德教育要持志养气、反求诸己、动心忍性、存心养性；⑤教学思想包括深造自得、盈科而进、教亦多术、专心致志。A项正确。荀子的教育思想和基本主张包括以下几个方面：①提出"性恶论"，教育的作用是"化性起伪"；②培养推行礼法的"贤能之士"；③以"五经"《诗》《书》《礼》《易》《春秋》为教育教学的内容；④强调闻见知行；⑤强调尊师。黄炎培是我国近代职业教育的创始人，是中华职教社的发起者，提出了"使无业者有业，使有业者乐业"的职业教育理论。

3. **B** **解析**：晏阳初认为当时中国的大患是农民的贫、愚、弱、私"四大病"，主张通过办平民学校对民众首先是农民，先教识字，再实施生计、文艺、卫生和公民"四大教育"，推行"四大教育"，必须采用"三大方式"，即学校式、家庭式和社会式。

4. **D** **解析**：现代社会教育具有开放性、群众性、多样性、补偿性、融合性的特点。

5. **C** **解析**：只有在古代社会（奴隶社会和封建社会）学校教育才会与生产劳动分离，在其他社会形态下，学校教育都会与生产劳动紧密结合。

6. **A** **解析**：A项，教育信息化能够有效改变传统教育的现状，PPT或电子白板等新型教育设备可以系统展示知识，直观形象地呈现解题思路。A项符合题意，故当选。

B项，教育信息化发展迅速，涉及很多信息技术的学习，部分年龄较长的教师面临技术培训问题。C项，数字鸿沟指不同社会经济水平的个人、家庭、企业和地区在利用因特网进行各种活动的机会之间的差距。教育中的数字鸿沟体现为不同群体接触信息技术水平方面的差异，例如家庭贫困的学生在使用电脑、互联网方面落后于家庭条件好的学生，呈现数字鸿沟。D项，教育信息化导致电子设备普及，而学生身心不成熟，自制力较差，容易出现滥用电子设备、分心等情况。

提升题

一、判断题

√　**解析**：信息社会的教育具有以下特征：①学校将发生一系列变革；②教育的功能将进一步得到全面理解；③教育的国际化与教育的本土化趋势都非常明显；④教育的终身化和全民化理念成为指导教育改革的基本理念。

二、单项选择题

1．A　**解析**："一年视离经辨志，三年视敬业乐群，五年视博习亲师，七年视论学取友……知类通达"的意思是：学习了一年，就考查他经文句读的能力，辨别他的志向所趋。学习了三年，就考查他是否专心致志于学业，亲爱同学乐和群众。学习了五年，就考查他是否广博地学习，亲敬师长。学习了七年，就考查他能否讨论学问上的深奥道理和选择朋友；这已可称为"小成"。学习了九年，就能闻一知十，触类贯通。这体现了我国古代教育的德智并重。官师合一是指学校设在官府之中，官吏既是教育官员，也是学校教师。学在官府指学校教育为奴隶主贵族统治者所专有，官府有学，民间私家无学术。脑体分离是指一部分人脱离生产劳动，成为劳心者。

2．C　**解析**："百年大计，教育为本"是指教育是一个民族最根本的事业。"四个现代化"的实现要靠知识、靠人才，而知识不是立即就能得到的，人才也不是一天两天就能培养出来的，所以要抓教育，而且要从娃娃抓起。从长远观点来看，教育是国家发展的大计，教育是现代化建设的战略基础，必须把教育摆在优先发展的战略地位。

第三节　教育学的产生和发展

基础题

一、判断题

1．（2014下）我国的《学记》是世界上最早的一部教育著作，比古罗马昆体良所著的《论演说家的教育》还早得多。　　　　　　　　　　　　　　　　　　　　　　　（　　）

2．（2014上）我国古代最早的成体系的教育学作品是《师说》。　　　　　　　（　　）

3．（2017上）"建国君民，教学为先"反映了教育与文化的关系。　　　　　　（　　）

4．（2019上）自然后果法主张让儿童遵循自然率性发展，不干预、不强迫，由儿童的不良行为所产生的自然后果对其进行惩戒。　　　　　　　　　　　　　　　　　（　　）

5．（2016上）赫尔巴特等人将儿童的发展看作一种自然过程，主张教师不要过多干预儿童的发展。　　　　　　　　　　　　　　　　　　　　　　　　　　　　　　（　　）

6．（2015上）卢梭认为："出自造物主之手的东西都是好的，一到人的手里就全都变坏了。"由此，他提出自然教育的主张。　　　　　　　　　　　　　　　　　　　　　　（　　）

7．（2019下）马克思主义教育学基本观点认为，现代教育与现代大生产劳动的结合不仅是发展社会生产力的重要方法，也是培养全面发展的人的唯一方法。　　　　　　　（　　）

8．（2023上）"不愤不启，不悱不发"的教学思想产生于教育学发展的萌芽阶段。　（　　）

9．（2023下）任何学科的基本结构都可以用某种形式教给任何年龄的任何儿童，这是结构主义课程理论的主张。　　　　　　　　　　　　　　　　　　　　　　　　（　　）

二、单项选择题

1．（2023 上）下列教育家与其德育思想匹配错误的是（　　）。

A．荀子——君子养心莫善于诚

B．孟子——圣可积而致，涂之人可以为禹

C．孔子——执德不弘，信道不笃，焉能为有？焉能为亡

D．王充——德不优者，不能怀远；才不大者，不能博见

2．（2021 下）"道而弗牵，强而弗抑，开而弗达"属于教育学研究对象中的（　　）。

A．教育的艺术　　　　　　　　　　　B．教育的规律

C．教育的价值　　　　　　　　　　　D．教育的现状

3．（2021 下）最早专门论述教育问题的著作是（　　）。

A．《普通教育学》　　　　　　　　　B．《大教学论》

C．《论语》　　　　　　　　　　　　D．《学记》

4．（2021 上）以下不属于孔子教师观内容的是（　　）。

A．学而不厌　　　　　　　　　　　　B．温故知新

C．师道尊严　　　　　　　　　　　　D．教学相长

5．（2019 上）下列选项与孔子的教育实践不符的是（　　）。

A．学思结合　　　　　　　　　　　　B．有教无类

C．举一反三　　　　　　　　　　　　D．"六艺"教人

6．（2015 上）"不愤不启""不悱不发"见于（　　）。

A．《大学》　　　　　　　　　　　　B．《中庸》

C．《论语》　　　　　　　　　　　　D．《学记》

7．（2017 下）认为教育的最高目的是培养治理国家的哲学家，提出此观点的人是（　　）。

A．苏格拉底　　　　　　　　　　　　B．柏拉图

C．亚里士多德　　　　　　　　　　　D．昆体良

8．（2018 下）以下有关夸美纽斯的贡献的描述，不正确的是（　　）。

A．提出了普及教育的思想

B．详细论述了班级授课制

C．认为伦理学和心理学是教育学的学科理论基础

D．论证了教学的直观性原则、巩固性原则、循序渐进原则

9．（2023 下）下列教育家与其教育思想匹配错误的是（　　）。

A．墨子——科技教育　　　　　　　　B．赫尔巴特——泛智教育

C．蔡元培——思想自由，兼容并包　　D．斯宾塞——教育为完满生活做准备

10．（2014 上）"现代教育学之父"是（　　）。

A．洛克　　　　　　　　　　　　　　B．赫尔巴特

C．夸美纽斯　　　　　　　　　　　　D．裴斯泰洛齐

11．（2015 上）传统教育学认为教育学有两个基础：一是心理学，二是（　　）。

A．哲学　　　　　　　　　　　　　　B．伦理学

C．人类学　　　　　　　　　　　　　D．社会学

12．（2017 上）卢梭在《爱弥儿》中所秉持的教育思想属于（　　）。

A．实用主义　　　　　　　　　　　　B．自然主义

C．现实主义　　　　　　　　　　　　D．后现代主义

13.（2020上）"把心理发展的研究作为教学总原则的基础"，首先提出该观点的教育家是（　　）。

　　A．夸美纽斯　　　　　　　　　　　B．卢梭

　　C．裴斯泰洛奇　　　　　　　　　　D．赫尔巴特

14.（2021下）下列属于杜威现代教学理论特点的是（　　）。

　　A．引导学生从读书中学习

　　B．强调系统知识的学习

　　C．重视教材与教师的作用

　　D．注重引导学生联系生活实际主动探究

15.（2021下）下列教育家与著作不匹配的是（　　）。

　　A．赞科夫——《教育与发展》　　　　B．卢梭——《爱弥儿》

　　C．杜威——《教育论》　　　　　　　D．拉伊——《实验教育学》

16.（2019上）以杜威为代表的现代教育思想的核心一般被概括为学生中心、经验中心和（　　）。

　　A．学校中心　　　　　　　　　　　B．活动中心

　　C．教材中心　　　　　　　　　　　D．课堂中心

17.（2018上）在教育史上，许多教育理论都是建立在对前人理论批判的基础上。其中，杜威批判赫尔巴特属于（　　）。

　　A．个人本位论批判宗教本位论　　　B．人文主义批判国家主义

　　C．生成性教学批判预设性教学　　　D．现代教育批判传统教育

18.（2016下）杜威认为教育的手段与目的是同一过程不可分割的部分，他把课程看作（　　）。

　　A．知识的传授　　　　　　　　　　B．经验的获得

　　C．文化再生产　　　　　　　　　　D．社会改造

19.（2021上）以下教育家与其教育思想不匹配的是（　　）。

　　A．蔡元培——五育并举　　　　　　B．晏阳初——平民教育

　　C．赞可夫——教学过程最优化　　　D．裴斯泰洛齐——教育心理学化

20.（2014下）在西方教育史上，创立"实验教育学"的人是（　　）。

　　A．福禄贝尔　　　　　　　　　　　B．斯宾塞

　　C．裴斯泰洛齐　　　　　　　　　　D．拉伊和梅伊曼

21.（2021上）"教育是学生的生活过程"，这属于哪一流派的观点？（　　）

　　A．实验教育学　　　　　　　　　　B．文化教育学

　　C．批判教育学　　　　　　　　　　D．实用主义教育学

22.（2023上）认为教育的研究既不能采用赫尔巴特纯粹的概念思辨来进行，也不能依靠数据统计来进行，而应采用理解与解释的方法进行，这一教育学派别是（　　）。

　　A．文化教育学　　　　　　　　　　B．批判教育学

　　C．实用主义教育学　　　　　　　　D．马克思主义教育学

23.（2017上）下列选项中，属于实用主义教育学观点的是（　　）。

　　A．教育过程即历史文化过程　　　　B．师生关系中以教师为中心

　　C．教学过程与生活过程合一　　　　D．课程组织以学科知识体系为中心

24.（2015上）实用主义教育学是在批判（　　）的基础上提出来的。

　　A．马克思主义教育学　　　　　　　B．文化教育学

　　C．实验教育学　　　　　　　　　　D．赫尔巴特教育学

三、多项选择题

1.（2018 上）以下说法体现了启发式教学思想的有（　　　）。
A. 人不知而不愠
B. 问则疑，疑则思
C. 不愤不启，不悱不发
D. 教之而不受，虽强告之无益
E. 道而弗牵，强而弗抑，开而弗达

2.（2020 下）下列人物与其主张配对正确的有（　　　）。
A. 孟子——染丝说
B. 孔子——有教无类
C. 夸美纽斯——泛智论
D. 乌申斯基——统觉团
E. 裴斯泰洛奇——教育教学的心理学化

3.（2023 上）下列观点中符合布鲁纳的教学理论的有（　　　）。
A. 强调教学内容的理论性和学术性
B. 鼓励发展学生的直觉思维能力
C. 注重激发学生对知识的探求
D. 突出发挥教师的主导作用
E. 重视推动学生情意的发展

提升题 ▶▶

一、判断题

1.（2014 下）道家的教育思想主张"道法自然"，这与西方自然主义教育思想是一致的。（　　　）

2.（2018 上）亚里士多德在历史上首次提出了"教育遵循自然"的原则。（　　　）

3.（2017 下）杜威选择木工、金工、缝纫等直接经验形态的课程内容的目的是让学生获得职业技能。（　　　）

4.（2016 下）实用主义教育在一定程度上忽视了系统知识的学习，忽视了教师在教育教学过程中的主导作用，忽视了学校的特质。（　　　）

二、单项选择题

1.（2016 上）教育学对教育问题进行科学解释的目的不仅要促进教育知识的增长，而且要更好地开展教育实践。这说明了教育学的价值是（　　　）。
A. 丰富教育理论
B. 科学解释教育问题
C. 反思日常教育经验
D. 沟通教育理论与实践

2.（2019 上）下列教育家与其提出的教师职业道德思想匹配不正确的是（　　　）。
A. 孟子——教者必以正
B. 捷尔仁斯基——谁要爱孩子，孩子就爱他
C. 荀子——礼者，所以正身也；师者，所以正礼也
D. 蔡元培——肯说真话，敢驳假话，不说谎话

3.（2018 上）赫尔巴特说："我不承认有任何'无教育的教学'，教学具有'教育性'。"这里的"教育性"指的是（　　　）。
A. 德育
B. 智育
C. 体育
D. 美育

4.（2019 上）下列教育家与其著作对应有误的是（　　　）。
A. 洛克——《教育漫话》
B. 赫尔巴特——《教育学》
C. 夸美纽斯——《大教学论》
D. 裴斯泰洛齐——《林哈德与葛笃德》

5．（2015下）赞可夫在教学与发展实验中，提出教学过程是促进学生的（　　）。

A．全面发展　　　　　B．一般发展　　　　　C．特殊发展　　　　　D．个性发展

6．（2018下）以下教育家与其教育思想匹配正确的是（　　）。

A．布卢姆——发现学习　　　　　　　　B．赫尔巴特——做中学

C．裴斯泰洛齐——统觉团　　　　　　　D．巴班斯基——教学过程最优化

7．（2018上）下列不属于批判教育学观点的是（　　）。

A．当代资本主义的学校教育是维护社会不公平和不公正的工具

B．教育是在一定文化背景下进行的，因此教育过程就是一种历史文化过程

C．教育现象不是中立和客观的，教育理论研究不能采用唯科学主义的态度和方法

D．学校教育的功能是再生产出占主导地位的社会政治意识形态、文化关系和经济结构

8．（2020下）凯洛夫教学思想的不足之处是（　　）。

A．忽视系统知识的课堂教学　　　　　　B．忽视学生在教学中的主体地位

C．忽视教师在教学中的领导作用　　　　D．忽视学科系统知识与教科书的作用

三、多项选择题

（2018上）在教小学数学"按比例分配"时，教师在讲新课前向全班提问："把12棵树分给两个组去栽，每个小组分几棵？"学生齐声回答："6棵！"教师问："有没有不同意见呢？"发现孙同学眉头微蹙，教师就提醒说："大家要认真思考，有同学可能把你们的答案推翻了哦。"学生们于是开始思考，很快包括孙同学在内的几个学生举手。孙同学起来回答说："老师，每组分6棵不一定对。"教师紧接着问："为什么？"孙同学继续说："因为题中没有说怎么分，如果平均分，每组可以分6棵；如果不平均分，就有多种分法。"教师当即说："说得好。过去我们学的都是平均分，今天我们要学的不是平均分。"然后在黑板上写出了"按比例分配"。关于该教师的教学，以下说法正确的有（　　）。

A．采用了启发式教学

B．借鉴了奥苏贝尔的有意义学习理论

C．采取了让学生感知实物来激发其求知欲的方法

D．该教师的导入属于杜威五步教学法中的问题阶段

E．该教师的导入属于赫尔巴特五段教学法中的系统阶段

参考答案

┃基础题┃ ▶▶▶

一、判断题

1．√　**解析**：《学记》是中国乃至世界上最早的一部专门论述教育问题的专著，成书于战国末期，比西方最早的教育专著——古罗马昆体良的《雄辩术原理》（又译作《论演说家的教育》）一书早了300多年。

2．×　**解析**：我国古代最早的成体系的教育学作品是《学记》。

3．×　**解析**："建国君民，教学为先"出自《学记》，意思是建设国家、管理公众事务，教育为最优先、最重要的事情，反映了教育与政治的关系。

4．√　**解析**：自然后果法是卢梭提出的幼儿道德教育方法，是指当幼儿有过失行为时，成人不限制幼儿的自由，而是用过失自身产生的后果去约束幼儿的自由，从而使幼儿明白其危害，并下

决心不再犯的方法。也就是说，自然后果法主张让儿童遵循自然率性发展，不干预、不强迫，由儿童的不良行为所产生的自然后果对其进行惩戒。

5. × **解析**：题干表述为卢梭的自然主义教育思想。赫尔巴特的教育思想有教学四阶段论、传统教育的三中心等。

6. √ **解析**：卢梭认为教育必须顺应儿童的天性发展，提倡自然教育。

7. √ **解析**：马克思主义教育学的主要观点：①教育是一种社会文化历史现象；②教育起源于社会性生产劳动，劳动方式和性质的变化必然引起教育形式和内容的改变；③现代教育的根本目的是促进学生的全面发展；④现代教育与现代大生产劳动的结合既是发展社会生产力的重要方法，也是培养全面发展的人的唯一方法；⑤教育一方面受社会政治、经济和文化等的制约，一方面又反作用于它们；⑥教育科学研究的方法论基础是马克思主义的唯物辩证法和历史唯物主义。

8. √ **解析**：本题考查教育学发展萌芽阶段的教育思想。中国教育学的萌芽最早见于春秋战国时期的孔子、孟子、墨子、荀子等诸子百家的论著。"不愤不启，不悱不发"是孔子提出的启发式教学思想。

9. √ **解析**：本题考查布鲁纳的思想。布鲁纳是结构主义的代表人物，他提出："任何学科的基本结构都可以用某种形式教给任何年龄的任何儿童。"故题干说法正确。

二、单项选择题

1. B **解析**：本题考查教育家与其思想的对应。

"君子养心莫善于诚"出自《荀子·不苟》，意为君子修养心性没有比真诚更好的方法。

"圣可积而致，涂之人可以为禹"出自《荀子·性恶》，意为圣人可以通过积累善行而达到，普通人也可以成为大禹那样的圣贤。B项匹配错误，符合题意，故当选。

"执德不弘，信道不笃，焉能为有？焉能为亡？"出自《论语·子张》，意为秉持道德却不能弘扬，信奉道义却不能笃实，这样的人怎么能算有道德，又怎么能算没有道德。

"德不优者，不能怀远；才不大者，不能博见"出自东汉思想家王充的《论衡·别通》，意为品德不优秀的人不会胸怀远大理想；才能不足的人不会具有渊博的见识。

2. B **解析**：教育学以培养人的教育活动为研究对象，是一门研究教育现象、问题，揭示教育本质、教育规律和探讨教育价值、教育艺术的学科。教育学对教育活动现象及其问题的关注与研究和对教育本质的揭示，主要表现在以下方面。

①注重揭示教育的规律。教育规律是指不以人的意志为转移的教育内部诸因素之间、教育与其他事物之间具有本质性的联系，以及教育发展变化过程的规律性。《学记》中的"道而弗牵，强而弗抑，开而弗达"体现了启发性教学，这来自对培养人的教育现象及其问题的研究和经验的总结，属于教育学研究对象中的教育规律。B项符合题意。

②注重探讨教育的价值。教育不只是一种有规律的活动系统，也是一种有价值追求的活动系统。教育活动开始前应认真探讨教育的价值问题，制定合理善良的教育目的或要求。

③重视探讨教育的艺术。培养人的教育活动应该是充满天赋、灵性、潜能、能动、好奇与生气的活动，它没有固定不变的方式方法，切忌简单机械、强迫命令，而应是倡导循循善诱、因势利导、启发探究、心灵碰撞、沟通协调、机智灵活、自由创造的活动。在这一意义上，可以说教育是一种艺术。

3. D **解析**：《学记》是人类历史上最早出现的专门论述教育问题的著作，也是我国古代最早甚至世界最早的成体系的古代教育学作品，大约成文于战国末期。

4. C **解析**：孔子的教师观包括以下几点内容：①学而不厌；②温故知新；③诲人不倦；④以身作则；⑤爱护学生；⑥教学相长。师道尊严不属于孔子教师观的内容，C项符合题意。

5. D **解析**：孔子在教育对象上提出了有教无类，在教学原则和方法上提出学思结合（学而不思则罔，思而不学则殆）、举一反三（举一隅不以三隅反，则不复也）、因材施教（求也退，故进之；由也兼人，故退之）等。故 A、B、C 三项正确。孔子亲自整理了《诗》《书》《礼》《乐》《易》《春秋》六种文献，其中保存了中国古代重要的政治经济文化等宝贵的文献资料，被后世称为"六经"，在汉代以后也常被称为"六艺"，但其容易与西周时期的"六艺"（礼、乐、射、御、书、数）相混淆。故有人把西周时的"六艺"称为"旧六艺"，而把孔子的"六经"称为"新六艺"。因此，D 项指向不明，与题意不符。

6. C　**解析**：《论语·述而》主张"不愤不启""不悱不发"。

7. B　**解析**：柏拉图认为教育的最高目的是培养哲学家兼政治家。苏格拉底在教育理论上最大的贡献是苏格拉底教育法，也称"产婆术"。亚里士多德提出了"灵魂说"，首次系统阐述了体育、德育、智育和美育和谐发展的教育思想，首次提出了"教育遵循自然"的原则。昆体良所著的《雄辩术原理》（也称为《论演说家的培养》）是西方第一本教育专著。

8. C　**解析**：C 项是赫尔巴特的观点。赫尔巴特认为伦理学和心理学是教育学的学科理论基础。

9. B　**解析**：本题考查人物与思想观点的对应。

A 项匹配正确。墨子提出的教育内容包含科学技术知识，强调科技教育。

B 项匹配错误。赫尔巴特提出教育性教学原则，夸美纽斯提出泛智教育思想。故本题选 B。

C 项匹配正确。蔡元培在改革北京大学时提出"思想自由，兼容并包"的办学原则。

D 项匹配正确。斯宾塞强调教育的主要任务是教导人们怎样生活，为完满生活做准备。

10. B　**解析**：赫尔巴特在世界教育史上被公认为"现代教育学之父"或"科学教育学的奠基人"。

11. B　**解析**：传统教育学的代表赫尔巴特认为应把心理学和伦理学作为教育学的基础。

12. B　**解析**：卢梭在《爱弥儿》中提出自然与自由教育的思想，提出自然教育的主张，秉持的教育思想属于自然主义。

13. C　**解析**：裴斯泰洛奇明确提出把心理发展的研究作为教学总原则的基础。他提出的"教育心理学化"的思想推动了教学理论科学化的进程。C 项正确。夸美纽斯的代表作为《大教学论》。该书是教育学开始形成一门独立学科的标志，因此夸美纽斯被称为"教育学之父"。他的教育思想有以下几点：①"泛智"教育；②教育适应自然；③班级授课制；④提出并论证了直观性、系统性、量力性、巩固性和循序渐进等教学原则。卢梭的教育代表作为《爱弥儿》。他倡导自然教育思想，在西方近代教育史上，被认为最先"发现了儿童"。他的教育思想包括自然教育思想和儿童本位教育观。赫尔巴特的代表作为《普通教育学》。该书的出版标志着教育学作为一门规范、独立的学科正式诞生，这本书也被认为是第一本现代教育学著作。他的教育思想有以下几点：①首次试图把教育学建立在心理学和哲学的基础之上；②认为教育的最高目的是道德和性格的完善；③提出了教育性教学原则；④提出了教学四阶段论；⑤提出了传统三中心论；⑥强调要加强对儿童的管理。

14. D　**解析**：杜威提出了"学生中心""经验中心""活动中心"的新三中心论，形成了现代教学理论。现代教育强调学生是教育的主体和重心，注重引导学生紧密联系生活实际，通过探究活动进行学习与交往，发挥自身的主动性、独创性，通过改组和改造经验，锻炼和提高个人的行动能力，成为现代社会需要的人。故本题选 D。

赫尔巴特提出了"教师中心""课堂中心""教材中心"，形成了传统教学理论。他重视教材与教师的作用，强调系统知识的学习，主张引导学生从读书中学习。A、B、C 三项属于赫尔巴特传统教育理论的特点。

15. C　**解析**：杜威是实用主义教育学的代表人物，他的代表著作有《民主主义与教育》《我们怎样思维》《经验与教育》《我的教育信条》。《教育论》是斯宾塞的教育著作。

16. B　**解析**：赫尔巴特强调系统知识的传授、课堂教学的作用以及教材的重要性，强调教师的权威作用和中心地位，形成了传统教育"课堂中心""教材中心""教师中心"的特点。杜威是实用主义哲学的创始人，他批判赫尔巴特的教育学思想，提出了"儿童中心（学生中心）""活动中心""经验中心"的"新三中心论"。

17．D　解析：赫尔巴特是传统教育的代表，杜威是现代教育的代表。

18．B　解析：实用主义代表人物杜威强调教育的本质：教育即生活、教育即生长、教育即经验的改组或改造。题干强调目标与手段的统一，即在教育的过程中经验的改组与改造，属于经验主义课程代表。A项属于知识中心课程理论，C项属于文化教育学，D项属于社会改造课程理论。

19．C　解析：赞可夫提出，"只有当教学走在学生发展前面的时候才是好的教学"。他以学生的一般发展作为教学的出发点，提出了发展性教学理论的五条教学原则，即高难度、高速度、理论指导实际、理解学习过程、使所有学生包括"差生"都得到一般发展的原则。苏联教育家巴班斯基提出了教学过程最优化理论。教学过程的最优化是指在一定的教学条件下寻求合理的教学方案，使教师和学生花最少的时间和精力获得最好的教学效果，使学生获得最好的发展。C项的教育家与其教育思想不匹配，符合题意，当选。

20．D　解析：实验教育学是19世纪末20世纪初在欧美一些国家兴起的用自然科学的实验法研究儿童发展及其与教育的关系的理论。其代表人物是德国的拉伊和梅伊曼。

21．D　解析：杜威是实用主义教育学的代表人物。杜威认为，"教育即生活，教育即生长，教育即经验的改组或改造"。他提出，"教育是生活的过程，而不是将来生活的准备"。D项正确。

A项，实验教育学是19世纪末20世纪初在欧美一些国家兴起的用自然科学的实验法研究儿童发展及其与教育的关系的理论。其代表人物是德国的教育学家梅伊曼和拉伊。

B项，文化教育学是19世纪末以来出现在德国的教育学说，代表人物有德国教育家狄尔泰、斯普朗格、利特等人。文化教育学的主要观点：①人类历史是一种文化的历史；②教育过程是一种历史文化过程；③教育的研究要用精神科学或文化科学的方法，即理解和解释的方法进行；④教育的目的是促使社会历史的客观文化向个体的主观文化转变，并培养完整的人格。

C项，批判教育学强调运用批判理论的研究方法进行教育研究与分析。

22．A　解析：本题考查教育学流派与观点的对应。文化教育学认为教育过程是一种历史文化过程，所以教育的研究既不能采用赫尔巴特纯粹的概念思辨来进行，也不能靠实验教育学的数量统计来进行，而必须采用精神科学或文化科学的方法，即理解与解释的方法来进行。

23．C　解析：A项是文化教育学的观点。B项是赫尔巴特传统教育学的观点。D项是以学科知识体系为中心的观点，而不是以经验为中心的实用主义观点。

24．D　解析：实用主义教育学是以杜威为代表的儿童中心主义的教育学，是在批判以赫尔巴特为代表的传统教育学的基础上发展起来的。

三、多项选择题

1．BCDE　解析："人不知而不愠"的意思是别人对我不了解、不理解，我并不生气。A项排除。"问则疑，疑则思"是指，好的疑问发人深思，会使学生的思维活跃起来，这也是启发式原则要求的教学过程。B项正确。"不愤不启，不悱不发"是孔子论述启发式教学的重要名言。其意思是学生如果不经过思考并有所体会，想说却说不出来时，就不去开导他；如果不是经过冥思苦想而又想不通时，就不去启发他。C项正确。"教之而不受，虽强告之无益"的意思是教导他却不肯接受，即使强行告诉他也没有任何益处。该句强调教师在教学中不能一味灌输，要调动学生学习的积极性、主动性。D项正确。"道而弗牵，强而弗抑，开而弗达"的意思是要引导学生而不要牵着学生走，要鼓励学生而不要压抑他们，要指导学生学习门径，而不是代替学生做出结论。此句是启发式教学思想的经典论述。E项正确。

2．BCE　解析：A项，孟子提出"性善论"，认为人性生来就是善的，有不学而能的"良能"

和不虑而知的"良知",君子和庶人的区别就在于保存还是丧失这种"善性"。墨子提出人性素丝说:"染于苍则苍,染于黄则黄。"在他看来,人性不是先天所成,生来的人性就如待染的素丝,有什么样的环境与教育,就能造就什么样的人。因此 A 项对应错误。

B 项,孔子提倡有教无类、因材施教、学思结合等一系列教学原则与思想,因此 B 项对应正确。

C 项,夸美纽斯提倡"把一切知识教给一切人"的泛智主义教育思想,因此 C 项对应正确。

D 项,乌申斯基被称为"俄罗斯教育心理学的奠基人",他指出教育科学的主要对象是在教育过程中研究人,他将教育学称作艺术,且是"一切艺术中最广泛、最复杂、最崇高和最必要的一种艺术"。而统觉团是赫尔巴特心理学基础的内容,因此 D 项对应错误。

E 项,裴斯泰洛奇是 19 世纪瑞士著名的民主主义教育家。他最著名的著作是《林哈德与葛笃德》。裴斯泰洛奇是世界教育史上第一个明确提出"教育心理学化"口号的教育家。因此 E 项对应正确。

综上所述,B、C、E 三项正确。

3. ABC 解析:本题考查布鲁纳的教学理论。布鲁纳是结构主义教育思想的主要代表人物,他强调课程与教学内容的结构性和理论性;注重激发学生对知识的探求,提倡学生运用发现法探究学习;主张培养学生的直觉思维、科学兴趣和创造力。A、B、C 三项符合布鲁纳的教学理论。

布鲁纳更加重视学生的主体作用而非教师的主导作用,他重视调动学生在学习中的主动性,重视激发学生主动探究的欲望。

重视学生情意的发展是人本主义的教学观点。

▌提升题 ▌➤➤➤

一、判断题

1. × 解析:西方的自然主义教育思想是要使人的自然本性得到张扬,要求把人作为中心,是要培养自然状态的人,能够充分利用人的自然本性,发扬人的自然本性。道家的"道法自然"的教育思想,是要让人完全地融入大自然中,达到自然与人的统一。因此,两者存在本质差别。

2. √ 解析:亚里士多德首次提出教育要与人的自然发展相适应的教育观点,开辟了西方教育思想史上"教育遵循自然"的理论先河。

3. × 解析:在杜威看来,选择直接经验形态课程内容不是为了让儿童"消遣",也不是为了获得"职业技能",而是为儿童提供一种研究的途径,是儿童生活的需要。

4. √ 解析:实用主义教育以美国教育家杜威为代表,主张儿童中心、活动中心、经验中心,其弊端是在一定程度上忽视了系统知识的学习,忽视了教师在教育中的主导地位,忽视了学校的特质。

二、单项选择题

1. D 解析:教育学对教育问题进行科学解释的目的,一方面是促进教育知识的增长,另一方面也是更好地开展教育实践。这体现了教育学的沟通教育理论与实践的价值。

2. D 解析:A 项,"教者必以正"出自《孟子·离娄上》,意思是执教的人一定要讲正道。B 项,"谁爱孩子,孩子就爱他,只有爱孩子的人,他才可以教育孩子"是苏联教育家捷尔仁斯基的名言。C 项,"礼者,所以正身也;师者,所以正礼也"出自《荀子·修身》,意思是礼义,是用来端正身心的;教师,是用来端正礼义的。D 项,"肯说真话,敢驳假话,不说谎话"是教育家陶行知的名言。综上所述,A、B、C 三项匹配正确,D 项匹配错误。

3．A　解析：赫尔巴特提出了"教育性教学"原则，认为没有"无教学的教育"，更没有"无教育的教学"。任何教学过程都必须有教育作用，教学的最高的、最后的目的和教育的最高目的一样，就是培养德性。他认为，教学如果没有进行道德教育，只是一种没有目的的手段；德育教育如果没有教学，就是一种失去手段的目的。

4．B　解析：A项，洛克的教育思想集中反映在其代表作《教育漫话》之中，对后世影响最大的是"白板说"和"绅士教育"。B项，赫尔巴特被认为是"现代教育学之父"或"科学教育学的奠基人"。他的《普通教育学》的出版标志着教育学作为一门规范、独立的学科正式诞生。C项，夸美纽斯的代表作《大教学论》被认为是近代第一本教育学著作。D项，裴斯泰洛齐是西方教育史上第一个明确提出"教育心理学化"口号的教育家，其代表作是《林哈德与葛笃德》。综上所述，教育家与其著作对应有误的是B项。

5．B　解析：赞可夫提出了发展性教学理论的五条教学原则，即高难度、高速度、理论知识起主导作用、理解学习过程、使所有学生包括差生都得到一般发展的原则。

6．D　解析：A项，布卢姆提出了掌握学习理论，把教学目标分为认知、情感和动作技能三大领域。奥苏伯尔根据学习进行的方式，将学习分为接受学习和发现学习。布鲁纳提倡发现学习法。B项，赫尔巴特提出了统觉团，即一个观念的统觉不仅使这个观念成为意识的，且使它被意识观念的整体所同化。"做中学"是杜威的教育思想。C项，裴斯泰洛齐提出了"教育心理学化"的思想。D项匹配正确。

7．B　解析：批判教育学的主要观点：①教育没有促进社会的公平，而是社会差别和对立的根源；②教育再生产了占主导地位的社会意识形态、文化以及经济结构；③批判教育学就是要揭示看似正常的教育现象背后的利益关系，使师生对自己周围的教育环境敏感起来，以此"启蒙"；④教育从来不是公平的，不能用唯科学的方式研究，而应该用客观的批判思维进行研究。A、C、D三项都是批判教育学的主要观点，B项是文化教育学的观点。

8．B　解析：凯洛夫注重为时代所需的系统科学文化知识的教学，他认为教学是进行教养和教育的基本途径，应当在教养的基础上进行教育，使教学具有教育性。他强调教师在教学中的领导作用，纠正了实用主义教育忽视系统知识的偏向。他强调学习书本知识、教师主导作用和课堂教学，实际上对学生在教学中的主体地位和作用缺乏认识。故本题选B。

三、多项选择题

ABD　解析：启发式教学是指教师在教学过程中根据教学任务和学习的客观规律，从学生的实际出发，采用多种方式，启发学生的思维。题中的教师启发学生用不同的思维方式解决问题，符合启发式教学的内涵。A项正确。奥苏贝尔的有意义学习理论强调学生的学习主要是有意义的接受学习。有意义学习是指符号所代表的新知识与学习者认知结构中已有的知识建立实质性的和非人为的联系。题干中教师将之前学习过的"平均分配"和要学习的"按比例分配"联系起来，借鉴了奥苏贝尔的有意义学习理论。B项正确。教师提问中的树并非实物，故C项排除。杜威五步教学法的操作程序：①创设一个真实的经验情景；②基于情景产生一个真实的问题；③实施必要的观察；④想出解决问题的方法；⑤通过应用来检验假设。题干中的教师创设了"把12棵树分给两个组去栽"的经验情景，基于此情景产生了一个"每组分6棵不一定对"的真实问题，因此该教师的导入属于杜威五步教学法中的问题阶段。D项正确。赫尔巴特五段教学法中的系统阶段是指学生在教师的指导下寻找结论和规则。题干中的教师提出了"按比例分配"这一课题，引导学生继续深入研究，此时并没有寻找结论和规则。故E项排除。故本题选ABD。

第二章　教育的基本规律

第一节　教育与社会发展

基础题 »»»

一、判断题

1.（2018 上）生产力的发展促进教学内容、教学方法和教学组织形式的变化。（　　）

2.（2017 下）真正决定教育目的的性质、方向和内涵的是儿童的身心发展特点。（　　）

3.（2017 上）一个国家的生产力水平决定着教育的领导权。（　　）

4.（2021 上）教育可以通过劳动力的再生产促进经济的发展。（　　）

5.（2014 下）教育既是明显的消费又是潜在生产力。（　　）

6.（2017 下）"朝为田舍郎，暮登天子堂"体现的是教育的变迁功能。（　　）

二、单项选择题

1.（2020 下）下列关于生产力的发展对教育制约的说法，错误的是（　　）。

A．生产力的发展水平制约教育的性质与领导权

B．生产力的发展制约教育事业发展的规模和速度

C．生产力的发展水平制约人才培养的规格和教育结构

D．生产力的发展制约教学内容、教学方法和教学组织形式的发展和改革

2.（2017 下）14 世纪，欧洲学校的课程有算术、几何、天文等；到 16 世纪，增加了地理和力学；17 世纪，又增加代数、三角、物理和化学等。这说明对教学内容变化产生影响的是（　　）。

A．生产力　　　　　　　　　　　　B．生产关系

C．上层建筑　　　　　　　　　　　D．政治经济制度

3.（2017 上）蒸汽机时代要求工人具有初等教育水平，电气生产时代要求工人具有中等教育水平，自动化时代要求工人具有高中和专科以上水平。这说明影响教育培养规格的因素是（　　）。

A．生产力　　　　　　　　　　　　B．生产关系

C．上层建筑　　　　　　　　　　　D．政治经济制度

4.（2019 下）商周时期的教育特点是"学在官府，官师不分"。这体现了制约教育的主要因素是（　　）。

A．生产力　　　　　　　　　　　　B．社会政治经济制度

C．文化　　　　　　　　　　　　　D．环境领域

5.（2024 上）2007 年春，国务院宣布免除全国农村义务教育学杂费，同年秋，进一步免收教科书费；2008 年秋季学期起，全面免除城市义务教育学杂费。这主要体现了（　　）对教育发展的影响。

A．人口　　　　　　B．文化　　　　　　C．政治　　　　　　D．生产力

6.（2021下）一般而言，劳动者的劳动生产率与其知识技能以及生产技能呈正相关关系，越高的知识技能，越会促使劳动生产率提高。这一说法体现了教育的（　　　）。

A．文化功能　　　　　　　　　　　B．经济功能

C．科技功能　　　　　　　　　　　D．人口功能

7.（2018下）"1900—1959年，美国由人力资本获得的利润增长了17.5倍，而由物质资本获得的利润只增长了3.5倍。"这主要体现了教育的（　　　）。

A．文化功能　　　　　　　　　　　B．政治功能

C．生态功能　　　　　　　　　　　D．经济功能

8.（2017上）教育可以为国家培养合格的公民，体现了教育的（　　　）。

A．经济功能　　　　　　　　　　　B．文化功能

C．人口功能　　　　　　　　　　　D．政治功能

9.（2021上）教育可以保留有价值的文化，剔除文化中的糟粕。这体现了教育对文化的（　　　）。

A．传递功能　　　　　　　　　　　B．选择功能

C．更新功能　　　　　　　　　　　D．创造功能

10.（2022下）某学校在延时服务中，把当地的一些非物质文化传承人引进学校，给学生示范粽子、香囊等的制作，学生也掌握了要领。这主要体现了教育对文化的（　　　）。

A．选择功能　　　　　　　　　　　B．保存功能

C．融合功能　　　　　　　　　　　D．创造功能

11.（2024上）约翰在中国留学期间学习了中国山水画的绘画技法，回到美国后用该技法描绘家乡风景。这体现了教育的（　　　）功能。

A．文化传承　　　　　　　　　　　B．文化选择

C．文化交流　　　　　　　　　　　D．文化创新

12.（2021下）党的十九大提出"加快生态文明体制改革，建设美丽新中国"。教育在促进生态文明改革中扮演重要角色。以下不属于教育的生态功能的是（　　　）。

A．通过教育改变人们的生育观念，改善人口结构

B．教育帮助人们形成可持续发展的理念和生态文明的理念

C．教育发展科学技术，提高人们解决环境问题的能力

D．教育增强人们保护自然环境的意识

13.（2020下）人们通过学习，意识到雾霾的危害，积极投身到环境保护中。这体现了教育的（　　　）。

A．文化功能　　　　　　　　　　　B．生态功能

C．政治功能　　　　　　　　　　　D．经济功能

14.（2019下）在教学过程中教师讲授垃圾分类的内容。这体现了教育的（　　　）。

A．经济功能　　　B．政治功能　　　C．生态功能　　　D．文化功能

┃提升题┃》》》

一、判断题

1.（2020下）教育在当代被视为一种投资、一种人力资本。　　　　　　　　　（　　　）

2.（2018上）教育可以"简化"文化，吸取其基本内容；教育可以"净化"文化，消除其不良因素。这体现了教育对文化的发展功能。　　　　　　　　　　　　　　　（　　　）

3．（2020上）我国古代读书人深信"寒窗苦读"才能"金榜题名"，这体现了教育的横向流动功能。　　　　　　　　　　　　　　　　　　　　　　　　　　　　（　　　）

二、单项选择题

1．（2017下）法国的教育制度是集权制，美国和英国的教育制度是分权制。同样是实施分权制，美国和英国的分权制又有不同，都有自己的传统和特色。这主要体现了（　　　）对教育制度的影响。

　　A．经济　　　　　　　B．政治　　　　　　　C．文化　　　　　　　D．自然

2．（2022上）关于文化与教育的关系，下列描述错误的是（　　　）。

　　A．文化是学校教育的基础　　　　　　B．学校教育要"以文化人"

　　C．文化传统越悠久对教育的制约越小　　D．文化知识水平制约着教育的发展水平

3．（2020上）习近平总书记认为"治贫要先治愚"，体现了教育的（　　　）。

　　A．文化功能　　　　　　　　　　　　B．生态功能

　　C．政治功能　　　　　　　　　　　　D．经济功能

4．（2014上）教育的文化功能不包含（　　　）。

　　A．文化批判　　　　　　　　　　　　B．文化选择

　　C．改善人口质量　　　　　　　　　　D．文化传递和保存

5．（2022上）从教育的社会功能来看，一个人通过自学，从一名初级会计晋升为中级会计。这体现了（　　　）。

　　A．社会变迁功能中的经济功能　　　　B．社会变迁功能中的政治功能

　　C．社会流动功能中的横向流动功能　　D．社会流动功能中的纵向流动功能

参考答案

▌ 基础题 ▌ »»»

一、判断题

1．√　**解析**：生产力的发展促进着教学内容、教学方法和教学组织形式的发展与改革。生产力的发展推动了科学技术的发展，也必然促进教学内容的发展与更新。教学方法和教学组织形式的变革也同生产力的发展和科学技术的运用紧密相关。

2．×　**解析**：政治经济制度是教育目的的直接决定力量。

3．×　**解析**：政治经济制度决定教育的性质、教育的领导权、受教育的权利和机会、教育目的和部分教育内容。

4．√　**解析**：现代教育对经济发展的促进功能主要表现在以下三个方面：①教育使潜在的劳动力转变为现实的劳动力，实现劳动力的再生产，促进经济的发展；②教育生产科学技术，促进经济的发展；③教育能够产生经济效益，是经济发展新的增长点。

5．√　**解析**：教育需要大量的人力、物力和财力投入，是消费事业；同时，教育可以再生产劳动力，对经济发展有促进作用。

6．×　**解析**：教育的社会功能主要有两种：社会变迁功能和社会流动功能。教育的社会变迁功能是指教育通过开发人的潜能、提高人的素质，引导人的社会化，影响人的社会实践，能够推动社会的发展与变革，如教育的经济功能、政治功能、生态功能、文化功能等。教育的社会流动功能是

指社会成员通过教育的培养、筛选和提高，能够在不同的社会区域、社会层次、职业岗位、科层组织之间转换、调整和变动，以充分发挥其个人的智慧才能，实现其人生价值。题干"朝为田舍郎，暮登天子堂"体现的是教育的社会流动功能。

二、单项选择题

1．A 解析：生产力对教育的制约作用表现在以下几个方面：①生产力的发展制约教育事业发展的规模和速度；②生产力的发展水平制约人才培养的规格和教育结构；③生产力的发展制约教学内容、教学方法、教学手段和教学组织形式的发展和改革。因此，B、C、D三项均表述正确。

A项，社会经济政治制度制约教育的性质与领导权。故A项表述错误。

2．A 解析：生产力水平制约着课程设置和教学内容。题干描述的是教学内容随生产力的变化而变化。

3．A 解析：生产力的发展制约人才的培养规格和教育结构。蒸汽机时代要求工人具有初等教育水平，电气生产时代要求工人具有中等教育水平，自动化时代要求工人具有高中和专科以上教育水平。这说明不同的生产力发展水平对教育培养的人提出了不同层次的要求。

4．B 解析："学在官府，官师不分"是商周时期的教育方式。在这一教育体制下，统治者将学校设在官府内，官师不分，官吏作为教育行政官员，既是日常政务的管理者，也是教化的施行者。"学在官府"强调学校设在官府中，教育被统治阶级垄断。社会政治经济制度制约着教育的性质与领导权，制约着教育的目的和内容，制约着受教育权。"学在官府"就是统治阶级垄断学校教育，掌控教育领导权的表现。这说明了社会政治经济制度对教育的影响。生产力制约着教育事业发展的规模和速度，制约着人才的培养规格和教育机构，制约着教学内容、教学方法和教学知识的发展和改革。文化影响教育的价值取向，影响教育目的的确立，影响教育内容的选择，影响教学方法的使用。D项为干扰项。

5．C 解析：本题考查政治对教育的影响。2006年国家发布政策对西部农村义务教育免收杂费，2007年将政策扩大到全国农村义务教育学校，之后政策扩大到全国义务教育。国家通过制定政策保障义务教育的实施，体现了政治对教育发展的影响。

6．B 解析：教育的经济功能表现在促进经济增长、推动科技发展和提高劳动者素质三个方面。在生产力三要素中，人是最关键也是最能动的因素。教育通过提高劳动力的熟练程度，进而提高劳动生产率，促进经济的增长和发展。劳动力的质量和数量是生产力发展的重要条件，教育能提高劳动者素质、再生产劳动力。题干所述表明劳动者素质的提高可以提高劳动生产率，这体现了教育的经济功能。

7．D 解析：人力资本指的是人所拥有的诸如知识、技能及其他类似的可以影响从事生产工作的能力。题干所述强调了教育对经济增长的贡献，主要体现了教育的经济功能。

8．D 解析：教育的政治功能表现在：①教育通过培养合格的公民和政治人才为政治服务；②教育通过思想传播、制造舆论为统治阶级服务；③教育是促进社会民主化的重要力量。

9．B 解析：教育具有文化选择的功能，教育进行文化选择的标准有以下几个：①选择有价值的文化精华，剔除文化糟粕，传播文化中的真善美；②按照统治阶级的需要选择主流文化；③按照学生发展的需要选择系统的、科学的、基本的文化，再对这些文化进行教育学意义的改造。

10．B 解析：本题考查教育的文化功能。教育的文化功能包括对文化的选择、保存、融合和创造等。

教育的文化选择功能表现为"吸取"和"排斥"的持续过程。教育对文化的选择意味着价值的取舍和认知意向的改变，并且是为了文化自身的发展与进步。

教育的文化保存功能是指教育者将人类积累起来的文化传递给受教育者，使他们迅捷、经济、高效地获得人类创造的精神文化财富的精华。与此同时，教育将人类的精神文化财富内化为个体的精神财富。

教育的文化融合功能指教育通过传播文化，使不同国家和民族的文化相互交流、融合，促进文化的优化和发展。

教育的文化创造功能主要体现在两个方面：①教育通过培养具有创新精神和创造能力的人来发挥文化的更新和创造功能；②教育直接生产新的文化。

题干中，学校通过让传统文化走进校园，让学生掌握"粽子""香囊"的制作要领，以此来传递、保存优秀传统文化。这体现了教育的文化保存功能，故本题选 B。

11. C 解析：本题考查教育的文化功能。教育通过传播文化，使不同国家和民族的文化相互交流、融合，促进文化的优化和发展。教育通过交流活动，如互派留学生、学者的学术交流等方式促进文化交流。题干中，留学生约翰用中国山水画的绘画技法描绘美国风景，体现了教育促进了不同国家的文化交流。

12. A 解析：教育的生态功能是指教育对保护自然环境、促进可持续发展和建设生态文明所起的积极作用。教育的生态功能具体表现在以下几个方面：①通过环境教育提高人们保护自然环境的意识、责任，使其养成绿色的生活习惯；②通过发展创造科学技术，提高人们解决环境问题的能力，有效地解决生态问题；③形成可持续发展的理念和生态文明的理念。B、C、D 三项属于教育的生态功能。

教育的人口功能包括以下几点：①教育是调控人口数量的重要手段；②教育是提高人口素质（提高人口质量）的重要途径；③教育可以促使人口结构趋于合理；④教育有助于人口流动和迁移。A 项属于教育的人口功能而非教育的生态功能，符合题意，故当选。

13. B 解析：教育的生态功能是指教育对保护自然环境、促进可持续发展和建设生态文明所起的积极作用。题干体现的是教育的生态功能。

14. C 解析：教育的生态功能主要体现为教育既能够提高人们的环保意识，促进可持续发展，又能够促进人们的环保行动，优化生态环境。题干中，在教学过程中讲授垃圾分类，能够提高学生的环保意识、促进学生的环保行动，这体现了教育的生态功能。

提升题 ▶▶▶

一、判断题

1. √ 解析：教育通过传授生产经验、科学知识，使可能的生产力转变为现实的生产力，使知识形态的生产力转变为直接的生产力，不断推动具有更高效能、更为先进的现代生产技术的采用与推广；教育还通过自身结构的优化，分流培养各层次、各类型的劳动者和专门人才，发挥人的劳动积极性与创造性，显著提高劳动生产效率，获得巨大的经济效益。所以，教育在当代被人们视为一种投资、一种人力资本，是提高国民收入和个人收入的一个重要因素。

2. × 解析：教育可以"简化"过于庞杂的文化和"净化"存在的文化丑陋的现象，体现了教育对文化的选择功能。教育对文化的发展功能是指教育在传递文化的基础上，能够生产新的文化。

3. × 解析：教育的社会流动功能，按其流向可分为横向流动功能与纵向流动功能。教育的横向流动功能是指社会成员因受教育和训练而提高了能力，能够在社会区域、职业岗位与社会组织中作水平的流动，即社会成员可以根据社会需要，结合个人的意愿与可能条件更换其工作地点、单位、任务，改变其环境而不提升其社会阶层或科层结构中的地位。教育的纵向流动功能是指社会成员因受教育的培养与筛选，能够在社会阶层、科层结构中作纵向的提升，包括职称晋升、职务升迁、薪酬提级，以提高其社会层级地位与作用。我国古代读书人深信"寒窗苦读"才能"金榜题名"，是因为他们受到教育的培养和筛选后，可以提升其社会阶层。这体现了教育的纵向流动功能。

二、单项选择题

1．C **解析**：教育活动是在一定的文化观念的影响下进行的，不同的文化特性必然会影响教育制度的特性。同为资本主义国家，法国在教育行政上实施集权制，美国和英国在教育行政上实施分权制，都有自己的传统和特色。这与各自的不同文化紧密相关。

2．C **解析**：文化知识制约教育的内容与水平。文化是教育的基础，文化知识始终是教育的主要资源。教育的本质是"以文化人"，即通过传承和创新文化来培养人才。尤其是学校教育，它的一个重要任务就是传授系统的文化知识，包括自然、社会和思维的科学知识。故文化是教育的主要资源，文化知识的发展特性与水平制约着教育的发展特性与水平。A、B、D 三项描述正确。文化传统制约教育的传统与变革。文化传统越久，对教育传统变革的制约性越大。我们在教育改革中遇到的各种阻力，追根溯源都与文化传统中的消极因素具有一定关系。正确认识文化传统对教育传统的制约作用，对于指导我们今天的教育改革具有重要意义。C 项描述错误，符合题意。

3．D **解析**：教育的经济功能包括教育再生产劳动力和教育再生产科学知识两个方面。习近平总书记认为"治贫要先治愚，要把下一代的教育工作做好，特别是要注重山区贫困地区下一代的成长。下一代要过上好生活，首先要有文化，这样将来他们的发展就完全不同"，体现了教育的经济功能。

4．C **解析**：改善人口质量属于教育社会功能里的人口功能。

5．D **解析**：教育的社会功能包括社会变迁功能和社会流动功能。教育的社会变迁功能强调教育通过开发人的潜能，提高人的素质，引导人的社会化，影响人的社会实践，能够推动社会的发展与变革。题干未体现教育推动社会发展与变革，不属于教育的社会变迁功能，可排除 A、B 两项。教育的社会流动功能指社会成员通过教育的培养、筛选和提高，在不同的社会区域、社会层次、职业岗位、科层组织之间转换、调整和变动。社会流动功能按流向可分为横向流动功能和纵向流动功能。横向流动功能指更换其工作地点、单位等，做水平的流动，改变其环境而不提升其在社会阶层或科层结构中的地位；纵向流动功能指社会成员因受教育的培养与筛选，能够在社会阶层、科层结构中做纵向的提升，包括职称晋升、职务升迁、薪酬提级等，以提高其社会地位及作用。题干强调教育带来的职称晋升（初级会计到中级会计），体现了教育的社会流动功能中的纵向流动功能。

第二节　教育与人的发展

基础题 ▶▶▶

一、判断题

1．（2019 上）儿童动作的发展遵循从小动作向大动作发展的规律。　　　　　（　　）

2．（2017 上）对童年期的学生来说，在教学内容上应多讲一些比较具体的、浅显的知识，在教学方法上多采用直观教具，这体现了教育要适应儿童身心发展的个别差异性。（　　）

3．（2019 下）个体身心发展的不平衡性要求教师在教育教学中要循序渐进地开展工作。（　　）

4．（2019 上）小班的幼儿能分清白天、黑夜，到了大班他们才学会看整点、半点、日历。这说明人的发展具有个别差异性。　　　　　　　　　　　　　　　　　　　　（　　）

5.（2014下）遗传素质是人身心发展的物质前提。　　　　　　　　　　　　　　　　（　　）

6.（2021下）推动个体发展的根本动力是有目的、有计划、有组织的学校教育。　　（　　）

7.（2015上）遗传在影响人的身心发展诸因素中起着主导作用。　　　　　　　　　（　　）

8.（2024上）"出淤泥而不染"说明环境因素是影响人身心发展的主要因素。　　　（　　）

二、单项选择题

1.（2023上）意大利教育家蒙台梭利提出，个体的语言敏感期是0~6岁，秩序敏感期是2~4岁，细微事物敏感期是1.5~4岁。这表明人的身心发展具有（　　）。

　　A．顺序性　　　　　　　　　　　　　B．不平衡性

　　C．个别差异性　　　　　　　　　　　D．稳定性和可变性

2.（2021上）幼儿园教育既应杜绝"小学化"，又要注意幼小衔接。这体现了个体身心发展的（　　）。

　　A．互补性　　　　　　　　　　　　　B．阶段性

　　C．衔接性　　　　　　　　　　　　　D．个别差异性

3.（2023下）个体发展遵循着一定的规律，一般而言，婴幼儿期存在一个加速发展期，而到了童年期发展速度则会减缓。这体现了发展的（　　）。

　　A．顺序性　　　　　　　　　　　　　B．不平衡性

　　C．个体差异性　　　　　　　　　　　D．连续性

4.（2021下）研究发现，3~4岁是口语表达能力迅速发展的时期，6岁以前是智力发展最迅速的时期，10岁以前发展运动技能最佳。这表明个体身心发展具有（　　）的特点。

　　A．个体差异性　　　　　　　　　　　B．方向性与顺序性

　　C．连续性与阶段性　　　　　　　　　D．不均衡性

5.（2020下）小王同学上初中后，身高迅速增长，爸爸甚至需仰头才能和他说话，但小王的很多思想和行为依然孩子气十足。这种现象反映了个体身心发展具有（　　）。

　　A．个别差异性　　　　　　　　　　　B．不均衡性

　　C．顺序性　　　　　　　　　　　　　D．阶段性

6.（2024上）有的人自以为是，有的人心直口快，有的人优柔寡断，有的人谨小慎微。这说明人的发展具有（　　）。

　　A．顺序性　　　　　　　　　　　　　B．阶段性

　　C．不平衡性　　　　　　　　　　　　D．个别差异性

7.（2017上）有的人记忆力强，有的人感知力强，有的人语言表达能力强，有的人写作能力强。这说明人的发展具有（　　）。

　　A．顺序性　　　　　　　　　　　　　B．阶段性

　　C．不平衡性　　　　　　　　　　　　D．个别差异性

8.（2020下）子曰："与善人居，如入芝兰之室，久而不闻其香，即与之化矣；与不善人居，如入鲍鱼之肆，久而不闻其臭，亦与之化矣。"以上说法体现了（　　）。

　　A．遗传决定论　　　　　　　　　　　B．环境决定论

　　C．教育决定论　　　　　　　　　　　D．交互作用论

9.（2022下）王安石笔下的方仲永，很小就能读书写诗，后来其父带着他"走穴"赚钱，长大后却"泯然众人"。方仲永的成长体现了哪一因素对个体发展的影响？（　　）

　　A．遗传　　　　B．环境　　　　C．个体成熟　　　　D．自我意识

10.（2017上）墨子说："染于苍则苍，染于黄则黄，所入者变，其色亦变。"这体现的是（　　）。

A. 遗传决定论　　　　　　　　　　B. 环境决定论

C. 教育决定论　　　　　　　　　　D. 自我决定论

11.（2020上）关于遗传素质在人的发展中的作用，以下说法错误的是（　　）。

A. 是人的发展的生理前提　　　　　B. 是决定人的发展的终极条件

C. 其差异性对人的发展有一定影响　D. 其成熟程度制约着人的发展过程

12.（2014下）"蓬生麻中，不扶而直；白沙在涅，与之俱黑。"这句话反映了以下哪一因素对个体发展有影响？（　　）

A. 遗传因素　　　　　　　　　　　B. 环境因素

C. 学校因素　　　　　　　　　　　D. 个体因素

13.（2017上）"秀才不出门，能知天下事。"这体现了知识具有（　　）。

A. 认识价值　　　　　　　　　　　B. 能力价值

C. 陶冶价值　　　　　　　　　　　D. 实践价值

三、多项选择题

（2018下）某幼儿园大班家长集体要求减少游戏的时间，增加拼音教学等内容。对此，以下说法正确的有（　　）。

A. 家长有权干预幼儿园的教育工作

B. 拼音教学超越了幼儿身心发展的阶段

C. 游戏是幼儿的主要活动方式，不应减少游戏时间

D. 家庭教育和学校教育是相辅相成的，应该相互配合

E. 家校共育是幼儿园班级管理工作的重要内容，老师应该遵从家长意愿

提升题 ▶▶▶

一、判断题

1.（2017上）从总体来看，人的发展是一个"给定"与"自我选择""自我构建"相互作用、相互转化的过程。　　　　　　　　　　　　　　　　　　　　（　　）

2.（2014上）因材施教的根本目的在于消除个别差异，最终让每个学生都达到同样水平。（　　）

3.（2021上）"搬运夫与哲学家之间的原始差别要比家犬与猎犬之间的差别小得多。"这句话强调了遗传是人身心发展的决定性因素。　　　　　　　　　　　　　（　　）

二、单项选择题

1.（2018下）学校在传统的按年龄编班的班级内，根据学习能力分组进行教学，这样的教学组织主要是考虑到儿童发展具有（　　）。

A. 顺序性　　　　　　　　　　　　B. 阶段性

C. 差异性　　　　　　　　　　　　D. 稳定性

2.（2014上）下列属于学生个体发展的一般规律的是（　　）。

A. 均衡性　　　　　　　　　　　　B. 统一性

C. 差异性　　　　　　　　　　　　D. 非整体性

3．（2019 上）下列语句蕴含的教育观与其他三项不同的是（　　）。

A．近朱者赤，近墨者黑

B．仁义礼智，非由外铄我也，我固有之也

C．蓬生麻中，不扶而直；白沙在涅，与之俱黑

D．染于苍则苍，染于黄则黄；所入者变，其色亦变

4．（2017 下）同一堂课中，有的学生专心听讲，有的学生心不在焉。长此以往，学生之间的学习成绩有了很大差异。这主要体现了（　　）对人的发展的作用。

A．遗传　　　　　　　　　　　B．学校环境

C．社会环境　　　　　　　　　D．个体主观能动性

5．（2024 上）与"孟母三迁"内涵一致的选项是（　　）。

A．龙生龙，凤生凤，老鼠生儿会打洞

B．师傅领进门，修行在个人

C．一龙生九子，九子各不同

D．染于苍则苍，染于黄则黄

6．（2023 下）下列有关人的身心发展的表述，说法正确的是（　　）。

A．在生理方面，身体的发展是从四肢向头部、从身体的边缘向中心部分进行的

B．遗传是人身心发展的物质基础和自然条件，决定了人的智力并影响着人的个性特征

C．环境对人身心发展的影响具有一定的自发性和偶然性

D．人的身心发展水平取决于学校教育的水平

三、多项选择题

1．（2019 下）下列表述体现了个体心理发展具有顺序性特征的有（　　）。

A．道德判断的发展从自律到他律

B．思维发展从动作到形象再到抽象

C．记忆发展从机械记忆到意义记忆

D．言语发展从独白语向对话语发展

E．学习兴趣由直接兴趣向间接兴趣发展

2．（2022 上）各种心理能力的发展都存在着关键期。下列研究对这一观点提供支持的有（　　）。

A．恒河猴的社会性发展　　　　　B．人类语言的习得

C．动物的视觉剥夺　　　　　　　D．劳伦兹的印刻研究

E．卡特尔的特质研究

参考答案

┃基础题┃ ▶▶▶

一、判断题

1．× **解析**：儿童身心发展具有顺序性，个体动作的发展遵循自上而下、由躯体中心向外围、从大肌肉动作到小肌肉动作的规律。

2．× **解析**：对童年期的学生来说，在教学内容上应多讲一些比较具体的、浅显的知识，在教学方法上多采用直观教具，这体现了教育要适应儿童身心发展的阶段性。童年期的学生与青年期学

生不同，儿童的思维能力还没有得到大的发展。

3．× **解析**：个体身心发展的不平衡性是指个体身心发展不是一个匀速前进的过程，发展速度在其整个发展过程中，呈现出加速与平缓交替发展的状态。个体身心发展的不平衡性要求教育教学要抓住关键期，以求在最短的时间内取得最佳的效果。个体身心发展的顺序性决定了教师的教育教学活动要根据个体身心发展的顺序性特点循序渐进地进行。

4．× **解析**：个别差异性是指每个人的发展优势、发展速度与高度往往是千差万别的。人的发展的阶段性表现为个体身心发展的年龄特征，即在发展的不同年龄阶段中身心发展的一般的典型的特征。题干描述的是小班幼儿和大班幼儿不同的表现，说明在不同的年龄阶段，儿童的心理特征是不一样的，体现了阶段性的特点。

5．√ **解析**：遗传因素在人的发展过程中提供物质前提。

6．× **解析**：影响个体发展的因素主要有遗传、环境、学校教育和个体的主观能动性四个方面。其中，个体的主观能动性是推动个体发展的根本动力。学校教育在个体发展中起主导作用。

7．× **解析**：影响人身心发展的因素有遗传、环境、学校教育以及人的主观能动性。遗传素质是人的身心发展的物质前提，学校教育在人的身心发展中起主导作用。

8．× **解析**：本题考查影响人身心发展的因素。影响人的身心发展的因素有遗传、环境、学校教育、主观能动性。其中，环境为人的发展提供了现实条件和可能性；主观能动性在人的身心发展中起决定性作用。题干中，"出淤泥而不染"比喻在污浊的环境中生长，却能保持纯真的品质而不沾染坏习气。这说明个人主观能动性战胜了环境的影响，发挥了决定性作用。

二、单项选择题

1．B **解析**：本题考查个体身心发展的特点。敏感期是指身体或心理的某一方面机能和能力最适宜形成的时期。题干强调个体身心发展的某些方面存在敏感期，这说明个体的发展并不总是匀速直线前进的，身心发展的某个方面在不同的年龄阶段发展的速度是不均衡的。这体现的是个体身心发展的不平衡性。

2．B **解析**：个体身心发展的阶段性是指个体在不同的年龄阶段表现出身心发展不同的总体特征及主要矛盾，面临着不同的发展任务。个体身心发展的阶段性决定了教育工作必须根据不同年龄阶段的特点分阶段进行，在教育教学的要求、内容和方法的选择上，不能搞"一刀切"。同时，还要注意各阶段间的衔接和过渡。题干中，幼儿园教育既应杜绝"小学化"，又要注意幼小衔接，体现了个体身心发展的阶段性。

3．B **解析**：本题考查个体身心发展的一般规律。

顺序性指个体身心发展是一个由低级到高级、由简单到复杂、由量变到质变的过程。

不平衡性指个体同一方面的发展在不同年龄阶段是不均衡的，在不同方面所达到的发展水平或成熟的时期是不同的。

个体差异性指不同个体在同一方面发展的速度和水平各不相同，在不同方面的发展存在差异，以及具有不同的个性心理倾向。

连续性指在心理发展过程中，后一阶段的发展总是以前一阶段的发展为基础，而又在此基础上萌发出下一阶段的新特征。

题干强调人的发展在不同年龄阶段的速度不均衡，体现了个体发展的不平衡性。故本题选 B。

4．D **解析**：个体身心发展的不均衡性是指人的发展并不总是匀速直线前进的。首先，身心发展的同一方面，在不同的年龄阶段发展速度不均衡。其次，身心发展的不同方面，发展速度、起始时间、达到的成熟水平是不同的。题干中，3~4 岁是口语表达能力迅速发展的时期，6 岁以前是智力发展最迅速的时期，10 岁以前发展运动技能最佳，这些说明不同时期个体身心的不同方面发展速度不同，体现了个体身心发展的不均衡性。

5．B　解析：个体身心发展的不平衡性是指个体的发展并不总是匀速直线前进的，不同系统的发展速度、起始时间、达到的成熟水平是不同的；同一机能系统在发展的不同时期（年龄阶段）也有不同的发展速度。题干中，小王同学在身高方面发展很快，但是在思想和行为上还处于比较幼稚的状态，体现了不同的方面发展速度不同，反映了个体身心发展具有不均衡性。

6．D　解析：本题考查人的身心发展特点。人的身心发展的顺序性表现为个体的身心发展是一个由低级到高级、由简单到复杂、由量变到质变的连续不断的发展过程。人的身心发展的阶段性是指人在不同的年龄阶段表现出身心发展不同的总体特征及主要矛盾，面临着不同的发展任务。人的身心发展的不平衡性指人的发展并不总是匀速直线前进的。人的发展的个别差异性表现在不同个体的不同方面的发展存在差异和不同个体具有不同的个性心理倾向。题干中，不同的人有不同的特点体现了人的发展具有个别差异性。

7．D　解析：人的身心发展的个别差异性是指不同的群体与个体在身心诸多方面都存在着差异。

8．B　解析：环境决定论认为人的发展主要依靠外在力量，诸如环境的刺激和要求、他人的影响和学校教育等。环境决定论强调外部力量的作用。题干中的话的意思是"和品德高尚的人交往，就好像进入了摆满兰花的房间，久而久之就闻不到兰花的香味了，这是因为自己和香味融为一体了；和品行低劣的人交往，就像进入了卖臭咸鱼的店铺，久而久之就闻不到咸鱼的臭味了，这也是因为自己与臭味融为一体了。"这句话强调身边的环境对人的发展的决定作用，体现的是环境决定论。

9．B　解析：本题考查影响个体身心发展的因素。影响个体身心发展的因素包括遗传、环境、学校教育以及个体主观能动性。题干中，方仲永虽有天赋，却因为父亲没有提供良好的学习环境，最终泯然众人。这主要体现了环境因素对个体发展的影响。故本题选 B。

10．B　解析："染于苍则苍，染于黄则黄"的意思是丝原本是白色的，把它放到青色的染缸中，白丝就变成了青色；把它放到黄色的染缸中，白丝就变成了黄丝。这体现的是环境决定论。

11．B　解析：遗传素质是指从上代继承下来的生理解剖上的特点，如机体的结构、形态、感官和神经系统等。遗传素质在人的发展中的作用主要表现在以下几个方面：①遗传素质是人的发展的生理前提，为人的发展提供了可能。②遗传素质的成熟过程制约着人的身心发展过程及其阶段。个体的遗传素质有一个发展成熟过程，只有机体某一部分达到成熟程度，才会出现某种机能和行为。③遗传素质的差异对人的发展有一定的影响作用。④遗传素质具有可塑性。⑤遗传素质在个体身心发展中不起决定作用。B 项说法错误。

12．B　解析："蓬生麻中，不扶而直；白沙在涅，与之俱黑"强调了环境对个体发展的影响。

13．A　解析：文化知识蕴含着有利于人的发展的多方面价值，即认识价值、能力价值、陶冶价值、实践价值。其中，认识价值主要指知识包含着许许多多的概念、范畴、命题、原理、因果关系与逻辑结果，学生掌握知识，意味着他对知识所指的事物的认识，弄清事物是什么，把握事物的特性，意味着他掌握了认识的工具。"秀才不出门，能知天下事"意思是说，读书人即使不出家门，但是凭着读书看报，也能知道外界的事情，体现了知识具有认识价值。

三、多项选择题

BCD　解析：对幼儿园学生进行拼音教学违背了儿童身心发展的阶段性特征，B 项正确。游戏教学符合幼儿园学生的身心发展阶段特征，C 项正确。家校共育强调学校主导、家庭参与，故家长应配合幼儿园的恰当教育，D 项正确，E 项错误。家长有权对学校教育提出意见，但无权干预幼儿园的教育工作，A 项错误。

｜提升题｜》》》

一、判断题

1. √　**解析**：从总体来看，人的发展十分复杂，是一个生活与生长的过程，是一个"给定"与"自我选择""自我构建"互相作用、互相转化的过程。它体现为个体内部的生理、心理、社会文化与外显行为方式连续又比较稳定的发展变化。

2. ×　**解析**：因材施教的根本目的在于发挥每个个体的长处，弥补其不足。

3. ×　**解析**：影响个体身心发展的因素有遗传、环境、个体主观能动性和教育等。其中，遗传素质为个体身心发展提供了可能，但在个体身心发展中不起决定作用；环境为人的发展提供了现实条件；个体主观能动性是促进个体发展从潜在的可能状态转向现实状态的决定性因素；学校教育在个体身心发展中起主导作用。马克思指出，"搬运夫与哲学家之间的原始差别要比家犬和猎犬之间的差别小得多。他们之间的鸿沟是分工造成的"。这句话强调了后天环境的重要性。

二、单项选择题

1. C　**解析**：学生身心发展具有差异性是指学生心理发展的速度、最终达到的水平以及发展的优势领域有差别。学校在传统的按年龄编班的班级内，根据学习能力分组进行教学，就是根据学生的差别因材施教，体现了儿童身心发展的差异性。

2. C　**解析**：个体发展的一般规律有连续性和阶段性、定向性和顺序性、不均衡性、差异性以及互补性。

3. B　**解析**：根据影响人的身心发展的动因，关于影响人的身心发展因素的主要观点可以分为内发论和外铄论。内发论者认为人类个体的心理发展完全是由个体内部所固有的自然因素预先决定的，心理发展的实质是这种自然因素按其内在的目的或方向而展现。外铄论认为个体心理发展的实质是环境影响的结果，环境影响决定个体心理发展的水平与形式。A项意为接近好人可以使人变好，接近坏人可以使人变坏，指客观环境对人有很大影响，属于外铄论的观点。B项意为仁义礼智这些品质是我本来就有的，而不是由外部给予的，属于内发论的观点。C项意为蓬草长在麻地里，不用扶持也能挺立住；白沙混进了黑土里，就会变得和土一样黑，比喻环境对人的影响，属于外铄论的观点。D项为墨子的"素丝说"，意为人的性格形成就像是白色的丝线，被青色所染就变为青色，被黄色所染就变为黄色，比喻性格的形成受环境的影响，属于外铄论的观点。

4. D　**解析**：个体的主观能动性是指人的主观意识对客观世界的反映和能动作用。主观能动性是人的身心发展的动力，是促进个体发展的决定性因素。题干中"学生之间的学习成绩有了很大差异"属于个体主观能动性对人的身心发展的影响。

5. D　**解析**：本题考查环境对人的影响。题干中，"孟母三迁"指孟轲的母亲为选择良好的环境教育孩子，三次迁居。这个典故强调了环境对人的影响。A项强调遗传因素。B项强调个人主观能动性。C项强调个体差异。D项意为把布放到不同颜色的染缸中，就会染上不同的颜色，引申为环境的熏陶、社会风气的感染，会对人产生重要的影响，强调环境的作用。

6. C　**解析**：本题考查人的身心发展规律及影响因素。

人的生理发展遵循从头部向四肢，从中心向身体边缘部分发展的顺序。A项说法错误。

遗传为人的身心发展提供物质基础，但并不决定人的智力与个性。人的智力受多方面因素的影响，有些个性特征是后天形成的。B项说法错误。

环境为人的身心发展提供客观条件，但环境的影响具有多样性、自发性与偶然性，环境能否影响人的身心发展取决于主体的"选择性"。C项说法正确，当选。

学校教育对人的身心发展起主导作用，人的身心发展水平取决于个体主观能动性。D项说法错误。

三、多项选择题

1. BCE　**解析：**在正常情况下，人的发展具有一定的方向性和先后顺序，既不能逾越，也不会逆向发展。就心理而言，个体的发展总是从无意注意到有意注意，从机械记忆到意义记忆，从具体形象思维到抽象逻辑思维，从喜怒哀乐等一般情绪发展到道德感、理智感、美感等高级情感，学习兴趣由直接兴趣向间接兴趣发展，言语发展从对话语到独白语发展，道德判断从他律到自律发展。A、D两项说法错误。

2. ABCD　**解析：**关键期是指人或动物的某些行为与能力的发展有一定的时间，如在此时给予适当的良性刺激，会促使行为与能力得到更好的发展，反之，发展会受到阻碍。一般认为有四个领域的研究可以证明关键期的存在：恒河猴的社会性发展、鸟类的印刻、人类语言的习得以及动物的视觉剥夺。

E选项，卡特尔对人格特质进行了分析，跟关键期无关。

第三章 教育目的

第一节 教育目的的基本问题

基础题 ▶▶▶

一、判断题

1.（2016下）教育方针是全部教育活动的主题和灵魂，是教育的最高理想。 （   ）

2.（2014下）教育目标是社会对教育所要成就的社会个体的质量规格的总体要求。 （   ）

3.（2018上）教育目的的个人本位论认为，要根据个体的本能需要、兴趣和爱好来确定教育目的。 （   ）

4.（2023上）社会本位论认为，教育只有在有助于个人发展时才有价值。 （   ）

5.（2018下）教育目的是对教育活动所要培养的人的个体素质的总的预期与设想。从不同的哲学观点出发就有不同的教育目的。所以，教育目的是人的主观意志的产物。 （   ）

二、单项选择题

1.（2022下）下列选项中不属于教育根本问题的是（   ）。

A．为谁培养人 　　　　　　　　　　B．如何评价人

C．怎么培养人 　　　　　　　　　　D．培养什么样的人

2.（2016下）教育是培养人的社会活动，教育目的常常带有社会不同时期的特点。这体现了教育目的的（   ）。

A．时代性 　　　　　　　　　　　　B．社会性

C．继承性 　　　　　　　　　　　　D．规定性

3.（2021下）下列关于教育目的与教育方针的论述，错误的是（   ）。

A．教育方针是指教育事业发展的指导思想，教育目的需要通过贯彻教育方针来实现

B．教育目的是教育活动的出发点和最终归宿，教育方针是教育活动的总方向和总指针

C．教育方针是学术性概念，教育目的是政治性概念

D．教育目的是针对人的发展而言，教育方针反映的是国家对教育事业的整体要求

4.（2021下）"能在10分钟内正确完成3道四则混合运算题"，这一表述属于（   ）。

A．培养目标 　　　　　　　　　　　B．教育目标

C．教学目标 　　　　　　　　　　　D．课程目标

5.（2014下）明确规定教育"为谁（哪个社会、哪个阶层）培养人"，体现了教育目的对教育活动的（   ）。

A．定向功能 　　　　　　　　　　　B．调控功能

C．评价功能 　　　　　　　　　　　D．指导功能

6.（2022 上）关于教育目的对学校教育的影响，下列描述错误的是（　　　）。

A．教育目的是学校办学的根本指导思想

B．偏离了教育目的，教育质量就无从谈起

C．教育目的规定着大部分学生发展的总方向

D．教育目的对学校教育内容的选择起着调控作用

7.（2020 下）"学校的办学质量以及学生的发展质量如何，可以有很多的标准来衡量，但根本标准乃是教育目的"。这表明教育目的具有（　　　）。

A．定向作用　　　　　　　　　　　B．调控作用

C．评价作用　　　　　　　　　　　D．激励作用

8.（2019 下）教学目的决定教学内容。这体现了教育目的的（　　　）。

A．定向功能　　　　　　　　　　　B．调控功能

C．评价功能　　　　　　　　　　　D．选择功能

9.（2023 上）根据教育目的可以对教育活动的方向和质量做出判断，衡量教育活动的得与失。这体现了教育目的的（　　　）功能。

A．调控　　　　　　　　　　　　　B．评价

C．指导　　　　　　　　　　　　　D．定向

10.（2023 下）在实际教育活动过程中，教育计划的实施、教育内容的选择、教育手段和教育技术的运用等，都要根据教育目的进行调整。这主要体现出教育目的具有（　　　）。

A．导向功能　　　　　　　　　　　B．调控功能

C．评价功能　　　　　　　　　　　D．激励功能

11.（2020 上）以下不属于教育目的的个人本位论的主张的是（　　　）。

A．个人价值高于社会价值

B．个人的一切发展都有赖于社会

C．教育的职能是发展人的潜在本能

D．要根据个人发展的需要制定教育目的

12.（2014 上）"在教育的目的决定方面，个人不具有任何价值，个人不过是教育的原料，个人不可能成为教育的目的。"这表达的教育的价值取向是（　　　）。

A．社会本位　　　　　　　　　　　B．个人本位

C．团体本位　　　　　　　　　　　D．虚无主义

13.（2017 上）"书中自有颜如玉，书中自有黄金屋，书中自有千钟粟"反映的教育目的价值取向是（　　　）。

A．个人本位论　　　　　　　　　　B．社会本位论

C．国家本位论　　　　　　　　　　D．能力本位论

14.（2015 上）选择和确立教育目的时，在基本价值取向方面，长期存在的对立是（　　　）的对立。

A．神本位与人本位　　　　　　　　B．个人本位与社会本位

C．社会本位与自然本位　　　　　　D．个人本位与自然本位

15.（2024 上）福禄贝尔主张，儿童应在社会生活中自我表现、自我发展，教师对儿童的教育不应加以束缚、压制，应顺应其本性，满足其本能的需要。这种观点反映的教育目的的价值取向是（　　　）。

A．文化本位论　　　　　　　　　　B．个人本位论

C．生活本位论　　　　　　　　　　D．社会本位论

三、多项选择题

1.（2023 下）下列对于教育目的的描述正确的是（　　）。

A. 一切教育活动都是围绕教育目的组织的

B. 教育目的即国家对培养人才的质量和规格的总要求

C. 教育目的由学校提出，不同学校的教育目的可以有所不同

D. 教育目的的内容主要包括"培养为什么社会服务的人"和"培养什么素质的人"

E. 教育目的反映了特定时期社会政治、经济的要求，是特定时期国家教育发展总的指导思想和发展方向

2.（2021 上）教育目的应阐明（　　）。

A. 怎样办教育　　　　　　　　　　B. 为谁培养人

C. 怎样培养人　　　　　　　　　　D. 培养什么样的人

E. 办什么样的教育

┃提升题┃》》》

一、判断题

1.（2021 上）教育目的是教育方针的政策性表达。（　　）

2.（2014 上）教育目的与教育方针的主要区别在于教育目的强调培养人的质量和规格，而教育方针强调"办什么样的教育，怎样办教育"。（　　）

二、单项选择题

1.（2020 下）某老师的教案中写道："通过对《落花生》的学习，学生对朴实无华、甘于奉献的'落花生'精神有所体悟。"这种教学目标所体现的教育目的属于（　　）。

①价值性的教育目的　　　　　　　　②功能性的教育目的

③内在教育目的　　　　　　　　　　④外在教育目的

A. ①③　　　　　B. ①④　　　　　C. ②③　　　　　D. ②④

2.（2022 下）进入信息化时代后，很多单位把会使用电脑作为招聘的基本要求，这主要体现了教育目的（　　）。

A. 受社会交往范围的制约　　　　　B. 受社会文化传统的制约

C. 受社会政治制度的制约　　　　　D. 受社会生产力发展水平的制约

3.（2016 上）"办人民满意的教育"体现了（　　）对教育质量的规定性。

A. 教育方针　　　　　　　　　　　B. 教育目的

C. 教育功能　　　　　　　　　　　D. 教育政策

4.（2018 上）教育内容的确定、教育活动形式和教育方法的选择都必须以教育目的为最高准则。这体现了教育目的的（　　）。

A. 导向功能　　　　　　　　　　　B. 调控功能

C. 评价功能　　　　　　　　　　　D. 反馈功能

5.（2019 上）"教育要为社会服务，服从社会需要，培养社会所需要的公民"，主张此观点的代表人物有（　　）。

A. 马斯洛　夸美纽斯　　　　　　　B. 涂尔干　福禄贝尔

C. 柏拉图　孔德　　　　　　　　　D. 萨特　利托尔诺

三、多项选择题

（2022 下）下列选项中对教育方针的论述正确的有（　　　）。

A．教育方针内容一般包括教育的性质、地位、目的和基本途径

B．学校教育工作全面贯彻党的教育方针，就是把党的教育方针全面贯彻到学校思想政治教育工作之中

C．新时代党的教育方针是落实立德树人根本任务，发展素质教育，推进教育公平，培养德智体美劳全面发展的社会主义建设者和接班人

D．教育方针是国家为了发展教育事业，在一定阶段，根据社会和个人两方面发展需求和可能而制定的具有战略意义的总政策或总的指导思想

E．新时代党的教育方针中有关全面发展的内涵从原来的"德智体美"四个领域扩展为"德智体美劳"五个领域，赋予党的教育方针以时代的新内容、新要求

参考答案

基础题 ➤➤➤

一、判断题

1．×　**解析：** 教育目的是全部教育活动的主题和灵魂，是教育的最高理想。教育方针是国家教育工作的基本政策和指导思想，是国家根据政治经济的要求，为实现教育目的所规定的教育工作的总方向。

2．×　**解析：** 教育目的是指教育所要培养的人的质量和规格的总要求，即解决把受教育者培养成什么样的人的问题。教育目的是对各级各类教育的人才培养标准的总体要求，而培养目标（教育目标）、专业培养规格是某一层次、类别教育或某一专业的具体要求。

3．√　**解析：** 教育目的的个人本位论，把人作为教育目的的出发点和归宿，认为教育目的应当由人的本性、本能的需要来决定。

4．×　**解析：** 本题考查社会本位论和个人本位论的区别。社会本位论和个人本位论是教育目的的两种价值取向。社会本位论强调教育对于社会发展的价值；个人本位论强调教育对于个人发展的价值。

5．×　**解析：** 教育目的的确定既有主观性，又有客观性。教育目的总是由人制定，体现着人的主观意志。但其确定的最终依据，是社会发展的客观需要和受教育者身心发展的客观规律。

二、单项选择题

1．B　**解析：** 本题考查教育时政。2022 年 4 月 25 日，习近平在中国人民大学考察时强调，"为谁培养人、培养什么人、怎样培养人"始终是教育的根本问题。要坚持党的领导，坚持马克思主义指导地位，坚持为党和人民事业服务，落实立德树人根本任务，传承红色基因，扎根中国大地办大学，走出一条建设中国特色、世界一流大学的新路。"如何评价人"不属于教育的根本问题，故本题选 B。

2．A　**解析：** 教育目的的时代性是指教育受到社会及各个时代的制约，这也使得教育目的在历史的发展中常常带有社会不同时代的特点，体现不同时代的要求。

3．C　**解析：** 教育目的是把受教育者培养成一定社会需要的人的总要求，是学校教育所要培养

的人的质量规格。教育目的是整个教育工作的方向，是教育活动的出发点和归宿，在教育活动中居于主导地位。教育方针是国家教育工作的基本政策和指导思想，是国家根据政治经济的要求，为实现教育目的而规定的教育工作的总方向和总指针。B项说法正确，不符合题意。

教育目的与教育方针的区别体现在以下方面：①教育目的是理论术语，是学术概念；教育方针是工作术语，是政治性概念。C项表述错误，符合题意，故当选。②教育目的是教育工作者和学生通过教育活动追求的终极目标，教育方针是教育事业发展的指导思想，教育目的要通过贯彻教育方针来实现。A项说法正确，不符合题意。③教育目的着重对人才培养的质量规格做出规定，是针对人的发展而言的，教育方针反映的是国家对教育事业整体的要求和希望。D项说法正确，不符合题意。

4. C **解析**：教学目标是教育者在教育教学的过程中，在完成某一阶段（如一节课、一个单元或一个学期）工作时，希望受教育者达到的要求或产生的预期变化，是对受教育者通过教学以后将能做什么的一种明确的、具体的表述。题干中的目标反映的是学生在一节课的学习后能达到的运算要求，属于教学目标。

5. A **解析**："为谁（哪个社会、哪个阶层）培养人"是教育目的的培养目标，对教育者和受教育者有目标导向作用，体现了教育目的的定向功能。

6. C **解析**：教育目的具有定向功能。它规定了学校教育和所有学生发展的根本方向，是学校办学的根本指导思想，是学生发展的总方向，是学校教育工作的起点和归宿，并制约其全过程。学校只能根据教育目的办学，否则，就会偏离正确的办学方向。A项正确，C项错误。

教育目的具有评价功能。它是衡量学校办学质量和学生发展质量的根本标准。遵循并实现了学校教育目的的学校，其教育质量就高。相反，偏离了教育目的，其教育质量就不可能高。B项正确。

教育目的具有调控功能。它规定了学校教育培养人才的基本质量规格，对学校教育的内容和活动方式起选择、协作、调节和控制作用。D项正确。

7. C **解析**：教育目的具有定向、调控、评价、激励作用。其中，教育目的的评价作用的表现为学校的办学质量以及学生的发展质量如何，可以有很多的标准来衡量，但根本标准乃是教育目的。一般来说，凡是遵循并实现了学校教育目的的学校，其教育质量就高。相反，偏离了教育目的，其教育质量就不可能高。题干强调衡量和评价学校的办学质量和学生的发展质量，体现的是教育目的的评价作用。

8. D **解析**：教育目的的选择功能集中体现在教育活动与教育内容的选择上。教育目的的定向功能指教育目的能给教育指示未来方向（"为谁培养人""培养什么样的人"），还包含解决现实教育问题的具体路径。教育目的的调控功能指一定的教育目的是一定社会根据自身或人的发展需要对教育活动进行调节控制的一种重要手段，以便达到其自身发展的目的。教育目的的评价功能是指教育目的不仅是教育活动应遵循的根本指导原则，而且也是检查评价教育活动的重要依据。

9. B **解析**：本题考查教育目的的功能。教育目的具有指向、激励、评价、调控等功能。题干中，教育目的对教育活动的方向与质量、得与失的评判作用，体现的是教育目的的评价功能。

10. B **解析**：本题考查教育目的的功能。

教育目的的导向功能主要指教育目的具有引导教育发展方向的作用。

教育目的的调控功能指一切教育活动过程都是实现教育目的的过程，教育过程在教育目的的调节控制下进行，教育目的在教育过程中实现。

教育目的的评价功能指教育目的既是一个国家人才培养的质量规格和标准，也是衡量教育质量和效益的重要依据。

教育目的的激励功能指教育目的包含了对学生成长的期望和要求，不仅激励着教育者通过一定的方式，把教育目的和培养目标转化为学生的学习目的，也激励着学习者自觉地、积极地参与教育活动。

题干中，在教学过程中，根据教育目的调整教学计划的实施、教育内容的选择、教育手段和教育技术的运用，体现了教育目的的调控功能。故本题选 B。

11. B 解析：个人本位论主张教育目的应以个人需要为根本或出发点，是强调以个人自身完善和发展的需要为主来制定教育目的和建构教育活动的教育目的理论。个人本位论的观点包括以下几点：①教育目的的制定应当由个人的需要、潜能和个性决定，至于社会的要求是无关紧要的；②充分重视人的价值、个性发展和需要，个人价值高于社会价值；③教育的目的在于帮助人们充分地实现他们的自然潜能；④教育的效果以人的个性自由的发展程度来衡量。A、C、D 三项不符合题意。个人的一切发展都有赖于社会是社会本位论的观点。B 项正确。

12. A 解析：诺笃尔普认为在教育目的的决定方面，个人不具有任何价值，个人不过是教育的原料，个人不可能成为教育的目的。诺笃尔普是社会本位论的代表人物。

13. A 解析：题干中的话强调教育为个人带来了各种利益，属于个人本位论的价值取向。

14. B 解析：选择和确立教育目的时，在基本价值取向方面，长期存在个人本位和社会本位的对立。

15. B 解析：本题考查福禄贝尔的教育目的观。福禄贝尔主张教育顺应儿童本性，促进儿童自我发展，强调的是教育满足个人自身发展需要，属于个人本位论。

三、多项选择题

1. ABD 解析：本题考查教育目的。教育目的是教育的核心问题，是国家对教育培养人的总的要求，它规定着人才的质量和规格，对教育工作具有全程性的指导作用。它是教育活动的出发点和归宿。教育目的是教育活动的主题与灵魂，是教育的最高理想。它包含"为谁培养人""培养什么样的人"的问题。A、B、D 三项说法正确。

教育目的是国家提出的。C 项说法错误。

教育方针反映了特定时期社会政治和经济的要求，是特定时期国家教育发展总的指导思想和发展方向。E 项说法错误。

2. BD 解析：教育目的在对人才培养的质量规格方面的要求较为明确，一般只包含"为谁培养人""培养什么样的人"的问题。B、D 两项正确。

教育方针除了包含"为谁培养人""培养什么样的人"的问题之外，还包括"怎样培养人"的问题和教育事业发展的基本原则，而且在"办什么样的教育""怎样办教育"方面的要求较为明确。A、C、E 三项属于教育方针的内容，不符合题意。

| 提升题 | ≫

一、判断题

1. × 解析：教育目的是把受教育者培养成一定社会需要的人的总要求，是学校教育所要培养的人的质量规格，主要回答的是"教育要培养什么样的人"这样一个根本问题。教育方针是国家或政党在一定历史阶段提出的有关教育工作的总方向和总指针，是教育基本政策的总概括。教育方针是教育目的的政策性表达，但是由于教育方针往往是一个国家教育工作总的要求，所以它还要特别反映一个国家教育的根本性质、总的指导思想和教育工作的总方向等要素。同时，教育方针具有政策的规定性，在一定时期内具有必须贯彻的强制性，其反映的教育目的也具有某些规定性或强制性。

2. √　**解析**：教育目的在对人才培养的质量规格方面的要求较为明确；教育方针在"办什么样的教育""怎样办教育"方面的要求较为明确。

二、单项选择题

1. A　**解析**：教育目的从其作用的特点来看，有价值性和功用性之分，从其体现的范围来看，有内在的教育目的和外在的教育目的之分。

价值性教育目的是指教育在人的价值倾向性发展上意欲达到的目的，内含对人的价值观、生活观、道义观、审美观、社会观、世界观等方面发展的指向和要求，反映教育在建构和引领人的精神世界、人文情感、人格品行、审美意识、生活态度、社会倾向等方面所要达到的结果。

功用性教育目的是教育在发展人从事或作用于各种事物的活动性能方面所预期的结果，内含对人的功用性发展的指向和要求，在教育实践中以能力、技能技巧等方面的具体要求呈现出来。

内在教育目的即具体教育过程（或某门课程建设）要实现的直接目的，是对具体教育活动预期结果的直接指向，内含对学习者情意品行、知识认知、行为技能等方面发展变化预期的结果，它是指通过某门课程及其教学目标或某一单元、某一节课的教学目标可预期的和所应体现出来的具体结果。

外在教育目的是指教育目的领域位次较高的教育目的，它体现一个国家（或一定地区）的教育在人的培养上所预期达到的总的目标和结果，是一个国家（或一定地区）对所属各级各类教育培养人的普遍的原则要求。

题干中，通过对《落花生》的学习，学生对"落花生"精神有所体悟，体现了教育对人的精神世界的引领，是一节课具体的可预期的结果，属于价值性教育目的、内在教育目的。

2. D　**解析**：本题考查制定教育目的的依据。教育目的的制定，总是以一定的社会基础为前提的，受各种社会条件的制约。从社会关系认识教育目的，教育目的受社会交往范围、社会生产力发展水平、社会政治制度以及文化传统制约。生产力发展的不同要求，体现在教育目的上，就是不同社会对人才的核心素质和质量规格要求不同，使教育目的表现出不同的社会特点。在信息化社会，单位把会使用电脑作为招聘的基本要求，这体现了社会生产力发展水平对教育目的的影响。故本题选 D。

3. A　**解析**：教育目的强调教育活动要达到的最终结果，教育方针则在"办什么样的教育""怎样办教育"方面显得更为突出。题干中"办人民满意的教育"为教育方针。

4. A　**解析**：教育目的具有导向、调控和评价功能。教育目的的导向功能是指教育目的规定了教育活动所应培养的人才质量和规格，实际上就是教育活动的方向。教育制度的建立、教育内容的确定、教育活动形式及教育方法的选择等都必须以教育目的为最高准则；同时，幼儿园、小学、中学以及大学教育，学校、家庭和社会教育等也都应互相配合，以教育目的的实现为整体和最高的目标。

5. C　**解析**：题干描述的是教育目的的社会本位论。社会本位论是主张教育目的应以社会需要为根本或出发点，强调以社会发展的需要为主来制定教育目的和建构教育活动的一种教育目的理论。社会本位论的代表人物有荀子、柏拉图、涂尔干、凯兴斯泰纳、巴格莱、纳托普（又译为诺笃尔普）、孔德等。教育目的的个人本位论主张教育目的应以个人需要为根本或出发点，强调以个人自身完善和发展的需要为主来制定教育目的和建构教育活动。个人本位论的代表人物有孟子、卢梭、罗杰斯、福禄贝尔、裴斯泰洛齐、马斯洛、康德、萨特、

马利坦、奈勒、爱伦·凯、帕克等。综上所述，只有 C 项中的教育家均属于社会本位论的代表人物。

三、多项选择题

ACDE　**解析**：本题考查教育方针的概念。

《教育大辞典》中将教育方针定义为"国家为了发展教育事业，在一定阶段，根据社会和个人两方面发展的需求与可能而制定的具有战略意义的总政策或总的指导思想。其内容一般包括教育的性质、地位、目的和基本途径等"。A、D两项正确。

2018年，习近平总书记在全国教育大会上发表重要讲话，明确提出，教育工作要"全面贯彻党的教育方针"，强调"把党的教育方针全面贯彻到学校工作各方面"。不仅如此，习近平总书记还首次将党的教育方针中有关全面发展的内涵从原来的"德智体美"四个领域扩展为"德智体美劳"五个领域，赋予党的教育方针以时代的新内容、新要求。B项错误，E项正确。

党的十九大报告中提出"要全面贯彻党的教育方针，落实立德树人根本任务，发展素质教育，推进教育公平，培养德智体美全面发展的社会主义建设者和接班人"。C项正确。

故本题选ACDE。

第二节　我国教育目的概述

基础题 ▶▶▶

一、判断题

1.（2014上）德、智、体、美、劳是受教育者全面发展的基本构成。　　　　　　　　（　　　）

2.（2015下）美育就是艺术教育。　　　　　　　　　　　　　　　　　　　　　　（　　　）

3.（2015上）知识经济时代，知识显得很重要，因此学校教育的目的就是将已成定论的知识教给学生。　　　　　　　　　　　　　　　　　　　　　　　　　　　　　　　　　　　（　　　）

4.（2022上）从"应试教育"转向"素质教育"，说明当代教学从重视知识传授转为重视能力培养。　　　　　　　　　　　　　　　　　　　　　　　　　　　　　　　　　　　　　（　　　）

二、单项选择题

1.（2017上）下列选项中，不属于我国教育目的基本特征的是（　　　）。

A. 教育目的有鲜明的政治方向

B. 坚持全面发展与个性发展的统一

C. 优越的社会制度保障教育的极高社会效益

D. 以马克思主义关于人的全面发展学说为指导思想

2.（2014下）中华人民共和国成立以来，我国教育目的虽然在文字表达方面几经变化，但是其基本精神一以贯之，这就是（　　　）。

A. 坚持社会为本　　　　　　　　　　　　B. 始终弘扬个性

C. 强调人的全面发展　　　　　　　　　　D. 培养专业人才

3.（2021下）"人的全面发展"的准确内涵是（　　　）。

A. 人的劳动能力的全面发展　　　　　　　B. 人的才艺的多方面发展

C. 人的自由而全面的发展　　　　　　　　D. 人的智力和体力的统一发展

4.（2015上）我国全面发展教育的基本内容始终强调把（　　　）放在最优先的位置。

A. 德育　　　　　　B. 智育　　　　　　C. 体育　　　　　　D. 美育

5.（2021上）某初二老师组织学生春游，让学生饱览"霞映飞泉、舟横野渡、柳覆长堤"的美景，提高了审美素养。该老师采用的美育途径是（　　　）。

A．大自然　　　　　　　　　　B．课堂教学

C．日常生活　　　　　　　　　D．课外艺术活动

6.（2022上）下列对美育的认识错误的是（　　　）。

A．通过审美鉴赏活动，发展审美判断力

B．课外文艺活动是学校美育的主要途径

C．通过审美创造活动，发展创造美的能力

D．欣赏大自然的美可以增强学生的审美感知能力

7.（2023下）根据《关于全面加强新时代大中小学劳动教育的意见》，以下不属于劳动教育基本原则的是（　　　）。

A．把握育人导向　　　　　　　B．强化资源共享

C．体现时代特征　　　　　　　D．坚持因地制宜

8.（2024上）素质教育的核心是（　　　）。

A．学习成绩的提升　　　　　　B．各科知识的掌握

C．创新能力的培养　　　　　　D．考试能力的提高

三、多项选择题

1.（2019上）某校根据学生的成绩，为学生发放了红、黄、蓝三种颜色的作业本。有家长对此提出质疑，但校方称这样有利于教育教学。针对该校的这一做法，下列说法正确的有（　　　）。

A．这是一种教育冷暴力

B．这符合因材施教的原则

C．这是对差生的一种歧视

D．这可能引发学生的心理问题

E．这有助于激发学生的学习动机

2.（2024上）按照教育部印发的《大中小学劳动教育指导纲要（试行）》，劳动教育的内容主要包括（　　　）。

A．日常生活劳动教育　　　　　B．科学性劳动教育

C．服务性劳动教育　　　　　　D．体力性劳动教育

E．生产劳动教育

┃提升题┃▶▶▶

一、判断题

1.（2015下）马克思认为教育与生产劳动相结合是实现人类全面发展的唯一方法。（　　　）

2.（2023下）全面发展就是各个方面的均衡发展，它与个性发展是矛盾的、对立的。（　　　）

3.（2015上）我国教育的根本使命是以经济建设为中心，培养经济建设所需要的各类专门人才。（　　　）

4.（2016上）如果不考虑学生身心发展的特点，就会导致实际教育活动脱离学生的发展水平，这说明人是教育目的的选择、确立的基本依据。（　　　）

二、单项选择题

1.（2021 上）首次将美育纳入教育方针的文件是（　　）。

A.《中华人民共和国教育法》

B.《中国教育改革与发展纲要》

C.《中共中央关于教育体制改革的决定》

D.《中共中央 国务院关于深化教育改革，全面推进素质教育的决定》

2.（2018 下）关于我国教育目的实现的策略，下列说法不正确的是（　　）。

A. 要以素质发展为核心 　　　　　　B. 要正确理解和把握全面发展

C. 要正确认识和处理各育关系 　　　D. 要以德智为主，体美为辅

三、多项选择题

1.（2021 下）"培养德智体美劳全面发展的社会主义建设者和接班人"，体现了我国对人才培养的（　　）要求。

A. 社会性质 　　　　　　　　　　　B. 发展需求

C. 素质结构 　　　　　　　　　　　D. 社会角色

E. 实现路径

2.（2023 上）语文教师在讲授王安石的《元日》时，下列做法中属于审美教育的是（　　）。

A. 介绍作者和诗歌的创作背景

B. 让学生在诵读中感受诗歌韵律

C. 讲授"曈曈"的意思是"日出时光亮的样子"

D. 请学生根据自己对诗歌的理解画一幅《元日图》

E. 体验元日放爆竹、换新符、饮屠苏酒等传统习俗

参考答案

基础题 ▶▶▶

一、判断题

1. √　**解析：**我国全面发展教育由德育、智育、体育、美育和劳动技术教育构成。

2. ×　**解析：**美育又称审美教育或美感教育，是运用艺术美、自然美和社会生活美培养学生正确的审美观点以及感受美、鉴赏美和创造美的能力的教育。

3. ×　**解析：**国家实行素质教育，教育的目的是以提高国民素质为根本宗旨，创新精神和实践能力为重点，造就四有新人，促进德、智、美全面发展，而非单纯的知识传递。

4. √　**解析：**应试教育主要面向少数学生，忽视大多数学生；偏重知识传授，忽视德育、体育、美育、心理教育和生产劳动教育；只重视技能训练，忽视能力培养。素质教育面向所有学生；智育、德育、体育、美育、心理教育和生产劳动教育全面进行；重视各种能力的培养。

二、单项选择题

1. C　**解析：**我国教育目的的基本特征：①以马克思主义关于人的全面发展学说为指导思想；②具有鲜明的政治方向；③坚持全面发展与个性发展的统一。

2．C　**解析**：我国教育目的的理论基础是马克思主义的关于人的全面发展学说。

3．C　**解析**：人的全面发展指人的自由而全面的发展。自由发展是指人的自觉、自愿、自主的发展；全面发展是指人的发展的完整性、多方面性，包括人的智力、体力和社会关系。因此马克思主义关于人的全面发展的内涵，是指每个人的自由的、全面的、个性的发展。故本题选 C。

将具有丰富内涵的人的自由而全面发展仅仅理解为"人的劳动能力的全面发展""人的智力和体力的统一发展""人的才艺的多方面发展"是很不确切、很不全面的。A、B、D 三项错误。

4．A　**解析**：我国全面发展教育的基本内容始终强调把德育放在最优先的位置。

5．A　**解析**：美育的实施途径包括以下三种：①通过各科教学和课外文化艺术活动实施美育；②通过大自然实施美育；③通过社会日常生活实施美育。题干中，老师让学生感受大自然的美景，是通过大自然实施美育。A 项正确。

6．B　**解析**：美育的途径包括以下几种：①通过课堂教学和课外文化艺术活动进行美育，其中，课堂教学是学校美育的主要途径。B 项说法错误，符合题意。②通过审美感知活动，为鉴赏美和创造美奠定基础，学生审美感知能力的形成主要通过两种方式：一是作为审美主体的学生同现实的审美客体（如自然现象和社会现象）直接接触；二是欣赏文学艺术作品，通过文艺作品的中介，间接感知现实的审美客体。欣赏大自然的美可以增强学生的审美感知能力。D 项说法正确。③通过审美鉴赏活动，发展审美判断力。A 项说法正确。④通过审美创造活动，发展创造美的能力。C 项说法正确。

7．B　**解析**：本题考查时政热点。《关于全面加强新时代大中小学劳动教育的意见》提出的五项劳动教育基本原则包括把握育人导向、遵循教育规律、体现时代特征、强化综合实施、坚持因地制宜。B 项不属于劳动教育的基本原则，故本题选 B。

8．C　**解析**：本题考查素质教育的核心。素质教育是以培养学生的创新精神和实践能力为重点的教育。素质教育的核心内容是学生创新能力的培养。

三、多项选择题

1．ACD　**解析**：我国实施素质教育，素质教育是面向全体学生的教育，倡导人人有受教育的权利，强调让每个人都在教育中都得到发展。新课程强调教育要以人为本，以每一个学生的发展为本，必须坚持"教育公正"原则。学校和教师要公正地对待学生，不能因学生性别、民族、地域、经济状况、家庭背景和身心发展状况而让学生受到不同的对待。题干中的学校根据学生的成绩差异而发放不同颜色的作业本的做法违背了教育公正原则，A、C、D 三项说法正确，B、E 两项说法错误。

2．ACE　**解析**：本题考查《大中小学劳动教育指导纲要（试行）》。《大中小学劳动教育指导纲要（试行）》（2020 年发布）规定，劳动教育的内容主要包括日常生活劳动、生产劳动和服务性劳动中的知识、技能与价值观。

▌ 提升题 ▶▶▶

一、判断题

1．√　**解析**：马克思说："教育与生产劳动相结合，不仅是提高社会生产的一种方法，而且是造就全面发展的人的唯一方法。"

2．×　**解析**：本题考查对全面发展的理解。全面发展不代表人在各个方面的平均发展、均衡发展。全面发展是人各个方面的和谐发展。全面发展不仅仅是德智体方面的发展，还有真善美的发展以及心理和生理的发展，是一个多元化的发展方向。全面发展不是抛开个人个性的发展，个性的发展和全面发展是联系在一起的，没有全面发展，个性就不会有很好的发展，反之亦然。故题干说法错误。

3．×　**解析：**我国教育的根本使命是培养学生的创新精神和实践能力，造就有理想、有道德、有文化、有纪律的，德智体美劳全面发展的社会主义建设者和接班人。

4．√　**解析：**教育目的的选择、确立的依据是指在培养人的过程中，必须关注受教育者的身心发展水平和既有经验，不能只考虑社会的统一要求，还要考虑学生具体的特点和需要。

二、单项选择题

1．D　**解析：**1999年发布的《中共中央 国务院关于深化教育改革，全面推进素质教育的决定》（以下简称《决定》）首次明确把美育纳入教育方针。《决定》指出，"美育不仅能陶冶情操、提高素养，而且有助于开发智力，对于促进学生全面发展具有不可替代的作用。要尽快改变学校美育工作薄弱的状况，将美育融入学校教育全过程"。D项正确。

2．D　**解析：**教育目的实现的策略：要树立全面发展的教育观、要正确理解和把握全面发展、要正确认识和处理各育关系、要防止教育目的的实践性缺失。我国的教育目的是培养德、智、体、美等方面全面发展的人，D项表述有误。

三、多项选择题

1．ABCD　**解析：**A项，社会性质指政府对社会的管理方式及管理性质。社会性质主要有社会主义、资本主义等。题干中，"社会主义建设者和接班人"体现了我国培养人才的社会性质。A项正确。

B项，发展需求包括个人发展需求和社会发展需求。"德智体美劳全面发展"体现了个人的发展需求；"社会主义建设者和接班人"体现了社会的发展需求。B项正确。

C项，"德智体美劳全面发展"体现了对人才培养的素质结构的要求。把"五育"作为一个统一的整体，才能使受教育者形成合理的素质结构，培养出符合社会要求的全面发展的人才。C项正确。

D项，"社会主义建设者和接班人"体现了对人才培养的社会角色的要求。所谓"社会角色"定位，是要把受教育者培养成什么样的社会成员。我国教育必须培养"社会主义建设者和接班人"，才可能为建设中国特色社会主义事业服务。这既是我国教育目的的"社会角色"定位，更是培养人必须坚持的政治方向。D项正确。

E项，实现路径由教育方针规定，我国教育方针强调"教育与生产劳动和社会实践相结合"是人才培养的实现路径。

2．BCDE　**解析：**本题考查美育的内容。美育的内容主要包括社会美、自然美、艺术美、科学美四个方面。

A项，介绍作者和诗歌的创作背景不涉及审美教育。

B项，诵读诗歌感受韵律能让学生感受语言音韵之美，属于艺术美。

C项，解释"瞳瞳"的意思，既能让学生感受到语言修辞之美，又能让学生体会到自然风光之美。

D项，根据诗歌创作画作属于艺术美。

E项，体验节日习俗能让学生感受社会文化之美，属于社会美。

第四章 教育制度

第一节 教育制度概述

一、判断题

1.（2020 上）学校教育是一种制度化的教育，在现代教育体系中，学校教育是教育的主体形态。   （   ）

2.（2019 上）小学教育是学校教育制度的起始阶段。   （   ）

二、单项选择题

（2023 上）某中学认真贯彻《关于全面加强新时代大中小学劳动教育的意见》，积极开展劳动竞赛活动，组织学生参加收拾课桌、整理床铺、包饺子等比赛。这体现了以下哪一因素对教育的影响？（   ）

A．政治因素

B．经济因素

C．文化因素

D．人口因素

参考答案

一、判断题

1.√ **解析：** 学校教育是指教育者根据一定社会的或阶级的要求，有目的、有计划、有组织地对受教育者的身心施加影响，把他们培养成一定社会或阶级所需要的人的活动。学校教育是一种制度化的教育，在现代教育体系中，学校教育形态是教育的主体形态。

2.× **解析：** 学校教育制度简称学制，是一个国家各级各类学校的总体系，具体规定各级各类学校的性质、任务、目的、要求、入学条件、修业年限及它们之间的相互关系。根据学校教育的层次，可以把学校教育分为幼儿教育（学前教育）、初等教育、中等教育、高等教育。学校教育制度的起始阶段是幼儿教育（学前教育），小学教育属于初等教育的范畴。

二、单项选择题

A **解析：** 本题考查社会对教育发展的影响。题干中，在《关于全面加强新时代大中小学劳动教育的意见》的指导下，该中学积极开展劳动教育。这体现的是教育政策对学校教育内容的影响，即政治因素对教育的影响。

第二节　我国现代学制的确立和发展

一、判断题

1.（2018下）1619年，德意志魏玛邦在宗教改革的影响下颁布了学校法令，规定父母要送6~12岁男女儿童入学。这是西方初等教育的开端。　　　　　　　　　　　　（　　）

2.（2014下）目前，在我国义务教育和基础教育是同一个概念。　　　　　　　（　　）

二、单项选择题

1.（2015下）下列选项不属于现代学制的是（　　）。

A．单轨制　　　　　　　　　　　　　B．双轨制

C．多轨制　　　　　　　　　　　　　D．分支型学制

2.（2015下）以下不属于终身教育特征的是（　　）。

A．民主性　　　　　　　　　　　　　B．民族性

C．连贯性　　　　　　　　　　　　　D．自主性

参考答案

一、判断题

1．×　**解析**：1619年，德意志魏玛邦在宗教改革的影响下颁布了学校法令，规定父母要送6~12岁男女儿童入学。一般认为这是义务教育的开端。

2．×　**解析**：在我国，义务教育是指从小学到初中的九年义务教育；而基础教育还包括了学前和高中学段，两者概念并不相同。

二、单项选择题

1．C　**解析**：现代学制主要有双轨制、单轨制和分支型学制三种。

2．B　**解析**：终身教育的特征包括民主性、连贯性、形式多样化、自主性。

第五章　学生与教师

第一节　学生

一、判断题

1.（2016上）学生是以学习为主要任务的发展中的完整的人。　　　　　　　（　　　）

2.（2014上）学生是系统学习直接经验为主的具有主体性的人。　　　　　　（　　　）

3.（2018下）学生是发展的人，具有成熟性，所以教师要容忍学生犯错误，不要惩罚学生。
　　　　　　　　　　　　　　　　　　　　　　　　　　　　　　　　　　　　（　　　）

二、单项选择题

1.（2021上）"教育是农业而不是工业"隐含的意思中，不包括下面哪一项？（　　　）

A．学生是具有生命活力的人　　　　　B．教育要发挥学生的主体性

C．教育要尊重学生的独特性　　　　　D．教育是对学生的加工改造

2.（2023下）下列关于学生的本质特征的说法，错误的是（　　　）。

A．学生是发展中的人　　　　　　　　B．学生是完整的人

C．学生是共性和个性相统一的人　　　D．学生是以获取直接经验为主的人

参考答案

一、判断题

1．√　解析：学生是具有发展潜能、有发展需要的人，学生是教育的对象，其主要的任务是学习。

2．×　解析：学生是系统学习间接知识为主的具有主体性的人。

3．×　解析：学生是发展的人，具有不成熟性，在发展的过程中出现错误属于正常现象。但对于学生出现的问题和错误，教师在宽容的同时还应恰当地运用一些惩罚来教育和引导学生。没有惩罚的教育是不完整的教育。

二、单项选择题

1．D　解析："教育是农业而不是工业"的意思是教育就像农业一样需要一个缓慢的生长过程，需要一段很长的周期，而不能像工业产品那样迅速出炉，把产品以固定的模式和流程批量生产出来。这个比喻说明教育是一个生命过程，是一个面对发展水平不同的庄稼，通过精心的、有针对性的培育，使其生成的过程。学生是具有生命活力的人，教育要发挥学生的主体性，尊重学生的独特性。D项说法错误，符合题意。

2．D　解析：本题考查学生的本质特征。学生以学习间接经验为主。学习间接经验是学生认识客观世界的基本途径。D项说法错误，故本题选D。

第二节　教师

基础题 ▶▶

一、判断题

1.（2022 上）教师是履行教育教学职责的专业人员。　　　　　　　　（　　　）
2.（2015 上）教师职业是以教书育人为职责的创造性职业。　　　　　　（　　　）
3.（2016 上）从形式上看，教师的劳动是建立在集体协作基础上的个体脑力劳动。　（　　　）

二、单项选择题

1.（2014 上）教师职业的最大特点是职业角色的（　　　）。
A．多层性
B．单一性
C．多样性
D．不确定性

2.（2018 下）一个寒冬的清晨，李老师双手捂着暖宝宝走进了教室，学生正在早读。这时，小明走进了教室。李老师大声喊道："小明，怎么又迟到了？靠墙站好。"此时有学生小声嘀咕："哼，你自己也迟到。"此情景表明，李老师没有做好的角色是（　　　）。
A．朋友
B．榜样
C．引导者
D．诊断者

3.（2021 上）某班学生当班主任在的时候很规矩，但班主任一离开，学习、纪律等就明显松懈，缺乏责任心，班级不团结，犹如一盘散沙。由此推测，该班主任的领导方式属于（　　　）。
A．民主型
B．仁慈专断型
C．放任自流型
D．强硬专断型

4.（2015 上）某教师对学生说："我让你们干什么，你们就得干什么。"这种教师属于（　　　）。
A．仁慈专断型
B．放任自流型
C．民主型
D．强硬专断型

5.（2016 上）芳芳近段时间因父母离异，情绪十分低落，常常将自己封闭起来。班主任张老师发现之后，时常找芳芳交谈、疏导，鼓励她从家庭阴影中走出来。在此案例中张老师扮演的角色是（　　　）。
A．班级领导者
B．行为示范者
C．学习指导者
D．心理辅导者

6.（2020 下）我国对教师形象的言说多以文化隐喻的形式出现。将老师比作"春蚕""蜡炬""铺路石""孺子牛"所体现的教师职业形象是（　　　）。
A．权威形象
B．道德形象
C．文化形象
D．人格形象

7.（2023 上）有学生说："陈老师真牛啊！他好像什么都懂！"这是教师职业形象中的（　　　）。
A．道德形象
B．人格形象
C．文化形象
D．社会形象

8.（2023 下）"教师的爱是滴滴甘露，即使枯萎了的心灵也能苏醒；教师的爱是融融春风，即使冰冻了的感情也会消融。"这体现了教师职业的（　　　）。
A．创造性
B．伦理性
C．复杂性
D．教育性

9.（2015下）"孩子是由一百组成的，孩子有一百种语言，一百只手，一百个念头，一百种思考方式、游戏方式及说话方式。"这句话反映了教师劳动的（   ）。

A. 复杂性
B. 示范性
C. 持续性
D. 长期性

10.（2015上）教师必须做到以身作则，为人师表。这体现的教师劳动特点是（   ）。

A. 复杂性、创造性
B. 连续性、广延性
C. 长期性、间接性
D. 主体性、示范性

11.（2022上）教师节当天，李老师收到了孩子们亲手制作的贺卡，大家纷纷夸赞李老师是"人类灵魂的工程师""辛勤的园丁""照亮他人的蜡烛"等。可是有一封贺卡里却画了一个大眼睛的怪物，并写有"这就是我的班主任"几个字。李老师并没有因为孩子的恶作剧而生气，而是拿着贺卡自嘲道："老师如果真有一双这样的大眼睛就好啦。"顿时全班同学都笑作一团。这一举动主要体现了李老师的（   ）。

A. 表达能力
B. 教育机智
C. 移情体验
D. 专业知识

12.（2019下）教师"只有深入才能浅出，只有居高才能临下"。这反映了教师需要有（   ）。

A. 基础的专业知识
B. 扎实的学科知识
C. 高超的实战演练
D. 较强的语言表达能力

13.（2015上）在教师的知识结构中，关于缄默知识的理解正确的是（   ）。

A. 它是显性知识
B. 可以被明确地传授
C. 可以用词语表达
D. 可以通过实践活动而习得

三、多项选择题

1.（2023下）简老师是一名实习老师，实习马上结束了，下列学生建议与老师角色匹配正确的有（   ）。

A. 尊重我们——研究者角色
B. 多给我们一些微笑——朋友角色
C. 尽你所能地指导我们——传道者角色
D. 让我们在学校也能有家的感觉——示范者角色
E. 帮助我们解答在学习、生活中遇到的问题——管理者角色

2.（2020上）教师的身体可以退出教育过程，精神却永远融入了学生的心灵，滋润着学生的未来生活，他是无法完全从学生那里隐退出去的。学生是教师内在素质的体现者，教师借学生之身巧妙地拓展着自己。在这里，学生的一举一动都反映着教师的影子，学生的生命就是教师的生命，学生的成败深切地牵动着教师的心灵。这段话反映出教师劳动的特征是（   ）。

A. 示范性
B. 创造性
C. 复杂性
D. 长效性
E. 协作性

3.（2020下）有人说，学生的高考成绩有幼儿园、小学、初中老师的功劳，这体现了教师劳动价值的（   ）。

A. 模糊性
B. 明确性
C. 滞后性
D. 附属性
E. 隐蔽性

4.（2022下）小学语文课文《一个苹果》描写了志愿军战士在一个炮火连天的黄昏，愿受战争环境下困苦和干渴的煎熬，将仅有的一个苹果让来让去，表现了革命队伍里真诚的同志关系和崇高的阶级友爱。老师在讲解这篇文章时，一位学生提出一个意想不到的问题："一个苹果传了一圈只吃了一小半，那么剩下的大半个去哪里了？"课文没有交代，老师一时难以作答。这名老师合理的做法有（　　）。

A．不予理睬，继续课文的讲解

B．提醒同学们上课不要问与课堂内容无关的问题

C．组织学生对这个问题进行讨论，激发学生的学习热情

D．肯定该同学的思考，并让同学们课后对这个问题进行查阅

E．课堂上肯定该同学积极思考，课后对这名同学进行批评教育

提升题 >>>

一、判断题

1.（2016下）教师仪表是教师内心修养、品格气质的流露，一般不直接传达与教育内容相关的信息，但也是影响教育活动和教育效果的一个因素。（　　）

2.（2017下）教育十分强调因材施教，因此在实际教育过程中，教师应该用不同的态度对待优等生和后进生。（　　）

二、单项选择题

1.（2020上）关于师生角色关系的表述，以下与其他三项不同的是（　　）。

A．天地君亲师　　　　　　　　B．安其学，亲其师

C．传道、授业、解惑　　　　　D．道之所存，师之所存

2.（2019上）当学生遇到成长的烦恼时，经常能得到教师的指导和帮助。这说明教师是（　　）。

A．社会的代言人　　　　　　　B．知识的传播者

C．学生的领路人　　　　　　　D．教学的主体

3.（2017上）根据新课程改革的理念，教师应该是学生学习活动的（　　）。

①合作者　　　　　　　　　　②控制者

③支配者　　　　　　　　　　④管理者

A．①②　　　　B．②③　　　　C．③④　　　　D．①④

4.（2019上）"工欲善其事，必先利其器"，这反映了想要成为一名优秀的教师，教好书、育好人，必须具备（　　）。

A．高尚的师德　　　　　　　　B．精深的专业知识

C．高超的教育教学能力　　　　D．积极的专业情意

5.（2018下）以下属于教师条件性知识的是（　　）。

A．学科知识　　　　　　　　　B．教育学知识

C．文化基础知识　　　　　　　D．实践性知识

6.（2020下）斯霞老师退休后离职不离校，风雨无阻，坚持到校上下班。领导劝她保重身体，不必天天来校。她说，和孩子们在一起就是最好的休息。斯老师属于（　　）。

A．负责型教师　　　　　　　　B．服从型教师

C．热爱型教师　　　　　　　　D．尽职型教师

三、多项选择题

1.（2019下）一声尖锐的哨声打破了教室的宁静。教师急忙问："是谁在吹口哨？"同学们左顾右盼似乎想找出吹口哨的人。"请大家把双臂放在桌上，把头趴在臂上。"同学们迅速按要求去做，"相信同学们是诚实的，刚才吹口哨的同学举起你的手。"老师在沉静中等待……一会儿，后排一个头趴得低低的同学试探着挪动自己的手，举起又放下、放下又举起，终于把手举到半空中，马上就放下了。"同学们把头抬起来，继续上课……"下课后，举手的同学主动找到老师说是他吹了口哨并承认了错误。针对教师的做法，以下说法正确的有（　　　　）。

A．有处理突发事件的能力

B．善于控制和调整自己的情绪

C．将课停下来寻找吹口哨的人，耽误了有效教学时间

D．有一颗宽容的心，在保护学生自尊的同时也有教育作用

E．没有马上批评扰乱课堂秩序的人，会助长学生不遵守纪律的行为

2.（2018上）"师范也者，学子之根核也。师道不立，而欲学术之能善，是犹种稂莠而求稻苗，未有能获也。"这句话蕴含的教师职业要求有（　　　　）。

A．教师的人格是教育的基石

B．师德属于专门的教育素养

C．教师职业是一种需要人文精神的专业

D．良好的思想品德是教师职业的重要条件

E．关爱、尊重学生，促进学生全面发展是师道的体现

参考答案

▌基础题▐ ➤➤➤

一、判断题

1．√　**解析：** 我国1993年公布的教师法对教师的概念作了全面、科学的界定：教师是履行教育教学职责的专业人员，承担教书育人，培养社会主义事业建设者和接班人、提高民族素质的使命。

2．√　**解析：** 教师职业是以教书育人为职责的创造性职业。有目的地培养人才是教育区别于其他社会领域的根本特征。教书育人反映了教师职业的本质。教师职业是一种比其他职业更具创造性的认识和实践活动。教育对象的复杂性和发展性、教育内容的多样性、教育环境的变化性和不可控性等决定了教育教学认识的发展性和整体性、教育教学实践方式的灵活性与创造性。

3．√　**解析：** 从形式上讲，教师劳动是建立在集体协作基础上的个体脑力劳动。教育劳动的脑力性质，决定了教师劳动的个体形式。

二、单项选择题

1．C　**解析：** 教师职业具有专业性、创造性、示范性、复杂性、协同性和连续性的特点。教师职业的最大特点是职业角色的多样化，包括传道者角色、授业解惑者角色、示范者角色、管理者角色、朋友角色和研究者角色等。

2．B　**解析：** 教师是学生学习的最直接的榜样。学生具有可塑性和向师性的特点，教师的言谈

举止、行为方式、为人之道和处事态度等都会对学生产生潜移默化的影响。由题干可知，李老师也迟到了，这说明李老师没有做好榜样示范者角色。

3．D　**解析：**班主任的领导方式可分为强硬专断型（专断型）、仁慈专断型（依赖型）、民主型和放任自流型（放任型）。其中，强硬专断型的教师，对学生严加看管，要求学生即刻无条件地接受一切命令。他们认为表扬可能宠坏学生，所以很少表扬学生；没有教师的监督，学生就不可能自觉学习。学生的典型反应为屈服，但一开始就不喜欢甚至厌恶这种教师；推卸责任是常见的事情；学生易激怒，不愿合作，而且可能背后伤人；教师一旦离开教室，学习就明显松垮。

4．D　**解析：**强硬专断型教师强调学生服从教师的一切要求。

5．D　**解析：**题干中的张老师用交谈、疏导等措施对芳芳进行心理健康教育，体现了教师的心理辅导者角色。

6．B　**解析：**教师的职业形象包括道德形象、文化形象、人格形象。其中，教师的道德形象是教师从事教学活动时的基本行为规范，是教师自己对职业行为的自觉要求。它是以敬业精神为基础、以协调师生关系为主要内容的道德规范。自古以来，教师的道德形象被视为教师的最基本形象。"春蚕""蜡炬""铺路石""孺子牛"这些词勾画出教师是一种"奉献"的道德形象。

7．C　**解析：**本题考查教师的职业形象。教师的职业形象包括道德、文化、人格等方面。题干中，"陈老师什么都懂"是对教师文化方面的描述，属于教师职业形象中的文化形象。

8．B　**解析：**本题考查教师职业的特点。

A项，教师职业的创造性是指由于教育教学活动的复杂性和不确定性，教师要培养实践反思能力，创造性地解决问题。

B项，教师职业的伦理性是指教育是人影响人的活动，教师对教育的爱、对学生的爱是教育不可或缺的基础。题干强调教师对学生的爱，即教师职业的伦理性。故本题选B。

C项，教师职业的复杂性是指学生的成长受诸多因素共同作用。诸多不断变化的因素交织在一起共同构成了教育的环境，使教师的工作变得复杂。

D项，教师职业的教育性是指立德树人是教育的根本任务。教师在教育教学活动中，要将教育性原则贯穿始终，使学生不仅获得知识的增长、能力的提升，还在思想、情感、意志、品德以及世界观等方面获得发展。

9．A　**解析：**题干言论说明每一个学生都是不一样的，教师的劳动对象是千差万别的人，体现了教师劳动的复杂性。

10．D　**解析：**教师劳动的主体性是指教师自身可以成为活生生的教育因素和具有影响力的榜样，示范性是指教师的言行举止都会成为学生学习的对象，因此教师必须加强自身修养，以身作则，严于律己，给学生起良好的模范作用。

11．B　**解析：**教育机智是指教师能根据学生新的特别是意外的情况，迅速而正确地作出判断，随机应变地采取及时、恰当而有效的教育措施解决问题的能力。教育机智可以用四个词语概括：因势利导、随机应变、掌握分寸、对症下药。题干中，面对意外情况，李老师采取及时、适当而有效的教育措施解决问题，体现了教育机智。

12．B　**解析：**教师专业知识包括扎实的学科知识、广博的文化知识、系统的教育科学知识三个方面。对专业教师来讲，最基本的要求是掌握某一学科知识。只有这样，专业教师才能居高临下，运筹帷幄地来处理教材，引导学生深入地理解学科知识。题干所述反映了教师需要有扎实的学科知识。C、D两项属于教师的专业能力。

13．D　**解析：**英国著名物理化学家和思想家波兰尼提出，人类的知识有两种，通常所说的知识是用书面文字或地图、数学公式来表达的，这只是知识的一种形式。还有一种知识是不能系统表述的，如我们有关自己行为的某种知识。如果我们将前一种知识称为显性知识的话，那么我们就可以将后一种知识称为缄默知识。与缄默知识相对应的学习是感受性学习。只能意会的知识往往隐含于社会、生活实践之中，无法形成像书本一样的格式化知识，只能通过实践活动或具体案例分析在感受中习得，因此只能意会的知识的学习是感受性学习。

三、多项选择题

1. **BC　解析：** 本题考查教师的职业角色。教师职业角色包括传道者、示范者、父母与朋友、研究者、管理者等。

A项，教师的研究者角色强调教师主动从教育教学实践中发现问题、思考问题、研究问题，不断反思教育实践，成为教育教学的研究者。尊重学生符合朋友角色。A项匹配不正确。

B项，教师的朋友角色强调教师能分担学生的快乐与痛苦、幸福与忧愁。多给学生一些微笑体现了朋友角色。B项当选。

C项，教师的传道者角色强调教师具有传递社会传统道德和正统价值观念的使命，肩负培育学生心灵和塑造学生精神的责任。指导学生体现了传道者角色。C项当选。

D项，教师的示范者角色强调教师的言行、为人处世的态度会潜移默化地影响学生。在学校也有家的感觉体现了教师的父母角色，D项匹配不正确。

E项，教师的管理者角色强调教师是学校管理和教学管理的主体。帮助学生解答在学习、生活中遇到的问题体现了教师的指导者、促进者角色，E项匹配不正确。

综上，本题选BC。

2. **AD　解析：** 教师劳动的示范性是指教师的言行举止都会成为学生仿效的对象，教师的人品、才能、治学态度等都会影响学生的发展。题干中，学生的一举一动都反映着教师的影子体现了学生效仿教师的言行举止，反映了教师职业劳动的示范性。A项正确。教师劳动的长效性是指教师的某些影响对学生终身都会发生作用。题干中，教师的精神永远融入了学生的心灵，滋润着学生的未来生活，体现了教师对学生终身的影响，反映了教师劳动的长效性。D项正确。教师劳动的创造性表现在教师要针对不同的学生和不同的教育情况，机智灵活地运用教育规律，以达到最优的教育效果。教师劳动的复杂性主要表现在教育目的的全面性、劳动对象的差异性和教学任务的综合性三个方面。教师劳动的协作性是指教师劳动是有目的、有计划、有组织的社会劳动，是由众多人参加、多方配合、目标一致的集体劳动。题干所述未体现教师劳动创造性、复杂性、协作性的特征。B、C、E三项不符合题意。

3. **ACE　解析：** 教师劳动既有巨大的社会价值，又有其特殊性，但往往不受社会重视，需要我们正确认识与对待。

首先，教师的劳动价值具有模糊性。因为一个学生的成长与进步是由遗传、家庭、社会、教师以及学生个人努力等多种因素作用的结果。人们很难准确地指出学生的变化是由哪方面的因素引起的。

其次，教师的劳动价值具有滞后性。教师的劳动价值要在学生进入社会，并为社会做出贡献之后才能最终得到体现。这时，教师及其劳动常常被人淡忘。

最后，教师的劳动价值具有隐蔽性。教师劳动所创造的价值，是作为一种潜在的价值因素寓于学生身上，只有借助于学生行为表现的外显，或对社会做出的贡献才能得到证明，缺乏自明性。所以，教师的价值往往很难为人们所充分了解、正确评价，并给予恰当报酬。

题干所述，体现的是各个阶段教师对学生产生的影响，体现了教师劳动价值的模糊性，A项正确。学生取得高考成绩要追溯到幼儿园、小学、初中老师的功劳，体现了教师劳动价值的滞后性，C项正确。各个学段老师的劳动价值，从高考成绩这一途径得以显现，体现了教师劳动价值的隐蔽性，E项正确。B、D两项所述不属于教师劳动价值的特点，为干扰项。

综上所述，A、C、E三项正确。

4．CD　解析：本题考查教育机智。教育机智是指教师能根据学生新的特别是意外的情况，迅速而正确地做出判断，随机应变地采取及时、恰当而有效的教育措施解决问题的能力。面对学生突然提出的问题，肯定学生的思考、引导学生讨论、让学生课后查阅资料等，是教师随机应变、因势利导的做法，是教育机智的体现。C、D两项做法正确。

不予理睬、阻止学生问问题可能会打消学生学习的积极性，不利于激发学生学习的主动性，A、B两项做法错误。课上和课下做法不一可能会降低教师在学生心目中的威信，E项做法错误。

故本题选CD。

▌提升题▐ ▶▶▶

一、判断题

1．√　解析：教师的外表修饰即仪表是指教师在教学情景中的服装、发型配饰、美容化妆等，是教师内心修养、品格气质的外部流露。虽然在大多数的教学情景中，外表修饰不直接传达与教学内容相关的信息，但得体端庄的服饰对营造严肃活泼的课堂气氛起着一定的作用。

2．×　解析：因材施教是指教师要用不同的方法对待不同的学生，而不是以不同的态度对待不同的学生。

二、单项选择题

1．B　解析：师生角色关系是指教师和学生在教育过程所处的地位、履行的职责各不相同，社会或他人对教师和学生的期望和要求也各不相同。B项，"安其学，亲其师"出自《学记》，其意思是潜心学习，亲近师长，这体现的是友好的师生关系。A、C、D三项，"天地君亲师""传道、授业、解惑""道之所存，师之所存"均是我国的历史传统对教师的角色定位，即"师道尊严"，赋予教师无上的权威和作为"道"的化身的极高的道德要求。故B项正确。

2．C　解析：在教学活动中，教师是教学的主体，是整个活动的设计者、控制者和实施者。教师的职业角色主要体现在以下三个方面：①社会的代言人。教师对受教育者提出的要求，在性质、内容、方向、水平等方面都较为集中地反映了社会的要求。②文化知识的传播者。教师是专门传播文化知识的人。③学生的领路人。教师不仅能帮助学生获得知识和技能，而且能够"塑造"学生的心灵。题干所述体现了教师对学生心灵的"塑造"，说明教师是学生的领路人。

3．D　解析：②③是传统课程下教师的角色。

4．C　解析：成为优秀的教师，教好书、育好人，体现的是教师圆满地完成本职工作的专业本领，这样的专业本领指的是高超的教育教学能力。

5．B　解析：辛涛、申继亮、林崇德对教师专业知识结构做出如下划分：①本体性知识。它是指教师所具有的特定的学科知识。②条件性知识。它是指教师所具有的教育学、心理学知识。③实践性知识。它是指教师在教学行为中所具有的课堂情境知识以及与之相关的知识。④文化知识。它包括哲学、社会科学、自然科学等方面的知识。

6．C　解析：据调查，教师对待教育教学的态度有热爱、负责、服从和不安心等类型。

A项，负责型。具有这一态度的教师，能认识到教育工作在社会生活中的真实意义，但他们对教育事业并不十分倾心。不过，出于对教育事业、对学生、对祖国未来的一种责任感，他们对工作也是认真负责、兢兢业业的。有的教师由于工作和生活中的多种坎坷与波折，挫伤了他们对教育工作的热爱之情。然而，出于强烈的责任感，他们对工作仍一丝不苟、勤勤恳恳，尽心尽力地履行自己的职责。

B项，服从型。这类教师以现实的处事态度服从工作安排，能完成所承担的任务。凡是领导布置的、要求完成的，都按要求完成。他们虽然不求有突出的成绩，却希望对上、对下都能过得去。这些教师抱负水平较弱，工作动机的强度不高，明显处于"被管理者"的心理状态，工作比较被动，其工作的积极性主要靠外在的激励。

C项，热爱型。这类教师热爱教育事业、热爱学生。他们不仅对教育工作的意义、价值有较深刻的认识，而且把教育事业视为实现自己理想、信念和施展才华的事业，把能培养学生成才视为人生一大乐事，认为与青少年生活在一起"如饮醇醪"。

D项，该选项为干扰选项。

题干中，斯霞老师退休后离职不离校，把培养学生成才视为乐事，喜欢与学生交往，符合热爱型教师的特点。故本题选择C项。

三、多项选择题

1. **ABD** **解析：** 面对同学在课堂上吹口哨的行为，教师并未批评责骂学生，而是运用教育机智，体现了其具有处理突发事件的能力，善于控制和调整自己的情绪。教师的做法保护了学生的自尊心，也让这个吹口哨的学生主动认识到自己的错误，是正确的做法。教师的做法并未耽误有效教学时间，也并不会助长学生不遵守纪律的行为。

2. **ACD** **解析：** 题干中的名言是说教师要成为学生的榜样，要有"师道"。教师的人格是进行教育的基石，教师的人格会对学生产生深远的影响。A项正确。专门的教育素养指教育理论素养、教育能力素养和教育研究素养。B项错误。教师必须以身示范，做学生的榜样，促进学生的发展，也要求教师必须具有崇高的人文精神。C项正确。学生具有向师性的特点，良好的思想品德是教师职业的重要条件。D项正确。题干中没有提到关爱、尊重学生，没有提到促进学生全面发展，E项排除。

第三节　教师的成长与发展

| 基础题 | ▶▶▶

一、判断题

1.（2014下）教师专业化是社会对教师的要求也是教师提高自己地位的途径。　　　　（　　）

2.（2020下）李老师能够有意识地进行自我规划，谋求最大程度的自我发展，关注学生整体发展，这表明其进入了教师专业发展的"自我更新关注"阶段。　　　　（　　）

3.（2021上）按照教师专业发展的理智取向，教师要进行有效教学，一要有学科知识，二要有教育知识，三要有实践知识。　　　　（　　）

4.（2021下）教师培训是教师个体专业化发展最直接、最普遍的途径。　　　　（　　）

5.（2015上）在教学活动中，随着学生学习能力的提高，教师的作用下降，教师的压力也随之减小。　　　　（　　）

6.（2022上）"皮格马利翁效应"表明教师的优良品德会成为学生学习的榜样。　　　　（　　）

二、单项选择题

1.（2017下）教师作为教育专业人员必须具备现代教育理念、乐业敬业及努力奉献的风范和精神。这是指教师的（　　）。

A．专业理想　　　　　　　　　　B．专业知识

C．专业能力　　　　　　　　　　D．专业自我

2.（2014上）下列不属于教师个体专业化发展具体内容的是（　　）。

A．专业理想的建立　　　　　　　B．专业知识的拓展

C．专业能力的发展　　　　　　　D．专业方向的形成

3.（2020上）小张老师课下总是找学生聊天，了解学生的生活习惯、兴趣爱好、父母职业和家庭环境等，花费大量时间和学生搞好个人关系，同时很在意同事、领导对自己的看法。这表明小张处于教师专业发展的（　　）。

A．关注情感阶段　　　　　　　　B．关注生存阶段

C．关注情境阶段　　　　　　　　D．关注学生阶段

4.（2021下）李明通过学习掌握了教育学的相关理论，通过微格教学获得了教学技巧，通过教育见习了解了学校的教育活动。在这些过程中，他对教师职业有了初步认识。据此可以判断，李明的教师发展处于（　　）。

A．"生存关注"阶段　　　　　　　B．"非关注"阶段

C．"虚拟关注"阶段　　　　　　　D．"任务关注"阶段

5.（2023下）入职刚满一年的数学老师兼班主任王老师非常有责任心，她常常自嘲是个"高级保姆"，班里的大事小事都要亲力亲为，每一项活动都安排得井井有条，学生只需要按她的要求去执行。虽然王老师与班上同学之间没有任何矛盾，但是班级氛围死气沉沉，长此以往，班上的数学成绩也越来越差，这让王老师很苦恼。她常常反思："我还能成为好老师吗？"根据叶澜对教师专业发展阶段的划分，王老师目前正处在（　　）。

A．非关注阶段　　　　　　　　　B．虚拟关注阶段

C．生存关注阶段　　　　　　　　D．任务关注阶段

6.（2019下）从教师专业发展的"自我更新"取向角度看，当一个教师由关注"我能行吗？"转到"我怎样才能行？"那么该教师处于专业发展的（　　）。

A．非关注阶段　　　　　　　　　B．虚拟关注阶段

C．生存关注阶段　　　　　　　　D．任务关注阶段

7.（2023上）李老师每次上课之前都会思考采用哪种教学方法孩子们更容易接受。根据自我更新取向的教师专业发展阶段理论，李老师的专业发展处于（　　）。

A．虚拟关注阶段　　　　　　　　B．生存关注阶段

C．任务关注阶段　　　　　　　　D．自我更新关注阶段

8.（2022上）"教师能够基本上完成教育教学任务，得到学生的认可。"这是教师职业（　　）结束的标志。

A．准备期　　　　　　　　　　　B．适应期

C．发展期　　　　　　　　　　　D．创造期

9.（2016上）学校派工作了两年多的王老师参加了一次"国培计划"，回校后他说："参加这样的集中学习，收获较大，解决了我的许多困惑。"这里有效促进王老师专业发展的途径是（　　）。

A．职前培养　　　　　　　　　　B．岗前培训

C．在职培训　　　　　　　　　　D．资格培训

10. （2022下）参加工作不久的张老师以自己在教育教学中迫切需要解决的具体问题为主题进行微课题研究。张老师专业发展的途径是（　　　）。

A. 入职辅导　　　　　　　　　　　B. 在职培训

C. 同伴互助　　　　　　　　　　　D. 自我教育

11. （2019下）在一个5~10人的教室，由一个人扮演"教师"，其他人扮演"学生"，轮流转换角色。"教师"用10分钟教学，专门训练一两种教学技能，并利用视听设备记录过程，然后通过自评和互评获得反馈。这种训练方法是（　　　）。

A. 翻转课堂　　　　　　　　　　　B. 小组合作

C. 教育实习　　　　　　　　　　　D. 微格教学

12. （2017下）教师在现实情景中自主进行反思性探索，并以解决工作情景中特定的实际问题为主要目的的研究是（　　　）。

A. 基础研究　　　B. 应用研究　　　C. 行动研究　　　D. 实地研究

提升题 ▶▶▶

一、判断题

1. （2019下）教师职业生涯周期中，处于入职阶段的教师以学习书本知识为主，知识和经验具有表面化特点。　　　　　　　　　　　　　　　　　　　　　　　　　　　　　　（　　　）

2. （2018上）教师专业发展的实践 – 反思取向强调教学文化、教师文化以及教师所处教研组、年级组对教师专业发展的作用。　　　　　　　　　　　　　　　　　　　　　　　（　　　）

3. （2018下）新教师的教学效能感波动很大。上讲台前，充满自信，觉得自己能当好老师，管住学生；遭受打击、挫折后，教学效能感会迅速降低。　　　　　　　　　　　　　　（　　　）

4. （2024上）年轻教师从教一段时间后，逐渐产生了"教育也并非万能""单凭学校教育未必能改善学生的不良行为"等想法。这说明教师的个人教育效能感下降了。　　　　　（　　　）

二、单项选择题

1. （2014下）在教师专业发展中，教师在教育教学工作中的世界观和方法论，以及教师专业行为的理性支点和专业自我的精神内核是（　　　）。

A. 建立专业理想　　　　　　　　　B. 拓展专业知识

C. 发展专业能力　　　　　　　　　D. 形成专业自我

2. （2020下）实践取向理论认为教师专业发展最重要的途径是（　　　）。

A. 个人反思　　　　　　　　　　　B. 同伴互助

C. 专业引领　　　　　　　　　　　D. 课题研究

3. （2017下）班主任专业化发展和自我成长的核心因素是（　　　）。

A. 优秀班主任的指导　　　　　　　B. 教师集体的协作

C. 专业机构的培训　　　　　　　　D. 班主任的自我反思

4. （2016下）关于"教师反思"，以下说法不正确的是（　　　）。

A. 教师既是反思的主体，又是反思的客体

B. 反思过程要自觉地对教育教学实践活动进行认知加工

C. 教师要对自己的教育教学行为有一种健康的怀疑和自我批判

D. 教师要对自己的教育教学行为持续地进行改进，达成定势思维与习惯

5.（2020上）以下关于中小学教师做研究的说法，错误的是（　　　）。

A. 可以促进教师的专业化发展　　　B. 有利于解决教育教学的实际问题

C. 宜走科学化、规范化、程序化之路　　D. 可以使课程、教学与教师融为一体

三、多项选择题

（2021上）万老师给小学生上《登鹳雀楼》一课时，前25分钟主要介绍作者王之涣及其作品，后15分钟领着学生读课文、讲解字词和诗意，布置的作业是课后背诵。课后当被问及为什么这么安排时，万老师说："这首诗就四句话，讲不了多少时间，只好介绍作者了。"以下对万老师的评价正确的有（　　　）。

A. 教学属于记忆水平　　　　　B. 教学时间分配不合理

C. 主要采用了读书指导法　　　D. 专业发展处于"任务关注"阶段

E. 对教学对象的认知特点把握不准确

参考答案

基础题

一、判断题

1. √　**解析：** 教师专业化是指教师在整个职业生涯中，通过专门训练和终身学习，逐步习得教育专业的知识与技能并在教育专业实践中不断提高自身的从教素质，从而成为教育专业工作者的专业成长过程。这既是社会的要求，又是提高教师自身地位的途径。

2. √　**解析：** 叶澜等人将教师的专业发展分为五个阶段，分别是"非关注"阶段、"虚拟关注"阶段、"生存关注"阶段、"任务关注"阶段、"自我更新关注"阶段。其中，"自我更新关注"阶段的教师不再受外部评价或职业升迁的牵制，自觉依照教师发展的一般路线和自己目前的发展条件，有意识地自我规划，以谋求最大程度的自我发展，关注学生的整体发展，积累了比较科学的个人实践知识。

3. ×　**解析：** 我国学者一般把教师专业发展取向分为三种：①理智取向的教师专业发展。这种取向的教师专业发展，重点在于教师专业知识基础，认为教师要进行有效教学，一是拥有内容知识，即学科知识；二是拥有帮助学生获得知识的知识与技能，即教育知识。②实践－反思取向的教师专业发展。该取向的教师专业发展比较重视实践，教师专业发展的主要目的不在于获取外在的技术性知识，而是通过多种反思，促使教师对自己的专业活动及相关的事和物有更为深入的理解。③生态取向的教师专业发展。该取向认为，教师的专业知识和技能的获得，并不仅仅是依靠自己学会和提高的，向他人学习是教师专业发展的有效途径；教师的教学风格和教学策略的形成与改革，更多地依赖于"教学文化"或"教师文化"；教师专业发展最理想的方式是合作的方式，即小组的教师相互合作确定自己的发展方式。按照教师专业发展的理智取向，教师要进行有效教学，要有学科知识和教育知识。

4. ×　**解析：** 教师的自我教育就是专业化的自我建构，是教师个体专业化发展最直接、最普遍的途径。教师的自我教育是专业理想确立、专业情感积淀、专业技能提高、专业风格形成的关键。

5. ×　**解析：** 教师在教学活动中起主导作用，教师的压力与学生学习能力的提高没有直接关系。

6. ×　**解析：** 皮格马利翁效应也称罗森塔尔效应，是指教师的期望可以对学生的动机和行为产

生巨大影响。教师的期望不等同于教师的榜样作用。

二、单项选择题

1. A　**解析：** 教师的专业理想是教师在对教育工作感受和理解的基础上所形成的关于教育本质、目的、价值和生活等的理想和信念。它是教师在教育教学工作中的世界观和方法论，是教师专业行为的理性支点和自我的精神内核。题干中，教师应具备的现代教育理念、乐业敬业及努力奉献的风范和精神，属于专业理想的内容。

2. D　**解析：** 教师专业发展的具体内容包括专业理想的建立、专业知识的拓展、专业能力的发展和专业自我的形成。

3. B　**解析：** 福勒和布朗根据教师的需要和不同时期关注的焦点问题，把教师的成长划分为关注生存、关注情境和关注学生三个阶段。其中，处于关注生存阶段的一般是新教师，他们非常关注自己的生存适应性，最担心的问题是"学生喜欢我吗？""同事们如何看我？""领导是否觉得我干得不错？"等。因而有些新教师可能会把大量的时间都花在与学生搞好个人关系上。题干中，小张老师会花费大量时间和学生搞好个人关系，同时很在意同事、领导对自己的看法，这表明小张老师处于教师专业发展的关注生存阶段。

4. C　**解析：** 我国学者叶澜等人结合我国的情况，提出了以教师专业的自我更新为取向的五个发展阶段："非关注"阶段、"虚拟关注"阶段、"生存关注"阶段、"任务关注"阶段、"自我更新关注"阶段。其中，"虚拟关注"阶段（师范学习阶段，包括实习期）的特征是开始思考对合格教师的要求，在虚拟的教学环境中获得某些经验，对教育理论及教师技能进行学习和训练，有了对自我专业发展反思的萌芽。题干中，李明学习了教育理论，训练了教学技能，并对教师职业有了初步认识，表明其教师发展处于"虚拟关注"阶段。

5. C　**解析：** 本题考查叶澜的教师专业发展阶段理论。

非关注阶段一般是指正式教师教育之前，此时个体具备一些直觉式的"前科学"知识以及与教师专业能力密切相关的一般能力。

虚拟关注阶段一般是指师范学习阶段和实习期，教师开始思考对合格教师的要求，在虚拟的教学环境中获得某些经验，对教育理论及教师技能进行学习和训练，有了对自我专业发展反思的萌芽。

生存关注阶段对应新任教师阶段，教师在现实的冲击下产生了强烈的自我专业发展的忧患意识，特别关注专业活动中的生存技能，将专业发展集中在专业态度和动机方面。

处在任务关注阶段的教师，随着教学基本生存知识技能的掌握，自信心日益增强，由关注自我的生存转移到更多地关注教学，由关注"我能行吗？"转移到关注"我怎样才能行？"

题干中，当班级成绩不理想时，教师产生了自我怀疑，质疑自己能否成为好老师，说明其担忧自己的生存适应性，处于生存关注阶段。故本题选 C。

6. D　**解析：** 我国学者叶澜等人将教师专业发展分为"非关注"阶段、"虚拟关注"阶段、"生存关注"阶段、"任务关注"阶段、"自我更新关注"阶段五个阶段。其中，在"任务关注"阶段，随着教学基本"生存"知识、技能的掌握，教师自信心日益增强，由关注自我的生存转移到更多地关注教学，由关注"我能行吗？"转到关注"我怎样才能行？"

7. D　**解析：** 本题考查教师专业发展阶段。叶澜等人提出了以教师专业的自我更新为取向的五个发展阶段，分别是非关注阶段、虚拟关注阶段、生存关注阶段、任务关注阶段、自我更新关注阶段。

①非关注阶段是指正式进入师范教育之前的阶段。处在该阶段的教师无意识中以非教师职业定

向的形式形成了较稳固的教育信念，具备一些与教师专业能力密切相关的一般能力。

②处在虚拟关注阶段的教师开始思考对合格教师的要求，在虚拟的教学环境中获得某些经验，对教育理论及教师技能进行学习和训练。

③处在生存关注阶段的教师特别关注专业活动中的"生存"技能，将专业发展集中在专业态度和动机方面。

④处在任务关注阶段的教师由关注自我的生存转移到更多地关注教学上。

⑤处在自我更新关注阶段的教师已经完全掌握了教学机制和课堂管理策略，更加关注课堂内部的活动及其实效，关注教学内容是否适合学生，关注学生的差异。

题干中，李老师充分考虑教学方法的实效性，说明其处在自我更新关注阶段。

8．B　**解析：**有学者将教师专业发展分为准备期、适应期、发展期、创造期四个阶段。其中，适应期是教师步入工作岗位，由没有实践体验到初步适应教育教学工作，具备最基本、最起码的教育教学能力和其他素质的阶段。这一时期的教师发生了学习角度的转变，即知识学习到实践中解决实际问题的转变，知识、技能向教育教学能力的转变，教师社会角色的转变。职业适应期结束的标志是教师能够适应和胜任教育教学工作，能够基本上完成教育教学任务，得到学生的认可。B项符合题意，当选。

9．C　**解析：**教师的在职培训是为在职教师提供适应于教师专业发展不同阶段需要的继续教育。题干中王老师参加"国培计划"属于在职培训。

10．D　**解析：**本题考查教师专业发展的途径。教师专业发展的途径包括师范教育、入职辅导、在职培训、教师专业发展学校、同伴互助、自我教育。其中，自我教育的主要方式有自我反思、主动收集教改信息、研究教育教学中的各种关键事件、自学现代教育教学理论、积极感受教学的成功与失败等。题干中，张老师对教学中的问题进行微课题研究，属于自我教育的范畴。故本题选D。

11．D　**解析：**微格教学是一种利用现代教学技术手段来训练教师教学技能的实践性较强的方法。通常，将参加培训的学员分成若干小组，每个小组学员先进行10分钟左右的微格教学，并利用视听设备记录过程；然后在指导教师的引导下，小组成员一起反复观看录制成的视听材料，同时进行讨论和评议；最后，由指导教师进行小结。题干所述的训练方法为微格教学。

12．C　**解析：**行动研究是一种由实际工作者在现实情境中自主进行的反思性探索，并以解决工作情景中特定的实际问题为主要目的的研究。它强调研究与活动的一体化，使实际工作者在工作过程中学习、思考、尝试和解决问题。

┃ 提升题 ┃ ▶▶▶

一、判断题

1．×　**解析：**教师的成长阶段可分为准备期、适应期、发展期和创造期。新入职的教师处于适应期。这一阶段的特征是：①在知识上，开始形成实际的、具体的、直接的知识和经验；②在能力上，教育教学的实践能力开始初步形成；③在素质上，水平还处于较低的层次，还不够全面和平衡。处于准备期的教师的素质特点有以下几个方面：①以学习书本知识为主，缺乏实际经验；②他们的知识和经验具有表面化的特点；③形成了教师所需要的一部分独特的优势素质。题干所述是处于准备期教师的特点。

2．×　**解析：**教师专业发展的生态取向强调教师的教学风格、教学策略的形成受教师文化或教学文化的影响。实践－反思取向强调教师的观念、行为与个人成长的历史密切相关，教师专业发展的途径不是外部培训，而应当是经验学习，即对自己经验的反思。理智取向强调专业知识是由专门的研究人员经过系统的研究而形成的，教师本人在专业知识生产过程中能够发挥的作用非常有限。

3. √　解析：教学效能感一般指教师对自己影响学生行为和学习结果的能力的一种主观判断。较高的教学效能感能够激起教师的教学行为。新教师由于经验欠缺，教学行为容易受到不同因素的影响，从而导致教学效能感波动较大。

4. ×　解析：本题考查教师的教育效能感。教师的教育效能感包括一般教育效能感和个人教育效能感。一般教育效能感反映了教师对教与学的关系、对教育在学生发展中的作用等问题的一般看法和判断。个人教育效能感是指教师对自己是否有能力完成教学任务、教好学生的信念。题干中，年轻教师认为教育的作用有限，是对教育在学生发展中的作用问题的一般看法和判断，说明该教师一般教育效能感下降了。

二、单项选择题

1. A　解析：教师的专业理想是教师在对教育工作感受和理解的基础上所形成的关于教育本质、目的、价值等的理想和信念，是教师在教育教学工作中的世界观和方法论，是教师专业行为的理性支点和专业自我的精神内核。

2. A　解析：一般认为，教师专业化发展有三种取向，即理智取向、实践 – 反思取向、文化生态取向。

理智取向主张教师通过正规的培训，向专家学习先进的学科知识和教育知识，以提高教育理性认识水平和教学技能。

实践 – 反思取向主张教师通过实践反思，发现教育教学意义，获得实践智慧。其主要方法有写日志、传记、构想、文献分析、教育叙事、教师访谈、参与性研究等。

文化生态取向认为教师专业化发展不仅仅依靠个人努力，在更大程度上依赖于教学文化或教师文化为其工作提供意义、支持和身份认同。其主要方式是通过学习团体建设进行协同教学、合作教研，实现共同发展。

A 项属于实践 – 反思取向的途径，B、D 两项属于文化生态取向的途径，C 项属于理智取向的途径。

3. D　解析：自我反思是教师专业发展和自我成长的核心因素，也是班主任专业发展和自我成长的核心因素。

4. D　解析：本题主要考查教师专业成长的途径。反思是教师专业成长的重要途径之一，适当的、健康的反思有利于教师的成长，但是反思的目的并不是要达成定势思维与习惯，因为定势对于问题解决有积极与消极两种影响，当问题情境改变时，思维定势不利于问题的解决。教师要对自己的教育教学行为持续地进行改进，要充分认识到自己的优势和不足。

5. C　解析：教师进行教育研究的意义有以下几点：①有利于解决教育教学实际问题，提高教育教学质量；②可以使课程、教学与教师真正融为一体；③教师的教育研究也是教育科学发展的需要；④促进教师专业成长与发展，不断提升教师的自我更新能力和可持续性发展能力，增强教师职业的价值感和尊严感；⑤有利于教师不断积累实践知识。A、B、D 三项正确。由于受到"制度化教育"的驱动，教育科学研究被赋予"科学化""规范化""程序化"特征，致使教育科学研究逐渐成为置身于直接的教育教学过程之外的某些专家学者的专职工作。这导致了教育科学研究与教育教学实践的分化对立，因此应当打破这种观念，使中小学教师成为研究者。C 项说法错误。

三、多项选择题

ABDE　解析：A 项，根据现代教学理论的研究，教学可以分为三种水平，即记忆水平、理解水平和探索水平。其中，记忆水平的教学是一种低水平的教学。其主要特点是教师照本宣科、一味灌输，不会引导、启发，学生则停滞在机械掌握、一知半解上，不能保证教学质量。题干中，万老师只是机械地完成教学任务，讲解了诗句意思，而没有考虑到学生的实际情况，这说明其教学属于记忆水平。A项正确。

B项，题干中，对王之涣及其作品的介绍属于对古诗讲解的导入环节，一般以3~5分钟为宜。而万老师对这部分内容的讲解时间太长，从而导致只有15分钟的时间讲解课文内容，这说明其教学时间分配不合理。B项正确。

C项，讲授法是教师通过口头语言系统连贯地向学生传授知识的方法。题干中，万老师主要采用的教学方法是讲授法。读书指导法是教师指导学生通过阅读教科书、参考书，以获得知识、巩固知识、培养自学能力的方法。题干中没有体现这一点。C项错误。

D项，我国学者叶澜等人结合我国的情况，提出了以教师专业的自我更新为取向的五个发展阶段。其中，"任务关注"阶段的教师，随着教学基本"生存"知识、技能的掌握，自信心日益增强，由关注自我的生存转移到更多地关注教学，由关注"我能行吗"转移到关注"我怎样才能行"。题干中，万老师关注如何完成教学任务和分配教学时间，说明其专业发展处于"任务关注"阶段。D项正确。

E项，在教学中，教师要准确把握教学对象的认知特点，采取有效的教学措施。小学生的认知特点包括对具体生动、直观形象的事物的注意占优势，因此在讲解古诗时，可以适当运用直观教学的手段。题干中，万老师只采用了语言讲解的方法，是没有准确把握教学对象的认知特点的表现。E项正确。

第四节　师生关系

| 基础题 | >>

一、判断题

1.（2018下）师生关系影响着学生和教师的人生态度和行为选择，进而影响他们在学校的生活质量。　　　　　　　　　　　　　　　　　　　　　　　　　　　　　　（　　　）

2.（2016上）良好的师生关系是一种重要的课程资源和校园文化。　　　　　　（　　　）

二、单项选择题

1.（2014下）在学校的师生关系中，最基本的关系是（　　　　）。

A. 以年轻一代成长为目标的社会关系

B. 以直接促进学生发展为目标的教育关系

C. 以维持和发展教育关系为目标的心理关系

D. 以传承文化为目标的授受关系

2.（2019上）王老师在教学中善于发现学生的优点，并经常发自内心表扬他们。正是受到王老师的鼓励和赞扬，学生们的表现也越来越好。学生的变化体现的是（　　　　）。

A. 首因效应　　　　　　　　　　　　B. 光环效应

C. 罗森塔尔效应　　　　　　　　　　D. 马太效应

3.（2015上）教师对学生的期望有时会或明或暗地传递给学生，并对其产生影响。这种效应是（　　）。

A. 从众效应

B. 罗森塔尔效应

C. 马太效应

D. 晕轮效应

4.（2015下）在心理上协调一致，在教学过程中与学生之间要求平等合作，体现了（　　）。

A. 民主平等　　　　B. 尊师重教　　　　C. 教学相长　　　　D. 心理相容

5.（2014上）理想师生关系的基本特征不包含（　　）。

A. 尊师爱生，相互配合

B. 共享共创，教学相长

C. 民主平等，和谐亲密

D. 突出权威，强调服从

三、多项选择题

1.（2020下）王老师是孩子们口中的"王妈妈"，常常有教师向她请教和学生保持良好关系的秘诀，她总是笑呵呵地回答："没有秘诀，我是个老顽童，就喜欢和孩子们交朋友，除了和他们一起聊学习、聊理想，我还常常拉着他们陪我聊美食、聊明星呢。"王老师的回答体现的构建良好师生关系的策略有（　　）。

A. 了解和研究学生

B. 尊重和欣赏学生

C. 树立正确的学生观

D. 努力提高自我修养，健全人格

E. 主动与学生沟通，善于与学生交往

2.（2024上）作为一种课程资源，师生关系具有（　　）。

A. 德育功能

B. 体育功能

C. 劳育功能

D. 心理功能

E. 认知价值

| 提升题 | >>>

一、判断题

1.（2016下）教师在和幼儿交流的时候，都会蹲下来看着他的脸和颜悦色地说话，这是师生交往中公平原则的体现。　　　　　　　　　　　　　　　　　　　　　　　　　（　　）

2.（2017下）心理相容是教师和学生之间最基本的伦理关系，也是我国新型师生关系的最本质的特征。　　　　　　　　　　　　　　　　　　　　　　　　　　　　　　（　　）

二、单项选择题

1.（2016上）从系统管理学的角度看，师生关系体现为伦理关系、管理关系、法律关系与人际关系等。处于高层次的是（　　）。

A. 伦理关系　　　　B. 管理关系　　　　C. 法律关系　　　　D. 人际关系

2.（2014上）期望效应说明（　　）。

A. 成人的期望是把"双刃剑"

B. 家长对子女的期望值不能过高

C. 良好的期望可促进学生的发展

D. 学生的发展往往背离成人的期望

3.（2015上）影响师生关系的核心因素是（　　）。

A. 教师的素养

B. 学校的管理

C. 国家的政策

D. 学生的认识

4.（2016下）一位校长在新学期开始时，倡导每个教师都为自己帮扶的贫困学生购买文具，教师们纷纷响应。对这件事的评价，不正确的是（ ）。

A. 教师的做法拉近了师生的距离

B. 体现了师生之间在特定环境下的相互依存关系

C. 师生之间的互动过程本身就具有教育意义

D. 教育者与受教育者情感融合是有效教育的前提

参考答案

基础题 ≫

一、判断题

1. √ **解析**：师生关系是学校中最基本也是最重要的人际关系。教师和学生在双方的持续交往中，体验着人生的价值和幸福，感受着人格的尊严，以及人与人之间的亲密关系。这影响着学生和教师的人生态度和行为选择，进而影响着教师和学生在学校的生活质量。

2. √ **解析**：良好的师生关系是教学活动顺利进行的重要条件，是衡量教师和学生学校生活质量的重要指标，是一种重要的课程资源和校园文化。

二、单项选择题

1. B **解析**：以直接促进学生发展为目标的教育关系是学校师生关系中最基本的关系。

2. C **解析**：罗森塔尔效应也称皮格马利翁效应，指教师的期望对学生的行为有预言效应，教师对学生思想的认可与学生学业成绩具有正相关趋势，教师的批评与不赞成与学生的成绩具有负相关趋势。根据上述定义可知，题干中教师通过表现自己对学生的期望与赞许，让学生朝更好的方向发展，体现的是罗森塔尔效应。

3. B **解析**：题干描述属于罗森塔尔效应，又称"皮格马利翁效应"。

4. D **解析**：心理相容指的是学生与教师之间在心理上协调一致，在教学实施过程中表现出师生之间关系密切、感情融洽、平等合作的和谐人际关系。

5. D **解析**：理想的师生关系特征包括尊师爱生、教学相长、民主平等和宽容理解。

三、多项选择题

1. ABCDE **解析**：A项，了解和研究学生。教师要与学生取得共同语言，使教育影响深入学生的内心世界，就必须了解和研究学生。了解和研究学生包括了解学生个体的思想意识、道德品质、兴趣、需要、知识水平、学习态度和方法、个性特点、身体状况和班集体的特点及其形成原因。材料中的王老师，从学生爱美食、明星等兴趣爱好入手，与学生打成一片，体现了王老师对学生的了解和研究。

B项，热爱、尊重学生，公平对待学生。热爱学生包括热爱所有学生，对学生充满爱心，经常走到学生之中，忌讳挖苦、讽刺学生和粗野对待学生。尊重学生特别要尊重学生的人格，保护学生的自尊心，维护学生的合法权益，避免师生对立。教师处理问题必须公正无私，使学生心悦诚服。材料中的王老师喜欢和学生交朋友并与学生一起聊学习、理想、美食、明星等，体现了王老师热爱学生，尊重、欣赏学生的兴趣爱好。

C项，树立正确的学生观。学生观是教师对学生的基本看法，它影响教师对学生的认识及其态度与行为，进而影响学生的发展。正确的学生观包括学生是发展的人；学生是独特的人；学生是具有独立意义的人。材料中的王老师喜欢和学生交朋友，并认可学生的兴趣爱好，体现了正确的学生观。

D 项，努力提高自我修养，健全人格。教师的素质是影响师生关系的核心因素。教师的师德修养、知识能力、教育态度、个性心理品质无不对学生产生深刻的影响。教师要使师生关系和谐，就必须通过自己崇高的理想、科学的世界观和人生观、渊博的知识、严谨的治学态度、活泼开朗的性格、多方面的爱好兴趣来吸引学生。材料中的王老师是一个"老顽童"，爱好广泛，与学生做朋友等都体现了王老师活泼开朗的性格特点与多方面的兴趣爱好。

E 项，主动与学生沟通，善于与学生交往。在师生关系的初期，往往会出现不和谐因素，如因为不了解而不敢交往，或因误解而造成冲突等，这就要求教师掌握沟通与交往的主动性，经常与学生保持接触、交心；同时，教师还要掌握与学生交往的策略和技巧，如寻找共同的兴趣和话题、一起参加活动、通信联系等。材料中的王老师，善于并喜欢跟学生聊天，体现了王老师善于与学生沟通、交往的能力。

综上所述，A、B、C、D、E 五项均正确。

2．ADE　**解析**：本题考查师生关系在教育中的作用。师生关系是教育教学实践中形成的一种课程资源，具有重要的德育功能、心理功能和认知价值。

| 提升题 | ➤➤

一、判断题

1．×　**解析**：师幼间平等的原则要求建立人格的平等关系，这是师幼间沟通的基础。教师必须尽可能地蹲下来同幼儿讲话，特别是小班的幼儿同教师的身高反差较大，所以蹲下来同幼儿讲话，会给幼儿一种亲切感，从而会拉近与孩子的距离。

2．×　**解析**：我国新型师生关系的特征是尊师爱生、民主平等、教学相长、心理相容。尊师爱生体现的是最基本的伦理关系，心理相容是最高表现。

二、单项选择题

1．A　**解析**：师生关系包含师生之间的法律关系、伦理关系、人际关系、心理关系、管理关系等。伦理关系是师生关系中最高层次的关系形式，对其他关系形式具有约束和规范作用。

2．C　**解析**：期望效应是指期望者通过强烈的心理暗示，使被期望者的行为达到他的预期要求。同样，教师的期望能够触动学生的心灵，对学生产生巨大的感召力和推动力，促使学生的健康发展。

3．A　**解析**：影响师生关系的因素很多，大致可以归纳为三个方面：教师方面的因素、学生方面的因素和教育环境方面的因素。其中，教师的素养是影响师生关系的核心因素。

4．B　**解析**：本题主要考查师生关系。题干中教师的这一做法只是体现了教师对于学生的帮助，有利于学生的健康成长和良好师生关系的形成；但并没有体现出 B 项中呈现的师生之间在特定环境下的相互依存关系。所以 B 项错误。

第六章　课程

第一节　课程概述

基础题 »»

一、判断题

1.（2018下）宋朝的朱熹在《朱子全书》中提及"宽着期限，紧着课程"。这里的"课程"是指功课及其进程。　　　　　　　　　　　　　　　　　　　　　　　　（　　）

2.（2017下）课程是学校开设的全部学科的总和。　　　　　　　　　　　（　　）

3.（2014下）我国古代的"六艺"可以说是最早的活动课程。　　　　　　（　　）

4.（2018上）课程有多种类型，综合课程就是活动课程。　　　　　　　　（　　）

5.（2019下）国家课程具有普遍适用性，但难以顾及各学校的特殊性。　（　　）

6.（2019上）显性课程与隐性课程互动互补、相互作用，在一定条件下可以相互转化。（　　）

7.（2015上）师生关系是隐性课程。　　　　　　　　　　　　　　　　　（　　）

8.（2023上）教师的管理方式和管理风格属于隐性课程。　　　　　　　　（　　）

9.（2023下）经验主义课程理论主张将儿童熟悉的生活场景引入教学活动。（　　）

10.（2016上）后现代主义课程论指出，课程不应该帮助学生去适应社会，而是要建立一种新的社会秩序和社会文化。　　　　　　　　　　　　　　　　　　　（　　）

11.（2022下）"学生能在45分钟内完成一篇800字的议论文"，这属于表现性目标。（　　）

12.（2019上）课程标准是国家对基础教育课程的基本规范和质量要求，是教学、评估和考试命题的依据。　　　　　　　　　　　　　　　　　　　　　　　　　（　　）

13.（2017上）课程标准是教材编写的依据，教材是课程标准最主要的载体。（　　）

14.（2015下）课程改革要求实行国家、地方、学校三级课程管理，因此学校可以根据自身实际情况制定相应的课程标准。　　　　　　　　　　　　　　　　　　（　　）

15.（2019下）师生不同的经历和生活经验属于校外课程资源。　　　　　（　　）

16.（2016下）教师是一种课程资源。　　　　　　　　　　　　　　　　　（　　）

17.（2015上）文化馆、图书馆、博物馆、民风民俗等都可以作为课程资源。（　　）

二、单项选择题

1.（2020下）我国古代的"六艺"和欧洲中世纪的"七艺"所体现的课程定义是（　　）。

A. 课程即学习经验　　　　　　　　　B. 课程即文化再生产

C. 课程即教学科目　　　　　　　　　D. 课程即社会改造的过程

2.（2019上）以直接经验为主的课程，其典型的表现形式是（　　）。

A. 学科课程　　　　　　　　　　　　B. 活动课程

C. 综合课程　　　　　　　　　　　　D. 融合课程

3.（2022下）2022年版《义务教育课程方案》指出，三至七年级的艺术课程以音乐、美术为主，融入舞蹈、戏剧、影视相关内容。这表明艺术课程是一门（   ）。

A．综合课程　　　　　　B．分科课程　　　　　　C．核心课程　　　　　　D．经验课程

4.（2019上）某小学借助该地特有的醒狮、龙形拳等非遗项目，由该校体育教师集体开发了"醒狮表演"和"龙形拳"的课程，并定期在学校开展"我是小小传承人"的系列活动。该课程属于（   ）。

A．校本课程　　　　　　　　　　B．隐性课程

C．显性课程　　　　　　　　　　D．地方课程

5.（2024上）某小学地理位置紧邻省历史博物馆，馆内有大量西周时期的青铜器，该学校自主开发和实施了"青铜器上的汉字"课程。这属于（   ）。

A．地方课程　　　　　　　　　　B．校本课程

C．学科课程　　　　　　　　　　D．隐性课程

6.（2018上）隐性课程有多种表现形式，以下不属于隐性课程的是（   ）。

A．教育理念　　　　　　　　　　B．学校建筑

C．班级管理方式　　　　　　　　D．教科书

7.（2015下）下列选项中，不属于观念性隐性课程的是（   ）。

A．校风　　　　　　　　　　　　B．学风

C．班级管理方式　　　　　　　　D．教师的教育理念

8.（2020上）以杜威为代表的经验主义课程流派主张课程的主体是（   ）。

A．学科知识　　　　　　　　　　B．儿童经验

C．教师经验　　　　　　　　　　D．教材内容

9.（2019下）强调学生的兴趣，注重探究，把课程资源作为解决问题的工具。这种观点属于（   ）课程论。

A．经验主义　　　　　　　　　　B．学科中心主义

C．社会主义　　　　　　　　　　D．后现代主义

10.（2024上）小学语文教材中的《小儿垂钓》《村居》《池上》《所见》都是以儿童生活为题材的诗作，包含了钓鱼、放纸鸢、采莲、骑黄牛等内容。这体现的课程理念是（   ）。

A．教材中心　　　　　　　　　　B．儿童中心

C．教师中心　　　　　　　　　　D．知识中心

11.（2018下）认为道德教育的目的不是让学生接受道德原则，而应让学生自由选择道德标准，并承担自己选择的后果。这种观点属于现代西方教育思想中的（   ）。

A．存在主义　　　　　　　　　　B．改造主义

C．永恒主义　　　　　　　　　　D．要素主义

12.（2017上）存在主义教育思想的基本主张是（   ）。

①主张国家利益至上　　　　　　②反对把人置于次要地位

③主张个人造就自己　　　　　　④强调个人的自由选择

⑤忽视个人的责任承担

A．①②③　　　　　　　　　　　B．②③④

C．③④⑤　　　　　　　　　　　D．①④⑤

13.（2021上）强调课程的丰富性、循环性、关联性和严密性的是（   ）。

A．经验主义课程论　　　　　　　B．学科中心课程论

C．存在主义课程论　　　　　　　D．后现代主义课程论

14.（2016下）上海市教育局先将2004年在雅典奥运会上获得110米跨栏金牌的运动员刘翔的事迹收入教科书，又把台湾歌手周杰伦的歌曲《蜗牛》作为百首"爱国主义歌曲"之一推荐给上海的中小学生。这里体现了影响课程内容选择的因素是（　　）。

A．社会、儿童　　　　　　　　　　B．儿童、知识

C．知识、兴趣　　　　　　　　　　D．兴趣、社会

15.（2020上）张老师将教学目标确定为"通过学习，学生懂得任何事物都是普遍性和特殊性的统一，为树立辩证唯物主义的思想方法和工作方法奠定基础"。根据目标取向理论，这属于（　　）。

A．普遍性目标　　　　　　　　　　B．行为性目标

C．生成性目标　　　　　　　　　　D．表现性目标

16.（2020下）刘老师上课时，一位同学突然提出了一个很有意思的问题，引起了全班同学的探索兴趣，刘老师后半节课就围绕这个问题而展开了教学。此后半节课的教学目标属于（　　）。

A．行为性目标　　　　　　　　　　B．生成性目标

C．表现性目标　　　　　　　　　　D．普遍性目标

17.（2022上）"解释正方体的意义，并用木条和绳线做一个正方体模型。"这一表述体现的课程目标取向是（　　）。

A．生成性目标取向　　　　　　　　B．表现性目标取向

C．行为性目标取向　　　　　　　　D．情境性目标取向

18.（2023上）"用自己的语言描述《庐山的云雾》的意境"这一教学目标属于（　　）。

A．结果性目标　　　　　　　　　　B．行为性目标

C．生成性目标　　　　　　　　　　D．表现性目标

19.（2023下）"学习了加减法后，能到商店自行购物"，这属于课程的（　　）。

A．表现性目标　　　　　　　　　　B．行为性目标

C．生成性目标　　　　　　　　　　D．普遍性目标

20.（2018上）数学课的教学，要培养学生处理数量问题的技能和有效运用这些技能于生活、学习、工作中的能力。这说明课程内容的组织需要坚持（　　）。

A．连续性原则　　　　　　　　　　B．顺序性原则

C．整合性原则　　　　　　　　　　D．纵向性原则

21.（2017上）课程内容组织中，强调保持各种课程内容之间的横向关系，以便学生获得一种统一的观念，并把行为与所学课程内容统一起来。这体现了课程逻辑规则的（　　）。

A．连续性　　　　　　　　　　　　B．顺序性

C．整合性　　　　　　　　　　　　D．发展性

22.（2015下）课程计划的基本内容不包括（　　）。

A．板书设计　　　　　　　　　　　B．学年编制

C．学周安排　　　　　　　　　　　D．课时分配

23.（2017下）泰勒课程设计的四个步骤包括确定教育目标、选择学习经验、组织学习经验和（　　）。

A．研究学生　　　　　　　　　　　B．评价学习结果

C．安排课程内容　　　　　　　　　D．诊断学习需要

24.（2020上）关于课程，以下说法错误的是（　　）。

A．课程资源开发应坚持经济性原则

B．教师开发和利用课程资源，应该从实际情况出发

C. 课程实施是教师建构知识、学生独立运用知识的过程

D. 教师不仅是课程的实施者，也是课程的建设者和开发者

三、多项选择题

1.（2020 上）关于地方课程和校本课程的共性，以下说法正确的有（   ）。

A. 当地教师充分参与课程的调研与编写

B. 采取的是"自上而下"的课程管理模式

C. 属于指令性课程，以必修课的形式出现

D. 教材大纲的确定要充分听取当地教师的意见

E. 参与课程决策的人员包括教育行政人员、课程专家、一线教师、学生、家长等

2.（2021 下）下列属于隐性课程的有（   ）。

A. 班级管理方式   B. 学校人际关系状况

C. 学校管理体制、学校组织机构   D. 师生特有的心态、行为方式

E. 学校建筑、教室设置、校园环境

3.（2023 上）主张学生中心的课程论流派有（   ）。

A. 经验主义课程论   B. 学科中心主义课程论

C. 存在主义课程论   D. 社会改造主义课程论

E. 要素主义课程论

┃提升题┃ >>>

一、判断题

1.（2020 下）"课程思政"即"思政课程"。   （   ）

2.（2014 上）课程是自上而下由国家负责编制、实施和评价的教学形式。   （   ）

3.（2020 上）学生在学校里结交朋友，在学校里参加的社团活动等，都属于学校的课程。（   ）

4.（2024 上）隐性课程是学生思想意识形成的重要诱因，是进行道德教育的重要手段。（   ）

5.（2019 上）要素主义主张学校应该设置名著课程，因为名著是实现教育目的的重要途径。（   ）

6.（2020 上）课程水平组织的基本标准是连续性和顺序性。   （   ）

7.（2022 上）小学课程目标要求：一年级认识三角形的主要特征，二年级学习三角形三条边的关系。这说明课程目标具有层次性。   （   ）

8.（2016 下）一般来说，对理论性较强，学生不易理解的知识内容，课程的组织方式采取螺旋式比较恰当。   （   ）

9.（2016 下）组织教学是在课前进行的，其目的在于使学生做好上课前的准备。   （   ）

10.（2021 上）教师的体态语言不属于课程资源。   （   ）

二、单项选择题

1.（2020 下）某学校为保护和传承民族文化，在学校开设了民族文化课程。这种课程属于（   ）。

A. 国家课程   B. 学科课程

C. 隐性课程   D. 校本课程

2.（2017下）校本课程的优点有（　　　　）。

①能体现学校的办学特色　　　　　　　②有利于通识性知识的学习
③能调动教师参与课程建设的积极性　　④有助于学生掌握系统性知识
⑤能根据实际情况，及时修订课程内容

　　A．①②③　　　　　　　　　　　　　B．②③④
　　C．①③⑤　　　　　　　　　　　　　D．②④⑤

3.（2021下）某地区教育局组织中小学教师和高校专家团队编写了一套基于当地人文资源的读本。这属于（　　　　）。

　　A．国家课程教材　　　　　　　　　　B．学校课程教材
　　C．地方课程教材　　　　　　　　　　D．校本课程教材

4.（2017下）根据古德莱德的课程分类理论，"有关课程应该如何设计，应该达到什么样的水平和标准的想法"属于（　　　　）。

　　A．经验课程　　　　　　　　　　　　B．理想课程
　　C．理解课程　　　　　　　　　　　　D．文件课程

5.（2017上）以下选项中不属于经验主义课程论观点的是（　　　　）。

　　A．课程组织应心理学化　　　　　　　B．课程应以儿童活动为中心
　　C．课程内容不能超出儿童生活的范围　D．课程应给儿童提供分化的、有组织的经验

6.（2019上）一次数学公开课上，王老师一边讲课一边看手表。听课的朱老师称赞道："时间把握得非常好。"王老师也如释重负地说："教案上写的问题总算讲完了。"由此可见，王老师在教学中过分重视（　　　　）。

　　A．表现性目标　　　　　　　　　　　B．生成性目标
　　C．结果性目标　　　　　　　　　　　D．体验性目标

7.（2016上）将课程理念转化为课程实践活动的桥梁是（　　　　）。

　　A．课程计划　　　　　　　　　　　　B．课程标准
　　C．课程设计　　　　　　　　　　　　D．课程类型

8.（2017上）烹调、园艺等内容属于"杜威学校"哪一类课程的内容？（　　　　）

　　A．艺术类　　　　　　　　　　　　　B．语言社交类
　　C．研究探索类　　　　　　　　　　　D．手工制作类

三、多项选择题

1.（2022上）相对于学科课程，活动课程的特点有（　　　　）。

　　A．强调解决问题的动态活动过程
　　B．在价值取向上偏向于社会本位
　　C．备课难度小，容易实施与落实
　　D．注重通过经验的获得与重构来学习
　　E．尊重学生的主体性并以此作为教学的出发点与目标

2.（2021上）阳光小学坐落于美丽的莲花湖畔，近年来学校围绕"莲文化"主题进行了校园文化建设。学校推行课外阅读，根据学段要求学生背诵校本教材《小荷尖尖》里收集、整理的诗歌；学校定期组织学生到莲花湖开展综合实践考察，学生通过实地观察，记录莲花湖生态区的气候、动物、植被等情况；生物老师在课堂上教孩子们将从莲花湖采回来的植物做成标本，课后还指导学生撰写科技小论文；语文老师让学生以荷花为主题写作文；美术老师还会带学生到莲花湖写生……由

此可见，阳光小学实施的课程类型有（　　　　）。

　　A．活动课程　　　　　　　　　　B．显性课程

　　C．隐性课程　　　　　　　　　　D．校本课程

　　E．核心课程

参考答案

基础题 ▶▶▶

一、判断题

1．√　**解析**：宋朝的朱熹在《朱子全书》中多次提及课程，如"宽着期限，紧着课程""小立课程，大作功夫"。这里的"课程"指功课及其进程。

2．×　**解析**：课程有广义和狭义之分。广义的课程指为实现教育目的而选择的教学内容的总和，包括学校开设的全部学科以及课外活动。狭义的课程指某一门学科，如语文课程、数学课程等。课程是一个发展的概念。课程改革已明确把综合实践课列入课程，不能将课程等同于学校开设的学科。

3．×　**解析**：六艺通常是指"礼、乐、射、御、书、数"，是学科课程，不是活动课程。

4．×　**解析**：综合课程是采取综合相关学科或相邻领域的学科的办法，把几门学科的教学内容组织在一门综合学科之中的课程。活动课程是从儿童的兴趣和需要出发，以儿童的活动为中心，为改造儿童的经验而设计的课程。活动课程虽然也突破了学科界限且综合性较强，但和综合课程并不一致。

5．√　**解析**：国家课程是根据所有公民基本素质发展的一般要求设计的，它反映了国家教育的基本标准，体现了国家对各个地方、社区的中小学教育的共同要求。国家课程具有普遍适用性和较长的周期性，课程文化严重滞后于社会变革，难以反映当地社会生活、社会发展与学校的特殊性，时效性较差。

6．√　**解析**：显性课程与隐性课程的关系：①隐性课程对于某一个或某几个课程主体来说总是内隐的、无意识的，而显性课程则是以直接的、明显的方式呈现的课程；②显性课程的实施总是伴随着隐性课程，而隐性课程也总是蕴藏在显性课程的实施与评价过程之中；③隐性课程可以转化为显性课程。由此可见，显性课程与隐性课程不是二元对立的，二者互动互补、相互作用，在一定的条件下可以相互转化。

7．√　**解析**：隐性课程是指学校情境中以间接的内隐的方式呈现的课程，其中校风、班风、师生关系、教室的座位编排等均属于隐性课程。

8．√　**解析**：本题考查隐性课程的含义。根据课程的呈现方式或对学生的影响方式，课程可以分为隐性课程和显性课程。其中，隐性课程是指学校情境中以间接的、内隐的方式呈现的课程。教师的教育理念、管理方式和管理风格间接影响学生，属于隐性课程。

9．√　**解析**：本题考查经验主义课程理论。经验主义课程理论是以儿童的现实生活特别是活动为中心来编制课程的理论。其基本主张包括儿童是课程的出发点、中心和目的，学校课程应以儿童的兴趣或生活为基础，将儿童熟悉的生活场景引入教学活动，使得学校里知识的获得与生活过程中的活动联系起来。故题干说法正确。

10．×　**解析**：课程不应该帮助学生去适应社会，而是要建立一种新的社会秩序和社会文化是社会中心课程理论（社会改造主义课程理论）的观点。社会中心课程理论重视课程与社会的联系，

后现代主义课程论将课程当作不断展开的动态过程，重视学生的个体经验。

11．×　**解析：**本题考查我国基础教育课程标准的目标分类。我国基础教育课程标准在目标分类上包括三类：结果性目标、体验性目标与表现性目标。其中，结果性目标明确表述学生学习的结果是什么，采用的行为动词具体、明确、可观测、可量化。表现性目标明确安排学生各种各样的表现机会，采用的行为动词通常是与学生表现什么有关的或者结果是开放性的。题干中的目标采用的行为动词明确、具体，更强调学习的结果，为结果性目标。故题干说法错误。

12．√　**解析：**课程标准是国家对基础教育课程的基本规范和质量要求。它是教材编写、教学、评估和考试命题的依据，也是国家管理和评价课程的基础。

13．√　**解析：**课程标准是教材编写的依据，教材是课程标准最主要的载体。

14．×　**解析：**课程标准由国家教委和各地教委编制，是规定某一学科的课程性质、课程目标、内容目标、实施建议的教学指导性文件。

15．×　**解析：**校内课程资源是指学校范围之内的课程资源，包括教科书、教师、学生、教学过程等。师生本身不同的经历、生活经验和不同的学习方式、教学策略等是非常直接的校内课程资源。校外课程资源是指学校范围之外的课程资源，包括学生家庭、社区乃至整个社会中各种可用于教育教学活动的设施和条件以及丰富的自然资源。

16．√　**解析：**教师是重要的课程资源之一。

17．√　**解析：**课程资源是指课程要素来源以及实施课程的必要而直接的条件。课程资源的结构包括校内课程资源和校外课程资源。文化馆、校外图书馆、博物馆、民风民俗属于校外课程资源。

二、单项选择题

1．C　**解析：**A项，杜威认为教育的手段与目的是同一过程不可分割的部分。他将课程看作学生的学习经验。与题干不符，排除。

B项，鲍尔斯和金蒂斯认为，任何社会文化中的课程，事实上都是该种社会文化的反映，学校教育的职责是要再生产对下一代有用的知识和价值。也就是说，课程是"从一定社会的文化里选择出来的材料"。与题干不符，排除。

C项，把课程等同于教学科目，在历史上由来已久。比如我国古代课程有礼、乐、射、御、书、数"六艺"，欧洲中世纪的课程包括文法、修辞、辩证法、算术、几何、音乐、天文学"七艺"。与题干符合，故本题选C。

D项，弗雷尔主张课程即社会改造的过程，他认为课程应该使学生摆脱盲目依从的状态，即要使学生在规划和实施课程的过程中起主要作用。与题干不符，排除。

2．B　**解析：**根据学科固有的属性，课程可分为学科课程和活动课程。A项，学科课程是以文化知识为基础，按照一定的价值标准，从不同的知识领域或学术领域选择一定的内容，根据知识的逻辑体系，将所选出的知识组织为学科的课程。B项，活动课程也称经验课程，是从学生的兴趣和需要出发，以学生的主体性活动或经验为中心组织的课程。活动课程的主导价值在于使学生获得关于现实世界的直接经验和真切体验。根据课程内容的组织形式，课程可分为分科课程和综合课程。C项，综合课程是指打破传统的学科课程的知识领域，组合两门以上学科领域而构成的一门学科。D项，融合课程是将有关学科融合为一门新的学科，融合之后，原来学科之间的界限不复存在。综上所述，以直接经验为主的课程，其典型的表现形式是活动课程。

3．A　**解析：**本题考查课程的分类。综合课程是指打破传统的学科课程的知识领域，组合两门或两门以上学科领域而构成的课程。题干中的"艺术课程"融合了多个课程相关内容，属于综合课程。故本题选 A。

分科课程是一种单学科的课程组织模式，它强调不同课程之间的相对独立性和一门学科的逻辑体系完整性。

核心课程是以某一社会或自然问题为核心，将几门学科综合起来的课程。

经验课程是从学生的兴趣和需要出发，以学生的主体性活动或经验为中心组织的课程。

4．A　**解析：** 校本课程就是以学校为课程编制主体，自主开发与实施的一种课程。校本课程的主导价值在于通过课程展示学校的办学宗旨和特色。题干所述课程开发的主体是学校，开发的课程旨在展示学校特色，属于校本课程。

5．B　**解析：** 本题考查校本课程。校本课程是以学校为课程编制主体，学校自主开发与实施的课程。其主导价值在于通过课程展示学校的办学宗旨和特色。题干中，"青铜器上的汉字"的开发主体是学校，属于校本课程。

6．D　**解析：** 教科书属于显性课程。隐性课程指学校情境中以间接的、内隐的方式呈现的课程，包括物质情境（如建筑、设备）、文化情境（如教师布置、校园文化、各种仪式活动）、人际情境（如师生关系、校风、校纪、学风、班风）。

7．C　**解析：** 观念性隐性课程包括隐藏于显性课程之中的意识形态，学校的校风、学风，有关领导与教师的教育理念、价值观、知识观、教学风格、教学指导思想等。C 项班级管理方式属于制度性隐性课程。

8．B　**解析：** 以杜威为代表的经验主义课程流派主张从学生的兴趣和需要出发，以儿童的主体性活动或经验为中心组织课程。活动课程的主导价值在于使学生获得关于现实世界的直接经验和真切体验。

9．A　**解析：** 经验主义课程论是以儿童的现实生活特别是以活动为中心来编制课程的理论，代表人物是美国实用主义教育家杜威。经验主义课程论重视学生的兴趣、需要、能力和阅历，以及学生在学习中的自我指导作用与内在动力；注重引导学生从做中学，通过探究、交往、合作等活动使学生的经验得到改组和改造，智能和品德得到养成和提高；强调解决问题的动态活动的过程，注重教学活动过程的灵活性、综合性、形成性，因人而异的弹性，以及把课程资源作为解决问题的工具，反对预先确定目标的观念。题干所述的观点属于经验主义课程论。

10．B　**解析：** 本题考查课程理念。儿童中心的课程论认为儿童是课程的出发点、中心和目的；学校课程应以儿童的兴趣或生活为基础；课程组织应将教材心理学化，考虑儿童心理发展的次序，以利用其既有的经验和能力。题干中，小学语文教材以儿童生活为题材设置课程，体现了儿童中心的课程论。

11．A　**解析：** 存在主义教育思想提倡"个人的自由选择"，提倡教育者应该允许学生"自由选择"道德标准，并承担自己选择的后果。道德教育的任务并不是让学生去接受一些永恒的道德原则，而是使学生学习有利于认识自我和发展自我的原则，使他们对自己负有责任。

12．B　**解析：** 存在主义教育思潮的基本主张：第一，强调人的存在，主张以人为出发点，反对把人置于次要地位。第二，强调存在先于本质，主张个人造就自己。第三，强调人的自由选择，重视自由承担责任。第四，强调人的主观性，重视人的自我体验。第五，强调对死亡的领悟，重视生的意义。

13．D　**解析：** 后现代主义课程论的主要代表人物多尔把传统课程的封闭体系与当今的开放体系做了基本对比，并将后现代主义课程标准概括为"4R"标准，即丰富性、循环性（回归性）、关联性和严密性。

14．A　**解析：** 影响课程内容选择的因素有以下三个：①社会因素。教育无法摆脱社会的影响，课程内容的选择也无法脱离社会，课程内容必须注重社会特征、社会现实以及现存问题。②受教育者的身心发展规律。受教育者的不同身心发展水平制约着课程内容选择的实际有效性、制约着所选择内容的广度和深度。③科学文化知识。首先，课程内容的基本要素是知识，人类科学文化知识本身的特点就制约着课程内容的选择；其次，科学文化的发展速度制约着课程内容的更新速度；最后，科学文化的知识结构也制约着课程内容结构的呈现方式。题干中，2004 年雅典奥运会 110 米跨栏冠军刘翔的事迹、我国台湾歌手周杰伦的爱国主义歌曲《蜗牛》与学生的社会生活有关，体现了社会因素影响课程内容的选择；同时，不同年龄阶段的学生的身心发展水平不同，因此对内容的接受程度和接受范围都存在区别；刘翔的事迹与周杰伦的歌曲《蜗牛》符合学生的兴趣与特点，也与学生对课程内容的接受程度和接受范围相契合，体现了儿童影响课程内容的选择。

15．B **解析**：行为性目标是期待的学生的学习结果，它具有导向功能、控制功能、激励功能与评价功能。行为性目标具体、明确，便于操作、评价，对于学习以训练知识、技能为主的课程内容较为适合。题干是张老师对学生学习某堂课后的具体的要求，属于行为性目标。

16．B **解析**：美国课程理论专家舒伯特认为，课程目标的形式取向主要有四种类型：普遍性目标、行为性目标、生成性目标和表现性目标。其中，生成性目标又称"形成性目标"，是在教育情境中随教育过程的展开而自然生成的课程目标。它注重过程，强调目标的生成应该视课堂教学的实际情况来定。题干中，"刘老师后半节课就围绕学生突然提出的一个很有意思的问题展开教学"，是在教育情境中随教育过程的展开而自然生成的课程目标，属于生成性目标。

17．B **解析**：表现性目标是指每一个学生在具体教育情境中的个性化表现，它追求的是学生反应的多样性，旨在培养学生的创造性，强调学生的个体性，主要适用于"制作"领域。题干中，"用木条和绳线做一个正方体模型"强调学生的个性化表现，属于表现性目标取向。

18．D **解析**：本题考查教学目标的类型。

结果性目标和行为性目标主要说明学生的学习结果，行为动词具体明确，主要应用于"知识与技能"领域。

生成性目标不是由外部事先规定的目标，而是在教育情境之中随着教育过程的展开而自然生成的目标，它关注学习活动的过程，考虑学生的兴趣、能力差异，强调目标的适应性、生成性。

表现性目标通常是给学生安排各种各样表现的机会，采用的行为动词通常是与学生表现什么有关的或者结果是开放性的。

题干中，用自己的语言描述对文章意境的感受，给学生充分表达自己的机会，这种教学目标属于表现性目标。

19．B **解析**：本题考查课程目标的类型。

表现性目标指学生在教育情境中产生的个性化表现。

行为性目标以课程行为结果的方式对课程进行规范和指导，指明了完成课程后学生应发生的行为变化。

生成性目标是在教育情境中随教育过程展开而自然生成的目标。

普遍性目标是根据一定的哲学和伦理观、意识形态、社会政治需要，对课程进行总括性和原则性规范和指导的目标。

题干中，教学目标是学生学习加减法后能够运用到生活中，强调行为变化，属于行为性目标。故本题选 B。

20．C **解析**：课程内容的组织原则包括连续性原则、顺序性原则和整合性原则。其中，整合性原则是指在课程内容各要素之间横向的联系或水平的组织上，寻求要素之间的内在联系，形成适当的关联，逐渐获得一种统一的观点，把各种要素整合为一个有机整体。例如，在数学课的学习中，固然要培养学生处理数量问题的技能，但更加重要的是，要考虑到在社会学科、科学、生活中，如何有效地运用这些技能。

21. C 解析：20 世纪 40 年代，泰勒就明确提出了课程内容编排和组织的三条逻辑规则，即连续性、顺序性、整合性。连续性是指直线式地陈述主要的课程内容；顺序性要求每一后继内容应以前面的内容为基础，同时又对前面的内容加以深化、拓展；整合性则强调保持各种课程内容之间的横向联系，以便有助于学生获得一种统一观念。题干中强调保持各种课程内容之间的横向关系，体现了课程逻辑规则的整合性。

22. A 解析：课程计划的基本内容包括教学科目的设置、学科顺序、课时分配、学年编制与学周安排。

23. B 解析：泰勒原理的四个步骤：①确定教育目标；②选择学习经验（教育经验）；③组织学习经验（教育经验）；④评价学习结果。

24. C 解析：课程实施过程就是教师和学生通过理解和对话，将课程知识转化为特定的表述形式，并对其加以内化和理解，从而生成新的知识和意义的过程。因此，课程实施是教师和学生共同构建知识的过程。C 项错误。课程资源开发和利用的原则包括共享性原则、经济性原则、时效性原则和因地制宜原则等。A 项正确。课程资源开发和利用的因地制宜原则强调尽管课程资源多种多样，但是对于不同的地区、学校、学科、教师和学生，可开发与利用的课程资源具有极大的差异性。因此，课程资源的开发与利用不应强求一律，而应从实际情况出发，发挥地域优势，强化学校特色，区分学科特性，展示教师风格，扬长避短。B 项正确。新课程改革对教师的职业素质和教育能力提出了很高的要求。教师不仅是课程的实施者，也是课程的建设者和开发者。D 项正确。

三、多项选择题

1. AD 解析：地方课程是地方教育主管部门以国家课程标准为基础，在一定的教育思想和课程观念的指导下，根据地方经济特点和文化发展等实际情况而设计的课程。校本课程是以学校为课程编制主体，自主开发与实施的课程，是相对于国家课程和地方课程的一种课程。地方课程与校本课程的共同点包括需要当地教师充分参与课程的调研与编写，教材大纲的确定要充分听取当地教师的意见。A、D 两项正确。校本课程采用的是自下而上的课程管理模式。校本课程通常以选修课和特色课的形式出现。我国的地方课程的开发机构包括各省（区、市）专门的课程改革领导机构、教研室和出版社，参与课程决策的人员不包括学生和家长。

2. ABCDE 解析：隐性课程是指学校情境中以间接的、内隐的方式呈现的课程，即学校通过教育环境（包括物质的、文化的和社会关系结构的）有意或无意地传递给学生的非公开的教育经验（包括学术的与非学术的）。其主要表现形式如下：①观念性隐性课程，包括隐藏于显性课程之中的意识形态，如学校的校风、学风，有关领导与教师的教育理念、价值观、知识观、教学风格、教学指导思想等；②物质性隐性课程，包括学校建筑、教室的布置、校园环境等；③制度性隐性课程，包括学校管理体制、学校组织机构、班级管理方式、班级运行方式等；④心理性隐性课程，主要包括学校人际关系状况，师生特有的心态、行为方式等。A、C 两项属于制度性隐性课程；B、D 两项属于心理性隐性课程；E 项属于物质性隐性课程。故本题选 ABCDE。

3. AC 解析：本题考查各课程理论流派的观点。

经验主义课程论提倡以儿童的现实生活特别是活动为中心来编制课程的理论，属于学生中心课程论。

学科中心主义课程论主张学校教育应以学科分类为基础，以学科知识为中心，以掌握学科的基本知识、基本规律和相应的技能为目标。

存在主义课程论的核心是促进学生的自我实现，属于学生中心课程论。

社会改造主义课程论主张课程以广泛的社会问题为中心，属于社会中心课程论。

要素主义课程论强调课程的内容应该是人类文化的共同要素，重视系统知识的传授，属于学科中心课程论。

提升题 »»»

一、判断题

1．× **解析：**课程思政不同于思政课程，思政课程是思想政治教育课程及相关教育活动的总称；课程思政则不然，它不是特定的一门或一类具体教学科目或某一教育活动，它是指学校育人的所有教学科目和教育活动，渗透和贯穿着思政教育。思政课程是一门课程，而课程思政是一个教学理念。

2．× **解析：**国家课程是国家设计开发的，但是地方课程和校本课程设计开发的主体是地方和学校。

3．√ **解析：**学校课程包括显性课程和隐性课程。其中，隐性课程也称潜在课程、隐蔽课程，是指学校情景中以间接的、内隐的方式呈现的课程，即学校通过教育环境有意或无意地传递给学生的非公开的教育经验。结交朋友和参加社团活动属于隐性课程，因此属于学校的课程。

4．√ **解析：**本题考查隐性课程对学生身心发展的影响。从对受教育者的影响程度来讲，隐性课程对学生身心发展的影响可能意义更加重大。隐性课程是学生思想意识形成的重要诱因，是进行道德教育的重要手段，是学生主体成长发展的重要精神食粮。

5．× **解析：**要素主义强调学科内容和文化传承的重要性，要把人类文化的"共同要素"传给下一代；强调以学科为中心和学习的系统性，主张应恢复各门学科在教育过程中的地位，严格按照逻辑系统编写教材。永恒主义主张要传递人类天性中的共同要素，学习永恒学科，主要学习古典名著，因为名著是实现教育目的的最好途径，可以促进学生智慧的发展。

6．× **解析：**课程内容的组织方式主要有两种，即垂直组织和水平组织。课程的垂直组织有两个基本标准，即连续性和顺序性。课程水平组织的基本标准为整合性。

7．× **解析：**课程目标的层次性强调课程目标可以逐步分解为总目标和从属目标。课程目标的递进性强调低年级的课程目标是高年级课程目标的基础，没有低年级课程目标的实现，就难以达到高年级的课程目标，高年级课程目标是低年级课程目标的延续和深化。题干说明一年级课程目标是二年级课程目标的基础，体现的是课程目标的递进性。故本题说法错误。

8．√ **解析：**课程的组织形式有螺旋式和直线式两种。螺旋式是把不同阶段、单元或不同课程内容重复出现，逐渐扩大知识面，加深知识难度的课程组织结构。直线式是把一门课程的内容按照逻辑联系组织，前后阶段内容尽量避免重复。对于理论性较强，学生不易理解的知识，螺旋式较适合；对于一些理论性相对较低的学科知识、操作性较强的内容，直线式较适合。

9．× **解析：**组织教学不仅在教学前进行，在整个教学过程中，都贯穿组织教学。

10．× **解析：**课程资源是指课程要素来源及实施课程的必要而直接的条件。根据物理特性和呈现方式，课程资源可分为文字资源、实物资源、活动资源和信息化资源。其中，活动资源内容广泛，包括教师的言语活动和体态语言、班级集体和学生社团的活动、各种集会和文艺演出、社会调查和实践活动，以及师生之间、学生之间的交往等。因此，教师的体态语言属于课程资源。

二、单项选择题

1．D **解析：**校本课程是以学校为课程编制主体，学校自主开发与实施的一种课程，是相对于国家课程和地方课程的一种课程。题干中，其学校为保护和传承文化，在学校开设的课程，属于校本课程。故本题选 D。

2．C　解析：校本课程是由学生所在学校的教师编制、实施和评价的课程，其主导价值在于通过课程展示学校的办学宗旨和特色，①③⑤正确。基础型课程注重培养学生的基础学力，即以培养学生作为一个公民所必需的"三基"（读、写、算）为中心的基础教学。通识性知识的学习属于基础型课程的任务，②错误。学科课程是一种主张以学科为中心来编定的课程，根据知识的逻辑体系，将所选出的知识组织为学科的课程。有助于学生掌握系统性知识属于学科课程的优点，④错误。

3．C　解析：根据课程设计、开发和管理主体来划分，课程分为国家课程、地方课程和校本课程。根据课程管理的权限，教材可以分为国家课程教材、地方课程教材以及校本课程教材。题干中，某地区教育局组织中小学教师和高校专家团队编写的读本应属于地方课程教材。故本题选 C。

国家课程教材是教育部有关专家对教材编写、体系结构及教材适用范围进行审核编写的教材。校本课程教材是指学校自己开发的课程教材。

4．B　解析：美国著名课程专家古德莱德认为课程分五个层次：一是理想的课程，即由研究机构、学术团体和课程专家提出的应该开设的课程；二是正式的课程，即由教育行政部门规定的课程计划、课程标准和教材；三是领悟的课程，即任课教师所领悟的课程；四是实行的课程，即在课堂上实际展开的课程；五是经验的课程，是学生在课堂学习中体验到的东西。"有关课程应该如何设计，应该达到什么样的水平和标准的想法"是理想课程。

5．D　解析：以杜威为代表的经验主义课程论的观点：①课程应以儿童的活动为中心。杜威认为，课程必须与儿童的生活相沟通，应该以儿童为出发点、为中心、为目的。理想的课程应该促进儿童的生长和发展，这也是衡量课程价值的标准。课程的内容不能超出儿童经验和生活的范围，而且课程要考虑到儿童的需要和兴趣，否则不能引起儿童学习的动机，也就不能有自发的活动。②课程的组织应心理学化。杜威认为，课程的组织之所以要心理学化，是因为传统学科课程的逻辑组织对于成人可能是适用的，但不适用于儿童。因为儿童是初学者，还没有能力接受成人完整的经验，所以课程的组织应该考虑到儿童心理发展的次序，考虑到儿童现有的经验和能力。

6．C　解析：一般来说，完整的课程目标体系包括三类：结果性目标、体验性目标与表现性目标。其中，结果性目标说明学生的学习结果是什么，所采用的行为动词要求具体明确、可观测、可量化。结果性目标指向可以结果量化的课程目标。题干中，王老师关注的是预设的教学目标的完成情况，过分重视结果性目标。

7．C　解析：课程设计是一个有目的、有计划、有结构地产生教育计划、教学大纲以及教科书等系统化的活动。课程设计是将课程理念转化为课程实践的桥梁。课程设计的实质，就是如何为学习者提供经验的客观条件。

8．D　解析：杜威在"杜威学校"为学生设计了四大类直接经验的课程内容，课程内容如下：手工制作类的课程内容，如木工、金工、缝纫、烹调、园艺等；语言社交类的课程内容，如游戏、俱乐部、表演等；研究与探索类的课程内容，如历史研究、自然研究、专业化活动研究等；艺术类的课程内容，如乐队活动、乡村音乐会等。

三、多项选择题

1．ADE　解析：A 项，活动课程强调解决问题的动态活动过程，注重教学活动过程中的灵活性、反对预先确定目标的观念，强调探究、交往与合作等活动。该项说法正确。

B 项，活动课程在教育观念上注重个人本位，而不是社会本位。该项说法错误。

C 项，活动课程过于重视灵活性，缺乏规范性，其教学过程不易理性地引导，存在较大难度，对教师要求过高，不易实施与落实。该项说法错误。

D项，活动课程注重引导儿童从做中学，通过探究、交往、合作等活动使学生的经验得到改组与改造，注重通过经验的获得与重构来学习。该项说法正确。

E项，活动课程重视学生的需要与兴趣，尊重学生的主体性，并以此作为教学的出发点与目标。该项说法正确。

2. **ABCDE** **解析**：A项，根据学科固有的属性，课程可分为学科课程和活动课程。其中，活动课程也称经验课程，是从学生的兴趣和需要出发，以学生的主体性活动或经验为中心组织的课程。活动课程的主导价值在于使学生获得关于现实世界的直接经验和真切体验。题干中，学校定期组织学生到莲花湖开展综合实践考察，让学生获得直接经验和真切体验。这种课程属于活动课程。A项正确。

B、C项，根据课程的呈现方式或对学生的影响方式，课程可分为显性课程和隐性课程。显性课程也称公开课程，是指学校情境中以直接的、明显的方式呈现的课程。隐性课程是指学校情境中以间接的、内隐的方式呈现的课程，即学校通过教育环境（包括物质的、文化的和社会关系结构的）有意或无意地传递给学生的非公开的教育经验（包括学术的与非学术的）。题干中，生物老师让学生撰写科技小论文、语文老师让学生以荷花为主题写作文、美术老师指导学生写生属于显性课程。该校围绕"莲文化"主题进行了校园文化建设属于隐性课程。B、C两项正确。

D项，根据课程设计、开发和管理主体，课程可分为国家课程、地方课程和校本课程。其中，校本课程是以学校为课程编制主体，学校自主开发与实施的课程，是相对于国家课程和地方课程的一种课程。题干中，该校要求学生背诵校本教材《小荷尖尖》里收集、整理的诗歌，说明该校实施了校本课程。D项正确。

E项，核心课程是指打破学科界限，以某一方面的问题解决为目标选取科学知识构成的课程。题干中，各学科教师围绕"莲文化"主题组织开展了不同的学习活动体现了核心课程。E项正确。

第二节 新课程改革

▍基础题 ▍▶▶▶

一、判断题

1.（2021上）某些学生在阅读方面可能比较落后，但是在数学方面可能高于平均水平。（   ）

2.（2016下）依照新课程改革理念，教师教学要以学生为本，以学论教。（   ）

3.（2021下）课程开发就是编写教材。（   ）

4.（2022下）综合实践活动课程实施过程中的活动计划由教师制定。（   ）

5.（2024上）新课程强调多元化、发展性、多主体的评价理念。（   ）

二、单项选择题

1.（2016下）某著名学者高考数学成绩非常低，但其语文、英文成绩非常突出，英文更是获得满分，于是被著名高校破格录取。如果用加德纳的多元智能理论对这种现象进行分析，以下说法不正确的是（   ）。

A. 每个人都可能拥有多种智能　　　　　B. 该学者"言语－语言"智能水平高

C. 该学者"逻辑－数学"智能水平低　　　D. 该学者"言语－逻辑"智能水平高

2.（2015上）以下符合新课程改革基本理念的是（　　）。

A．重视知识的传授和接受 　　B．倡导个性化的知识生成方式

C．推进课程分化，强化学科界限 　　D．强调理论化、体系化的书本知识

3.（2018上）某语文教师在讲授《咏鹅》时，确定的课程目标之一是引导学生欣赏鹅的美好形象，使学生产生对鹅的喜爱之情，让学生感受到美的熏陶，激发学生学习古诗的兴趣。这符合新课改三维目标中的（　　）。

A．知识与技能 　　B．过程与方法

C．思维与智慧 　　D．情感态度与价值观

4.（2016下）某教师的教案中有"通过学习养成尊老爱幼的品质"。该教师确立的课程目标属于（　　）。

A．知识与技能 　　B．过程与方法

C．情感与态度 　　D．问题与解决

5.（2015上）下列不属于新课程倡导的三维课程目标的是（　　）。

A．知识与技能 　　B．过程与方法

C．能力与结果 　　D．情感态度与价值观

6.（2020下）下列关于我国中小学课程设置表述正确的是（　　）。

A．小学以游戏课程为主；初中由必修与选修构成；高中分科与综合相结合

B．小学以活动课程为主；初中由必修与选修构成；高中分科与综合相结合

C．小学以学科课程为主；初中分科与综合相结合；高中由必修与选修构成

D．小学以综合课程为主；初中分科与综合相结合；高中由必修与选修构成

7.（2016下）我国新一轮基础教育课程改革倡导小学阶段的课程类型（　　）。

A．以分科课程为主 　　B．以综合课程为主

C．以活动课程为主 　　D．以实践课程为主

8.（2017下）下列有关综合实践活动课程的说法，不正确的是（　　）。

A．综合实践活动课程是隐性课程

B．综合实践活动课程是学校必修课程

C．研究性学习是综合实践活动课程学习的重要形式

D．综合实践活动课程侧重发展学生综合运用知识的能力

9.（2019下）一位老师总是批评做错题的学生没有用心学习，而另一位老师则会耐心地给做错题的学生进行讲解。两位老师的不同做法反映了（　　）。

A．职业认同的差异 　　B．职业理念的差异

C．职业知识的差异 　　D．职业能力的差异

10.（2017上）以下哪一项不属于我国新课程带来的教学观的变革？（　　）

A．从关注学科转向关注人

B．从重理论学习转向重实践操作

C．从教会学生知识转向教会学生学习

D．从以教育者为中心转向以学习者为中心

11.（2018下）21世纪初，我国开展了新一轮基础教育课程改革。关于此次改革的具体目标，下列表述不正确的是（　　）。

A．改变学科本位的课程结构 　　B．改变过于注重知识传授的倾向

C．改变过于强调接受学习的现状 　　D．改变课程管理过于松散的状况

12.（2021上）某幼儿园从考勤、家园互动等方面对幼儿进行测评，并根据结果将幼儿分为三类，前两类给予金额不等的奖励。对该幼儿园的做法，以下说法正确的是（　　　）。

　　A. 将孩子分门别类，有利于因材施教

　　B. 容易产生不当竞争，助长功利化倾向

　　C. 能激励孩子和家长更好地参与幼儿园的活动

　　D. 考核方式科学合理，有利于幼儿的身心发展

13.（2016上）以下哪一项是我国课程内容改革的发展趋势？（　　　）

　　A. 实现学科知识与个人知识的内在整合

　　B. 实现国家课程、地方课程与校本课程的整合

　　C. 实现超越目标取向，走向过程取向和主体取向

　　D. 实现超越忠实取向，走向相互适应取向和课程创生取向

三、多项选择题

（2018上）关于发展性教师评价，以下说法正确的有（　　　）。

　　A. 是一种双向评价　　　　　　　　　B. 是一种形成性评价

　　C. 主张实行末位淘汰　　　　　　　　D. 着眼于教师未来的发展

　　E. 能促进教师的专业发展

┃提升题┃ ≫

一、判断题

（2014上）当代教学从重视发展向重视认知转变。　　　　　　　　　　　　（　　　）

二、单项选择题

1.（2019下）在学习20以内的退位减法时，如"16-8=8"，教师不仅要求学生能准确地给出得数，还要求学生会"用十减""减十加补"等两种以上的计算方法。这属于教学目标中的（　　　）目标。

　　A. 知识与技能　　　　　　　　　　　B. 过程与方法

　　C. 思维与智慧　　　　　　　　　　　D. 情感态度与价值观

2.（2021下）要达到"让学生获得亲身体验，积累经验，形成对自然、社会、自我的正确认识的目标"，主要通过（　　　）来实现。

　　A. 智育　　　　　　B. 体育　　　　　　C. 美育　　　　　　D. 综合实践活动

3.（2021上）新课程改革中被强调为"平等中的首席"的教育要素是（　　　）。

　　A. 教师　　　　　　　　　　　　　　B. 学生

　　C. 教学内容　　　　　　　　　　　　D. 教学手段

4.（2016下）小婷学会了朗诵儿歌："布娃娃、布娃娃，大眼睛小嘴巴，聪明又可爱，人人都爱他。"她问老师："我妈妈说我是小眼睛，我是不是就不可爱了？"老师最好的回答是（　　　）。

　　A. 你妈妈说得对，你就是小眼睛

　　B. 你妈妈说小眼睛不可爱吗

　　C. 你是小眼睛，老师觉得你还很可爱

　　D. 你妈妈骗你的，你是大眼睛，很可爱

5.（2021 上）以下关于我国教育改革与发展的论述，不正确的是（　　　）。

A．坚持以新发展理念引领教育领域综合改革

B．建设教育强国是中华民族伟大复兴的基础工程

C．以管办评融合构建政府、学校、社会之间的新型关系

D．教育事业改革发展要从上规模、讲数量向强素质、提质量、促公平转变

三、多项选择题

（2019 上）下列关于新课程改革的说法，正确的有（　　　）。

A．倡导个性化的知识生成方式

B．强调形成积极主动的学习态度

C．增强课程内容的生活化、综合性

D．实行国家、地方、学校三级课程管理

E．从小学一年级起设置"综合实践活动"课程

参考答案

基础题 ▶▶▶

一、判断题

1．√　解析：加德纳认为，智力的内涵是多元的，它由八种相对独立的智力成分构成，这八种智力在每个人身上的组合方式是多种多样的，每个人在不同领域的智力发展水平是不同步的，多种智力之间的不同组合会导致个体间的智力差异。阅读属于言语智力，数学属于数学－逻辑智力，这两种智力在个体身上可能存在差异。例如，某些学生在阅读方面可能比较落后，但是在数学方面可能高于平均水平。

2．√　解析：根据新课改的教学观，教学要从"教育者为中心"转向"学习者为中心"，确立学生的主体地位，以学生为本，以学论教。

3．×　解析：课程开发是指通过社会和学习者需求分析，确定课程目标，再根据这一目标选择某一个学科的教学内容和相关教学活动进行计划、组织、实施、评价、修订，以最终达到课程目标的整个工作过程。课程开发包括宏观、中观和微观层面，宏观层面主要是确定课程方案和设置；中观层面主要是编制课程标准、教材；微观层面主要是课程实施。题干认为课程开发就是编写教材，该说法错误。

4．×　解析：本题考查综合实践活动课程的相关知识。综合实践活动课程具有自主性。综合实践活动的主题、活动方式、活动过程是在教师指导下，学生自主确定和设计的。题干说法错误。

5．√　解析：本题考查新课程的评价理念。新课程改革提出要建立发展性课程评价体系，强调评价内容综合化、评价标准层次化、评价方式多样化、评价主体多元化等。

二、单项选择题

1．D　解析：美国心理学家加德纳提出多元智力理论，认为人的智力结构中存在着七种相对独立的智力：①语言智力；②逻辑－数学智力；③视觉－空间智力；④音乐智力；⑤身体－动觉智力；⑥人际智力；⑦自知智力。每种智力都有其独特的解决问题的方法，在每个人身上的组合方式不同。根据题干描述，该学者逻辑－数学能力较低，语言智能水平高，故 D 项的说法不正确。

2．B **解析**：新课程改革的基本理念主要体现在以下两个方面：①倡导个性化的知识生成方式（故 B 项正确）。扭转以"知识授受"为特征的教学局面（故 A 项错误），把转变学生的学习方式作为重要的着眼点，要求在所有学科领域的教学中渗透自主、探究与合作的学习方式。②增强课程内容的生活化、综合性。首先，加强课程与学生生活和现实社会的联系；其次，设置"综合性学科"，推进课程的综合化（故 C 项错误）；最后，分科课程要尝试综合化的改革，强调科学知识同生活世界的交汇（故 D 项错误），理性认识同感性经验的融合。

3．D **解析**：新课改三维目标包括知识与技能目标、过程与方法目标和情感态度与价值观目标。题干中的描述符合新课改三维目标中的情感态度与价值观目标。

4．C **解析**：新课程改革强调的目标是三维目标：知识与技能，过程与方法，情感态度与价值观。其中，情感态度与价值观指学生在学习兴趣、学习责任，乐观的生活态度、求实的科学态度、宽容的人生态度以及在个人价值与社会价值方面所受到的影响。题干中"学习养成尊老爱幼的品质"属于情感态度与价值观目标。

5．C **解析**：新课程倡导的三维课程目标是知识与技能，过程与方法和情感态度与价值观。

6．D **解析**：新课程整体设置九年一贯的义务教育课程，小学阶段以综合课程为主，初中阶段设置分科与综合相结合的课程。高中以分科课程为主，开设技术类课程，积极试行学分制管理。普通高中课程由学习领域、科目、模块三个层次构成。我国现行高中课程由必修和选修两部分构成，所有课程都包括必修和选修两个模块。

综上所述，A、B、C 三项均表述错误，本题选择 D 项。

7．B **解析**：课程结构改革要求整体设置九年一贯的义务教育课程。小学阶段以综合课程为主。初中阶段设置分科与综合相结合的课程。高中以分科课程为主，从小学至高中设置综合实践活动并作为必修课程。

8．A **解析**：新课程改革要求，从小学到高中设置综合实践活动课程并作为必修课程。综合实践活动课程是以直接的、明显的方式呈现的课程，是显性课程。其内容包括信息技术教育、研究性学习、社区服务与社会实践以及劳动与技术教育，强调学生通过实践，增强探究和创新意识，学习研究的方法，发展综合运用知识的能力，增进学校与社会的密切联系，培养学生的社会责任感。

9．B **解析**：教师职业理念一般体现在教师观、学生观、教育观以及师德修养等方面。教师应树立正确的职业理念，关爱学生，尊重学生个体差异，引导学生。题干中，面对做错题的学生，第一位老师采取批评的方式，而第二位老师则是耐心讲解，这反映了两位老师职业理念的差异。

10．B **解析**：新课改的教学观强调：教学从"以教育者为中心"转向"以学习者为中心"；教学从"教会学生知识"转向"教会学生学习"；教学从"重结论轻过程"转向"重结论的同时更重过程"；教学从"关注学科"转向"关注人"。

11．D **解析**：在课程管理制度方面，基础教育课程改革强调改变课程管理过于集中的状况，实行国家、地方、学校三级课程管理，增强课程对地方、学校及学生的适应性。

12．B **解析**：题干中，幼儿园将幼儿的测评结果分类，并给予前两类幼儿金额不等的奖励的行为，容易使家长之间、幼儿之间产生不当竞争，助长功利化倾向。B 项说法正确。

13．A **解析**：我国新课程改革在课程政策上实现国家课程、地方课程和校本课程结合。课程内容上实现学科知识与个人知识的内在整合。课程结构上更新课程种类，实现课程综合化。课程实施上走向相互适应取向和课程创生取向。课程评价上走向过程取向和主体取向的评价。

三、多项选择题

ABDE **解析**：发展性教师评价是一种形成性评价，它不以奖惩为目的，而是在没有奖惩的条件下促进教师的专业发展，从而实现学校的发展目标。发展性教师评价非常重视领导与教师、教师与教师、教师与学生、校内与校外间的沟通，鼓励全体师生员工、学生家长以及校外有关人员积极参与教师评价工作，要求评价过程务必是一个双向过程。另外，发展性教师评价最终要达到教师个体与学校整体、少数教师与全体教师、现实状况与未来发展的双向发展目标。由此可知，A、B、E三项正确，C项错误。发展性教师评价的主要特征：①学校领导注重教师的未来发展；②强调教师评价的真实性和准确性；③注重教师的个人价值、伦理价值和专业价值；④实施同事之间的教师评价；⑤由评价者和教师配对，促进教师的未来发展；⑥发挥全体教师的积极性；⑦提高全体教师的参与意识和积极性；⑧扩大交流渠道；⑨制订评价者和教师认可的评价计划，由评价双方共同承担实现发展目标的职责；⑩注重长期的目标。由此可知，D项正确。故本题选ABDE。

提升题 ▶▶▶

一、判断题

× **解析：**当代教学从重视认知向重视发展转变。

二、单项选择题

1．A **解析：**新课程改革倡导的三维课程目标包括知识与技能、过程与方法、情感态度与价值观。"知识与技能"目标强调基础知识和基本技能的获得，相当于传统的"双基教学"，是课程目标中的基础性目标。"过程与方法"目标突出的是让学生"学会学习"，使学生获得知识的同时获得学习方法和促进能力发展。"情感态度与价值观"目标强调在教学过程中激发学生的情感共鸣，引起积极的态度体验，形成正确的价值观。题干中教师要求掌握20以内的退位减法的技能，这属于教学目标中的知识与技能目标。

2．D **解析：**综合实践活动强调学生通过实践，增强探究和创新意识，学习科学研究的方法，发展综合运用知识的能力。普通中小学开展综合实践活动的要求如下：组织并指导学生参加各种综合实践活动，让他们在自主活动中获得亲身体验、积累经验，形成对自然、社会、自我的正确认识及对生活与工作的正确理解、正确态度和责任感，养成学生积极进取、分享、合作等良好品质，发展学生的创新精神与实践能力。

3．A **解析："**平等中的首席"是指教师以平等的身份和学生讨论和合作，作为学习的同伴与学生共同进行意义的理解和建构，共同解决问题。新课程强调教学是教与学的交往、互动，师生双方相互交流、相互沟通的过程。对教师而言，交往意味着上课不仅是传授知识，而是一起分享理解，促进学习；上课不是单向的付出，而是生命活动、专业成长和自我实现的过程。同时，交往还意味着教师角色定位的转换，教师要由教学中的主角转向"平等中的首席"。

4．C **解析：**新课程改革要求教师在对待师生关系上，强调尊重、赞赏。教师必须尊重每一位学生做人的尊严和价值，教师在尊重学生的同时，还要学会赞赏每一位学生。因此，最好的回答是C项。

5．C **解析：**推进管办评分离，构建政府、学校、社会之间的新型关系，是全面深化教育领域综合改革的重要内容，是全面推进依法治教的必然要求。C项，"管办评融合"的说法不正确，符合题意，当选。

A项，坚持以新发展理念引领教育领域综合改革，要求准确把握新发展理念的科学内涵，深刻认识到创新是引领发展的第一动力，协调是持续健康协调发展的内在要求，绿色是永续发展的必要条件和人民对美好生活追求的重要体现，开放是国家繁荣发展的必由之路，共享是中国特色社会主义的本质要求。

B 项，建设教育强国是中华民族伟大复兴的基础工程。

D 项，全面深化教育领域综合改革，需要继续坚持教育优先发展战略。我国教育事业改革发展的总方向，就是要从上规模、讲数量向强素质、提质量、促公平转变，进一步满足人民群众对更好教育的强烈期盼。

三、多项选择题

ABCDE　**解析：**新课程改革寻求学生主体对知识的建构，即确立新型的知识观，倡导个性化的知识生成方式并构建发展性的评价模式，A 项正确。新课程改革的具体目标之一是实现课程功能的转变，即改变课程过于注重知识传授的倾向，强调形成积极主动的学习态度，使获得基础知识与基本技能的过程同时成为学生学会学习和形成正确价值观的过程，B 项正确。新课程改革的基本理念强调构筑具有生活意义的课程内容，增强课程内容的生活化、综合性，C 项正确。新课程改革的具体目标之一是实行三级课程管理制度，即改变课程管理过于集中的状况，实行国家、地方、学校三级课程管理，增强课程对地方、学校及学生的适应性，D 项正确。《中小学综合实践活动课程指导纲要》指出，"综合实践活动是国家义务教育和普通高中课程方案规定的必修课程，与学科课程并列设置，是基础教育课程体系的重要组成部分。该课程由地方统筹管理和指导，具体内容以学校开发为主，自小学一年级至高中三年级全面实施"，E 项正确。

第七章　教学

第一节　教学理论

| 基础题 | »»»

一、判断题

1.（2016上）实质教育论认为教育的主要目的是发展心智能力而不是教育知识。　（　　）

2.（2019上）学生对通过亲身探索、体验等方式获得的知识理解更加深刻，也更加牢固，所以要使学生获得更好的发展，教学应以直接经验为主。　（　　）

3.（2017上）学生在课堂中以学习间接经验为主，在课外以学习直接经验为主。　（　　）

4.（2016上）根据我国新课程改革理念，学生在教育教学过程中处于主导地位。　（　　）

5.（2018上）教学的发展性原则要求教学内容、方法和进度，既要适合学生已有的发展水平又要有一定难度。　（　　）

6.（2015下）启发式教学是一种具体的教学方法。　（　　）

二、单项选择题

1.（2019下）张老师在教学过程中注重培养学生思维、想象、记忆能力，而不是灌输知识。张老师的教学理念主要是（　　）。

 A. 实质教育 　　　　　　　　　　B. 生涯教育

 C. 形式教育 　　　　　　　　　　D. 实用教育

2.（2020上）刚上小学的小红对妈妈说："用眼睛就可以学到的东西，为什么要上课呢？"妈妈说："你自己去摸索，太费时间了。老师教你，你就会学得又快又好。"这反映的教学规律是（　　）。

 A. 直接知识与间接知识相结合 　　B. 掌握知识与提高能力相统一

 C. 掌握知识与提高思想觉悟相结合 　D. 教师主体性与学生主动性相统一

3.（2015上）赫尔巴特说："我想不到有任何无教学的教育，正如在相反的方面，我不承认有任何无教育的教学。"这体现的是（　　）。

 A. 掌握知识与发展智力相统一 　　B. 间接经验与直接经验相统一

 C. 教学是知、情、意统一的过程 　　D. 教师主导与学生主体相结合

4.（2018下）传授－接受教学模式中，教学的中心环节是（　　）。

 A. 引起求知欲 　　　　　　　　　B. 感知教材

 C. 理解教材 　　　　　　　　　　D. 巩固知识

5.（2024上）学生掌握知识的模式分为接受式和探究式。下列关于接受式学习的一系列步骤排序，顺序正确的是（　　）。

 ①理解教材 　　　　　　　　　　②运用知识

③感知教材　　　　　　　　　　　　④检查知识、技能和技巧

⑤引起学习动机　　　　　　　　　　⑥巩固知识

A. ③⑤④①⑥② 　　　　　　　　　B. ⑤①③②⑥④

C. ③①⑤②④⑥ 　　　　　　　　　D. ⑤③①⑥②④

6.（2016上）数学课上，张老师在教圆周率时，向学生介绍了祖冲之的成长过程以及祖冲之与圆周率的故事。张老师遵循的教学原则是（　　　）。

A. 直观性原则　　　　　　　　　　　B. 巩固性原则

C. 循序渐进原则　　　　　　　　　　D. 科学性与思想性统一原则

7.（2020上）王老师在讲混合气体平均分子量不可能大于成分气体最大分子量时，打了一个比喻："有三位同学分别为10岁、12岁、15岁，他们的平均年龄可能大于15岁吗？可能小于10岁吗？"学生一下子都明白了。王老师主要遵循的教学原则是（　　　）。

A. 循序渐进原则　　　　　　　　　　B. 巩固性原则

C. 直观性原则　　　　　　　　　　　D. 发展性原则

8.（2018上）在小学数学"长方体"的教学中，教师让学生对一些长方体包装盒进行不同角度的反复观察，以理解"棱""长""宽""高"等相关概念。这位教师的做法主要体现的教学原则是（　　　）。

A. 循序渐进原则　　　　　　　　　　B. 启发诱导原则

C. 直观性原则　　　　　　　　　　　D. 量力性原则

9.（2022下）老师在讲到"遗传与进化"这一部分时，提到了袁隆平面对当时社会的严重饥荒，立志用农业科学技术帮助人民培育杂交水稻，使得人民不再受饥饿威胁的事迹。同学们深受教育。这体现的教学原则是（　　　）。

A. 直观性原则　　　　　　　　　　　B. 启发性原则

C. 理论联系实际的原则　　　　　　　D. 科学性与思想性相结合的原则

10.（2015上）上历史课时，教师将学生带到博物馆参观文物。这种教学方法是（　　　）方法。

A. 模型直观　　　　　　　　　　　　B. 实物直观

C. 言语直观　　　　　　　　　　　　D. 意念直观

11.（2023上）在化学课上，王老师讲到混合气体平均分子量不可能大于成分气体最大分子量，也不可能小于成分气体最小分子量时，打了一个比喻："有三位同学分别为10岁、12岁、15岁，他们的平均年龄可能大于15岁吗？可能小于10岁吗？"学生一下子都明白了。这里王老师主要遵循的教学原则是（　　　）。

A. 循序渐进原则　　　　　　　　　　B. 巩固性原则

C. 直观性原则　　　　　　　　　　　D. 发展性原则

12.（2019下）朱熹认为"读书无疑者，须教有疑；有疑者，却要无疑，到这里方是长进"。要求教师在教学中应做到（　　　）。

A. 引导学生反思学习过程　　　　　　B. 调动学生学习的主动性

C. 善于提问，引导教学步步深入　　　D. 注重通过解决实际问题启发学生获取知识

13.（2019上）孟子提出的"盈科而进"体现的教学原则是（　　　）原则。

A. 因材施教　　　　　　　　　　　　B. 循序渐进

C. 理论与实践相结合　　　　　　　　D. 科学性与思想性相结合

14.（2021下）与多元智能理论相吻合的教学原则是（　　　）。

A. 直观性原则　　　　　　　　　　　B. 巩固性原则

C. 循序渐进原则　　　　　　　　　　D. 因材施教原则

15.（2020下）加德纳的"多元智能理论"有助于在教学中贯彻下列哪一教学原则？（　　　）

　　A．因材施教原则　　　　　　　　　　B．循序渐进原则

　　C．发展性原则　　　　　　　　　　　D．巩固性原则

16.（2021下）要让学生在较短时间内获得系统的科学文化知识，效率最高的教学方法是（　　　）。

　　A．研究法　　　　　B．讲授法　　　　　C．练习法　　　　　D．讨论法

17.（2019上）语文老师在讲生字"灭"的时候，在一个透明的玻璃杯里点燃一根蜡烛，然后在杯口盖上一块玻璃，火渐渐地熄灭了。这样的教学方法是（　　　）。

　　A．讲授法　　　　　　　　　　　　　B．实验法

　　C．演示法　　　　　　　　　　　　　D．练习法

18.（2016下）某校组织学生到红军长征中的战斗遗址接受爱国主义教育。该活动体现的教学方法是（　　　）。

　　A．参观法　　　　　　　　　　　　　B．读书指导法

　　C．练习法　　　　　　　　　　　　　D．实习作业法

19.（2015下）某小学老师每天下午都会带着同学们去附近散步，看见花，就告诉他们如何区分雄蕊和雌蕊；看见蜜蜂，就告诉他们蜜蜂是如何帮助花朵授粉的。该老师采用的教学方法是（　　　）。

　　A．实验法　　　　　　　　　　　　　B．演示法

　　C．练习法　　　　　　　　　　　　　D．参观法

20.（2018上）在讲完"校园的绿地面积"后，王老师要求学生回家测量自家房间的面积。这种教学方法是（　　　）。

　　A．实践研究法　　　　　　　　　　　B．实验教学法

　　C．实习作业法　　　　　　　　　　　D．实物演示法

21.（2022下）在科学课上，小学生从书中学习了蚕的生命历程，老师给学生发放蚕卵，让他们回家饲养，直观认识蚕的生命蜕变。老师的这种做法是运用了（　　　）。

　　A．实验法　　　　　　　　　　　　　B．练习法

　　C．情境教学法　　　　　　　　　　　D．实习作业法

22.（2024上）陶行知曾经说过："教育就像喂鸡一样。先生强迫学生去学习，把知识硬灌给他，他是不情愿学的。即使学也是食而不化，过不了多久，他还是会把知识还给先生的。"陶行知在这里强调的教育因素是（　　　）。

　　A．教育目的　　　　　　　　　　　　B．教育内容

　　C．教育方法　　　　　　　　　　　　D．教育环境

三、多项选择题

1.（2018上）某高中地理老师正在给学生讲解"对流雨""锋面雨"和"地形雨"，突然有同学举手提问："老师，窗外正下着的雨属于三种中的哪一种呢？"老师对这突如其来的发问似乎并未做好准备，草草搪塞过去。过后也并未就该学生提出的问题给予回应。该教师的课堂教学违背的教学原则主要有（　　　）。

　　A．整体性原则　　　　　　　　　　　B．理论联系实际原则

　　C．直观性与抽象性相结合原则　　　　D．因材施教原则

　　E．巩固性原则

2.（2022 上）在教学中采用讨论法时，需要考虑（　　　）。

A. 讨论是否有结果 　　　　　　　　　B. 问题是否具有开放性

C. 是否有足够的时间保障 　　　　　　D. 讨论过程是否有方向引导

E. 是否有培养学生协作精神的教学目标

提升题 »»»

一、判断题

1.（2014 上）教学是在教师与学生的交往和对话过程中，使每一个学生都达到最佳发展水平的活动。　　　　　　　　　　　　　　　　　　　　　　　　　　　　　（　　）

2.（2019 上）凯洛夫主张教学过程的第一步是理解教材。　　　　　　　　　（　　）

3.（2016 下）直观教学既是一种教学手段，也是教学目的。　　　　　　　　（　　）

4.（2019 上）著名教育学家第斯多惠提出，"教育的艺术不在于传授本领，而在于激励、唤醒、鼓舞"。这说明在教育中教师的言传胜于身教。　　　　　　　　　　　　　　（　　）

5.（2017 下）布鲁纳提出的发现学习指的是在生产、生活实践中获取知识的学习。　（　　）

6.（2017 上）任何教学活动都会受到一定价值观的制约，体现出一种价值的指引性。（　　）

二、单项选择题

1.（2019 上）形式教育论认为教育的目的在于发展学生的各种能力。下列被形式教育论认为最有发展价值的学科是（　　　）。

A. 数学 　　　　　　　　　　　　　　B. 物理

C. 化学 　　　　　　　　　　　　　　D. 生物

2.（2018 下）实质教育论认为教育的目的在于向学生传授与生活相关的广泛知识内容。以下被实质教育论认为最有发展价值的实质学科是（　　　）。

A. 物理 　　　　　　　　　　　　　　B. 数学

C. 希腊文 　　　　　　　　　　　　　D. 逻辑学

3.（2017 下）小学数学老师在教除法时，是这样设计的："如果有 12 个馒头，每人吃 3 个，能够分给几个人吃？每人吃 2 个呢？每人吃 1 个呢？每人吃半个呢？"该数学老师的做法体现的教学原则是（　　　）。

A. 科学性与思想性相统一原则 　　　　B. 理论联系实际原则

C. 巩固性原则 　　　　　　　　　　　D. 量力性原则

4.（2017 下）李老师是某中心小学的新教师。一天，她给小学一年级学生上语文课《春姑娘来了》。课堂上，她用 PPT 展示了很多图片，并问学生看到了什么。学生们七嘴八舌，有的说看到了河，有的说看到了树，有的说看到了花……李老师说："我看到春姑娘来了。"下列对李老师的教学评价，不正确的是（　　　）。

A. 李老师采用了问答法，学生的课堂参与度高

B. 李老师采用了实物直观教学法，有效帮助学生理解了"春姑娘来了"

C. 李老师在课堂上呈现的图片与"春姑娘来了"之间，铺垫启发不够，学生难以理解

D. 李老师对一年级小学生思维发展的特点认识不够，效果不太好

5.（2022 下）王老师在教授《枫桥夜泊》时有这样一段对话：

王老师：江枫渔火对愁眠，愁眠是什么？

生 1：无眠。

生 2：未眠。

生 3：不眠。

生 4：难眠。

王老师：为什么无眠、未眠、不眠、难眠？

学生（齐）：愁。

王老师：愁啊，诗人张继因为愁而睡不着觉。

王老师使用的课堂教学策略是（　　　）。

 A. 讲授策略   B. 对话策略   C. 指导策略   D. 讨论策略

6.（2019 下）王老师在教平行四边形面积公式时，指导学生使用剪刀和胶带将平行四边形"变"成已经学过的长方形，从而推导出平行四边形的面积等于平行四边形的底乘以高。王老师采用的教学方法是（　　　）。

 A. 实验法   B. 练习法

 C. 演示法   D. 情境法

7.（2016 上）洛扎诺夫的暗示教学能激发学习者的心理潜力，提高教学效果。它比较适合的教学领域是（　　　）。

 A. 语言   B. 物理

 C. 数学   D. 历史

8.（2020 上）小敏是一个听话、努力的孩子，可她的学习成绩一直不理想。王老师帮助小敏分析影响学习效果的原因，和她一起制订出具体的改进办法。王老师采用的方法是（　　　）。

 A. 系统传授式   B. 专题讨论式

 C. 学科渗透式   D. 学习诊断式

参考答案

▌基础题▐ ❯❯❯

一、判断题

1. × **解析：** 形式教育论认为学校的任务在于发展学生的智力，智力有迁移的作用，因此学生可以在毕业后顺利从事各种工作。实质教育论主张学校应开设现代汉语、历史、地理、数学、物理、天文、化学、商业、法律等具有实用意义的实质学科，学校只有向学生传授实用的知识才能为他们今后从事职业活动做好准备，至于发展智力则无关紧要。

2. × **解析：** 教学中，学生主要是学习间接经验，并且是间接地去体验。以间接经验为主组织学生进行学习，是学校教育为学生精心设计的一条认识世界的捷径。学生学习间接经验要以直接经验为基础，坚持直接经验与间接经验相统一。

3. √ **解析：** 学生在学校主要是学习书本知识，属于间接经验；学生在课外主要是通过实践获得生活经验，属于直接经验。

4. × **解析：** 学生在教育教学过程中处于主体地位，教师处于主导地位。

5. √ **解析：** 发展性原则也称量力性原则或可接受性原则，是指教学的内容、方法和进度既要适合学生已有的发展水平，又要有一定的难度。教学不仅要适应学生现有发展，更要有一定的难度，走在学生发展的前面，促进学生的发展。

6. × **解析：**启发式教学是一种教学指导思想。启发式教学的具体方式有谈话法、讲授法等。

二、单项选择题

1. C **解析：**形式教育论认为，教育的目的在于发展学生的各种官能或能力；形式学科（如希腊文、拉丁文、数学、逻辑学等）或古典人文课程最有发展价值；教学原则、方法以学生心理官能的内在发展秩序为依据。题干中，张老师注重培养学生的能力，而不是知识，这体现了形式教育论的观点。

2. A **解析：**直接知识与间接知识相结合具体体现在以下几个方面：①学生以学习间接知识为主，它的主要特点是把科学文化知识加以选择，组成课程，引导学生循序渐进地学习，使学生能用最短的时间、最高效地掌握大量的、系统的科学文化基础知识。同时，还可以使学生在新的起点上继续认识客观世界，继续开拓新的认识领域。②学生学习间接知识要以直接知识为基础。③坚持直接经验与间接经验相统一。题干中，小红的妈妈告诉小红自己去摸索知识太浪费时间，需要老师的帮助才能学得又快又好，这反映的教学规律是直接知识与间接知识相结合。

3. C **解析：**这句话体现的是赫尔巴特的教育性教学的观点，即传授知识与思想品德教育相统一的规律，而思想品德是由知、情、意、行四个因素构成的。

4. C **解析：**传授－接受教学模式中，领会知识包括感知教材和理解教材。理解教材是教学的中心环节。

5. D **解析：**本题考查教学过程的基本阶段。接受式教学过程的基本阶段依次为引起学习动机，感知教材，理解教材，巩固知识，运用知识，检查知识、技能和技巧。故正确顺序为⑤③①⑥②④。

6. D **解析：**科学性与思想性统一原则是指既要把现代先进科学的基础知识和基本技能传授给学生，同时要结合知识、技能中内在的德育因素，对学生进行政治教育、思想教育和道德品质教育。张老师介绍祖冲之的成长过程和祖冲之与圆周率的故事，教导学生学习祖冲之的精神，体现了科学性与思想性统一原则。

7. C **解析：**直观性原则是指在教学活动中，教师应尽量利用学生的多种感官和已有的经验，通过各种形式的感知，丰富学生的直接经验和感性认识，使学生获得生动的表象，从而比较全面、深刻地掌握知识。题干中，王老师以年龄做比喻，借助学生已有的知识经验，帮助学生更好地理解新知识，遵循了直观性原则。

8. C **解析：**教师为了让学生理解"棱""长""宽""高"等相关概念，利用直观教具"长方体包装盒"进行教学，体现了直观性原则。

9. D **解析：**本题考查教学原则。科学性与思想性相结合的原则强调既要把现代先进科学的基础知识和基本技能传授给学生，又要结合知识、技能中内在的德育因素，对学生进行政治、思想教育和道德品质教育。题干中，老师在讲解教材知识时，发掘了教材中的德育因素，讲述了袁隆平培育杂交水稻的事迹，使学生不仅学到知识，更受到了思想教育、道德品质教育，这体现了科学性与思想性相结合的原则。故本题选 D。

直观性原则强调学生通过直接观察所学事物或教师语言的形象描述，形成对所学事物或学习过程的清晰表象，由此获得感性认识并丰富直接经验。

启发性原则强调学生是学习的主体，注意调动他们的学习主动性，引导他们独立思考，积极探索，生动活泼地学习。

理论联系实际的原则强调教学以学习基础知识为主导，从理论与实际的联系上去理解知识，注意运用知识去分析问题和解决问题，达到学懂会用、学以致用。

10. B **解析：** 观看历史实物进行学习是实物直观。

11. C **解析：** 本题考查教学原则。

循序渐进原则强调严格按照科学知识的内在逻辑体系和学生认识能力发展的顺序进行教学。

巩固性原则强调引导学生巩固基础知识与技能并长久保持在记忆中。

直观性原则强调丰富学生的直接经验和感性认识，使学生获得生动的表象，从而全面、深刻地掌握知识。直观的手段包括实物直观、模象直观、言语直观。

发展性原则强调教学内容、方法、分量、进度既要让学生能够接受，又要有一定难度，促进他们的发展。

题干中，王老师以形象易懂的年龄差作比喻，帮助学生理解成分气体分子量差异这一抽象知识，运用的是言语直观，体现了直观性教学原则。

12. C **解析：** 朱熹的这句话的意思是读书没有疑问的人，须要教他发现疑问；有了疑问的人，通过寻求答案，再达到没有疑问的境界，这样才能有进步。这要求老师在教学中遵循启发性原则，做到善于提问，引导教学步步深入。

13. B **解析：** "盈科而进"的原意是流水在前进的过程中，要填满每一个坑洼后才能继续向前流动，比喻要想进步、提高，必须打好坚实的基础。循序渐进原则是指教师要严格按照科学知识的内在逻辑体系和学生认识能力发展的顺序进行教学，使学生系统掌握基础知识和基本技能。"盈科而进"体现的教学原则就是循序渐进原则。

14. D **解析：** 因材施教原则是指在教学中，教师要从课程计划、学科课程标准的统一要求出发，面向全体学生，同时又要根据学生的个别差异，有的放矢地进行教学，使每个学生都能扬长避短，获得最佳的发展。以加德纳为代表人物的多元智能理论认为，人的智能是多元化的，每个学生擅长的智能不同、具备的优势不同。因此，教师在教育教学中应该贯彻因材施教原则。

15. A **解析：** 因材施教原则是指教师要从课程计划、学科课程标准的统一要求出发，面向全体学生，同时要根据学生的实际情况、个别差异，有的放矢地进行教学，使每个学生都能扬长避短，获得最佳发展。加德纳将智能分为相互独立的几种类型，包括语言智力、数理逻辑智力、空间智力、身体运动智力、音乐智力、人际交往智力、内省智力、自然观察者智力。加德纳认为教师应该从各个不同的角度去了解学生的特长，并相应地采取适合其特点的教学方法，使其特长得到充分发挥。从这个意义上说，多元智能理论符合因材施教的教学原则，有助于教师树立起正确的学生观。

16. B **解析：** 讲授法是教师通过口头语言系统连贯地向学生传授知识的方法。讲授法的优点如下：①有利于发挥教师的主导作用，使学生在短时间内获得大量系统的科学文化知识；②有利于发展学生的智力，系统地对学生进行思想品德教育；③有利于教学活动有目的、有计划地进行。题干中，要让学生在较短时间内获得系统的科学文化知识，效率最高的教学方法应该是讲授法。

17. C **解析：** 讲授法是教师通过口头语言系统连贯地向学生传授知识的方法。实验法是指学生在教师的指导下，使用一定的仪器和设备，在一定条件下使某些事物和现象产生变化，进行观察和分析，以获得知识和技能的方法。演示法是教师通过展示实物、直观教具，运用示范性实验或现代化视听手段，指导学生获得知识或巩固知识的方法。演示的特点在于加强教学的直观性。练习法是学生在教师指导下运用知识去完成一定的操作，并形成技能、技巧的方法。题干中，语文老师通过一个简单的现象演示，使学生通过观察获得了对"灭"字的形象认识，属于演示法。本题易错选B项，题干中的实验由教师完成，目的是体现"灭"字的特点，不存在对实验现象、实验原理的分析，不属于实验法。

18. A **解析：** 本题主要考查教学方法。参观法是教师根据教学目的和要求，组织学生对实物进行实地观察、研究，从而在实际中获得新知识或巩固、验证已学知识的方法。题干中学校组织学生到长征中的战斗旧址接受爱国主义教育，符合参观法定义中进行实地观察的表述。

19．D　**解析**：参观教学法又称现场教学法，是指组织或指导学生进行实地观察、调查、研究和学习，从而获得新知识或巩固已学知识的教学方法。老师带学生观察花、蜜蜂等是参观法。

20．C　**解析**：实习作业法是指在教师指导下，学生运用书本知识解决实际问题的教学方法。学完相关知识后，对实地进行测量的教学方法，属于实习作业法。实践研究法侧重于通过实践经验来获取新的知识。

21．D　**解析**：本题考查教学方法。实习作业法是教师依据学科课程标准的要求，指导学生运用所学的知识从事一定的工作或进行一定的操作，将书本知识运用于实践的教学方法。题干中的教师要求学生运用所学知识养蚕，观察其变化，这运用了实习作业法。故本题选 D。

实验法强调使用一定的仪器和设备，在一定条件下使某些事物和现象产生变化，学生进行观察和分析。

练习法强调学生运用所学知识反复地完成一定的操作、作业与习题。

情境教学法情强调教师有目的地引入或创设以形象为主体的具有一定情绪色彩的生动具体的场景，以引起学生一定的情感体验。

22．C　**解析**：本题考查陶行知的教育思想。陶行知的话强调教学不能"硬灌"知识，是针对教学方法提出的观点，其反对注入式教学，支持启发式教学。

三、多项选择题

1．ABCD　**解析**：整体性原则包括两方面含义：一是指教学所承担的任务具有整体性；二是指教学活动本身具有整体性，教学是由一系列教学要素构成的一个完整系统。理论联系实际原则是指教学活动要把理论知识与生活和社会实践结合起来。直观性与抽象性相结合原则指在教学中既要使学生用各种感官和已有经验获得鲜明表象，又要引导他们在感性材料的基础上进行抽象思维概括，形成正确的概念、判断和推理。因材施教原则要求教师在教学活动中，从学生的实际出发，进行有针对性的教育。巩固性原则是指在教学中教师要不断地安排和进行专门的复习，使学生对所学的知识牢固地掌握和保存。题干中的教师没有把书本中的"对流雨""锋面雨"和"地形雨"与窗外正下着的雨结合起来讲解，其做法违背了理论联系实际原则。书本中的"对流雨""锋面雨"和"地形雨"的概念是抽象的，而窗外下着的雨是直观的，教师"草草搪塞过去"的做法违背了直观性与抽象性相结合原则。教师没有对该同学提出的问题给予回应，没有采用不同的方法进行不同的教育，其做法违背了因材施教的原则。该教师未回复学生的问题，不注重培养学生的思维发展学生的智能，只注重知识的传授，违背了整体性原则。故本题选 ABCD。

2．ABCDE　**解析**：A 项，讨论后教师要对各种意见和观点进行分析和综合，作出科学的结论，故教师在采用讨论法时，需要考虑讨论是否有结果。

B 项，运用讨论法时，教师所设计的问题要有开放性。提出开放性的问题，在一定程度上能激发学生的思考，才能突出讨论的必要性，锻炼学生。

C 项，讨论法所耗时间比较长，需要考虑是否有足够的时间保障。

D 项，讨论过程中教师要善于引导，在讨论时全面巡视、注意点拨，在讨论遇到障碍，深入不下去时教师适当点拨，在讨论脱离主题时加以提醒，因此要计划好讨论的引导方向，使讨论活而不乱。

E 项，讨论法有利于培养学生的协作精神和沟通能力，采用讨论法时需要考虑是否有培养学生协作精神的教学目标。

| 提升题 | »»

一、判断题

1. √ **解析：**教学是一种尊重学生理性思维能力，尊重学生自由意志，把学生看作独立思考和行动的主体，在与教师的交往和对话中，发展学生的智慧潜能、陶冶学生的道德性格，使每一个学生都达到最佳发展水平的活动。

2. × **解析：**凯洛夫主张把教学过程分为感知、理解、巩固、运用四个阶段，也就是说，教学过程的第一步是感知教材。

3. × **解析：**直观教学是指教师应该尽量利用学生的多种感官与已有经验，通过各种形式的感知，丰富学生的直接经验和感性认识，使学生获得生动的表象，从而全面掌握知识。直观教学只是一种教学手段，并非教学目的。

4. × **解析：**第斯多惠的这句话强调对教育对象的信任及其内在价值的高度肯定，主张要按个体的特点和需求去启发、鼓励和引导学生的学习，让学习成为一种自觉、主动以及独立的行为。这体现的是启发式教学原则。同时，在教学过程中，教师要以平等的关系对待学生，用真诚的情感感化学生，注重对学生的情感教育。

5. × **解析：**布鲁纳提出的发现学习，就是通过学习者的独立学习、独立思考，自行发现知识，掌握原理、原则。发现学习是学生通过自己再发现知识形成的步骤，以获取知识并发展探究性思维的一种学习方式，与接受学习相对。发现学习并不是在生产、生活实践中获取知识，而是在课堂中获取知识。

6. √ **解析：**教学的教育性体现在任何教学活动都会受到一定价值观的制约，体现出一种价值的指引性。

二、单项选择题

1. A **解析：**形式教育论的主要观点：教育的目的在于发展学生的各种官能或能力，形式学科（如希腊文、拉丁文、数学、逻辑学等）或古典人文课程最有发展价值；教学原则、方法以学生心理官能的内在发展秩序为依据。与形式教育论相对的是实质教育论，其主要观点：教育的目的是向学生传授与生活相关的广泛知识内容；与人类的生活密切相关的实质学科（如物理、化学、生物、天文、地理、法律）或实质课程最有价值；教学原则与方法应适应儿童的身心发展规律，应是愉快的和有效的。综上所述，A项属于形式学科，B、C、D三项属于实质学科。

2. A **解析：**实质教育论主张学校开设现代语、历史、地理、物理、化学、天文、商业和法律等实质学科。形式教育论主张学校开设希腊文、拉丁文、数学、逻辑学等。

3. B **解析：**理论联系实际原则是指教学要以学习基础知识为主导，从理论与实际的联系上去理解知识，注意将知识运用于分析问题和解决问题。本题中的老师把除法与实际生活中的分馒头联系起来，帮助学生理解知识，贯彻了理论联系实际的教学原则。

4. B **解析：**题干中李老师采用PPT向同学们展示树木、花、河等景象，并没有展示树木、花、河的实物，故不属于实物直观，而属于模象直观，B项错误。

5. B **解析：**本题考查常用的课堂教学策略。常用的课堂教学策略包括讲授策略、对话策略和指导策略。对话策略包括问答策略和讨论策略。问答策略是指教师提出问题，请学生表达自己的观点，并在学生观点的基础上再提出新的问题的课堂互动方式。题干中，王老师使用的是对话策略中的问答策略。故本题选B。

讲授策略是指教师以口头语言向学生呈现、说明知识，并使学生理解知识的策略。题干未体现教师单方面传授知识。

指导策略包括练习指导、活动指导和阅读指导。题干未体现练习、活动和阅读。

讨论策略是班级成员间的一种互动交流方式，目的在于通过交流各自的观点形成对某一问题较为一致的理解、评价或判断。题干体现的是教师和学生之间的交流，而非学生与学生之间的交流。

6．A　**解析**：实验法是学生在教师的指导下，使用一定的仪器和设备，在一定条件下使某些事物和现象产生变化，进行观察和分析，以获得知识和技能的方法。题干中，王老师指导学生通过实验推导出平行四边形的面积公式，其采用的教学方法是实验法。

7．A　**解析**：暗示教学指运用暗示手段，激发个人的心理潜力，提高学习效果的方法，由洛扎诺夫创立，主要用于语言教学。

8．D　**解析**：学习诊断式是指教师运用心理诊断技术帮助学生找出并分析影响学习效果的具体原因，指出具体的解决办法。题干中，王老师帮助小敏分析影响学习效果的原因并和她一起制订具体的改进办法，采用的方法是学习诊断式。D项正确。系统传授式是目前进行学习方法指导较普遍的一种理论传授方式。它是教师根据学习方法指导教材向学生系统地传授学习方法。专题讨论式是根据学生学习的需要，采取专题形式定期或不定期地举办学习方法指导讲座。这种方式既可以以班级为单位，也可以以年级或全校为单位统一进行；可以是报告会，也可以是利用校刊、校报、学习园地等形式进行。学科渗透式是学习方法指导经常采用且效果较好的一种方式，是教师根据自己所教的学科渗透学习方法，一般由任课教师进行。这种方式要求教师既要对所教学科的知识有扎实的基础，又要对学习方法知识熟练掌握。

第二节　教学组织形式与教学工作基本环节

▌基础题▐ ≫

一、判断题

1．（2017上）新课改后小组合作学习成为中小学最基本的教学组织形式。　　　　　（　　）

2．（2022下）张老师在教《桥之美》的时候，请专业工程师到教室用模具讲解造桥的技术，张老师采用的是现场教学法。　　　　　（　　）

3．（2015上）复式教学是把两个年级以上的学生安排在一个教室里，由一位教师分别对不同年级的学生进行教学的组织形式。　　　　　（　　）

4．（2018上）课堂教学的首要环节是教学过程设计。　　　　　（　　）

5．（2022上）按照教学评价的分类，英语四、六级考试是一种形成性评价。　　　　　（　　）

6．（2017下）为了解学生是否具备完成教学任务所必需的基本知识和技能而进行的测验是形成性测验。　　　　　（　　）

7．（2023上）对教学和学习过程进行信息反馈，明确单元结构的错误，以便改进教学策略，属于终结性评价。　　　　　（　　）

8．（2022下）王老师在教学中经常使用小测验了解学生对知识点的掌握情况，及时发现教学中的问题。这属于教学评价中的总结性评价。　　　　　（　　）

9．（2023上）协同教学主张把大班上课、小班讨论、个人独立研究结合在一起。　　　　　（　　）

二、单项选择题

1.（2019 上）将学生按照智力测验或学业成绩分成不同水平的班级，教师根据不同班级的实际水平进行教学的组织形式是（　　）。

A. 复式教学　　　　　　　　　　　B. 小组合作学习

C. 分层教学　　　　　　　　　　　D. 小班教学

2.（2016 上）道尔顿制的主要内容不包括的是（　　）。

A. 实行导生制　　　　　　　　　　B. 实行学分制

C. 把教室改为作业室　　　　　　　D. 改良班级授课制

3.（2017 下）把大班上课、小班研究和个别教学三种形式结合起来的教学组织形式是（　　）。

A. 文纳特卡制　　　　　　　　　　B. 道尔顿制

C. 特朗普制　　　　　　　　　　　D. 分团制

4.（2017 下）从教师的教来看，教学环节的基本顺序是（　　）。

①评价　　　　　②备课　　　　　③辅导　　　　　④上课

A. ①②③④　　　B. ②④③①　　　C. ③①②④　　　D. ④②①③

5.（2020 上）期中考试后，吴老师在分析试卷时发现学生在某一知识点上失分比较多，于是对自己的教学进行了反思，并做出调整。这说明教育评价具有（　　）。

A. 导向功能　　　　　　　　　　　B. 选择功能

C. 反馈功能　　　　　　　　　　　D. 强化功能

6.（2018 下）高一新生入学时一般会进行摸底分班测验。这种测验属于（　　）。

A. 诊断性评价　　　　　　　　　　B. 形成性评价

C. 总结性评价　　　　　　　　　　D. 过程性评价

7.（2018 上）某校一年级小学生完全没有拼音基础。语文老师教授一个月的拼音后，测试结果显示 80% 的学生可以借助拼音阅读小短文，50% 以上的学生可以利用拼音输入法输入汉字。这种测验属于（　　）。

A. 诊断性测验　　　　　　　　　　B. 形成性测验

C. 标准参照测验　　　　　　　　　D. 常模参照测验

8.（2021 上）小明期末考试数学没考好，妈妈批评了他，他对妈妈说："我比上次考得好，上次我都没有及格，这一次我及格了。"小明对自己这次数学考试的评价属于（　　）。

A. 绝对评价　　　　　　　　　　　B. 综合评价

C. 诊断性评价　　　　　　　　　　D. 个体内差异评价

9.（2018 上）关于教育测量中信度和效度的关系，下面表述正确的是（　　）。

A. 信度是效度的充分条件　　　　　B. 效度高的测验，信度一定高

C. 信度高的测验，效度一定高　　　D. 效度低的测验，信度一定低

10.（2016 下）某次数学考试，应用题的文字冗长，学生读题时间长，测验最后得分不高。以（　　）评价此次考试最恰当。

A. 测验效度低　　　　　　　　　　B. 测验信度高

C. 题目区分度高　　　　　　　　　D. 题目难度大

三、多项选择题

1.（2019 下）以下具有个别教学特征的教学组织形式有（　　）。

A. 复式教学　　　　　　　　　　　B. 文纳特卡制

C．班级授课制　　　　　　　　　　D．特朗普制

E．道尔顿制

2．（2022 上）下列针对学生学习情况和学习结果的反馈信息，属于有价值的反馈的有（　　　　）。

A．下一次试着做得更好　　　　　　B．这表明你真努力了

C．在写之前好好想想　　　　　　　D．你忘记了作业的要点

E．每一栏你减得都很正确，但你忘了从十位借一

3．（2023 下）在对学生进行期末评定时，殷老师写下这样的话："你是一个心地善良、活泼可爱的孩子，经常热情地为同学服务，也帮老师做了很多事。虽然你的成绩暂时还不太理想，但你上课时比上学期更专注了，也开始主动举手发言，老师对你的变化感到欣慰。如果你平时能够多思、多问，就会有更大的进步。"关于殷老师对学生的评价，下列说法正确的有（　　　　）。

A．该评价属于质性评价　　　　　　B．该评价属于多元评价

C．该评价属于增值性评价　　　　　D．该评价遵循了发展性评价的原则

E．该评价既有结果评价也有过程评价

｜提升题｜ >>>

一、判断题

1．（2015 下）小班化教学是班级授课制的特殊形式。　　　　　　　　　　　　　　　　（　　）

2．（2020 上）教学过程中，学生对学习内容发生争论时，教师应该扮演裁判者的角色，采用即时评价。　　　　　　　　　　　　　　　　　　　　　　　　　　　　　　　　　　　（　　）

3．（2020 下）张老师听完学生的回答后说："正如刚才某同学说的那样，植物细胞与动物细胞的区别是……"张老师采用的是直接表扬。　　　　　　　　　　　　　　　　　　　　（　　）

二、单项选择题

1．（2016 下）一个教师在课堂分组教学时，每组都有成绩水平分别为优、中、低的三类学生，教师要求小组各自独立完成课堂任务。针对该教师的分组教学，以下说法不正确的是（　　　　）。

A．可以培养学生自主发展的核心素养

B．会造成一部分学生骄傲，另一部分学生自卑

C．能促进学生之间的同伴互助

D．有利于不同水平的学生发展

2．（2016 上）在班级组织改革尝试中有一种特朗普制，其特点是（　　　　）。

A．小班上课、大班讨论、个人独立研究

B．大班上课、小班讨论、个人独立研究

C．大班上课、小班讨论、小组合作研究

D．小班上课、大班讨论、小组合作研究

3．（2014 下）以下关于大班教学说法，正确的是（　　　　）。

A．有利于尊重个性、发展个性　　　B．能体现学习者为中心的理念

C．符合现代教育开放的潮流　　　　D．学生与教师交流的时间与次数有限

4．（2020 下）下列教学反馈中激励效果最佳的是（　　　　）。

A．教师对作业正误进行判断　　　　B．教师对作业进行等级评定

C．教师指出作业错误的原因　　　　D．教师告知学生"你做得很好"

5.（2015下）王老师告诉陈浩妈妈，陈浩期中语文测试成绩在班上属于中等水平。这种评价属于（   ）。

A．绝对评价   B．相对评价

C．内部评价   D．个体内差异评价

6.（2016上）教师希望测量学生的语言能力，通过其编制的试卷很好地达到了这一目的。这说明该试卷的（   ）。

A．内容效度高   B．效标效度高

C．同质信度高   D．复本信度高

7.（2014上）如果一个数学测验试题的文字难度太大，超过学生自身的水平，那么这个测验就是（   ）。

A．低效度的   B．低信度的

C．低难度的   D．低区分度的

8.（2022下）何老师在课堂上检查作业，要求未完成作业的同学站起来，那些未做完作业的同学低着头站了起来。何老师马上觉得不妥，就让他们坐下，说："请完成了作业的同学举手！"于是几十双小手举了起来。何老师说："这些同学真不错，能及时认真完成作业，对自己的学习负责，将来一定是个有责任心的人。老师相信，那些没有完成作业的同学一定会马上补做的，因为他们也想成为受人欢迎的人。"放学后，未完成作业的同学主动留下来补作业，字写得很工整。

何老师对未完成作业的学生的评价是在什么情况下做出的？（   ）

A．学生有愉快体验   B．学生旧错重犯

C．学生的行为出现了闪光点   D．学生出现非原则性错误

三、多项选择题

1.（2021上）关于协同教学，以下说法正确的有（   ）。

A．是一种弹性教学组织形式

B．采用灵活时间单位代替固定划一的上课时间

C．根据学习内容的不同，将学生编为大组或小组

D．把大班上课、小班讨论、个人独立研究结合在一起

E．既可以发挥教师专长，又可以激发学生的学习动机

2.（2019下）小学五年级语文课《将相和》中，孙老师在讲到蔺相如见秦王没有交出十五座城池的意思，便要举起玉撞向柱子时，向同学们提问："蔺相如为什么要这样做？"一位学生回答说："他是为了吓唬秦王，保护和氏璧。"多数学生认同地点了点头。孙老师询问还有没有其他的答案，却没有得到回应。课堂冷场了。片刻思考后，孙老师再次提出了一个问题："蔺相如会不会真的往柱子上撞呢？""会。""不会。"教室里突然变得热闹起来，回答问题的声音此起彼伏。孙老师示意同学们先安静下来，随后组织分组讨论，要求每个小组推选一人，作为发言和评议代表，并决定根据各组代表的评议结果给予奖励。学生们讨论热情更加高涨了。甲组代表说："我们认为他不会，因为他抓住了秦王爱玉的心理……"乙组代表说："我们认为会，因为他已经做好了牺牲的准备，秦王不履行约定，他就会撞……"丙组代表说："我们认为，他做了两手准备……"针对孔老师的做法，以下说法正确的是（   ）。

A．较好地运用了形成性评价

B．随意变更授课主题，偏离了教育目标

C．做到了随机应变，具有较高的教学机智

D．运用了谈话法、讨论法等多种教学方法

E．恰当地运用激励机制，提高了学生主动性

参考答案

基础题 »»»

一、判断题

1．×　**解析：**班级授课制是中小学最基本的教学组织形式。

2．×　**解析：**本题考查教学方法。现场教学强调让学生到工厂、农村、社会生活现场和其他场所中去。演示法强调展示各种实物、直观教具，运用示范性实验或现代视听手段指导学生获取知识。题干中，教师请专业工程师到教室用模具讲解造桥的技术属于演示法的运用而非现场教学法的运用。故题干说法错误。

3．√　**解析：**复式教学是把两个或两个以上年级的学生编在一个班里，由一位教师分别用不同程度的教材，在同一节课里对不同年级的学生，采取直接教学和自动作业交替的办法进行教学的组织形式。

4．×　**解析：**课堂教学的首要环节是课堂导入。

5．×　**解析：**形成性评价是在教学过程中为改进和完善教学活动而进行的对学生学习过程及结果的评价。英语四、六级考试的目的不是为改进和完善教学活动，故英语四、六级考试不是形成性评价。英语四、六级考试是一种相对性评价。

6．×　**解析：**为了解学生是否具备完成教学任务所必需的基本知识和技能而进行的测验是诊断性测验。

7．×　**解析：**本题考查不同类型的教学评价。按照评价功能的不同，教学评价可分为诊断性评价、形成性评价和终结性评价。其中，形成性评价是以改进教学过程、提高教学质量为目的，在教学进程中对教学和学习过程进行信息反馈，明确单元结构的错误，对学生的知识掌握和能力发展所做的比较经常而及时的测评与反馈。终结性评价是在一个大的学习阶段，如一个学期或一门学科终结时，对学生学习的成果进行的较正规的、制度化的考查、考试及其成绩的全面评定。题干所述属于形成性评价。

8．×　**解析：**本题考查教学评价的类型。根据评价功能的不同，教学评价可分为诊断性评价、形成性评价和总结性评价。其中，形成性评价是在教学过程中为改进和完善教学活动而进行的对学生学习过程及结果的评价。总结性评价是在一个大的学习阶段、一个学期或一门课程结束时对学生学习结果的评价。题干强调了"在教学中""及时发现教学中的问题"，属于形成性评价。故题干说法错误。

9．×　**解析：**本题考查教学组织形式。协同教学是指由两位以上教师和教学辅助、管理人员等组成教学小组，协同对某一班级（组）进行教学的弹性组织形式。题干中，集大班上课、小班讨论、个人独立研究于一体的教学组织形式是特朗普制。

二、单项选择题

1．C　**解析：**复式教学是把两个或两个以上不同年级的学生编在一个教室里，由一位教师分别用不同的教材，在一节课里对不同年级的学生进行教学的一种特殊组织形式。小组合作学习是以异质小组为基本形式，以小组为主体，以小组成员合作性活动为机制，以小组目标达成为标准，以小

组成绩为奖励依据的教学组织形式。分层教学是按学生的能力或学习成绩把他们分为水平不同的组或班级进行教学的教学组织形式。小班教学指每班学生人数通常在15~25人的班级授课形式。根据上述定义可知，题干中的教学组织形式属于分层教学。

2. A **解析**：道尔顿制是解决班级授课制无法适应个别差异问题而实施的教学组织形式。教师不再上课向学生系统地讲授教材，而只为学生指定自学参考书目、布置作业，由学生自学和独立作业，有疑难才请教师辅导。改传统教室为各科作业室。师生分别记录学习进度表，进度快者可提早完成学业。导生制也称为贝尔－兰喀斯特制，教师不直接面向班级全体学生，教师先把教学内容教给年龄较大的学生，而后由他们中间的佼佼者——导生去教年幼的或成绩较差的其他学生。

3. C **解析**：特朗普制又称"灵活的课程表"，它是美国教育学教授特朗普于20世纪50年代提出的一种教学组织形式。这种教学组织形式把大班上课、小班研究和个别教学三种教学形式结合起来。

4. B **解析**：教师教学工作包括五个基本环节：备课、上课、课外作业的布置与批改、课外辅导、学生学业成绩的评定。

5. C **解析**：教育评价的反馈功能是指教育评价可以判断教学目标的正确性、可行性和实现的程度，从而对整个教学实践活动进行必要的调节使之在新的目标引导下运行。教师可以从中发现自己在教育、管理学生和教学过程中存在的不足，总结经验，吸取教训，转变教育观念，完善教学措施，优化教学手段，调控教育教学过程，进行教育教学研究，在反思与改进的过程中达到更好的教育教学效果。题干中，吴老师通过分析试卷发现学生在某一知识点失分较多，随即对自己的教学进行反思并做出调整说明教育评价具有反馈功能。

6. A **解析**：诊断性评价也称教学前评价，一般是指在某项教学活动前对学生的知识、技能以及情感等状况进行的预测。题干中描述的摸底考试属于诊断性评价。

7. C **解析**：诊断性测验一般是在教育活动开始时进行，偏重于发现学生的困难之处。形成性测验在教育过程中进行，目的是不断提供给教师和学生一些学习成功或失败的反馈信息，以便于调控教学。常模参照测验按照在特定群体中的相对位置决定成绩的好坏。标准参照测验是考察被试者是否达到了预先规定的标准。语文老师在学生学习了一个月拼音之后进行测验，测试学生是否掌握了拼音的学习。因此，这种测验属于标准参照测验。

8. D **解析**：按照评价标准的不同，教学评价可分为相对评价、绝对评价和个体内差异评价。其中，个体内差异评价是指以评价对象自身某一时期的发展水平为标准，判断其发展状况的评价方法。它主要有两种方法：一是把评价对象的现在与过去进行比较；二是把评价对象自身的不同侧面进行比较，如评价学生是否存在文理偏科现象。题干中，小明将自己这次的数学成绩与上次做比较，这种评价属于个体内差异评价。

9. B **解析**：信度和效度的关系：信度是效度的必要条件，但不是充分条件。A项错误。信度低，效度不可能高。信度高，效度未必高。C项错误。效度低，信度可能很高。效度高，信度也必然高。D项错误，B项正确。

10. A **解析**：测验效度指的是测验的正确性和准确性。题目中应用题题干过长，导致学生读题时间长，这说明试卷的效度比较低，不能准确测验出学生的学习水平。

三、多项选择题

1. BDE **解析**：教学组织形式是指为完成特定的教学任务，教师和学生按照一定要求组合起来进行活动的结构。个别教学组织形式主要是由学生个人与适合个别学习的教材内容发生接触，并辅以师生之间的直接联系。文纳特卡制的课程分两部分进行，一部分按学科进行，由学生个人自学读、写、算和历史、地理方面的知识和技能；另一部分是通过音乐、艺术、运动、集会以及开办商店、组织自治会等活动来进行，旨在培养学生的"社会意识"。特朗普制又称"灵活的课程表"，这种教学组织形式试图把大班上课、小班讨论和个人独立研究结合在一起，并采用灵活的时间单位代替固定划一的上课时间，以大约20分钟为一个课时。道尔顿制是指教师不再在课堂上向学生系统地讲授教材，而只为学生分别指定自学参考书、布置作业，由学生自学和独立作业，有疑难时才请教师辅导。文纳特卡制、特朗普制和道尔顿制等形式都具有个别教学特征。复式教学是一种集体教学形式，属于班级授课制的特殊形式。

2．BE　**解析**：给学生的反馈有三种形式：①积极的反馈，是对学生的反应以鼓励，增强他们的信心，如"为了完成这个作业，你很努力"；②建设性的反馈，是有针对性地对学生的反应提出改进意见，如"试着用能够解释你的主题思想的句子展开你的作文"；③无用反馈，如"下次试着做得好一些""在写之前好好想想""你忘记了作业的要点"。积极的反馈和建设性的反馈都是有价值的反馈。

A、C、D三项是无用反馈。B项是积极的反馈。E项是建设性的反馈。

3．ABCDE　**解析**：本题考查教学评价。

A项，质性评价是对评价材料做"质"的分析，运用的是分析、综合、比较、分类、演绎、归纳等逻辑分析方法，分析结果是没有量化的描述性资料。题干中的评价是描述性资料，属于质性评价。

B项，多元评价是指评价主体多层次、评价对象多角度、评价内容多方面、评价方法多样化或评价标准多维度等。题干中的教师从学生的成绩、性格、课堂表现等多方面评价学生，体现了多元评价。

C项，增值性评价是指评价学生在一段时间的教育过程后的"成长"，即不以学生的考试成绩作为评价学校和教师的唯一标准，而是以学生在原有水平上的进步量来评价学生和学校的效能。题干中的评价强调学生的成绩比上学期有进步，体现了增值性评价。

D项，发展性评价强调评价关注人的发展过程，促进发展。题干中的评价关注学生的进步和全面发展，体现了发展性评价。

E项，题干中的评价既肯定了学生努力的结果，也关注到学生努力的过程，既有结果评价也有过程评价。

综上所述，本题选ABCDE。

▌提升题▐ »»

一、判断题

1．√　**解析**："小班化教学"的形式虽脱胎于班级授课制，但具有自身的独特性，如教学时空更加灵活，师生交往更加频繁，是建立在班级授课制基础上的一种特殊形式。

2．×　**解析**：教学过程中，对学生的反馈信息并非都得立即评价。当学生对学习内容发生争论时，教师不要马上评判是非，因为教师的见解不一定总是正确的、全面的。教师不能总以"权威"自居。教师过早地评价，实际上是终止了讨论。教师应该鼓励学生思考、讨论。

3．×　**解析**：直接表扬又称当面表扬，指教师直接对学生的表现进行表扬；与之相对应的是间接表扬。教师在陈述答案或总结问题时，能引用学生的回答，比教师直接表扬的效果更好，例如，教师这样说："正像刚才某同学说的一样，画图像的同时还要结合代数计算才能准确解决……"，这种表扬方式会使受到表扬的学生获得成就感和认可感。题干中，张老师引用学生的回答，属于间接表扬。

二、单项选择题

1. **B** **解析**：分组教学应遵循"组间同质，组内异质，优势互补"的原则。教师应按照学生的知识基础、学习能力、性格特点的差异进行分组，让不同特质、不同层次的学生进行优化组合，使每个小组都有高、中、低三个层次的学生。这样分组不但有利于学生间的优势互补，相互促进，而且为全班各小组之间的公平竞争打下了基础。题干中教师在分组时并没有按照学生成绩划分，而是每组都有各层次学生，有利于不同层次之间学生的共同发展。因此 A、C、D 三项均正确，B 项错误。

2. **B** **解析**：特朗普制又称"灵活的课程表"，是将大班上课、小班讨论、个人独立研究三种教学形式结合起来，着力培养学生思考问题、研究问题、解决问题的能力的教学组织形式。

3. **D** **解析**：大班授课是教师中心的体现，不利于学生个性发展，也不属于开放的教育潮流；学生与教师交流的时间与次数有限。

4. **C** **解析**：教师反馈的具体内容不同，所产生的效果也就不同。反馈的信息越明确、越具体，反馈越有效。相关的研究表明，如果教师给出成绩后，再根据学生的实际写一些有针对性的评语，激励效果最好；教师给出成绩后，写一些固定格式的评语，如"很好，发扬下去！""有进步，继续努力！"等，激励效果次之；如果教师只是简单地给出成绩而无任何评语，那么激励效果最差。

由此可知，A、B、D 三项的激励效果均不是最佳，本题答案为 C 项。

5. **B** **解析**：相对评价主要依据学生个人的学习成绩在该班学生成绩序列或常模中所处的位置来评价和决定他的成绩的优劣，而不考虑他是否达到教学目标的要求。

6. **A** **解析**：效度通常是指文件的有效性和正确性，即问卷能够测量出其所欲测量特性的程度。效度指标有内容效度、结构效度、效标效度等。内容效度是指问卷内容的贴切性和代表性，即问卷内容能否反映所要测量的特质，能否达到测验目的，较好地代表所欲测量的内容和引起预期反应的程度。

7. **A** **解析**：效度是测量的有效性程度，简单地说是指一个测验的准确性、有用性。测验试题的文字难度太大，超过学生水平，不能体现出测验的有效性，也就是测验具有低效度性。

8. **D** **解析**：本题考查教学评价的相关知识。题干中，学生未完成作业属于非原则性的错误，教师采取避而不谈的办法，以自己的宽容、呵护和引导给予学生正面的激励和教育，引导学生改正错误。故本题选 D。

题干中，未体现学生有愉悦的心理体验、再次犯错，且学生未完成作业是缺点，不是闪光点。A、B、C 三项与题意不符。

三、多项选择题

1. **ACE** **解析**：协同教学是哈佛大学倡导的教学管理组织形式，其重点是从小学阶段开始就将教师和学生从固定的班级中解放出来，采取有弹性的教学组织。具体的做法是将儿童按不同学科分为大组与小组，看电影时以 150~200 人为一大组；数学课则以 10~15 人为一小组。通过编制大组，教师们才有时间专注于小组教学与教材研究。这种方式可以避免死守 40~50 人的固定班级式的僵化的学科教育，而是根据不同学科的性质进行调整，使学生团体具有弹性。大组可以采取讲课式的同步教学，小组就可以彻底地实施个别教学。这样既可以发挥教师的专长，又可以唤起儿童的学习动机，为充实和提高教学活动奠定基础。A、C、E 三项正确。

特朗普制又称"灵活的课程表"，这种教学组织形式试图把大班上课、小班讨论和个人独立研究结合在一起，并采用灵活的时间单位代替固定划一的上课时间，以大约 20 分钟为一个课时。教学时间分配：大班上课占 40%，小班讨论占 20%，个人独立研究占 40%。B、D 两项属于特朗普制的特点，不符合题意。

2．ACDE　**解析**：形成性评价是在教学进程中对学生的知识掌握和能力发展的比较经常而及时的测评与反馈，即对学生日常学习过程中的表现，所取得的成绩，以及所反映出的情感、态度、策略等方面的发展做出的评价，是基于对学生学习过程的持续观察、记录、反思而做出的发展性评价。孙老师根据学生的状态进行了提问，关注学生在课堂中的参与，属于形成性评价。A项说法正确。孙老师根据课堂的情况随机应变，并未随意变更授课主题、偏离教育目标，反而打破了课堂冷场的局面，充分体现了他具有较高的教育机智。B项说法错误，C项说法正确。孙老师对学生提问，也组织学生分组讨论，体现了谈话法和讨论法。D项说法正确。题干中"根据各组代表的评议结果给予奖励，学生们讨论热情更加高涨了"，可判断孙老师恰当地运用激励机制，激发学生主动思考，提高了学生的主动性。E项说法正确。

第三节　教学理论流派

一、判断题

（2019下）人本主义心理学家罗杰斯提出的非指导性教学模式中，教师是作为学生学习的先知者而存在的。　　　　　　　　　　　　　　　　　　　　　　　　（　　）

二、单项选择题

1．（2020下）下列不属于认知教学理论基本主张的是（　　　）。

A．倡导发现学习法

B．强调学科知识结构

C．创设真诚与关爱的学习氛围

D．以"动机—结构—序列—强化"为教学原则

2．（2015上）罗杰斯的"非指导性教学"的教育目的是使学生得到（　　　）。

A．一般发展　　　　　　　　　　　　B．全面发展

C．情感发展　　　　　　　　　　　　D．自我实现

3．（2017下）提出教学过程以解决学生的情感问题为目标的教学理论是（　　　）。

A．皮亚杰的认知结构发展理论　　　　B．维果茨基的"文化 – 历史"理论

C．罗杰斯的非指导性教学理论　　　　D．赫尔巴特的传统教学理论

4．（2024上）按照罗杰斯的学习理论，学生自身具有学习的潜能，因此教师扮演的角色应该是（　　　）。

A．知识的传授者　　　　　　　　　　B．权力的拥有者

C．教学的主导者　　　　　　　　　　D．学习的促进者

参考答案

一、判断题

×　**解析**：在传统教学中，教师是作为先知者把知识传授给学生的，担负着学习的指导责任。在非指导性教学模式中，罗杰斯主张废除"教师"这一角色，代之以"学习的促进者"；教师的任

务是为学生提供各种学习的资源，提供一种促进学习的气氛，让学生自己决定如何学习。

二、单项选择题

1. C **解析：** 布鲁纳和奥苏贝尔等提出了认知教学理论，其中影响较大的是布鲁纳的认知结构教学理论。

A 项，布鲁纳认为："发现是教育儿童的主要手段"，学生掌握学科的基本结构的最好方法是发现法。所谓发现，当然不只限于发现人类尚未知晓的事物的行动，而且还包括用自己的头脑亲自获得知识的一切形式。

B 项，布鲁纳强调学习的主动性和认知结构的重要性，认为教学的最终目的是促进"对学科结构的一般理解"。"不论我们选教什么学科，务必使学生理解该学科的基本结构"。学科的基本结构是指一个学科围绕其基本概念、基本原理以及基本态度和方法而形成的整体知识框架和思维框架。

C 项，在人本主义心理学家罗杰斯看来，教师的任务是营造一种自由民主、和谐融洽、充满真诚与关爱的学习氛围，在这种以学生为中心的模式中，教师不是权威者的角色，而是扮演"助产士"的角色。

D 项，布鲁纳认为掌握学科基本结构的教学原则包括动机、结构、程序、强化。

A、B、D 三项均属于认知教学理论的基本主张，不符合题意。C 项属于人本主义的观点，故本题选 C。

2. D **解析：** 罗杰斯认为，最好的教育，其目标应该是"充分发挥作用的人、自我发展的人和形成自我实现的人"。"非指导性"教学以学生为主体，通过创设有利于学生的氛围，教师充分信任学生、了解学生、尊重学生，从而使学生在整个学习过程中都感到安全自信，充分显露自己的潜能，完成自我实现。

3. C **解析：** 罗杰斯作为人本主义的代表人物，提出了非指导性教学理论。该理论强调教学过程要注重学生的情感因素，以解决学生的情感问题为目标。

4. D **解析：** 本题考查人本主义的教学观。人本主义的代表人物罗杰斯提倡非指导性教学模式，该模式主张废除"教师"这一角色，代之以"学习的促进者"，认为教师的任务是为学生提供各种学习的资源，提供一种促进学习的气氛，让学生自己决定如何学习。

第四节　教学设计

一、判断题

1.（2015 上）布卢姆将教学目标分为认知目标、情感目标和意志目标三大领域。　　（　　）

2.（2019 上）"单元设计"是对教学内容碎片化——"课时主义"的超越，主张教师上某一节课时必须"瞻前顾后"。　　（　　）

二、单项选择题

1.（2014 上）教学设计的基本要素不包括（　　）。

A. 教学目标　　　　B. 教学内容　　　　C. 教学场所　　　　D. 教学评价

2.（2018 上）教师在编写教学目标时，要求学生"概括出《孔乙己》的故事情节"。这属于布卢姆认知目标中的（　　）。

A. 知识水平　　　　B. 领会水平　　　　C. 分析水平　　　　D. 评价水平

3．（2022下）根据布卢姆认知领域的教学目标分类理论，"使用三角形的性质说明自行车的构造原理"这一目标属于（　　　）。

　　A．理解　　　　　　　B．应用　　　　　　　C．分析　　　　　　　D．创造

4．（2017下）教师在编写教学目标时，要求学生通过学习，能够辨别所给的一段文字是否符合逻辑。这属于布卢姆认知目标中的（　　　）。

　　A．知识水平　　　　　B．领会水平　　　　　C．分析水平　　　　　D．评价水平

5．（2021下）按照布卢姆的教育目标分类，能代表创造性思维的认知学习目标是（　　　）。

　　A．领会　　　　　　　B．运用　　　　　　　C．评价　　　　　　　D．综合

6．（2014上）学科教学目标水平最高的是（　　　）。

　　A．知识水平　　　　　B．理解水平　　　　　C．分析水平　　　　　D．综合水平

7．（2014下）以下不影响教学方法选择的是（　　　）。

　　A．教学目的和任务　　　　　　　　　　B．学科和教材的特点

　　C．教学方法改革的需要　　　　　　　　D．学生的心理特点

参考答案

一、判断题

1．× **解析：** 布卢姆将教育目标分为认知目标、情感目标和行为目标三大领域。

2．√ **解析：** "单元设计"是课时计划的指引，是对"课时主义"的超越。"课时主义"把教学内容碎片化地当作知识点来处置，缺乏"全局性展望"。"单元设计"主张教师在上某一节课时必须"瞻前顾后"，即教师需明白这节课同以往的课时教学内容有着怎样的联系，往后的课时又将怎样展开。

二、单项选择题

1．C **解析：** 教学设计的基本要素包括教学目标、教学内容、教学策略、教学过程以及教学评价等。

2．B **解析：** 知识指对所学资料的记忆。领会指把握学习材料的意义。领会包括三个层次，一是转化，即用自己的话或用与原先不同的方式来表述所学的内容；二是解释，即对一项信息（如图表、数据等）加以说明或概述；三是推断，即预测发展的趋势。题干中"概括故事情节"属于领会水平。分析指将整体材料分解成其构成成分并理解组织结构。评价指对所学材料做出价值判断。

3．B **解析：** 本题考查布卢姆的教学目标分类理论。布卢姆将教学目标分为认知、情感、动作技能三大领域。认知领域目标包括知识、理解（领会）、应用、分析、综合和评价等六级水平。其中，应用是指将学到的知识应用于新的情境之中，包括概念、规则、方法、规律和理论的应用。题干中，使用三角形的性质说明自行车的构造原理，这属于应用。故本题选B。

理解是指把握所学材料的意义，包括用自己的话或用与原先的表达方式不同的方式表达自己的思想、对一项信息加以解释和概述、估计将来的趋势等。

分析是指把复杂的知识由整体材料分解成若干部分并理解各部分之间联系的能力，包括部分的鉴别、分析部分之间的关系和认识其中的组织原理。

综合是指将所学知识的各部分重新组合，形成一个新的知识整体，强调创造的能力。

4．C **解析：** 布卢姆教育目标分类法将认知过程从低级到高级分为知识、领会、应用、分析、综合和评价。其中，分析是指把材料分解成它的组成要素部分，从而使各概念间的相互关系更加明

确，使材料的组织结构更为清晰，从而详细地阐明基础理论和基本原理。题干中要求学生"通过学习能够辨别所给一段文字是否符合逻辑"，就是指学生要分析该段文字的组织结构，详细地阐明原理。

5．D　**解析**：布卢姆等人在其教育目标分类系统中将教学目标分为认知、情感和动作技能三大领域。其中，认知领域是指预期教学后，学生在认知方面可能产生的改变。认知领域的教学目标包括知识、领会、应用、分析、综合和评价六个层次。其中，综合指能将部分组成新的整体，包括发表一篇内容独特的演说或者文章，拟订一项操作计划或概括出一项抽象体系。它强调创造能力，需要产生新的模式和结构。

6．D　**解析**：布卢姆认为教学目标可以分为认知、情感和动作技能三个领域，并进一步将认知领域目标划分为知识、了解（理解）、应用、分析、综合和评价六个从低到高的水平。

7．C　**解析**：选择教学方法的依据：①教学任务和目标。教学任务对教学方法的选择具有方向性的意义。教学目标是教学任务的具体化，它直接影响着教学方法的选择。②教学内容。不同的教学内容决定了所用教学方法的不同，要依据不同学科的性质和教材的特点来选择教学方法。③学生年龄特征。教师在选择教学方法时还要考虑到学生的实际情况，主要是学生的心理特征和知识基础情况。④教学方法还受教学手段、教学环境、教师特点等因素的制约。

第五节　教学模式

一、判断题

1．（2014下）程序教学是以学生个别学习为主的一种教学方式。　　　　　　　（　　）

2．（2014上）大力推进信息技术与学科课程教学的整合，就是要在课堂教学中彻底取代传统教学媒体。　　　　　　　　　　　　　　　　　　　　　　　　　　　　　　（　　）

3．（2017上）针对学生个别差异而采用的适应性教学，其追求的是维持学生学业上的平等。　　　　　　　　　　　　　　　　　　　　　　　　　　　　　　　　　　　（　　）

4．（2016上）适应性教学追求的目的是缩小学生之间的个别差异。　　　　　　（　　）

5．（2020上）翻转课堂通过利用丰富的信息化资源，将学习的决定权从教师转移给学生，因此教师的作用降低了。　　　　　　　　　　　　　　　　　　　　　　　　　（　　）

6．（2017下）翻转课堂是重新调整课堂内外的时间，将学习的决定权从教师转移到学生的一种教学模式。　　　　　　　　　　　　　　　　　　　　　　　　　　　　（　　）

7．（2016下）微课教学时间短、教学内容少，只讲授一两个知识点。因此，微课不需要全面和系统的课程体系。　　　　　　　　　　　　　　　　　　　　　　　　　　　（　　）

8．（2021下）某小学举办"小小联合国"活动，同学们扮演"外交官"，围绕"纪念历史，珍爱和平"这一议题展开讨论。通过活动，学生们了解了外交工作的艰难。从教学方式看，这是一种体验式教学。　　　　　　　　　　　　　　　　　　　　　　　　　　　　　（　　）

二、单项选择题

1．（2021下）教英语的方老师在教学前都会给学生下达学习任务，并就任务进行书面和口头测试，要求学生至少达到80%以上的正确率。对于没达到要求的学生，他还会为其提供额外的练习。方老师的做法属于个别化教学模式中的（　　　）。

A．个别辅导　　　　　B．掌握学习　　　　　C．程序教学　　　　　D．适应性教学

2．（2015上）发现教学模式倡导学生独立发现问题、解决问题、实现认知的过程，强调学生是学习的主体。这一教学模式的提出者是（　　）。

A．奥苏贝尔　　　　　　　　　　　B．布鲁纳

C．柯勒　　　　　　　　　　　　　D．瓦·根舍因

3．（2014下）以问题为重心，将知识抛锚在一定的问题情境中，以激发学生的好奇心的教学模式是（　　）。

A．情境教学　　　　　　　　　　　B．认知学徒教学

C．随机进入教学　　　　　　　　　D．自上而下教学

三、多项选择题

（2019下）讲授－接受式教学的优点有（　　）。

A．能充分发挥教师的主导作用

B．有利于学生掌握思维与研究的方法

C．能使学生掌握系统的科学知识与技能

D．能充分激发学生的求知欲，调动学生的主动性

E．有利于培养大胆怀疑、小心求证、实事求是的科学精神

参考答案

一、判断题

1．√　**解析**：程序教学指一种能让学生以自己的速度和水平自学，以特定顺序和小步子安排材料的个别化教学方法，是一种个别化教学。

2．×　**解析**：教育信息化就是运用信息技术手段，促进教学管理，改进教学方法，提高教学质量，探索与发展全新的教育形式。加快教育信息化进程，大力推进信息技术与学科课程的整合，是改革传统职业教育模式、教学方法和教学手段的重要途径，而不是在课堂教学中彻底取代传统教学媒体。

3．×　**解析**：适应性教学是针对学生的个别差异而存在的，主张采用一些方法来改变教学的形式以适合个别学生的特点与需要，其目的是遵循学生的个别差异，促进学生个性化发展。

4．×　**解析**：适应性教学是针对学生的个别差异而存在的，主张采用一些方法来改变教学的形式以适合个别学生的特点与需要，其目的是遵循学生的个别差异，促进学生个性化发展。

5．×　**解析**：翻转课堂是一种比较契合信息化时代的教学方式，翻转课堂教学法将学习的决定权从教师转移给学生。教师变成了学习的设计者和推动者，学生成为学习过程的主体和中心。但这并不意味着教师作用的弱化，相反，教师是决定翻转课堂的关键因素，其作用更加重要。

6．√　**解析**：翻转课堂是重新调整课堂内外的时间，将学习的决定权从教师转移到学生的一种教学模式。翻转课堂要求学生在课下观看网络视频课程，完成相应的学习项目，课堂上则主要与老师进行互动，解决学习过程中所遇到的各种问题。

7．×　**解析**：微课只讲授一两个知识点，没有复杂的课程体系，也没有众多的教学目标与教学对象，看似没有系统性和全面性，许多人称为"碎片化"。但是微课是针对特定的目标人群、传递特定的知识内容的，一个微课自身仍然需要系统性，一组微课所表达的知识仍然需要全面性。

8．√　**解析**：体验式教学是指教师通过创设一种适宜的情境和情感氛围，让学生亲自参加实践活动，在活动中以自主独特的方式认识、思考、体验、感悟周围世界，从而获得新知识、技能和

态度，激发学生的内在价值和生命活力的教学方式。小组讨论法、角色扮演法、模拟情境法、竞答法等都属于体验式教学。题干中，教师运用了角色扮演法，让学生们通过扮演外交官切身体会外交工作的艰难，这是一种体验式教学。

二、单项选择题

1．B　解析：掌握学习教学模式由美国著名教育学家布卢姆创立。"掌握学习"就是在"所有学生都能学好"的思想指导下，以集体教学为基础，辅以经常、及时的反馈，为学生提供所需的个别化帮助及额外学习时间，从而使大多数学生达到课程目标所规定的掌握标准。题干中，方老师为全班学生下达学习任务，并对没达到要求的学生提供额外的练习，其做法符合掌握学习模式的特点。

2．B　解析：布鲁纳倡导发现教学模式。

3．A　解析：抛锚式教学是以真实实例或问题为基础，将知识抛锚在一定的问题情境中，以激发学生的好奇心的教学模式。它是建立在建构主义学习理论下的一种重要的情境教学模式。

三、多项选择题

AC　解析：讲授－接受式教学模式的操作程序是按学生认识活动的规律来加以规划的，其基本程序是复习旧课—激发学生动机—讲授新知识—巩固运用—检查评价。讲授－接受式教学注重间接经验、书本知识的授受，能充分发挥教师的主导作用；它按学科知识的逻辑系统、循序渐进地教学，能使学生掌握系统的科学知识与技能，发展严谨周密的思考力，简捷有效地掌握人类长期积累起来的科学文化基础知识，以促进学生的身心获得相应的发展。A、C两项说法正确。B、D、E三项属于引导－探究式教学的优点。

第六节　教学策略

一、判断题

1．（2017上）任何教学策略都指向特定的问题情境、特定的教学内容、特定的教学目标，制约着师生的教学行为。　　　　　　　　　　　　　　　　　　　　　　　　　　　（　　　）

2．（2019下）小组讨论是一种教学策略。　　　　　　　　　　　　　　　　（　　　）

二、单项选择题

1．（2014下）教学策略是对教学活动进行调节控制的一系列执行过程，不包括（　　　）。

A．教学思想的确定过程　　　　　　　　B．教学方法的执行过程

C．教学活动的元认知过程　　　　　　　D．教学活动的调控过程

2．（2017上）以下关于教学策略的描述正确的是（　　　）。

A．教学策略具有指向性

B．教学策略是对教学方法的执行

C．不同的教学策略只能解决不同的教学问题

D．教学策略的产生是为了解决教学理论的问题

3.（2014上）制定和选择教学策略的依据有教学的目标与任务、教学内容的特点，以及（　　　）。

A. 教师上课的心情 　　　　　　　　　　　B. 教学环境

C. 教学报酬 　　　　　　　　　　　　　　D. 教学时间和效率的要求

三、多项选择题

（2020下）语文课上，老师提了一个问题，小红非常开心地举起手来，老师示意起来回答，小红站起来后说了一段话，但这些话却与老师提的问题毫不相关。老师非常不耐烦地打断了她的回答，大声说："不要乱说了，坐下！"小红脸涨得通红，沮丧地坐了下来。此后，每当老师要求学生回答问题时，小红总是一言不发。针对此事，下列说法正确的有（　　　）。

A. 教师果断中止学生的答非所问，提高了课堂教学效率

B. 老师的提问—候答—叫答—理答，包含了课堂问答的基本环节

C. 教师要尊重学生，无论学生如何回答都应该让学生体面地坐下

D. 小红之所以后来"总是一言不发"，是因为其自尊心受到了伤害

E. 在理答环节，老师说话声音大，吓到学生了，说明学生胆子小，心理素质差

参考答案

一、判断题

1. √　**解析**：教学策略具有指向性的特征，任何教学策略都指向特定的问题情境、特定的教学内容、特定的教学目标，制约着师生的教学行为。

2. √　**解析**：教学策略是在特定教学情境中为实现教学目标和适应学生学习的需要而采取的教学行为方式或教学活动方式。小组讨论是在教师指导和监控下，以学生集体为中心，学生间相互启发、相互学习与交流的一种教学形式。小组讨论属于以学生为中心的教学策略。

二、单项选择题

1. A　**解析**：教学策略包括教学活动的元认知过程、教学活动的调控过程和教学方法的执行过程。

2. A　**解析**：教学策略具有指向性。教学策略的产生就是为了解决现实的教学问题，掌握特定的教学内容，达到预定的教学目标，收到预期的教学效果。教学策略具有整体综合性，教学策略包括教学活动的元认知过程、教学活动的调控过程和教学方法的执行过程。教学策略具有灵活性，同一策略可以解决不同的问题，不同的策略也可以解决相同的问题。

3. D　**解析**：制定和选择教学策略的依据包括教学的目标与任务、教学内容的特点以及教学时间和效率的要求。

三、多项选择题

BCD　**解析**：A项，案例中教师果断中止了学生的答非所问，不仅伤害了学生的自尊心，而且没有引导学生积极思考，不利于良好师生关系的建立，也没有提高课堂教学效率。A项说法错误。

B项，提问行为由发问、候答、叫答和理答四个环节组成。发问是教师向学生提出问题。候答是教师等候学生思考问题、组织答案。叫答是教师组织学生回答问题。理答是教师对学生回答问题做出一定评价。学生回答不同，教师的理答策略也要有所不同。在理答过程中，教师要做到以下几点①客观、公正地评价学生；②允许学生提出质疑，激发学生的思维力和创造性，调动学生学习的

积极性；③及时做好归纳总结，以使学生明确正确结论，使所学知识系统化、科学化。案例中老师直接中断了学生的回答，并没有让学生回答完整，也没有对学生做出公正客观的评价和激发学生思考，没有做到正确的理答环节，但客观来讲教师的行为确实体现了这几个环节，故 B 项说法正确。

C、D 两项，老师不耐烦地打断了小红的回答，没有尊重小红，伤害了小红的自尊心，所以导致小红在之后的课堂提问中总是一言不发。教师应尊重学生，无论学生如何回答都应该让学生体面地坐下。C、D 两项说法正确。

E 项，案例中小红沮丧并不是因为自己的心理素质差，而是因为老师没有尊重她，打断了她的回答，所以 E 项说法错误。

第七节　教材教法

一、判断题

1.（2019 下）教师的基本板书要能体现教学目的与教学内容内在联系的重点、难点和关键点，能表现教学内容的基本事实、基本思想。　　　　　　　　　　　　　　　（　　）

2.（2018 下）说课就是对本节课的教学内容进行简要介绍。　　　　　　　　　　（　　）

二、单项选择题

1.（2019 下）科学老师在桌子上放了一个酒精灯，问："把纸放在点燃的酒精灯上，会燃烧吗？"学生回答："会。"老师说："如果把纸折成一个盒子会不会燃烧呢？"学生说："当然会。"于是老师把纸盒装满水，放在酒精灯上，结果纸盒没有燃烧起来。学生议论纷纷，老师说："为什么装满水的纸盒就燃烧不起来呢？这就是今天我们要讲的'沸腾与蒸发'。"该老师的导入不包括（　　）。

  A. 悬念导入   B. 激疑导入

  C. 情境导入   D. 故事导入

2.（2019 下）老师说："同学们，请思考这样一个问题……""下面这个问题看谁能回答……"这是课堂提问的（　　）阶段。

  A. 引入   B. 拟题

  C. 列题   D. 任务

参考答案

一、判断题

1. √　**解析：**教师的板书可分为主板书（中心板书、基本板书）和副板书（辅助板书、附属板书）。主板书是整个课堂板书的骨架，能体现教学目标与教学内容内在联系的重点、难点与关键点，能够表现教学内容的基本事实、基本思想及结构形式，是学生需要掌握的主要教学内容。副板书一般用于书写讲解主区内容时所作的必要说明和解释的内容，是对主板书的具体补充或辅助说明。

2. ×　**解析：**说课主要包括说教材、说学生、说教法、说学法、说教学程序、说板书设计、说教学效果的预测等基本内容。说课不仅仅是对教学内容的简要介绍。

二、单项选择题

1．D　**解析**：悬念导入又叫设疑导入，是指在教学中，创设带有悬念性的问题，营造出一种神秘感，从而激起学生的好奇心和求知欲的导入方法。激疑导入法是教师通过设疑布置"问题陷阱"，学生在解答问题时不知不觉掉进"陷阱"，使他们的解答自相矛盾，引起学生积极思考，进而引出新课主题的导入方法。情境导入是指教师运用满怀情感的朗读、演讲或者通过音乐、动画、录像等创设有趣的学习情境，感染学生，引起学生丰富的想象和联想，使其情不自禁地进入学习情境的导入方法。题干中该老师通过提问来设置悬念、激起疑问，创设情境来引入课题。因此，该老师的导入包括悬念导入、激疑导入、情境导入。

故事导入是指教师利用中小学生普遍爱听故事的心理，通过讲述与教学内容有关的具有科学性、哲理性的故事，如神话、寓言、民间故事等，引导学生探究，从而使学生自觉学习新知识的导入方法。题干中没有体现故事导入。

2．A　**解析**：课堂提问的过程大致可分为以下几个阶段：①拟题阶段，教师事先设计好问题，为提问做好准备工作；②引入阶段，教师用不同的语言和方式来表示即将提问，使学生对提问做好心理准备，这是教师在抛出问题前的提示，使学生把注意力集中到教师所提出的问题上来；③列题阶段，教师向学生提出问题、陈述问题并做好必要的说明，让学生准确理解所提的问题；④候答阶段，教师要等候并倾听学生的回答，在学生不能作答或者回答不完整的时候，要以不同的方式鼓励学生、启发学生；⑤评价阶段，主要是教师对学生的回答进行有效处理，完整解答问题。题干中，老师所说的话在于使学生对提问做好心理准备，属于课堂提问的引入阶段。

第八章 学校德育

第一节 德育概述

一、判断题

1.（2017下）德育就是培养学生道德品质的教育。（ ）

2.（2016上）德育目标是学校德育工作的出发点，它不仅决定了德育的内容、形式和方法，而且制约着德育工作的基本过程。（ ）

3.（2022下）劳动教育是德育的重要内容之一。（ ）

4.（2023下）在我国，心理健康教育不属于学校德育的范畴。（ ）

二、单项选择题

1.（2014下）确定德育内容的依据不包括（ ）。

A. 当前的形势
B. 学生的年龄特征
C. 学生的思想实际
D. 德育的方法

2.（2021上）引导学生逐步理解和领会世界、社会与人生的丰富性与复杂性，教导学生学会思考，逐步形成科学的世界观、正确的人生观和价值观，这是德育中的（ ）。

A. 道德教育
B. 思想教育
C. 法制教育
D. 心理健康教育

3.（2022上）学生心理健康教育属于（ ）。

A. 德育
B. 智育
C. 体育
D. 美育

4.（2018上）学校德育目的构成的三因素论中的三因素是（ ）。

A. 道德认知、道德情感、道德信念
B. 道德意志、道德行为、道德情感
C. 道德意志、道德信念、道德行为
D. 道德认知、道德情感、道德行为

5.（2023下）"勤能补拙"体现了德育的（ ）。

A. 教育性功能
B. 生存功能
C. 社会性功能
D. 享用功能

三、多项选择题

（2019上）学校德育的社会性功能包括（ ）。

A. 政治功能
B. 经济功能
C. 文化功能
D. 惩戒功能
E. 保护功能

参考答案

一、判断题

1. × **解析：** 德育有广义和狭义之分。广义的德育是有目的、有计划地对社会成员在政治、思想与道德等方面施加影响的活动，包括社会德育、社区德育、学校德育和家庭德育等。狭义的德育主要指学校德育。德育不仅仅是培养学生道德品质的教育，还包括政治教育、思想教育、心理健康教育等。

2. √ **解析：** 德育目标是德育工作的出发点，它不仅决定了德育的内容、形式和方法，而且制约着德育工作的基本过程。

3. √ **解析：** 本题考查德育内容。我国学校德育的内容包括以下方面：政治教育、思想教育、法制教育、道德教育、心理健康教育。思想教育包括科学世界观和人生观教育、价值观教育、科学认识论教育、方法论教育、劳动教育、集体主义思想教育。因此，劳动教育是德育的重要内容之一。故题干说法正确。

4. × **解析：** 本题考查德育内容。我国学校德育内容主要有政治教育、思想教育、道德教育、法制教育和心理健康教育。其中，心理健康教育主要包括学习辅导、生活辅导和择业指导。题干说法错误。

二、单项选择题

1. D **解析：** 选择德育内容的依据有德育目标、时代和社会发展需要以及学生的年龄特点、个性差异。

2. B **解析：** 我国学校德育由道德教育、政治教育、思想教育、心理健康教育和法制教育构成。其中，思想教育是指对事物的态度和思想观点的教育，以个体的价值认知为核心，其最终目标是使受教育者形成一定的世界观、价值观和人生观。我国中小学思想教育的目的在于引导学生逐步理解和领会世界、社会与人生的丰富性与复杂性，教导学生学会思考，逐步形成科学的世界观、正确的人生观和价值观。

3. A **解析：**《中小学德育工作指南》指出心理健康教育是德育内容之一，要充分发挥道德与法治、思想政治课课堂教学的主渠道作用，严格落实德育课程、落实课时。

4. D **解析：** 学校德育目的构成最基本的三因素是道德认知、道德情感和道德行为。

5. A **解析：** 本题考查德育的功能。

A项，德育的教育性功能指德育作为教育子系统对平行系统的促进作用，即对其他各育的促进作用。

B项，德育的生存功能，即德育要赋予每一个个体科学的价值观、道德原则和行为规范，使个体在社会生活中生存下去。

C项，德育的社会性功能是指学校德育能够在何种程度上对社会发挥何种性质的作用，包括政治功能、经济功能、文化功能等。

D项，德育的享用功能，就是个体在道德学习与生活中阅读、领会以实现某种需要或愿望（主要是精神方面的），并体验道德人生的满足、幸福、快乐，人格的尊严与优越，获得一种精神上的享受。

"勤能补拙"即"勤"这种道德品质对"智"的补偿和促进，体现的是德育的教育性功能，因此本题选 A。

三、多项选择题

ABC **解析：** 德育的社会性功能指的是学校教育能够在何种程度上对社会发挥何种性质的作用。

具体来说，德育的社会性功能主要指学校德育对社会政治、经济、文化发生影响的政治功能、经济功能、文化功能等。故本题选 ABC。

第二节 德育过程

一、判断题

1.（2014 上）德育过程包含教学过程，它和教学过程的关系是整体与部分的关系。（ ）

2.（2022 下）在学校德育过程中，学校的教师、团队组织、学生会，以及社会文化团体和家庭都是教育者。（ ）

3.（2021 下）活动和交往不仅是学生思想品德形成发展的源泉，而且是检验学生思想品德的标准。（ ）

二、单项选择题

1.（2015 上）在德育过程中，各个要素之间存在着错综复杂的关系，为了取得最佳的德育效果，尤其要处理好的关系是（ ）。

A. 教育者与教育内容的关系 　　　　　B. 受教育者与教学内容的关系

C. 教育者与受教育者的关系 　　　　　D. 教学内容与教育方法的关系

2.（2020 上）王守仁明确提出，"今教童子"必须"讽之读书，以开其知觉"。这表明在德育过程中，教师要重视学生（ ）。

A. 道德认识的提高 　　　　　　　　　B. 道德情感的发展

C. 道德意志的锻炼 　　　　　　　　　D. 道德行为的训练

3.（2023 上）下列教育现象中不符合德育过程"内化于心，外化于行"的是（ ）。

A. 小王同学被老师教育后，认识到了错误，不再迟到了

B. 小张同学看了电影《长津湖》后，撰写了一篇 5000 字的观后感

C. 小黄同学上了道德与法治课后，过马路时会严格遵守交通规则

D. 小李同学听老师讲了《小猫钓鱼》的故事后，做事情时专心致志、一心一意

4.（2023 上）德育在学科教学中的渗透主要体现在（ ）。

A. 思政课程 　　　　　　　　　　　　B. 课程思政

C. 主题德育活动 　　　　　　　　　　D. 艺体活动

5.（2024 上）下列关于德育过程的说法错误的是（ ）。

A. 德育过程是教育和自我教育相结合的过程

B. 德育过程是长期的、反复的、不断提高的过程

C. 德育过程主要是促进受教育者道德认知发展的过程

D. 德育过程是促进受教育者思想品德发展矛盾积极转化的过程

参考答案

一、判断题

1. ×　**解析：**德育可以通过教学过程来实现，也可以通过实践活动等其他形式来实现。教学过

程不仅可以实现德育教学，还可以实现智育、体育、美育等教学。

2. √　**解析**：本题考查德育过程中教育者的内涵。教育者是德育过程的基本构成要素之一。教育者不限于学校教师，凡是有目的地对受教育者施加德育影响的个人和团体都是教育者。团体包括校内的和校外的，校内的如教师集体、党组织、团队组织、学生会等，校外的如家庭、社会文化团体等。故题干说法正确。

3. √　**解析**：活动和交往不仅是学生思想品德形成与发展的源泉，而且是检验学生道德发展水平的标准。一个人的思想品德如何，一个人的道德发展到何种程度，只有在一定的社会关系中，在与他人、他物、他事的交往互动过程中才能得以表现和证实。

二、单项选择题

1. C　**解析**：德育过程的主要矛盾是教育者提出的德育要求与受教育者已有品德水平之间的矛盾。因此要处理好教育者与受教育者的关系。

2. A　**解析**：道德认识是一种对道德行为的是非、善恶、美丑及其执行意义的认识，其中包括道德概念与道德信念的形成以及运用这些观念去分析道德行为，对人或对事做出符合自己认识水平的道德评价。题干中，"今教童子"必须"讽之读书，以开其知觉"的意思是教导儿童应劝导他们读书，以开启他们的智慧。这表明在德育过程中，教师要重视学生道德认识的提高。

3. B　**解析**：本题考查对德育过程的理解。德育过程是一个"内化于心，外化于行"的过程。A、C、D三项中的三位同学都将德育内容内化为自己的行为准则并表现出相应的外显行为。B项，写观后感不代表能表现出相应的道德行为。

4. B　**解析**：本题考查德育在学科教学中的渗透。A项，思政课程是思想政治教育课程及相关教育活动的总称，是一门课程；B项，课程思政是一种教学理念，它是指学校育人的所有教学科目和教育活动都渗透和贯穿着思政教育，强调德育在学科教学中的渗透，故B项符合题意。

A、C、D三项属于德育的途径。

5. C　**解析**：本题考查德育过程。德育过程是对学生知、情、意、行的培养提高过程。知、情、意、行四个要素在学生思想品德形成过程中相互作用、相互促进。因此，开展德育活动要注意全面性，不能厚此薄彼，有所偏废。C项说法错误。故本题选C。

第三节　德育模式

一、判断题

（2023下）道德教育的体谅模式把道德认知的发展放到了教育的中心地位。　　　　　　（　　）

二、单项选择题

1. （2020上）当学生之间产生了矛盾，教师往往教育学生要换位思考，站在对方的角度考虑。这是德育中的（　　）。

A. 认知性道德发展模式　　　　　　　　　B. 体谅模式

C. 社会行动模式　　　　　　　　　　　　D. 价值澄清模式

2. （2022下）张老师班里的王同学因生理原因常被同学嘲笑。一天王同学因病未上学，同学们议论纷纷。见此情形，张老师随即召开班会，他告诉学生每个人都可能在某方面不如别人，并让学生讨论：当自己因为某方面做得不好，被嘲笑是什么感受；爸爸、妈妈如果知道儿女被他人嘲笑，心里会怎么想？讨论后，同学们都意识到自己平时嘲笑王同学不对。接下来，张老师又询问同学们：如何帮助王同学？同学们提出了很多建议。

张老师采用的教育模式是（　　　）。

A．体谅模式
B．社会学习模式
C．认知发展模式
D．价值澄清模式

3．（2018 下）班杜拉的社会学习理论中总结的学习过程的四个基本环节是（　　　）。

A．注意—保持—再现—动机
B．注意—模仿—保持—动机
C．注意—练习—保持—再现
D．注意—模仿—练习—再现

4．（2015 下）某学生做了一件好事，老师在全班同学面前表扬他。该老师运用的是（　　　）。

A．潜伏学习理论
B．模仿学习理论
C．建构学习理论
D．观察学习理论

参考答案

一、判断题

×　**解析：**本题考查德育过程的理论。体谅模式是一种以培养学生道德情感为中心的道德教育模式。道德教育重在增强学生的人际意识和社会意识，引导学生学会关心、学会体谅。故题干说法错误。

二、单项选择题

1．B　**解析：**体谅模式是由英国德育专家麦克菲尔和美国教育家内尔·诺斯丁创立的。该模式把道德情感的培养置于中心地位，从学生需要出发，以情感为主线，注重学生体谅他人，强调学生学会关心。教师教育学生要换位思考，站在对方的角度考虑。这是德育中的体谅模式。

2．A　**解析：**本题考查德育模式。体谅模式假定与人友好相处是人类的基本需要，帮助学生满足这种需要是教育的职责。它把培养健全人格作为德育目标，大力倡导民主的德育观，以一系列的人际—社会情境问题启发学生的人际意识与社会意识，引导学生学会关心、学会体谅。题干中的教师引导学生用换位思考的方式，学会体谅、关心，采用的是体谅模式。故本题选 A。

社会学习模式强调人们不必事事经过直接反应、亲身体验强化，而只需通过观察他人在相同环境中的行为，从他人行为获得强化的观察中进行体验学习，所以建立在替代基础上的观察学习是人类学习的重要形式，是品德教育的主要渠道。

认知发展模式假定人的道德判断力按照一定的阶段和顺序从低到高不断发展，道德教育的目的就在于促进儿童道德判断力的发展及其行为的发生。

价值澄清模式的内涵就是让学生根据自己的体验，通过自己的推理，获得什么是善、什么是恶的道德观念，教师对此不做任何主观评判。

3．A　**解析：**班杜拉提出了社会学习理论。班杜拉认为学习是个体通过对他人的行为及其强化性结果的观察，从而获得某些新的行为反应，或已有的行为反应得到修正的过程。班杜拉认为观察学习包括注意、保持、再现和动机四个子过程。

4．D　**解析：**班杜拉的观察学习理论强调观察学习是行为获得的基本学习方法。个体通过观察学习、榜样示范和自我效能获得道德行为，提升道德品质。

第四节 德育原则

一、判断题

1.（2020 上）数学课上，教师把某学生对数学题的创新性解法，冠以该同学的名字写在黑板上。该同学在课堂上介绍自己的解题思路，犹如做学术报告，说到精彩处，全班报以热烈的掌声，该同学连声道谢，班级呈现和谐合作的景象。这是一种德育渗透。（　　）

2.（2019 下）某小学语文老师在进行《挑山工》一课的教学设计时，将情感态度与价值观目标设为"通过学习让学生感受到挑山工坚韧不拔的顽强意志，在学习中遇到困难不绕着走"。这体现了德育的渗透性原则。（　　）

二、单项选择题

1.（2017 下）《论语》中说："夫子循循然善诱人，博我以文，约我以礼，欲罢不能。"这里体现的德育原则是（　　）。

A. 长善救失原则　　　　　　　　　B. 疏导原则

C. 在集体中教育原则　　　　　　　D. 因材施教原则

2.（2017 上）阿亮痴迷网络无法自拔，李老师找阿亮谈心，聊互联网和比尔·盖茨，并肯定他上网学习电脑技术的积极性，借此了解了阿亮的内心世界。在此基础上采取了一系列措施，李老师转变了阿亮。李老师的做法最能体现的德育原则是（　　）。

A. 疏导原则　　　　　　　　　　　B. 在集体中教育的原则

C. 理论与生活相结合的原则　　　　D. 严格要求与尊重学生相结合的原则

3.（2021 下）晚自习课上，李老师发现学生林林在座位上偷偷看课外书，于是一边快步上前收书，一边批评道："成绩那么差，学习也不上进，有什么资格看课外书？"林林与其争辩起来，拉扯中，书被撕碎了。李老师的做法主要违背的德育原则是（　　）。

A. 发扬积极因素和克服消极因素相结合原则

B. 严格要求与尊重学生相结合原则

C. 理论和实践相结合原则

D. 疏导原则

4.（2016 上）下列选项中不属于对学生严格教育原则的是（　　）。

A. 严而有理——合理　　　　　　　B. 严而有礼——礼节

C. 严而有度——适度　　　　　　　D. 严而有恒——永恒

5.（2022 上）"长善救失"体现的德育原则是（　　）。

A. 疏导原则　　　　　　　　　　　B. 理论与实践相结合原则

C. 严格要求与尊重学生相结合原则　D. 发扬积极因素、克服消极因素原则

6.（2014 上）古代学者朱熹认为："论先后，知为先；论轻重，行为重。"这体现的德育原则是（　　）。

A. 一致性原则　　　　　　　　　　B. 正面引导原则

C. 知行统一原则　　　　　　　　　D. 严格要求原则

7.（2014 下）德育的知行统一原则要求（　　）。

A. 理论重于实践　　　　　　　　　B. 实践重于理论

C. 学习与理论相结合　　　　　　　　　　D. 理论与实践相结合

8.（2021上）冬冬篮球打得好，但不爱学习，经常搞恶作剧、撒谎、打架。张老师认为冬冬满身缺点，不可救药。如果你是张老师，采用哪一德育原则教育冬冬效果最好？（　　　）

A. 正面教育与纪律约束相结合　　　　　　B. 严格要求与尊重信任相结合

C. 统一要求与从实际出发相结合　　　　　D. 发扬积极因素与克服消极因素相结合

9.（2024上）小东个子高力气大，经常和同学打架，老师和同学都不喜欢他。新来的班主任何老师发现他体育好，让他当了体育委员，并鼓励他要像个班干部的样子，不能仗着自己个子高去欺负同学，相反应当保护弱小，维护正义。后来，小东进步很快。何老师主要遵循的德育原则是（　　　）。

A. 发挥积极因素与克服消极因素相结合　　B. 严格要求与尊重学生相结合

C. 教育影响一致性和连贯性　　　　　　　D. 正面教育，积极疏导

10.（2022下）"染于苍则苍，染于黄则黄"提示教师在进行德育时要遵循（　　　）。

A. 长善救失原则　　　　　　　　　　　　B. 整体性教育原则

C. 在集体中教育原则　　　　　　　　　　D. 一致性和连贯性原则

参考答案

一、判断题

1. √　**解析：**德育渗透强调营造一种民主、德性的教育气氛，让学生身处其中，受到德育的熏陶。数学课堂上把学生对数学题的创新性解法，冠以该同学的名字写在黑板上，该同学在课堂上介绍自己的解法，犹如做学术报告，说得精彩大家鼓掌欢迎，介绍者连声道谢，一片礼貌的交际现象。这体现了在课堂上渗透德育教育，培养学生良好的行为规范。

2. √　**解析：**渗透性原则是指将道德教育渗透到其他学科教育、学校日常管理以及学生的日常生活中去，与学生的学习、生活等有机地结合起来，利用各种条件、因素和中介，对学生进行潜移默化式的教育。题干中，该老师将语文教学与对学生意志的培养结合起来，这体现了德育的渗透性原则。

二、单项选择题

1. B　**解析：**疏导原则是指进行德育要循循善诱、以理服人，从提高学生认识入手，调动学生的主动性，使他们积极向上。

2. A　**解析：**疏导原则是指在进行德育时要循循善诱、以理服人，从提高学生认识入手，调动学生的主动性，使他们积极向上。李老师跟学生谈心，肯定阿亮对电脑技术学习的积极性，借此了解了阿亮的内心世界。这都是贯彻疏导原则的体现。

3. B　**解析：**严格要求与尊重学生相结合原则是指教育者在进行德育时要把对学生个人的尊重和信赖与对他们的思想和行为的严格要求结合起来，使教育者对学生的影响与要求易于转化为学生的品德。题干中，李老师对学生进行批评教育时言语过激，没有尊重学生的人格尊严，因此李老师的做法违背了尊重学生与严格要求相结合原则。

4. B　**解析：**严格要求学生是指教师要做到严而有理、严而有度、严而有恒、严而有方。

5. D　**解析：**长善救失的意思是发扬学生的长处，使优秀的方面更优秀，补救学生的短处，使学生能够全面发展，而没有致命的短板。发挥积极因素和克服消极因素相结合原则是指进行德育时要调动学生自我教育的积极性，依靠和发扬他们自身的积极因素去克服他们品德上的消极因素，实现品德发展内部矛盾的转化。因此，长善救失体现了发扬积极因素、克服消极因素原则。

6．C　解析："论先后，知为先；论轻重，行为重"的意思是在知和行之间，论先后的话，是知在先；要是论重要的话，行更重要，体现了德育过程中知行统一的原则。

7．D　解析：德育的知行统一原则是指既要重视思想道德的理论教育，又要重视组织学生参加实践锻炼，把提高认识和行为养成结合起来，使学生做到言行一致、表里如一。

8．D　解析：发扬积极因素与克服消极因素相结合原则是指进行德育时要调动学生自我教育的积极性，依靠和发扬他们自身的积极因素去克服他们品德上的消极因素，实现品德发展内部矛盾的转化。题干中，冬冬篮球打得好，张老师可以利用这一积极因素，对冬冬的缺点进行教育。

9．A　解析：本题考查德育原则。发挥积极因素与克服消极因素相结合原则是指进行德育时要调动学生自我教育的积极性，依靠和发扬他们自身的积极因素去克服他们品德上的消极因素，实现品德发展内部矛盾的转化。题干中，何老师利用小东体育好的优点克服他欺负同学的缺点，并引导其养成保护弱小、维护正义的意识，属于发挥积极因素与克服消极因素相结合原则。

10．C　解析：本题考查德育原则。

长善救失原则是指德育工作中，教育者要善于依靠、发扬学生自身的积极因素，调动学生自我教育的积极性，克服消极因素，实现品德发展内部矛盾的转化。

整体性教育原则即把学生的心理素质看成是一个整体的、和谐的有机系统去教育。

在集体中教育原则是指教育者要善于组织和教育学生集体，并依靠集体教育每个学生。

一致性和连贯性原则是指进行德育时应当有目的、有计划地把来自各方面对学生的教育影响加以组织、调节，使其相互配合，协调一致，前后连贯地进行，以保障学生的品德能按教育目的的要求发展。

题干中，"染于苍则苍，染于黄则黄"的意思是丝染了青颜料就变成青色，染了黄颜料就变成黄色，体现了环境的熏陶、社会风气的感染对人的思想、品质产生的重要影响，因此，"染于苍则苍，染于黄则黄"体现的德育原则是在集体中教育原则。故本题选C。

第五节　德育方法与途径

基础题 ▶▶

一、判断题

1．（2022上）组织学生参观革命纪念馆，通过看实物、听解说，用革命先辈的光荣事迹教育学生端正学习和生活态度，这是采用了实际锻炼法对学生进行德育。　　　　（　　）

2．（2015下）德育中情感陶冶法是指在教育者的激发和引导下，充分发挥学生的主体作用，促使其自觉进行行为转化和行为控制的方法。　　　　　　　　　　　　　　（　　）

3．（2018下）德育是学校全体教育工作者的工作职责，而不是部分人的工作职责，所有教师都有对学生进行道德教育的责任。　　　　　　　　　　　　　　　　　　（　　）

二、单项选择题

1．（2022下）杨老师带领全班同学开展红色寻访活动，拜访抗美援朝老兵。老兵爷爷为大家讲述了站在齐腰深的河水中为战友架桥，为了打仗连续几天不吃饭的事迹，同学们深受鼓舞，纷纷对老兵爷爷表达了崇高敬意。杨老师采用的德育方法是（　　　　）。

A．说服教育法　　　　　　　　　　　　B．实际锻炼法

C. 自我修养法　　　　　　　　　　　　　D. 榜样示范法

2.（2019下）受张老师邀请，在当地戒毒所工作的夏明爸爸，以"珍爱生命，远离毒品"为主题，在"家长一日教师"课上，声情并茂地讲解了吸毒的危害及如何远离毒品，并教育同学们要热爱生活。这里采用的德育方法是（　　　　）。

A. 榜样示范法　　　　　　　　　　　　　B. 情境陶冶法
C. 实践锻炼法　　　　　　　　　　　　　D. 说服教育法

3.（2020上）我国古代教育提倡"论学取友""择其善者而从之"。这体现的德育方法是（　　　　）。

A. 说服教育法　　　　　　　　　　　　　B. 自我修养法
C. 榜样示范法　　　　　　　　　　　　　D. 情境陶冶法

4.（2018上）区角游戏结束时，几个小朋友仍在大声讲话，没有收拾玩具。叶老师轻轻地唱起了收拾玩具的儿歌并把一盒雪花片放进了玩具柜。此时这几个小朋友也安静地把玩具送了回去。叶老师运用的教育方法是（　　　　）。

A. 说服法　　　　B. 榜样法　　　　C. 陶冶法　　　　D. 锻炼法

5.（2017下）班主任根据学生的认知发展特点，选出有针对性的人物和事例鼓励学生，不断提高学生修养。该教师采用的德育方法是（　　　　）。

A. 修养　　　　B. 锻炼　　　　C. 榜样　　　　D. 制度

6.（2017上）"身教重于言教"体现的德育方法是（　　　　）。

A. 说服教育法　　　　　　　　　　　　　B. 榜样示范法
C. 情境陶冶法　　　　　　　　　　　　　D. 实践锻炼法

7.（2014上）小张在放学回家的路上将摔倒昏迷的老人送进医院，及时挽救了老人的生命。为此，班主任在班上公开表扬小张的行为，号召大家向他学习。这是运用了教育方法中的（　　　　）。

A. 说理教育法　　　　　　　　　　　　　B. 榜样示范法
C. 实际锻炼法　　　　　　　　　　　　　D. 陶冶教育法

8.（2016上）为了提醒幼儿便后冲水，秦老师在每一个马桶盖上都贴上了一张特别漂亮且富有提示意义的卡通画。这一做法的效果很好。秦老师这一做法运用的德育方法是（　　　　）法。

A. 榜样示范　　　　　　　　　　　　　　B. 说服教育
C. 情境陶冶　　　　　　　　　　　　　　D. 品德评价

9.（2015下）在德育过程中，利用和创造一切富有教育意义的情境，潜移默化地培养学生的品德的方法是（　　　　）。

A. 自我修养法　　　　　　　　　　　　　B. 陶冶教育法
C. 榜样示范法　　　　　　　　　　　　　D. 说服教育法

10.（2015上）利用校园的花坛、草坪影响学生的品德。这种德育方法是（　　　　）。

A. 品德评价法　　　　　　　　　　　　　B. 榜样示范法
C. 情感陶冶法　　　　　　　　　　　　　D. 说服教育法

11.（2024上）蒋老师推荐了一些书给学生阅读，让学生结合书中人物写日记，对照书中人物做总结、鉴定和批评。蒋老师的工作方法属于（　　　　）。

A. 品德评价法　　　　　　　　　　　　　B. 情感陶冶法
C. 实践锻炼法　　　　　　　　　　　　　D. 自我修养法

12.（2023下）孙老师每学期都组织全班同学去养老院、敬老院等机构献爱心、做小小志愿者。学生及家长都表示，这样的实践活动比单纯的说教更能培养孩子们的责任意识、奉献精神和良好品德。孙老师主要采用的德育方法是（　　　　）。

A. 锻炼　　　　B. 修养　　　　C. 陶冶　　　　D. 调节

▌提升题 ▌»»»

一、判断题

1.（2022 上）《中小学德育工作指南》提出的"教育引导学生参与洗衣服、倒垃圾、做饭、洗碗、拖地、整理房间等力所能及的家务劳动"属于"活动育人"的形式。　　　　（　　）

2.（2022 上）在学科教学中渗透德育是课程思政的重要途径。　　　　（　　）

二、单项选择题

1.（2019 上）小伟同学在观看了学校组织播放的电影《战狼》之后，受到了很好的爱国主义教育，增强了为国家而努力学习的愿望。该学校采用的教育方法是（　　）。

　　A．情感陶冶法　　　　B．说服教育法　　　　C．心理咨询法　　　　D．品德评价法

2.（2016 下）孟子说："仁言不如仁声之入人深也。"这体现的是（　　）。

　　A．人格感化　　　　B．艺术陶冶　　　　C．环境熏陶　　　　D．语言教育

3.（2016 下）刘老师在开学第一周对本班学生进行了日常行为规范的训练，以帮助学生更好地进入学习状态。这是德育方法中的（　　）。

　　A．说服教育法　　　　B．陶冶法　　　　C．榜样示范法　　　　D．实际锻炼法

4.（2018 下）小学二年级的娜娜帮助同学打扫卫生，老师奖励了她一朵小红花。此后她更乐于助人了。该老师运用的德育方法是（　　）。

　　A．情感陶冶法　　　　B．说服教育法　　　　C．榜样示范法　　　　D．品德评价法

5.（2024 上）叶老师设计了"站报纸"的课堂游戏，要求 6 人一组，同时站在一张报纸上，坚持 10 秒就算成功。同学们争先恐后，报纸片刻间被踩得七零八碎。失败后，有的小组相互指责，有的小组商量对策。第二次，总结经验组在配合默契方面还是有欠缺，未取得成功；相互指责组继续失败。第三次，总结经验组成功了，相互指责组开始反思，几次后终于成功。学生从中学到相互配合的意义。叶老师设置的这种情境是（　　）。

　　A．后果情境　　　　B．体验情境　　　　C．冲突情境　　　　D．实验情境

参考答案

▌基础题 ▌»»»

一、判断题

1．×　**解析**：题干中"参观革命纪念馆"属于说理教育法中的参观，即通过接触实际来提高学生的思想认识，如参观历史博物馆、烈士陵园等对学生进行传统教育。实际锻炼法指教师指导学生参加各种实践活动，以形成一定的道德品质和行为习惯的方法，强调参加实践活动。

2．×　**解析**：题干描述的是德育方法中的道德修养法，即教师指导学生自觉主动地进行学习、自我反省，以实现思想转化及行为控制。而情感陶冶法是指教师利用高尚的情感、美好的事物和优美的环境感染、熏陶学生的方法。

3．√　**解析**：思想品德课与其他学科教学是德育的基本途径。此外，社会实践活动，课外、校外活动，少先队、共青团组织的活动，校会、班会、周会、晨会、时事政策的学习，班主任工作等也是进行德育的重要途径，学校的各个方面都蕴含着德育的可能。因此，德育应当是全体教育工作者的职责。

二、单项选择题

1．A　**解析**：本题考查德育方法。

说服教育法强调通过摆事实、讲道理，使学生提高认识、形成正确观点。说服教育是德育工作的基本方法。说服教育的方式主要有语言说服和事实说服。其中事实说服包括参观、访问、调查。题干中，杨老师带领全班学生"拜访"老兵，属于事实说服中的"访问"，因此属于说服教育法。故本题选 A。

实际锻炼法强调学生参加各种实践活动，以形成一定的道德品质和行为习惯。

自我修养法强调学生自觉主动地进行学习、自我反省，以实现思想转化及行为控制。

榜样示范法强调用榜样人物的高尚思想、模范行为、优异成就来影响学生的思想、情感和行为。

2．D　**解析**：说服教育法又称说理教育法，是通过语言说理传道，使学生明理晓道、分清是非，提高品德认识的方法。题干所述的德育方法是说服教育法。

3．C　**解析**：榜样示范法是用榜样人物的高尚思想、模范行为、卓越成就来影响学生的思想、情感和行为的方法。题干中，我国古代教育提倡"论学取友""择其善者而从之"体现的德育方法是榜样示范法。

4．B　**解析**：榜样法是用榜样人物的高尚思想、模范行为、卓越成就来影响学生的思想、情感和行为的方法。题干中，叶老师充分发挥了自身作为教育者的示范作用，引导学生调节自身行为，其运用的教育方法是榜样法。

5．C　**解析**：榜样示范法是用榜样人物的思想、行为、成就来影响学生的思想、情感和行为的方法。用来示范的榜样主要有家长、教师、同学、英雄人物、革命领袖、历史伟人和文艺形象。

6．B　**解析**：榜样示范法是以他人的高尚品德、模范行为和卓越成就来影响学生品德的方法。"身教重于言教"表明教师的道德行为对学生的影响，强调了榜样的力量，是榜样示范法。

7．B　**解析**：榜样示范法是教育者以他人的高尚思想、模范行为和卓越成就影响学生，促使其形成优良品德的方法。题干中的小张就是优秀学生榜样。

8．C　**解析**：情境陶冶法是通过创设良好的情境，潜移默化地培养学生良好心理素质的方法。秦老师的做法创设了良好的教育情境，属于情境陶冶法。

9．B　**解析**：陶冶教育法是教师利用环境和自身的教育因素，对学生进行潜移默化的熏陶和感染，使其在耳濡目染中受到感化的方法。陶冶教育法包括人格感化、环境陶冶和艺术陶冶等。

10．C　**解析**：通过创设良好的情景，潜移默化地培养学生品德的方法是情感陶冶法。

11．D　**解析**：本题考查德育方法。品德评价法通常包括奖励、惩罚、评比和操行评定等方式。情感陶冶法的方式有人格感染、艺术陶冶和环境陶冶。实践锻炼法的方式有学习活动、委托任务、组织活动、执行制度、行为训练。自我修养法主要有自我总结、自我鉴定、自我批评、写日记等。题干中，蒋老师让学生对照书中人物做总结、鉴定和批评属于自我修养法。

12．A　**解析**：本题考查德育的方法。

实践锻炼法是让学生参加各种实践活动，在活动中锻炼思想、增长才干、培养优良思想和行为习惯的方法。

道德修养法是在教师的指导下，学生主动地为自己提出目标，采取措施，实现思想转化和进行行为控制，从而使自己形成良好品德的方法。

陶冶教育法是教师利用环境和自身的教育因素，对学生进行熏陶，使其在耳濡目染中受到感化的方法。

D 项为干扰选项。

题干中的教师带领学生做志愿者，通过让学生参与实践活动培养学生品德，体现了实践锻炼法，故本题选 A。

提升题 》》》

一、判断题

1. × **解析：**"教育引导学生参与洗衣服、倒垃圾、做饭、洗碗、拖地、整理房间等力所能及的家务劳动"属于"实践育人"的形式。

2. √ **解析：**思想政治工作是学校各项工作的生命线，要切实加强思想政治工作，学校必须将其贯穿教育教学全过程。课程思政就是在学科教学中渗透思想政治教育，挖掘各学科的思想政治教育元素，即在学科教学中渗透德育是课程思政的重要途径。

二、单项选择题

1. A **解析：**情感陶冶法是教师利用环境和自身的教育因素，对学生进行熏陶，使其在耳濡目染中受到感化的方法，如借助音乐、美术、文学、戏剧、电影、电视等艺术手段来对学生进行陶冶。题干中，学校组织学生观看电影，借此使学生受到了很好的爱国主义教育，采用的是情感陶冶法。

2. B **解析：**陶冶法是指用环境和自身的教育因素，对学生进行潜移默化的熏陶和感染，使其在耳濡目染中受到感化的方法。其方式主要有人格感化、艺术陶冶和环境陶冶。"仁言不如仁声入人深也"意思是政教法度之言不如礼乐之声深入人心，体现的是艺术陶冶。

3. D **解析：**实际锻炼法是指教师指导学生参加各种实践活动，以形成一定的道德品质和行为习惯的方法。实际锻炼法主要包括常规训练和实践锻炼，其中常规训练是指教师指导学生按照一定的规章制度进行经常性的行为练习，以形成良好的行为习惯的方法。常规训练的内容和方式多种多样，主要有学生守则训练、课堂常规训练、卫生常规训练、礼貌常规训练等。根据题干关键词"日常行为训练"可知，该方法属于实际锻炼法。

4. D **解析：**品德评价法是教师通过对学生品德进行肯定或否定的评价而予以激励或抑制，促使学生品德健康形成和发展的方法。品德评价法通常包括奖励、惩罚、评比和操行评定等方式。题干中，老师通过奖励娜娜小红花强化她乐于助人的行为，符合品德评价法的定义。

5. B **解析：**本题考查德育情境。德育情境包括说明情境、实验情境、体验情境、道德两难情境、体谅情境、后果情境、冲突情境七种。后果情境是让学生作为当事人，设身处地地思考、抉择"应当"怎样做。设置后果情境的目的在于增强学生想象、理解、推测行为后果的能力。

体验情境是教师利用日常生活、游戏、学习和各种活动中学生真实的互动情境，或是一些与"做"有关的练习题，使学生在参与中，通过亲身体验建立关于行动目的和手段的共同理解，引起情感上的共鸣。

冲突情境从某种意义上说也是一种两难情境。但是，冲突情境在很多时候是趋避冲突，不可调解，这个时候受教育者的道德判断力往往在问题解决中得到锻炼、发展。

实验情境侧重于通过实验验证或巩固某种道德认识，巩固对某种道德要求的理解。

题干中，学生通过活动体验具体的道德情境，产生道德情感，提高道德认识，形成道德行为，这种情境是体验情境。

第九章 班级管理与班主任工作

第一节 班级与班集体

|基础题| »»

一、判断题

1．（2020下）班级中的非正式群体是自发形成的，学生易结成"小团伙"，造成班级不团结，因此班主任老师应反对非正式群体的存在。（　　）

2．（2018下）班级组织中的非正式组织会对学生产生不良影响，班主任应该对非正式组织严格控制和防范。（　　）

3．（2018上）非正式群体在学校人际关系中起主导作用。（　　）

4．（2021下）思想品德教育活动、文化学习活动、科技活动、文艺活动、劳动活动、游戏活动、综合活动都属于班级活动。（　　）

二、单项选择题

1．（2014下）班级作为一种社会组织，其基本成员不包括（　　）。

A．班主任　　　　　　　　　　B．任课老师

C．学校管理人员　　　　　　　D．学生

2．（2021上）下列有关学生群体的论述，不正确的是（　　）。

A．非正式群体是自发形成的，因而是固定不变的

B．参照群体是学生个人心目中向往和崇尚的群体

C．有的学生可能同时有两种性质相反的参照群体

D．正式群体一般都是根据学校和班级的需要或要求成立的

3．（2017下）班级组织按照社会需要和教育目标给学生传递科学文化知识，提供角色学习条件，形成生活基本技能。这主要体现了班级组织的（　　）。

A．个性化功能　　　　　　　　B．满足需求功能

C．矫正功能　　　　　　　　　D．社会化功能

4．（2020下）家长都希望自己的孩子遇到一个好班主任，因为好班主任善于构建一个充满活力的班级组织。这里家长主要看重班级的（　　）。

A．矫正功能　　　　　　　　　B．满足需求功能

C．诊断功能　　　　　　　　　D．促进发展功能

5．（2018上）在班级开展的各种活动中，每一个成员都会通过自己和他人的表现以及所获得的评价，判断其表现的优势与不足。这主要体现了班级的（　　）。

A．矫正功能　　　　　　　　　B．诊断功能

C．促进发展功能　　　　　　　D．社会化功能

6.（2017上）班集体形成的主要标志是（　　　）。

A．建立了班委会　　　　　　　　　B．开展了班级工作

C．制订了班级工作计划　　　　　　D．形成了正确的班级舆论氛围

7.（2023上）下列选项中不属于健全的班集体应具备的要素的是（　　　）。

A．凝聚力强的非正式群体　　　　　B．正确的集体舆论和良好的班风

C．健全的组织机构和坚强的领导核心　D．严格的规章制度与严明的组织纪律

提升题 ▶▶▶

一、判断题

1.（2014上）班级中的正式组织和非正式组织相互影响，班主任不仅要重视班级正式组织，还要重视班级非正式组织。（　　　）

2.（2024上）班主任张老师为班上41名学生设立45个班干部岗。张老师运用的是丰富班级管理角色的班级建设策略。（　　　）

3.（2016上）建立班集体的正常秩序是维持和控制学生在校生活的最重要的条件，是教育教学开展的重要基础。（　　　）

二、单项选择题

1.（2019下）刚上小学一年级的小丽，非常羡慕姐姐每天都能够戴红领巾上学，渴望早日加入少先队。对目前的小丽而言，少先队是（　　　）。

A．正式群体，参照群体　　　　　　B．正式群体，非参照群体

C．非正式群体，参照群体　　　　　D．非正式群体，非参照群体

2.（2017上）学生自发组织的文娱活动小组、公益活动小组、体育活动小组等是（　　　）。

A．积极型正式组织　　　　　　　　B．消极型正式组织

C．积极型非正式组织　　　　　　　D．消极型非正式组织

3.（2022下/2020上）班级发展的阶段中，集体自主活动阶段的特点是（　　　）。

A．缺乏凝聚力和活动能力，对班主任依赖性强

B．班级核心初步形成，班组织的功能已较健全

C．积极分子队伍壮大，形成了正确舆论与班风

D．班级管理由班主任领导，逐步过渡给班干部

4.（2014上）班主任在班级管理过程中应主要营造（　　　）。

A．优美的校园环境　　　　　　　　B．良好的自然环境

C．和谐的家庭环境　　　　　　　　D．健康的班级心理环境

参考答案

基础题 ▶▶▶

一、判断题

1.× **解析：** 非正式群体强调的是情感的沟通和非正式的互动与交往，它的行为方式是比较松散的、非规范性的。非正式群体具有满足个体需要、保护心理健康、沟通信息、调节平衡等正式关

系所不能替代的功能。教师要正确对待非正式群体。对于积极型的非正式群体，应该支持和保护；对于中间型的非正式群体，要持慎重态度，积极引导，加强联系，强化班级目标导向；对于消极型的非正式群体，要教育、争取、引导和改造；对于破坏型的非正式群体，要依据校规和法律，给予必要的惩罚和制裁。

2．×　**解析**：非正式组织在班级中既有积极作用也有消极作用，故班主任不应该对非正式组织严格控制和防范，而是要视具体情况灵活处理，注意引导。

3．×　**解析**：正式群体在学校人际关系中起主导作用，非正式群体具有满足个体需要、保护心理健康、沟通信息、调节平衡等功能。两者同时发生作用，交互影响。

4．√　**解析**：按活动的内容，班级活动可分为思想品德教育活动、文化学习活动、科技活动、文艺活动、文娱体育活动、劳动活动、游戏活动、综合活动等。

二、单项选择题

1．C　**解析**：班级是一种社会组织，其基本成员是班主任、教师和学生。

2．A　**解析**：非正式群体是指学生自发形成或组织起来的群体。它包括因兴趣爱好相同，感情融洽，或是邻居、亲友、同学关系而形成的各种学生群体。非正式群体一般没有明确的目的，系统的活动计划；其成员不稳定，易随外部或内部情况的变化而变化；主要成员的变化（如退出或有新人参与）易导致群体的解体、重组及其性质的变化。A项说法错误，符合题意，当选。

B、C两项，参照群体是学生个人心目中向往和崇尚的群体。在生活或心理活动中，每个学生实际上都同时参加若干个正式的与非正式的群体。有的学生可能同时有两种性质相反的参照群体。例如，学科小组和流氓集团，他们既努力争取优异成绩，又积极参与同伙作案，以自己的长处、优点掩饰其劣迹。

D项，正式群体一般都是根据学校和班级的需要或要求成立的，得到学校、班主任或有关教师的领导。

3．D　**解析**：班级组织既有社会化功能，又有个性化功能。班级的社会化功能体现在四个方面：①传递社会价值观，指导生活目标；②传递科学文化知识，形成社会生活的基本技能；③教导社会生活规范，训练社会行为方式；④提供角色学习条件，培养社会角色。题干中的表述符合班级组织的社会化功能的内容。

4．D　**解析**：班级组织的个性化功能有促进发展功能、满足需求功能、诊断功能和矫正功能。

A项，矫正功能。在发挥诊断功能的基础上，班级组织可以通过各种活动和集体舆论，有针对性地让学生扮演一定的角色、承担一定的责任，以培养学生的能力、责任感、自信心及合作意识。

B项，满足需求功能。人处于一个团体中，会对团体产生各种需求，良好的班级组织应当能够满足学生的正当需求。

C项，诊断功能。在班级开展的各项活动中，每一个成员都会通过自己和他人的表现，以及在所获得的评价中，判断其表现的优势与不足。

D项，促进发展功能。班级组织促进学生的发展，包括促进学生知识及认识的发展、情感的发展、兴趣态度的发展和社会技能的发展。

一个好的班主任善于构建一个充满活力的班级组织，为每个学生提供发展的多维空间，为每个学生创造性的发挥提供机遇与条件，体现了班级组织的促进发展功能。

5．B　**解析**：学生置身于班级组织中时，其人格及能力上的特点、差异以及不足就会显现出来。在班级开展的各项活动中，每个成员都会通过自己和他人的表现以及所获得的评价，判断其表现的优势与不足。这体现了班级的诊断功能。矫正功能是指通过各种活动和集体舆论，学生改变某些行为。促进发展功能是指班级组织能够提供多元的、不同层次的发展机会。社会化功能是指班级组织使学生从一个自然有机体发展成为一个社会成员。

6. D　**解析：** 班集体形成的主要标志是班级规范的建立和形成正确的班级舆论氛围。

7. A　**解析：** 本题考查班集体的特征。良好班集体的特征包括：坚定正确的政治方向与明确的奋斗目标；健全的组织机构与坚强的领导核心；严格的规章制度与严明的组织纪律；正确的集体舆论与良好的班风。A项不属于健全班集体的必备要素。

提升题 »

一、判断题

1. √　**解析：** 正式组织与非正式组织往往是同时发生作用、交互影响的。正式组织在学校人际关系系统中起主导作用；非正式组织具有满足个体需要、保护心理健康、沟通信息、调节平衡等正式组织所不能替代的功能。班主任不仅要重视班级正式组织，还要重视班级非正式组织。

2. √　**解析：** 本题考查班级建设策略。班级组织建设可以从丰富班级管理角色和形成班级管理角色的动态分配制度两方面着手。丰富班级管理角色一般采用增设班级岗位、减少兼职、一岗多人等措施。班级管理角色的动态分配是指建立岗位轮换制度。题干中，张老师设置多个班干部岗位运用的是丰富班级管理角色策略。

3. √　**解析：** 班集体的正常秩序是维持和控制学生在校生活的基本条件，是教师开展工作的重要保证。

二、单项选择题

1. A　**解析：** 正式群体是由教育行政部门明文规定的群体，其成员有固定的编制，职责权利分明，目标明确。班级、小组、少先队等都属于正式群体。在正式群体内部，学生们会在相互交往的基础上，形成以个人兴趣爱好为联系纽带，具有强烈情感色彩的非正式群体。参照群体是指个体在心理上向往的群体，指在实现社会行为时，某些群体的价值目标和行为规范被个体作为自己的行动动机来评价自己和他人行为及社会事件的参照标准。非参照群体是指其成员不接受本群体的规范和目标，而以另外一群体的目标和规范为行动指南的群体。题干中的少先队属于明确职责的正式群体，且属于小丽心理上非常向往的群体，即参照群体。

2. C　**解析：** 在同伴交往过程中，一些学生自由结合、自发形成的小群体，被称为非正式群体。题干中的小组是学生自发组织的，属于非正式的。积极型组织与组织目标一致，有助于组织目标的达成；消极型组织与组织目标不一致，但未违法，仅起到消极作用。题干中的小组有助于学生的发展，属于积极型组织。

3. C　**解析：** 集体自主活动阶段是班集体趋向成熟的时期，集体的特征得到充分而完全的体现。集体自主活动阶段包括以下几个特点：①班级已有明确、共同认可的奋斗目标；②班级已形成了坚强的核心，班干部已有了独立主持班务工作的能力，学生已有了较强的自我教育能力；③班级积极分子队伍壮大，学生普遍关心、热爱班集体，能积极承担集体的工作，参加集体的活动，维护集体的荣誉；④班级形成了正确的舆论和良好的班风。C项正确。A项是班集体组建阶段的特点。B、D两项是班集体核心初步形成阶段的特点。

4. D　**解析：** 和谐的、健康的班级心理环境有利于形成学生积极向上、友谊合作的同伴关系。因此，班主任在班级管理过程中应主要营造健康的班级心理环境。

第二节 班级管理

一、判断题

（2015上）班级管理要求班主任充分利用班干部和规章制度约束学生，实现对学生思想和行为的控制。 （ ）

二、单项选择题

1. （2016上）班级规章制度是由师生共同参与、民主协商制定的，学生依章做事和调节自己的行为。这体现了班级规范的（ ）。

A. 指向作用　　　　　　　　　　　　B. 制约作用

C. 自律作用　　　　　　　　　　　　D. 协调作用

2. （2016上）班主任着眼于学生最近发展区，选择一些经过努力能够达成的目标，引导学生在实现目标过程中体验成功的快乐。这体现了班级日常管理的（ ）。

A. 方向性原则　　　　　　　　　　　B. 可测性原则

C. 激励性原则　　　　　　　　　　　D. 约束性原则

3. （2017下）某校初一（1）班的班规规定，"早读迟到者，罚做教室卫生一周"。该班同学李晓刚又迟到了，班主任找他谈话。李晓刚说："班规是你说了算，又不是我同意的，我已经被罚了，你还找我干嘛？"可见，该班在制订班规时违背了（ ）。

A. 整体性原则　　　　　　　　　　　B. 规范性原则

C. 民主性原则　　　　　　　　　　　D. 导向性原则

4. （2022上）下列关于班主任班级管理行为的说法，错误的是（ ）。

A. 对错误行为的反应必须保持一致性和公平性

B. 指出错误行为的同时需要说明错误行为的原因

C. 与在私下里进行纠正相比，公开场合进行纠正效果更好

D. 应让学生明白，如果选择了错误行为，就要承担相应后果

5. （2022上）课堂上，学生突然提出一个难题或怪题，老师发生"暂时性遗忘"。遇到这类情况，老师没有立即解答，而是把问题抛给学生思考，根据大家的意见来得出结论。这种处理偶发事件的方法是（ ）。

A. 降温处理法　　　　　　　　　　　B. 变退为进法

C. 移花接木法　　　　　　　　　　　D. 幽默化解法

6. （2021下）张老师班上有一个态度不怎么端正的学生，有一天该生在上课时突然发难，态度恶劣，还咒骂张老师，然后怒气冲冲地跑出了教室。过了一节课，这个学生又回到了教室。此时张老师的最佳做法应该是（ ）。

A. 冷漠地对待他，他说什么都反感

B. 先让他坐下听课，课后再约他谈话，直到他心服口服

C. 对他的回来视而不见，根本不提这件事

D. 就他的回来开个玩笑，希望就此平息下来

三、多项选择题

（2018下）课堂秩序管理的内容主要有（　　　）。

A. 营造课堂气氛
B. 设定课堂时序
C. 明确课堂规则
D. 呈现学习情境
E. 矫正违纪行为

参考答案

一、判断题

×　**解析：**班级制度管理应避免"控制主义的层级化管理"，即班主任按照校领导的要求，直接或间接地通过班干部，借助一定的规章制度去约束学生，实现对学生思想与行为的控制。这种管理观实际上是把集体与个人对立起来，束缚了学生的发展，人为地造成了学生在班级中的不同地位，学生的社会化将沿着学会服从和循规蹈矩的方向发展。

二、单项选择题

1. C　**解析：**班规具有指向、制约、协调、自律的作用。题干表述为班规的自律作用。

2. C　**解析：**方向性原则，即班级目标管理应体现国家的教育目的，体现一定社会及学校对学生要求的基本方向和质量规格。激励性原则，即班主任针对本班的现状，着眼于学生的最近发展区，选择一些经过努力能够达成的目标，引导学生爬"坡"，使全体学生在实现目标的过程中都能体验到成功的快乐。可测性原则，即班级目标必须是可量化、可操作、可评估的。

3. C　**解析：**班级管理的民主性原则是指班主任发扬民主，吸收学生相关人员参与班级管理工作，让学生有发言权。题干中班主任没有参考学生意见、独自制订班规的做法违背了民主性原则。

4. C　**解析：**与在公开场合进行纠正相比，私下里进行纠正更能维护学生的自尊心，效果更好。C项说法错误，符合题意。

5. B　**解析：**变退为进是指课堂上，学生忽然提出一个难题或怪题，或老师发生"暂时性遗忘"，忽然忘记了某问题该如何解答。遇到这类情况，班主任可以不必急于解答，而是巧妙地反过来把问题抛给学生思考，发动大家一起开动脑筋，自己也争取宝贵的时间来考虑对策，最后再综合大家的意见来得出结论。

6. B　**解析：**班级突发事件也称偶发事件，是班级中突然发生的、教师预料不到的事情。在处理班级突发事件时，教师应遵循教育性原则、目的性原则、客观性原则、针对性原则、启发性原则、有效性原则等。其中，教育性原则是指教师要抱着教育的目的和心态对待突发事件，本着教育从严、处理从宽、教育全班的精神，公平、公正地对待学生，用科学的态度深入了解调查，从动因分析到全面评估，使学生真正受到教育，达到惩前毖后的目的。客观性原则是指教师在处理问题时，要避免定势思维的影响，应公平公正地分析和处理问题，客观地对待每一个学生。有效性原则是指教师在处理突发事件时要讲究效果，一定要考虑自己的方法和措施的效果如何，要用育人的态度去看事件，用发展的眼光去看学生。

A项，冷漠对待学生、他说什么都反感违背了客观性原则。

B项，先让他坐下听课，课后再约他谈话，直到他心服口服。这种做法既解决了课堂当前的问题，也做到了对学生的问题持续关注，使学生能够真正认识到自己的问题。符合教育性原则、有效性原则等。故本题选B。

C项，对学生视而不见，不提此事，不能从根本上解决学生的问题，违背了教育性原则。

D项，就他的回来开个玩笑，希望就此平息下来。这种做法只能暂时缓解当下尴尬情景，并不能从实质上解决学生的问题行为，违背了有效性原则。

三、多项选择题

BCE　**解析：** 课堂秩序管理是维持课堂秩序的手段，是课堂教学活动顺利开展的制约性保证，是评判学生的课堂行为表现是否符合课堂纪律要求的标准。课堂秩序管理的内容主要包括设定课堂时序、明确课堂规则和矫正违纪行为。

第三节　班主任工作

一、判断题

（2018上）组建班级干部队伍是班主任的核心工作。　　　　　　　　　　　　（　　　）

二、单项选择题

1.（2016上）1904年《奏定学堂章程》规定"各学校置本科正教员一人""任教授学生的功课，且掌所属之职务"。这是（　　　）的开端。

A．训导制　　　　　　　B．级任制　　　　　　C．导师制　　　　　　D．班主任制

2.（2019上）班干部选举会上，刘老师对学生说："班干部的选举结果，取决于每位同学手中神圣的一票。"由此可见，刘老师的管理方式属于（　　　）。

A．仁慈型　　　　　　　　　　　　　　B．民主型

C．专制型　　　　　　　　　　　　　　D．放任型

3.（2024上）教师的管理类型对学生的学习态度、个性发展等都有重要影响。下列说法错误的是（　　　）。

A．放任型教师既不鼓励学生也不反对学生，学生缺乏行为目标

B．权威型教师充分信任学生，教师不在时，学生也能自觉学习

C．专断型教师对学生严加管理，学生心中有怨气但不敢不服从

D．民主型教师与班集体共同制订计划并做出决定，学生能够自觉遵守规定

4.（2023下）小吴老师接手初一新班后，就组织学生们一起设计班级的班旗、班徽，在教室四周悬挂名人名言，将教室的黑板报布置得美观、有教育性。这集中体现了班主任的角色是（　　　）。

A．学生思想道德的启迪者　　　　　　B．学生日常生活的管理者

C．学生健康成长的引导者　　　　　　D．班级文化的建设者

5.（2021下）下列关于教师家访的说法，错误的是（　　　）。

A．家访以表扬为主，如若讲学生的缺点，应注意语气与表达方式

B．家访应尽量显示教师的专业知识和专业能力

C．家访应在和谐的气氛和宽松的环境中进行

D．家访前教师应有所准备，事先与家长取得联系

6.（2018上）班主任有效工作的前提是（　　　）。

A．做好思想品德教育工作　　　　　　B．组建培育班集体

C．选好班级干部　　　　　　　　　　D．了解和研究学生

7.（2015上）教师通过学生在课堂中的表现来了解学生的学习状况。这种方法属于（　　　）。

A．调查法　　　　　　B．观察法　　　　　　C．实验法　　　　　　D．测验法

8.（2023上）叶老师在阅读教学中发现班里学生的阅读水平差异比较大，于是决定了解学生的课外阅读情况。下列研究方法中不恰当的是（　　　）。

A．调查法　　　　　　B观察法　　　　　　C．访谈法　　　　　　D．实验法

9.（2019上）中小学班主任工作的中心环节是（　　　）。

A．共青团、少先队组织的建设　　　　　B．教师集体的建设

C．班委会的建设　　　　　　　　　　　D．班集体的建设

10.（2018下）下列选项中，不属于课外教育的是（　　　）。

A．学校组织学生春游

B．学校每周在体育课上组织学生参加足球比赛

C．学校组织学生参加"改革开放40周年"展览

D．学校为了扩大学生知识面，成立了文学、历史、地理等学习小组

11.（2018下）刘老师昨天下午在班会上刚提醒学生不要迟到，可今天下午刚上课，就有学生喊"报告"。刘老师平静地问："怎么迟到了？"学生汗涔涔嗫嚅着说："睡过了。"刘老师示意学生进教室坐好。见老师没声色俱厉地批评，其他同学有些失望。见此，刘老师真诚地说："他没有说谎，很诚实；他尊重老师，喊报告后经老师同意才进教室；他努力过，他脸上的汗水可以作证。这样有礼有节的迟到，我还能说什么呢？相信他以后不会这样了。"刘老师这样教育学生的策略体现了批评的（　　　）。

A．一致性　　　　　B．代偿性　　　　　C．抚慰性　　　　　D．适度性

12.（2020下）某老师在课堂上检查作业，要求未完成作业的同学"站起来"。那些未完成作业的同学低着头站了起来，老师马上觉得不妥，就让他们坐下，说："请完成了作业的同学举手！"于是几十双小手举了起来。老师说："这些同学真不错，能及时认真完成作业，对自己的学习负责，将来一定是个有责任心的人。老师相信，那些没有完成作业的同学一定会马上补做的。因为他们也想成为受人欢迎的人。"放学后，未完成作业的同学主动留下来补做作业，字写得很工整。老师对未完成作业学生的评价是在什么情况下做出的？（　　　）

A．学生的行为出现了闪光点　　　　B．学生有愉快体验

C．学生出现非原则性错误　　　　　D．学生旧错重犯

13.（2020上）某教师刚走进教室，就有一团纸朝他飞来，差点打在老师脸上。正当同学们忐忑不安时，老师说："扔纸团的同学好眼力，以后成枪手了，可不要忘了我这个活靶子啊。教室是读书的地方，今后可得找对练绝技的地方啊。"全班一片笑声。该老师的这种教育方式属于（　　　）。

A．启发式批评　　　　　　　　B．激励式批评

C．幽默式批评　　　　　　　　D．表扬式批评

三、多项选择题

1.（2022下）为做好家访工作，班主任要做到（　　　）。

A．目的明确　　　　　　　　B．多表扬、少批评

C．态度热情、诚恳　　　　　D．对家长做教育方法指导

E．帮助家庭改善学生在家学习和生活的条件

2.（2018上）对班主任开展家访工作理解正确的有（　　　）。

A．可用现代信息工具替代家访，以节省时间

B. 家访前需做好充分的准备，明确家访的目的

C. 家访一般是对没有尽到责任的家长提出批评

D. 家访一般是针对有问题的学生，要求家长好好管教孩子

E. 家访时应尽量让学生和家长同时在场，有话当面说，要求当面提

3.（2021 上）初二女生欣欣与男同学小林很要好，经常在一起组织班级活动，平时交往较多，学习上互帮互助。一天早上，欣欣和林可一起走进教室，同学们有的吹起了口哨，有的阴阳怪气地大叫。原来，不知道谁在黑板上写下"欣欣 love 小林"的字样。这件事后，关于欣欣和小林的各种传言越来越多，最后传到了班主任王老师那里……如果你是班主任王老师，恰当的做法有（　　　）。

A. 正面引导，让学生分辨友情与爱情

B. 对写黑板和传小道消息的同学进行批评教育

C. 把学生家长请到学校，要家长管好自己的孩子

D. 开展"异性交往"的主题班会，让学生学习人际交往的技巧

E. 把欣欣和小林叫到办公室，强调学习的重要性，要求他们减少交往以免影响学习

参考答案

一、判断题

× **解析**：班主任的核心工作是创建良好的班集体。

二、单项选择题

1. B **解析**：本题考查班主任制度的历史沿革。我国班主任制度经历了师儒训导制、级任教师制、导生制、班主任制的发展历程，题干所述即级任制的开端。

2. B **解析**：专制型班主任喜欢学生听命于自己，他们的话就是指示、命令，对不服从者动辄发怒、批评、威吓和谩骂。放任型班主任主张无为而治，而其真正的动机是不愿意负责任。他们会不分青红皂白地宽容学生的一切言行，使学生错误地以为自己可以为所欲为，而且学生也不会对自己的行为负责。民主型班主任赞同自己与学生作为一个人是完全平等的。他们善于倾听学生的批评，并且积极地采纳学生的合理化建议。根据题干所述，刘老师的管理方式属于民主型。

3. B **解析**：本题考查教师的管理类型。权威型（专断型）教师对学生时时严加监视，学生屈服，但一开始就不喜欢甚至厌恶这种教师。民主型教师与班集体成员共同制订计划并做出决定，学生相互鼓励，且独自承担某些责任；教师充分信任学生，无论教师在不在课堂，学生都有学习动机。B 项说法错误，故本题选 B。

4. D **解析**：本题考查班主任的角色。班主任的角色包括以下几点：①班主任是学生思想道德的启迪者；②班主任是学生日常生活的管理者；③班主任是学生健康成长的引导者；④班主任是班级文化的建设者。题干中的班主任组织学生设计班旗、班徽，布置教室，这体现了班主任是班级文化的建设者。故本题选 D。

5. B **解析**：教师家访是指教师走入学生家庭，观察了解学生的家庭环境，与家长共同研讨学生的教育问题。家访的注意事项如下：①家访前应做好准备和了解，并事先与家长取得联系；②家访要在民主平等、和谐、宽松的环境中进行；③家访要注意语言艺术，原则上实事求是，以表扬为主，关爱为本，如若讲学生的缺点，应注意语气与表达方式；④家访时要注意倾听，而不是一味地显示教师自身的知识与能力；⑤家访要引起家长对子女教育的重视，并指导家长的家庭教育方式。B 项说法错误，符合题意，故当选。

6．**D**　解析：了解和研究学生是班主任工作的前提和基础。组建培育班集体是班主任工作的首要任务，也是班主任工作的中心环节。班主任除了要组建一个良好的班集体，还要做好学生的思想品德教育和班委会、共青团、少年先锋队的组织工作等。

7．**B**　解析：观察法是在自然条件下，教师有目的、有计划地对学生的各种行为表现进行观察的方法。题干中，教师是通过观察学生在课堂上的表现来了解学生的学习状况的。

8．**D**　解析：本题考查教育研究方法的运用。题干中，叶老师想了解学生的课外阅读情况，这属于描述性的、解释性的定性研究。这类研究主要运用理论或逻辑思维对搜集的资料进行分析、综合、比较、归纳，解释教育现象中的本质及某些规律。因此，更为适用的方法是调查法（包括问卷法和访谈法）、观察法、个案法等。实验法多用于侧重量化分析的定量研究。

9．**D**　解析：班主任工作的内容非常多，主要包括以下几个方面：了解和研究学生、组织和培养班集体、建立学生档案、进行个别教育工作、组织班会活动、协调各种教育影响、操行评定、做好班主任工作计划与总结等。其中，组织和培养班集体是班主任工作的中心环节。

10．**B**　解析：课外教育是指学校在课堂教学以外有目的、有计划、有组织地对学生进行的多种多样的教育活动。A、C、D三项属于课外教育，B项属于课堂教学。

11．**D**　解析：批评具有适度性。批评应有分寸，不应使被批评者身心感到痛苦，只要使他心灵受到震动、思想上已有重视即可，更不应有压制和逼迫的行为。题干中的刘老师掌握了批评的分寸，根据学生的具体情况教育了学生，这体现了批评的适度性。

12．**C**　解析：对于学生的缺点，只要不是根本性的和原则性的，教师都可以采用避而不谈的办法，以自己的宽容、呵护和引导给予学生正面的激励与引导。题干中，教师没有苛责未完成作业的学生，而是用自己的宽容引导学生，且学生放学后也主动完成了作业，说明教师对于未完成作业的学生的评价是在学生出现非原则性错误的情况下做出的。

学生的行为出现闪光点时，教师可以使用欣赏词或欣赏的语气。学生有愉快体验时，教师及时予以拔高评价，可以加重或延长学生的愉快体验。学生旧错重犯时，教师也可以用拔高的评价语包藏起批评的锋芒，将兴奋点转移到优点上。A、B、D三项均与题意不符。

13．**C**　解析：幽默式批评是指运用幽默、风趣的语言来表达所要阐述的观点、道理，使学生摆脱尴尬的处境，消除紧张的心理，在笑中明白道理，从而改正错误。题干中，该老师对学生的行为非但没有生气，反而将批评巧妙地寓于幽默中，使紧张的气氛变得活跃，犯错误的学生也从中明白了道理，乐于改正。这体现了该老师的教育方式是幽默式批评。

三、多项选择题

1．**ABCDE**　解析：本题考查家访的注意事项。家访的注意事项如下。

①家访要有目的、有计划。班主任进行家访一定要有明确的教育目的，如了解学生情况、给家长汇报学生近期的成绩、反映学生存在的问题等。家访还要有严密的计划性，家访的对象、时间、地点、内容方式等都要考虑好。A项正确。

②家访也要注意坚持正面教育的原则。班主任注意多谈学生的进步、优点，少谈不足与缺点，多表扬、鼓励，少批评、指责。B项正确。

③班主任家访的态度要热情、诚恳、平等待人。班主任和家长都是教育者，双方的目的、任务一致，但班主任是专职的教育者，为了使家访取得预期的效果，班主任就应该热情、诚恳、主动。C项正确。

④要帮助家庭改善学生在家的学习与生活条件。比如，有一些家长的不良嗜好影响孩子学习的，要多做家长思想工作，帮助家长提高认识，加强其教育子女的责任感，改善其家庭教育环境，

配合学校搞好子女教育。E 项正确。

⑤对家长进行教育理论宣传，以及教育方式和方法的指导。D 项正确。

故本题选 ABCDE。

2．BE　解析：家访主要是由学校的教师和干部到学生家庭进行访问，一般是与家长沟通情况、交流感情、密切关系，商讨共同教育儿童、青少年的方式方法。这种指导方法比较灵活机动，便于进行，而且指导得比较具体，更具有针对性。A 项错误。家访是面对每一位学生，而不是针对问题学生。家访是增进家校沟通的手段，是为了增强家长的责任意识和信任度，而不是对没有尽到责任的家长提出批评。C、D 两项错误。班主任开展家访工作时要做好充分的准备，明确家访的目的，以便更有效地展开家访工作。同时，家访时应尽量让学生和家长同时在场，有话当面说，要求当面提。这有利于教师与家长和学生交流。故本题选 BE。

3．ABD　解析：中学生心理萌发过程中的异性吸引是性心理和性生理走向成熟的必然结果，是一种正常的自然表现。对于中学生而言，异性同学之间的正常交往不仅有利于学习进步，而且也有利于个性的全面发展。因此，教师要正确引导学生，让学生分辨友情与爱情，而不是约束学生之间正常的异性交往。A 项做法正确，C、E 两项做法不恰当。

B 项，题干中，学生写黑板和传小道消息的行为侵犯了欣欣与小林的名誉权，班主任应及时制止，对做出这些行为的学生进行批评教育，提高他们的思想认识，纠正他们的不良行为。B 项做法正确。

D 项，主题班会是班主任依据教育目标，指导学生围绕一定主题，由学生自己主持、组织进行的班会活动。面对班上的这些情况，教师可以开展"异性交往"的主题班会对学生进行教育。D 项做法正确。

第二部分

教育心理学

第一章　心理学基础

第一节　心理学概述

一、判断题

1.（2021上）在课堂上，为了集中学生的注意力，老师们常常会提醒学生"注意啊""注意哦"。可见，注意是一个独立的心理过程。　　　　　　　　　　　　　　　（　　）

2.（2015上）不同的学生受一个老师教育，心理反应各不相同，说明人的心理现象是先天固定的。　　　　　　　　　　　　　　　　　　　　　　　　　　　　　　（　　）

二、多项选择题

（2018下）以下心理学家与其提出的理论相匹配的有（　　　）。
A. 斯金纳——认知发现
B. 弗洛伊德——精神分析
C. 铁钦纳——人本主义
D. 桑代克——共同要素
E. 加德纳——多元智能

参考答案

一、判断题

1. ×　**解析**：注意是心理活动或意识活动对一定对象的指向和集中，是心理过程的动力特征之一。它是人们获得知识、掌握技能、完成各种智力活动和实际操作的重要心理条件。注意不是一个独立的心理过程，它总伴随着其他心理过程发生。

2. ×　**解析**：脑是心理的器官，心理是脑的机能。人脑不会凭空产生心理活动，它只是产生心理活动的物质基础，是客观世界发展变化的必然产物，人的心理是在社会实践活动中产生的，是人脑对客观现实的主观反映。

二、多项选择题

BDE　**解析**：斯金纳提出了操作性条件作用学习理论，布鲁纳提出了认知－发现学习理论，A项错误。弗洛伊德是精神分析学派创始人，B项正确。铁钦纳创立了构造主义心理学，C项错误。桑代克通过形状知觉实验提出了共同要素说，D项正确。加德纳提出了多元智能理论，E项正确。

第二节 注意

一、判断题

1.（2022上）课堂秩序比较吵闹时，钱老师会立刻停止讲课，这反而会引起学生的注意而使得课堂重新安静下来。钱老师的做法利用了同学们的有意注意。 （　　）

2.（2018下）老师使用彩色笔标记重要内容是为了引起学生的有意注意。 （　　）

3.（2023下）当我们通过一个阶段的训练，打字达到盲打的程度后，眼睛就不需要盯着键盘找字母了。这是无意注意在起作用。 （　　）

4.（2016上）在教学过程中，教师应注意激发学生对学习的兴趣，培养学生的无意注意。（　　）

5.（2021下）语文课已经上了10分钟，小强还在思考上一节课的数学应用题。这说明小强注意的持续时间长，注意品质好。 （　　）

二、单项选择题

1.（2021上）老师换了一个新发型进入教室，引发了学生的窃窃私语。学生的这种注意属于（　　）。
A. 有意注意　　　B. 无意注意　　　C. 有意后注意　　　D. 无意后注意

2.（2022下）语文老师习惯用不同的形式导入课程，比如一段视频、一个成语、一段音乐，等等，这有利于引起学生的（　　）。
A. 随意注意　　　B. 不随意注意　　　C. 随意后注意　　　D. 随意前注意

3.（2020下）王老师在讲解横断山脉时，先用多媒体进行生动形象的展示，使学生产生兴趣。这是为了引发学生的（　　）。
A. 无意注意　　　　　　　　　　B. 有意注意
C. 有意后注意　　　　　　　　　D. 无意后注意

4.（2018下）某教师认为要提高学生在课堂上的注意力，教室环境应该布置得简单素雅。在授课时，教师的走动应该适当。对此，以下说法正确的是（　　）。
A. 教室环境的布置不会影响学生的注意
B. 该教师的做法是为了减少学生的无意注意
C. 该教师关注了无意注意和有意注意的相互转化
D. 教师的走动会使学生产生注意转移，不利于教学

5.（2016下）以下关于注意的说法正确的是（　　）。
A. 要避免学生在课堂上产生无意注意　　B. 长时间的有意注意容易产生疲劳
C. 有意后注意不应在课堂中出现　　　　D. 有意注意也可以是没有目的的注意

6.（2021下）具有"自觉性较好，保持时间较长，消耗精力少，不容易疲劳"的特点的注意类型是（　　）。
A. 无意注意　　　　　　　　　　B. 有意后注意
C. 有意注意　　　　　　　　　　D. 无意后注意

7.（2023下）罗老师在课堂上一边讲课一边操作投影仪，同时还观察着学生的听课情况。这反映的是（　　）。
A. 注意的转移　　　　　　　　　B. 注意的分配
C. 注意的广度　　　　　　　　　D. 注意的稳定

8.（2019 上）在英语考试中，学生需要快速读短文来完成阅读理解。这主要是（　　）在起作用。

A．注意的范围 　　　　　　　　　　　B．注意的稳定性

C．注意的分配 　　　　　　　　　　　D．注意的转移

三、多项选择题

1.（2019 上）下列关于有意注意和无意注意的说法，正确的有（　　）。

A．无意注意是有意注意的基础

B．需要灵活应用两种注意形式组织教学

C．无意注意是个体意识不到的注意，所以无需努力

D．无意注意不能长时间保持，需要有意注意来维持

E．学习过程中，无意注意会分散学生的注意力，需要避免

2.（2022 上）小学生注意的稳定性虽有一定发展，但抗干扰性差。针对这一特点，下列教师的做法正确的有（　　）。

A．将教室布置得丰富多彩 　　　　　　B．保持教室周围环境的安静

C．适当运用直观材料或趣味性谈话 　　D．遇到重要内容时，加强语气，适当重复

E．在讲授新知识时，说明学习的目的和意义

参考答案

一、判断题

1．× 　**解析：** 无意注意是没有目的，不需要意志努力的注意。引起无意注意的条件有刺激物的强度、活动变化、新异性、对比差异以及人的主观期待、兴趣等。老师停止讲课，由活动变成了静止，声音消失，引起了学生的无意注意。

2．× 　**解析：** 无意注意也称不随意注意，是没有预定目的、不需要意志努力、不由自主地对一定事物所发生的注意。教师用彩色笔标记重要内容是为了引起学生的无意注意。

3．× 　**解析：** 本题考查注意的分类。有意后注意是事先有预定目的，但又不需要意志努力的注意。其特点表现为"有目的，无努力"，即有意注意遵循一定的目标，但在此过程中并不需要付出艰苦的意志努力。生活中当我们做那些不熟悉或不感兴趣的工作，刚开始时都必须依靠意志努力去维持注意，一旦对此工作产生兴趣或形成熟练的技能、技巧之后，不需要意志努力就能继续保持注意了，此时便进入了有意后注意的阶段。题干中打字的时候不用看键盘，即"盲打"，这是有意后注意在起作用。题干说法错误。

4．× 　**解析：** 教师在教学过程中，要着重培养学生的有意注意。学习是一种自觉的、有目的的、以一定方式组织起来的活动，学生学习不能只凭无意注意。教师应该充分利用无意注意和有意注意的规律组织教学。

5．× 　**解析：** 注意的转移是人有意识地把注意力从一个对象转到另一个对象上去的现象。上语文课时，小强还沉浸在上一节数学课中，说明他注意的转移品质不够好。

二、单项选择题

1．B 　**解析：** 根据有无目的和意志努力的程度，注意可分为无意注意、有意注意和有意后注意。其中，无意注意也称不随意注意，是没有预定目的，不需要意志努力，不由自主地对一定事物

发生的注意。题干中，老师的新发型属于新异刺激，从而引起学生的窃窃私语，学生的这种注意是没有预定目的，也无需意志努力的，属于无意注意。B项正确。

2．B　**解析**：本题考查注意的类型。

随意注意又叫有意注意，是有预先目的、必要时需要意志努力的注意。

不随意注意叫无意注意，是没有预定目的、不需要意志努力、不由自主地对一定事物发生的注意。

随意后注意又叫有意后注意，它是有着自觉目的，但无需意志努力的注意。

D项为干扰项。

视频、成语、音乐等易引起学生的兴趣，有利于引起学生的不随意注意。故本题选B。

3．A　**解析**：根据有无目的和意志努力的程度，注意可以分为无意注意、有意注意、有意后注意。其中，无意注意也称不随意注意，是没有预定目的、无需意志努力、不由自主地对一定事物所发生的注意。引起无意注意的条件包括客观条件和主观条件。客观条件，即刺激物本身的特点，包括刺激物的强度、刺激物的新异性、刺激物的运动变化、刺激物与背景的差异。主观条件，即人本身的状态，包括人对事物的需要和兴趣，积极的情感态度，个人的情绪状态和精神状态，个人的心境、主观期待。题干中，老师呈现生动形象的展示，使学生产生兴趣，引起的是学生的无意注意。

4．B　**解析**：无意注意是没有预定目的、不需要意志努力、不由自主地对一定事物所发生的注意。教室布置简单素雅、教师走动适当是为了减少学生的无意注意。

5．B　**解析**：有意注意是有目的、需要一定努力而产生的注意，因此长时间的有意注意会造成疲劳。通过有意注意的概念排除D项。注意的各个类型没有好坏之分，正确使用各类注意有助于促进教学的正常开展，故A、C两项错误。

6．B　**解析**：根据有无目的和意志努力的程度，注意可以分为无意注意、有意注意和有意后注意三种。其中，有意后注意是指事前有预定目的，不需要意志努力的注意，是由有意注意转化而来的一种特殊形态的注意。有意后注意事先有预定目的，自觉性较好，可以长时间坚持。人在有意后注意状态下消耗精力较少，不容易疲劳，工作效率高。

7．B　**解析**：本题考查注意的品质。

注意的转移是人有意识地把注意力从一个事物转到另一个事物上去。

注意的分配指在同一时间内把注意力集中于两种或两种以上对象或活动上的特性。

注意的广度指在同一时间内，意识所能清楚地把握的对象数量。

注意的稳定指注意集中在一定对象上的持续时间。

题干强调罗老师在同一时间内，讲课、操作投影仪以及观察学生的情况，即在同一时间兼顾多种任务，这属于注意的分配。故本题选B。

8．A　**解析**：注意的品质包括注意的范围、注意的稳定性、注意的转移、注意的分配。其中，注意的范围也称注意的广度，是指在同一时间内，意识所能清楚地把握的对象数量。题干中，学生在同一时间内把握的对象数量越多，阅读短文的速度就越快，这主要是注意的范围在起作用。

三、多项选择题

1．ABD　**解析**：根据有无目的和意志努力的程度，注意可分为无意注意、有意注意和有意后注意。无意注意是注意的初级形式，指没有预定目的、无需意志努力、不由自主地对一定事物所发生的注意。无意注意虽然主要是由外界刺激物的特点所引起，但也取决于注意者的状态。一个人的主观因素在无意注意中起着重要作用，如人的需要、兴趣和期待。所以，无意注意并不是个体意识不到的注意，C项错误。有意注意是有预先目的，必要时需要意志努力，主动地对一定事物所发生的注意。有意注意是在无意注意的基础上发展起来的，是人所特有的一种心理现象，A 项正确。无意注意不需要付出意志努力，不能保持很长时间，需要有意注意来维持，D 项正确。教师在教学中要做到两种注意交替运用，恰当地组织教学，培养学生学习的直接兴趣，促使有意注意向有意后注意转化，B 项正确。在教学过程中，教师可利用学生的无意注意，通过声音、板书、教具等变化，提高学生的听课效果，E 项错误。故本题选 ABD。

2．BCDE　解析：A 项，正确运用无意注意规律组织教学活动，尽量消除那些容易分散学生注意的因素。小学生注意易受干扰，因此教师布置教室应当简洁。故 A 项错误。

B 项，要尽量减少与教学无关的对象或活动的刺激干扰，校舍远离喧嚣，保持教室周围环境的安静。故 B 项正确。

C 项，适当运用直观材料或趣味性谈话，充分引起学生对教学内容的兴趣，使学生在课上轻松地集中注意听讲。故 C 项正确。

D 项，根据刺激物的强度规律，对重点内容需要加强语气，适当重复。故 D 项正确。

E 项，在教学中，对学生设立明确且适当的学习目标对学生有意注意的维持非常必要。故 E 项正确。

第三节　认知过程

基础题 ▶▶▶

一、判断题

1．（2018 上）我们在接触新朋友时，经常会出现刚打过招呼转头就忘记对方姓名的现象。这是由瞬时记忆容量小的特点决定的。　　　　　　　　　　　　　　　　　（　　）

2．（2024 上）"江南忆，最忆是杭州。山寺月中寻桂子，郡亭枕上看潮头，何日更重游？"该诗句中的记忆类型有长时记忆和情景记忆。　　　　　　　　　　　　　　　（　　）

3．（2022 上）错误的再认和回忆不属于遗忘。　　　　　　　　　　　　　　（　　）

4．（2017 下）关于记忆遗忘的原因，艾宾浩斯认为遗忘不是痕迹的消失，而是记忆被压抑。（　　）

5．（2014 上）遗忘规律是先慢后快，这意味着学生可以在学习一段时间之后再加强复习。（　　）

6．（2022 下）在生活中，有些人对一些自己很熟悉的事情，就是一时想不起来，这种现象可以用动机性遗忘理论来解释。　　　　　　　　　　　　　　　　　　　　　（　　）

二、单项选择题

1．（2015 上）教学中教师讲到重难点时，放慢语速，提高音调。这是利用刺激的（　　）。
A．适应　　　　　B．对比　　　　　C．泛化　　　　　D．分化

2．（2015 下）学生在记笔记时，遇到重点或难点的地方，常会用不同颜色的笔进行标记。这是利用了知觉的（　　）。
A．选择性　　　　　B．整体性　　　　　C．理解性　　　　　D．恒常性

3．（2021 下）学生在听课以后，关于教师讲课的声调、姿势以及黑板上板书的样子，可能都已经忘了，但却可以把教师讲的内容用口头或书面语言表达出来。这种记忆属于（　　）。
A．语词记忆　　　　　　　　　　　　B．动作记忆
C．形象记忆　　　　　　　　　　　　D．情绪记忆

4.（2015下）看动画片时，虽然屏幕呈现的是一幅幅图片，但是我们却将其知觉为连续的动画，这是因为存在（　　）。

A. 错觉
B. 幻觉
C. 感觉记忆
D. 短时记忆

5.（2014上）记忆分为感觉记忆、短时记忆和长时记忆三个阶段。在感觉登记阶段帮助学生更有效地学习的方法是（　　）。

A. 吸引学生的注意
B. 为复述留有时间
C. 帮助学生进行精细加工
D. 经常安排练习

6.（2015下）下列关于短时记忆的说法，错误的是（　　）。

A. 记忆容量大
B. 记忆时间短
C. 以组块为单位储存信息
D. 复述可以延长信息保存时间

7.（2019下）正确完成广播体操动作的记忆属于（　　）。

A. 程序性记忆
B. 陈述性记忆
C. 情景记忆
D. 语义记忆

8.（2023下）曾老师叮嘱同学们："课后大家要多做习题以巩固课堂上学习的知识，否则学过的知识很快就遗忘了。"曾老师的说法符合遗忘的（　　）。

A. 干扰说
B. 同化说
C. 动机说
D. 衰退说

9.（2021下）小明每天晚上睡觉前会记忆一些英文单词，发现比白天的记忆效果好。这是因为少了（　　）。

A. 倒摄抑制
B. 泛化抑制
C. 前摄抑制
D. 双向抑制

10.（2017下）研究发现，学习活动结束后立即睡觉，对学习内容保持的效果往往比学习后再进行其他学习活动保持的效果要更好些。这是（　　）的影响。

A. 有前摄抑制
B. 无前摄抑制
C. 有倒摄抑制
D. 无倒摄抑制

11.（2022下）"三更灯火五更鸡，正是男儿读书时"，在读书学习时，晚上学习和早晨学习的记忆效果比较好，这主要是因为（　　）。

A. 早晨学习受前摄抑制影响较少，晚上学习受倒摄抑制影响较少
B. 早晨学习受前摄抑制影响较多，晚上学习受倒摄抑制影响较多
C. 早晨学习受倒摄抑制影响较少，晚上学习受倒摄抑制影响较少
D. 早晨学习受倒摄抑制影响较多，晚上学习受倒摄抑制影响较多

12.（2018上）赵老师在历史课的教学中，为了帮助学生更好地理解和记忆，用讲解和讨论的方法来教授有关美国的内容，用团队合作的方法来教授有关英国的内容，用观看影片的方法来教授有关法国的内容。赵老师这一做法所依据的记忆理论是（　　）。

A. 衰退理论
B. 干扰理论
C. 压抑理论
D. 同化理论

13.（2014下）因为回忆某些痛苦的经历会使人感到不愉快，所以与之有关的事件可能更容易遗忘。解释这种遗忘现象的理论是（　　）。

A. 消退学说
B. 干扰学说
C. 压抑学说
D. 提取失败学说

14.（2019 上）琪琪在背诵课文的时候卡壳了，妈妈给她提示了一个字后，她立马流畅地背诵了起来。可以解释这个现象的遗忘理论是（　　　）。

A. 消退理论
B. 干扰理论
C. 提取失败理论
D. 压抑理论

15.（2015 下）话到嘴边想说却忘了要说什么。这属于（　　　）。

A. 语言障碍
B. 编码错误
C. 存储失败
D. 提取失败

16.（2022 下）张老师在课堂内容的编排上，尽量保证每节课教给学生的新内容不超过 7 个；在呈现信息时，也尽量将信息分块并逐块呈现；指导学生背诵时，将课文分解成一段一段的逐段背熟后再连起来通背。张老师这些做法的依据是（　　　）。

A. 遗忘是先快后慢的
B. 复述能提高记忆效果
C. 短时记忆的容量有限
D. 长时记忆的加工方式以编码为主

17.（2021 上）"触景生情"属于（　　　）。

A. 有意回忆、直接回忆
B. 有意回忆、间接回忆
C. 无意回忆、直接回忆
D. 无意回忆、间接回忆

三、多项选择题

1.（2023 上）下列关于工作记忆的描述中正确的有（　　　）。

A. 工作记忆的容量是无限的
B. 工作记忆的内容只来源于感觉登记
C. 注意是影响工作记忆非常重要的因素
D. 工作记忆中大量信息是基于听觉编码
E. 保持性复述可以将记忆内容保持在工作记忆之中

2.（2020 下）下列情境与遗忘理论匹配正确的有（　　　）。

A. 瑶瑶在记单词时，往往最开始记的和最后记的几个单词记忆效果最好——消退理论

B. 小婷跟朋友聊起了一部纪录片，明明知道这部纪录片的名字，却就是说不出来——提取失败理论

C. 朵朵在看书时，发现看了后面的内容又忘了前面的，看了前面的又忘了后面的——前摄抑制理论

D. 高二学生小红回忆初中物理知识时，对其知识结构、公式、原理记忆犹新，但怎么也记不起其中的例题、习题——干扰理论

E. 从北京回来几年后，小轩更多记得的是在北京发生的开心的事情，而那些令她伤心难过的事情她慢慢都不记得了——压抑理论

3.（2020 上）关于遗忘，以下说法正确的有（　　　）。

A. 过度学习的材料比刚能成诵的材料更容易被遗忘
B. 回忆过程中，中间学习的材料遗忘往往是最多的
C. 识记后的最初一段时间，遗忘较快，以后逐渐慢下来
D. 在学习程度相同的情况下，识记数量越多，遗忘越快
E. 人们对感兴趣的东西忘得快，对不感兴趣的东西忘得慢

提升题 ▶》》

一、判断题

1.（2023下）瞬时记忆、短时记忆和长时记忆是三种相互独立的记忆。（　　）

2.（2019上）对一盘真实的棋局，象棋大师的记忆准确率或复盘超过六成，而业余棋手不到两成。这充分说明加工深度对记忆容量有着很大的影响。（　　）

3.（2020下）小学生自编应用题一般从仿照例题开始。从模仿编题到半独立编题再到独立编题，这体现了小学生思维品质发展的独创性。（　　）

二、单项选择题

1.（2016下）有小学一年级学生把6与9混淆。这说明该生的（　　）还不成熟。
A．感知能力
B．注意能力
C．记忆能力
D．思维能力

2.（2020上）娇娇因为小时候在草丛里被虫子咬伤过，所以对虫子很害怕。娇娇对虫子的害怕属于（　　）。
A．形象记忆
B．语义记忆
C．情绪记忆
D．动作记忆

3.（2017上）以下关于记忆的说法错误的是（　　）。
A．感觉记忆的时间短、容量小
B．长时记忆的时间长、容量大
C．短时记忆与长时记忆的有意识成分是不同的
D．感觉记忆与短时记忆的信息编码方式是不同的

4.（2018下）小明在每次练习游泳时，都会想起换气要领："入水时嘴巴和鼻子同时出气，尽可能用力吹，达到吹出气泡的效果。"这属于（　　）。
A．情景记忆
B．形象记忆
C．程序性记忆
D．陈述性记忆

5.（2014上）强调无意识动机对学生心理和行为影响的心理学家是（　　）。
A．斯金纳
B．布鲁纳
C．弗洛伊德
D．罗杰斯

三、多项选择题

（2018下）某教师在进行《赠汪伦》的教学时，首先引导学生借助想象力，在脑海里形成主体画面，再带领学生吟诵，配上离别的音乐，加上适当的动作，帮助学生与作者产生情感共鸣。对此，以下说法正确的有（　　）。
A．学生进行的想象是有意的再造想象
B．吟诵的场景可作为记忆提取的线索
C．多重编码的方法促进了学生对知识的识记
D．形成诗词的画面增强了学生的形象记忆
E．音乐和动作的配合有助于学生形成逻辑记忆

参考答案

基础题 >>>

一、判断题

1. × **解析：** 瞬时记忆容量大，所以题干说法错误。瞬时记忆储存时间很短。若对瞬时记忆的信息不加以注意，信息很快就会消失。

2. √ **解析：** 本题考查记忆的类型。长时记忆的特点是保持时间长久，可以是1分钟以上，甚至是终生。情景记忆是指人们根据时空关系对某个事件的记忆。题干中，作者对江南的记忆是很久之前，属于长时记忆；作者回忆当时"寻桂子""看潮头"的经历，是对过去某个事件的记忆，属于情景记忆。

3. × **解析：** 遗忘是指对识记过的材料不能回忆或再认，或者表现为错误的回忆或再认。

4. × **解析：** 艾宾浩斯绘制了遗忘曲线，提出遗忘的发展是不均衡的，其规律是先快后慢的。他并没有解释遗忘的原因。压抑说是弗洛伊德提出的，他认为遗忘不是痕迹的消失，而是记忆被压抑。

5. × **解析：** 遗忘是在学习之后立即产生的，其规律是先快后慢，这意味着学生在学习之后要及时复习。

6. × **解析：** 本题考查遗忘的理论。动机性遗忘理论认为遗忘是由情绪或动机的压抑作用引起的，痛苦的经历产生的不愉快感觉，就是引起压抑的动力源，遗忘了相关的事件，就是压抑的过程，如果这种压抑被解除，记忆也就能恢复。提取失败说认为，遗忘是一时难以提取出要求的信息，一旦有了正确的线索，经过搜索，那么所要的信息就能被提取出来。生活中总有这样的情形，一些很熟悉的事情，就是一时想不起来，有一种话到口边却说不出来的感觉，这种现象被称为"舌尖现象"。"舌尖现象"是典型的提取失败说的例子。故题干说法错误。

二、单项选择题

1. B **解析：** 放慢语速、提高音调能够与其他的话语进行比较区分，这利用了刺激的对比。

2. A **解析：** 知觉的选择性是指人根据当前的需要，将客观刺激物有选择地作为知觉对象进行加工的过程。题干所述是利用了知觉的选择性。

3. A **解析：** 根据记忆内容的不同，记忆可分为形象记忆、语词记忆、情绪记忆和动作记忆。其中，语词记忆是以概念、判断、推理等为形式，以事物本身的性质和意义以及事物的关系等为内容的记忆。题干中，学生在听课以后，可以把教师讲的内容用口头或书面语言表达出来。这种记忆属于语词记忆。

4. C **解析：** 感觉记忆就是一种瞬时记忆。在我们看动画时，对每一个画面的记忆时间非常短暂，符合瞬时记忆的时长是2秒之内。瞬时记忆的存在使我们能够知觉到画面的连续性，从而将一幅幅图片知觉为一个整体，一个连续的动画。

5. A **解析：** 注意是信息从瞬时记忆进入短时记忆的关键。

6. A **解析：** 根据记忆过程中信息在记忆中储存时间的长短和编码方式不同，一般可以把记忆分为感觉（瞬时）记忆、短时记忆、长时记忆。短时记忆时间很短，不超过1分钟，容量有限，一般为7±2个组块。短时记忆又易受干扰，当有新的信息插入很快就会消失。通过复述，可以有效地促进其转化为长时记忆。

7. A **解析：** 程序性记忆是指如何做事情的记忆或者如何掌握技能的记忆，包括对知觉技能、认知技能和运动技能的记忆，这类记忆需要多次尝试才能获得。题干中，正确完成广播体操动作的记忆属于程序性记忆。

8．D　解析：本题考查遗忘的学说。

干扰说认为遗忘是因为学习和回忆之间受到其他刺激的干扰所致。

同化说认为遗忘实际上是知识的组织与认知结构简化的过程，即用高级的概念与规律代替低级的概念，使低级概念发生遗忘，从而简化了知识并减轻了记忆负担。

动机说认为遗忘是由情绪或动机的压抑作用引起的。

衰退说认为，遗忘是记忆痕迹得不到强化而逐渐减弱、衰退，以致最后消退的结果。

题干强调不复习就会遗忘，符合衰退说，故本题选 D。

9．A　解析：干扰说认为遗忘可用前摄抑制和倒摄抑制来说明。其中，倒摄抑制是指后学习的材料对保持和回忆先学习的材料的干扰作用。题干中，小明晚上睡觉前记忆单词效果好，主要是因为没有后来学习材料的干扰，即少了倒摄抑制。

10．D　解析：前摄抑制是指先前学习的材料对后学习的材料的回忆或再认产生的干扰。倒摄抑制指后来学习的材料对先前学习的材料的回忆或再认产生的干扰。题干中描述的现象是因为不受倒摄抑制的影响。

11．A　解析：本题考查遗忘的干扰抑制说。干扰抑制说认为遗忘是在学习和回忆之间受到其他刺激的干扰所致。这种学说可以用前摄抑制和倒摄抑制来说明。前摄抑制指先前学习的材料对识记和回忆后来学习的材料的干扰作用。倒摄抑制指后来学习的材料对保持和回忆先前学习的材料的干扰作用。故早晨学习受前摄抑制影响较少，晚上学习受倒摄抑制影响较少。本题选 A。

12．B　解析：题干中的赵老师利用不同的方法呈现教学内容，是为了避免学习内容之间的干扰。干扰理论认为，遗忘是因为在学习和回忆之间受到其他刺激的干扰。干扰说可用前摄抑制和倒摄抑制来说明。前摄抑制是先学习的材料对识记和回忆后学习的材料的干扰作用。倒摄抑制是指后学习的材料对保持回忆先学习的材料的干扰作用。

13．C　解析：压抑学说认为，遗忘是由于情绪或动机的压抑作用引起的。痛苦的经历产生的不愉快感觉，就是引起压抑的动力源，遗忘了相关的事件，就是压抑的过程。

14．C　解析：提取失败理论认为，遗忘是一时难以提取出要求的信息，一旦有了正确的线索，经过搜索，那么所要的信息就能被提取出来。题干中的琪琪在妈妈的提示后能够进行流畅背诵，符合提取失败理论。

15．D　解析："话到嘴边想说却忘了要说什么，这是一种"舌尖现象"。"舌尖现象"是因为大脑对记忆内容的暂时性抑制所造成的，这属于一种提取失败。

16．C　解析：本题考查短时记忆。短时记忆容量有限，一般为 7±2 个组块，平均值为 7。组块是短时记忆容量的信息单位，能够有效地扩大短时记忆的容量。题干中，张老师尽量保证每堂课的新内容不超过 7 个，将信息逐块呈现，这依据的是短时记忆的容量有限。故本题选 C。

17．C　解析：根据回忆是否有预定的目的、任务和意志努力的程度，回忆可分为无意回忆和有意回忆。无意回忆是没有预定目的，也不需要任何意志努力的回忆，如触景生情或偶然想起一件往事，睹物思人，自由联想等。有意回忆是有回忆任务，并做一定的意志努力，自觉复现以往经验的回忆。

根据回忆的条件和方式的不同，回忆可分为直接回忆和间接回忆。直接回忆是由当前事物直接唤起旧经验的重现。间接回忆是通过一系列中间环节或中介性的联想才能得到旧经验的回忆。题干中，"触景生情"是由当前事物直接唤起旧经验的重现，属于直接回忆。

综上所述，"触景生情"属于无意回忆和直接回忆。C 项正确。

三、多项选择题

1.CDE **解析：** 本题考查工作记忆。工作记忆是在执行认知任务的过程中对信息进行暂时储存与加工的有限的资源系统。它容量有限，以言语听觉编码为主，负责从感觉记忆与长时记忆中提取信息并在意识层面进行加工。得到注意是信息得以进入工作记忆的前提。若要将信息短暂保存在工作记忆当中，可以通过保持性复述（机械复述）的方法，即不断对信息进行简单重复，但这种复述不能有效地将信息转入长时记忆。

2.BE **解析：** 常见的遗忘理论包括以下几个：①干扰理论，认为遗忘是因为在学习和回忆之间受到其他刺激的干扰所致。这种学说可以用前摄抑制和倒摄抑制来说明。前摄抑制是指先前学习的材料对后学习的材料的回忆或再认产生的干扰。倒摄抑制是指后来学习的材料对先前学习的材料的回忆或再认产生的干扰。②提取失败理论，认为储存在长时记忆中的信息是永远不会丢失的，我们之所以对一些事情想不起来，是因为我们在提取有关信息时没有找到适当的提取线索，而一旦有了正确的线索，经过搜索所需要的信息就能被提取出来。③记忆痕迹消退理论，认为遗忘是记忆痕迹得不到强化而逐渐衰退，以致最后消退的结果。未经复述或者注意的学习材料，可能由于痕迹衰退而遗忘。④记忆压抑理论，认为遗忘是由于情绪或动机的压抑作用引起的，如果这种压抑被解除，记忆也就能恢复。弗洛伊德认为，个体会把某些痛苦经历或者不愉快的经验压抑在潜意识层面而导致遗忘。

A项，最开始记和最后记的单词记忆效果最好，体现的是干扰理论，而不是消退理论。A项说法错误。

B项，明明知道纪录片的名字但是想不出来，体现的是提取失败理论。B项说法正确。

C项，看了前面的内容忘了后面的内容体现的是前摄抑制，看了后面的内容忘了前面的内容体现的是后摄抑制，C项说法错误。

D项，学生记得物理公式、原理，却记不起物理的例题体现的是提取失败理论，而不是干扰理论，D项说法错误。

E项，忘记了伤心难过的事情体现的是压抑理论。E项说法正确。

综上所述，B、E两项正确。

3.BCD **解析：** "遗忘曲线"表明遗忘在学习之后立即开始，最初遗忘速度很快，随着时间的推移，遗忘的速度逐渐减慢，即遗忘的进程是不均衡的，其规律是先快后慢，呈负加速型。影响遗忘的因素包括以下几点：①识记材料的性质与数量。识记材料意义越丰富，遗忘越慢；一次识记的材料数量越多，遗忘越快。②学习的程度。学习的程度越高，对材料的理解越深，越不容易遗忘。③识记材料的系列位置。识记较长的材料时，位于开头和结尾的材料不易遗忘，位于中间的材料较易遗忘。④识记者的态度。识记者比较重视、感兴趣的材料不易遗忘，识记态度不认真，会使遗忘加剧。综上所述，B、C、D三项说法正确。A、E两项说法错误。

┃提升题┃>>>

一、判断题

1.× **解析：** 本题考查记忆的种类。根据信息在记忆中储存时间的长短和编码方式的不同，记忆可分为感觉记忆、短时记忆、长时记忆。这三种记忆是人类记忆系统中三个不同的信息加工阶段，它们之间不是非此即彼的记忆种类，而是相互联系、相互作用，密切配合在一起对信息进行加工处理的记忆系统。

2.× **解析：** 蔡斯和西蒙通过研究发现，对一盘真实的棋局，象棋大师的记忆准确率为64%，而业余棋手只有18%。之所以产生这种差别是因为在真实的棋局中，象棋大师可以利用丰富的经验发现和建立棋子之间的关系，形成组块。组块可以提高记忆的容量和效率。题干所述充分说明组块对记忆容量有着很大的影响。

3．√　**解析：** 思维的独创性是指经过独立思考，有创见的思维品质。小学生思维的独创性是逐步发展起来的，随年龄的增长而提高。如小学数学教学中的自编应用题，体现了思维的独创性。学生可根据直观实物编题，也可以根据具体形象，如图画、图形等，还可以根据实际数字或文字等抽象材料编题。随着年级的升高，他们由最初的模仿编题，到补充条件或问题的半独立编题，再发展到独立编题。

二、单项选择题

1．A　**解析：** 学龄初期，小学生感知事物时较为笼统，往往只注意表面现象和个别特征，时空特性的知觉不完善，容易忽视事物的细节特征。小学生将6与9混淆，说明其感知能力还不成熟。

2．C　**解析：** 情绪记忆是指以个体体验过的某种情绪和情感为内容的记忆。例如，对自己经历过的喜悦、悲伤、愤怒、恐惧等情绪体验的记忆，或对曾激起自己某种强烈情绪或情感的事件的记忆。题干中，娇娇看到虫子就会回忆起曾经被虫咬伤的经历，因此感到害怕，这属于情绪记忆。

3．A　**解析：** 感觉记忆特点：①时间极短，0.25~2秒；②容量较大；③信息储存的方式具有鲜明的形象性；④信息原始，记忆痕迹容易衰退。A项错误。

4．C　**解析：** 程序性记忆是指如何做事情的记忆或者如何掌握技能的记忆，包括对知觉技能、认知技能和运动技能的记忆。题干中小明游泳时对换气要领的记忆属于程序性记忆。

5．C　**解析：** 弗洛伊德曾提出过解释遗忘现象的动机遗忘理论，认为个体并非真正遗忘，而是将一些不愉快的经历压抑到了自己的无意识中。

三、多项选择题

ABCD　**解析：** 有意想象又称随意想象，是有预定目的和自觉进行的想象，有时还需要一定的意志努力。再造想象是依据词语或符号的描述、示意在头脑中形成与之相应的新形象的过程。学生通过《赠汪伦》的描述进行的想象属于有意的再造想象，A项正确。情景记忆可以作为记忆提取的线索，帮助学生快速提取知识，B项正确。案例中，教师利用场景、音乐和动作，帮助学生对知识进行多重编码，促进了学生的记忆，C项正确。形象记忆是以感知过的事物形象为内容的记忆，形成的画面能够增强形象记忆，D项正确。逻辑记忆是对公式概念等抽象知识的记忆，音乐属于形象记忆，动作属于动作记忆，E项错误。

第四节　个性心理

一、判断题

1．（2015下）在人的一生中，流体智力会不断增长。　　　　　　　　　　　　（　　　）

2．（2022下）在30岁左右达到顶峰，然后随年龄增长逐渐下降的智力是晶体智力。　（　　　）

3．（2017上）人格的健康发展是智力发展的前提。　　　　　　　　　　　　　（　　　）

4．（2016下）教师在对抑郁质的学生进行批评教育时，应采取含蓄的方式，尽量避免在公开场合指责或批评他们。　　　　　　　　　　　　　　　　　　　　　　　　（　　　）

二、单项选择题

1.（2015下）学生阿华希望班级的管理能更加民主化，在班级制度的制定上老师能更多地征求学生的意见、考虑学生的想法。学生阿华的诉求属于（   ）。

A. 生存需要 　　　　　　　　　　 B. 安全需要

C. 尊重需要 　　　　　　　　　　 D. 自我实现需要

2.（2019下）关于小学一、二年级学生学习兴趣发展的特点，以下说法错误的是（   ）。

A. 直接兴趣占主导地位 　　　　　 B. 学习兴趣具有选择性和分化性

C. 对有关具体事实和经验的知识很感兴趣 　 D. 对具有游戏因素的学习形式很感兴趣

3.（2016下）小说中的重要人物通常都具有鲜明的特点，以至于提到这些特点我们一下就会想到这些人物。从人格特质的角度出发，这些特点属于这些人物的（   ）。

A. 共同特质 　　　　　　　　　　 B. 差异特质

C. 首要特质 　　　　　　　　　　 D. 次要特质

4.（2020上）中学生小颖在学校喜欢参加各项课外活动，在公开场合不怯生，能够很好地表现自己，在课堂上能比其他同学更快地掌握新知识，但学习并不深入，不求甚解。由此可以推断，小颖的气质类型最有可能属于（   ）。

A. 多血质 　　　　　　　　　　　 B. 黏液质

C. 胆汁质 　　　　　　　　　　　 D. 抑郁质

5.（2020下）李明这次考试得了第六名，他暗自下决心，下一次考试一定要重回全班第一的位置。李明的自我意识处于（   ）层次。

A. 自我评价 　　　　　　　　　　 B. 自我认知

C. 自我调控 　　　　　　　　　　 D. 自我体验

6.（2023上）多元智能理论认为，每个学生都拥有相对于他人或相对于自己的智能强项。该观点说明每个学生都具有（   ）。

A. 生成性 　　　　　　　　　　　 B. 独特性

C. 自主性 　　　　　　　　　　　 D. 整体性

7.（2023上）下列选项中不属于马斯洛需要层次理论的观点的是（   ）。

A. 需要的层次越低，力量越强

B. 低级需要直接关系到个体的生存

C. 高级需要对低级需要有调节控制作用

D. 在高级需要出现之前，必须先满足低级需要

参考答案

一、判断题

1. × **解析**：卡特尔智力形态论将人的智力分为流体智力和晶体智力两种不同的形态。流体智力的发展与年龄有密切的关系。一般人在 20 岁后，流体智力的发展达到顶峰，30 岁后随着年龄的增长而降低。

2. × **解析**：本题考查能力的分类。根据能力在人的一生中的不同发展趋势以及能力和先天禀赋与社会文化因素的关系，能力可分为流体智力和晶体智力。流体智力以神经生理为基础，随神经系统的成熟而成熟，一般在 20 岁之后发展到顶峰，30 岁之后将随着年龄的增长而降低。晶体智力

的发展主要受社会文化的影响，取决于个体后天的实践与学习，不受神经系统的影响，在人的一生中一直在发展，只是到 25 岁以后，发展的速度渐趋平缓。故题干说法错误。

3．× **解析：** 人格和智力属于个性心理特征的两个方面，两者没有必然的联系。遗传物质是智力发展的生物前提，良好的遗传物质是智力发展的基础和自然条件。教育和教学对智力的发展起着主导作用。

4．√ **解析：** 抑郁质的学生多愁善感、情绪低落，因此教师在教育的过程中，应注意保护学生的自尊心，避免在公开场合指责、批评他们，因此题干的说法正确。

二、单项选择题

1．C **解析：** 尊重需要属于较高层次的需求，如成就、名声、地位和晋升机会等。尊重需要既包括对成就或自我价值的个人感觉，也包括他人对自己的认可与尊重。题干中阿华的诉求属于尊重需要。

2．B **解析：** 小学生学习兴趣的特点：①低年级的儿童对通过游戏的方式进行学习活动感兴趣，中年级以后，游戏因素在儿童的学习兴趣上的作用逐渐降低；②儿童的学习兴趣从不分化到逐渐产生对不同学科内容的初步分化兴趣，这种对学科兴趣的分化一般从三年级开始；③对有关具体事实和经验的知识较有兴趣，对有关抽象因果关系的知识的兴趣逐步发展；④在阅读兴趣方面，一般从课内阅读发展到课外阅读，从童话故事发展到文艺作品和通俗科学读物。总的来说，小学生直接兴趣占主导地位，其兴趣与活动的趣味直接相联系，尤其在小学低年级。

3．C **解析：** 奥尔波特将人格特质区分为共同特质和个人特质。共同特质指在某一社会文化形态下，大多数人或一个群体所共有的、相同的特质。个人特质是个人所特有的，代表着个人的独特的行为倾向。奥尔波特区分了三种不同的个人特质：①首要特质，是指最能代表一个人的特点的人格特质，它在个人特质结构中处于主导性的地位，影响着这个人的行为的各个方面；②中心特质，是指能代表一个人的性格的核心成分；③次要特质，是指一个人的某种具体的偏好或反应倾向，如偏好某种颜色的衣服，闲暇时喜欢收拾房间等。小说中的重要人物具有鲜明的特点，提到这些特点我们一下就会想到这些人物，是指代表这个人的特点的特质，与首要特质相符。

4．A **解析：** 多血质类型的人情感丰富、外露但不稳定，思维敏捷但不求甚解，活泼好动、热情大方、善于交往但交情浅薄，行动敏捷、适应力强；他们的弱点是缺乏耐心和毅力，稳定性差，见异思迁。题干中，小颖积极参加课外活动，勇于表现自己，但学习不够深入，不求甚解，小颖的气质类型最有可能属于多血质气质类型。

5．C **解析：** 一般认为，自我意识包括自我认识（自我认知）、自我体验、自我调控三种成分。其中，自我调控是自我意识的意志成分，主要表现为个体对自己行为、活动和态度的调控，包括自我检查、自我监督、自我教育等。题干中，李明在考试失利后知道自己该做什么，体现的是自我调控。

6．B **解析：** 本题考查加德纳的多元智能理论。加德纳认为，智力的内涵是多元的，各种智力成分在每个人身上的组合方式是多种多样的，每个人在不同领域的智力发展水平是不同步的。他倡导以个人为中心的教育，尊重学生的独特性，对每个学生的认知特点都给予充分理解并使之得到最好的发展。

7．C **解析：** 本题考查马斯洛的需要层次理论。马斯洛将人的需要分为七个层次，由低到高、由强到弱呈金字塔形的等级系统排列，低级需要没有得到满足，就不会产生较高一级的需要。处于底层的低级需要有长期的进化历史和坚实的生物基础，它们关系到个体的生存，因而力量最强大。A、B、D 三项都属于马斯洛的观点。

马斯洛的观点有其合理性，但他强调必须先满足低级需要，高级需要才会出现，忽视了高级需要对低级需要的调节控制作用。C项不属于马斯洛的观点。

第五节　社会心理与行为

一、判断题

（2020下）对于一项学生感兴趣的活动，如果同时提供物质奖励，可以进一步提高学生对该活动的兴趣。　　　　　　　　　　　　　　　　　　　　　　　　　　　　　　（　　　）

二、单项选择题

1.（2021下）老师会觉得成绩好的学生，什么都好，这是（　　　）的作用。
A. 首因效应
B. 期待效应
C. 刻板印象
D. 晕轮效应

2.（2015上）在指导学生面试时，教师非常重视训练学生进入面试考场时的仪态、仪表、眼神、与面试官打招呼等细节，以期给面试官留下好印象。这是充分利用了（　　　）。
A. 前摄抑制
B. 倒摄抑制
C. 首因效应
D. 近因效应

参考答案

一、判断题

×　**解析**：德西效应表明人们在对某件事非常感兴趣（内在报酬）时，如果同时提供了物质奖励（外在报酬），那么，反而会减少人们对这件事情的兴趣。题干中，对于学生本来有内在兴趣的活动提供物质奖励，会降低其内部动机。

二、单项选择题

1．D　**解析**：晕轮效应也称光环效应，是指当人们认为某人具有某种特征时，就会对其具有的其他特征做相似判断。如"情人眼里出西施""一好百好""一坏百坏""爱屋及乌"等。题干中，教师认为学习成绩好的学生，什么都好，这种"一好百好"的现象，是晕轮效应的作用。

2．C　**解析**：训练学生刚见到面试官时的外在表现，期望给面试官留下好的印象，这利用了首因效应。"首因效应"是指当人们第一次与某物或某人相接触时会留下深刻印象。

第二章　教育心理学概述

一、判断题

1.（2021 下）教育心理学可以为教师的教育教学提供原理和建议，但不能给特定情境中的实际问题提供处方。　　　　　　　　　　　　　　　　　　　　　　　（　　）

2.（2022 上）教育心理学中学习与教学的五要素包括学生、教师、教学内容、教学媒体和教学环境。　　　　　　　　　　　　　　　　　　　　　　　　　　　（　　）

二、多项选择题

（2023 下）下列关于教育心理学的说法，正确的有（　　　　）。

A．教育心理学是一门理论性的基础学科

B．教育心理学研究的核心内容是学习心理

C．教育心理学拥有自身独特的研究课题，即如何学、如何教以及学与教的相互作用

D．桑代克的《教育心理学》的出版，被公认为教育心理学作为一门独立学科诞生的标志

E．学校教育以班级集体授课为主，因此教育心理学更重视研究学生的群体差异而非个体差异

参考答案

一、判断题

1.　√　　**解析：**教育心理学是用心理学的理论指导教育实践的一门学科，因此要有意识地运用教育心理学的基本规律和主要理论，解释有关教育现象，解决有关实际问题。但是教育心理学的理论研究仅仅为课程教学改革提供参考性的框架和方法学的建议，并不提供特定情境中的处方性操作程序。

2.　√　　**解析：**教育心理学的具体研究内容是围绕学习与教学相互作用的过程而展开的。学习与教学的过程是一个系统的过程，由学习、教学和评价 / 反思三种过程交织在一起，涉及学生、教师、教学内容、教学媒体和教学环境五种要素。

二、多项选择题

BCD　**解析：**本题考查教育心理学学科发展。

A 项，教育心理学既是一门理论性学科，又是一门应用性较强的学科，是一门交叉学科。A 项说法错误。

B 项，教育心理学在"学"的方面研究学生心理和学习心理；在"教"的方面研究教师心理和教学心理。其中，学习心理是教育心理学的核心内容。B 项说法正确。

C 项，教育心理学是心理学与教育学的交叉学科，但它不仅仅是一般心理学在教育方面的应用。它拥有自身独特的研究课题，即如何学、如何教以及学与教之间的相互作用。C 项说法正确。

D 项，桑代克的《教育心理学》的出版标志着教育心理学的诞生。D 项说法正确。

E 项，学生是学习的主体，主要从两个方面影响教学的过程：一是群体差异，包括年龄、性别和社会文化差异等；二是个体差异，包括先前的知识基础、学习方式、智力水平、兴趣和需要等。因此，学生的群体差异和个体差异都是教育心理学研究的主要范畴。E 项说法错误。

综上，本题选 BCD。

第三章 心理发展与教育

第一节 心理发展与教育概述

一、判断题

1.（2018下）在小学阶段，游戏是儿童的主导活动，对儿童的心理发展具有重要作用。（ ）

2.（2018下）儿童的发散思维在 3~4 岁出现第一个增长期，7~8 岁出现第二个增长期。这说明儿童心理的发展具有差异性。 （ ）

3.（2019下）学习准备状态受智力发展、技能掌握的影响较大，受学生心理发展状况的影响较小。 （ ）

4.（2015下）关键期是一个相对短暂的时期，在此期间，个体对某种刺激特别敏感，过了这一段时间后同样的刺激对之影响很小或没有影响。 （ ）

二、单项选择题

（2018上）研究发现，小鸭会把它出壳时看到的任何活动对象当成母亲，其动作行为被称为"印刻"。这一研究被引入心理学后，成为心理发展研究中的重要概念，即（ ）。

A. 活动期　　　　　　　　　　B. 关键期
C. 效果期　　　　　　　　　　D. 准备期

三、多项选择题

（2018上）个体心理发展具有连续性、阶段性、稳定性等特点，每个阶段都表现出其独特性。小学生心理发展的主要特征有（ ）。

A. 开放性　　　　　　　　　　B. 闭锁性
C. 协调性　　　　　　　　　　D. 动荡性
E. 可塑性

参考答案

一、判断题

1. × **解析：**对于学前儿童来说，游戏是主导活动，而小学阶段的儿童已经从游戏主导转向学习主导。

2. × **解析：**差异性强调人与人之间的不同，而题干强调的是发散思维的发展速度不均匀，这是儿童心理发展的不平衡性的体现。

3. × **解析：**学习准备是指学生原有的知识水平或心理发展水平对新的学习的适应性，即学生在学习新知识时，那些促进或妨碍学习的个人生理、心理发展的水平和特点。学生的学习准备状态受学生的智力发展、技能掌握、生理发展、心理发展的共同影响。

4. √ **解析**：关键期也称敏感期、最佳期，是指个体身心发展的某一方面机能和能力最适宜形成的时期。在这一时期，对个体某一方面的训练可以获得最佳成效，并能充分发挥个体在这一方面的潜力，错过了关键期，训练的效果就会降低，甚至永远无法补偿。

二、单项选择题

B 解析：奥地利动物习性学家劳伦兹在研究小鸭和小鹅的习性时发现，它们通常将出生后第一眼看到的对象当作自己的母亲，并对其产生偏好和追随反应。这种现象叫作"印刻"。心理学家将"印刻"发生的时期称为动物认母的关键期。

三、多项选择题

ACE 解析：小学生心理发展的主要特征有开放性、协调性、可塑性和幼稚性；中学生心理发展的主要特征有过渡性、闭锁性、动荡性和矛盾性。

第二节　心理发展的理论

▌基础题 ▌➤➤

一、判断题

1.（2017下）根据皮亚杰的认知发展理论，儿童通过遗传获得的一些本能反射行为，如吮吸反射属于儿童最初的图式。　　　　　　　　　　　　　　　　　　　　　　（　　）

2.（2023下）儿童在第一次见到浣熊时会把它叫作"小猫"。根据皮亚杰的认知发展理论，儿童这种试图将新经验（浣熊）与已有的动物图式（小猫）匹配起来的行为属于顺应。　（　　）

3.（2019下）一般认为，初中生的思维已经发展到形式运算阶段，但面临新问题时往往会退回到具体运算阶段。　　　　　　　　　　　　　　　　　　　　　　　　　（　　）

4.（2014下）儿童的现有水平与经过其他人帮助可以达到的较高水平之间的差距叫最近发展区。　　　　　　　　　　　　　　　　　　　　　　　　　　　　　　　　（　　）

5.（2014上）维果茨基认为，确定适当的目标就能更好地促进学生发展，这个适当的目标用一个比喻就是跳起来能摘到桃子。　　　　　　　　　　　　　　　　　　　　　（　　）

6.（2023上）皮亚杰的守恒实验主要考查儿童思维的可逆性是否形成，三山实验主要考查儿童思维发展是否处于自我中心阶段。　　　　　　　　　　　　　　　　　　　（　　）

7.（2023下）维果茨基认为个性的形成是高级心理机能发展的重要标志。　　　　（　　）

二、单项选择题

1.（2015下）图式是认知心理学中一个重要概念，它是组织化的（　　　）。
A. 命题和概念　　　　B. 知识结构　　　　C. 表象　　　　　　D. 符号

2.（2015下）虹虹认识并喜欢玩夹子，经常指着夹子要"夹夹"玩。虹虹第一次在机场看到飞机尾翼上的燕子图标时，他也指着说"夹夹"。按皮亚杰认知发展理论，这种现象属于（　　　）。
A. 同化　　　　　　　　　　　　　B. 顺化
C. 平衡化　　　　　　　　　　　　D. 自动化

3.（2016 下）按皮亚杰的观点，学生知识结构形成的方式是（　　　）。

A．适应与同化　　　　　　　　　　　B．同化与顺应

C．顺应与复习　　　　　　　　　　　D．复习与适应

4.（2017 上）3 岁前儿童的玩具、活动对其认知能力发展十分重要。该观点源于（　　　）。

A．格式塔的认知理论　　　　　　　　B．托尔曼的认知发展理论

C．皮亚杰的认知发展理论　　　　　　D．布鲁纳的认知发展理论

5.（2020 下）丽丽看到奶奶不太高兴，她赶快从罐子里拿了自己最喜欢的巧克力给奶奶，她还说："奶奶，我每次不高兴的时候，妈妈给我吃了巧克力我就高兴了，您吃了巧克力也会高兴的。"由此可见，丽丽的认知发展处在（　　　）阶段。

A．感知运动　　　　　　　　　　　　B．前运算

C．具体运算　　　　　　　　　　　　D．形式运算

6.（2019 上）儿童在某一阶段会觉得世界上所有的事物都是有生命的：不小心撞倒了椅子，会小心翼翼地把椅子扶起来，并且挨着椅子自言自语："不痛，不痛，伤口快好"；打碎了杯子，会可怜兮兮地问妈妈："妈妈，杯子死掉了吗？"根据皮亚杰的认知发展理论，这一阶段的儿童可能处于（　　　）。

A．感知运动阶段　　　　　　　　　　B．前运算阶段

C．具体运算阶段　　　　　　　　　　D．形式运算阶段

7.（2017 下）皮亚杰在儿童的观察中发现了"集体的独白"现象，即在团体中每个个体都在高兴地谈论事情，但仔细听却发现他们之间并没有实际的交谈和互动的现象。出现这一现象的个体处在认知发展的（　　　）。

A．前运算阶段　　　　　　　　　　　B．感知运动阶段

C．形式运算阶段　　　　　　　　　　D．具体运算阶段

8.（2016 上）妈妈为小楠和小薰榨了两杯同样容量的鲜果汁，分别装在大小不同的玻璃杯里。妈妈让小楠先拿，小楠说："我要这杯多的。"小薰在旁边说："其实两杯一样多的。"根据两姐妹的回答，可以判断出小楠和小薰分别属于（　　　）。

A．感知运动阶段和前运算阶段　　　　B．前运算阶段和具体运算阶段

C．具体运算阶段和形式运算阶段　　　D．感知运动阶段和具体运算阶段

9.（2015 上）老师问妙妙："你有兄弟吗？""有。""兄弟叫什么名字？""明明。""明明有兄弟吗？""没有。"按皮亚杰的儿童认知发展理论，妙妙的思维处于（　　　）。

A．感知运动阶段　　　　　　　　　　B．前运算阶段

C．具体运算阶段　　　　　　　　　　D．形式运算阶段

10.（2015 下）能够计算概率问题的学生最有可能处于（　　　）。

A．前运算阶段　　　　　　　　　　　B．动作运算阶段

C．形式运算阶段　　　　　　　　　　D．具体运算阶段

11.（2022 上）守恒是皮亚杰在儿童认知发展研究中提出的重要概念，下列哪一思维特征的具备说明儿童守恒概念已经形成？（　　　）

A．思维的系统性　　　　　　　　　　B．思维的逻辑性

C．思维的可逆性　　　　　　　　　　D．思维的形象性

12.（2014 上）根据皮亚杰认知发展阶段论的观点，儿童发现物体在水中受到的浮力与物体排水量有关，而与物体的质地无关。这说明该儿童的认知水平已处在（　　　）。

A．感知运动阶段　　　　　　　　　　B．前运算阶段

C．具体运算阶段　　　　　　　　　　D．形式运算阶段

13.（2020 上）根据皮亚杰的认知发展理论，以下说法正确的是（　　　）。

A．具体运算阶段的孩子应更多地接受抽象思维训练

B．前运算阶段的孩子能够从多个维度对事物进行判断

C．教学过程中呈现给孩子的教学材料不能超过其发展水平

D．具有自我调节作用的平衡化过程在认知发展中起到关键作用

14.（2022 下）付老师在学生们第一次学习文言文时会给他们提供大量注释，后面会慢慢减少注释量，让学生逐渐独立完成文言文的阅读。付老师的教学方式符合（　　　）。

A．皮亚杰的认知发展理论　　　　　　　B．布鲁纳的认知发现理论

C．维果茨基的认知发展理论　　　　　　D．奥苏贝尔的认知同化理论

15.（2015 下）维果茨基在工具理论的基础上提出了（　　　）。

A．认知发展理论　　　　　　　　　　　B．全程发展理论

C．内化学说　　　　　　　　　　　　　D．最近发展区

16.（2020 下）下列关于学习的说法，错误的是（　　　）。

A．托尔曼认为学习不是 S-R，而是 S-O-R

B．奥苏贝尔认为要根据学生原有知识进行教学

C．桑代克认为学习的实质是形成 S-R 之间的联结

D．维果茨基认为儿童必须在成人的指导下进行学习

17.（2018 下）合理确定教学目标对教学成功至关重要，以下对教师确定教学目标最有指导意义的理论是（　　　）。

A．最近发展区　　　　　　　　　　　　B．观察学习

C．经典条件反射　　　　　　　　　　　D．试误学习

18.（2016 下）王老师认为，备课时必须把握好学生的现有水平和在教师的帮助下可能达到的水平之间的差异。王老师的观点最可能受到了（　　　）理论的影响。

A．皮亚杰的认知发展阶段理论

B．维果茨基的最近发展区理论

C．班杜拉的观察学习理论

D．巴甫洛夫的经典条件反射理论

19.（2019 下）下列不属于维果斯基心理发展理论的是（　　　）。

A．两种工具观　　　　　　　　　　　　B．发生认识论

C．最近发展区学说　　　　　　　　　　D．智力发展内化说

三、多项选择题

1.（2018 下）以下活动中发生了"同化"过程的有（　　　）。

A．儿童用学到的方法去完成作业

B．儿童将学到的礼貌用语应用于人际交往

C．小学生运用刚学过的加法法则计算数学题

D．儿童在自然数概念的基础上掌握有理数概念

E．儿童改变了原来认为的"会飞的就是鸟"的观念

2.（2022 下）下列选项中适应儿童发展阶段的教学策略有（　　　）。

A．对处于具体运算阶段的学生，安排活动让他们练习递减或递加分类概念

B．对处于前运算阶段的学生，允许他们通过主动探索、与他人的互动来学习

C．对处于形式运算阶段的学生，在学习抽象概念时，提供大量具体、熟悉的例子

D．对处于前运算阶段的学生，尽量多地让他们在活动中轮流承担不同的职务和角色

E．对处于具体运算阶段的学生，尽量多地让他们参与面积、重量或体积守恒的置换活动

3．（2024上）下列教学方式中，适合形式运算阶段学生的有（　　　）。

A．以演示的方式讲解游戏

B．让学生通过实验回答相应问题

C．用小棍或彩色薄片来学习加减法

D．让学生就某一观点发表自己的见解

E．给出有关环境保护的两种对立观点让学生进行论证

提升题 ▶▶▶

一、判断题

1．（2021上）皮亚杰用"三山实验"来研究儿童思维发展的自我中心性。　　　　　（　　　）

2．（2018下）根据皮亚杰的认知发展阶段理论，教会2~3岁的孩子有意识地谦让玩具几乎是不可能的。　　　　　（　　　）

3．（2023下）儿童守恒概念形成过程中，一般来说容量守恒早于面积守恒。　　　　　（　　　）

4．（2018上）一般认为，青少年的形式运算思维先在自然科学领域出现，而在社会科学领域发展较晚。　　　　　（　　　）

二、单项选择题

1．（2019下）亮亮第一次来到田野，非常兴奋，指着地里的麦苗叫韭菜。妈妈告诉他那是麦苗，并从手机里搜出韭菜和麦苗的图片，耐心地给他讲解了两者的不同。从那以后，亮亮学会了区分麦苗和韭菜。根据皮亚杰的认知发展理论，亮亮的认知图式发生了（　　　）。

A．同化　　　　　　　　　　　B．迁移

C．顺应　　　　　　　　　　　D．成熟

2．（2021下）妈妈看到东东把皮球往墙上踢，便对他说："墙壁爱干净，你把它的脸弄花了。"东东听了妈妈的话就不再把球往墙上踢，还用抹布一边擦墙壁一边说："对不起，让我给你洗个脸吧。"以上现象说明东东的认知处于（　　　）。

A．具体运算阶段　　　　　　　B．前运算阶段

C．感知运动阶段　　　　　　　D．形式运算阶段

3．（2014下）儿童能借助小餐具玩过家家的游戏。当他们手中的小餐具被收回时，游戏就无法进行下去，这些儿童的思维处于（　　　）。

A．感知运动阶段　　　　　　　B．前运算阶段

C．具体运算阶段　　　　　　　D．形式运算阶段

4．（2021上）根据皮亚杰的认知发展阶段理论，一般不可能出现在小学三年级学生身上的行为是（　　　）。

A．能够进行假设命题，并验证假设

B．能够从"A=B，B=C"推出"A=C"

C．在体育课上能够按老师说的"高矮顺序"自行列队

D．知道两杯400ml的水即使放在不同大小的容器内，体积也是一样的

5.（2018 上）以下观点与皮亚杰的认知发展理论不符合的是（　　　　）。

A．知识教育重于环境教育

B．教学应遵循儿童认知发展的顺序来设计课程

C．教师的主要任务是通过提问来引起学生认知的不平衡

D．在形式运算阶段前，教师应为学生提供在现实中学习的机会

参考答案

基础题 ▶▶▶

一、判断题

1．√　**解析**：皮亚杰认为，认知发展是一个建构的过程，是个体在与环境不断地相互作用中实现的。认知结构是个人在感知和理解客观事物的基础上，在头脑中形成的一种内在的心理结构。认知结构的基本单元是图式。人最初的图式源于先天的遗传，表现为一些简单的反射，如抓握反射、吸吮反射等。

2．×　**解析**：本题考查皮亚杰建构主义发展观。同化是指儿童把新的刺激物纳入已有图式中的认知过程。顺应是指儿童通过改变已有图式（或形成新的图式）来适应新刺激的认知过程。题干中，儿童将新经验（浣熊）纳入已有图式"小猫"中，这属于同化。题干说法错误。

3．√　**解析**：皮亚杰将个体的认知发展分为感知运动阶段（0~2 岁）、前运算阶段（2~7 岁）、具体运算阶段（7~11 岁）、形式运算阶段（11 岁以后）四个阶段。每个阶段都是前一阶段的自然延伸，也是后一阶段的必然前提。发展阶段既不能逾越，也不能逆转，但这并不意味着不同个体在不同文化背景条件下不存在阶段的特殊性。皮亚杰认为，从前运算阶段到具体运算阶段，再到形式运算阶段的过渡，在不同个体身上存在着显著差异，大多数人只能在他们有经验和有兴趣的少数领域运用形式运算。同一个人在某一学科领域的思维可能达到形式运算水平，但遇到新的困难问题时，其思维又会退回到具体运算水平。

4．√　**解析**：最近发展区是指学生现有水平与在他人帮助之下所能达到的水平之间的差距。

5．√　**解析**：维果茨基认为教师在教学时，必须考虑儿童的两种发展水平：一种是儿童现有的发展水平；另一种是在他人尤其是成人指导的情况下可以达到的较高的解决问题的水平。这两者之间的差距就叫作最近发展区。最近发展区理论很好地引导了学生逐步地向高水平的文化水平发展，有效地促进了学生的发展，让学生能够"跳一跳，摘桃子"。

6．√　**解析**：本题考查皮亚杰提出的认知发展阶段理论。皮亚杰的守恒实验主要考查儿童是否具备守恒概念，前运算阶段的儿童思维不具备可逆性，还不知道事物经过变化可回到原来的状态。故守恒实验可考查儿童思维的可逆性是否形成。三山实验主要考查儿童思维发展是否处于自我中心阶段，儿童思维是否具有自我中心性。

7．√　**解析**：本题考查维果茨基的思想。维果茨基提出，心理机能由低级向高级发展的标志有五个方面：①活动的随意机能；②心理活动的抽象 – 概括机能；③高级心理结构的形成；④心理活动的社会文化历史制约性；⑤心理活动的个性化。其中，个性的形成是高级心理机能发展的重要标志。题干说法正确。

二、单项选择题

1．B　**解析**：图式是指关于一类事物的有组织的大的知识单元或称为信息模块，即组织化的知

识结构。

2．A　解析：在皮亚杰看来，心理同生理一样，也有吸收外界刺激并使之成为自身的一部分的过程。所不同的只是涉及的变化不是生理性的，而是机能性的。随着个体认识的发展，同化经历以下三种形式：①再现性同化，即基于儿童对出现的某一刺激作相同的重复反应。②再认性同化，即基于儿童辨别物体之间差异借以做出不同反应的能力。它在再生性同化基础上出现并有助于向更复杂的同化形式发展。③概括性同化，即基于儿童知觉物体之间的相似性并把它们归于不同类别的能力。题干描述的现象属于概括性同化，即虹虹知觉了夹子和飞机上的图案的相似性。

3．B　解析：皮亚杰认为，个体通过同化和顺应达到有机体与环境的平衡，如果失去了平衡，需要改变行为以重建平衡。个体在平衡与不平衡的交替中不断建构和完善认知结构，实现认知发展。故知识结构形成的方式为同化和顺应。

4．C　解析：皮亚杰认为，动作是感知的源泉和思维的基础。婴儿通过对物体的抓取、摆弄等动作获得关于物体的认识，从而认识物体。因此，3岁前儿童的玩具、活动对其认知能力发展十分重要。

5．B　解析：皮亚杰将认知发展分为四个阶段，即感知运动阶段（0~2岁）、前运算阶段（2~7岁）、具体运算阶段（7~11岁）、形式运算阶段（11岁以后）。其中，前运算阶段的儿童的思维表现出泛灵性、不可逆性、自我中心和不守恒性。题干中的关键信息是"丽丽拿了自己最喜欢的巧克力给奶奶"，她认为自己吃了巧克力会开心，奶奶吃了巧克力也会开心，体现的是丽丽的思维具有"自我中心"的特点，故丽丽的认知发展处于前运算阶段。

6．B　解析：皮亚杰将认知发展分为四个阶段，即感知运动阶段、前运算阶段、具体运算阶段、形式运算阶段。其中，处于前运算阶段的儿童的思维表现出泛灵性、不可逆性、自我中心和不守恒性。泛灵性指儿童还不能很好地把自己和外部世界区分开，认为外界的一切事物都是有生命、有感知、有情感、有人性的。题干中的儿童认为世界上所有的事物都是有生命的，思维具有泛灵性，说明这一阶段的儿童可能处于前运算阶段。

7．A　解析：在前运算阶段，儿童有一个典型特点，就是以自我为中心，也在此基础上形成了三种自我中心语言，即重复、独白、集体独白。

8．B　解析：前运算阶段的儿童思维不具有守恒性，具体运算阶段的儿童思维已具备守恒性，由此可知B项正确。

9．B　解析：题干描述表明妙妙的思维不可逆，说明妙妙的思维处于前运算阶段。

10．C　解析：形式运算阶段的学生具有抽象逻辑思维。概率问题的计算是一种抽象的逻辑运算。

11．C　解析：守恒是指不论物体形态如何变化，其实质是恒定不变的。思维的可逆性是指思维活动既可以向一个方向运行，也可以返回向另一个方向运行，它是守恒概念出现的关键。

12．D　解析：浮力是一个抽象概念，个体可以不借助物体来对浮力进行理解，说明个体能够很好地进行抽象逻辑思维（形式思维），在皮亚杰的认知发展阶段理论中只有到达了形式运算阶段的个体才能很好地进行抽象逻辑思维。

13．D　解析：当个体已有的认知结构能同化环境中的新信息时，他在心理上处于暂时的平衡状态；当个体已有的认知结构不能同化环境中新的信息时，他在心理上处于不平衡状态，这种不平衡会使个体产生一种自我调节的内驱力，推动个体调整或者建构新的认知结构，直到能同化环境中新的信息为止。此时，个体的心理处于较前一水平更高的平衡状态，其结果自然是个体的智慧发展水平得到了提高。因此，皮亚杰认为，具有自我调节作用的平衡化过程在认知发展中起到关键作用。D项正确。处于具体运算阶段的孩子能凭借具体事物或从具体事物中获得的表象进行逻辑思维，但他们形成概念、发现问题、解决问题都必须与他们熟悉的物体或场景相联系，还不能进行抽象思维。因此，皮亚杰认为对这一年龄阶段的儿童应多做一些事实性或技能性的训练。前运算阶段的孩子思维具有自我中心的特点，且思维具有不可逆性和刻板性，不能从多个维度对事物进行判断。皮亚杰不主张教给儿童那些明显超出他们发展水平的材料，但过于简单的问题对儿童认知发展的作用也不大。因此，他认为教师创设或提供的教学情境应该是恰好合适的，既能引起学生的认知不平衡，又不过分超越学生已有的认知水平和知识经验。因此，教学过程中呈现给孩子的材料可以适当超过其发展水平，但不能过度超越。

14．C　**解析**：本题考查支架式教学。维果茨基根据最近发展区理论提出了支架式教学。支架式教学重视在教师指导的情况下学生的发展活动，强调教师的指导成分要逐渐减少，最终要使学生达到独立发现的水平，将监控学习和探索的责任由教师向学生转移。题干中，教师逐渐减少注释量，培养学生独立阅读文言文的能力，这种教学方式符合维果茨基的认知发展理论。故本题选C。

15．C　**解析**：维果茨基的工具理论认为，区别人与动物最根本的东西就是工具和符号。能使用工具和符号是人的本质特征，也正是对这些工具的使用促进了社会和历史的发展。而教育的过程，就是把这些工具和符号"内化"到人自身的过程，从而产生高级的心理机能。内化学说是在工具理论的基础上提出的。

16．D　**解析**：A项，托尔曼认为学习是对完形的认知，是形成认知地图的过程。在外部刺激（S）和行为反应（R）之间存在中介变量（O），托尔曼主张将行为主义的S-R公式改为S-O-R公式，O代表机体的内部变化。因此，托尔曼认为学习的最终结果是在对环境综合认知的基础上形成认知地图。该选项说法正确，不符合题意。

B项，奥苏贝尔认为，学生的学习主要是有意义的接受学习，是通过将当前的知识与原来的认知结构建立实质的、非人为的联系，使知识结构不断发展的过程。所以他指出，要根据学生原有知识进行教学。该选项说法正确，不符合题意。

C项，桑代克把动物和人类的学习过程定义为刺激（S）与反应（R）之间的联结，认为知识和技能的获得必须通过尝试—错误—再尝试这样一个过程。该选项说法正确，不符合题意。

D项，在论述教学与发展的关系时，维果茨基提出了最近发展区的概念，即"实际的发展水平与潜在的发展水平之间的差距"。前者由独立解决问题的能力而定；后者则是指在成人的指导下或是与更有能力的同伴合作时，能够解决问题的能力。因此，儿童并不是必须在成人的指导下进行学习，也可以在与更有能力的同伴的合作下进行学习。

17．A　**解析**：最近发展区是指儿童独立所能达到的解决问题的水平与经他人指导帮助后所能达到的潜在发展水平之间的距离。最近发展区强调教学要走在发展的前面，因此最近发展区对确定教学目标最有指导意义。

18．B　**解析**：最近发展区指的是现有水平和即将达到的水平之间的差异。也就是说，儿童在有指导的情况下，借助成人帮助所能达到的解决问题的水平与独自解决问题所达到的水平之间的差异。题干中"现有水平""可能达到的水平"等词体现出最近发展区。

19．B　**解析**：维果斯基的认知发展理论有如下观点：①两种工具观。维果斯基提到的工具包括物质生产的工具和精神生产的工具——语言符号系统。②最近发展区学说。维果斯基认为儿童有两种发展水平，一种是儿童现有的发展水平；另一种是在他人尤其是在成人指导的情况下可以达到的较高的解决问题的水平，这两者之间的差距就叫作最近发展区。③智力发展内化说。内化是指个体将从社会环境中吸收的知识转化到心理结构中的过程。维果斯基认为，心理发展源于在社会交互作用中对文化工具的使用，源于将这种交互作用内化和进行心理转换的过程。④心理发展观。心理发展是个体的心理自出生到成年，在环境与教育的影响下，在低级心理机能基础上，逐渐向高级机能转化的过程。发生认识论是皮亚杰的观点。

三、多项选择题

1. **ABC** **解析：**同化是指个体运用已有图式认识新刺激时，直接将新事物整合到原有图式中，使原有图式得到充实，而不改变原有图式。A 项是用已学习的方法去完成，对原有图式不会产生影响；B 项也是对已有知识应用，并未改变原有图式；C 项和 A 项考点相同，并未改变原有图式，故 A、B、C 三项正确。D 项中，有理数的概念大于自然数，属于上位学习，原有图式发生改变，不属于同化。E 项中，儿童修改了原有图式，属于顺应。

2. **ABDE** **解析：**本题考查适应皮亚杰的儿童发展阶段的教学策略。

前运算阶段儿童的教育建议如下：①让儿童对物体进行分类。②减少儿童的自我中心倾向，如在玩游戏时，让儿童知道他们不可能总是赢；轮换班内职务时也可以告诉儿童，他们必须轮流做某事。D 项正确。③让儿童进行比较（大、小、长、宽）。④让儿童体验序列运算。⑤让儿童画出一定视角的场景。⑥要求儿童在下结论时，为自己的结论找到依据。⑦允许儿童通过主动探索，以及与成人、同伴和物品间的互动来进行学习。B 项正确。

具体运算阶段儿童的教育建议如下：①鼓励学生发现概念和原理。②让学生参加运算任务。③安排活动，让学生练习递加和递减分类概念。A 项正确。④安排要求置换面积、重量和体积守恒的活动。E 项正确。⑤创建活动，要求儿童练习依次排序和颠倒排序。⑥继续要求学生说出答案的依据。⑦尝试向学生传授较为复杂知识时，应该制作道具和提供视觉辅助工具。⑧鼓励儿童分组活动，互相交换想法。⑨确保课堂材料丰富多样，足以激发学生提出问题。

形式运算阶段儿童的教育建议如下：①要明白许多青少年并不是完全具有形式运算思维。②提出问题并邀请学生给出解决问题的一些假设。③提出问题，并建议几种可能的解决方法。④要求学生讨论他们先前对问题的结论。⑤制定供学生开展的项目和调查活动。⑥选择全班熟悉的某个特定问题，并提出相关问题。⑦要求学生撰写论文时，鼓励他们创建分级大纲。⑧明白青少年更有可能在他们专业知识最丰富、体验最多的领域运用形式运算思维。

C 项，处于形式运算阶段的学生，思维已经摆脱了具体事物的束缚，具有抽象逻辑推理能力，故在学习抽象概念时，无需提供大量具体、熟悉的例子。对处于形式运算阶段的学生，在教学抽象概念时，提供大量、熟悉的例子是必要的。C 项说法错误。

故本题选 ABDE。

3. **BDE** **解析：**本题考查皮亚杰的认知发展阶段理论。

A、C 两项错误。形式运算阶段的学生具有抽象逻辑思维，能理解符号的意义、隐喻和直喻，能对事物做出一定的概括，其思维发展水平已接近成人。A 项用演示的方式讲解游戏、C 项用教具辅助学生理解所讲内容，适用于依赖具体形象思维的学生。

B、D、E 三项，对于处于形式运算阶段的学生，教师可以通过开展课堂讨论、问题解决和科学实验等活动，激发学生的思辨能力和逻辑推理能力。此外，教师还可以通过鼓励学生进行信息加工、思维变换和问题解决，培养学生的创新能力和批判性思维。

▎提升题 ▎ ≫≫

一、判断题

1. **√** **解析：**皮亚杰曾设计了著名的"三山实验"来研究儿童的"自我中心"的思维特征。在"三山实验"中，有三座高低、大小和颜色不同的假山模型。首先，要求儿童从模型的四个角度观察这"三座山"；然后，要求儿童面对模型而坐，并且放一个玩具娃娃在"山"的另一边。实验任务是要求儿童从四张图片中指出哪一张是玩具娃娃看到的"山"。结果发现，儿童无法完成这个任务，因为他们只能从自己的角度来描述"三山"的形状。皮亚杰以此证明，儿童无法想象他人的观点，即他们的思维具有"自我中心"的特点。

2. √ **解析**：根据皮亚杰的认知发展阶段理论，2~3 岁的孩子正处在前运算阶段，该阶段的孩子具有以自我为中心的特点。因此，教会 2~3 岁的孩子有意识地谦让玩具几乎是不可能的。

3. × **解析**：本题考查皮亚杰的认知发展阶段理论。守恒是指不论物体形态如何变化，其实质是恒定不变的。皮亚杰认为，儿童 8 岁时能获得面积守恒，9 岁或 10 岁出现重量守恒，12 岁左右才能获得要求同时注意到三维空间的容量守恒。故儿童守恒概念形成过程中，面积守恒早于容量守恒，题干说法错误。

4. √ **解析**：有研究表明，青少年一般先在自然科学领域中出现形式运算思维。在社会科学领域的思维发展较慢。

二、单项选择题

1. C **解析**：皮亚杰的认知发展理论指出，个体通过同化和顺应达到机体与环境的平衡。同化是主体把新的刺激整合到原有图式中，使原有图式丰富和扩大的过程。顺应是指当机体不能利用原有图式接受和解释新刺激时，其认知结构发生改变来适应刺激的影响。题干中，亮亮通过妈妈的讲解，能够区分出麦苗和韭菜的不同，说明其自身已有的认知图式发生了顺应。迁移也称训练迁移，指一种学习对另一种学习的影响，或习得的经验对完成其他活动的影响。成熟指机体的成长，特别是神经系统和内分泌系统的成熟。

2. B **解析**：皮亚杰将个体的认知发展分为感知运动、前运算、具体运算和形式运算四个阶段。其中，处于前运算阶段的儿童的思维具有泛灵论（万物有灵论），表现为儿童还不能很好地把自己和外部世界区分开，认为外界的一切事物都是有生命、有感知、有情感、有人性的。题干中，东东给墙壁洗脸，表明他把墙壁看作有生命的物体，这体现了泛灵论，说明东东的认知处于前运算阶段。

3. B **解析**：处在前运算阶段的儿童，必须借助图像和表象，知觉事物之间的关系，没有了具体的餐具，就无法游戏，符合前运算阶段儿童的特点。

4. A **解析**：皮亚杰提出了认知发展阶段理论，他把人的发展分为以下四个阶段：感知运动阶段（0~2 岁）、前运算阶段（2~7 岁）、具体运算阶段（7~11 岁）、形式运算阶段（11 岁以后）。小学三年级学生处于具体运算阶段。处于具体运算阶段的儿童具有以下特点：①思维中形成了守恒概念；②思维的可逆性；③思维的去自我中心性；④进行具体逻辑推理；⑤理解原则和规则；⑥具有多维思维。B 项体现了能够进行具体逻辑推理；C 项体现了能够理解规则；D 项体现了其思维中形成了守恒概念，这三项属于处于具体运算阶段的儿童的特点，不符合题意。

处于形式运算阶段的个体有以下特点：①认识命题之间的关系；②进行假设 – 演绎推理；③具有抽象逻辑思维；④思维具有可逆性、补偿性和灵活性。A 项属于处于形式运算阶段的个体的特点，一般不可能出现在小学三年级学生身上。A 项符合题意，当选。

5. A **解析**：皮亚杰认为，环境中潜移默化的功能远大于知识传授的功能，环境教育重于知识教育。故本题选 A。B 项，皮亚杰认为，个体从婴儿到青少年在认知方式上要经历四个不同的阶段。要想教育儿童经思维学习知识、解决问题，就必须按照儿童思维方式进行知识教学，必须遵守儿童认知发展顺序来设计课程内容，选择适合儿童认知发展特点的教学方法。C 项，皮亚杰认为，心理发展是个体通过同化和顺应在日益复杂的环境中达到平衡的过程，也是个体在平衡和不平衡的交替中不断建构和完善其认知结构的过程。教师的主要任务是通过提问来引起学生认识不平衡，并提供有关的学习材料或活动材料，促使学生认知发展。D 项，皮亚杰认为，进入形式运算阶段的儿童的思维已经超越了具体的可感知的事物的依赖。在这之前，教师应为学生提供在现实中学习的机会。

第三节　社会化发展与教育

基础题 »»

一、判断题

1.（2016 下）根据埃里克森的理论，初中生心理发展的主要任务是促进勤奋，避免自卑。（　　）

2.（2015 上）根据埃里克森的心理发展阶段理论，小学生经常思考"我是谁"这种问题。（　　）

二、单项选择题

1.（2017 下）按照精神分析学家弗洛伊德的观点，许多心理障碍和心理异常问题都与个体的（　　）有关系。

  A．教育环境   B．人格特征

  C．早期经验   D．遗传因素

2.（2020 上）有的人对他人充满怀疑，对世界缺乏信任；有的人有很强的安全感，能够相信周围的人。根据埃里克森的发展理论，这有可能是由于哪一阶段的发展差异造成的？（　　）

  A．婴儿期   B．幼儿期

  C．儿童期   D．青年期

3.（2017 上）两三岁的儿童常常会要求自己独立完成一些任务，如吃饭、穿衣等。这时候家长应该给儿童提供这样的机会，即使他们失败了也不要责备，因为根据埃里克森的心理社会发展理论，这一阶段儿童的主要任务是形成（　　）。

  A．勤奋感   B．自主感

  C．信任感   D．角色同一性

4.（2014 下）根据埃里克森的人格发展理论，三岁至六七岁儿童所要解决的主要矛盾有（　　）。

  A．自主感对羞怯感   B．主动感对内疚感

  C．勤奋感对自卑感   D．自我同一性对角色混乱

5.（2022 上）按照埃里克森的心理发展阶段理论，小学生正处于勤奋对自卑阶段。此阶段不宜采用的做法是（　　）。

  A．容忍学生诚实的失误

  B．明确告诉学生不被允许的行为

  C．给予学生自由选择活动和游戏的机会

  D．介绍一种新的游戏或技能时，采取小步子教学

6.（2023 上）个体对自己是谁、自己要发展成什么样的人、自己在社会中处于什么角色有连续、稳定的想法，这属于中学生人格发展中的（　　）。

  A．自主性发展   B．主动性发展

  C．信任感发展   D．自我同一性发展

7.（2022 下）小张最近越来越关注自己的内心世界，喜欢用自己的眼光和观点去认识和评价外界，产生自我塑造、自我教育的紧迫感，实现自我目标的动力明显增强。这种自我意识属于（　　）。

  A．生理自我意识   B．心理自我意识

  C．社会自我意识   D．身体自我意识

三、多项选择题

（2020 上）自我意识是随着年龄的增长逐渐发展起来的，其结构的完善、合理与否直接影响着个体对自己及自己与客观世界关系的认知。自我意识具有复杂的心理结构，它包括（　　）。

A．自我认识 　　　　　　　　　　　B．自我体验

C．自我接纳 　　　　　　　　　　　D．自我调节

E．自我发展

┃提升题┃ ➤➤➤

一、判断题

1．（2016 上）根据埃里克森的人格发展理论，对于零岁到一岁的婴儿，家长应该积极地、始终如一地满足其需要。　　　　　　　　　　　　　　　　　　　　　　　　　（　　）

2．（2018 下）根据埃里克森的心理发展阶段理论，繁殖与停滞阶段中提到的繁殖感是指繁殖下一代的需要。　　　　　　　　　　　　　　　　　　　　　　　　　　　　　（　　）

3．（2024 上）儿童自我意识与自我教育能力的发展是有规律的，一般是从"自我中心"发展到"他律"，再从"他律"发展到"自律"。　　　　　　　　　　　　　　　　　　（　　）

二、单项选择题

1．（2019 上）下列关于心理发展的说法，不正确的是（　　）。

A．埃里克森认为人格的发展受人类实践活动过程的影响和制约

B．霍尔认为个体心理发展是人类进化过程的简单重复，是由种系发展决定的

C．教育是个体在心理发展过程中来自环境方面的最主要的影响，在发展中起主导作用

D．皮亚杰认为个体在平衡与不平衡的交替过程中不断建构认知结构，从而实现认知发展

2．（2019 下）根据埃里克森的心理社会发展理论，下列教养行为与可能产生的发展危机不相匹配的是（　　）。

A．婴儿哭泣，母亲不及时安抚——怀疑

B．幼儿园大班的小圆想帮父母做饭，父母不同意——内疚

C．幼儿尝试自己吃饭，因为洒了一地而被母亲拒绝——自卑

D．初三的王鸿对未来一片迷茫，家长未及时给予指导——角色混乱

3．（2020 下）某生近段时间常被"我是谁？""我将来要做什么？"等问题困扰。依据埃里克森的理论，该生心理发展处于（　　）阶段。

A．自主感对羞愧感 　　　　　　　　B．信任感对怀疑感

C．同一性对角色混乱 　　　　　　　D．勤奋感对自卑感

三、多项选择题

1．（2021 下）关于小学生自我意识的发展，下列说法正确的有（　　）。

A．自我描述从比较具体的外部特征向比较抽象的内部特征发展

B．自我评价由"自律性"向"他律性"发展

C．可以用心理词汇描述自己，但仍然主要以具体形式看待自己

D．在回答"我是谁"这个问题时，他们常常会提到姓名、年龄、性别等

E．能够用统一的标准对自己进行前后一致的评价

2．（2018下）对于青少年时期个体身心发展的特点，下列说法不正确的有（　　　）。

A．青少年时期是个体生长发育的第二个高峰期

B．青少年时期是自我意识发展的第一个飞跃期

C．青少年时期的情绪表现为两极性，时而强烈、时而温和，时而暴躁、时而细腻

D．根据埃里克森的人格发展阶段理论，青少年时期的主要任务是获得勤奋感，克服自卑感

E．青少年时期的个体由于对自我认识不够全面，因此很容易因为一次或几次的失败而灰心丧气，甚至陷入巨大的自卑情绪中

参考答案

基础题 »»»

一、判断题

1．× **解析：**根据埃里克森的理论，初中生心理发展的主要任务是培养学生同一性，避免角色混乱。小学生心理发展的主要任务是促进勤奋，避免自卑。

2．× **解析：**根据埃里克森的心理发展阶段理论，中学生经常思考"我是谁"这种问题，处于自我同一性与角色混乱的冲突之中。

二、单项选择题

1．C **解析：**精神分析学派重视个体的早期经验和无意识作用。弗洛伊德认为，许多心理障碍和心理异常问题的原因都能在个体的早期经验中找到根源。

2．A **解析：**埃里克森认为，个体的发展是持续一生的，具体可划分为八个阶段。在心理发展的每个阶段，个体都会面临着一个需要解决的心理社会问题，该问题引起个体心理发展的矛盾与危机。其中，婴儿期个体面临的发展任务是获得信任感，克服不信任感，体验希望的实现。如果在婴儿期没能获得对外部世界的信任感，将会对个体的心理发展产生消极影响，致使个体对世界缺乏信任。

3．B **解析：**根据埃里克森的社会发展理论，两三岁的儿童的主要冲突是自主感对羞耻感和怀疑感。儿童在这一阶段的发展任务是培养自主感，体验意志的实现。

4．B **解析：**三岁至六七岁属于学前期，该阶段的主要冲突是主动感对内疚感。

5．C **解析：**埃里克森认为，三岁至六七岁的个体面临的发展任务是获得主动感，克服内疚感，体验目的的实现。在这一阶段的儿童开始主动参与一些活动，应该给予儿童自由选择活动和游戏的机会。选项A、B、D均是适用于勤奋对自卑阶段的做法，故本题选C。

6．D **解析：**本题考查中学生人格发展的特点。根据埃里克森的理论，中学生面临的一个重要发展任务是建立自我同一性。他们开始体会到自我概念问题的困扰，开始思考"我是谁""我要发展成什么样的人""我在社会中处于什么角色"等问题。若他们能够结合自己过去的经验和当前面临的任务，将自我同一性的形成和职业的选择、性别角色的形成、人生观的形成等很好地整合起来，就会形成一个整合的自我概念。否则，他们会对自我概念和将来的期望感到混乱。

7．B **解析：**本题考查自我意识的内容。自我意识包含生理自我、社会自我和心理自我。

生理自我是指个体对自己的生理属性的意识，包括个体对自己的存在、行为，对自己身体、外貌、体能等方面的意识。

社会自我是指个体对自己的社会属性的意识，包括个体对自己在各种社会关系中的角色、地

位、权利、义务、人际距离等方面的意识。在社会自我发展时期，虽然个体开始积极关注自己的内部世界，但他们主要是根据别人的观点来评价事物、认识他人，对自己的认识也屈从于权威或同伴的评价。

心理自我是指个体对自己的心理属性的意识，包括个体对自己的人格特点、人格倾向、心理状态、心理过程等方面的意识。在心理自我发展时期，个体开始清晰地意识到自己的内心世界，关注自己的内在体验，喜欢用自己的眼光和观点去认识和评价外部世界，开始有明确的价值探索和追求，强烈要求独立，产生了自我塑造、自我教育的紧迫感和实现自我目标的驱动力。题干中小张的自我意识属于心理自我意识。故本题选 B。

三、多项选择题

ABD **解析**：自我意识是意识的一种形式，是个体对自己身心状态以及自己与客观世界的关系的认知。自我意识具有复杂的心理结构，它包括自我认识、自我体验、自我调节三部分。

提升题 »»»

一、判断题

1．√ **解析**：根据埃里克森的心理发展阶段理论，婴儿在第一阶段的主要任务是满足生理上的需要，发展信任感，克服不信任感，体验着希望的实现。家长应该积极地、始终如一地满足婴儿的需求。

2．× **解析**：繁殖与停滞阶段中提到的繁殖感不仅指个人的生殖能力，它主要是指关心和指导下一代成长的需要。

3．√ **解析**：本题考查儿童自我意识发展的特点。儿童自我意识与自我教育能力的发展是有规律性的，大致是从"自我中心"发展到"他律"，又从"他律"发展到"自律"，再从"自律"走向"自由"。

二、单项选择题

1．A **解析**：埃里克森认为，人格发展受文化背景的影响和制约，A 项错误。霍尔是内发论的代表人物，他认为个体心理发展是人类进化过程的简单重复，个体心理发展是由种系发展决定（复演说）的，B 项正确。影响人身心发展的因素包括遗传、环境、个体主观能动性和教育，其中教育是个体在心理发展过程中来自环境方面的最主要的影响，在发展中起主导作用，C 项正确。皮亚杰的认知发展理论主张个体通过同化和顺应达到机体与环境的平衡，如果失去了平衡，需要改变行为以重建平衡。个体在平衡与不平衡的交替过程中不断建构和完善认知结构，从而实现认知发展，D 项正确。

2．C **解析**：埃里克森的心理社会发展理论将人格的发展分为八个阶段。其中，婴儿期（零岁至一岁半）面临的发展危机是基本的信任感对基本的不信任感；儿童早期（一岁半至三岁）面临的发展危机是自主感对羞耻感；学前期（三岁至六七岁）面临的发展危机是主动感对内疚感；学龄期（六七岁至十二岁）面临的发展危机是勤奋感对自卑感；青年期（十二岁至十八岁）面临的发展危机是自我同一性对角色混乱。C 项幼儿面临的发展危机应是羞耻。

3．C **解析**：A 项，自主感对羞愧感（1.5~3 岁）：这个阶段中的儿童已经学会了走路，并且能够充分地利用掌握的语言和他人进行交流。儿童开始表现出自我控制的需要与倾向，渴望自主并试图自己做一些事情（比如吃饭、穿衣、大小便等）。

B项，信任感对怀疑感（0~1.5岁）：这一阶段，婴儿的目标是建立起对周围世界的基本信任感。母亲给婴儿提供食物并满足爱抚的需要。

C项，同一性对角色混乱（12~18岁）：处于这一阶段的个体开始体会到自我概念问题的困扰，即开始考虑"我是谁""我是怎样的人"等问题，体验着角色同一性与角色混乱的冲突。

D项，勤奋感对自卑感（6~12岁）：本阶段儿童开始进入学校学习，开始体会到持之以恒的能力与成功之间的关系，开始形成一种成功感。

三、多项选择题

1. **ACD** **解析**：自我意识是人对自身及对自己与客观世界的关系的意识。在自我意识的发展中，自我概念、自我评价和自尊是最重要的内容。

小学生的自我概念的发展有以下特点：①自我描述从比较具体的外部特征向比较抽象的内部特征发展。如回答"我是谁"这样一个问题时，低、中年级学生往往提到自己的姓名、年龄、性别、家庭住址等方面。②开始用心理词汇描述自己，但仍以具体形式来看待自己。③自我概念内容中的社会性随年级升高而增多。A、C、D三项说法正确，符合题意，故当选。

小学生自我评价的发展特点主要表现在以下几个方面：①自我评价由"他律性"向"自律性"发展；②从依据具体行为进行评价向应用道德原则进行评价发展；③从根据行为的效果进行评价向将动机与效果结合起来进行评价发展；④从正确评价别人的行为向正确评价自己的行为发展。B项说法错误。

中学生自我评价的原则性和批判性增强，开始能够从一定的道德原则出发对自己进行客观的评价。中学生自我评价的稳定性增强，能够用统一的标准对自己进行前后一致的评价。E项属于中学生自我意识的发展特点，不符合题意。

2. **BD** **解析**：个体生长发育的两个高峰期分别是婴儿期和青少年期，A项正确。个体自我意识发展的第一个飞跃期是生理自我，通常在1~3岁，B项错误。青少年时期的情绪具有不稳定性和两极性，C项正确。根据埃里克森的人格发展阶段理论，青少年期的主要任务是培养自我同一性，克服角色混乱。这一阶段的学生在对待自己的认识上容易出现偏差，导致角色混乱，故D项错误，E项正确。

第四节 个别差异与教育

| 基础题 | ▶▶▶

一、判断题

1.（2023下）田老师在上课时善于运用音乐、手势、教具、动画等进行教学，这能很好地照顾到不同认知风格的学生。 （ ）

2.（2022下）场独立型的学生对学习反馈信息的需求并不比场依存型的学生少。 （ ）

3.（2023上）小张做判断时容易受周围环境的影响和干扰，他的认知风格属于场依存型。（ ）

4.（2017上）在人际交往中关注他人的言行举止，并能够根据不同的情况调整自己言行的认知类型属于场依存型。 （ ）

5.（2015上）场依存的学生更多地希望得到教师和同学的认同。 （ ）

6.（2018下）在学习中遇到问题时，往往倾向于对整个问题所涉及的各个子问题的层次结构以及自己将采取的方式进行预测，从而解决问题，这种学习策略称为序列性策略。（　　）

7.（2016上）小溪是一个话很少的女孩子，不喜欢人多嘈杂的环境，爱好阅读和写作，对事情的看法常有独到的见解。由此可以判断小溪的认知风格更有可能属于内倾型。（　　）

8.（2016下）就认知风格而言，求异思维方式比求同思维方式更好。（　　）

9.（2024上）男性智力分布的离散程度比女性大，所以男性智力发展总体水平高于女性。（　　）

10.（2015上）学习困难的学生就是智能不足的学生。（　　）

11.（2015下）学困生的智力水平不高，因此开发学困生的智力是当务之急。（　　）

12.（2021上）对于小学一、二年级学生而言，攻击性行为是典型的男生行为，依赖性行为是典型的女生行为。（　　）

二、单项选择题

1.（2024上）善于把握整体，喜欢学习系统化、条理化的材料，期望教师对他们的学习效果进行及时反馈，这类学生的认知风格更可能是（　　）。

A．场独立型　　　　　B．场依存型　　　　　C．冲动型　　　　　D．沉思型

2.（2021下）场依存型学生最合适的学习方式是（　　）。

A．合作学习　　　　　　　　　　　　B．自主学习

C．独立学习　　　　　　　　　　　　D．发现学习

3.（2018下）某公司人员招聘要求如下：有责任心；善于沟通交流；团结同事；有较强的同理心。根据认知风格的分类，（　　）认知风格的人更适合这份工作。

A．场独立型　　　　　　　　　　　　B．场依存型

C．冲动型　　　　　　　　　　　　　D．沉思型

4.（2018下）课堂上，老师提问的话音未落，有的学生就急忙举手回答，但回答常常不够全面。这类学生所对应的认知加工策略为（　　）。

A．深层加工型　　　　　　　　　　　B．表层加工型

C．冲动型　　　　　　　　　　　　　D．沉思型

5.（2018上）数学老师在考试前提醒学生，考试时若遇到难题可以放一放，先把后面相对简单的题答完了再回过头来思考。可小明却不喜欢这样，他每次都是一步一步地依照试卷的顺序答题。小明的认知风格更可能属于（　　）。

A．场独立型　　　　　　　　　　　　B．场依存型

C．整体型　　　　　　　　　　　　　D．序列型

6.（2016上）有的学生在解决问题时十分注重问题的逻辑顺序，喜欢一步一步地解决。这类学生的认知风格属于（　　）。

A．场独立型　　　　　　　　　　　　B．场依存型

C．整体型　　　　　　　　　　　　　D．序列型

7.（2023上）下列关于场独立型学习风格的描述中错误的是（　　）。

A．对社会科学更感兴趣　　　　　　　B．在内部动机的驱使下学习

C．善于记忆缺乏组织的材料　　　　　D．在解决问题时更能打破思维定势

8.（2017下）初中生小慧在解决问题时，习惯于一次考虑多重假设，希望兼顾多个属性。这种认知风格属于（　　）。

A．系列型　　　　　B．冲动型　　　　　C．整体型　　　　　D．沉思型

9.（2016下）学生在学习过程中倾向于自己组织学习材料，不太喜欢按部就班的学习方式，与这种学习风格相对应的认知风格是（　　）。

  A．整体型   B．序列型   C．反省型   D．冲动型

10.（2020上）东东解决问题时，总是采取按部就班的分析程序，一步接一步，一环扣一环，每一步只考虑一种假设，而且提出的假设有明显的先后顺序。东东的这种认知方式属于（　　）。

  A．继时型加工   B．同时型加工

  C．聚合型加工   D．发散型加工

11.（2017上）每次去美术馆参观时，阳阳都能很快把握住一幅绘画作品的整体构架及其传达出的情感，却很少能注意到画家们对绘画作品细节的处理。由此可以推断，阳阳的知觉类型最可能属于（　　）。

  A．分析型   B．综合型

  C．混合型   D．分析－综合型

12.（2022上）根据记忆过程中的知觉偏好，学生的知觉类型不包括（　　）。

  A．视觉型   B．动觉型   C．混合型   D．序列型

13.（2022上）下列关于认知风格的说法错误的是（　　）。

  A．教师需要适时运用有意失配策略，弥补学生学习方式或学习机能上的不足

  B．对于场依存的学生而言，可以给他们更宽松的学习环境，教师或家长不需要一直对其进行监管

  C．教师可以在教学中采用多种教学手段，如独立思考、小组合作、观看视频、实践操作等，以照顾不同认知风格的学生

  D．对于冲动型的学生而言，可以让他们低声说出自己解决问题的不足和进程，从而做到自我监控和指导，避免因粗心而犯错

14.（2022下）下列描述与学生个体差异匹配错误的是（　　）。

  A．"耐心等待，不以快慢论成败。"——个体发展速度存在差异

  B．"人像树木一样，要使他们尽量长上去，不能勉强都长得一样高。"——个体发展水平存在差异

  C．"同样的人生道理，有的学生从文学中领悟，有的学生却从数学中领悟。"——个体发展程度存在差异

  D．"有的学生喜欢沉浸在文学作品里，有的学生为各种科学现象深深着迷。"——个体发展方向存在差异

15.（2021下）"你的教鞭下有瓦特，你的冷眼里有牛顿，你的讥笑中有爱迪生。你别忙着把他们赶跑。你可不要等到坐火轮、点电灯、学微积分，才认识他们是你当年的小学生。"陶行知的这段话提醒教师应正确认识学生的（　　）。

  A．智能特征差异   B．智能表现早晚差异

  C．智能水平差异   D．智能类型差异

16.（2023上）有的幼儿1岁6个月就发展到言语"爆炸期"，有的幼儿3岁以后才开始说话。这些情况都不会影响后期言语智力的发展。这表现出智力发展的（　　）。

  A．水平差异   B．结构差异

  C．速度差异   D．性别差异

17.（2022上）下列描述不属于学困儿童常表现的心理行为特征的是（　　）。

  A．动作不协调   B．注意力缺陷

  C．习得性无助   D．智力低下

18.（2018下）针对学困生的教育教学，以下做法不恰当的是（　　）。

A. 尊重学困生人格

B. 在教学中对学困生一视同仁

C. 分析学困生学习困难的原因

D. 家校共同关心学困生的学习与生活

提升题 »»

一、判断题

1.（2020下）不同的认知风格反映了能力的不同。　　　　　　　　　　　　　（　　）

2.（2020下）王老师认为，无论是对内倾型学生还是外倾型学生而言，表扬比批评都更为有效。　　　　　　　　　　　　　　　　　　　　　　　　　　　　　　　　（　　）

3.（2020上）对于长期缺乏关注的学困生，帮助他们提高学习成绩的首要任务是让其感受到爱和尊重。　　　　　　　　　　　　　　　　　　　　　　　　　　　　　　（　　）

二、单项选择题

1.（2023下）关于学习风格，下列说法错误的是（　　）。

A. 学习风格具有鲜明的个性特征

B. 学习风格较少随学习内容、学习环境的变化而发生变化

C. 沉思型学生与冲动型学生相比，具有更成熟的解决问题的策略，能更多地提出不同的假设

D. 场依存型学生善于运用分析的知觉方式，而场独立型学生则偏爱非分析的、笼统的或整体的知觉方式

2.（2020下）下列做法中，学生的学习风格与其任务最匹配的是（　　）。

A. 给场独立型强的学生一些主持和演讲的任务

B. 给视觉型学生指定一些需要手动完成的任务

C. 给场依存型强的学生指定一些需要单独完成的任务

D. 给听觉型学生指定一些需要看书和做笔记完成的任务

3.（2021上）在认知风格研究中，"镶嵌图形测验"最能区分哪一类认知风格？（　　）

A. 内倾与外倾　　　　　　　　　　　　B. 场独立与场依存

C. 聚合式与发散式　　　　　　　　　　D. 整体性与系列性

4.（2019下）下列不是根据认知差异进行教学活动的是（　　）。

A. 在文科生和理科生之间进行活动比赛

B. 将外向型和内向型的学生混合编组进行课堂活动

C. 将课程内容分为偏重理解的内容和偏重记忆的内容

D. 将稳重反思型和冲动直觉型学生混合编组进行科技活动

5.（2023下）针对不同气质类型的学生，下列教育方法不恰当的是（　　）。

A. 对于胆汁质的学生，给予一些较容易的学习任务，让其体验成功，培养自信心

B. 对于多血质的学生，采用多种教学方法和多样的教学内容激发和培养他们的学习兴趣

C. 对于黏液质的学生，给予他们充分的思考时间，鼓励他们一题多解，拓宽思路

D. 对于抑郁质的学生，帮助他们制订合理的学习计划，激发学习兴趣

三、多项选择题

（2018 上）学生没有智力障碍，但在阅读、写作或数学方面仍然存在困难。针对此类学习有困难的学生，可采用的正确教学策略有（　　）。

A．进行创造性训练　　　　　　　　　B．教给他们自我监控策略

C．指导他们分析学习困难的原因　　　D．提供多元的例子，重复教学重点

E．教学时将新知识与已有的知识联系起来

参考答案

▌基础题▐　>>>

一、判断题

1．√　**解析**：本题考查学习风格差异。学习风格是指人们在学习时所惯用或偏爱的方式。常见的学习风格差异有感觉通道差异、认知风格差异等。很多学者对二者进行区分。如张大均认为，根据记忆过程中的知觉偏好，认知风格可以分为视觉型、听觉型、动觉型和混合型。田老师在上课时善于运用音乐、手势、教具、动画等进行教学，照顾到了视觉型、听觉型、动觉型的学习者。故题干说法正确。

2．×　**解析**：本题考查场独立型和场依存型认知风格的区别。场独立型的学生是"内部定向者"，对客观事物做判断时，常常利用内在的参照（主体感觉），不易受外来因素影响和干扰，独立对事物做出判断。场依存型的学生是"外部定向者"，对事物做判断时倾向于以外部参照（身外的客观事物）作为信息加工的依据，容易受周围人们，特别是权威人士的影响和干扰，善于察言观色。因此，场独立型学生需要的反馈信息少，场依存型学生需要的反馈信息多。故题干说法错误。

3．√　**解析**：本题考查认知风格的类型。美国心理学家赫尔曼·威特金根据个体在认知加工中对客观环境提供线索的依赖程度将认知风格分为场依存型与场独立型。认知风格为场依存型的个体倾向于以外部参照作为信息加工的依据，其态度和自我知觉更易受周围人们，特别是权威人士的影响和干扰。认知风格为场独立型的个体倾向于独立地对事物做出判断，常常利用自己内部的参照，不易受外来因素的影响和干扰。题干中，小张做判断时容易受周围环境的影响和干扰，他的认知风格属于场依存型。

4．√　**解析**：场依存型的学生做出判断往往依靠的是外部参照，容易受周围的特别是权威人物的影响，善于察言观色。

5．√　**解析**：场依存型的人更加需要通过获得外界的信息来肯定自己。

6．×　**解析**：采取整体性策略的学生在从事学习任务时，往往倾向于对整个问题所涉及的各个子问题的层次结构以及自己将采取的方式进行预测，从而解决问题。采用序列性策略的学生，一般把重点放在解决一系列子问题上。

7．√　**解析**：内倾型的人表现为不善于表露情感、表现行为，与人交往显得沉静而孤僻。

8．×　**解析**：认知风格没有好坏之分，所以求同思维和求异思维不存在谁更好的问题。

9．×　**解析**：本题考查智力的性别差异。男女智力的总体水平大致相等，但男性智力分布的离散程度比女性大，即很聪明和很笨的男性所占比例都比女性所占比例大，智力中等的女性所占比例比男性所占比例大。男女的智力结构存在差异，各自具有自己的优势领域。

10．×　**解析**：学习困难的学生指的是感官和智力都很正常而学习结果远未达到教学目标的

学生。

11．×　**解析：** 学困生是指智力水平正常且没有感官障碍，但其学习成绩明显低于同年级学生，不能达到预期的学习目的的学生。因此并不能简单认为学困生的智力水平不高。这些学生往往思考不积极，注意力不集中，善于机械记忆，不善语言表达，不愿或不善于开动脑筋，常常回避那些较难的习题，思维上有惰性。

12．×　**解析：** 教师身上存在性别刻板印象。有人曾对小学一、二年级的教师做过研究，结果发现，他们常常认为攻击性行为是典型的男孩行为，依赖性行为对两性都不典型，但有依赖性的女孩比有依赖性的男孩更为教师所喜欢。

二、单项选择题

1．B　**解析：** 本题考查学生的认知风格。根据个体在认知加工中对客观环境提供线索的依赖程度，认知风格可分为场依存型与场独立型。场依存型的学生善于把握整体，喜欢学习系统化、条理化的材料，喜欢与同伴一起讨论，进行合作学习。场独立型的学生喜欢学习无结构的材料，喜欢独自学习。题干所述属于场依存型学生的认知风格。

根据解答问题的反应时间与精确性，认知风格可分为沉思型与冲动型。沉思型的学生碰到问题时倾向于深思熟虑，权衡各种问题解决的方法，然后从中选择一个满足多种条件的最佳方案，因而错误较少。冲动型的学生倾向于很快地检验假设，根据问题的部分信息或未对问题做透彻的分析就仓促做出决定，反应速度较快，但容易发生错误。

2．A　**解析：** 美国心理学家赫尔曼·威特金将认知风格分为场独立型与场依存型。其中，认知风格为场依存型的学生对物体的知觉倾向于以外部参照作为信息加工的依据，他们的态度和自我知觉更易受周围人们，特别是权威人士的影响和干扰，他们善于察言观色，注意并记忆言语信息中的社会内容。他们喜欢合作学习，或者按教师、家长的要求学习，在学习中需要教师对学习内容给予明确、具体的指导。故本题选A。

一般来说，场独立型的学生对内在参照物有较大依赖，独立性和自主性强，愿意独立学习、个人钻研。因此，B、C、D三项属于场独立型学生喜欢的学习方式。

3．B　**解析：** 认知风格为场依存型的人，对物体的知觉倾向于以外部参照作为信息加工的依据，他们的态度和自我知觉更易受周围人们，特别是权威人士的影响和干扰，善于察言观色，有较强的同理心，善于注意并记忆言语信息中的社会内容。认知风格为场依存型的人更适合题干中描述的工作。

4．C　**解析：** 认知加工策略为冲动型的学生，在有几种可能的问题情境时，倾向于很快地检验假设，且常常出错。题干中学生的认知加工策略为冲动型。

5．D　**解析：** 采用整体型认知方式的学生，在从事学习任务时，往往倾向于对整个问题将涉及的各个子问题的层次结构以及自己将采取的方式进行预测。采取序列型认知方式的学生，一般把重点放在解决一系列子问题上。他们把这些子问题联系在一起，十分注重其逻辑顺序，按顺序一步步地前进。由小明按照试卷的顺序答题可知，小明的认知风格属于序列型认知方式。

6．D　**解析：** 序列型认知风格的学生一般把重点放在解决一系列子问题上，只有在学习过程将要结束时，才能对所学内容形成比较完整的看法。题干所述为序列型认知风格。

7．A　**解析：** 本题考查不同认知风格学习者的学习偏好。根据个体在认知加工中对客观环境提供线索的依赖程度，可以将认知风格分为场独立型与场依存型。其中，场独立型的学习者是"内部定向者"，在对客观事物做判断时，常常利用自己内部的参照，不易受外来因素的影响和干扰，倾向于独立地对事物做出判断；他们通常更偏好自然科学，学习行为往往受内部动机支配，喜欢自主学习；偏好结构不严密的教学，善于记忆缺乏组织的材料，在解决问题时更能打破思维定势，从习惯的解题模式中摆脱出来，采用新的解题方法。

场依存型的学习者更偏好社会科学。A项说法符合题意。

8．C 解析：小慧解决问题时，倾向考虑多重假设，希望兼顾多个属性。这种从全盘上考虑如何解决问题的认知风格，属于整体型。

9．A 解析：采取整体型策略的学生在从事学习任务时，往往倾向于对整个问题涉及的各个子问题的层次结构以及自己将采取的方式进行预测，做到未雨绸缪。而且，他们的视野比较宽，能把一系列子问题组合起来，而不是一碰到问题就立即着手一步一步地解决。他们往往从自己最感兴趣的地方着手，并且对趣闻轶事特别关注。题干中的学生在学习过程中倾向于自己组织材料，不喜欢按部就班，符合整体型认知风格的特点。

10．A 解析：继时型加工认知方式的特点是个体在解决问题时，能一步一步地分析问题，每一个步骤只考虑一种假设或一种属性，提出的假设在时间上有明显的先后顺序。题干中，东东的认知方式属于继时型加工。

11．B 解析：人们在知觉方面，表现出个体类型差异，可以分为三类：①综合型，这种人知觉的特点是，观察时注意事物的概括性，但分析能力较弱，对于事物的细节的感知不足；②分析型，这种人知觉的特点是，有较强的分析能力，观察时注意事物的细节，但对于事物的整体性的感知不够；③分析－综合型，这种人兼有上面两种知觉类型的特点，在观察中既能注意事物的整体，也能注意事物的细节。题干强调阳阳只关注整体构架及其所传达的感情，很少关注作品的细节处理，体现了阳阳的知觉类型属于综合型。

12．D 解析：认知类型差异是人们在感知、理解、记忆、思维等过程中采用的与众不同的方式。其中，根据记忆过程中的知觉偏好，记忆可分为视觉型、动觉型、听觉型和混合型四种。

13．B 解析：有意失配策略是指针对学生学习风格的短处所采取的有意识弥补策略，这种策略与学生擅长的方式不一样，一开始可能会在一定程度上影响学生对知识的获得，表现为学习速度慢，学的数量少，但坚持使用能弥补学生学习方式或学习机能上的不足，使学生的心理机能得到全面发展，并促进后续的学习。A项说法正确。

场依存型学生易受暗示，欠主动，受外在动机支配，偏爱严密的教学，需要家长或教师对其进行监管。B项说法错误，符合题意。

不同的认知风格具有不同的特点，适合的学习方式也不同，所以采用多种教学手段可以照顾不同认知风格的学生。C项说法正确。

冲动型学生注重速度而不注重精度，容易因为粗心而犯错，所以可以让他们低声说出自己解决问题的不足和进程，从而做到自我监控和指导，提高学习的效果。D项说法正确。

14．C 解析：本题考查个体差异。学生的个体差异体现在发展方向、发展水平、发展路径和发展速度上。"不以快慢论成败"体现了个体发展速度的差异；"不勉强都长得一样高"体现了个体发展水平存在差异，发展水平有高有低；"有的学生喜欢文学，有的学生喜欢科学"体现了个体发展方向的差异。A、B、D三项均正确。

"同样的人生道理，有的学生从文学中领悟，有的学生却从数学中领悟"属于发展路径上存在差异。C项符合题意。

15．B 解析：智能泛指智力和能力，是一种心理特征，是顺利完成某种活动的心理条件。学生的智能发展存在以下差异：①智能表现早晚的差异。人的能力的表现有早有晚，有的人从小就表现出极高的天赋，有的人则中年成材，还有些大器晚成。②智能水平的差异。同一年龄阶段的儿童，智能发展水平是有差异的。心理学家把儿童智力发展分为三种水平，即智力超长、正常和低常。③智能类型的差异。人的差异在知觉、记忆、言语和思维等方面都能表现出来。题干中，提到

"你别忙着把他们赶跑""他们是你当年的小学生",意思是说不要过早断定学生的能力,体现的是智能表现早晚的差异。故本题选 B。

16. C　解析:本题考查智力发展的个体差异。智力发展的个体差异主要表现在水平、速度、结构等方面。题干强调幼儿言语发展早晚的差异,即发展速度方面的差异。

17. D　解析:学习困难学生是指那些无明显视听、智力、能力缺陷,无经济、文化环境的不良影响,而在行为与心理方面表现极不平衡,以致无法有效适应环境并且无法依靠学校平常教育方法进行有效学习的儿童。换言之,就是在智力、感觉器官都正常的条件下,学习效果未达到教学目标的儿童。学习困难学生的心理行为特征包括动作不协调、注意力缺陷、习得性无助等。

学习困难学生多指智力正常的儿童,智力低下不是学习困难学生的心理行为特征。

18. B　解析:针对学困生的教育教学,教师要切实关注和正确对待学困生,教师应尊重、信任、关心爱护学困生;深入了解、分析造成学困生学习困难的原因;根据学困生特点因材施教;多方配合、因势利导,家校共同关心学困生的学习和生活;善于发现学困生的闪光点。B 项中对学困生一视同仁的做法不当。

| 提升题 | »»»

一、判断题

1. ×　解析:认知风格是学生的一种理智特征,它具有相对稳定性,即学生在从事类似的认知活动时始终会表现出这种特性。一般来说,个体的认知风格没有好坏之分,也就是说,不同认知风格的人可以取得同样的学习效果。学生认知风格上的差异,不同于能力上的差异。

2. ×　解析:人们对事物的反应方式一般表现出两大性格特征,即内倾型和外倾型。内倾型的人倾向于自己内在的思维和情感体验过程,不善于社交,对事物的反应比较含蓄;外倾型的人的兴趣主要指向周围环境中的人与事物,其主要特征为思想开朗、感情外露。汤普森的研究显示,这两类性格特征的学生对奖赏和惩罚会产生不同的反应方式:对内倾型的学生来说,表扬比批评更为有效;对外倾型的学生来说,批评比表扬更为有效。

3. √　解析:对于长期缺乏关注的学困生,帮助他们提高学习成绩的首要任务是让其感受到爱和尊重。

二、单项选择题

1. D　解析:本题考查学习风格。

A 项,学习风格具有独特性。学习风格是以学习者的神经组织结构和机能为基础,在特定的家庭、教育和社会文化的影响下,通过个体自身长期的学习活动而形成的,具有鲜明的个性特征。

B 项,学习风格具有稳定性。学习风格是在长期的学习过程中逐步形成的。它一经形成,便具有持久稳定性。

C 项,沉思型学习者面对问题,往往能考虑到各种条件和因素,深思熟虑,找到并比较各种解决问题的方法,从中选择最佳方案。与冲动型学生相比,沉思型学生能够更多地提出不同假设,具有更成熟的解决问题的策略。

D 项,场独立型学生善于运用分析的知觉方式,场依存型学生则偏爱非分析的、笼统的或整体的知觉方式。D 项说法错误,符合题意,当选。

2. A　解析:A 项,场独立型的学生很少或不受环境因素影响,属于"内部定向者",基本上倾向于依赖内在的参照。在教学中,教师可以采用取长补短的方式利用学生的场定向,将学生的技能扩展到超出他们占优势的场定向范围。所以，场独立型学生可以被指定去参加某些要求具有社会敏感性的任务，比如主持、演讲等。

B项，视觉型学生对于视觉刺激较为敏感，习惯于通过视觉接受学习材料，如景色、相貌、书籍、图片等。他们适合自己看书和做笔记进行学习，而不适合教师的讲授和灌输。

C项，场依存型的学生受环境因素影响大，属于"外部定向者"，基本上倾向于依赖外在的参照。在教学中，场依存型的学生也可以被指定去进行那些要求应用分析性技能单独完成的工作。

D项，听觉型学生较为偏重听觉刺激，他们对于语言、声响和音乐的接受力和理解力较强，甚至喜欢一边学习、一边戴着耳机听音乐。当学习外语时，他们喜欢多听多说，而不太关心具体单词的拼写或者句型结构。

综上所述，B、C、D三项均表述错误。故本题选择A项。

3．B　解析：美国心理学家赫尔曼·威特金根据个体在认知加工中对客观环境提供线索的依赖程度，将认知风格分为场独立型和场依存型。认知风格为场独立型的学生，在对客观事物做判断时，常常利用自己内部的参照，不易受外来因素的影响和干扰；在认知方面独立于他们的周围背景，倾向于在更抽象的和分析的水平上加工信息，独立地对事物做出判断。认知方式为场依存型的学生，对物体的知觉倾向于以外部参照作为信息加工的依据，容易适应环境、喜欢合作学习，他们的态度和自我知觉更易受周围人们，特别是权威人士的影响和干扰，善于察言观色，注意并记忆言语信息中的社会内容。场独立型和场依存型的差异可以通过以下方法进行鉴别：①棒框测验；②镶嵌图形测验；③倾斜小屋－倾斜椅子测验。B项正确。

4．A　解析：认知差异主要包括认知风格差异和认知水平差异。认知风格差异是个体在知觉、思维、记忆和解决问题等认知活动中加工和组织信息时所显示出来的独特而稳定的风格差异。认知水平差异主要表现为智力水平的差异。组织文科生与理科生之间进行比赛，不仅没有利用认知差异进行教学，反而忽略了文科生和理科生之间可能存在的认知差异。A项不属于利用认知差异进行教学。B项，荣格将个体的认知风格分为外向和内向型。将外向型和内向型的学生混合编组进行课堂活动利用了个体的认知差异。C项，认知方式也称认知风格，是指人们在认知活动中所偏爱的信息加工方式，将课程内容分为偏重理解的内容和偏重记忆的内容是根据认知差异进行教学活动。D项，依据个体解决问题时的速度与精确度的偏好，认知风格可分为稳重反思型和冲动直觉型。将稳重反思型和冲动直觉型学生混合编组进行科技活动是根据认知差异进行教学活动。

5．A　解析：本题考查不同气质类型的教育方式。对胆汁质的学生，教师应给他们布置一些有难度的学习任务，克服他们急躁和不求甚解的毛病。A项教育方法不恰当，符合题意，故本题选A。

三、多项选择题

BCDE　解析：针对学困生的教学策略有寻找症结、对症下药，方法指导、循序渐进，用真心来激励，用智慧促沟通。"指导他们分析学习困难的原因"有利于对症下药，进行学习困难的转化。同时，"教给他们自我监控策略""提供多元的例子，重复教学重点"都是在学习方法方面给予学生指导，有利于循序渐进地进行学习困难的转化。"教学时将新知识与已有的知识联系起来"有利于学生进行有意义的建构学习。故本题选BCDE。

第四章 学前儿童的发展

第一节 学前儿童认知发展

一、判断题

（2016上）随着年龄的增长，儿童的意义记忆能力逐渐发展，机械记忆能力逐渐减弱。（   ）

二、单项选择题

1.（2023上）幼儿记忆内容和效果极大程度上依赖于对象的外部特点。下列较难被幼儿记住的材料是（   ）。

    A．活泼可爱的动物   B．色彩鲜艳的图片

    C．抽象概括的词汇   D．节奏欢快的歌曲

2.（2016下）凹凸不平的路面有很多积水，3岁的锐锐爱踩积水坑，老师怎么制止也不听，于是老师就生气地说："那你就一直踩个够吧！"锐锐一听，踩得更欢了。锐锐不理解老师的反话，是因为幼儿的理解具有（   ）。

    A．概括性   B．表面性

    C．形象性   D．抽象性

3.（2017下）1岁8个月的东东想给爸爸吃苹果，会对爸爸说："爸爸，果果，吃。"并将苹果递给爸爸。这表明这个阶段的儿童语言发展的一个主要特点是（   ）。

    A．完整句   B．单词句

    C．电报句   D．简单句

参考答案

一、判断题

× **解析**：意义记忆和机械记忆都随着年龄的增长而发展，但是两者的速度是不一样的。

二、单项选择题

1．C **解析**：本题考查幼儿记忆发展的特点。幼儿记忆发展的特点包括以下几点：①无意记忆占据优势，有意记忆继续发展；②机械记忆占据优势，意义记忆继续发展；③形象记忆占据优势，语词记忆继续发展；④记忆的持久性提高，精确性较差。

A、B、D三项属于形象鲜明、颜色艳丽、直观具体、富于变化的材料，这类事物容易引起幼儿的注意，进而促成无意记忆和形象记忆，容易被幼儿记住。C项，抽象概括的词汇往往需要付出意志努力并理解词汇含义，较难被幼儿记住。

2．B **解析**：幼儿思维的表面性是指幼儿思维只能根据具体接触到的表面现象来进行，而不是

反映事物的本质联系。所以他们难理解"反话"。

3．C　**解析**：单词句是指在小孩一岁到一岁半期间，所说出的"喵喵""汪汪"等单词句式。电报句主要是指小孩在一岁半到两岁期间，所使用的双词或者三词组合在一起的词句，其表现形式是断续的、简略的、结构不完整的，好像成人的电报式文件。

第二节　学前儿童情绪情感发展

单项选择题

（2020上）"杨老师，排队的时候甜甜推了我""李老师，小包老是在说话"……孩子上幼儿园后，一直到学龄初期，很多老师都发现这样一个现象：孩子变得爱"告状"了。这种现象说明（　　）。

A．儿童的个性开始逐渐形成　　　　　　B．儿童开始展现集体意识

C．儿童开始具有道德感　　　　　　　　D．儿童能公正评价他人

参考答案

单项选择题

C　**解析**：道德感是由自己或别人的举止行为是否符合社会道德标准而引起的情感。在幼儿园的集体生活中，随着各种行为规范的掌握，幼儿的道德感也逐渐发展起来。他们可以因为自己在行动中遵守了教师的要求而产生快感。中班幼儿不但关心自己的行为是否符合道德标准，而且开始关心别人的行为是否符合道德标准，并由此产生相应的情感。例如，他们看见其他小朋友违反规则，会产生极大的不满。幼儿常常"告状"的现象说明其开始具有道德感。C项正确。

第三节　儿童、青少年个性和社会性的发展

一、判断题

（2019上）"认生"不利于幼儿的社会性发展，因此要尽量避免幼儿出现"认生"。　　　（　　　）

二、单项选择题

1．（2017下）婴幼儿表现出饮食、睡眠都很有规律，大多数情况下心情愉快积极，乐于探究新事物，容易适应环境的变化。根据托马斯和切斯关于儿童气质类型的划分，这类婴幼儿的气质类型属于（　　）。

A．愉悦型　　　　　　　　　　　　　　B．容易型

C．缓慢型　　　　　　　　　　　　　　D．困难型

2．（2016下）母亲对于婴儿的成长漠不关心，很少与其互动，在这种环境下成长的儿童与母亲形成的依恋关系类型更可能是（　　）。

A．安全型　　　　　　　　　　　　　　B．反抗型

C．矛盾型　　　　　　　　　　　　　　D．回避型

3.（2024 上）关于学龄前儿童的攻击性和攻击行为，下列表述错误的是（　　　）。

A. 攻击性强的学龄前儿童到了学龄期也更可能是攻击性强的人

B. 攻击行为不会随着年龄增长而出现普遍下降的趋势

C. 相比女孩，男孩通常表现出更高水平的身体攻击和工具性攻击

D. 相比男孩，女孩更倾向于使用语言攻击和关系攻击

参考答案

一、判断题

× **解析：**儿童在六个月至一岁半的时候进入依恋形成阶段，在这个阶段，儿童会出现明显的分离焦虑，也就是我们常说的"认生"现象。这是依恋建立的过程中出现的正常现象，无法避免。

二、单项选择题

1. B **解析：**托马斯、切斯把从出生到 3 岁前幼儿的气质类型划分为容易型、困难型和迟缓型。容易型的婴幼儿生理节律有规律，比较活跃，容易适应环境，如容易接近陌生人、容易接受新的食物、安慰等。其情绪比较积极、稳定、友好、愉快，其喜悦的情绪占主导。这类型的婴幼儿求知欲强，在活动中比较专注、不易分心、爱游戏，容易得到成人的关爱。题目描述的婴儿特点和容易型相符。

2. D **解析：**回避型依恋是指婴儿对母亲在不在场都无所谓。当母亲离开时，他们并不表示反抗，很少有紧张、不安的表现。当母亲回来时，他们也往往不予理会，表示忽略而不是高兴，自己玩自己的；有时也会欢迎母亲的归来，但时间非常短暂。因此，实际上这类婴儿对母亲并未形成特别密切的感情联结，所以有人也把这类婴儿称为无依恋婴儿。

3. B **解析：**本题考查学龄前儿童的攻击行为。大部分儿童在学龄前阶段随着年龄的增长，其攻击行为的数量、频率和每次攻击行为的持续时长都会下降。这与儿童的人格和社会性发展有关。儿童逐渐能够运用更为有效的策略应对消极情绪。同时，他们也逐渐发展出社会技能，能够用语言表达自己的愿望，与他人进行协商谈判。故 B 项说法错误。

第四节　幼儿园教育的原则

单项选择题

（2018 上）"六一"儿童节快到了，幼儿园大班的文老师主动与幼儿园所在的社区联系，商量带班里的幼儿到社区开展游园活动；同时还积极与家长们沟通，希望能对游园活动建言献策。文老师的这种做法体现了幼儿教育的（　　　）。

A. 保教结合原则

B. 因材施教原则

C. 整体综合原则

D. 全面和谐教育原则

参考答案

单项选择题

C　解析： 整体综合原则是指儿童的发展是一个整体，要注重领域之间、目标之间的相互渗透和整合，促进幼儿身心全面协调发展。整体综合原则要求让幼儿的一日生活成为一个整体，让幼儿园课程的五大领域相互组合成整体，整合幼儿园、家庭和社区的教育资源。保教结合原则指对幼儿保育和教育要给予同等的重视，使两者相互配合。因材施教原则指尊重幼儿身心发展的特点和规律，关注幼儿的个体差异，对幼儿进行针对性的教育，促进每个幼儿实现最佳的发展。全面和谐教育原则指幼儿教育要面向每一个幼儿和促进每一个幼儿身心的全面和谐发展。

第五节　幼儿安全教育

单项选择题

（2022上）下列描述不属于幼儿安全教育内容的是（　　　）。
A．外出时爸爸提醒三岁的儿子不吃陌生人给的东西
B．过马路时奶奶提醒四岁的孙子"红灯停，绿灯行"
C．妈妈告诉五岁半的儿子在公共场所不要大喊大叫
D．老师告诉幼儿园的孩子不允许别人触摸自己的隐私部位

参考答案

单项选择题

C　解析： 对不同年龄阶段的幼儿的安全教育目标不同，以下是3~6岁的幼儿应具备的安全知识。

3~4岁的幼儿应当具备以下基本安全知识：①不吃陌生人给的东西，不跟陌生人走；②在提醒下能注意安全，不做危险的事；③在公共场所走失时，能向警察或有关人员说出自己和家长的名字、电话号码等简单信息。A项属于此阶段的安全教育内容。

4~5岁的幼儿应当具备以下基本安全知识：①知道在公共场合不远离成人的视线单独活动；②认识常见的安全标志，能遵守安全规则；③运动时能主动躲避危险；④知道简单的求助方式。B项属于此阶段的安全教育内容。

5~6岁的幼儿应当具备以下基本安全知识：①未经大人允许不给陌生人开门；②能自觉遵守基本的安全规则和交通规则；③运动时能注意安全，不给他人造成危险；④知道一些基本的防灾知识。C项不属于此阶段的安全教育内容，故当选。

另外，要教给幼儿一些生活小常识。如小手指不要放在门缝里；不要去摸电插座；不将异物塞入耳、鼻、口腔内；坐车时头和手不要伸出窗外，过马路应走人行横道等。帮助幼儿认识常见的安全标识，如小心触电、小心有毒、禁止下河游泳、紧急出口等。告诉幼儿不允许别人触摸自己的隐私部位。D项属于幼儿安全教育内容。

综上所述，本题选C。

第六节　幼儿园游戏

判断题

1.（2020上）游戏是由儿童自发，不需要成人引导的，伴有愉快体验的活动。　　　（　　）

2.（2017上）在幼儿园教学中，为了体现以"幼儿为本"的教育理念，教师应该主动为幼儿选择游戏和课程。　　　（　　）

3.（2016下）游戏是幼儿的主导活动，也是促进幼儿心理发展的最好形式，因此家长和教师都应保证幼儿游戏的时间，提高幼儿游戏的质量。　　　（　　）

参考答案

判断题

1. × **解析**：游戏是儿童自发的、自愿自觉的活动，是由其内部动机激发的，他们对游戏本身有着浓厚的直接兴趣。游戏是儿童主动参与且伴有愉快体验的活动。儿童的自发性活动需要成人适宜的引导。

2. × **解析**：幼儿园活动是以幼儿为主体的活动，游戏活动最本质的属性就是自主性，教师应该让幼儿根据自己的意愿自主选择游戏活动内容。

3. √ **解析**：由于幼儿的能力有限，他们常常需要成人的帮助。由于知识经验的缺乏，他们主要依靠具体形象的支持来认识外界事物。游戏在这一时期成为幼儿的主导活动，是促进幼儿心理发展的最好形式。因此，家长和教师都应保证幼儿游戏的时间，提高幼儿游戏的质量。

第五章　学习与学习理论

第一节　学习概述

基础题 >>>

一、判断题

1.（2015 上）学习是指由经验引起的个体相对持久的变化。　　　　　　　　　　（　　）

2.（2019 上）与低等动物相比，高等动物出生时本能反应较少，行为的后天成分在生活中起的作用更大。　　　　　　　　　　　　　　　　　　　　　　　　　　　　（　　）

3.（2016 上）幼儿听老师讲大灰狼扮成兔妈妈想要吃小白兔的故事后，对大灰狼憎恶，对小白兔友善。这里发生的是言语信息的学习。　　　　　　　　　　　　　　　　　　（　　）

4.（2023 上）小明听生物老师的讲解，理解了生态系统的食物链和食物网两个概念之间的关系。小明的学习属于发现学习。　　　　　　　　　　　　　　　　　　　　　　（　　）

5.（2023 上）桑代克和斯金纳的学习理论从性质上看都属于操作性条件反射。　　（　　）

6.（2023 上）红红在学校学到了"北京是中国的首都"。根据学习的分类，这种学习属于命题学习。　　　　　　　　　　　　　　　　　　　　　　　　　　　　　　　（　　）

二、单项选择题

1.（2014 上）根据学习的定义，下列属于学习现象的是（　　　）。

A. 儿童模仿成人的行为　　　　　　　　　B. 喝酒之后脾气变得暴躁

C. 服用兴奋剂，比赛成绩提高　　　　　　D. 从亮处走进暗室，视力显著提高

2.（2018 上）小林在中学实习两周后，学会了使用电子白板上课。根据加涅对学习结果的分类，小林的学习属于（　　　）。

A. 智力技能　　　　　　　　　　　　　　B. 认知策略

C. 言语信息　　　　　　　　　　　　　　D. 运动技能

3.（2021 下）妈妈喜欢给小童讲大灰狼的故事，故事中大灰狼狡猾、凶残，想要假装兔妈妈闯进小白兔家里吃掉小白兔。这个故事讲了很多次以后，小童一听见大灰狼就觉得讨厌。根据加涅对学习结果的分类，小童的学习属于（　　　）。

A. 认知策略学习　　　　　　　　　　　　B. 智慧技能学习

C. 态度学习　　　　　　　　　　　　　　D. 言语信息学习

4.（2015 上）萌萌原来见了陌生人就躲避，上幼儿园一个月后，萌萌的这种行为消失了。根据加涅的学习结果分类，这里发生的是（　　　）学习。

A. 言语信息　　　　　　　　　　　　　　B. 态度

C. 智慧技能　　　　　　　　　　　　　　D. 认知策略

5.（2024上）通过参观红色文化博物馆，听讲解员讲解中华文明的起源，小学生们产生了对祖国的热爱之情。根据加涅的分类，学生进行了（   ）的学习。

A. 态度   B. 智慧技能   C. 动作技能   D. 认知策略

6.（2018下）陈老师讲加法分配律时，在黑板上罗列了几个例子，让学生们自己总结规律。陈老师的做法最符合（   ）理论。

A. 符号学习   B. 发现学习

C. 认知－接受学习   D. 信息加工学习

7.（2015上）按照认知心理学的观点，划分机械学习与有意义学习的主要依据是（   ）。

A. 新旧知识间是否建立非人为的实质性联系

B. 学生是否主动学习、反复练习

C. 要学习的主要内容是教师呈现还是由学生发现

D. 学习的目的是解决问题还是获得知识

8.（2016上）李教授参观一所中学时，翻了翻学生课桌上的课本，问道："地下一千米比地面冷还是热？"学生们面面相觑，哑口无言。旁边的任课老师急了，马上问学生们："地球深层是什么地质结构？"全班同学马上回答："是熔岩。"以上案例中，学生对地球结构的学习属于（   ）。

A. 机械学习   B. 意义学习

C. 发现学习   D. 模仿学习

9.（2023上）有研究者发现，一些巴西儿童在街头做买卖时可以计算得很好，却不能在课堂上回答类似的问题。这些儿童需要进行（   ）。

A. 接受学习   B. 观察学习

C. 机械学习   D. 有意义学习

10.（2023上）在语文课堂上，小英掌握了"历历在目"和"过目不忘"两个成语的异同以及各自的用法。根据加涅的学习水平分类，该学习属于（   ）。

A. 信号学习   B. 概念学习

C. 辨别学习   D. 言语联结学习

11.（2014上）比概念学习的复杂程度高的是（   ）。

A. 连锁学习   B. 信号学习

C. 辨别学习   D. 规则学习

12.（2022上）通过教学和训练，学生掌握了"行程问题"的解题方法，之后对于"行程问题"中的"相遇问题""追赶问题"等都能很顺利地解决。根据加涅的学习分类，这一水平的学习属于（   ）。

A. 连锁学习   B. 概念学习

C. 规则学习   D. 解决问题学习

提升题 ▶▶▶

一、判断题

1.（2019下）学习是由经验引起的比较持久的行为变化，因此学习结果将全以行为变化形式表现出来。   （   ）

2.（2017下）刚去幼儿园时，由于周围陌生的环境，洋洋感到十分害怕，每次都在幼儿园门口哭闹不止。几天后，洋洋对环境逐渐适应了，不再害怕去幼儿园了。这里洋洋所发生的变化属于学习。   （   ）

3．（2015下）发现学习是一种高效的学习方式。　　　　　　　　　　　　　　（　　）

二、单项选择题

1．（2018下）学生应用物理公式或定理解决相关物理问题的智慧技能主要是（　　）。

A．具体性概念　　　　　　　　　　　　B．定义性概念

C．规则　　　　　　　　　　　　　　　D．高级规则

2．（2016上）关于智慧技能的学习，以下说法错误的是（　　）。

A．练习是必不可少的　　　　　　　　　B．概念通常需要反复背诵学习

C．要选择和呈现适合的正反例证　　　　D．可以从例子中概括出的规则来学习

参考答案

基础题 ▶▶▶

一、判断题

1．√　**解析：** 学习是由个体经验的获得所引起的行为或行为潜能的相对持久的变化及其过程。

2．√　**解析：** 生命的形式越低级，行为的先天成分作用越大，习得活动只构成其全部活动的较小部分；而高等动物则不同，其行为的后天成分在生活中起的作用更大，出生时最无能，且本能反应较少。

3．×　**解析：** 根据加涅的学习结果分类，言语信息的学习表现为学会陈述观念的能力，态度的学习表现为影响着个体对人、对物或对某些事件的选择倾向。题干中的表述为态度学习。

4．×　**解析：** 本题考查接受学习和发现学习。奥苏贝尔按照学习进行的方式，将学习分为接受学习和发现学习。接受学习是教师把学习内容以定论的形式传授给学生。发现学习是由学生自己先从事某些心理活动，发现学习内容，然后把这些内容与已有知识相联系。题干中，小明学习的方式是听老师的讲解而非自己探索发现，这种学习属于接受学习。

5．√　**解析：** 本题考查操作性条件反射理论。操作性条件反射事先没有诱发刺激，其行为是自发的、随意的，个体通过主动操作来达到一定目的，强化出现在反应之后。桑代克和斯金纳的经典实验的共同之处是动物通过主动试误，获得强化，二者的理论都属于操作性条件反射。

6．√　**解析：** 本题考查知识学习的类型。根据知识本身的存在形式和复杂程度，奥苏贝尔把知识学习分为符号学习、概念学习和命题学习。其中，命题学习是指学习句子中由若干概念构成的复合意义，即学习若干概念之间的关系。题干中，"北京是中国的首都"反映的是概念之间的关系，这种学习属于命题学习。

二、单项选择题

1．A　**解析：** 学习是指个体活动经验而引起的行为和行为潜能相对持久的适应性变化，依据此定义，A项属于学习现象。

2．A　**解析：** 言语信息指有关事物的名称、时间、地点以及特征等方面的事实性信息。智力技能指运用符号或概念与环境交互作用的能力。认知策略是调控注意、学习、记忆和思维等内部心理过程的技能。态度是个人对人、事和物采取行动的内部状态。运动技能是通过身体动作的质量不断改善而形成的整体动作模式。小林学会了用电子白板上课，发生的学习属于智力技能。

3．C　**解析：** 加涅根据学习的结果不同将学习分为言语信息学习、智慧技能学习、认知策略

学习、运动技能学习和态度学习五种类型。其中，态度的学习是指习得的对人、对事、对物、对己的反应倾向。态度可以从各种学科的学习中得到，但更多的是从校内外活动中和家庭中得到。题干中，小童听了很多次大灰狼的故事后，习得了对大灰狼的反应倾向——讨厌，这属于态度的学习。

4．B　**解析**：加涅提出了一类学习结果：理智技能、认知策略、言语信息、动作技能、态度。萌萌的这种见了陌生人就躲的行为的消失属于态度学习。

5．A　**解析**：本题考查加涅的学习分类。加涅按学习结果将学习分为言语信息的学习、智慧技能的学习、认知策略的学习、运动技能的学习和态度的学习。其中，态度的学习是指个体习得的对人、对事、对物、对己的反应倾向。题干中，小学生们产生对祖国的热爱之情属于态度的学习。智慧技能是指个体运用符号或概念与环境交互作用的能力。动作技能是指通过练习获得的、按一定规则使自身肌肉运动的能力。认知策略是指运用有关人们如何学习、记忆、思维的规则，支配人的学习、记忆或认知行为，并提高其学习、记忆或认知效率的能力。

6．B　**解析**：发现学习是指学习的内容不是以定论的形式教给学生，而是由学生自己先从事某些心理活动，发现学习内容，然后再把这些内容与已有知识相联系。题干中陈老师的做法最符合发现学习理论。

7．A　**解析**：奥苏贝尔提出，有意义学习过程的实质，就是符号所代表的新知识与学习者认知结构中已有的适当观念建立非人为的和实质性的联系。这一论断既给有意义学习下了明确的定义，也指出了划分机械学习与有意义学习的两条标准。

8．A　**解析**：奥苏贝尔根据学习材料与学习者原有知识结构的关系，把学习分为机械学习和意义学习。意义学习就是将符号所代表的新知识与学习者认知结构中的适当观念建立起非人为的和实质性的联系。相反，如果学习者并未理解符号所代表的知识，只是依据字面上的联系，记住某些符号的词句，则是一种死记硬背的机械学习。材料中学生们只记住"熔岩"属于机械学习。

9．D　**解析**：本题考查对不同类型学习的理解。

接受学习是指教师把学习内容以定论的形式传授给学生。

观察学习是个体通过对他人的行为及其强化性结果的观察，从而获得某些新的行为反应，或已有的行为反应得到修正的过程。

机械学习是指学习者并未理解符号代表的知识，只是依据字面上的联系，记住某些符号的词句或组合，死记硬背。

有意义学习是将符号代表的新观念与学习者认知结构中已有的适当观念建立起非人为的和实质性的联系的过程。

题干中，巴西儿童可以在做买卖时灵活运用计算知识，却不能在课堂上回答计算问题，说明其没有在两者之间建立起实质性的联系。因此这些儿童需要进行有意义学习。

10．C　**解析**：本题考查加涅的学习分类。加涅根据学习情境由简单到复杂、学习水平由低级到高级的顺序，把学习分成八类，分别是信号学习、刺激－反应学习、连锁学习、言语联结学习、辨别学习、概念学习、规则或原理学习、解决问题学习。

信号学习指学习对某种信号做出某种反应。

概念学习指学会认识一类事物的共同属性，并对同类事物的抽象特征做出反应。

辨别学习指学会识别多种刺激的异同并对它们做出不同的反应。

言语联结学习指形成一系列的言语单位的联结，即言语连锁化。

题干中，小英能区别两个相似成语，这种学习属于辨别学习。

11．D　**解析**：加涅根据学习的复杂程度，将学习分为从低到高的 8 个层次，依次为信号学习、刺激－反应学习、连锁学习、言语联结学习、辨别学习、概念学习、规则学习或原理学习和解决问题学习。

12．D　解析：解决问题的学习指在各种条件下应用规则或规则的组合去解决问题。题干中，解决"行程问题"中的"相遇问题""追赶问题"属于解决问题学习。

提升题 》》》

一、判断题

1．×　解析：学习是个体在特定的情境下由于练习或反复经验而产生的行为或行为潜能的比较持久的改变。由于学习必然发生的变化有时立即见诸行为，有时未必立即见诸行为，而是需要经过很长时间才能见诸行为。因此，学习结果可能以行为变化，也可能以行为潜能的变化形式表现出来。

2．√　解析：学习是指个体在特定的情境下由于练习或反复经验而产生的行为或行为潜能的相对持久的变化。按照加涅对学习结果的分类，洋洋的行为属于态度学习。态度表现为影响着个体对人、对物或者对某些事件的选择倾向。

3．×　解析：发现学习是指学生要学习的概念、原理等内容不直接呈现，需要学生通过独立思考、探索、发现而获得。因此发现学习需要耗费较长的时间与精力，并不是一种高效的学习方式。

二、单项选择题

1．D　解析：高级规则是指同时运用几条规则解决问题。题干中学生应用物理公式或定理解决相关物理问题的智慧技能主要是高级规则。具体性概念是指识别具有共同特征的同类物体。定义性概念是指运用概念的定义特征对事物进行分类。规则是指运用单一规则办事。

2．B　解析：智慧技能层次由低到高分为辨别、概念（具体概念、定义性概念）、规则、高级规则（问题解决）。辨别学习要注意突出关键特征、对比、重复、用言语标志区别性特征等。概念学习可通过概念的形成（从具体例子概括关键特征）、概念的同化、变式的练习来获得。规则的学习可用例—规法、规—例法、例—规—例法等来获得。高级规则的学习可从示范或样例中进行，自己发现或自己建构出高级规则，将高级规则的步骤用言语方式列出清单，依照清单练习等。运用合适的正反例证可促进学生的学习，学习一定要进行有效的练习。故 B 项错误。

第二节　一般学习理论

基础题 》》》

一、判断题

1．（2023下）小陈一坐汽车就会晕车，并伴随着强烈的呕吐，后来他一听说要坐汽车就开始呕吐。小陈的这种反应属于操作性条件反射。　　　　　　　　　　　　　　　　（　　）

2．（2016下）操作性条件反射理论强调行为前的强化。　　　　　　　　　　　（　　）

3．（2015上）按照操作条件反射的观点，行为发生变化的条件是模仿。　　　（　　）

4．（2015下）负强化的目的在于减少行为发生的频率。　　　　　　　　　　　（　　）

5．（2014下）课堂上学生看课外书不好好听课。教师没收其课外书的行为属于负强化。（　　）

6．（2014上）教育过程中要慎用惩罚，但适当的惩罚还是必要的，尤其对严重违规行为。（　　）

7．（2014下）孩子每次按时上课均予以表扬的效果优于偶尔对孩子进行表扬的效果。（　　）

8.（2020 上）程序教学模式的理论基础是认知结构学习理论。　　　　　　（　　）

9.（2022 上）班杜拉认为，人类学习的实质是认知学习。　　　　　　　　（　　）

10.（2022 下）小可看到红红因为帮助同学而受到了老师的表扬，于是自己也开始帮助其他需要帮助的同学。小可行为的改变是由于受到了替代强化。　　　　　　　（　　）

11.（2015 上）"上行下效，耳濡目染"是班杜拉所强调的观察学习的具体体现。　　（　　）

12.（2018 下）认知心理学认为使学生形成良好的认知结构是教育的关键和核心。　（　　）

13.（2015 下）布鲁纳认为学习的实质是主动地形成认知结构，教学的最终目的是促进学生对学科结构的一般理解。　　　　　　　　　　　　　　　（　　）

14.（2016 上）先行组织者是课前辅导的教学组织管理者。　　　　　　　　（　　）

15.（2014 下）强调引导儿童从原有的知识经验中生长出新的知识是建构主义学习理论的观点。
　　　　　　　　　　　　　　　　　　　　　　　　　　　　　　　　（　　）

16.（2014 上）教师在教学过程中应当与学生积极互动，共同发展，要处理好传授知识和培养能力的关系，注重培养学生的独立性和自主性。　　　　　　　　（　　）

17.（2017 下）人本主义心理学主张在课程实施过程中要鼓励学生成为学习的中心。　（　　）

18.（2022 下）罗杰斯的有意义学习主张关注学习内容与个人之间的关系。　　（　　）

二、单项选择题

1.（2014 下）每次上新课前，老师都会预设问题激发学习，并让学生预习。这符合桑代克学习定律中的（　　）。

 A. 效果律　　　　　　　　　　　　　B. 准备律

 C. 练习律　　　　　　　　　　　　　D. 学习律

2.（2020 上）在数学课上，学生每次出错时，王老师都注重对学生的引导，积极鼓励学生动脑思考，让学生感受到学习的乐趣，班级学习氛围日益浓厚。这体现了桑代克学习定律中的（　　）。

 A. 准备律　　　　　　　　　　　　　B. 练习律

 C. 效果律　　　　　　　　　　　　　D. 同化律

3.（2017 下）如果我们想建立某种条件反射，下列做法错误的是（　　）。

 A. 同时呈现中性刺激和无条件刺激

 B. 先呈现中性刺激，紧接着呈现条件刺激

 C. 先呈现无条件刺激，紧接着呈现中性刺激

 D. 先呈现中性刺激，紧接着呈现无条件刺激

4.（2023 下）张华对红、黄、绿三种交通信号灯的意义进行了反复学习，终于不再混淆。根据行为主义学习理论，这种现象属于（　　）。

 A. 强化　　　　　　　　　　　　　　B. 泛化

 C. 分化　　　　　　　　　　　　　　D. 消退

5.（2018 下）红红在小时候被一只黑色的狗咬过，后来她看到黑色的动物都会觉得特别害怕。红红的表现说明了她对黑狗这一刺激产生了（　　）。

 A. 强化　　　　　　　　　　　　　　B. 分化

 C. 泛化　　　　　　　　　　　　　　D. 消退

6.（2014 下）狗最初对圆形和椭圆形做出同样的反应，经训练后仅对圆形做出该反应。这是条件反射的（　　）。

 A. 获得　　　　　　　　　　　　　　B. 消退

 C. 泛化　　　　　　　　　　　　　　D. 分化

7.（2016下）某老师认为，教育教学中必须重视对学生行为的奖赏强化。这位老师可以从心理学家（　　）的理论中找到理论支持。

A．斯金纳　　　　　　　　　　　　　　B．布鲁纳

C．布卢姆　　　　　　　　　　　　　　D．马斯洛

8.（2015下）得出学习即强化的观点的实验是（　　）。

A．经典条件反射实验　　　　　　　　　B．操作条件反射实验

C．榜样学习实验　　　　　　　　　　　D．问题表征

9.（2018下）李老师答应冯佳，如果她能在课堂上积极发言就消除她之前的违纪记录。这属于（　　）。

A．替代强化　　　　　　　　　　　　　B．自我强化

C．正强化　　　　　　　　　　　　　　D．负强化

10.（2017上）快下课了，学生们开始躁动，这时候老师说："如果大家认真听课，我就不安排额外的作业。"学生们顿时安静下来。该老师的做法属于（　　）。

A．正强化　　　　　　　　　　　　　　B．负强化

C．惩罚　　　　　　　　　　　　　　　D．消退

11.（2020上）小明酷爱篮球，有一次因为打篮球与隔壁班的同学发生冲突，大打出手。老师为了让小明吸取教训，要求他未来一周都不准打篮球。老师的做法属于（　　）。

A．正强化　　　　　　　　　　　　　　B．负强化

C．正惩罚　　　　　　　　　　　　　　D．负惩罚

12.（2016下）如果学生希望通过违反课堂纪律的方式来引起关注，老师、同学却不予理睬，他会感到没趣而减少了此类违纪行为。这种减少违纪行为的方法属于（　　）。

A．消退　　　　　　　　　　　　　　　B．负强化

C．消极强化　　　　　　　　　　　　　D．惩罚

13.（2016上）小秋是小学二年级的学生，在学校里十分调皮，上课常常发出一些奇怪的声响引起其他同学的注意，每次老师都要对其严厉制止，为此打断课程，许多老师十分头疼。为了改变小秋这一行为，班主任和其他几位任课老师商量，决定以后小秋每次发出奇怪声响时，老师都继续上课不予理睬。慢慢地，小秋也就不再发出声响了。这一案例中班主任采用的方法属于（　　）。

A．正强化　　　　　　　　　　　　　　B．负强化

C．消退　　　　　　　　　　　　　　　D．惩罚

14.（2016上）小芳的妈妈乐于助人，受其影响，小芳在学校也常常关心帮助同学。小芳的学习属于（　　）。

A．试误学习　　　　　　　　　　　　　B．顿悟学习

C．强化学习　　　　　　　　　　　　　D．观察学习

15.（2022上）二年级（3）班小秀近期主动帮助生病的同学补课，班主任周老师在班上表扬了小秀。对其他同学来说，这是一种（　　）

A．间接强化　　　　　　　　　　　　　B．直接强化

C．替代强化　　　　　　　　　　　　　D．自我强化

16.（2014上）我们对优秀学生进行奖励，不仅可以激励优秀学生，也可以激励一般学生。这是因为一般学生受到了（　　）。

A．直接奖励　　　　　　　　　　　　　B．直接强化

C．替代性强化　　　　　　　　　　　　D．替代性惩罚

17.（2016上）以下不属于班杜拉对学生行为强化的方式是（　　）。

A. 直接强化 B. 替代强化

C. 自我强化 D. 榜样强化

18.（2023上）最能解释"言传不如身教"这一现象的理论是（　　）。

A. 建构主义学习理论 B. 认知结构学习理论

C. 联结主义学习理论 D. 社会学习理论

19.（2022下）教育家陈鹤琴说："倘若儿童所听见的言语都是文雅而不粗俗的，那他将来说的话也一定是文雅而不粗俗的；倘若儿童所看见的东西都是整齐清洁的，那他定能爱护清洁整齐的东西。"这句话描述的现象属于（　　）。

A. 强化学习 B. 观察学习

C. 发现学习 D. 符号

20.（2024上）在一项黑猩猩取食香蕉的研究中，笼内放置一根短棍，笼外放置一根长棍和香蕉。在尝试使用短棍取香蕉未果后，黑猩猩在笼内走来走去，突然它用短棍将长棍拨到身边并用长棍获取了笼外的香蕉。黑猩猩解决这个问题的过程是（　　）。

A. 定势 B. 顿悟

C. 尝试错误 D. 原型启发

21.（2015下）根据托尔曼的学习理论，以下说法错误的是（　　）。

A. 学习是有目的的 B. 学习是认知的地图

C. 个体学习受到成长需要的支配 D. 个体行为受到行为结果预期的支配

22.（2019上）美国教育心理学家布鲁纳主张教育的最终目标是（　　）。

A. 促进学生理解学科的基本结构 B. 促进教师进行更优的教学设计

C. 促进学生提高学业成绩和技能 D. 促进学生理解和掌握新知

23.（2018上）心理学家布鲁纳认为，不论教师教的是什么学科，都务必使学生理解该学科的（　　）。

A. 目的意义 B. 方法途径

C. 基本结构 D. 发展前景

24.（2022上）下列学者与其观点不匹配的是（　　）。

A. 霍尔：一两遗传胜过一吨教育

B. 布鲁纳：学习的实质是主动地形成认知结构

C. 奥苏贝尔：任何学科都可以教给任何年龄阶段的任何儿童

D. 华生：给我一打健全的儿童，我可以使他们成为医生、律师，或者乞丐、盗贼

25.（2018下）主张将课程教材进行螺旋式编排的是（　　）。

A. 斯金纳 B. 布鲁纳

C. 布卢姆 D. 维果斯基

26.（2019下）如果学生对所学习的知识产生了浓厚的兴趣，对学习特别有自信心，那么学生常常能取得优异的成绩。心理学家布鲁纳把这种学习动机称为（　　）。

A. 好奇内驱力 B. 互惠内驱力

C. 胜任内驱力 D. 认知内驱力

27.（2023上）一名高三学生在网络上连载了他的日记："我的父亲是世界上最爱我的人，他为了筹集我的学费，东奔西走地打工挣钱，卖过小零食、贩过鱼、在批发部送过货，一刻也没有闲过。今年除夕回到家，我感觉他一下子苍老了很多。父亲没有一句怨言，而是鼓励我好好学习。我一个劲儿地点头，心想'一定不能让父亲的辛苦白费'……"根据奥苏贝尔对动机的分类，这名学

生的学习动机属于（　　　）。

　　A．认知内驱力　　　　　　　　　　　　B．附属内驱力

　　C．自我提高内驱力　　　　　　　　　　D．社会内驱力

28．（2017 上）课程上知识以什么形式呈现给学生会直接影响学生学习的难易程度和正确性，对小学高段及中学低段的学生来说，知识的最佳呈现形式是（　　　）。

　　A．图像表象　　　　　　　　　　　　　B．符号表象

　　C．语言表象　　　　　　　　　　　　　D．动作表象

29．（2022 上）"教学生学习任何科目，绝不是向学生灌输一些固定的知识，而是启发学生主动去求取知识与组织知识。"这是（　　　）的观点。

　　A．接受学习　　　　　　　　　　　　　B．发现学习

　　C．机械学习　　　　　　　　　　　　　D．顿悟学习

30．（2015 下）奥苏贝尔将有意义学习分为（　　　）。

　　A．表征学习、规则学习和命题学习　　　B．表征学习、概念学习和规则学习

　　C．规则学习、概念学习和命题学习　　　D．表征学习、概念学习和命题学习

31．（2022 上）奥苏贝尔提倡在教学中采用"组织者"这一技术，其实质是（　　　）。

　　A．强调直观教学　　　　　　　　　　　B．引导学生的发现行为

　　C．激励学生的学习动机　　　　　　　　D．强调新旧知识的相互联系

32．（2023 下）语文课上，在学习《孔雀东南飞》一文时，为了让学生对刘兰芝和焦仲卿的爱情悲剧有更深刻的认识，张老师引入"梁祝化蝶""牛郎织女"的故事。从教学的角度看，"梁祝化蝶""牛郎织女"的故事可以看作《孔雀东南飞》一文的（　　　）。

　　A．符号表征　　　　　　　　　　　　　B．先行组织者

　　C．强化物　　　　　　　　　　　　　　D．命题学习

33．（2022 上）吴老师在教学中，先教"地形"的概念，再教"山脉""高原""平原"等知识。从教学的角度来看，"地形"可看作是"山脉""高原""平原"的（　　　）。

　　A．认知结构　　　　　　　　　　　　　B．符号表征

　　C．先行组织者　　　　　　　　　　　　D．编码

34．（2020 下）1 岁的明明不知道"猫"这个声音符号代表着什么意义，当家长多次指着路边的小猫说"猫"，他渐渐明白"猫"这个声音符号代表着他们实际看到的猫。根据奥苏贝尔对知识的分类，这是（　　　）。

　　A．概念学习　　　　　　　　　　　　　B．表征学习

　　C．命题学习　　　　　　　　　　　　　D．结合学习

35．（2018 下）根据奥苏伯尔对于知识学习的分类，儿童将"猫"这个符号在头脑中与猫的形象建立相应的等值关系的过程属于（　　　）。

　　A．概念学习　　　　　　　　　　　　　B．命题学习

　　C．表征学习　　　　　　　　　　　　　D．事实学习

36．（2021 上）语文课上，刘老师呈现了一组利比亚战争中孩子的照片并引导学生讨论：这些身处战争中的孩子会有什么愿望和渴求。在学生热烈讨论后，刘老师点明今天的主题——"一个中国孩子的呼声"。根据加涅的信息加工理论，此时学生的学习处于（　　　）。

　　A．动机阶段　　　　　　　　　　　　　B．领会阶段

　　C．习得阶段　　　　　　　　　　　　　D．概括阶段

37．（2019 下）物理课上，李老师拿出两个鹌鹑蛋分别放入两个盛有液体的玻璃杯里，结果一个蛋沉了下去，另一个却浮了起来。同学们都非常好奇，热烈地讨论起来。这时李老师在黑板上写

下了今天的课题——浮力。根据加涅的信息加工理论，这属于学生学习阶段中的（　　　）。

    A．动机阶段   B．领会阶段

    C．习得阶段   D．概括阶段

38．（2018下）小学六年级的数学课上，张老师在讲授完税率的含义和算法后，在黑板上写出了一家饭店某个月的营业额，让同学们计算这家饭店需缴纳的营业税。根据加涅的信息加工理论，学生对饭店营业税的计算环节属于学习阶段中的（　　　）。

    A．动机阶段   B．领会阶段

    C．习得阶段   D．概括阶段

39．（2019下）从"地心说"到"日心说"的发展，说明知识并不是绝对的真理，只是人类在现有水平上对各种现象的解释，在未来很有可能被再次推翻。以上对于知识的理解，更符合下列哪一学派的观点？（　　　）

    A．人本主义   B．行为主义

    C．建构主义   D．认知主义

40．（2017上/2016上）老师在做经验交流时，强调学生学习主动性的重要性、合作学习的重要性以及学习情境创设的重要性。那么这位老师更多地受以下哪种学习理论的影响？（　　　）

    A．联结学习理论   B．认知学习理论

    C．人本主义学习理论   D．建构主义学习理论

41．（2015下）下列选项中属于建构主义学习理论的基本观点是（　　　）。

    A．教育要培养知情合一的人

    B．学生的学习是一种有意义接受学习

    C．内在教育的模式会促使学生自发的学习

    D．学习应该与情景化的社会实践活动结合起来

42．（2021上）在教师角色的认识上，符合建构主义学习理论的是（　　　）。

    A．教师是蜡烛   B．教师是园丁

    C．教师是工程师   D．教师是脚手架

43．（2017下）教师与学生共同完成学习活动，并为学生提供外部支持，帮助学生完成他们无法自己独立完成的任务。这种教学方式属于（　　　）。

    A．支架式教学   B．探究式教学

    C．情境性教学   D．感染性教学

44．（2018上）在实际的教育活动中，强调学生中心忽视了教师的指导作用。这是以下哪个学习理论的明显不足？（　　　）

    A．观察学习理论   B．人本主义学习理论

    C．行为主义学习理论   D．掌握学习理论

45．（2017上）以下属于人本主义学习理论教育主张的是（　　　）。

    ①培养知情合一的人   ②学习在已有知识经验上进行

    ③有意义的自由学习   ④有意义的接受学习

    ⑤以学生为中心

    A．①②④   B．①③⑤   C．②③⑤   D．②④⑤

46．（2020下）人本主义心理学强调发展价值观，主张要根据不同年级学生的不同特点来进行价值观方面的教育。"好孩子、坏孩子"的教育应该在（　　　）进行。

    A．幼儿园   B．小学低年级

    C．中学   D．小学高年级

47.（2023上）下列观点中不符合人本主义教学理论的是（　　　）。

A．师生之间应该互相尊重

B．培养学生的人格和传授知识一样重要

C．教师应创建教学情境，丰富学生的经验

D．学习不是教授的结果，而是通过教师的促进完成的

三、多项选择题

1.（2021上）以下属于负强化的有（　　　）。

A．对父母说谎，两天不许看电视

B．上课不认真听讲，减少课间休息

C．考试成绩好，父母返还没收的手机

D．小朋友听话吃药，就不用去医院打针

E．三次没有完成作业，取消周日去公园的计划

2.（2021下）小川和小磊在课堂上开小差，被老师请起来回答问题，结果回答得风马牛不相及，导致全班同学哄堂大笑。小川涨红了脸，觉得十分羞愧，而小磊则沾沾自喜，觉得自己得到了全班同学的关注。根据行为主义的观点，下列说法正确的有（　　　）。

A．对于小川而言，全班的哄笑属于一种负强化

B．对于小磊而言，全班的哄笑属于一种负惩罚

C．经历这件事情后，小川更有可能改过自新，从此以后认真听讲

D．同一件事情对于不同人而言，会有不同的强化效果

E．经历这件事情，小磊更有可能变本加厉，从此以后更加调皮捣蛋

3.（2020下）支架式教学的构成要素包括（　　　）。

A．进入情境	B．搭脚手架
C．独立探索	D．协作学习

E．效果评价

4.（2019上）某校校长认为，学校教育的目的是使学生有系统、有计划地学习各门学科，掌握各种基础知识和技能，为升入名校做准备。因此，该校教学节奏快、学习任务量大、吃饭时间短，竞争激烈。针对该校的办学实际，下列说法正确的有（　　　）。

A．该校忽视了学生的兴趣和需要

B．该校的做法违背了人本主义教育观

C．该校的做法符合社会改造主义、要素主义课程理论的主张

D．该校的做法说明了"知识是智力的基础，知识比智力更重要"

E．该校严格进行教学管理，控制学生的每一分钟时间，有助于学生的全面发展

▎提升题▎ ≫

一、判断题

1.（2018上）发现有危险物体朝自己飞来时，个体往往会眨眼或是躲闪。这属于动作技能。

（　　　）

2.（2018上）二年级（3）班的学生王鹏在一次上课中出现了打人行为。为此，他的父母规定他在一个月内不能买他喜欢的玩具。这种做法属于负强化。

（　　　）

3.（2021 上）布鲁纳的"认知－发现学习说"认为学习的本质是主动地形成认知结构。（　　）

4.（2020 下）李老师在教学中喜欢将知识放在具体的情境中，让学生在情境化的实践活动中学习。他的教学方法符合行为主义学习理论。　　　　　　　　　　　　　　　　　　（　　）

5.（2017 上／2016 上）人本主义认为心理治疗的目的是使心理疾病患者能自由地实现他自己的潜能，成为功能完善者。　　　　　　　　　　　　　　　　　　　　　　　　　（　　）

二、单项选择题

1.（2018 下）刘老师在教学过程中十分注重对学生的学习进行反馈：学生做得好时，予以表扬；学生做得不好时，及时指出并使其改正。刘老师的做法体现了桑代克学习理论中的（　　）。

A．效果律　　　　　　　　　　　　　　B．练习律

C．准备律　　　　　　　　　　　　　　D．应用律

2.（2021 上）强调学生完成作业或回答问题后要及时反馈和强化的心理学家是（　　）。

A．斯金纳　　　　　　　　　　　　　　B．加德纳

C．布鲁纳　　　　　　　　　　　　　　D．罗杰斯

3.（2014 上）关于对学生奖励和惩罚的描述错误的是（　　）。

A．奖励比惩罚的效果更好

B．奖励和惩罚不需要考虑个别差异

C．过多使用外部奖励可能削弱内部动机

D．无论是奖励还是惩罚，其效果关键取决于技巧

4.（2018 下）为了增强学生学习的投入度，教师在课程中不定期地安插随堂小测验。这种强化程序属于（　　）。

A．变时强化　　　　　　　　　　　　　B．变比强化

C．定时强化　　　　　　　　　　　　　D．定比强化

5.（2014 下）以下不属于联结学习理论的观点是（　　）。

A．学习的实质是形成刺激与反应的联结　　B．联结需要通过试误而建立

C．原有知识结构对学习十分重要　　　　　D．学习的成效影响后继学习

6.（2014 上）有意义学习的特征不包括（　　）。

A．参与性　　　　　　　　　　　　　　B．自发性

C．渗透性　　　　　　　　　　　　　　D．排他性

7.（2020 下）下列哪种学习属于有意义的接受学习？（　　）

A．科学家探索新材料　　　　　　　　　B．儿童尝试错误走迷宫

C．小学生编打油诗背诵圆周率　　　　　D．中学生听讲座，理解概念之间的关系

8.（2017 下）加涅认为学习过程的基本模式是（　　）。

A．构造"完形"的过程　　　　　　　　　B．主动形成认知结构的过程

C．对获取的信息进行加工的过程　　　　　D．在刺激与反应之间形成联结的过程

9.（2020 上）当学生试图将已获得的、相对零散和独立的知识与自己原有知识建立联系时，表明学生对知识的掌握处于（　　）。

A．重构阶段　　　　　　　　　　　　　B．生长阶段

C．协调阶段　　　　　　　　　　　　　D．提取阶段

10.（2019 下）初二（5）班数学期中考试，甲、乙、丙三位同学都得了 84 分。甲很高兴地说："我从来没得过这么高的分数。"乙平静地说："嗯，这和我的估计差不多。"丙却非常沮丧："真不知

是怎么回事，我怎么得这么低的分。"三位同学的对话反映了他们在学习上的（　　）。

    A．动机差异   B．态度差异

    C．效果差异   D．目标差异

11．（2019上）在讲授《认识我们身边的植物和动物》一课时，孙老师带领学生深入校园，分组观察校园里不同的植物：有的观察教学楼旁的花，有的观察操场后的大树，有的观察图书馆下的草坪，同学们认真又积极。随后，孙老师让学生组成学习小组分享自己的观察结果。孙老师的教学体现的教育理论观点是（　　）。

    A．联结主义   B．行为主义

    C．建构主义   D．认知主义

12．（2014下）以下不属于人本主义学习理论观点的是（　　）。

    A．教学目标中注重情感与认知的统一   B．教学过程中强调学生的中心地位

    C．教学内容以知识为主   D．教育内容要针对学生的生活需求

三、多项选择题

1．（2018上）问题解决是个体在日常生活中思维活动最普遍、最重要的形式。从19世纪末开始，心理学家就不断使用实验方法来研究问题解决。以下属于问题解决研究的实验有（　　）。

    A．桑代克的饿猫实验   B．华生的小阿尔伯特实验

    C．苛勒的黑猩猩取香蕉实验   D．班杜拉的儿童榜样学习实验

    E．巴甫洛夫的狗唾液分泌实验

2．（2021上）托尔曼的动物方位学习迷宫实验揭示了（　　）。

    A．潜伏学习的存在   B．学习是通过顿悟产生的

    C．学习并不是S-R之间的直接联结   D．外在强化是学习产生的必要因素

    E．未受奖励的学习期间，认知结构也会发生变化

3．（2020上）奥苏伯尔的有意义接受学习包括（　　）。

    A．学会一些单个符号的意义

    B．将观察所得的符号表现转换成适当行为

    C．通过对情境中的事物关系进行理解而产生顿悟

    D．掌握同类事物或现象的共同关键特征或本质特征

    E．将所学命题与认知结构中已有概念或命题建立起联系

参考答案

▎基础题▎》》》

一、判断题

1．×　**解析**：本题考查经典性条件作用理论。经典性条件反射主要通过刺激和反应之间的关联来形成条件反射；操作性条件反射通过操作行为进行强化形成条件反射。题干中，小陈的呕吐是刺激与反应的联结，这属于经典性条件反射。故题干说法错误。

2．×　**解析**：根据斯金纳操作性条件作用论，先有反应后有刺激，所以教师应该在学生行为发生后强化。

3．×　**解析**：操作性条件反射的观点认为使行为发生变化的条件是强化。

4．× **解析**：负强化是指摆脱一个厌恶刺激，从而增加其行为出现的频率。

5．× **解析**：负强化是指让孩子摆脱厌恶刺激，从而增强其良好行为出现的概率；惩罚是指当有机体做出某种反应以后，呈现一个厌恶刺激（如体罚、谴责等），以消除或抑制此类反应的过程。教师这种做法属于惩罚，而不是负强化。

6．√ **解析**：惩罚是对学生过错行为的一种否定和强制性纠正，是在学生身心完全能够承受的前提下采取的教育措施之一。合理适当的惩罚对学生的成长具有积极作用，有利于培养学生的良好品德和习惯。教师在教育过程中，要正确认识和使用惩罚，坚持以说服、感化教育为主，惩罚为辅，将两者结合，才能收到良好的效果。在教育过程中，教师不能轻易使用惩罚手段，但对于严重违规行为，可以采取适当且合理的惩罚。

7．× **解析**：强化程序会影响强化效果，立即强化效果优于延缓强化，间隔强化效果优于连续强化。

8．× **解析**：程序教学模式的理论基础是行为主义学习理论；发现学习教学模式的理论基础是布鲁纳的认知结构学习理论。

9．× **解析**：班杜拉认为，人类学习的实质应当是观察学习。因为人类具有认知能力，能够更多地得益于经验，因此，大部分的人类行为是通过对榜样的观察而习得的。

10．√ **解析**：本题考查班杜拉关于强化的分类。班杜拉将强化分为直接强化、替代强化、自我强化。其中，替代强化指学习者因看到榜样受强化而间接受到的强化。题干中，小可看到红红的行为受到表扬（强化）而表现出相似的行为，这属于替代强化。故题干说法正确。

11．√ **解析**：班杜拉的观察学习是通过观察别人而进行的学习。"上行下效，耳濡目染"是观察学习的体现。

12．√ **解析**：托尔曼的认知 - 目的说认为学习是对完形的认知，是形成认知地图。认知地图就是现代心理学中所说的认知结构，使学生形成良好的认知结构是教育的关键和核心。

13．√ **解析**：布鲁纳认为，学习的本质不是被动地形成刺激 - 反应的联结，而是主动地形成认知结构。由于布鲁纳强调学习的主动性和认知结构的重要性，所以他主张教学的最终目的是促进学生对学科结构的一般理解。

14．× **解析**：先行组织者是先于学习任务本身呈现的一种引导性材料，它要比学习任务本身有较高的抽象、概括和综合水平，并且能够清晰地与认知结构中原有观念和新任务关联起来。也就是，通过呈现"组织者"，在学习者已有知识与需要学习的新内容之间架设一道桥梁，使学生能更有效地学习新材料。

15．√ **解析**：建构主义强调学生个体经验的独特性，强调根据个体经验建构属于自己的知识。

16．√ **解析**：教师在教学过程中应与学生积极互动，共同发展，要处理好传授知识与培养能力的关系，注重培养学生的独立性与自主性，引导学生质疑、调查、探究，在实践中学习，促进学生在教师指导下主动地、富有个性地学习。教师应尊重学生的人格，关注个体差异。满足不同学生的学习需要，创设能引导学生主动参与的教育环境，激发学生的学习积极性，培养学生掌握和运用知识的态度和能力，使每个学生都能得到充分的发展。

17．√ **解析**：人本主义强调在教学中以学生为中心，主张学习是学习者内在潜能的发挥。

18．√ **解析**：本题考查罗杰斯的有意义学习。罗杰斯提倡的有意义学习是一种与个人各部分经验都融合在一起，使个人的行为、态度、个性，以及在未来选择行动方针时发生重大变化的学习。这种有意义学习关注的是学习内容和个人之间的关系，强调学习中对个人潜能的发挥，情感、态度、价值观的影响和培养。故题干说法正确。

二、单项选择题

1．B　**解析：** 桑代克的"试误说"有三个重要的学习定律，分别是准备律、效果律、练习律。题干中提前预习，符合准备律的特点。

2．C　**解析：** 效果律是指刺激和反应之间的联结可因满意的结果而加强，也可因烦恼的结果而减弱。题干中，学生每次出错都会得到王老师的积极反应，这使学生感受到学习的乐趣，学习积极性不断加强，班级的学习氛围日益浓厚。这体现了桑代克学习定律中的效果律。

3．C　**解析：** 若要建立条件反射，中性刺激应与无条件刺激同时出现，或者稍早于无条件刺激出现。故 A、D 两项正确，C 项错误。先呈现中性刺激，再呈现条件刺激，可以建立二级条件反射。故 B 项正确。

4．C　**解析：** 本题考查经典性条件作用理论。

强化指通过给予愉快刺激或撤销厌恶刺激的方式提高反应概率的手段。

泛化指一旦对某一特定的条件刺激做出条件反射，其他与该条件刺激相似的刺激也能诱发相同的条件反射。

分化指有机体学会对条件刺激和与条件刺激相类似的刺激做出不同的反应。

消退是在条件反射建立以后，如果条件刺激重复出现多次而没有无条件刺激相伴随，所形成的条件反射会逐渐减弱并最终消失。

题干中，张华能够分清三种交通信号灯，即能对相似刺激做出不同反应，属于分化，故本题选 C。

5．C　**解析：** 刺激泛化是指人和动物一旦学会对某一特定的条件刺激做出条件反应以后，其他与该条件刺激相类似的刺激也能诱发其条件反应。红红因为害怕黑狗以致看到黑色的动物都会感到害怕，这种现象属于泛化。

6．D　**解析：** 刺激分化指的是通过选择性强化和消退使有机体学会对条件刺激和与条件刺激相类似的刺激做出不同的反应。狗经过训练后仅对圆形做出该反应属于刺激分化。

7．A　**解析：** 斯金纳的操作型条件反射理论认为学习是指机体在某种情境中自发做出的某种行为由于得到了强化而提高了该行为在这种情境中发生的概率，即强化是增强反应概率的手段。该教师在教学中重视对学生行为的奖赏强化，依据的正是斯金纳的理论。

8．B　**解析：** 经典条件反射实验得出学习是通过中性刺激与无条件刺激反复结合变成条件反应的过程。操作条件反射实验得出学习即强化的观点。榜样学习得出观察学习是人的学习的最重要的形式的观点。

9．D　**解析：** 负强化是指个体在做出某种反应之后，令其摆脱厌恶刺激（撤销惩罚），从而提高其类似行为出现的概率。题干中，李老师以消除违纪记录的方式来强化学生积极发言的行为，这属于负强化。

10．B　**解析：** 教师通过撤销额外作业这一厌恶刺激来增加学生认真听课的行为，属于负强化。

11．D　**解析：** 负惩罚是通过撤销愉快刺激来降低反应频率。题干中，老师撤销了"打篮球"这个愉快刺激，是为了降低小明与人发生冲突的频率，老师的做法属于负惩罚。

12．A　**解析：** 消退是指有机体做出曾被强化过的反应，如果在这一反应之后不再有强化物相伴，那么此类反应在将来发生的概率便会降低，消退是一种无强化的过程。题干中老师、同学的不予理睬正是无强化的一种体现，导致该学生后面违反课堂纪律的行为概率越来越低。

13．C　**解析：** 一个经过一段时间强化的行为不再被强化，就会逐渐消失，即消退。由题干中老师对小秋的行为不予理睬，可知老师采用的是消退的心理战术，C 项正确。强化是指通过某一事物增强某种行为的过程，A、B 两项错误。惩罚是指一个行为发生后，带来的直接结果令人不快，那么这种行为将来不太可能被重复，D项错误。

14．D　解析：班杜拉认为儿童社会行为的习得主要是通过观察、模仿现实生活中重要人物的行为来完成的。小芳受其妈妈影响，常常关心帮助同学，这种学习属于观察学习。

15．C　解析：替代强化指观察者因看到榜样的行为被强化而受到强化。题干中，其他同学看到小秀帮助他人的行为被老师表扬，从而强化了这一行为，这属于替代强化。

16．C　解析：替代性强化是指观察到榜样的行为或行为结果而受到的强化。

17．D　解析：班杜拉指出，学生行为强化方式有直接强化、替代强化和自我强化三种。

18．D　解析：本题考查学习理论。"言传不如身教"强调"身教"，即榜样示范的作用，这与社会学习理论中的"观察学习说"提出的"学习是个体通过观察榜样的示范性行为及其强化性结果从而获得新的行为反应"的观点相符。

19．B　解析：本题考查观察学习。观察学习是指通过对他人及其强化性结果的观察，一个人获得某些新的反应，或者矫正原有的行为反应，而在这一过程中，学习者作为观察者并没有外显的操作。题干中陈鹤琴的话强调儿童观察日常生活中他人的言行或环境而获得某些反应，这属于观察学习。故本题选B。

20．B　解析：本题考查苛勒的经典实验。苛勒通过黑猩猩取香蕉实验得出，黑猩猩不是以尝试错误的方式逐渐学会如何拿到香蕉的，往往是突然学会解决这类问题的。由此，他提出了完形－顿悟说，认为学习是个体利用本身的智慧与理解力对情境及情境与自身关系的顿悟，而不是动作的累积或盲目的尝试。

21．C　解析：托尔曼认为符号是有机体对环境的认知，学习是有目的的行为，学习的实质是期望的获得，学习过程是形成认知地图的过程，学习是整体性和有目的性的行为，整体行为总是坚持指向一定的目标对象。

22．A　解析：布鲁纳强调学习的主动性和认知结构的重要性，他主张教学的最终目标是促进学生对学科基本结构的一般理解。所谓学科的基本结构，是指学科的基本概念、基本原理及其基本态度和方法。

23．C　解析：布鲁纳是美国著名的认知教育心理学家，他主张学习的目的在于以发现学习的方式，使学科的基本结构转变为学生头脑中的认知结构。故本题选C。

24．C　解析：布鲁纳认为，学习的本质不是被动地形成刺激－反应的联结，而是主动地形成认知结构。他认为，任何学科都可以教给任何年龄阶段的任何儿童。

25．B　解析：布鲁纳提出螺旋式编排教学内容的主张，即根据学生的智力发展水平，让学生尽早有机会在不同程度上去接触和掌握某门学科的基本结构，随着学生智力的发展，使教材的直观程度逐渐降低、抽象程度不断提高、内容不断加深。

26．A　解析：布鲁纳指出，学生具有三种最基本的内在动机，分别是好奇内驱力（即求知欲）、胜任内驱力（即成功的欲望）和互惠内驱力（即人与人之间和睦共处的需要）。题干中，学生对所学习的知识产生了浓厚的兴趣，这种学习动机属于好奇内驱力。认知内驱力是由奥苏伯尔提出的，是指学生渴望认知、理解和掌握知识，以及陈述和解决问题的倾向。

27．B　解析：本题考查奥苏贝尔对学习动机的分类。奥苏贝尔认为，在学校情境中，促进学生学习的成就动机主要包括三个方面的内驱力决定成分，即认知内驱力、自我提高内驱力和附属内驱力。

认知内驱力是指学生渴望认知、理解和掌握知识，以及陈述和解决问题的倾向，属于内部动机。

自我提高内驱力是指通过自身努力，胜任一定的工作，取得一定的成就，从而赢得一定的社会地位的需要。

附属内驱力是指个人为了获得长者（如家长、教师等）的赞许、认可或同伴的接纳，而表现出来的把学习或工作做好的需要。

题干中的学生学习的动机是不让父亲失望，属于附属内驱力。

28．B　解析：布鲁纳认为，任何知识结构都可以用动作、图像和符号三种表象形式来呈现。动作表象是借助动作进行学习，无需语言帮助；图像表象是借助图像进行学习，以感知材料为基础；符号表象是借助语言进行学习，经验一旦转化为语言，逻辑推导便能进行。小学高年级和初中低年级的学生已经开始进入符号表象阶段。

29．B　解析：发现学习是指学生要学习的概念、原理等内容不直接呈现，需要学生通过独立思考、探索、发现而获得。题干所述符合发现学习的概念。

接受学习是将学生要学习的概念、原理等内容以结论的方式呈现在学生面前，教师传授，学生接受。机械学习是指当前的学习没有与已有知识建立某种有意义的联系。苛勒提出了学习的顿悟说。他认为，学习是个体利用本身的智慧与理解力对情境及情境与自身关系的顿悟，而不是动作的累积或盲目的尝试。

30．D　解析：奥苏贝尔将有意义学习分为表征学习、概念学习和命题学习三种类型。

31．D　解析：奥苏贝尔提出的先行组织者是先于学习任务本身呈现的一种引导性材料，它比学习任务本身有更高的抽象、概括和综合水平，并且能清晰地与认知结构中原有的观念和新的学习任务关联起来。设计"先行组织者"的目的是为新的学习任务提供观念上的固定点，增加新旧知识之间的可辨别性，以促进类属性的学习。其实质是强调新旧知识的相互联系。

32．B　解析：本题考查奥苏贝尔的有意义学习。先行组织者是先于学习任务本身呈现的一种引导性材料。题干中，教师为了让学生深刻认识《孔雀东南飞》这一爱情悲剧，引入"梁祝化蝶""牛郎织女"作为引导性材料在新旧知识之间建立联系。"梁祝化蝶""牛郎织女"属于先行组织者。故本题选B。

33．C　解析："先行组织者"是先于学习任务本身呈现的一种引导性材料，它的抽象、概括和综合水平高于学习任务，并且与认知结构中原有的观念和新的学习任务相关联，其目的是为新的学习任务提供观念上的固着点，增加新旧知识之间的可辨别性，以促进学习的迁移。题干中，"地形"的概念的抽象、概括和综合水平高于"山脉""高原""平原"的概念，属于先行组织者。

34．B　解析：奥苏贝尔的有意义学习的类型包括表征学习、概念学习和命题学习。其中，表征学习也称符号学习，是最低层次的一种学习方式，指学习一个符号或一组符号所代表的事物和意义。简言之，就是学习单词所代表的意思。题干中"猫"这个符号代表了实际看到的猫，学习的是符号代表的意义，属于表征学习。

35．C　解析：根据知识本身的存在形式和复杂程度，知识学习可以分为表征学习、概念学习和命题学习。表征学习是指学习一个符号或一组符号所代表的事物和意义。儿童将"猫"这个符号与猫的形象相匹配属于表征学习。概念学习是指理解某类事物区别于其他事物的共同关键特征。命题学习是指学习以命题形式表达的观点的新意义。

36．A　解析：加涅认为，每个学习动作可以分解成以下八个阶段。

①动机阶段：激发学生的学习动机，形成学习期望。

②了解（领会）阶段：学生对学习材料的注意和觉察过程。

③获得（习得）阶段：学生把感知到的材料在短时记忆系统中进行编码的过程。

④保持阶段：学生把习得的信息以语义编码的形式进入长时记忆储存的过程。

⑤回忆阶段：学生把已经在长时记忆系统中保持的信息给予重现的过程。

⑥概括阶段：学生把已经获得的知识推广到更广泛的领域中的过程。

⑦作业（操作）阶段：学生根据已获得的知识进行实际操作的过程。

⑧反馈阶段：对操作的效果进行评价的过程。

题干中，刘老师通过呈现一组利比亚战争中孩子的照片并引导学生讨论，从而激发学生的学习动机。此时学生的学习处于动机阶段。

37．A 解析：加涅认为，每个学习动作可以分解成以下八个阶段：①动机阶段，激发学生的学习动机，形成学习期望；②领会（了解）阶段，学生对学习材料的注意和觉察过程；③获得（习得）阶段，学生把感知到的材料在短时记忆系统中进行编码的过程；④保持阶段，学生把习得的信息以语义编码的形式进入长时记忆储存的过程；⑤回忆阶段，学生把已经在长时记忆系统中保持的信息给予重现的过程；⑥概括阶段，学生把已经获得的知识推广到更广泛的领域中的过程；⑦作业（操作）阶段，教师要提供各种形式的作业，使学习者有机会表现他们的操作；⑧反馈阶段，对操作的效果进行评价的过程。题干中，李老师运用实验巧妙地引发了学生的好奇心和求知欲，使学生展开了热烈的讨论，这属于学习阶段中的动机阶段。

38．D 解析：概括阶段指学生把已经获得的知识推广到更广泛的领域中的过程。题干中学生运用所学的税率的含义和算法计算饭店营业税的环节属于学习阶段中的概括阶段。

39．C 解析：建构主义者在一定程度上质疑知识的客观性和确定性，强调知识的动态性，指出知识不是对现实的准确表征，而是一种解释、一种假设。知识不是问题的最终答案，相反，它会随着人类的进步而不断地被"革命"，并随之出现新的假设。题干所述认为知识不是绝对的真理，在未来很有可能被推翻，这种对知识的理解体现了知识的动态性，符合建构主义学派的观点。

40．D 解析：建构主义强调学生学习的主动性、合作学习以及学习情境的创设。

41．D 解析：A项为人本主义知情统一的教学目标观；B项为奥苏贝尔的有意义学习理论的观点，属于认知主义学习理论；C项为马斯洛的动机和需要的层次理论中的观点，属于人本主义的学习理论。建构主义学习理论强调学习的情境性，认为学习应该与情境化的社会实践活动结合起来。

42．D 解析：支架式教学是建构主义学习理论在教学中的应用。建构主义者提出，当学生面对新的学习任务时，教师应该用直观的教学方法给学生做出示范。一旦学生的能力有所增强时，就应当逐渐减少指导的数量。教师在学生的学习中的作用就像"脚手架"在建筑、修桥中所起的作用一样，当学生需要时脚手架就会提供支持；当项目展开时便需要适时地调整或去除脚手架，不要对学生自己能做好的事情给予过多的帮助。D项正确。

43．A 解析：支架式教学指教师为学生的学习提供外部支持，帮助他们完成自己无法独立完成的任务，然后逐步撤去支架，让学生独立学习。

44．B 解析：人本主义一方面提出"以学生为中心"的教学理论，相信学生能"自己指导自己，教学要激发学生"自我实现的潜能；另一方面倡导"非指导性教学"，忽视了教师的指导作用。

45．B 解析：人本主义学习理论强调知情统一的教学目标观，培养知情合一的人；强调有意义的自由学习观，将学习分为无意义学习和有意义学习两大类；强调学生中心的教学观，主张废除"教师"这一角色，代之以"学习的促进者"。学习在已有知识经验上进行是建构主义学生观。有意义的接受学习是奥苏贝尔的认知主义学习理论的观点。

46．B 解析：人本主义心理学强调根据不同年级学生的不同特点，对其进行价值观方面的教育。如：小学低年级进行"好孩子、坏孩子"的教育；小学高年级进行规则和纪律教育，强调行为服从规则；中学进行法律和道德规范的教育。故本题选择B项。

47．C 解析：本题考查人本主义教学理论。人本主义教学理论的代表人物罗杰斯认为，情感和认知是人类精神世界中两个不可分割的有机组成部分，彼此融为一体。教育要培养躯体、心智、情感、心理融会一体的人。因此，培养学生的人格和传授知识一样重要。此外，罗杰斯重视学习过程中的心理气氛，认为教师应该通过表现真诚一致、无条件的积极关注以及同理心，来为学生营造一种促进的学习气氛。在学习过程中，教师是"学习的促进者"，师生之间互相尊重，学生有安全感，可以自己决定如何学习。A、B、D三项符合人本主义教学理论。C项重视教学的情境性是建构主义教学理论的观点。

三、多项选择题

1. CD　**解析**：负强化也称消极强化，是指个体在做出某种反应之后，令其摆脱厌恶刺激，从而提高其类似行为出现的概率。C项中的"返还没收的手机"，D项中的"不用打针"都是采取摆脱厌恶刺激的方式以提高行为出现的概率，属于负强化。C、D两项正确。

惩罚包括正惩罚和负惩罚两种形式。正惩罚是通过呈现厌恶刺激来降低反应频率。负惩罚是通过撤销愉快刺激来降低反应频率。A项中的"两天不许看电视"，B项中的"减少课间休息"，E项中的"取消周日去公园的计划"都属于通过撤销愉快刺激的方式以降低不良行为的频率，属于负惩罚。

2. CDE　**解析**：正强化是指个体在做出某种反应之后，给予一个愉快刺激（如给予奖励），从而提高其类似行为出现的概率。负强化是指个体在做出某种反应之后，令其摆脱厌恶刺激（如免除做家务），从而提高其类似行为出现的概率。正惩罚是通过呈现厌恶刺激来降低反应频率，如言语斥责、批评、罚款等。负惩罚是通过撤销愉快刺激来降低反应频率，如减少零花钱、取消周末看电影的奖励等。对于小川而言，全班的哄笑属于正惩罚，更可能使他改过自新，降低以后上课开小差的反应频率。对于小磊而言，全班的哄笑属于正强化，他认为自己得到了全班同学的关注，这属于获得了愉快刺激，故他很有可能变本加厉，从此以后更加调皮捣蛋。A、B两项说法错误，C、E两项说法正确。

D项，上课开小差导致全班同学哄堂大笑这件事，对于小川而言，属于正惩罚；对于小磊而言，属于正强化。两者可能产生不同的行为变化，这说明同一件事情对于不同的人而言，会有不同的强化效果。

3. ABCDE　**解析**：在实际的教学过程中，支架式教学的构成要素一般包含以下五个方面。

①进入情境：将学生引入一定的问题情境，并提供必要的解决问题的工具。

②搭脚手架：这是教师引导学生探索问题情境的阶段。首先，教师要帮助学生确立目标，为学生探索问题情境提供方向；其次，教师要围绕当前的学习内容，为学生提供探索该学习内容所需要的概念框架，该概念框架置于学生的最近发展区；最后，教师可以通过演示、提供问题解决的原型、为学生的问题解决过程提供反馈等引导学生探索问题情境，教师的引导应随着学生解决问题能力的增强而逐步减少。

③独立探索：教师放手让学生自己决定探索问题的方向，选择自己的方法，独立进行探索。这时，不同的学生可能会探索不同的问题。

④协作学习：通过学生与学生之间、学生与教师之间的协商讨论，可以共享独立探索的成就，共同解决独立探索过程中所遇到的问题。在共享集体思维成果的基础上，达到对当前所学知识的比较全面、正确的理解，最终完成对所学知识的意义建构。

⑤效果评价：对学习效果的评价包括学生个人的自我评价和学习小组对个人的学习评价，这种评价依然是与问题探索过程融为一体的，不能仅用脱离问题解决过程的所谓客观性测验（标准化测验）来评价这种教学的效果。

综上所述，A、B、C、D、E五项均正确。

4. AB　**解析**：我国教育目的的基本精神之一是培养德、智、体、美等方面全面发展的人。人本主义的教学目标注重的是过程而不仅仅是结果，注重的是知和情的协调发展，而不仅仅是知的发展。该校只注重培养学生的知识与技能，忽视了学生的兴趣和需要，违背了人本主义教育观，不利于学生的全面发展，故 A、B 两项正确，E 项错误。社会改造主义课程论认为应该把课程的重点放在当代社会的问题、社会的主要功能、学生关心的社会现象以及社会改造和社会活动计划上。要素主义课程论认为学科课程是向学生提供经验的最佳方法，应当重视系统知识的传授，以学科课程为中心。该校以学科课程为中心，课程的重点不是社会问题，这种做法符合要素主义课程理论，但不符合社会改造主义课程论，C 项错误。智力，即一般能力，知识、技能的掌握和能力的发展是不同步的。知识增加，能力并不一定提高。教师在教学中不仅要向学生传授知识，更要注重培养和发展学生的能力，D 项错误。故本题选 AB。

提升题 ▶▶▶

一、判断题

1．× **解析：** 动作技能是一种习得的能力。发现危险物体朝自己飞来时，个体会眨眼或躲闪，这种情况属于本能。

2．× **解析：** "一个月内不能买他喜欢的玩具"属于厌恶的刺激。王鹏的父母呈现"一个月内不能买他喜欢的玩具"的刺激，以消除王鹏再次打人的行为。这种做法属于惩罚。强化有正强化、负强化之分。负强化是指撤销惩罚以增加某类行为发生的概率。

3．√ **解析：** 布鲁纳主张学习的目的在于以发现学习的方式，使学科的基本结构转变为学生头脑中的认知结构。因此，他的理论常被称为认知－结构论或认知－发现学习说。他认为学习的本质不是被动地形成刺激－反应的联结，而是主动地形成认知结构。

4．× **解析：** 建构主义提出了情境性的认知观点。建构主义主张教师在专业发展的过程中，要将抽象的知识具体化、形象化，把学习的知识放在具体的情境中去体会、品味和理解。人的学习应该与情境化的实践活动联系在一起。人们通过对某种社会实践的参与而逐渐掌握有关的社会规则、工具、活动程序等，形成相应的知识。

5．√ **解析：** 人本主义认为，心理治疗的目的就在于帮助病人或患者创造一种有关他自己的更好的概念，使他能自由地实现他的自我，即实现他自己的潜能，成为功能完善者。

二、单项选择题

1．A **解析：** 桑代克认为学习的主律有三条，即准备律、练习律、效果律。其中，效果律是指刺激和反应之间的联结可因满意的结果而加强，也可因烦恼的结果而减弱。题干中，刘老师的做法体现了桑代克学习理论中的效果律。

2．A **解析：** 斯金纳将操作性条件反射原理应用到教学活动上，提出了程序教学论及其教学模式。程序教学是一种个别化的教学形式，它将要学习的大问题分解为一系列小问题，并将其按一定的程序编排和呈现给学生，要求学生学习并回答问题，学生回答问题后及时得到反馈信息。程序教学的基本原理是采用连续接近法，通过设计好的程序不断强化，使学生形成教育者希望的行为模式。

3．B **解析：** 运用奖励和惩罚时应注意以下几点：①要使学生树立正确的奖惩观；②奖励和惩罚一定要公平；③奖励与惩罚应注意学生的年龄特点、个性特点和性别差异。B 项说法错误。

4．A **解析：** 变时强化指不定时给予强化。题干中，教师在课程中不定期地安插随堂小测验，这种强化程序属于变时强化。

5．C **解析：** 原有知识结构对学习的重要性是认知学习理论的观点。

6．D　**解析：** 有意义学习具有四个特征：学习具有个人参与的性质；学习是自我发起的；学习具有渗透性；学习是由学生自我评价的。

7．D　**解析：** 从学习性质与形式来说，奥苏贝尔根据以下两个维度对认知领域的学习进行了分类。一个维度是学习进行的方式，由此可将学习分为接受学习和发现学习；另一个维度是学习材料与学习者原有知识的关系，由此可将学习分为机械学习和有意义学习。接受学习是将学生要学习的概念、原理等内容以结论的方式呈现在学生面前，教师传授，学生接受。发现学习是指学生要学习的概念、原理等内容不直接呈现，需要学生通过独立思考、探索、发现而获得。机械学习是指当前的学习没有与已有知识建立某种有意义的联系。有意义学习是指当前的学习与已有知识建立起实质性的和非人为的联系。

A项，科学家探索新材料，是利用已有的知识点来发现，属于有意义的发现学习，不符合题意。

B项，儿童尝试错误走迷宫，没有知识之间的相互联系，属于一种试误学习，不符合题意。

C项，小学生编打油诗背诵圆周率，不属于接受学习，不符合题意。

D项，听讲座是老师直接传递知识，属于接受学习；学生理解了概念之间的关系，属于有意义学习，故D项为有意义的接受学习。

8．C　**解析：** 加涅根据信息加工理论提出了学习过程的基本模式，认为学习过程就是一个信息加工的过程，即学习者将来自环境刺激的信息进行内在的认知加工的过程。格式塔学派认为，学习的过程是构造"完形"的过程。布鲁纳的认知结构理论认为学习是主动形成认知结构的过程。行为主义学习理论认为学习是刺激与反应之间建立联结的过程。

9．B　**解析：** 认知教学心理学家诺曼和鲁梅哈特根据图式理论，提出知识的掌握需经过生长、重构和协调三个阶段。其中，在生长阶段，学生试图将已获得的、相对零散和独立的知识与自己原有知识建立联系。此时，信息以相对独立的方式被原有图式同化，以个别事实或命题的形式被表征。B项正确。重构是建立观念间的联系，形成观念间的关系模式。协调阶段的知识由大量的模式构成，根据深层次结构加以组织达到系统化和结构化的水平。

10．D　**解析：** 目标是对活动预期结果的主观设想，是在头脑中形成的一种主观意识形态，也是活动的预期目的，为活动指明方向。题干中，三位同学对同一分数的不同认识说明了他们在学习上的目标差异。动机是指激起和维持个体的活动并使活动朝向某种目标的内部推动力量。态度是指通过学习而形成的、影响个人行为选择的内部准备状态或反应的倾向性。效果是由某种动因或原因所产生的结果。

11．C　**解析：** 建构主义学习观的主要观点：①学习具有主动建构性。学习不是由教师向学生传递知识的过程，学习者不是被动的信息吸收者，而是主动的信息建构者。②学习具有社会互动性。学习是通过对某种社会文化的参与而内化相关的知识和技能、掌握有关工具的过程，这一过程常常通过一个学习共同体的合作互动来完成。③学习具有情境性。建构主义者强调学习、知识和技能的情境性。知识是不可能脱离活动情境而抽象存在的，学习应该与情境化的社会实践活动结合起来。题干中，孙老师让学生通过实际活动学习相关知识，强调学习的主动建构性、社会互动性和情境性，体现的是建构主义的观点。

12．C　**解析：** 人本主义的教学观强调学生在教学中的主体地位，主张认知与情感相结合的教学，倡导学生个性化的自我评价，提倡情感化的师生关系，培养学生的生活能力。

三、多项选择题

1．AC　**解析：** 桑代克的饿猫实验是指饿猫学习如何逃出迷笼获得食物的实验。桑代克认为，问题的解决过程是一种盲目的、尝试错误的过程，即"试误说"。A项正确。华生的小阿尔伯特实验是一个显示人类经典条件反射经验证据的实验。这项研究也是一个刺激泛化的例子。B 项排除。苛勒的黑猩猩取香蕉实验对黑猩猩的问题解决行为进行了一系列的实验研究，从而提出了与尝试 – 错误学习理论相对立的完形 – 顿悟说。C 项正确。班杜拉的儿童榜样学习实验对人的观察行为做出了比较全面而客观的解释。班杜拉认为，学习即模仿。此实验不涉及问题解决，D 项排除。巴甫洛夫的狗唾液分泌实验是指每次给狗送食物以前响起铃声。这样经过一段时间以后，铃声一响，狗就开始分泌唾液。这一实验揭示的是经典条件反射，而非问题解决，E 项排除。故本题选 AC。

2. ACE　**解析：** 托尔曼设计了著名的潜伏学习的实验，他认为外在强化并不是学习产生的必要因素。在此实验中，动物在获得强化前学习已出现，只不过未表现出来。托尔曼将此种学习称为潜伏学习。潜伏学习事实的揭露，也证明学习并不是 S–R 之间的直接联结。动物在未受奖励的学习期间，认知结构发生了变化。A、C、E 三项正确，D 项错误。

B 项，苛勒的完形 – 顿悟说认为学习是通过顿悟产生的。B 项不符合题意。

3. ADE　**解析：** 奥苏伯尔将有意义学习分为符号学习、概念学习和命题学习。符号学习是指学习单个符号或一组符号的意义，或者说学习符号本身代表什么。概念学习即概念的获得，就是要理解某类事物区别于其他事物的共同关键特征，其实质是掌握同类事物或现象的共同关键特征或本质特征。命题学习是指学习句子中由若干概念所构成的复合意义，即学习若干概念之间的关系。学生进行命题学习时，所学命题与认知结构中已有概念或命题会建立起联系。A、D、E 三项正确。动作复现过程是班杜拉提出的观察学习的第三个阶段，即把观察所得的符号和表象转换成适当的行为，再现以前所观察到的示范行为。认知心理学认为学习不是由于试误及强化而形成的联结，而是通过有目的地对情境的整体理解而产生的顿悟。

第六章 分类学习理论

第一节 知识的学习

| 基础题 | ≫≫

一、判断题

1.（2023下）陈述性知识的学习是技能学习的起点。 （　　）

2.（2015上）学生学会在听课和看书时如何做笔记属于策略性知识。 （　　）

3.（2021下）学生先学习长方形的面积公式，再学习正方形的面积公式，这属于上位学习。（　　）

4.（2017上）通过对原则的演绎、推广和应用而确认某特殊事例隶属于该原则之内，这种学习即是奥苏贝尔提出的上位学习。 （　　）

5.（2024上）学生在学习了钠、镁、铝等元素的性质和特征之后，再学习铜、铁、锌等概念就比较容易，这种学习属于下位学习。 （　　）

6.（2022下）下位学习在认识活动中表现为从一般到特殊的过程，属于接受学习。 （　　）

7.（2022上）标本、实习、实验、教学性参观等都属于模象直观。 （　　）

8.（2021上）过度学习是指在学习达到刚好能背诵以后的附加学习，这就意味着复习的次数越多越好。 （　　）

二、单项选择题

1.（2023上）在学习开车时，小文可以很好地应对不同弯道打方向盘，但是很难用语言描述具体怎样操作。这属于（　　）。

A．显性知识　　　　B．隐性知识　　　　C．具体知识　　　　D．条件性知识

2.（2015上）按照信息加工心理学的观点，学生能够回答"第二次世界大战的原因是什么""人的心脏结构与血液循环有什么关系"等问题，需要的是（　　）。

A．陈述性知识　　　B．程序性知识　　　C．策略性知识　　　D．默会知识

3.（2014下）从教学内容设计的角度考虑，知识分类不包括（　　）。

A．陈述性知识　　　　　　　　　　B．程序性知识

C．策略性知识　　　　　　　　　　D．条件性知识

4.（2014上）从教学设计的角度考虑，一般将知识分为陈述性知识、程序性知识和（　　）。

A．科学性知识　　　　　　　　　　B．策略性知识

C．功能性知识　　　　　　　　　　D．生产性知识

5.（2023下）小红两岁时就知道香蕉在英文中叫"banana"。按加涅的学习水平分类，这属于（　　）。

A．符号记忆学习　　　　　　　　　B．具体概念学习

C．定义概念学习　　　　　　　　　D．高级规则学习

6.（2023下）小姗已经学习过"空气中的水蒸气遇冷会结成冰"，今天实践课要学习的现象是"冬天从寒冷的室外进入温暖的室内，镜片会变得模糊"。根据学习的分类，小姗对于新知识的学习属于（　　　）。

A．上位学习　　　　　　　　　　　　B．下位学习

C．并列学习　　　　　　　　　　　　D．结合学习

7.（2022下）下列选项中，属于上位学习的是（　　　）。

A．先学习三角形的概念，再学习三角形的性质

B．先学习长方形的概念，再学习正方形的概念

C．先学习"蚂蚁""松鼠""鲸鱼"等，再学习"动物"的概念

D．先学习"质量与能量"的关系，再学习"需求与价格"的关系

8.（2017下）学生在掌握了蔬菜的一般特性之后，再学习青菜、萝卜、黄瓜等蔬菜的具体特性。这类学习属于（　　　）。

A．上位学习　　　　　　　　　　　　B．组合学习

C．并列学习　　　　　　　　　　　　D．下位学习

9.（2015上）学生将新学的概念"橡皮擦"归到"文具"这一总的概念中。这种学习属于（　　　）。

A．下位学习　　　　　　　　　　　　B．同位学习

C．上位学习　　　　　　　　　　　　D．并列学习

10.（2018上）儿童经过拿大碗装水、小碗盛饭、塑料碗装泥巴等活动，认识了各种材质、色彩和大小的碗后，发现碗是一种有特定形状和功能的器皿。这种学习属于（　　　）。

A．上位学习　　　　　　　　　　　　B．下位学习

C．并列学习　　　　　　　　　　　　D．命题学习

11.（2016上）以下关于引发和促进陈述性知识学习的不正确描述是（　　　）。

A．提问可引发学习的多种认知过程

B．学习要记住教师和课本中呈现的内容

C．原有的知识能促进学生对新知识的学习

D．学习的认知过程主要由教师来引发和促进

12.（2020下）某生通过麻雀、乌鸦、燕子等都能飞，概括出会飞的动物就是鸟，而企鹅是不会飞的，所以认为企鹅不是鸟。这种知识概括方式属于（　　　）。

A．形式概括　　　　　　　　　　　　B．内容概括

C．感性概括　　　　　　　　　　　　D．理性概括

13.（2015下）如果识记某材料10遍刚好能背诵，那么一般情况下，识记（　　　）遍效果最好。

A．12　　　　　　　B．15　　　　　　　C．18　　　　　　　D．20

▌提升题▐ >>>

一、判断题

1.（2022上）赵老师建议同学们记忆单词时不要只记它在课文中的汉语释义，还要通过课外阅读留心它在其他情境下的意义和用法。该学习过程属于相关类属学习。　　　　　　　（　　　）

2.（2017上）按照现代认知心理学对陈述性知识学习的解释，整合就是学习者在新旧知识之间建立联系。　　　　　　　　　　　　　　　　　　　　　　　　　　　　　　　（　　　）

3.（2015下）在变式教学中，变换的应该是事物的非本质特征。　　　　　　　　　（　　）

4.（2017下）张林同学读书十遍刚好能够背诵下来。按照记忆理论研究成果，他需要再读五遍才能达到最佳学习效果。　　　　　　　　　　　　　　　　　　　　　　　　　　　　　（　　）

5.（2014下）技能的掌握与陈述性知识的掌握无关。　　　　　　　　　　　　　　（　　）

二、单项选择题

1.（2017上）在历史课上，同学们学习了鸦片战争的起源、发展、结果等知识。按照知识的分类，这属于（　　　）。

①陈述性知识　　　　　　　　　　　　②程序性知识

③直接经验　　　　　　　　　　　　　④间接经验

A．①③　　　　　　　　　　　　　　B．①④

C．②③　　　　　　　　　　　　　　D．②④

2.（2021上）关于陈述性知识和程序性知识的区别，以下表述错误的是（　　　）。

A．就改变难度而言，陈述性知识改变较易，程序性知识改变较难

B．就习得速度而言，陈述性知识习得较慢，程序性知识习得较快

C．就知识的内涵而言，陈述性知识是静态的，程序性知识是动态的

D．就意识控制程度而言，陈述性知识意识控制程度较高，程序性知识意识控制程度较低

3.（2014下）学生在掌握金属的一般特性之后，再学习金属铜和铁的具体特征。这种学习称作（　　　）。

A．并列结合学习　　　　　　　　　　B．总括学习

C．类属学习　　　　　　　　　　　　D．重复学习

4.（2019下）下列克服遗忘的策略，使用不恰当的是（　　　）。

A．程英把一个单元需要记忆的单词编成一个故事

B．英语和拼音写法相似，张媛读了英语又去读拼音

C．陈鹏能背诵《琵琶行》后又多读了几遍以加深印象

D．期末复习时，何威一会儿朗读，一会儿合上书本复述

5.（2023上）关于程序性知识和陈述性知识的关系，下列说法中错误的是（　　　）。

A．程序性知识的掌握可以促进陈述性知识的理解

B．陈述性知识和程序性知识都需要理解和记忆两个加工过程

C．陈述性知识常常是程序性知识的基础，因此程序性知识是高级复杂的

D．对于一个知识点，学习者既可以形成陈述性知识，也可以形成程序性知识

6.（2022下）陈述性知识教学策略的第一阶段是（　　　）。

A．引起注意　　　　　　　　　　　　B．建立教学目的

C．回忆原先知识　　　　　　　　　　D．唤起和激发动机

三、多项选择题

1.（2022上）在学习"惯性"这一概念时，钟老师先举了同学们常见的固体惯性的例子，随后又举了"突然刹车时晃出杯子的水"和"吹灭一排蜡烛"的例子以说明液体和气体的惯性现象，帮助学生理解了"一切物体均有惯性"，从而让学生更好地掌握了"惯性"的概念。下列关于该教学片段的说法正确的有（　　　）。

A．钟老师的教学运用了演示法

B．钟老师的教学方式属于发现式教学

C．学生获得的"惯性"概念是日常概念

D．学生获得"惯性"概念的方式是概念同化

E．对固体、液体和气体惯性现象的学习属于并列结合学习

2．（2023上）下列关于认知同化过程的判断中，正确的有（　　　）。

A．学生先学习"轴对称图形"的概念，再学习"圆也是轴对称图形"，这属于下位学习

B．学生先学习"胡萝卜、豌豆、菠菜"的概念，再学习"蔬菜"的概念，这属于下位学习

C．学生先学习"猫会爬树"，再学习"邻居家的猫正在爬门前的那棵树"，这属于下位学习

D．学生先学习"杠杆"的概念，了解杠杆的力臂原理，再学习"定滑轮"的知识，这属于上位学习

E．学生先学习"平行四边形"的概念，再学习"菱形是四条边一样长的平行四边形"这一命题来界定"菱形"，这属于上位学习

参考答案

基础题 >>>

一、判断题

1．√　解析：本题考查陈述性知识和技能的关系。陈述性知识的学习是技能学习的起点。在技能学习之初，学习者首先要理解并记忆活动所必需的陈述性知识，为应用相关的知识解决问题做准备。

2．√　解析：策略性知识是指学习者在学习情境中对任务的认识、对学习方法的选择和对学习过程的调控。听课和看书时记笔记属于策略性知识。

3．×　解析：根据新知识与原有知识结构的关系，奥苏伯尔将知识学习分为下位学习、上位学习和并列结合学习。其中，下位学习又称类属学习，是指当认知结构中原有观念的抽象、概括和包摄性高于新知识，新旧知识建立下位联系时的知识学习。题干中，正方形是特殊的长方形，长方形的抽象概括程度高于正方形，先学习长方形的面积公式再学习正方形的面积公式符合下位学习的概念。

4．×　解析：通过对原则的演绎、推广和应用而确认某特殊事例隶属于该原则之内，这种学习是奥苏贝尔提出的下位学习。

5．×　解析：本题考查学习的类型。并列结合学习是指新知识与原有观念既无上位，也无下位的特殊联系，而是一种并列或类比关系时产生的学习。"钠、镁、铝"和"铜、铁、锌"属于同一概括水平，这种学习是并列结合学习。下位学习是指当认知结构中原有观念的抽象、概括和包摄性高于新知识，新旧知识建立下位联系时的知识学习。

6．√　解析：本题考查下位学习。下位学习是指当认知结构中原有观念的抽象、概括和包摄性高于新知识，新旧知识建立下位联系时的知识学习。下位学习遵循从一般到特殊的过程，属于接受学习。故题干说法正确。

7．×　解析：模象直观是指在对事物的模拟性形象的直接感知基础上进行的直观方式，包括各种图片、图表、模型、幻灯片、录像等。实物直观是指在感知实际事物的基础上提供感性材料的直观方式，包括各种实物、标本、实习、实验、教学性参观等。题干所述为实物直观。

8．×　解析：一般认为，对材料的识记没有一次能达到无误背诵的标准，称为低度学习；如果

达到恰能成诵之后还继续学习一段时间，称为过度学习。有研究表明，学习的熟练程度达到150%，即过度学习程度达到50%时，记忆效果最好，知识掌握得最牢固；超过150%时，效果并不递增，并且很可能引起厌倦、疲劳等而使过度学习成为无效劳动。因此，过度学习并不意味着复习的次数越多越好。

二、单项选择题

1．B **解析：**本题考查知识的类型。根据知识能否清晰地表述和有效地转移，知识可分为显性知识和隐性知识。显性知识是可以言明的知识，而隐性知识是尚未言明的、难以言传的知识。题干中，小文很难用语言描述如何打方向盘，却可以很好地实际操作。这种难以言明的知识属于隐性知识。

条件性知识是教师专业知识结构的组成部分，主要指教师必备的教育学、心理学知识。

2．A **解析：**陈述性知识是个人有意识地提取线索，因而能够直接加以回忆和陈述的知识，主要用来说明事物的性质、特征和状态，用于区别和辨别事物。这类知识主要解决是什么的问题。题干描述属于陈述性知识。

3．D **解析：**从教学内容设计的角度考虑，知识分为陈述性知识、程序性知识、策略性知识。

4．B **解析：**从教学设计的角度考虑，一般将知识分为陈述性知识、程序性知识和策略性知识。

5．A **解析：**本题考查加涅的学习分类。

符号记忆学习即学习能用言语表达的知识。题干中，知道"banana"是香蕉，这属于符号记忆学习。故本题选A。

具体概念学习是指识别具有共同特征的同类物体的能力。

定义概念学习是指运用概念的定义特征对事物分类的能力。

高级规则学习是指将若干规则组合成新规则的能力。

6．B **解析：**本题考查学习的类型。

上位学习是指当新知识的抽象、概括和包摄性高于旧知识，新旧知识建立上位联系时的知识学习。

下位学习是指当认知结构中原有观念的抽象、概括和包摄性高于新知识，新旧知识建立下位联系时的知识学习。

并列结合学习是指新知识与原有观念既无上位，也无下位的特殊联系，而是一种并列或类比关系时产生的学习。

题干中，小姗已经获得"空气中的水蒸气遇冷会结成冰"的上位概念，而"冬天从寒冷的室外进入温暖的室内，镜片会变得模糊"仅仅是前者的一个例证，即下位概念，说明这种学习是下位学习。故本题选B。

7．C **解析：**本题考查上位学习的内涵。根据新知识与原有认知结构的关系，学习分为上位学习、下位学习和并列组合学习。

上位学习是指当新知识的抽象、概括和包摄性高于旧知识，新旧知识建立上位联系时的知识学习。C项，"动物"（新概念）的概括程度高于"蚂蚁""松鼠""鲸鱼"（旧概念），这种学习属于上位学习。

下位学习是指当认知结构中原有观念的抽象、概括和包摄性高于新知识，新旧知识建立下位联系时的知识学习。B项，正方形是一种特殊的长方形，先学长方形再学正方形，属于下位学习。

并列组合学习是指新知识与原有观念既无上位，也无下位的特殊联系，而是一种并列或类比关系时产生的学习。三角形的概念和性质之间、"质量与能量"的关系和"需求与价格"的关系之间不存在上下位之分，A、D两项属于并列组合学习。

8．D　解析：下位学习又称类属学习，是指将概括程度或包含程度较低的新概念或命题归属到认知结构中已有的、概括程度或包含程度更高的适当概念或命题之下的学习，从而获得新概念或新命题的意义。简而言之，就是先学概括程度较高的知识，后学概括程度较低的知识。题干中，学生先学蔬菜，再学萝卜、青菜等，属于下位学习。

9．A　解析：新学习的概念"橡皮擦"是原有"文具"这一总概念的一个特例，因此这种学习是下位学习。

10．A　解析：上位学习也称总括学习，是指在认知结构中原有的几个观念的基础上学习一个包容性程度更高的命题，即原有的观念是从属观念，而新学习的观念是总括性观念。儿童在这些原有观念的基础上学习一个概括和包容程度较高的概念或命题时，便产生上位学习。儿童认识了各种材质、色彩和大小的碗后，掌握碗的概念属于上位学习。

11．B　解析：陈述性知识主要用来回答事物是什么、为什么和怎么样等问题，可用来区别和辨别事物，目前学校教学传授的主要是这类知识。学生一般要通过理解和记忆获得这类知识，而不是记住教师和课本中呈现的内容。

12．C　解析：知识的概括可以分为感性概括和理性概括。其中，感性概括也称直觉概括，它是在知识直观的基础上自发进行的一种低级的概括形式。感性概括是根据事物的外部特征进行的，是停留在知觉水平上的概括。感性概括虽然在形式上也是通过一定的概括得来的，其外延也涉及一类事物而非个别事物，但是从内容上看，它并没有反映事物的本质特征和内在联系，所概括的只是事物的一般外表特征和外部联系。题干中，通过麻雀、乌鸦、燕子等具体的动物概括出会飞的动物就是鸟，这种概括停留在鸟的外部特征，是感性概括的一种体现。故本题选择C项。

13．B　解析：有研究表明，学习的熟练程度达到学习量150%时，记忆效果最好，知识最牢固。

提升题 》》》

一、判断题

1．√　解析：相关类属学习中，每次学习新知识，相关的原有概念得到了拓展题干中，赵老师要求同学们不仅要记忆单词的汉语释义，还要学习在其他情境中的意义和用法，这是对单词意义的拓展。这个学习过程属于相关类属学习。

2．√　解析：按照现代认知心理学对陈述性知识学习的解释，选择是区分有关信息与无关信息，将感觉记忆移送到工作记忆中；整合是对新旧知识之间建立联系；组织是将选择的知识组织成一个连贯的整体；精加工是对呈现的信息进行添加、补充。

3．√　解析：变式是指通过变更对象的非本质特征以突出对象的本质特征而形成的表现形式。

4．√　解析：过度学习是指学习达到目的后的附加学习。研究表明，过度学习达到50%，即学习熟练程度达到150%时，学习的效果最好。

5．×　解析：首先，技能的形成除了需要程序性知识，也需要别的陈述性知识；其次，在学习过程中，最初都以陈述性知识的形式来习得，只是在大量练习之后程序性知识才具有了自动化的特点。因此，技能掌握与陈述性知识有关。

二、单项选择题

1．B　解析：题目中的描述是关于"是什么"的知识，属于陈述性知识。学生并没有直接接触鸦片战争，所以是间接经验。

2．B　解析：陈述性知识与程序性知识的区别主要表现在以下几个方面。

①从基本结构看，陈述性知识是符号所代表的概念、命题与原理的意义，掌握陈述性知识的关键是理解符号所表征的意义；程序性知识是对陈述性知识的应用，其基本结构是动作或产生式，形成程序性知识的关键是对操作方法的熟练掌握。

②从输入、输出看，陈述性知识是相对静态的，容易用言语表达清楚；程序性知识是相对动态的，不易用言语表达清楚。C 项正确。

③从意识控制程度看，陈述性知识的意识控制程度较高，激活速度较慢，往往是有意识的搜寻过程；程序性知识的意识控制程度较低，激活速度较快。D 项正确。

④从学习速度看，陈述性知识的学习速度较快，能在短时期内突飞猛进或积累，但遗忘也较快；程序性知识的学习速度较慢，需要大量的练习才会达到熟能生巧的程度。程序性知识一般属于过度学习，因而保持比陈述性知识牢固。陈述性知识学习快，遗忘快，因而改变较易；程序性知识学习慢，不易遗忘，因而改变较难。A 项正确，B 项错误。

⑤从记忆储存看，由于陈述性知识具有结构化、层次化的特点，因而陈述性知识的储存呈现非独立的网络性，其迁移具有叠加扩充的特性；程序性知识的储存呈现独立的模块性，程序性知识的迁移具有序列转移的特性。

⑥从测量角度看，陈述性知识通过口头或书面"陈述"或"告诉"的方式测量；程序性知识只能通过观察行为，是否能做、会做什么的方式测量。

综上所述，B 项对陈述性知识和程序性知识的区别表述错误，符合题意，当选。

3．C　解析：当认知结构中的原有观念的抽象、概括和包摄性高于新知识时，新知识类属于旧知识，产生下位学习或类属学习。在掌握金属的一般特性之后，再学习金属铜和铁的具体特征属于这种学习方式。

4．B　解析：A 项属于对材料进行精细加工，促进深度理解，有利于提高记忆效果。C 项适当的过度学习有利于提高学习效果。D 项利用了尝试回忆与反复识记相结合的方法，能在一定程度上克服遗忘。B 项英语和拼音写法相似，读了英语又去读拼音会相互干扰，不利于克服遗忘。

5．C　解析：本题考查程序性知识和陈述性知识的关系。程序性知识和陈述性知识既有区别又有联系。一方面，两者之间的区别并不是基于对客观知识的划分，陈述性知识未必简单基础，程序性知识也未必高级复杂；两者的区别是对个体头脑中知识状态的划分，同样是学习一个知识点，学习者既可以形成关于它的陈述性知识，也可以形成关于它的程序性知识。另一方面，两者在实际学习和问题解决活动中是相互联系的，都需要理解和记忆两个加工过程。陈述性知识学习是程序性知识学习的前提和基础；程序性知识的掌握又促进着陈述性知识的深化和理解。

6．A　解析：本题考查陈述性知识的教学策略。史密斯和雷根认为陈述性知识的教学策略包括引起注意、唤起兴趣和动机、建立教学目的、课的概述、回忆原先知识、处理信息和例子、集中注意、运用学习策略、练习、评价性反馈、总结和复习、知识迁移、进一步激发动机并结束教学、评定成绩、评价性反馈和补救教学等多个阶段。其中，引起注意是陈述性知识教学策略的第一阶段。故本题选 A。

三、多项选择题

1．CE　解析：A 项，演示法是教师通过展示实物、直观教具，运用示范性的实验或现代化视听手段等指导学生获得知识或巩固知识的方法。题干中，钟老师通过讲解完成惯性的概念教学，没有使用演示法。

B项，发现式教学强调让学生通过独立工作，自己主动发现问题、解决问题及掌握原理。题干中并非老师创设情境由学生自行发现总结，而是老师举例进行教学。

C项，日常概念又称前科学概念，是没经过专门的教学，而在日常生活中通过辨别学习、积累经验掌握的概念。科学概念是在教学过程中通过揭示概念的内涵形成的概念。学生通过生活中的实例获得的概念是日常概念，还需要后续的教学才能获得"惯性是物体保持静止状态或匀速直线运动状态的性质"这一科学概念。故C项说法正确。

D项，概念的获得有概念形成和概念同化两种形式。概念形成即同类事物的关键特征由学习者从大量同类事物的不同例证中独立发现。概念同化即利用学习者认知结构中原有的概念，以定义的方式直接给学习者提示概念的关键特征。题干中，老师给学生呈现实例，学生从实例中获得概念属于概念形成，而不是概念同化。

E项，并列结合学习也称并列组合学习，是指新知识与原有观念既无上位，也无下位的特殊联系，而是一种并列或类比关系时产生的学习。题干中，固体、液体和气体惯性现象属于同一水平，故E项说法正确。

2．**AC** **解析**：本题考查上位学习和下位学习。

上位学习是指当新知识的抽象、概括和包摄性高于旧知识，新旧知识建立上位联系时的知识学习。下位学习是指当认知结构中原有观念的抽象、概括和包摄性高于新知识，新旧知识建立下位联系时的知识学习。

先学习"轴对称图形"，再将"圆"纳入"轴对称图形"之中，属于下位学习。A项正确。

先学习"胡萝卜、豌豆、菠菜"，再学习包摄性更高的"蔬菜"，属于上位学习。B项错误。

"邻居家的猫正在爬门前的那棵树"是"猫会爬树"的一个例证。C项属于下位学习。

先学习"杠杆"，再学习"定滑轮"，了解定滑轮是一种特殊的等臂杠杆，属于下位学习。D项错误。

先学习"平行四边形"（上位概念），后学习"菱形"（下位概念），属于下位学习。E项错误。

第二节　技能的形成与培养

基础题 »»

一、判断题

1.（2020上）生活在草原上的牧民，其骑射技能非常娴熟；生活在海边的渔民，其捕鱼或潜水技能发展较好。这说明技能的形成和发展受现实生活环境的制约。　　（　　）

2.（2015上）动作技能与肌肉运动有关，与大脑无关。　　（　　）

3.（2016下）因为动作技能的形成与练习时间和练习次数密切相关，所以练习前在头脑中把动作和要领默想一遍对动作技能的形成并没有实际效果。　　（　　）

4.（2014上）练习中的高原现象是由于练习方法不当导致的。　　（　　）

二、单项选择题

1.（2015下）下列属于心智技能的是（　　）。

A．书法技能　　　　　　　　　　B．打字技能

C．写作技能　　　　　　　　　　D．刺绣技能

2.（2016下）晓川在学习蛙泳时，首先在泳池边观察教练如何游泳，紧接着开始在教练的指导下分别练习手部的划水和腿部的蹬腿动作。晓川的学习属于动作技能形成阶段中的（　　　）。

A．认知阶段
B．自动化阶段

C．运动阶段
D．联系形成阶段

3.（2021下）小文同学在上课时可以一边快速记笔记一边听老师的讲授。小文记笔记的动作处于技能形成的（　　　）。

A．联系阶段
B．巩固阶段

C．认知阶段
D．自动化阶段

4.（2020下）人们常说"见者易，学者难"，这主要是强调在动作技能的学习中哪一阶段的重要性？（　　　）

A．言语指导
B．示范

C．练习
D．反馈

5.（2017下）小林在学习游泳的过程中，一开始进步很快，但随后就没有什么进步甚至退步。妈妈和小林都很着急，老师却说这是正常现象。下列选项中，可以解释老师说法的是（　　　）。

A．迁移
B．定势

C．高原现象
D．功能固着

┃ 提升题 ┃ »»

一、判断题

1.（2019下）在学车的过程中，每一次练完倒车入库，琪琪都会在睡前将整个倒车入库的过程在脑海中默默过几遍，这种做法属于心理练习，将会显著提升琪琪练车的效果。　　　（　　　）

2.（2015下）在心智技能的形成过程中，原型定向之前已发生原型内化。　　　　　（　　　）

二、单项选择题

1.（2014下）下列选项中，属于心智技能的是（　　　）。

A．看到风景
B．分析问题

C．打字
D．洗衣服

2.（2017上）乐乐在学习篮球的过程中，其运球动作和上篮动作常常相互干扰。他关注运球时就容易错过最佳上篮位置，关注上篮动作时又容易运球失误。乐乐的篮球技能属于动作技能形成阶段中的（　　　）。

A．认知阶段
B．自动化阶段

C．计划信息阶段
D．联系形成阶段

3.（2022下）小华在学习弹钢琴的过程中，最开始需要边看乐谱边弹奏，在头脑中想象下一步是什么样子，根据头脑中乐谱内容进行弹奏；经过长时间练习后他可以一边弹奏曲子一边和别人聊天。这两个阶段分别属于动作技能形成的（　　　）。

A．认知阶段和练习阶段
B．认知阶段和自动化阶段

C．模仿阶段和联系阶段
D．模仿阶段和自动化阶段

4.（2023下）做加法运算时，教师先向学生出示用于计算的小棒，然后将小棒拿走，并要求学生说出结果。这种教法更匹配（　　　）。

A．动作定向阶段
B．物质或物质化活动阶段

C. 出声的外部言语阶段　　　　　　　　D. 不出声的外部言语阶段

5.（2021 上）在培养学生阅读技能的教学中，教师有很多行之有效的方法，如"指读""大声阅读""齐读"等。从智力技能形成的阶段看，能够"默读"的学生处于（　　　）。

A. 内部言语阶段　　　　　　　　　　　B. 认知定向阶段

C. 物质化活动阶段　　　　　　　　　　D. 无声外部言语阶段

6.（2019 下）练习是指以形成某种技能为目的的学习活动，是以掌握一定的动作方式为目标而进行的反复操作的过程。下列练习曲线中，图一和图二的纵坐标分别代表（　　　）。

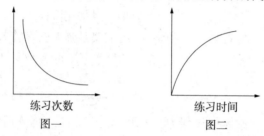

图一　　　　　　　　　　　　　　图二

A. 单位时间工作量；所需时间　　　　　B. 所需时间；错误量

C. 单位时间工作量；错误量　　　　　　D. 所需时间；单位时间工作量

7.（2022 上）言语在智力技能形成的原型内化阶段起（　　　）作用。

A. 标志　　　　　　　　　　　　　　　B. 组织

C. 巩固　　　　　　　　　　　　　　　D. 扩展

三、多项选择题

1.（2023 上）下列选项中属于心智技能的有（　　　）。

A. 语文学习中掌握的阅读与构思技能

B. 数学学习中获得的运算与解题技能

C. 美术学习中获得的色彩与构图技能

D. 自然科学学习中发展的观察与记忆技能

E. 音乐学习中形成的吹、拉、弹、唱技能

2.（2024 上）根据冯忠良的动作技能形成四阶段模型理论，下列属于舞蹈技能习得过程中"操作整合"阶段的有（　　　）。

A. 教师示范学生看

B. 学生自己能够独立练习

C. 学生动作主要靠视觉控制

D. 学生动作具有一定稳定性

E. 教师分解动作，学生跟着做

参考答案

基础题 >>>

一、判断题

1. √　**解析**：技能的形成和发展，受其生活的社会发展水平的制约和现实生活环境的影响。草原牧民擅长骑射，海边渔民擅长捕鱼和潜水是受现实生活环境制约的体现。

2．×　**解析**：动作技能是指通过练习而形成的合乎法则的活动方式。它是通过大脑皮层的运动区后由肌肉、肌腱以及关节运动而形成的。

3．×　**解析**：对一些复杂而不易掌握的运动技术动作，练习前后可提示学生默想动作要领和动作关键，进而产生反馈信息，使他们体会完成正确动作时的肌肉感觉。这对加速掌握技术要领、深化正确的动作概念有极大的促进作用。

4．×　**解析**：高原现象是指个体在学习过程中或技能的形成过程中，由于身体或心理上的疲惫而出现的暂时停顿或者下降的现象。练习方法不当、兴趣降低等都可以导致高原现象的发生。

二、单项选择题

1．C　**解析**：心智技能也称智力技能、认知技能，是一种借助内部力量调节、控制心智活动的经验，是通过学习而形成的合乎法则的心智活动方式。阅读技能、运算技能、记忆技能、写作技能等都属于心智技能。

2．A　**解析**：认知阶段是动作技能形成的初期，学习者通过指导者的言语讲解或观察他人示范的动作模式，或自己按照操作说明或使用手册的要求，试图对所学技能的任务、性质、要点进行分析、了解和领会。题干中，晓川在观察完教练如何游泳后，分别练习手部与腿部动作符合认知阶段的特点。

3．D　**解析**：菲茨和波斯纳把操作技能的形成过程分为认知阶段、联系形成阶段、自动化阶段。其中，在自动化阶段，各个动作的相互协调似乎是自动流露出来的，不需要特殊的注意和纠正。只要有一个启动信号，个体就能迅速准确地按照程序连贯完成整个动作系列。题干中，小文能够"一边快速记笔记一边听老师的讲授"，记和听的动作相互协调，不需要特别注意，操作十分熟练，这表明其记笔记的动作技能已达到了自动化阶段。

4．C　**解析**：A项，言语指导可以提供运动本身有用的和重要的信息。如四肢相对于工具器材的位置、站立的姿势、应当看什么、听什么、做什么，或许更重要的是对运动的全面认识和意象，可以对最初的尝试提供指导。

B项，示范是将技能演示出来，以便学习者能够直接观察到动作的成分。之后，学习者会在最初的练习中模仿动作。学习者也可以通过观看熟练操作者的录像或照片进行练习。

C项，练习是影响动作技能学习的最重要的因素。这里的练习是指有意练习，即练习者要抱有改进其作业水平的目的，而且这种练习并不是快乐有趣的，需要付出一定的努力。

D项，反馈来自两个方面：一是内部反馈，即操作者自身的感觉系统提供的感觉反馈；二是外部反馈，即操作者自身以外的其他事物给予的反馈。

题干中，"见者易，学者难"中的"见"指观察别人执行动作技能，相当于示范。"学"则指观察后的模仿和练习。"学者难"强调的是学，即练习的重要性。故本题选择C项。

5．C　**解析**：高原现象是指练习的进步是先快后慢的，到中期出现暂时停顿或者下降的现象，即练习成绩保持一定的水平不再上升甚至呈下降的趋势。

┃提升题┃»»

一、判断题

1．√　**解析**：练习是形成各种操作技能不可缺少的关键环节，是操作技能形成的基本条件和途径，对技能进步有促进作用。根据练习途径的不同，练习可分为身体练习和心理练习等。身体练习即身体实际进行活动的练习。心理练习即仅在头脑内反复思考身体动作的进行过程。题干中的做法属于心理练习，进行心理练习有利于提高练车的效果。

2．×　**解析**：心智技能形成的三阶段说将形成过程分为原型定向、原型操作和原型内化，其顺序不能改变。

二、单项选择题

1．B　**解析**：心智技能也称智力技能、认知技能，是通过学习而形成的合乎法则的心智活动方式。心智技能属于头脑中进行的认识活动，具有观念性、内潜性和简缩性。B项符合心智技能的特点。

2．D　**解析**：菲茨和波斯纳将动作技能的形成分为认知、联系形成和自动化三个阶段。认知阶段是动作技能形成的初期，学习者通过指导者的言语讲解或观察他人示范的动作模式，或自己按照操作说明或使用手册的要求，试图对所学技能的任务、性质、要点进行分析、了解和领会。联系形成阶段是把局部动作综合成更大单位，从认知方面转向动作方面，最后形成一个连贯的初步动作系统的阶段。自动化阶段是动作的协调和技能的完善阶段，是动作技能形成的最后阶段。在此阶段，各个局部动作联合成为一个完整的自动化的动作系统。乐乐将运球动作和上篮动作综合起来的过程，属于联系形成阶段。

3．B　**解析**：本题考查动作技能形成的阶段。菲茨和波斯纳把操作技能的学习过程分为认知、联系形成、自动化三个阶段。

在认知阶段，个体首先要通过对示范对象的观察及对刺激情境的知觉，形成一个内部的动作意象，作为实际执行动作时的参照。认知阶段的主要任务是对示范动作进行观察，了解要学习的动作技能的动作结构和特点，以及各组成动作之间的联系，从而在头脑中形成动作映象。

在联系形成阶段，个体把组成操作技能的整体动作逐一进行分解，并试图发现它们是如何构成的，最后尝试性地完成所学新技能中的各个动作。

在自动化阶段，各个动作的相互协调似乎是自动流露出来的，无需特殊的注意和纠正，操作极其流畅、准确和稳定。

题干中，小华边看乐谱边弹奏，在头脑中想象每一步的样式，属于动作映像的形成阶段，为认知阶段；经过练习，小华可以边弹奏曲子边聊天，动作技能达到了自动化的水平，属于自动化阶段。故本题选B。

4．C　**解析**：本题考查加里培林的心智技能形成阶段。

动作定向阶段的主要任务是使学生预先熟悉活动任务，了解活动对象，知道将做什么和怎么做，构建关于认知活动本身和活动结果的表象，以便完成对它们的定向。

物质活动是借助实物进行活动，物质化活动是借助实物的模型、图片、样本等代替物进行活动。物质或物质化活动阶段的主要任务是引导学生通过从事物质活动或物质化活动，掌握活动的真实内容。

出声的外部言语阶段的特点是心智活动不直接依赖物质或物质化的客体，而是借助出声言语的形式来完成的。例如，在加法运算中，先给个体呈现实物，然后将实物拿走，并要求个体用言语说出结果。故本题选C。

不出声的外部言语阶段，智慧活动的完成是以不出声的外部言语来进行的，即只看到嘴动，听不到声音。

5．D　**解析**：加里培林将智力技能的形成分为以下五个阶段。

①活动的定向阶段。其主要任务为使学生预先熟悉动作任务，了解活动对象，知道将做什么和怎么做，构建关于认知活动本身和活动结果的表象，以便完成对它们的定向。

②物质活动或物质化活动阶段。物质活动是借助实物进行活动，物质化活动是借助实物的模型、图片、样本等代替物进行活动。其主要任务为引导学生通过从事物质活动或物质化活动，掌握活动的真实内容。

③出声外部言语活动阶段。其特点为心智活动不直接依赖物质或物质化的客体，而是借助出声言语的形式来完成。

④无声外部言语活动阶段。其特点为从出声的外部言语向内部言语转化。内部言语不是指向同别人交际的言语，它是一种对自己发出的言语，是自己思考问题时的言语活动。这一阶段与前阶段的不同之处在于活动的完成是以不出声的外部言语来进行的，即此时以声音表象、动觉表象为支柱进行智力活动。这一点在儿童学习从朗读到默读的过程中尤为明显。能够默读的学生处于无声外部言语阶段。D项正确。

⑤内部言语活动阶段。其特点为心智活动完全借助内部言语完成，高度简要、自动化，似乎不需要意识的参与，学习者本人常常觉察不到其进程。在这一阶段，心智活动以抽象思维为其主要成分。

6. D 解析：练习曲线是指连续多次练习中发生的动作效率与活动效率变化的图解，即在练习过程中，表示练习次数与技能发展之间关系的曲线。一种用横坐标表示练习次数，纵坐标表示练习成绩的测定值。随着练习次数的增加，完成动作的错误数量便逐渐减少，得到的是一条下降的练习曲线。随着练习次数的增加，完成动作需要的时间逐渐减少，得到的是一条下降的练习曲线。一种曲线把练习时间作为横坐标，单位时间工作量作为纵坐标，随着练习时间的增加，单位时间内完成的工作量逐渐上升，因此，得到一条上升的练习曲线。

7. C 解析：心智技能的形成包括原型定向、原型操作、原型内化阶段。其中，原型内化是指心智活动的实践模式向头脑内部转化，由物质的、外显的、展开的形式变成观念的、内在的、简缩的形式的过程。言语在原型内化阶段的主要作用在于巩固形成中的动作表象，并使动作表象得以进一步概括，从而向概念性动作映像转化。

三、多项选择题

1. ABCD 解析：本题考查心智技能和操作技能。心智技能是通过内部语言在头脑中形成的合乎法则的心智活动方式，如阅读技能（默读）、写作技能、运算技能（心算）、解题技能、记忆技能等。A、B、C、D四项都属于心智技能。

操作技能是通过学习而形成的合乎法则的程序化、自动化和完善化的操作活动方式，音乐方面的吹、拉、弹、唱属于操作技能。

2. BD 解析：本题考查动作技能形成的阶段。冯忠良认为，操作技能的形成可以分为操作定向、操作模仿、操作整合与操作熟练四个阶段。①操作定向阶段是操作的认知阶段，是在头脑中建立起操作活动的定向映象的过程。A项属于操作定向阶段。②操作模仿阶段是学习者通过观察，实际再现特定的示范动作或行为模式。该阶段的动作主要靠视觉控制，控制水平较低。C、E两项属于操作模仿阶段。③操作整合阶段是把模仿阶段习得的动作依据其内在联系联结、固定下来，并使各动作成分相互结合，成为定型的、一体化的动作。该阶段动作表现出一定的稳定性；视觉控制不起主导作用，动觉控制范围扩大。B、D两项属于操作整合阶段。④操作熟练阶段是操作技能掌握的高级阶段，这个阶段形成的动作方式对各种变化的条件具有高度的适应性，动作的执行达到高度的程序化、自动化和完善化。

第三节　解决问题与创造性

| 基础题 | ≫

一、判断题

1.（2014下）将打乱的魔方重新还原，属于启发式问题解决模式。　　　　　　　（　　）

2.（2019下）知识的储备是个体解决问题的必要条件，因此知识储备量越大，越有利于问题的解决。　　　　　　　　　　　　　　　　　　　　　　　　　　　　　　　　（　　）

3.（2021下）练习的相对一致和变化，既考虑了学习定势的积极作用，又避免了其消极作用。
　　　　　　　　　　　　　　　　　　　　　　　　　　　　　　　　　　　　（　　）

4.（2021上）在数学学习中，学生做了例题后面的练习题，有助于再做同样类型的题，但对做不同类型的题则有消极影响。这是功能固着对问题解决的影响。　　　　　　　　（　　）

5.（2019下）习惯了杯子是用来喝水的，就想不到杯子也可以用来插花，这是一种思维定势。
　　　　　　　　　　　　　　　　　　　　　　　　　　　　　　　　　　　　（　　）

6.（2015下）思维定势对解决问题既有积极作用也有消极作用。　　　　　　　（　　）

7.（2021下）王老师在讲"列方程解行程问题"时，要求学生说出每一个解题步骤的原因。这有助于提高学生的问题解决能力。　　　　　　　　　　　　　　　　　　　　　（　　）

8.（2014上）智力与创造性呈正比，一个人有高的智商就会有高的创造性。　（　　）

二、单项选择题

1.（2023上）小红在完成作文的过程中，制定了分析题目、确定中心思想、编写提纲、写文章、修改文章等小目标。她采用的策略是（　　　）。
　　A．爬山法　　　　　　　　　　　　　　B．算法式策略
　　C．手段－目的分析法　　　　　　　　　D．逆向思维法

2.（2022上）小英在解答"笼中一共5个头，16条腿，请问在笼子里有几只鸡，几只兔"这一问题时，采用如下思考：

　　5鸡0兔　　　$5×2+0×4=10<16$
　　4鸡1兔　　　$4×2+1×4=12<16$
　　3鸡2兔　　　$3×2+2×4=14<16$
　　2鸡3兔　　　$2×2+3×4=16=16$
　　1鸡4兔　　　$1×2+4×4=18>16$
　　0鸡5兔　　　$0×2+5×4=20>16$
　　答：2鸡3兔。

这里小英采用的问题解决策略是（　　　）。
　　A．算法式　　　　　　　　　　　　　　B．启发式
　　C．逆向搜索法　　　　　　　　　　　　D．手段－目的分析法

3.（2019上）将学期报告分解成一个个小任务，如选择题目、查阅资料、制订纲要等来逐步解决。这种方法属于问题解决策略中的（　　　）。
　　A．类比法　　　　　　　　　　　　　　B．手段－目的分析法

C．爬山法　　　　　　　　　　　　D．逆推法

4．（2015下）科学家通过观察蜻蜓飞行而发明了直升机，这其中促进科学家问题解决的主要因素是（　　）。

A．定势　　　　　　　　　　　　　B．迁移

C．原型启发　　　　　　　　　　　D．问题表征

5．（2022下）小明在完成论文时，思考了很久都没有写作思路，休息两天后他再次看到论文题目，突然有了写作思路，这属于问题解决中的（　　）。

A．功能固着　　　　　　　　　　　B．反应定势

C．酝酿效应　　　　　　　　　　　D．迁移效应

提升题 ≫≫≫

一、判断题

1．（2016下）对于中学生来说，回答"3+2=5"和证明几何题都属于问题解决。（　　）

2．（2014上）在教学过程中要尽量从教师提出问题过渡到学生质疑和互动提问，这有助于培养学生解决问题的能力。（　　）

3．（2022上）卢钦斯"水罐问题"揭示了功能固着对问题解决的限制。（　　）

4．（2014上）特别聪明的学生非智力因素较差，所以要特别打磨他们的性格。（　　）

5．（2024上）给学生布置高难度的题目，更有利于培养他们的问题解决能力。（　　）

二、单项选择题

1．（2023下）不属于结构不良问题的特点的是（　　）。

A．初始状态不明确　　　　　　　　B．目标状态不明确

C．基本概念不明确　　　　　　　　D．解决方案不明确

2．（2021下）关于影响问题解决的因素，下列描述正确的是（　　）。

A．思维定势和功能固着会妨碍问题解决

B．思维策略是影响个体解决问题效率的最直接因素之一

C．在学科问题上，掌握的知识总量越多，解题效率越高

D．原型与要解决的问题在特征上有相似性，就具有启发作用

3．（2014下）在培养学生问题解决能力时，教师做法错误的是（　　）。

A．鼓励学生大胆质疑　　　　　　　B．引导学生分析问题

C．设置难度适中的问题　　　　　　D．让学生自己去找答案

4．（2020下）下列图示中，揭示智力与创造力关系的是（　　）。

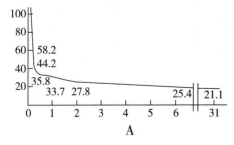
A

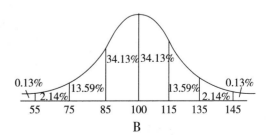
B

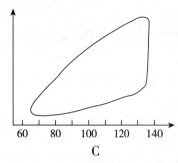

C

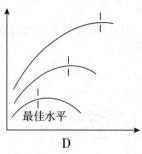

D

5.（2022下）下列解决问题的方法中，属于启发式的有（　　　）。

A．小东做数学证明题时从结论倒推

B．小兰用土豆烧牛肉的办法做芋头烧鸡

C．小西解密码锁时根据排列组合的方式依次尝试

D．小智学习打网球时，决定先学正手然后学反手，最后学发球

E．小梅想提高自己的演讲水平，她给自己定的目标是先在班上发言，然后在学校发言

参考答案

基础题 ▶▶▶

一、判断题

1．×　**解析**：把魔方复原的过程是典型的算法式策略的应用过程。

2．×　**解析**：已有的知识储备的质和量决定着问题的解决性。个体具有相关的专业知识储备越多，解决问题的可能性越大。拥有某一领域的丰富的知识经验是有效地解决问题的基础。但若大量的知识经验是以杂乱无章的方式储存于头脑中的，则对于问题解决毫无帮助。所以，并不是知识储备量越大，越有利于问题解决，知识只有以合理的结构或组织方式进行储存，才会有利于问题的解决。

3．√　**解析**：定势是指由先前的活动形成的并影响后继活动趋势的一种心理准备状态。它在思维活动中表现为一种易于以习惯的方式解决问题的倾向。当问题情境不变时，定势对问题的解决有积极的作用，有利于问题的解决。因此，练习的一致有助于发挥学习定势的积极作用。当问题情境发生变化时，定势对问题的解决有消极影响，不利于问题的解决。因此，练习的变化有助于克服定势的消极作用。

4．×　**解析**：功能固着是指个体在解决问题时往往只看到某种事物的通常功能，而看不到它在其他方面可能有的功能。思维定势是指由先前的活动形成的并影响后继活动趋势的一种心理准备状态。它在思维活动中表现为一种易于以习惯的方式解决问题的倾向。当问题情境不变时，定势对问题的解决有积极的作用，有利于问题的解决；当问题情境发生变化时，定势对问题的解决有消极影响，不利于问题的解决。题干所述体现了思维定势对问题解决的影响。

5．√　**解析**：功能固着是指个体在解决问题时往往只看到某种事物的通常功能，而看不到它其他方面可能有的功能。思维定势是指由先前的活动形成的并影响后继活动趋势的一种心理准备状态。功能固着本质上也属于一种特殊的思维定势。

6．√　**解析**：思维定势是指由先前的活动形成的并影响后继活动趋势的一种心理准备状态，它在思维活动中表现为一种易于以习惯的方式解决问题的倾向。思维定势在问题解决中有积极作用，也有消极影响。当问题情境不变时，思维定势对问题的解决有积极的作用，有利于问题的解

决；当问题情境发生了变化，思维定势对问题的解决有消极影响，不利于问题的解决。

7．√ **解析**：提高问题解决能力的教学具体可从以下几方面入手：①培养学生主动质疑和解决问题的内在动机。②问题的难度要适当。③帮助学生正确表征问题。④帮助学生养成分析问题和对问题归类的习惯。⑤指导学生善于从记忆中提取信息。⑥训练学生陈述自己的假设及其步骤。通过陈述假设和步骤，学生能够清楚地意识到自己的解题过程，自觉地对自己的解题过程和方法加以指导，明白自己理解上的错误和偏差，理清自己的思路，及时、正确地归纳和总结解题的经验与策略。因此题干中教师的做法有助于提高学生的问题解决能力。

8．× **解析**：创造力高，智力一定高；智力高，创造力不一定高。

二、单项选择题

1．C **解析**：本题考查问题解决的策略。问题解决的策略包括算法式策略和启发式策略。算法式策略是在问题空间中搜索所有可能的解决问题的方法，直至选择一种有效的方法解决问题。启发式策略是人根据一定的经验和目标的指示，在问题空间内进行较少的搜索，使问题得以解决的方法。常见的启发式策略包括爬山法、手段－目的分析法、逆向思维法、类比思维法等。

爬山法是采用一定的方法逐步降低初始状态和目标状态的距离，以达到问题解决的方法。

手段－目的分析法是将问题的目标状态分成若干子目标，通过实现一系列的子目标最终达到总目标。

逆向思维法是指从问题的目标状态出发，以此为起点逐步向后推，得出达到目标需要的条件。将这些条件与问题提供的已知条件进行比较，若吻合，则推理成功，问题得到解决。

题干中，小红将完成作文这一总目标分成若干子目标，采用的策略是手段－目的分析法。

2．A **解析**：算法式是在问题空间中随机搜索所有可能的解决问题的方法，直至选择一种有效的方法解决问题。简而言之，算法式策略就是把解决问题的方法一一进行尝试，最终找到解决问题的答案。题干中，小英将问题所有的答案一一罗列出来，选择出正确答案，这种解决问题策略符合算法式。

3．B **解析**：手段－目的分析法是指问题解决者不断地将当前状态和目标状态进行比较，然后采取措施尽可能地缩小这两个状态之间的差异。当问题可分成若干个各自具有目标的更小问题时，人们常常采用手段－目的分析法。题干中，将大目标分解成一个个小目标的策略属于手段－目的分析法。

4．C **解析**：原型启发是指从其他事物或现象中获得的信息对解决当前问题的启发。其中，具有启发作用的事物或现象叫作原型。题干中蜻蜓为原型。

5．C **解析**：本题考查影响问题解决的因素。酝酿效应是指当反复探索一个问题而毫无结果时，把问题暂时搁置，此时思维进入酝酿阶段，由于某种机遇突然使新思想、新心象浮现出来，由此找到问题的解决办法。题干中，小明在没有写作思路时选择休息，休息两天后有了新思路，这体现了酝酿效应。故本题选C。

功能固着是指个体在解决问题时往往只看到某种事物的通常功能，而看不到它其他方面可能有的功能。

反应定势的形成往往是由于先前的反复经验，它将支配个体以同样的方式去对待后继的同类问题。在环境不变的条件下，定势使人能够应用已掌握的方法迅速解决问题。而在情境发生变化时，它则会妨碍人采用新的方法。

迁移是指一种学习对另一种学习的影响，或习得的经验对完成其他活动的影响。

| 提升题 | »»»

一、判断题

1. × **解析**：问题解决是指为了从问题的初始状态到达目标状态，而采取一系列具有目标指向性的认知操作的过程。对于中学生来说，计算"3+2=5"虽有目的性，但不是一系列认知操作，所以不是问题解决。

2. √ **解析**：在教学过程中，教师从提出问题过渡到学生质疑和互动提问，有助于培养学生解决问题的能力。

3. × **解析**：卢钦斯的"水罐问题"揭示的是思维定势对解决问题的限制。卢钦斯发现，让被试用三个不同容量的水罐量出一定量的水，会形成一种解决问题的定势方法。遇到简单问题时，被试仍然倾向于用复杂的定势方法去解决问题。

功能固着强调人们在思考和探究问题时只想到物体最普通的用途。揭示功能固着最有名的例子是"盒子实验"，即要求被试用装有火柴、几枚图钉和几支蜡烛的纸盒制作一盏壁灯。装满东西的盒子强调了盒子的常用功能，阻碍了人们把盒子作为平台的想法。

4. × **解析**：智力因素与非智力因素并非此消彼长的关系，特别聪明的学生，其非智力因素并不一定就差。

5. × **解析**：本题考查问题解决能力的培养。培养学生的问题解决能力，教师提出的问题要有一定难度，但难度必须适当。一味追求高难度可能会打击学生解决问题的积极性。

二、单项选择题

1. C **解析**：本题考查问题的概念。结构不良问题一般有两个特征：①结构上具有不明确性，如初始状态或目标状态不明确；②解法具有模糊性和开放性，即解决方案不明确。A、B、D三项均属于结构不良问题的特点。C项不属于结构不良问题的特点，故本题选C。

2. B **解析**：影响问题解决的因素包括问题情境与表征方式、知识经验与迁移、思维定势与功能固着、原型启发、思维策略等。其中，思维策略是指个体在信息加工的过程中采用的一些解决问题的计划和方法。它是影响问题解决过程的最直接的因素，直接影响着问题解决的速度和效率。B项说法正确，符合题意，故当选。

A项，思维定势是指由先前的活动所形成的并影响后继活动趋势的一种心理准备状态。定势在问题解决中有积极作用，也有消极影响。功能固着是指个体在解决问题时往往只看到某种事物的通常功能，而看不到它其他方面可能有的功能。功能固着影响人的思维，不利于新假设的提出和问题的解决。

C项，知识总量的多少是影响问题解决的一个重要因素。掌握的知识越多，并不意味着解题效率越高，知识、技能的掌握只有达到熟练程度，通过广泛迁移，才能提高解题效率。

D项，原型与要解决的问题相似性越强，启发作用越大。但主体的思维状态影响启发作用，当主体的思维状态过于紧张时，可能不太容易发现相似点。

3. D **解析**：教师培养学生解决问题的能力，并非让学生自己去寻找答案，而是要以引导者的角色，鼓励和帮助学生解决问题，并提高解决问题的相关能力。

4. C **解析**：A项，图为艾宾浩斯遗忘曲线，表明遗忘在学习之后立即发生，其趋势是先快后慢、先多后少。

B项，图为麦克斯勒的离差智商分布图，离差智商是个体智力在同龄人当中相对位置的度量。

C项，图为吉尔福特智力与创造力关系的三角形图，表明智力与创造力之间有正相关趋势；智力较高者不一定具有高的创造力，但创造力较高者，必然具有中等以上的智力。

D项，图为耶克斯–多德森定律的倒"U"形曲线。各种活动都存在一个最佳的动机水平。动机不足或过分强烈都会导致工作效率下降。此外，动机的最佳水平还随着任务性质的不同而不同：在学习较复杂的任务时，动机强度的最佳水平点会低些；在学习比较简单的任务时，动机强度的最佳水平点会高些。

5．ABDE　**解析**：本题考查问题解决的方法。启发式策略是人根据一定的经验和目标的指示，在问题空间内进行较少的搜索，使问题得以解决的方法。启发式策略包括手段–目的分析法、逆向反推法、爬山法、类比思维等。故本题选ABDE。

算法式策略是在问题空间中将所有可能方案列出，并按某种规则和步骤逐一尝试，这种规则一般以公式的形式体现，但也可以没有公式只有操作规程。C项，小西按照排列组合方式尝试解密码锁，属于算法式策略。

第四节　态度与品德的形成

基础题 ▶▶▶

一、判断题

1．（2018上）老师正在讲图片故事，一个幼儿冲上来对图片上的大灰狼又打又踢。这说明该幼儿已经具有了道德情感。（　　）

2．（2022下）3~6岁的学前儿童判断是非的标准来自成人和外在权威，并认为道德原则和规范是绝对的，必须服从。（　　）

3．（2015上）处于习俗道德水平阶段的学生道德判断的标准依赖于老师、家长等权威。（　　）

4．（2014下）道德推理的发展以逻辑思维的发展为前提。（　　）

5．（2014上）科尔伯格认为，认知是发展的前提，即道德水平随着认知能力的发展而提高。（　　）

6．（2019上）根据认知失调理论，认知失调是改变人的态度的先决条件。（　　）

二、单项选择题

1．（2014下）下列选项中，不属于道德情感内容的是（　　）。

A．爱国主义情感　　　　　　　　　B．幸福感

C．自尊感　　　　　　　　　　　　D．事业感

2．（2016上）胖虎是学校初二年级的学生，老师发现他在学校里偷偷吸烟，经过班主任老师的教育，胖虎认识到了吸烟的坏处，表示再也不吸烟了。后来老师又多次发现胖虎在学校厕所或校园周围吸烟，每次询问他，胖虎都说自己确实不想吸烟了，但就是忍不住。针对这种情况，班主任老师最应该对其从哪方面进行教育？（　　）

A．道德认识　　　　　　　　　　　B．道德行为

C．道德意志　　　　　　　　　　　D．道德情感

3．（2015下）"路遥知马力，日久见人心"表明，衡量一个人品德的主要标准是（　　）。

A．知　　　　　　　　　　　　　　B．情

C．意　　　　　　　　　　　　　　D．行

4.（2021上）在玩捉迷藏的游戏时，丽丽没有找到合适的藏身之处，被斌斌抓住了。丽丽不愿意认输，她说："我还没藏好，你不能抓我。"斌斌说："我们做游戏前约定好了数到10就开始找，你自己没藏好，不能怪我。"由此可推知，丽丽的品德发展处于（　　）。

    A．权威阶段
    B．公正阶段

    C．可逆性阶段
    D．自我中心阶段

5.（2022上）小霞常说，"妈妈说的就是对的！""老师说这样做不行，你不能这样做！"。根据皮亚杰道德发展阶段理论，小霞最有可能处于（　　）。

    A．公正阶段
    B．可逆性阶段

    C．权威阶段
    D．自我中心阶段

6.（2016上）按科尔伯格的观点，划分儿童道德发展阶段主要看其（　　）。

    A．心理冲突情况
    B．人格发展情况

    C．道德行为发展情况
    D．道德判断能力发展情况

7.（2015下）如果问小朋友："偷东西对不对？"小朋友的回答是："偷东西不对，因为偷东西妈妈要打手心。"那么该小朋友的道德认知发展水平处于（　　）。

    A．惩罚与服从定向阶段
    B．工具性的相对主义定向阶段

    C．人际协调的定向阶段
    D．维护权威的定向阶段

8.（2014上）如果某学生认为，凡是遭到批评的行为都是坏行为，而不会受惩罚的行为都是好行为，那么这个学生的道德发展应该处在柯尔伯格所说的（　　）。

    A．前习俗水平
    B．后习俗水平

    C．习俗水平
    D．超习俗水平

9.（2017下）根据科尔伯格道德发展理论，下列取向中属于习俗水平的是（　　）。

    A．社会契约取向
    B．惩罚和服从取向

    C．工具性的相对主义取向
    D．好孩子取向

10.（2016下）一位出租车司机为了及时将一名有生命危险的病人送到医院抢救，闯了红灯，警察依法对出租车司机进行处罚。学生王明认为，出租车司机违反了交通法规，理应受到处罚。按科尔伯格道德发展阶段理论，王明的道德发展水平最可能处于（　　）。

    A．前习俗水平
    B．中习俗水平

    C．后习俗水平
    D．习俗水平

11.（2019上）为了让学生遵守班级规定，班主任根据科尔伯格的道德理论对处于不同阶段的学生采用不同的教育方式。下列做法不正确的是（　　）。

    A．对于前习俗水平阶段的学生，告诉他们不遵守班级制度会受到老师的惩罚

    B．对于前习俗水平阶段的学生，告诉他们遵守班级制度会得到家长的赞赏

    C．对于习俗水平阶段的学生，告诉他们遵守班级制度会得到同学的认可

    D．对于习俗水平阶段的学生，告诉他们遵守班级制度会得到自我奖励

12.（2018上）学生李明在上学的路上，因帮助突然生病的路人而迟到。老师征询大家的意见，是否按班规对李明进行处罚。张阳认为，李明帮助别人是对的，不应该处罚他。张阳的道德发展水平最可能处于（　　）。

    A．前习俗水平
    B．习俗水平

    C．后习俗水平
    D．中习俗水平

13.（2014下）如果某学生将"人人平等、尊重他人的尊严与权利"等准则作为道德判断的标准，那么该学生处于道德发展的（　　）。

    A．前习俗阶段
    B．习俗阶段

C. 后习俗阶段　　　　　　　　　　　D. 超习俗阶段

14. （2021 上）要纠正一个学生不认真学习的态度，根据认知失调理论，最恰当的做法是（　　　）。

A. 当学生认真学习时及时表扬

B. 当学生学习不认真时进行严厉批评

C. 让学生为自己的不认真学习找出理由

D. 使学生认识到学习不认真对自己的危害

15. （2015 下）以下对道德教育功能认识错误的是（　　　）。

A. 道德方法教育具有预测功能　　　　B. 道德原则教育具有指导功能

C. 道德规则教育具有约束功能　　　　D. 道德理想教育具有激励功能

16. （2024 上）当其他同学对小文开一些恶意的玩笑时，小红会跟着一起起哄，但她看到小文难过的表情时心里也不舒服。据此可以判断小红的品德发展正处于（　　　）。

A. 依从阶段　　　　　　　　　　　　B. 认同阶段

C. 内化阶段　　　　　　　　　　　　D. 定向阶段

┃提升题┃➤➤➤

一、判断题

1. （2024 上）新学期第一次班会上，班主任王老师和同学们一起讨论制定班级公约，该方法有助于培养同学们的道德行为。　　　　　　　　　　　　　　　　　　　　　　（　　　）

2. （2017 上）按照科尔伯格的道德发展阶段论，教儿童道德先要教他们遵守规范，养成良好的行为习惯。　　　　　　　　　　　　　　　　　　　　　　　　　　　　　（　　　）

3. （2019 下）根据艾森伯格的理论，当学生帮助他人的原因是"我帮助他，是因为他需要帮助"的时候，表明该生的亲社会行为已达到移情取向水平。　　　　　　　　　　　（　　　）

4. （2015 上）学校通过对学生优良品德的培养可以逐渐改变社会风气。　　　（　　　）

5. （2017 下）学生心理内部矛盾是思想品德发展的动力。　　　　　　　　　（　　　）

6. （2017 上）学校的课程、教学中采用的方法以及学校中每一样工作，学校生活中发生的每一样小事，都充满了进行道德教育的可能性。　　　　　　　　　　　　　　　（　　　）

7. （2022 上）小学低年级段是培养学生优良品德和社会评价能力的关键期。　（　　　）

二、单项选择题

1. （2019 上）古人云："唯仁者能好人，能恶人。"这属于品德心理结构中的（　　　）。

A. 道德认识　　　　　　　　　　　　B. 道德情感

C. 道德意志　　　　　　　　　　　　D. 道德行为

2. （2016 上）学生的品德是一个立体的结构。在这个结构中，顶端是（　　　）。

A. 道德认识　　　　　　　　　　　　B. 道德情感

C. 道德行为　　　　　　　　　　　　D. 道德信念

3. （2018 上）品德发展有着自身特定的规律，一开始学生常常将"老师说的"作为行为的标准。随着年龄的增长，学生开始越来越多地有了自己的判断标准。这种转变一般发生在（　　　）。

A. 3~6 岁　　　　　　　　　　　　　B. 5~10 岁

C. 9~11 岁　　　　　　　　　　　　 D. 12~15 岁

4.（2014下）幼儿园的一名小朋友不爱吃肥肉，把自己偷偷吐在地上的肥肉踢到旁边小朋友的桌下。该小朋友的行为是（　　　）。

A. 道德行为的表现　　　　　　　　　　B. 逃避惩罚的表现

C. 不良品德的反映　　　　　　　　　　D. 道德意志薄弱的反映

5.（2023下）依据科尔伯格道德发展理论，下列做法不恰当的是（　　　）。

A. 对于六岁左右的儿童，让他们遵守既定的行为规范

B. 对处于惩罚和服从取向阶段的学生，跟其讲解遵守规则的重要性

C. 对于前习俗水平的学生，向他们解释不遵守班级制度时会受到的惩罚

D. 对于后习俗水平的学生，让其根据社会普遍存在的原则，参与班级制度的制定

6.（2018下）小青在看完电影《我不是药神》之后，认为电影中的男主角即使是为了让病友能够减轻病痛也不能私自购买盗版药，因为如果人人都去买卖盗版药，社会就会变得很混乱。根据科尔伯格的道德认知发展理论，小青此时的道德发展处于（　　　）。

A. 寻求认可取向阶段　　　　　　　　　B. 社会契约取向阶段

C. 遵守法规取向阶段　　　　　　　　　D. 普通伦理取向阶段

7.（2020上）儿童道德行为发展的重要转折期是（　　　）。

A. 幼儿园时期　　　　　　　　　　　　B. 小学低年级

C. 小学中年级　　　　　　　　　　　　D. 小学高年级

三、多项选择题

（2021上）关于物质奖励与学习动机的关系，以下说法正确的有（　　　）。

A. 物质奖励会使内部动机与外部动机此消彼长

B. 单纯加大外部物质奖励，学生一旦学习失败，会造成学习动机下降

C. 物质奖励易使学生把注意力放在学习活动之外，有可能削弱内部动机

D. 物质奖励能激发学生对学习活动的兴趣，有助于提高学生的内部动机

E. 若能使物质奖励具有精神奖励的性质，则对外部动机的激发作用更明显

参考答案

基础题 ▶▶▶

一、判断题

1. √　**解析**：儿童进入幼儿期以后，其道德认识、道德情感、道德行为以及道德判断逐渐得到发展。在道德情感方面，像同情心、互助友爱、义务感等已有明显的表现，为更深刻的道德情感提供了发展的基础。

2. √　**解析**：本题考查幼儿品德发展的特点。幼儿期又叫学前期，是指儿童从三岁到六七岁这一时期。幼儿品德发展具有从他性和情境性的特点。幼儿品德的从他性是指幼儿的从他性道德占主导地位，儿童认为道德原则、道德规范是绝对的，来自外在的权威，不能不服从；判断是非的标准也来自成人；同时只注意行为的外部结果，而不考虑行为的内在动机。

皮亚杰将道德发展分为自我中心阶段（前道德阶段）、权威阶段（他律阶段）、可逆阶段（自律阶段）和公正阶段，而实际上并没有明确的年龄划分。题干重点阐述3~6岁的学前儿童的品德发展特点，并非考查皮亚杰道德发展阶段，说法正确。

3．×　**解析**：处于习俗道德水平阶段的学生道德判断标准是社会规范；处于前习俗道德水平阶段的学生的道德判断标准依赖于老师、家长等权威。

4．√　**解析**：道德推理发展不能超越逻辑思维发展阶段，以逻辑思维发展为前提。

5．√　**解析**：科尔伯格认为儿童道德的发展是与其认知能力的发展相适应的，认知是发展的前提，即道德水平随着认知能力的发展而提高。

6．√　**解析**：认知失调是指当认知不平衡或不协调时，比如，新出现的事物与自己原有的经验不一致，或者自己的观点与他人的、社会的观点或风气不一致时，内心会有不愉快或紧张的感受，个体就试图通过改变自己的观点或信念，以达到新的平衡。可以说，认知失调是态度改变的先决条件。

二、单项选择题

1．B　**解析**：道德情感就是人们的道德需要是否得到满足而引起的内心体验，其内容主要包括爱国主义情感、集体主义情感、义务感、责任感、事业感、自尊感和羞耻感。

2．C　**解析**：胖虎之所以没能按承诺的去做，是因为他缺乏坚强的意志力，因此教育应从磨炼其道德意志入手。

3．D　**解析**：道德行为是衡量道德品质的重要标志。"路遥知马力，日久见人心"是说走了很远的路才能知道马的能力如何，相处时间久了才能知道他的品行。这表明，行为是衡量一个人品德的主要标准。

4．D　**解析**：皮亚杰把儿童的道德发展划分为以下四个阶段。

①自我中心阶段（2~5岁）是从儿童能够接受外界的准则开始的。这一阶段的儿童还不能把自己同外在环境区别开，而是把外在环境看作他自身的延伸。规则对他来说不具有约束力。皮亚杰认为儿童在5岁以前还是"无律期"，顾不得人我关系，而是以"自我中心"来考虑问题。

②权威阶段（6~8岁）的儿童服从外部规则，接受权威指定的规范，把人们规定的准则看作固定的、不可变更的，而且只根据行为后果来判断对错，而不会考虑行为的动机。

③可逆性阶段（9~10岁）的儿童不再无条件地服从权威，而把它看作同伴间共同的约定。儿童一般都形成了这样的概念：如果所有的人都同意的话，规则是可以改变的。儿童已经意识到一种同伴间的社会关系，应当相互尊重。准则对他们来说已具有一种保证他们相互行动、互惠的可逆特征。同伴间的可逆关系的出现，标志着品德由他律阶段开始进入自律阶段。

④公正阶段（11~12岁）的儿童开始倾向于主持公正、平等。他们认为公正的奖惩不能是千篇一律的，应根据个人的具体情况进行。儿童在进行道德判断时不再依据单纯的、僵化的规则，而是考虑到他人的具体情况，出于同情和关心进行判断。

题干中，从丽丽所说的话，能够看出来她是从自我的角度出发的，且游戏前的约定对她没有约束作用，说明其品德发展处于自我中心阶段。D项正确。

5．C　**解析**：权威阶段的儿童服从外部规则，接受权威指定的规范，把人们规定的准则看作是固定的、不可变更的，而且只根据行为后果来判断对错。题干中，小霞听妈妈或老师的话，接受权威指定的规范，说明其处于权威阶段。

6．D　**解析**：科尔伯格用道德两难故事法，在道德判断的发展方面鉴别出了六个阶段。他认为划分儿童道德、发展阶段主要看其道德判断能力发展情况。

7．A　**解析**：儿童评定行为的好坏主要是着眼于行为的奖惩结果，这属于科尔伯格道德发展理论中的惩罚与服从定向阶段。

8．A　**解析**：此题中学生处于柯尔伯格道德发展的前习俗水平下的惩罚与服从定向阶段。

9. D 解析：科尔伯格将儿童的道德认知发展分成了三水平六阶段：前习俗水平包括惩罚与服从取向阶段、相对功利取向阶段（工具性相对主义取向阶段）；习俗水平包括寻求认可取向阶段、遵守法规和秩序取向阶段；后习俗水平包括社会契约取向阶段、原则或良心取向阶段。寻求认可取向阶段也称为"好孩子"取向阶段。

10. D 解析：处于维护权威与秩序的道德定向阶段的儿童，其道德价值以服从权威为导向，他们服从社会规范，遵守公共秩序，尊重法律的权威，以法制观念判断是非，知法懂法。认为准则和法律是维护社会秩序的。因此，应当遵循权威和有关规范去行动。题干中学生认为出租车司机闯红灯，违反了法律，应受到惩罚，说明学生已经意识到法律的效力，但是没有意识到生命危险的病人，体现出该学生只能对法律进行刻板遵守。故判断其处于科尔伯格的习俗水平中维护权威与秩序的道德定向阶段。

11. D 解析：前习俗水平分为惩罚与服从定向阶段和相对功利定向阶段。处于惩罚与服从定向阶段的儿童根据行为的后果来判断行为的好坏及严重程度，他们还没有真正的道德概念，服从权威或规则只是为了避免惩罚，认为受赞扬的行为就是好的，受惩罚的行为就是坏的。处于相对功利定向阶段的儿童道德价值来自对自己需要的满足，他们不再把规则看成是绝对的、固定不变的，其评定行为的好坏主要看是否符合自己的利益。习俗水平分为寻求认可定向阶段及遵守法规和秩序定向阶段。处于寻求认可定向阶段的儿童，个体的道德价值以人际关系的和谐为导向，谋求大家的赞赏和认可。处于遵守法规和秩序定向阶段的儿童的道德价值以服从权威为导向，他们服从社会规范，遵守公共秩序，尊重法律的权威，以法制观念判断是非，知法懂法。综上所述，A、B两项属于对处于惩罚与服从定向阶段的学生的正确做法，C项属于对处于寻求认可定向阶段的学生的正确做法。故本题选 D。

12. C 解析：科尔伯格在道德判断的发展方面鉴别出六个阶段，并划分出三个水平：前习俗水平、习俗水平和后习俗水平。处于前习俗水平的儿童的道德观念是纯外在的，他们为了免受惩罚或获得奖励而顺从权威人物制定的行为准则。处于习俗水平的儿童已经开始意识到个体的行为必须符合社会的准则。处于后习俗水平的人，其道德判断已超出世俗的法律与权威的标准。他们认为只要动机是好的，行为就是正确的。题干中张阳处于后习俗水平。

13. C 解析：根据科尔伯格的理论，"人人平等、尊重他人的尊严与权利"属于后习俗水平的普遍伦理取向阶段。

14. D 解析：认知失调是指由于做了一项与态度不一致的行为而引发的不舒服的感觉。认知失调理论的基本假设：认知失调是一种不愉快的心理体验，具有动机的作用，驱使个体去设法减轻或消除失调的状态，使相关的态度之间和相关的态度与行为之间的关系变得比较协调。消除认知失调可以采取改变认知、改变行为、增加新的认知等方式。D项，当学生认识到学习不认真对自己的危害，发现只要认真学习，就能保持认知和行为的一致，属于通过改变行为来纠正学生不认真学习的态度，符合题意，当选。

A、B两项分别是通过正强化、正惩罚的方式来纠正学生不认真学习的态度。

C项，让学生为自己的不认真学习找出理由，属于找借口，可能不利于纠正学生不认真学习的态度。

15. A 解析：道德理想教育具有激励功能，道德原则教育具有指导功能，道德规则教育具有约束功能，上述三个层次的内容在整个德育中所占的比重，直接影响到整个学校德育功能的定位和发挥。

16. A 解析：本题考查态度与品德形成的一般过程。态度与品德形成的一般过程包括依从、认同和内化。依从是指表面上接受规范，按照规范的要求行动，但缺乏对规范的必要性或根据性的认识，甚至有抵触情绪。认同是在思想、情感、态度和行为上主动接受他人的影响，使自己的态度和行为与他人相接近。内化是指在思想观点上与他人的思想观点一致，将自己认同的思想和自己原有的观点、信念融为一体，构成一个完整的价值体系的现象。题干中，小红虽然会跟随其他同学一起起哄，但心里对这种行为并不认同，说明其品德发展处于依从阶段。

提升题 »»

一、判断题

1．√　**解析：** 本题考查学生道德行为的培养。让学生参与制定"班级公约"有助于提高学生自我教育、自我评价、自我监督、自我控制的能力，促进良好道德行为习惯的养成。

2．√　**解析：** 科尔伯格认为，道德认知发展要遵循从他律到自律的原则和循序渐进的原则。根据这两条原则，教儿童道德先要教他们遵守规范，养成良好的行为习惯。

3．×　**解析：** 亲社会行为是指有益于他人的行为，包括助人、安慰、分享、合作等行为。艾森伯格提出儿童亲社会行为发展要经历以下五种水平：①享乐主义、自我关注取向水平。学前儿童及小学低年级学生处于这一水平，他们关心自己，在对自己有利的情况下可能帮助他人。②他人需求取向水平。小学生及一些正要步入青春期的少年处于这一水平，他们助人决定是以他人的需求为基础的，不去助人时不会产生同情或内疚。③赞许和人际关系取向水平。小学生及一些中学生处于这一水平，他们关心别人是否认为自己的利他行动是好的或值得称赞的。④自我投射的、移情的取向水平。一些小学高年级的学生及中学生处于这一水平，他们能够出于同情关心他人，设身处地为他人着想。⑤内化的法律、规范和价值观取向水平。少数中学生处于这一水平，他们是否助人的决定是以内化的价值、规范和责任为基础的，违反个人内化的原则将会损伤自尊。题干所述的亲社会行为属于他人需求取向水平。

4．√　**解析：** 社会风气会在潜移默化之中影响学生优良品行的形成，同时学生的优良品德的建立也可以促进社会良好风气的形成。

5．√　**解析：** 学生心理内部矛盾是思想品德发展的动力。学生品德的形成和发展必须通过其心理内部矛盾的转化来完成。影响态度和品德学习的一般条件有外部条件和内部条件，其中内部条件中的认知失调是态度和品德改变的原动力。

6．√　**解析：** 学校的课程、教学中采用的方法以及学校中的每一样工作，学校生活中发生的每一样小事，都充满了进行道德教育的可能性。

7．×　**解析：** 小学高年级的儿童的品德发展具有以下变化：在品德认识方面，由直观具体肤浅的认识向比较抽象本质的认识过渡；在品德评价方面，由只注意行为的效果向比较全面地考虑动机和效果的统一过渡。因此，小学高年级段是培养学生优良品德和社会评价能力的关键期。

二、单项选择题

1．B　**解析：** 品德主要由道德认识、道德情感、道德意志和道德行为四种心理成分构成。道德认识是一种对道德行为的是非、善恶、美丑及其执行意义的认识。道德情感是伴随着道德认识所产生的一种内心体验。道德意志是人们自觉地确定道德行为的目的，积极调节自己的活动，克服各种困难，以实现既定目的的心理过程。道德行为是指一个人遵照道德规范所采取的言论和行动。题干中，"唯仁者能好人，能恶人"的意思是只有那些有仁德的人能够公正地喜欢别人，能够公正地厌恶别人。这句话指的是人因自己的认识而产生对其他人的喜欢或厌恶的体验，属于道德情感。

2．D　**解析：** 学生的品德是一个立体的结构。在这个结构中，底面由道德认识、道德情感、道德行为构成，顶端是由道德认识、道德情感、道德行为的"合金"——道德信念构成的。

3．C 解析：皮亚杰把儿童的品德发展划分为四个阶段：自我中心阶段（前道德阶段）、权威阶段（他律道德阶段）、可逆性阶段（自律道德阶段）和公正阶段（公正道德阶段）。其中，可逆性阶段（9~10岁）的儿童已不把准则看成不可改变的，而把它看作同伴间的共同约定。道德发展到这个时期，学生不再无条件地服从权威。这个阶段，学生开始越来越多地有了自己的判断标准。但是，这个阶段的判断还是不成熟的，学生要到十一二岁后才能独立判断。故本题选C。

4．B 解析：幼儿园小朋友属于科尔伯格道德发展阶段论中的惩罚与服从定向阶段，服从权威或规则只是为了避免惩罚，没有真正的道德概念。小朋友偷偷把自己吐在地上的肥肉踢到别人那里，主要是为了逃避教师的惩罚。

5．B 解析：本题考查科尔伯格的道德发展阶段理论。

A、C两项，六岁左右的儿童处于前习俗水平。处于该水平的儿童的道德观念是纯外在的。他们为了免受惩罚或获得奖励而顺从权威人物规定的行为准则；根据行为的直接后果和自身的利害关系判断好坏是非。故可以让他们遵守既定的行为规范，向他们解释不遵守制度时会受到的惩罚。A、C两项做法恰当。

B项，惩罚与服从取向阶段属于前习俗水平。处于该阶段的学生根据行为的后果来判断行为的好坏及严重程度，他们还没有真正的道德观念，服从权威或规则只是为了避免惩罚。因此，无法跟其讲解遵守规则的重要性。处于习俗水平的学生已经开始意识到个体的行为必须符合社会的准则，能够了解社会规范，并遵守和执行社会规范。对处于习俗水平的学生，可以对其讲解遵守规则的重要性。B项做法不恰当，符合题意，故本题选B。

D项，处于后习俗水平的学生，其道德判断已超出世俗的法律与权威的标准，有了更普遍的认识，想到的是人类的正义和个人的尊严，并已将此内化为自己内部的道德命令。故可以让其根据社会普遍存在的原则，参与班级制度的制定。D项做法恰当。

6．C 解析：根据科尔伯格的道德认知发展理论，在遵守法规取向阶段，儿童的道德价值以服从权威为导向，他们服从社会规范，遵守公共秩序，尊重法律的权威，以法制观念判断是非，知法懂法。他们认为准则和法律是维护社会秩序的，人们应当遵循权威和有关规范。因此，小青的道德发展处于遵守法规取向阶段。在寻求认可取向阶段，儿童的道德价值以人际关系的和谐为导向，儿童谋求大家的赞赏和认可。在社会契约取向阶段，人们认为法律和规范是大家商定的，是一种社会契约。在普通伦理取向阶段，人们认为人类普遍的道义高于一切。

7．C 解析：道德行为是指一个人遵照道德规范所采取的言论和行动，它是实现道德动机的手段，是道德认识和道德情感的具体表现和外部标志。它通过实践和练习形成，是一个人道德水平高低的重要标志。有研究结果表明，儿童道德行为发展的关键期或转折期在三年级下学期前后（即小学中年级），由于受不同方式的学校教育的影响，道德行为发展的关键期或转折期出现的时间可能会提前或延后。C项正确。

三、多项选择题

ABCE 解析：外部奖励是指物质上的奖励。虽然外部奖励对学习具有推进作用，但使用过多或使用不当，会产生消极作用。物质奖励易使学生把注意力放在学习活动之外，有可能削弱内部动机。对已有内部动机的活动不要轻易运用物质奖励，只有对缺乏内部动机的活动运用物质奖励，才可能产生积极的激励作用。因此，物质奖励会使内部动机与外部动机此消彼长。A、B、C三项正确。

D项，物质奖励能激发学生对学习活动的兴趣，有助于提高学生的外部动机。D项错误。

E项，对学生的奖励提倡坚持精神奖励和物质奖励相结合，突出精神奖励的原则。若能使物质奖励具有精神奖励的性质，则对外部动机的激发作用更明显。E项正确。

第七章 学习迁移

第一节 学习迁移的含义和类型

基础题 ▶▶▶

一、判断题

1.（2022上）记忆中的前摄抑制和倒摄抑制均属于学习中的迁移现象。 （ ）

2.（2016上）学习迁移就是一种学习对另一种学习的促进。 （ ）

3.（2014下）"举一反三""触类旁通""闻一知十"体现的是学习策略。 （ ）

4.（2015下）上位学习和下位学习中都可能发生垂直迁移。 （ ）

5.（2020下）"苹果""香蕉""桃子"等概念的掌握对形成"水果"这种概念的影响属于同化性迁移。 （ ）

二、单项选择题

1.（2015上）孔子说："举一隅，不以三隅反，则不复也。"这句话说明的学习现象是（ ）。

A. 学习定势   B. 学习迁移

C. 学习兴趣   D. 学习习惯

2.（2018上）周昕学习了1块等于10角、1厘米等于10毫米之后，推算1分钟等于10秒。这属于（ ）。

A. 顺向正迁移   B. 逆向正迁移

C. 顺向负迁移   D. 逆向负迁移

3.（2016下）小兰利用寒假自学了几种高效学习方法，这使得她加深了对之前学过的知识的理解。从迁移的角度看，这属于（ ）。

A. 顺向正迁移   B. 顺向负迁移

C. 逆向正迁移   D. 逆向负迁移

4.（2014上）如果学习了材料一，再学习材料二，在回忆材料一时，材料二对回忆产生了干扰，那么这种干扰属于（ ）。

A. 逆向负迁移   B. 逆向正迁移

C. 顺向负迁移   D. 顺向正迁移

5.（2023上）因为之前学习过素描，婷婷觉得学习油画也很容易。这一现象属于（ ）。

A. 顺向正迁移   B. 顺向负迁移

C. 逆向正迁移   D. 逆向负迁移

6.（2017下）根据学习迁移理论中的垂直迁移的定义，下列选项中，能体现垂直迁移的实例是（ ）。

A."石"字的学习可能影响"磊"字的学习

B．汉语拼音的学习会影响英语音标的学习

C．校内形成的热爱劳动的良好习惯会影响校外的劳动表现

D．"三角形"概念的学习会影响"直角三角形""锐角三角形"等概念的学习

三、多项选择题

1．（2023 下）下列属于负迁移的例子有（　　　）。

A．小立学习了三角形的面积公式后，再学习梯形的面积公式时就更容易了

B．三年级的小华开始学习书写英语单词，他总是用汉语拼音的书写方式进行书写

C．人们学习第二语言时，在口语上容易受到母语语言特征的影响，使其说话带有母语口音

D．小明在数学课上学到了正整数除以正整数，商肯定小于被除数；当哥哥问 5÷0.25 的商和被除数哪一个大时，小明回答被除数更大

E．小陈学习了单词 home 的复数 homes，有一天他在学习北美五大湖时发现五大湖的首字母可以组成单词 homes，于是他很快记住了五大湖的名字

2．（2019 下）小明学习了 1 元=10 角，1 厘米=10 毫米之后，推算出 1 分钟=10 秒。这属于（　　　）。

A．顺向迁移
B．逆向迁移

C．正迁移
D．负迁移

E．垂直迁移

▎提升题▐ ➤➤

一、判断题

1．（2021 下）可以将皮亚杰认知结构学习理论中的"顺应"理解为逆向迁移。　　　　（　　）

2．（2020 上）学习热胀冷缩原理后，很容易掌握各种金属的一般特征。这是一种具体迁移。（　　）

二、单项选择题

1．（2020 上）下列最可能产生负迁移的是（　　　）。

A．学习拼音后，学习英语
B．学习武术后，学习跆拳道

C．学习修摩托车后，学习修汽车
D．学习平面几何后，学习立体几何

2．（2018 下）小刘在日常生活中既能驾驶自己的汽车，也能驾驶其他不同型号的小轿车。小刘对不同类型汽车驾驶技术的迁移属于（　　　）。

A．高路迁移
B．中路迁移

C．低路迁移
D．下路迁移

三、多项选择题

（2019 上）两名学生因"鲨鱼属于鱼类还是哺乳类"的话题发生了争论。甲说："鲨鱼和其他鱼类一样生活在水中，所以属于鱼类。"乙说："之前在电视中看到过，鲨鱼和海豚一样，是胎生，所以应该是哺乳类。"甲无法反驳乙的说法。于是，甲和乙共同查阅了资料，发现鲨鱼是鱼类。对于甲和乙的争论，下列说法正确的有（　　　）。

A．甲的回答体现了其认知结构的可利用性

B．乙原有的起固定作用的观念更加稳定和清晰

C．甲无法反驳乙的原因是其新旧观念的可辨别性不足

D．两个学生都是通过知识迁移来进行问题的解决的

E．乙运用了具体形象思维来帮助回答问题

参考答案

基础题 »»

一、判断题

1．√　**解析**：前摄抑制是指先学习的材料对保持和回忆后学习材料的干扰作用，属于顺向迁移。倒摄抑制是指后学习的材料对保持和回忆先学习的材料的干扰作用，属于逆向迁移。

2．×　**解析**：学习迁移指一种学习对另一种学习的影响，有可能是积极影响，也有可能是消极影响。

3．×　**解析**："举一反三""触类旁通""闻一知十"属于学习迁移。

4．√　**解析**：垂直迁移也称纵向迁移，是指先行学习内容与后续学习内容是不同水平的学习活动之间产生的影响。垂直迁移又分两类：一是自下而上的迁移，即下位的较低层次的经验影响上位的较高层次的经验的学习；二是自上而下的迁移，即上位的较高层次的经验影响下位的较低层次的经验的学习。

5．×　**解析**：同化性迁移是指不改变原有的认知结构，直接将原有的认知经验应用到本质特征相同的一类事物中去。原有认知结构在迁移过程中不发生实质性的改变，只是得到某种充实。如原有的认知结构中的概念"鱼"由"带鱼""草鱼""黄鱼"等概念组成，现在学习"鳗鱼"，把它纳入"鱼"的原有认知结构中，原有的认知结构没有发生实质性的改变。

顺应性迁移是指当原有的经验结构不能将新的事物纳入其结构时，调整原有的经验或对新旧经验加以概括，形成一种能包容新旧经验的更高一级的认知结构，以适应外界的变化。如学过了"苹果""草莓""柚子"等水果的概念，再学习"核桃"的概念时，原有的认知结构不能解释新的概念，于是建立起一个概括性更高的概念"果实"来标志这一事物。

题干中"苹果""香蕉""桃子"等原有的认知结构发生变化，形成了一种能够包容新旧经验的更高一级的认知结构，故该影响属于顺应性迁移。

二、单项选择题

1．B　解析："举一隅，不以三隅反，则不复也"是指学习要"举一反三"，属于学习迁移。

2．C　**解析**：根据迁移性质的不同，学习迁移可分为正迁移与负迁移。正迁移是指一种学习对另一种学习产生积极的促进作用。负迁移是指两种学习之间相互干扰、阻碍。根据迁移方向的不同，学习迁移可分为顺向迁移与逆向迁移。顺向迁移是指先前的学习对后来学习的影响；逆向迁移是指后继学习对先前学习的影响。周昕先学习的"1块等于10角""1厘米等于10毫米"对学习"1分钟等于60秒"有阻碍作用。这属于顺向负迁移。

3．C　**解析**：题干中"寒假自学的方法"与"之前学习的知识"体现出后面学习对前面学习的影响，属于逆向迁移；"加深对知识的理解"体现出方法对知识的促进作用，属于正迁移。

4．A　**解析**：逆向负迁移是指后继学习对先前学习的消极影响。题干中材料一的学习是先前学习，材料二的学习是后继学习，而在回忆材料一时，材料二产生了干扰，即消极影响，所以属于逆向负迁移。

5．A　**解析**：本题考查迁移的类型。根据迁移发生的方向，学习迁移可分为顺向迁移和逆向

迁移。顺向迁移是指先前学习对后继学习产生的影响。逆向迁移是指后继学习对先前学习产生的影响。根据迁移的性质，学习迁移可分为正迁移和负迁移。正迁移是指一种学习对另一种学习产生积极的促进作用。负迁移是指一种学习对另一种学习产生消极的阻碍作用。题干中，婷婷先前学习素描的经验对后继学习油画产生了积极的促进作用，这种迁移属于顺向正迁移。

6. D 解析：垂直迁移，也叫纵向迁移，指处于不同抽象、概括水平的经验之间的相互影响。"三角形"概念的学习影响"直角三角形""锐角三角形"等概念的学习属于垂直迁移。

三、多项选择题

1. BCD 解析：本题考查迁移的分类。根据迁移的性质不同，迁移可以分为正迁移和负迁移。正迁移强调学习之间产生积极的影响。负迁移强调学习之间产生消极的影响。

A项，小立学完三角形再去学习梯形感觉更容易了。"容易"说明学习间存在积极影响，属于正迁移。

B项，汉语拼音的书写和英文字母的书写规则不完全一致，两者之间可能存在一定的积极影响，但小华总是用写拼音的方式写英语单词，很可能导致错误发生。故B项属于负迁移。

C项，人们学习第二语言时会受到母语的影响而产生口音，属于负迁移。

D项，学习了正整数除以正整数，导致在计算正整数除以小数时发生错误，属于负迁移。

E项，"homes"一词帮助小陈很快记住了五大湖的名字，属于正迁移。

综上，本题选BCD。

2. AD 解析：顺向迁移是指先前学习对后继学习产生的影响。逆向迁移是指后继学习对先前学习产生的影响。正迁移是指一种学习对另一种学习产生积极的促进作用。负迁移是指一种学习对另一种学习产生消极的阻碍作用。垂直迁移指先行学习内容与后续学习内容是不同水平的学习活动之间产生的影响。题干中，小明先前的学习对后继学习产生了消极的阻碍作用，因此属于顺向迁移、负迁移。货币单位、长度单位、时间单位之间并没有涉及上下位关系，E项为干扰项。

提升题 》»

一、判断题

1. √ 解析：根据迁移的时间顺序，学习迁移可分为顺向迁移和逆向迁移。其中，逆向迁移是指后继学习对先前学习产生的影响。在皮亚杰的认知结构学习理论中，顺应是指当机体不能利用原有图式接受和解释新刺激时，其认知结构发生改变来适应刺激的影响的过程。新学习的知识改变了原有的认知，这是后继学习对先前学习产生的影响，属于逆向迁移。

2. × 解析：根据迁移发生的方式或迁移内容的普遍性与特殊性，学习迁移可分为一般迁移和具体迁移。一般迁移是指一种学习中所习得的一般原理、方法、策略和态度对另一种具体内容学习的影响，即将原理、方法、策略和态度具体化，运用到具体的事例中。例如，学习金属热胀冷缩原理后，很容易掌握各种金属的一般特征。具体迁移也称特殊迁移，是指学习迁移发生时，学习者原有的经验组成要素及其结构没有变化，只是将一种学习中习得的经验要素重新组合并迁移到另一种学习之中。

二、单项选择题

1. A 解析：负迁移也称抑制性迁移、消极迁移，是指一种学习对另一种学习产生消极的阻碍作用。拼音字母的读音可能会对英文字母的读音产生干扰，形成阻碍作用，产生负迁移。A项正确。正迁移也称助长性迁移、积极迁移，是指一种学习对另一种学习产生积极的促进作用。一般来说，学习武术有利于跆拳道的学习；学习修摩托车有利于修汽车的学习；学习平面几何有利于立体几何的学习。B、C、D 三项最可能产生正迁移。

2．C　**解析**：根据迁移发生的自动化程度，迁移分为低路迁移和高路迁移。低路迁移是指反复练习的技能自动化的迁移。高路迁移是指需要个体有意识地将某种情境中学到的知识应用于另一种情境的迁移。题干所述的迁移属于低路迁移。

三、多项选择题

ACD　**解析**：奥苏伯尔提出了三个主要的影响有意义学习和迁移的认知结构变量：认知结构的可利用性、认知结构的可辨别性和认知结构的稳定性与清晰性。认知结构的可利用性是指学习新知识时，原有的认知结构中是否有适当的起固定作用的观念可以利用，即学生原有的认知结构中是否具有用来与新知识发生相互作用的适当观念。甲利用头脑中关于"鱼"的认知结构来认识鲨鱼，体现了其认知结构的可利用性，A 项正确。认知结构的稳定性与清晰性是指学习新知识时，学生原有认知结构中起固定作用的观念的巩固程度和清晰度，其巩固程度和清晰度越强，越有助于学习迁移。甲和乙都利用原有的起固定作用的观念进行知识的迁移，二者观念的巩固程度和清晰度相当，B 项错误。认知结构的可辨别性指新的学习任务与原有观念系统可以辨别的程度。只有那些可辨别的意义才能有长久保持的潜力。甲无法反驳乙是因为其原有观念与乙的说法发生了混淆，新、旧观念的可辨别性不足，C 项正确。甲和乙都是通过运用所学的知识解决问题，利用的是知识的迁移，D 项正确。具体形象思维是人脑中对表象进行的思维。抽象逻辑思维是以概念、判断、推理的形式达到对事物的本质特性和内在联系认识的思维。乙的回答运用的是类比推理，这是一种抽象逻辑思维而不是具体形象思维，E 项错误。故本题选 ACD。

第二节　学习迁移理论

一、判断题

1．（2015 下）形式训练说认为迁移是心理官能得到训练而发展起来的，进行官能训练时关键在于训练的内容。　　　　　　　　　　　　　　　　　　　　　　　　　　　（　　）

2．（2017 上）概括化理论强调学习者发现学习任务中共同成分的重要性。　　　（　　）

3．（2017 下）依照奥苏贝尔的观点，一切有意义学习都可能受到原有认知结构的影响。因此，有意义学习中存在迁移现象。　　　　　　　　　　　　　　　　　　　　　（　　）

二、单项选择题

1．（2022 下）通过学习拉丁文和数学难题，可以有效提高学生的迁移能力。这种观点符合（　　）。

　　A．形式训练说　　　　　　　　　　　B．相同要素说

　　C．关系转换理论　　　　　　　　　　D．概括化理论

2．（2017 上）某老师认为，做大量的应用题可以提高学生的思维能力，从而提高学生在考试中应用题的作答正确率。该老师的观点主要受以下哪一迁移理论影响？（　　）

　　A．关系理论　　　　　　　　　　　　B．共同要素说

　　C．概括化理论　　　　　　　　　　　D．形式训练说

3.（2022上）下列迁移理论中，完全忽略主体因素对学习迁移产生影响的是（　　　）。
A. 共同要素论　　　B. 形式训练说　　　C. 概括化理论　　　D. 关系转换理论

4.（2020下）下列哪种迁移理论认为迁移是具体的而非一般的？（　　　）
A. 形式训练说　　　B. 共同要素　　　C. 概括化理论　　　D. 关系转换说

5.（2016上）某老师认为学生对三角形定义的学习和总结，有助于正方形定义的学习。那么这位老师更多受到以下哪种理论的影响？（　　　）
A. 相同要素说　　　B. 形式训练说　　　C. 元认知理论　　　D. 情境性理论

6.（2015下）训练学生估计不同大小长方形的面积，一段时间后，测试结果发现学生估计长方形面积的能力提高，而估计圆形面积的能力并未提高。这个实验可以支持（　　　）。
A. 形式训练说　　　B. 相同要素说　　　C. 概括化理论　　　D. 关系转换理论

7.（2015上）教师在教学中教会学生学习"going"的"ing"，再教学生学习"playing""working"就能达到事半功倍的效果。可以解释这种学习现象的是（　　　）。
A. 相同要素说　　　B. 形式训练说　　　C. 概括化理论　　　D. 实质训练说

8.（2014上）在训练学生射击水下靶子之前，先给学生讲水的折射原理有利于提高训练成绩。可以用来解释这种现象的迁移理论是（　　　）。
A. 关系理论　　　B. 共同要素说　　　C. 形式训练说　　　D. 概括化理论

9.（2021上）数学课上，唐老师问了同学们两个问题。第一个问题是"从A村到B村有3条路可以走，从B村到C村有4条路可以走，那么从A村经过B村到C村有多少条路可以走？"第二个问题是"书架上有7种不同的数学书，3种不同的语文书，要在书架上任取一本语文书和一本数学书，共有多少种取法？"随后，唐老师讲解了本堂课的重点"乘法原理"，并通过乘法原理计算出从A村经B村到C村共有12条路可以走。讲解完后，同学们也都能根据乘法原理很快计算出第二个问题的答案，即取书的方式一共有21种。

在这一案例中，同学们产生的学习迁移更符合以下哪种理论？（　　　）
A. 相同要素说　　　B. 形式训练说　　　C. 经验类化说　　　D. 关系顿悟说

参考答案

一、判断题

1. ×　**解析**：形式训练说的心理学基础是官能心理学。它认为心理官能只有通过训练才得以发展，迁移就是心理官能得到训练而发展的结果。形式训练说认为，进行官能训练时，关键不在于训练的内容，而在于训练的形式。

2. ×　**解析**：贾德的概括化理论认为，两个学习活动之间存在的共同成分，只是产生迁移的必要前提，而产生迁移的关键是学习者在两种活动中概括出它们之间的共同原理。

3. √　**解析**：奥苏贝尔的认知结构迁移理论认为，一切有意义的学习都是在原有认知结构的基础上产生的，不受原有认知结构影响的有意义学习是不存在的。一切有意义的学习必然包括迁移。迁移是以认知结构为中介进行的，先前学习所获得的新经验，通过影响原有认知结构的有关特征影响新学习。

二、单项选择题

1. A　**解析**：本题考查迁移理论。
形式训练说认为，通过一定的训练可以使心智的各种官能得到发展，从而转移到其他学习上去。难记的古典语言、数学和自然科学中的难题是训练的最好材料。题干重视拉丁文和数学难题的学习和解决对迁移能力的影响，符合形式训练说。故本题选 A。

相同要素说认为，只有当两个机能的因素中有相同的要素时，一个机能的变化才会改变另一个机能的习得。

关系转换理论认为，迁移是学习者突然发现两个学习经验之间关系的结果，是对情境中各种关系的理解和顿悟。学习迁移的重点不在于掌握原理，而在于察觉到手段和目的之间的关系，这是实现迁移的根本条件。

概括化理论认为，迁移产生的关键是学习者在两种活动中通过概括形成了能够泛化的共同原理。只要一个人对他的经验进行了概括，就可以完成从一种情境到另一种情境的迁移。

2．D **解析**：形式训练说是最早的迁移理论，其代表人物是沃尔夫。该观点认为，迁移产生的条件是要有一个形式训练的过程。题干中强调通过做大量的应用题即通过大量的练习就能提高学生在考试中应用题的作答正确率，体现了形式训练说的观点。

3．A **解析**：共同要素论认为，只有当学习情境和迁移情境存在共同成分时，一种学习才能影响到另一种学习，产生学习迁移。两种情境中的相同要素越多，迁移的量和可能性越大。这一理论把迁移局限于有相同的刺激－反应的联结，完全忽略了主体因素对学习迁移的影响。A 项符合题意。

形式训练说认为，通过一定的训练可以使心智的各种官能得到发展，从而转移到其他学习上去，它关注主体官能的发展。

概括化理论认为，迁移产生的关键是学习者在两种活动中通过概括形成了能够泛化的共同原理。它关注主体概括相同原理的能力。

关系转换理论认为，迁移是学习者突然发现两个学习经验之间关系的结果，是对情境中各种关系的理解和顿悟。学习迁移的重点不在于掌握原理，而在于察觉到手段和目的之间的关系。它关注主体对关系的理解与顿悟。

4．B **解析**：桑代克在 1901 年的"形状知觉"实验中证实了共同要素论。在实验研究的基础上，他提出只有当两种情境中有相同要素时才能产生迁移。相同要素就是相同的刺激与反应的联结，相同联结越多，学习迁移影响越大；相反，联结越少，学习迁移影响越小。迁移是具体的、有限的、有条件的。

5．A **解析**：相同要素说认为只有当学习情境和迁移情境存在共同成分时，才能产生学习迁移。三角形和正方形都是由不在同一直线上的线段首尾相连组成的封闭图形。

6．B **解析**：教育心理学家桑代克以大学生为被试，首先训练大学生对平行四边形的面积进行估计，然后对他们进行两种测验。结果表明，被试对矩形面积的判断成绩提高了，但对三角形、圆形和不规则图形的判断成绩并没有提高。据此，他认为，学习中训练某一官能未必能使它的所有方面都得到改善。他认为两种学习之间只具有相同因素时，才会发生迁移。题干所述实验支持相同要素说。

7．A **解析**：相同要素说认为只有当两个机能的因素中有相同的要素时，一个机能的变化才会改变另一个机能的习得。也就是说，只有当学习情境和迁移情境存在共同成分时，一种学习才能影响到另一种学习，产生学习迁移。题干所述现象可以用相同要素说来解释。

8．D **解析**：1908 年，贾德根据水下击靶实验提出了迁移的概括化理论。

9．C **解析**：经验类化说认为先期学习获得的东西之所以能迁移到后期的学习中，是因为在先期学习中获得了一般原理，这种原理可以部分或全部地运用于两种学习中。两种学习活动之间存在共同要素仅仅是知识产生迁移的必要前提，而迁移产生的关键是学习者在两种活动中通过概括形成了能够泛化的共同原理。只要一个人对他的经验进行了概括，就可以完成从一种情境到另一种情境的迁移。对原理概括得越好，在新情境中学习的迁移就越好。题干中，唐老师先讲解了"乘法原理"（一般原理），然后学生根据这一一般原理进行了迁移，算出了第二个问题的答案。这一过程符合经验类化说。

第三节　迁移与教学

单项选择题

1.（2022 上）下列做法对促进学生学习迁移效果不明显的是（　　　）。
A. 重视教学内容的结构化
B. 使学生保持良好的心理状态
C. 充分利用学习定势的积极影响
D. 重视基本概念、基本原理的教学

2.（2024 上）学习迁移是影响学生学业成绩的重要因素，下列情境不利于学习迁移的是（　　　）。
A. 物理老师给学生布置同一任务，这一任务包括多种变式
B. 地理老师鼓励学生掌握具体的知识，而不是掌握一般原理
C. 数学老师大量引入实际生活中的例子，帮助学生理解数学运算原理
D. 历史老师帮助学生构建历史事件的背景，使学生进行有意义的学习

参考答案

单项选择题

1. C　**解析**：促进学习迁移的措施包括以下几点：①合理编排教学内容，使教学内容结构化、整体化和网络化。②积极进行心理准备，学生的心理状态，如自信心、决心和紧张程度等都会对学习迁移产生影响。③科学选择教学内容，把各门学科中具有广泛迁移价值的科学成果作为教材的主要内容。具有广泛迁移价值的材料是指学科的基本概念、基本原理、基本方法及其相互之间的关系。④丰富知识经验储备。⑤改进教材呈现方式。⑥训练学生的学习策略。A、B、D 三项均有助于促进学生学习迁移的效果。

定势是先于一定的活动而又指向该活动的一种动力准备状态。定势对迁移的影响表现为促进和阻碍两方面。定势既可以成为积极的正迁移的心理背景，也可以成为消极的负迁移的心理背景，或者成为阻碍迁移产生的潜在的心理背景。C 项符合题意。

2. B　**解析**：本题考查学习的迁移。影响学习迁移的主要因素包括相似性、原有认知结构、心向与定势。A、C 两项中的老师利用问题情境的相似性促进迁移。D 项中的老师利用丰富学生的背景知识的方法促进迁移。B 项中的老师要求学生掌握具体的知识，知识的概括水平低，不利于迁移。

第八章　学习策略

第一节　学习策略概述

单项选择题

（2019 上）王老师能根据学生的学习活动判断学生使用的是什么样的学习策略，这说明学习策略具有（　　）。

A. 主动性　　　　B. 迁移性　　　　C. 外显性　　　　D. 内隐性

参考答案

单项选择题

C　解析：学习策略的外显性是指在学习中使用的一些学习操作可以直接观察到。题干中，教师通过观察学生的学习活动来判断学生所采取的学习策略类型，体现的是学习策略的外显性。

第二节　学习策略的类型

| 基础题 | ▶▶▶

一、判断题

1.（2016 下）画线是最常用的学习策略之一，对于不同的学生而言，画线这一学习策略对学习效率的提升效果是一样的。　　　　　　　　　　　　　　　　　　　　　　　（　　）

2.（2020 下）为了记住数字、年代等枯燥无味的知识，小丽常对其赋予意义后再记忆。小丽采用的是复述策略。　　　　　　　　　　　　　　　　　　　　　　　　　　　　（　　）

二、单项选择题

1.（2023 下）肖老师在讲授《泊船瓜州》时，要求学生圈画重点动词"绿"，并通过范读、领读、反复朗读等方式帮助学生流利背诵全诗。肖老师使用的是（　　）。

A. 元认知策略　　　　　　　　　　B. 组织策略
C. 复述策略　　　　　　　　　　　D. 练习策略

2.（2022 上）孙老师上语文课时，要求学生用自己的话写出注释。孙老师使用的教学策略是（　　）。

A. 复述策略　　　　　　　　　　　B. 精加工策略
C. 组织策略　　　　　　　　　　　D. 联想策略

3.（2021上）一位化学老师为了帮助学生理解记忆，把化学学科用语填进《青花瓷》歌曲中。该教师使用的是（　　　）。

A．复述策略
B．组织策略
C．调节策略
D．精加工策略

4.（2017下）在记忆二十四节气时，有人根据歌诀"春雨惊春清谷天，夏满芒夏暑相连，秋处露秋寒霜降，冬雪雪冬小大寒"进行记忆。这里使用的学习策略属于（　　　）。

A．复述策略
B．组织策略
C．调节策略
D．精细加工策略

5.（2018上）杨毅在学习过程中，将自己的笔记本划分成两半，一半记录老师上课时所讲的内容，另一半记录自己不懂的地方或重要的地方。杨毅在这一过程中使用的学习策略属于（　　　）。

A．精细加工策略
B．计划策略
C．组织策略
D．监视策略

6.（2019下）思维导图属于陈述性知识学习策略中的（　　　）。

A．复述策略
B．精加工策略
C．组织策略
D．元认知策略

7.（2021下）小明每次在做语文阅读理解时，会主动想"我有没有读懂这句话的意思，我的阅读速度是不是太快了"。这体现了元认知策略的（　　　）。

A．监控策略
B．计划策略
C．调节策略
D．评价策略

8.（2015上）学生在阅读学习过程中，当遇到困难或不熟悉的材料时，能放慢阅读速度或重复阅读。这主要属于元认知策略中的（　　　）。

A．计划策略
B．反馈策略
C．调节策略
D．资源管理策略

9.（2020上）高三下学期学习任务重、作业多。为了有更多的学习时间，林林总是把给妈妈打电话、看教育新闻等活动安排在食堂排队打饭、吃饭的时候。林林的这种安排属于学习策略中的（　　　）。

A．计划策略
B．组织策略
C．调节策略
D．资源管理策略

10.（2016上）为了准备两个月后的高考，小轩从寝室搬了出来，在学校附近一个安静的小区里租了一个单间认真备考。小轩的行为属于学习策略中的（　　　）。

A．组织策略
B．计划策略
C．调节策略
D．资源管理策略

三、多项选择题

（2021下）下列活动运用了精细加工学习策略的有（　　　）。

A．光光一边写英语作业一边听音乐

B．聪聪一边听报告一边记笔记

C．丽丽用思维导图来学习"大脑的结构"等知识

D．冬冬用歌诀记忆二十四节气、化学元素周期表

E．小小用谐音法记忆事件发生的时间、地点等历史知识

提升题 »»

一、单项选择题

1. （2019 上）为了记住"帽子""雪山""房屋""猫""信封"等词语而进行"你戴上帽子去爬雪山，雪山上有间房屋，里面有一只猫在抓信封"这样的联想。这里所运用的学习策略是（　　）。

A. 复述策略

B. 组织策略

C. 精加工策略

D. 计划和监控策略

2. （2017 上）小芳有读完一段课文后给该段课文提炼出一个标题，并用一句话概括这段课文的主要内容的习惯。小芳在学习上采用的策略是（　　）。

A. 精加工策略　　　　　　　　　B. 复述策略

C. 组织策略　　　　　　　　　　D. 计划策略

3. （2018 下）兵兵在阅读过程中，发现有一段特别难懂。他先是再次阅读该段落，然后在阅读完全文之后又回过头来对这一段进行理解。兵兵采用的学习策略更符合（　　）。

A. 精加工策略　　　　　　　　　B. 计划策略

C. 组织策略　　　　　　　　　　D. 监控策略

4. （2020 下）小彤自己一个人学习时老是会分心，一会儿摸摸笔，一会儿又看看手机，学习效率低。为了提高学习效率，她找到一个学习小组，每个周末都和学习小组的同学一起学习，大大提高了学习效率。小彤使用的学习策略是（　　）。

A. 组织策略　　　　　　　　　　B. 精加工策略

C. 调节策略　　　　　　　　　　D. 资源管理策略

5. （2023 上）小周同学在学习后常用类似下图的方式进行知识整理，由此可以推测他采用的学习策略是（　　）。

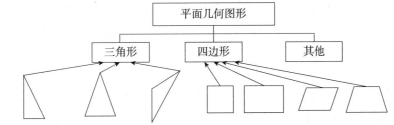

A. 组织策略　　　　　　　　　　B. 精细加工策略

C. 复述策略　　　　　　　　　　D. 计划策略

二、多项选择题

（2022 下）下列选项中属于元认知策略中的监控策略的有（　　）。

A. 小明会在写作业前预测完成作业所需要的时间

B. 小强在考试过程中常常跳过某个难题先做简单的题

C. 小李在问题解决过程中时常问自己是否进行了双向推理

D. 小王在复习过程中采用列提纲的方式保证没有遗漏知识点

E. 小红在遇到不容易解决的问题时会思考自己是否归纳总结了解题思路

参考答案

基础题 »»»

一、判断题

1. × **解析：** 每种学习策略都有它的适用范围和特点，所以学生要根据自身的特点选择学习策略。

2. × **解析：** 精加工策略是一种通过形成新旧知识之间的联系，使新信息更有意义，从而促进对新信息的理解和记忆的深层加工策略。常用的精加工策略包括记忆术、做笔记、提问、生成性学习等。谐音联想法是一种常见的记忆术，指学习一种新材料时运用联想，假借意义。在记忆历史年代和常数时，使用这种方法行之有效。题干中为了记住数字、年代等枯燥无味的知识，小丽常对其赋予意义后再记忆，属于精加工策略中的记忆术。

二、单项选择题

1. C **解析：** 本题考查学习策略。

元认知策略指对认知过程的认知策略，包括计划策略、监控策略、调节策略。

组织策略指整合所学新知识之间、新旧知识之间的内在联系，形成新的知识结构的策略，包括列提纲、运用图表、归类等。

复述策略指为了在记忆中保持所学信息而对信息进行重复识记的策略，包括多样化的复习形式、画线等。

练习即反复训练，以求达到熟练，其是技能形成的关键环节。

题干中，教师让学生圈画重点词、通过多种方式复习古诗，以帮助学生识记，运用的是复述策略，故本题选 C。

2. B **解析：** 精加工策略是一种通过形成新旧知识之间的联系，使新信息更有意义，从而促进对新信息的理解和记忆的深层加工策略。精加工策略包括释义、写概要、创造类比、用自己的话写出注释、解释、自问自答等具体技术。题干中强调学生用自己的话写注释，属于精加工策略。

3. D **解析：** 根据迈克卡等人的分类，学习策略可分为认知策略、元认知策略和资源管理策略。认知策略主要包括复述策略、精加工策略和组织策略。其中，精加工策略是一种将新学材料与头脑中已有知识联系起来从而增加新信息意义的深层加工策略。精加工策略中的编歌诀主要是利用歌诀具有韵律、抑扬顿挫、朗朗上口等特点，帮助学习者把一些相互不联系或联系不多的材料很快地记下来。题干中，化学老师把化学学科用语填进《青花瓷》歌曲中，使用的是精加工策略中的编歌诀。

4. D **解析：** 精细加工策略是一种将新学材料与头脑中已有知识联系起来从而增加新信息意义的深层次加工策略。记忆术是一种精细加工策略，比较流行的记忆术有位置记忆法、缩略词法、视觉想象等。

5. A **解析：** 学习策略可分为认知策略、元认知策略和资源管理策略三部分。其中，认知策略主要包括复述策略、精细加工策略和组织策略。元认知策略包括计划策略、监控策略和调节策略。题干中的杨毅将老师上课时所讲的内容进行加工、编码，属于认知策略。排除 B、D 两项。精细加工策略是一种将新学材料与头脑中已有知识联系起来从而增加新信息的意义的深层加工策略。常用的精细加工策略有记忆术、做笔记、提问等。题干中杨毅运用的是做笔记的学习策略，属于精细加工策略。

6．C 解析：组织策略是整合所学新知识之间、新旧知识之间的内在联系，形成新的知识结构的策略。符号纲要法即做关系图，是组织策略的一种，指采用图解的方式体现知识的结构。思维导图属于陈述性知识学习策略中的组织策略。

7．A 解析：元认知策略主要包括计划策略、监控策略、调节策略以及评价策略。其中，监控策略是指在认知活动中，根据认知目标不断反省和监控自己的认知活动是否在沿着正确的方向进行，正确估计自己达到认知目标的程度、水平，并根据有效性标准评价各种认知行动、策略的效果。其主要包括阅读时对注意加以跟踪、对材料进行自我提问，考试时监视自己的速度和时间。题干中，小明在对自己的阅读理解的效果及速度进行自我监控，这体现的是元认知策略的监控策略。

8．C 解析：题干描述属于元认知策略中的调节策略，是指根据对认知活动结果的检查，如发现问题，则采取相应的补救措施。

9．D 解析：资源管理策略是指帮助学习者有效地管理和利用资源，以提高学习效率和质量。常用的资源管理策略包括时间管理策略、环境管理策略、努力管理策略、资源利用策略等。其中，时间管理策略包括统筹安排学习时间、高效利用最佳时间、灵活利用零碎时间。题干中，林林灵活运用排队打饭、吃饭的零碎时间，是运用了资源管理策略中的时间管理策略。

10．D 解析：资源管理策略就是帮助学习者有效地管理和利用资源，以提高学习效率和质量，常用的有时间管理策略、环境管理策略、努力管理策略、资源利用策略。题干中的描述为资源管理策略中的环境管理策略。

三、多项选择题

BDE 解析：精细加工策略是一种将新学材料与头脑中已有知识联系起来从而增加新信息意义的深层加工策略。常用的精细加工策略如下：①记忆术，包括位置记忆法、缩简和编歌诀、谐音联想法、关键词法、视觉联想；②做笔记；③提问；④生成性学习；⑤利用背景知识，联系实际。B、D、E三项运用了精细加工策略中的做笔记、编歌诀和谐音联想法。故本题选BDE。

A项体现了注意的分配，未涉及学习策略。

组织策略是整合所学新知识之间、新旧知识之间的内在联系，形成新的知识结构。常用的组织策略包括列提纲、做图解、利用表格。C项中丽丽用思维导图来学习"大脑的结构"等知识，其运用了组织策略。

┃提升题┃ »»

单项选择题

1．C 解析：精加工策略是一种将新学材料与头脑中已有知识联系起来从而增加新信息意义的深层加工策略。常用的精加工策略有记忆术（包括缩简和编歌诀、首字联词法、谐音联想法、视觉联想法、关键词法等）、做笔记、提问等。题干中，通过联想来记住相关词语的方法，属于精加工策略中的记忆术。

2．A 解析：做笔记包括摘抄、评注、加标题、写段落概括以及结构提纲等，是对学习材料做精细的加工活动，属于精加工策略。

3．D 解析：监控是在认知活动进行的实际过程中，根据认知目标及时评价、反馈认知活动的结果与不足，正确估计自己达到认知目标的程度、水平，并且根据有效性标准评价各种认知行动、策略的效果。监控策略包括阅读时对注意加以跟踪、对材料进行自我提问、考试时监控自己的答题速度和时间。题干中，兵兵采用的策略更符合监控策略。

4．D　**解析**：资源管理策略是帮助学习者有效地管理和利用资源，以提高学习效率和质量的策略，具体包括时间管理策略、学习环境管理策略、努力管理策略、学习工具利用策略和人力资源利用策略。其中，人力资源利用策略是指善于利用老师的帮助以及通过同学间的合作与讨论来加深对内容的理解。题干中，"和学习小组的同学一起学习"体现的是对人力资源的利用。

5．A　**解析**：本题考查学习策略。学习策略包括认知策略、元认知策略和资源管理策略。其中，认知策略主要包括复述策略、精细加工策略和组织策略。元认知策略主要包括计划策略、监控策略、调节策略。

组织策略是整合所学新知识之间、新旧知识之间的内在联系，形成新的知识结构的策略。

精细加工策略是一种将新学材料与头脑中已有知识联系起来从而增加新信息意义的深层加工策略。

复述策略是在工作记忆中为了保持信息，运用内部语言在大脑中重现学习材料或刺激，以便将注意力维持在学习材料上的方法。

计划策略是根据认知活动的特定目标，在一项认知活动之前计划各种活动，预计结果、选择策略、想出各种解决问题的方法，并预估其有效性等。

题干中，小周利用图示整理所学知识，形成清晰的知识结构，采用的是组织策略。

二、多项选择题

CE　**解析**：本题考查学习策略。监控策略是指在认知活动中，根据认知目标不断反省和监控自己的认知活动是否在沿着正确的方向进行，正确估计自己达到认知目标的程度、水平，并根据有效性标准评价各种认知行动、策略的效果。C、E两项，在问题解决过程中反思自己行为属于监控策略。故本题选CE。

计划策略是根据认知活动的特定目标，在一项认知活动之前计划各种活动，预计结果、选择策略、想出各种解决问题的方法，并预估其有效性等。A项，在写作业前预测完成作业所需要的时间，属于计划策略。

调节策略是根据对认知活动结果的检查，如发现问题则采取相应的补救措施，根据对认知策略的效果的检查，及时修正、调整认知策略。B项，考试过程中跳过某个难题先做简单的题，属于调节策略。

组织策略是整合所学新知识之间、新旧知识之间的内在联系，形成新的知识结构的策略。常用的组织策略有归类策略和纲要策略。D项，列提纲属于组织策略。

第三节　学习策略的培养

一、判断题

（2021下）对小学低年级的学生而言，对所读图书作内容概括、写阅读提要是一种有效的学习方法。　　　　　　　　　　　　　　　　　　　　　　　　　　　　　（　　）

二、单项选择题

（2015下）学习策略的掌握需要学生不断实践，在训练学生运用各种学习策略时遵循的基本原则是（　　）。

A．主体性原则和内化性原则　　　　　　　　B．主体性原则和生成性原则

C. 特定性原则和内化性原则　　　　　　D. 特定性原则和生成性原则

参考答案

一、判断题

×　**解析：**学习策略训练的特定性原则是指学习策略一定要适应学习目标和学生的特点。同样一个策略，对年长和年幼的学生，对成绩好的和成绩差的学生，用起来的效果就不一样。写内容概括和阅读提要可能是一种有效的学习方法，但小学低年级的学生可能无法有效使用。

二、单项选择题

A　**解析：**学习策略的掌握需要学生不断实践，在训练学生运用各种学习策略时遵循的原则有主体性原则、内化性原则、特定性原则、生成性原则、有效的监控、个人自我效能感。其中，主体性原则和内化性原则是在运用学习策略时要遵循的基本原则。主体性原则是基本的要求，内化性原则是最终的目的。

第九章 学习动机与归因

第一节 学习动机

基础题 >>>

一、判断题

1.（2020上）对初中生来说，完成100以内的加减运算一般需维持较高的焦虑水平才能有较高的学习效率，而解难度大的几何题则需保持较低的焦虑水平。（　　）

2.（2014上）学习动机强度与学习效率呈正比，学习动机越强，效率越高。（　　）

3.（2021下）内部动机和外部动机是同一连续体的两端，学生学习的外部动机高意味着其内部动机低。（　　）

4.（2021下）小杨刻苦学习英语，希望考出高分，让不懂英语的爸爸妈妈可以在亲友面前感到骄傲和自豪。他的学习动机属于附属内驱力。（　　）

5.（2022上）一般而言，学生先前成功的经验会提高自我效能感，多次失败的经验会降低自我效能感。（　　）

6.（2019上）小轲看到童童通过努力使语文成绩提升了8个名次，为此大受鼓舞，觉得自己只要认真努力，语文成绩也能有大的进步。这一案例中，小轲自我效能感的提升是受到了间接经验的影响。（　　）

7.（2014上）自我效能感与成败经验有关，增加成功经验可提高自我效能感。（　　）

8.（2020上）小赵在学校时，尽管表现得贪玩，不在乎考试，但是下课却偷偷努力。这是因为他趋向成功动机高，避免失败动机低。（　　）

二、单项选择题

1.（2018上）数学课堂上，李老师在教"分数的基本性质"时，让学生在一个蛋糕模型上分别拿走1/4、2/8、4/16，结果发现它们其实是一样多的。学生对此产生浓厚的兴趣，想知道为什么。这说明学习动机对学习有（　　）。

A. 引发作用　　　　　　　　　　B. 定向作用

C. 维持作用　　　　　　　　　　D. 调节作用

2.（2022上）下列关于外部动机的表述，正确的是（　　）。

A. 外部动机与成绩和环境刺激无关

B. 减少学生的外部动机会削弱学生的内在需求

C. 外部动机有可能在一开始会激发学生主动参与某些活动

D. 教师对课堂掌控能力提高后应该更多地促进外部动机而非内部动机

3.（2020下）某学校开设了多种兴趣班并要求学生至少选择一项，且会将兴趣班的成绩计入评优活动中。学生赵某不喜欢围棋，但因为围棋课不设期末考试，只要每次都去上课就很容易获得较高的成绩，所以赵某选择了围棋班。赵某的学习动机属于（　　　）。

①内部动机　　　　　　　　　　　　　②外部动机

③直接的近景性动机　　　　　　　　　④间接的远景性动机

　A．①③　　　　　　B．②④　　　　　　C．①④　　　　　　D．②③

4．（2017下）小羽很想知道为什么钉子、铁块会沉入海底，而用钉子与铁块等原材料做成的轮船却可以浮在海面上。为此，小羽在学习"浮力"时十分专注。根据学习动机的分类，小羽的动机属于（　　　）。

　A．认知内驱力　　　　　　　　　　　B．自我提高内驱力

　C．附属内驱力　　　　　　　　　　　D．普遍内驱力

5．（2016上）某小学的年级教师喜欢用"真棒""真行"的语句来表扬学生，学生往往得到激励，但随着年龄的增加，学生对其表扬不再感兴趣。这一现象说明（　　　）。

　A．随着年龄的增长，学生对语言激励不感兴趣

　B．随着年龄的增长，学生对物质激励更感兴趣

　C．随着年龄的增长，学生的认知内驱力有所减弱

　D．随着年龄的增长，学生的附属内驱力有所减弱

6．（2024上）下列关于学习动机的说法正确的是（　　　）。

　A．自我提高内驱力是内部动机

　B．外部动机使用不当会削弱内部动机

　C．学习动机直接影响个体认知构建过程

　D．学习动机与学习效率之间的关系是"U"形

7．（2023下）下列情况中，学生受到自我提高内驱力影响的是（　　　）。

　A．丽丽为了成为班上的"计算小明星"，每天都会要求自己做一些计算练习

　B．希希在一次考试得到老师的表扬后变得对学习充满信心，刻苦学习，希望下次考试依然能得到老师的表扬

　C．东东发现班上受欢迎的同学都是活泼开朗的人，于是他开始积极参加大家的活动，希望自己也成为受全班同学欢迎的人

　D．乐乐在玩水时偶然发现，给原本会沉到水底的小玩具底部倒扣一个矿泉水瓶盖会让玩具漂浮在水面上，于是他拍下这个现象并发给科学老师看，向老师请教原因

8．（2015下）自我效能感不受以下哪一因素的影响？（　　　）

　A．成功体验　　　　B．失败体验　　　　C．观察学习　　　　D．焦虑水平

9．（2018上）某学生总是倾向于选择难度适中的任务，通过完成挑战性任务来获得心理上的满足。这位学生的成就动机水平最可能是（　　　）。

　A．平均水平　　　　B．低水平　　　　　C．中等水平　　　　D．高水平

10．（2017下）下列关于成就动机的说法，正确的是（　　　）。

　A．成就动机是学生学习的唯一动机　　　B．成就动机总是促使人追求较高的目标

　C．成就动机的强度等于追求成功意向的强度　　D．成就动机促使人既追求成功，又容忍失败

11．（2024上）包老师发现班上的肖成同学在学校比较贪玩，对考试表现出满不在乎的态度，课堂上也不怎么努力，但学习成绩还不错。他觉得肖成如果改变学习态度还有很大的进步空间，于是跟肖成母亲进行了一次深入沟通，结果大出所料——肖成在家里总是特别努力，每天都会对所学知识进行复盘，对第二天的功课进行预习，遇到不懂的问题总是积极寻求各种帮助，还会额外完成一些有挑战性的学习任务。根据自我价值动机理论，肖成的动机类型属于（　　　）。

　A．高趋高避型　　　B．低趋低避型　　　C．高趋低避型　　　D．低趋高避型

12.（2022下）下列选项中对学生的成就动机归类错误的是（　　）。

A．李燕对学习的问题漠不关心，甚至干脆放弃学习——低驱低避型

B．钱一表面上贪玩，不在乎考试成绩，私下里却偷偷努力——高驱高避型

C．孙彬喜欢选择非常难的任务，且经常在学习时去帮助别人——低驱高避型

D．赵佳考试不理想时，期望有一个好老师，自己会学得更好——高驱低避型

13.（2017上）某学生的成就动机不强，老师想提高其动机。根据阿特金森的理论，以下做法不正确的是（　　）。

A．增加诱因价值　　　　　　　　　B．增加练习强度

C．提高学生的成就需要　　　　　　D．提高学生的期望水平

14.（2014下）与追求成功者相比较，害怕失败者倾向于选择（　　）。

A．比较难的任务　　　　　　　　　B．比较容易的任务

C．难度适中的任务　　　　　　　　D．非常难或非常容易的任务

15.（2021下）晓彤不喜欢学习，学校的课程她都不感兴趣。在被问到为什么逃课时，她会说："这门课根本不重要，学好学坏无所谓。"面对即将到来的考试时，她会希望考试取消，没考好也会归结为"我昨晚上没睡好，所以考试没有发挥好"或"老师教得太差了，如果换个老师来教，我会学得很好"。晓彤的这些表现说明其动机倾向属于（　　）。

A．低趋低避型　　　　　　　　　　B．高趋低避型

C．高趋高避型　　　　　　　　　　D．低趋高避型

16.（2020上）某学生遇到学业困难羞于向别人求助，认为学业求助是自己缺乏能力的表现。该学生的成就目标定向类型属于（　　）。

A．掌握目标　　　B．学习目标　　　C．任务目标　　　D．表现目标

三、多项选择题

1.（2018下）以下现象中，属于学习动机中自我提高内驱力的有（　　）。

A．学生考试名列前茅，获得"三好学生"荣誉称号，从而更加积极地学习

B．学生考出好成绩，得到大家的认可，使自己被尊重的需要获得满足，从而更加积极地学习

C．学生考出好成绩，得到老师的赞赏，为了让老师喜欢自己，从而更加积极地学习

D．家长对孩子说："如果你期末考到班上前三名，我就带你去迪士尼乐园。"孩子就更加努力地学习

E．儿童不断地摆弄和装拆小火车，想弄明白它为什么能跑起来，从而对科学产生了浓厚的学习兴趣

2.（2019上）下列人物和理论对应不正确的有（　　）。

A．罗特——控制点理论　　　　　　B．韦纳——完形－顿悟理论

C．阿特金森——成败归因理论　　　D．班杜拉——自我效能感理论

E．德韦克——成就目标理论

3.（2024上）小敏在初一时成绩不错，进入初二以后连续几次考试成绩下滑，逐渐对学习丧失了信心，学习没有以前那样努力了。为帮助小敏提升自我效能感，老师可以采用的方法有（　　）。

A．帮助小敏建立合理的归因方式

B．时常让小敏回忆之前考试成功的经历

C．给小敏布置简单的作业，让其很容易取得成功

D．对小敏进行鼓励，让其保持稳定的情绪，不要过于焦虑

E．向小敏讲述身边有相似经历且最后取得成功的同学的案例

提升题 »»»

一、判断题

1.（2016下）学习动机作为影响学生学习的认知因素，决定学习速度的快慢。　　　（　　）

2.（2014下）越是困难的问题越有利于激发学生的学习动机。　　　　　　　　　（　　）

3.（2017下）康康的妈妈答应康康，只要他这学期末能考进班里前10名，就给他买梦寐以求的汽车模型。为此康康的学习比平时努力多了。这里康康的学习动机属于间接的远景性动机。（　　）

二、单项选择题

1.（2016下）蕾蕾是心理学专业大三的学生，她一直希望毕业后用自己扎实的心理学知识去帮助那些需要帮助的人，让他们摆脱精神上的痛苦。为了提升自己的专业水平，她一直很认真地学习。由此可以推断，蕾蕾的学习动机属于（　　　）。

A. 直接的近景性动机　　　　　　　　　B. 直接的远景性动机

C. 间接的近景性动机　　　　　　　　　D. 间接的远景性动机

2.（2019上）杨艺最近对食物吃到胃里是如何消化、如何转化为身体所需养料并被身体吸收的过程十分感兴趣。因此，她在生物课上十分认真，并受到了生物老师的表扬。此后，杨艺对生物课的学习积极性更高了。根据奥苏伯尔的学习动机分类，杨艺的学习动机属于（　　　）。

A. 内部动机、附属内驱力　　　　　　　B. 认知内驱力、附属内驱力

C. 内部动机、自我提高内驱力　　　　　D. 认知内驱力、自我提高内驱力

3.（2020上）以下符合班杜拉自我效能感理论的观点是（　　　）。

A. 强化方式会影响自我效能感　　　　　B. 替代性经验会影响自我效能感

C. 个体对行为结果的期待就是自我效能感　　D. 学生的行为结果优异便会增强自我效能感

4.（2022下）物理老师发现有些学生对物理课特别感兴趣，不需要他鼓励也会很快投入地学习，另一些同学却觉得物理太难了，学起来很枯燥。于是，他想用一些方法来激发这些学习有困难的学生的学习动机。下列方法中哪一项可能会适得其反？（　　　）

A. 对每位学生作业和试卷上的错题及时消错

B. 在作业本上写下详细的评语，让学生了解自己的学习情况

C. 经常在课堂上开展物理知识抢答赛，对获胜的学生给予奖励

D. 针对学生"似会非会""半生不熟"的知识点进行启发式教学

5.（2023下）当人们在进行一项愉快而有趣的活动时，如果额外提供较高的外部物质奖励，参与活动的兴趣反而会大幅度下降。这种现象是（　　　）。

A. 皮格马利翁效应　　　　　　　　　　B. 德西效应

C. 霍桑效应　　　　　　　　　　　　　D. 破窗效应

三、多项选择题

（2019下）下列情形中，能够提高学生自我效能感的有（　　　）。

A. 长跑比赛时同学们为李霖呐喊助威

B. 李佩在无人帮助的情况下解决了一个难题

C. 老师和同学在竞赛开始前对黄虹进行鼓励

D. 王博看到跟自己情况相似的同伴顺利完成了任务

E. 成绩中等的王芳暗下决心这次考试一定要考进前十名

参考答案

基础题 》》》

一、判断题

1. √　**解析**：一般认为，焦虑水平与人的学习效率之间呈倒"U"形曲线的关系。中等的焦虑水平一般最有利于学习效果的提高。最佳的焦虑水平与任务难度密切相关：任务较容易，最佳焦虑水平较高；任务难度中等，最佳焦虑水平也适中；任务越困难，最佳焦虑水平越低。完成 100 以内的加减运算对初中生来说任务较容易，因此应保持较高的焦虑水平才能有较高的学习效率，而解难度大的几何题则需要保持较低的焦虑水平。

2. ×　**解析**：学习动机强度与学习效率之间的关系呈倒"U"形。

3. ×　**解析**：内部动机往往由内在需要引起，与学习本身的兴趣相联系。外部动机往往由外部诱因引起，与外部奖励相联系。人们可能会认为外部动机和内部动机是同一连续体的两端，即外部动机越强，内部动机就越弱，反之亦然。事实上，外部动机和内部动机是两个独立的连续体。例如，一些学生努力学习既是因为对课程感兴趣，又是因为想取得好成绩，另一些学生则可能仅仅是想要获得高分。前者的内部动机和外部动机都较高，后者则有较高的外部动机，但内部动机较低。

4. √　**解析**：奥苏伯尔认为，学生所有的指向学业的行为都可以从三方面的内驱力加以解释，即认知内驱力、自我提高内驱力和附属内驱力。其中，附属内驱力是指个人为了获得长者或权威的赞许或认可，而表现出来的一种把学习或工作做好的需要。题干中，小杨刻苦学习英语是想让爸爸妈妈感到骄傲和自豪，初衷是想得到父母的认可，这属于附属内驱力。

5. √　**解析**：影响自我效能感的因素有个人成败经验、替代性经验、言语劝说、情绪唤醒等。个人成败经验是个人的直接经验，对自我效能感的形成影响最大。一般来说，成功的经验会提高自我效能感，反复的失败则会降低自我效能期望。

6. √　**解析**：自我效能感指人们对自己是否能够成功地从事某一成就行为的主观判断。影响自我效能感的因素包括个人自身行为的成败经验、间接经验（替代性经验）、言语劝说和情绪唤醒。替代性经验的影响指当学生看见替代者成功时，就会增强自我效能感；相反，则会降低自我效能感。题干中，小轲看到童童成功后自我效能感增强，就是由于受到了间接经验的影响。

7. √　**解析**：成败经验是影响自我效能感的最重要因素。一般来说，成功的学习经验会提高自我效能感。

8. ×　**解析**：高驱高避类型的人被认为是过度努力者，兼具成功定向者和避免失败者的特点，即受到成功的奖励和成功本身的诱惑，又对失败充满恐惧，在面对一项任务时交织着追求和排斥两种情绪。这种类型的学生在他人面前常表现得淡定、贪玩，不在乎考试，私下里却偷偷努力，尝试用成功来逃避失败，受到紧张和冲突情绪的困扰。题干中，小赵属于高驱高避类型的人，因此趋向成功动机高，避免失败动机也高。高驱低避类型，也就是趋向成功动机高，避免失败动机低类型，这种类型的人学习十分认真，课后也热衷于学习，面对事物不断尝试超越现状，发展自我。

二、单项选择题

1. A　**解析**：学习动机具有以下功能：引发功能（激活功能），即学习动机能激发或引发有机体产生某种活动。引导功能（指向功能），即学习动机像指南针一样指引着活动的方向。维持和调整功能（激励功能），即动机对活动具有维持和加强的作用，强化活动以达到目的。题干中的教师通过"分蛋糕模型"的方式激发了学生浓厚的兴趣。这说明学习动机对学习有引发作用。

2．C　解析：外部动机是由外部诱因引起的动机，动机的满足不在活动之内，而在活动之外，学习者不是对学习本身感兴趣，而是对学习带来的结果感兴趣，它常与成绩或环境有关。A项说法错误。

外部动机和内部动机是两个独立的连续体，例如，一些学生努力学习既是因为对课程感兴趣，又是因为想取得好成绩。因此减少学生的外部动机不一定会削弱学生的内在需求。B项说法错误。

外部动机与外部奖励相联系，学生一开始会由于外部诱因的刺激而主动参与活动，但教师在激发学生动机时，要坚持激发内在动机为主，外部动机为辅，所以教师对课堂掌控能力提高后应该更多地促进内动机。C项说法正确，D项说法错误。

3．D　解析：根据动机产生的诱因来源不同，学习动机可分为内部动机和外部动机。内部动机是人们对学习本身的兴趣所引起的动机。动机的满足不在活动之外，它不需外界的诱因、惩罚来使行动指向目标，因为行为本身就是一种动力。外部动机是由外部诱因引起的动机。动机的满足不在活动之内，而在活动之外，此时，学习者不是对学习本身感兴趣，而是对学习带来的结果感兴趣。题干中，赵某不喜欢围棋，是为了获得较高的成绩而选择围棋班，其学习动机属于外部动机。A、C两项错误。

根据学习动机起作用时间的长短，学习动机可分为直接的近景性动机和间接的远景性动机。直接的近景性动机是与学习活动直接相连的，来源于对学习内容或学习结果的兴趣。学生的求知欲望、成功的愿望、对某门学科的浓厚兴趣以及老师生动形象的讲解、教学内容的新颖等都属于直接的近景性动机。间接的远景性动机与学习的社会意义和个人的前途相连，其持续的时间比较长。题干中，赵某是为了获得较高的成绩而选择围棋班，关注的是学习结果，属于直接的近景性动机，所以B项错误，D项正确。

因此，本题答案为D项。

4．A　解析：奥苏贝尔认为，学校情境中的成就动机至少应包括三方面的内驱力，即认知内驱力、自我提高内驱力和附属内驱力。认知内驱力，即一种渴望了解和理解周围事物的需要，要求掌握知识以及系统阐述问题并解决问题的需要。

5．D　解析：附属内驱力是指个人为了保持长者们（如家长、教师）或权威们的赞许或认可，而表现出来的一种把学习或工作做好的需要。在年龄较小的儿童身上，附属内驱力是成就动机的主要成分。随着儿童年龄的增长和独立性的增强，附属内驱力不仅在强度上有所减弱，而且在附属对象上也从家长和教师转移到同伴身上。

6．B　解析：本题考查学习动机。自我提高内驱力源自对获取地位或名次的需要，而非源自对学习本身的需要，属于外部动机。A项说法错误。外部动机和内部动机可以共同存在，相互影响。一方面，外部动机使用不当会削弱内部动机；另一方面，外部动机可以转化为内部动机。B项说法正确。一般说来，学习动机并不是通过直接卷入认知建构过程而对学习产生作用的，而是以学习情绪状态的唤醒、学习准备状态的增强、学习注意力的集中、学习意志努力的提高为中介来间接地增强与促进认知建构过程。C项说法错误。学习动机与学习效率之间是倒"U"形曲线关系。D项说法错误。

7．A　解析：本题考查奥苏伯尔的学习动机的分类。奥苏伯尔认为，在学校情境中，促进学生学习的成就动机主要包括三个方面的内驱力决定成分，即认知内驱力、自我提高内驱力和附属内驱力。认知内驱力是指学生渴望认知、理解和掌握知识，以及陈述和解决问题的倾向，属于内部动机。自我提高内驱力是指通过自身努力，胜任一定的工作，取得一定的成就，从而赢得一定的社会地位的需要。附属内驱力是指个人为了获得长者（如家长、教师等）的赞许、认可或同伴的接纳，而表现出来的把学习或工作做好的需要。

A项，丽丽为了成为班上的"计算小明星"（赢得一定地位）而努力学习，体现了自我提高内驱力,故本题选 A。

B 项,希希为了得到老师的表扬而努力学习,属于附属内驱力。

C 项,东东为了获得大家的欢迎和喜爱而积极参加活动,属于附属内驱力。

D 项,乐乐出于对某一现象的好奇而向老师请教,属于认知内驱力。

8. D 解析:影响自我效能感的因素有学习成功与失败的经验、替代性经验、言语劝说和情绪唤醒。替代性经验可由观察学习获得。

9. D 解析:成就动机水平不同的人在选择目标和完成任务上不同,成就动机高的人在完成任务上追求成功的倾向强,在选择目标时倾向选择难度适中的任务,通过具有挑战性的任务提高其自尊心和获得心理上的满足。成就动机低的人在完成任务时防止失败的倾向强,在选择目标时倾向选择非常容易或非常难的任务。

10. D 解析:成就动机不是学生学习活动的唯一动机,有的人成就动机强度为零时也会努力学习。A 项错误。成就动机高的人倾向于选择难度适中的任务,成就动机低的人倾向于选择非常容易或者非常难的任务。"总是"说法过于绝对。B 项错误。成就动机的强度等于追求成功的意向与回避失败的意向之差。C 项错误。成就动机促使人既追求成功,又容忍失败。D 项正确。

11. A 解析:本题考查自我价值理论。自我价值理论根据趋向成功和避免失败两个独立的维度,将学生分为以下四类。①高趋低避型。这类学生更看重追求成功而不害怕失败,他们往往拥有无穷的好奇心,对学习有极高的自我卷入,通过不断地刻苦努力发展自我。对他们而言,学习本身就是一种奖励。②低趋高避型。这类学生更看重避免失败而非追求成功,他们有很多保护自己胜任感的策略,从外部寻找个人无法控制的原因来解释失败。③高趋高避型。这类学生会出现"隐讳努力"的现象,即他们在同学中尽量表现得贪玩、不在乎考试,私下却偷偷努力,拼命学习。题干中,肖成在学校表现得贪玩、不在乎考试,在家却偷偷努力,属于高趋高避型学生。④低趋低避型。这类学生用于学习的时间很少,焦虑水平也很低,对极少获得的成功不自豪,对失败也不感到羞耻。

12. D 解析:本题考查自我价值理论。科温顿提出学习动机的自我价值理论,将学生分为四类:高趋低避型、低趋高避型、高趋高避型、低趋低避型。

①高趋低避型。这类人拥有无穷的好奇心,对学习有极高的自我卷入水平。他们通过不断的刻苦努力发展自我,通常表现得自信、机智。

②低趋高避型。对于这类学生,逃避失败要重要于对成功的期望,会选择非常难或者非常简单的任务,来避免失败。面对没有把握成功的任务时,会出现一定的心理防御,如对别人吹毛求疵以减少自己所要承担的责任。

③高趋高避型。这类学生同时受到成功的诱惑和失败的恐惧。他们在同学中尽量表现得贪玩、不在乎考试,但私下里却偷偷地努力。

④低趋低避型。他们没有对成功的期望,也没有对羞耻感的恐惧。他们内心很少有冲突,同时学习的机会和时间也非常有限。他们放弃了通过能力的获得来保持其身份地位的努力。这些学生在面临学业挑战时表现出退缩,至少是被动的反应。他们对成就表现得漠不关心。

A、B、C 三项,李燕对学习漠不关心,属于低驱低避型;钱一表面上贪玩,私下里却偷偷努力,属于高驱高避型;孙彬喜欢选择非常难的任务,以逃避失败带来的自卑感,属于低驱高避型。A、B、C 三项说法正确,不符合题意。

D 项,赵佳的表现属于对别人吹毛求疵以减少自己的责任,其成就动机属于低驱高避型。D 项说法错误,符合题意,故本题选 D。

13. B 解析:阿特金森认为,个体的成就动机强度由成就需要、期望水平和诱因价值三者共同决定。增加练习强度是行为主义的观点。

14．D　**解析：**根据成就动机理论，害怕失败者喜欢难度极端的任务，即非常难或非常简单的任务。

15．D　**解析：**自我价值理论根据阿特金森成就动机的趋向成功和避免失败两个独立的维度，将学生分为高趋低避型、低趋高避型、高趋高避型、低趋低避型。其中，低趋高避型学生避免失败的倾向超越了追求成功的倾向，他们有很多保护自己胜任感的策略，从外部寻找个人无法控制的原因来解释失败。例如，这类学生通过幻想（我希望考试取消）、尽量降低任务的重要性（这门课根本不重要，学好学坏无所谓）、为自己的失败找借口（我昨天晚上失眠，所以考试发挥失利）等逃避的手段来减少对失败的恐惧。

16．D　**解析：**表现目标也称成绩目标、能力目标，具有此类目标的个体将学习视为一种手段，通过成绩来表现自己的能力，认为只有取得好成绩和好名次才算成功。对于持有表现目标的学生来说，其自我价值是由对自己与别人相比较时所具备的能力的知觉决定的，这种比较的结果是学业求助被视为缺乏能力的表现，因而也就是对自我价值的一种威胁，因此他们较少进行有效的学业求助。题干中的学生的成就目标定向类型属于表现目标。

三、多项选择题

1．AB　**解析：**自我提高内驱力是一种通过自身努力，胜任一定的工作，取得一定的成就，从而赢得一定的社会地位的需要。A、B 两项符合。C 项中，学生为了获得老师的赞赏而学习，其内驱力属于附属内驱力。D 项中，学生为了获得父母的奖励而努力学习，其内驱力属于附属内驱力。E 项中的儿童因对知识的好奇而学习，其内驱力属于认知内驱力。

2．BC　**解析：**A 项，美国心理学家罗特于 1954 年提出了控制点理论，对个体的归因倾向、归因差异进行了说明和测量。B 项，韦纳提出了成败归因理论，完形 – 顿悟说是苛勒提出的认知学习理论。C 项，阿特金森和麦克利兰提出了成就动机理论。D 项，自我效能感由美国行为主义心理学家班杜拉最早提出，属于社会学习理论。E 项，德韦克在能力理论的基础上，结合社会认知的最新研究成果，提出了较为完善的成就目标理论。综上所述，A、D、E 三项正确，B、C 两项错误。

3．ABDE　**解析：**本题考查影响自我效能感的因素。影响自我效能感的因素包括：①学习的成败经验及其归因方式；②替代性经验；③言语劝说；④情绪唤醒；⑤身心状况。

A、B 两项，让小敏回顾成功经验并进行合理归因能提升其自我效能感。

C 项虽然能增加小敏的成功体验，但是任务太容易，即使达到目标，也不会产生效能感。教学应该从学生的实际出发，建立适当的目标。

D 项，稳定的情绪有利于小敏对成功保持合理的预期，有利于自我效能感的形成。

E 项，替代者的成功经验能增强小敏的自我效能感。

▎提升题▎ ▶▶▶

一、判断题

1．×　**解析：**原有知识作为影响学习的认知因素，决定新的学习是否成功；学习动机作为影响学习的情感因素，决定新的学习速度快慢。通过同化过程，原有知识与新知识发生相互作用，从而生成新的认知结构；动机通过集中注意和增加努力来促进新的学习。

2．×　**解析：**中等难度的问题最有利于激发学生的学习动机，过难的问题可能会使学生产生高强度的焦虑、紧张、惧怕的情绪，反而不利于激发学生的学习动机。因此，并不是越是困难的问题越有利于激发学生的学习动机。

3. × **解析**：根据动机行为与目标的远近关系，学习动机可分为近景性动机和远景性动机。题干中康康的目标是期末考试考进前 10 名，其学习动机属于近景性动机，题干说法错误。

二、单项选择题

1. D **解析**：根据学习动机起作用时间的长短不同，学习动机可分为直接的近景性动机和间接的远景性动机。直接的近景性动机是与学习活动直接相联系的、具体的动机。它主要来源于对学习的兴趣持续的时间比较短。远景性动机是与学习的社会意义和个人的远大理想相联系的动机，其持续的时间比较长。题干中，蕾蕾为了毕业后帮助他人而学习，是间接的远景性动机。

2. B **解析**：奥苏伯尔认为，在学习情境中，促进学生学习的成就动机主要包括三个方面的内驱力决定成分，即认知内驱力、自我提高内驱力和附属内驱力。认知内驱力是指学生渴望认知、理解和掌握知识，以及陈述和解决问题的倾向，即一种求知的需要。自我提高内驱力是指通过自身努力，胜任一定的工作，取得一定的成就，从而赢得一定的社会地位的需要。附属内驱力是指个人为了获得长者或权威的赞许或认可，而表现出来的把学习或工作做好的需要。题干中，杨艺渴望掌握相关生物知识，这种学习动机属于认知内驱力；她因渴望受到生物老师的表扬而学习，这种学习动机属于附属内驱力。根据动机产生的诱因来源，学习动机可分为内部学习动机和外部学习动机。内部学习动机是由学习本身引起的动机，外部学习动机是由外部诱因引起的动机。杨艺因知识本身而引起的学习动机属于内部动机，但该动机不属于奥苏伯尔的学习动机分类。

3. B **解析**：自我效能感的影响因素包括学习的成败经验、替代性经验、言语劝说和情绪唤醒。B 项正确。班杜拉认为，行为的出现不是由于随后的强化，而是个体在认识到行为与强化之间的依赖关系后，形成的对下一强化的期待，这种期待包括结果期待和效能期待。班杜拉的自我效能感理论中不包括强化方式对自我效能感的影响。A 项错误。自我效能感是指人们对自己是否能够成功地从事某一成就行为的主观判断。个体对行为结果的期待是自我效能感理论中结果期待的概念。C 项错误。个体的成败经验是影响自我效能感的最主要因素。但是，成败经验对自我效能感的影响还要取决于个体对成败的归因方式。如果个体把优异的行为结果归因为外部的、不可控的因素，就不会增强自我效能感。D 项错误。

4. C **解析**：本题考查学习动机的激发。

错题消错可以使学生更好地掌握易错知识，了解自身不足，有利于激起学习动机。

写评语、写反馈，可以让学生及时了解自己的学习状态和学习情况，为下一步学习指明方向，有利于激发学习动机。

开展知识竞赛，只奖励获胜学生，会使学习困难学生产生挫败感和无助感，不利于学习动机的激发。

启发式教学能调动学生学习的积极性与主动性，以学生为中心，激发学生的求知欲和思考力，有利于学习动机的激发。

综上所述，C 项做法不利于激发学习有困难学生的学习动机，符合题意，故本题选 C。

5. B **解析**：本题考查常见的社会效应。

皮格马利翁效应又称教师期望效应或者罗森塔尔效应，是指教师对学生的期望被学生感知到时，学生会向教师期望的方向发展。

德西效应是指适度的奖励有利于巩固个体对工作的内在动机，但过多的奖励也有可能降低个体对工作本身的兴趣，降低其内在的动机。题干中，较高的外部物质奖励反而使人们的兴趣下降，反映了德西效应，故本题选 B。

霍桑效应是指那些意识到自己正在被别人观察的个人具有改变自己行为的倾向。

破窗效应是指如果有人打破了一幢建筑物的玻璃窗，而这扇窗户又得不到及时的维修，别人就可能受到某些暗示性的纵容去打破更多的窗户。

三、多项选择题

ABCD　解析：影响自我效能感的因素主要包括以下几种：①个人自身行为的成败经验。它是影响自我效能感最主要的因素。一般来说，成功经验会提高效能期望，反复的失败会降低效能期望。B项是李佩成功的经验，可以提高其自我效能感。②替代性经验。他人的替代经验也会影响自我效能。当个体看到与自己的能力水平相当的人在活动中取得成功时，便相信当自己处于类似活动情境时，也会成功，进而能提高自我效能感。D项王博看到跟自己情况相似的同伴完成了任务，会通过替代性经验提高自我效能感。③言语劝说。通过说理让学生相信自己具有能力，相信自己能够胜任学习活动，完成学习任务，从而给学生增添学习活动的动力，增强克服困难的毅力。A、C两项是同学们和老师的言语劝说，能够提高李霖和黄虹的自我效能感。④情绪唤醒。高水平的唤醒使成绩降低而影响自我效能，当人们不被厌恶刺激所困扰时更能期望成功。比如，紧张焦虑、精力不佳，容易降低人们对自我效能的判断。E项是由自我效能感设立的目标，不是自我效能感的影响因素。

第二节　归因与学习

▎基础题▎ »»

一、判断题

1.（2014 上）当学生把学习成绩不好归结为自己的能力差时，他们更可能放弃学习。（　　）

2.（2021 上）根据维纳的归因理论，学生将考试结果不好归因于自己不够努力，会降低自我效能感。（　　）

3.（2023 上）某同学在学习中倾向于选择一些难度很大的任务，说明该同学有较高的成就动机。（　　）

4.（2024 上）为了促使学生继续努力，教师在指导学生对成败进行归因时可以做不真实的归因。（　　）

二、单项选择题

1.（2019 下）下列说法中属于内控特征的归因是（　　　）。

A. 由于我没有充分准备，导致考试成绩不理想

B. 由于不熟悉考场环境，导致我这次考试发挥失常

C. 由于老师命题超纲，导致我做不出那些难题、怪题

D. 由于老师突然安排考试，导致我对成绩的好坏不能把控

2.（2023 下）数学单元测验成绩出来了，牛牛没有及格，他跟爸爸说"数学老师出的题目太难了"。牛牛把测验成绩不理想归因于（　　　）。

A. 外在的稳定的可控因素　　　　　　　B. 外在的稳定的不可控因素

C. 内在的不稳定的可控因素　　　　　　D. 内在的不稳定的不可控因素

3.（2022上）叶老师是某小学一年级的数学老师，他在发给学生的奖状上写着"祝贺你，通过你的努力取得了本次口算比赛的一等奖"。这是引导学生将口算比赛的成功归因于（   ）。

A．内部的稳定因素   B．外部的稳定因素

C．内部的不稳定因素   D．外部的不稳定因素

4.（2016下）星星参加全国高考，分数刚刚达到普通本科省控线。经过认真分析总结后，他认为，这次考试成绩不理想的原因在于自己的努力程度不够，知识的掌握和应用不好，于是决定再复习一年，争取明年考上重点大学。星星的想法可用以下哪种说法来解释？（   ）

A．成就动机强，外部可控的归因   B．成就动机强，内部可控的归因

C．成就动机弱，外部不可控的归因   D．成就动机弱，内部不可控的归因

5.（2015上）学生把自己考试成绩差的原因归为试题太难太偏。这种归因属于（   ）。

A．内部的、不稳定的、可控的   B．外部的、稳定的、不可控的

C．内部的、稳定的、可控的   D．外部的、不稳定的、不可控的

6.（2017下）一次考试中，小兰由于发挥失常，其班级排名降低了13名，为此她十分难过。为了安慰小兰，班主任张老师将她叫到办公室，对她说："小兰，老虎也会有打盹儿的时候，一次考试的成绩而已，你不要太在意了。"对于张老师的做法，下列说法正确的是（   ）。

A．将考试失利归因于任务难度，既安慰了小兰，又激发了她的学习动机

B．将考试失利归因于运气，虽然保护了小兰的自尊心，但不利于激发她的学习动机

C．将考试失利归因于小兰的努力程度，有助于激发她的学习动机，让她下次考试更加努力

D．将考试失利归因于小兰的自身能力，虽然有助于她正确认识自己，但不利于激发她的学习动机

7.（2015下）小峰认为输掉学校秋季篮球比赛是因为他们班运气不好。这种归因属于（   ）。

A．内部、不可控和不稳定的归因   B．外部、可控和稳定的归因

C．外部、不可控和稳定的归因   D．外部、不可控和不稳定的归因

8.（2014下）学生经历了长时间的学习失败，做了多种努力也不能改变这种失败的现状后，表现出不听课、不做作业、成绩极差，但遵守纪律的行为特征。这属于（   ）。

A．习得性无助   B．自我归因感   C．期望效应   D．学习困难

提升题 ▶▶▶

一、单项选择题

1.（2020上）对有自卑心理的学生，当其通过努力取得好成绩时，教师应该引导他做（   ）。

A．外部、可控、稳定的归因   B．内部、可控、不稳定的归因

C．内部、不可控、稳定的归因   D．外部、不可控、不稳定的归因

2.（2018上）在一次英语考试中，小果考得很不好。班主任陈老师找她谈话时，小果说："陈老师，我前段时间看到星座书上说我的星座最近几周都会很倒霉，果然这次就考砸了。"另一个学生彤彤这次考试取得了很大的进步，她兴高采烈地告诉陈老师："我前段时间特别努力，这次总算有回报了。"对此下列说法正确的是（   ）。

A．小果的归因属于外部、稳定、不可控因素

B．彤彤的归因属于内部、不稳定、可控因素

C．小果的归因方式会避免她有过大的学习压力，值得提倡

D．彤彤和小果的归因方式虽然不同，但对学习行为并不会有影响

3.（2021下）小张竞选学生会主席失败后说："竞选演讲那天我生病了，状态不好。"小张把竞选失败归因于（　　）。

A．不稳定的不可控因素　　　　　　　B．稳定的可控因素

C．稳定的不可控因素　　　　　　　　D．不稳定的可控因素

4.（2023上）小明说："这个应用题我做错了，是因为我缺乏学习数学的天赋。"小明把失败归因于（　　）。

A．内部的可控因素　　　　　　　　　B．内部的不可控因素

C．外部的可控因素　　　　　　　　　D．外部的不可控因素

二、多项选择题

（2020上）某学校在教学中采用大班教学、小班管理的方式，将80名学生随机分成4个小班，大班教学中对所有学生给予同样难度的学习要求。但赵、钱、孙、李四位小班老师却采用了不同的奖励规则，赵老师对第一名学生奖励；钱老师对前5名学生奖励；孙老师对前10名学生奖励；李老师对前15名学生奖励。由于奖励规则不同，各小班学生的学习状况也大相径庭。在此情形中，以下说法正确的有（　　）。

A．赵老师班成绩更好

B．李老师班成绩更好

C．钱老师班和孙老师班成绩更好

D．韦纳的成败归因理论是四位老师选择不同奖励规则的依据

E．阿特金森的成就动机理论能很好地解释造成学生学习差异的原因

参考答案

基础题

一、判断题

1.√　**解析**：当学生长期把失败归因于内部、稳定、不可控因素——能力时，常常会出现习得性无助，从而放弃努力学习。

2.×　**解析**：个体的归因方式直接影响到自我效能感的形成。如果个体将成功的经验归因于外部的、不可控的因素，如运气、任务难度等，就不会增强自我效能感；如果将失败归因于内部的、可控的因素，如努力等，也不一定会降低自我效能感。

3.×　**解析**：本题考查成就动机理论。成就动机理论认为，个体的成就动机可以分成两部分：趋向成功的倾向和避免失败的倾向。有较高成就动机的个体最有可能选择成功概率约为50%的任务，因为这种任务最有现实的挑战性；有较低成就动机的个体倾向于选择非常容易或非常困难的任务，以防止自尊心受伤害和减少烦恼。题干中的同学倾向于选择难度很大的任务，说明该同学的成就动机较低。

4.√　**解析**：本题考查归因理论的启示。归因理论说明，不同的归因方式会影响主体今后的行为。因此，教育可以通过改变主体的归因方式来改变主体今后的行为。教师在指导学生进行归因时，既要引导学生找出成功或失败的真正原因，更要根据每个学生过去一贯的成绩的优劣差异，从有利于今后学习的角度进行积极归因，哪怕这时的归因并不真实。

二、单项选择题

1．A 解析：归因研究发现，人们对决定自己活动与命运力量的稳定看法将成为他们的人格特征，并区分出外部控制与内部控制两种不同的人格特征。具有外控特征的人认为自己的活动及其结果受命运、机遇和他人的摆布。具有内控特征的人认为，自己从事的活动和活动的结果是由自身的因素（如能力或努力）决定的。个体将考试成绩不理想归因于自身准备不足，属于内控特征的归因。

2．B 解析：本题考查维纳的归因理论。维纳将成败归因的因素分为六个：能力、努力、任务难度、身心状况、运气和外界环境。

A项，外在的稳定的可控的因素为干扰项。

B项，外在的稳定的不可控因素是任务难度。

C项，内在的不稳定的可控因素是努力。

D项，内在的不稳定的不可控因素是身心状况。

题干中，牛牛将失败归因于题目难度，即外在的稳定的不可控因素。故本题选B。

3．C 解析：维纳认为人们倾向于将活动成败的原因归结为能力高低、努力程度、任务难度、运气好坏、身心状态和外界环境六个因素。同时，维纳认为这六个因素可归为内在性、稳定性、可控性三个维度。其中，内部的稳定因素是能力高低；外部的稳定因素是任务难度；内部的不稳定因素是努力程度；外部的不稳定因素是运气好坏。题干中，"通过努力取得本次口算比赛的一等奖"是引导学生将成功归因于努力程度。

4．B 解析：星星把自己高考成绩不理想归因于自己不够努力，根据韦纳的归因理论，努力属于内部可控不稳定的因素。把失败归于努力会让星星产生更高的情绪体验，这说明他的成就动机强。

5．B 解析：试题太难太偏属于任务难易因素，该因素属于外部的、稳定的、不可控的。

6．B 解析："老虎也有打盹的时候"指的是凡事不可能做得尽善尽美，也会有失误的时候。老师通过将考试失利归因于运气来安慰小兰。

7．D 解析：运气是外部、不可控、不稳定的归因。

8．A 解析：习得性无助是指在经历过多次消极体验之后，在面临同样或类似情境时个体所产生的一种无能为力的心理状态与行为表现。题干所述即为习得性无助。

提升题 »»

一、单项选择题

1．C 解析：韦纳认为人们倾向于将活动成败的原因归结为能力、努力程度、任务难度、运气、身心状态和外界环境六个因素。同时，韦纳认为这六个因素可归为内在性、稳定性、可控性三个维度。当有自卑心理的学生取得好成绩时，教师应当引导其做能力归因（内部、不可控、稳定的归因）以增强其自信心，克服自卑心理。

2．B 解析：心理学家维纳对行为结果的归因进行了系统探讨，并把归因分为三个维度：内部归因与外部归因；稳定性归因和非稳定性归因；可控制归因与不可控制性归因。他又把人们活动成败的原因即行为责任主要归结为六个因素，即能力高低、努力程度、任务难易、运气好坏、身心状态和外界环境。题干中小果将考试成绩不佳归因于运气，而彤彤将考试取得进步归因于努力。运气是外部、不稳定、不可控的，而努力是内部、不稳定、可控的。

3．A **解析：**维纳的成败归因理论认为，人们倾向于将活动成败的原因归结为能力高低、努力程度、任务难度、运气（机遇）好坏、身心状态和外界环境六个因素。这些因素又可归为内部归因和外部归因、稳定性归因和不稳定性归因、可控制归因和不可控制归因三个维度之中。其中，身心状态属于内部的、不稳定的、不可控的因素。题干中，小张将失败归因于生病了、状态不好这一身心状况因素。

4．B **解析：**本题考查维纳的成败归因理论。维纳认为人们倾向于将活动成败的原因归结为六个因素，分别是能力高低、努力程度、任务难度、运气好坏、身心状态和外界环境。他将这六个因素分别归入三个维度，内在性、稳定性和可控性。题干中，小明把失败的原因归于缺乏天赋，即能力低，这属于内部的、稳定的、不可控的因素。

二、多项选择题

CE **解析：**阿特金森的成就动机理论指出，成功概率为 50% 的任务，最能激发个体的成就动机。成功概率过高，个体会认为任务本身不具有挑战性，不努力也一样会成功；成功概率过低，个体会认为即使努力也很难成功。这两种情况下，个体的成就动机都处于较低水平。当成功概率为 50% 时，个体会认为自己努力就有很大希望成功，而不努力则可能失败。这样的任务就被认为具有挑战性，从而激发起个体的成就动机。题干中，赵老师只对第一名进行奖励，对于学生来说成功概率过低；李老师对前十五名进行奖励，对于学生来说成功概率过高。这两种情况都不利于学生成绩的提高。而钱老师和孙老师分别对前五名和前十名的学生进行奖励，对学生来说成功概率适中，有利于激发学生的学习动机，促使学生努力学习。因此，钱老师班和孙老师班成绩更好。C、E 两项正确，A、B、D 三项不符合题意。

第十章 学生心理健康教育

第一节 心理健康教育概述

一、判断题

1.（2014 上）心理健康的重要表现是能够很好地适应学习、生活和人际交往。   （   ）

2.（2017 下）每个人的心理在不同的发展阶段都含有健康或不健康的元素。   （   ）

3.（2024 上）心理健康的人与周围人相处时不会有畏惧、猜疑等消极态度。   （   ）

4.（2018 上）心理健康教育就是为学生开设心理健康课。   （   ）

5.（2017 上）心理健康教育的对象主要是有心理障碍的学生。   （   ）

6.（2022 下）中小学心理健康教育应当主要面向有心理问题或心理障碍的学生。   （   ）

7.（2020 上）中小学开展心理咨询要在学生知情自愿的基础上进行，不能强迫学生接受。（   ）

8.（2021 下）按照人本主义心理学的观点，学校心理健康教育不仅要着眼于解决学生当下的问题，还要支持学生的成长发展。   （   ）

9.（2023 下）中小学生心理辅导是专业性很强的活动，在语文、数学等学科课程的教学中无法进行学生心理辅导。   （   ）

10.（2023 上）高一学生小黄每当情绪紧张时就会吃手指头，这属于心理防御机制中的压抑。（   ）

二、单项选择题

1.（2024 上）下列关于心理健康的描述错误的是（   ）。

A．心理健康是一个动态的概念

B．心理健康受遗传和环境的双重影响

C．心理健康是一个相对性的区间概念

D．心理健康水平常与个人社会价值的高低等同

2.（2015 下）某老师认为一个人的心理和行为与大多数人一致，他的心理就是健康的。这位老师所持的心理健康标准是（   ）。

A．常模标准   B．临床标准

C．社会适应标准   D．生活适应标准

3.（2015 上）中小学心理健康教育的主要任务不包括（   ）。

A．维护学生的心理健康   B．诊治学生的心理疾病

C．促进学生形成健康的心理素质   D．帮助学生树立有问题时的求助意识

4.（2021 下）教育部发布的《中小学心理健康教育指导纲要》明确指出，不同学校应根据自身实际情况灵活选择、使用多种途径和方法开展心理健康教育。下列心理健康教育形式中最适合初中生的是（   ）。

A．以心理健康知识的普及和传播为主，挖掘学生心理潜能，培养积极心理品质

B．以活动和体验为主，在做好心理品质教育的同时，突出品格修养的教育

C．以体验和调适为主，并提倡课内与课外、教育与指导、咨询与服务的紧密配合

D．以游戏和活动为主，营造乐学、合群的良好氛围

5．（2019 下）以下选项中不属于中小学生心理健康教育的内容是（　　　）。

A．矫治心理异常现象　　　　　　　　B．普及心理健康知识

C．树立心理健康意识　　　　　　　　D．了解心理调适方式

6．（2021 上）关于学校心理健康教育主题选择的依据，以下选项不正确的是（　　　）。

A．教师的教学问题　　　　　　　　　B．学生所关心的热点问题

C．学生心理发展中的问题　　　　　　D．不同年龄阶段的学生心理发展的特点

7．（2019 上）学校来了一位转学生。班主任发现该生存在一些心理问题，决定对他进行心理干预。班主任可采用的最恰当的方式是（　　　）。

A．团体辅导　　　　　　　　　　　　B．角色扮演

C．个别心理辅导　　　　　　　　　　D．心理训练

8．（2019 上）下列不属于情绪教育与辅导目标的是（　　　）。

A．认识识别情绪　　　　　　　　　　B．情绪沟通和熏陶

C．管理调控情绪　　　　　　　　　　D．压抑负面情绪

9．（2017 下）在人际交往过程中，衡量人际关系好坏最重要的指标是双方的（　　　）。

A．交往次数　　　　　　　　　　　　B．心理距离

C．行为表现　　　　　　　　　　　　D．互惠程度

三、多项选择题

1．（2022 上）学校心理健康教育是学校素质教育的重要组成部分。当前中小学校心理健康教育的基本任务有（　　　）。

A．立德树人，培养良好品德　　　　　B．开发智力，促进能力发展

C．培养主体意识，形成完善人格　　　D．干预心理问题，促进和维护心理健康

E．养成良好行为习惯，提高社会适应能力

2．（2023 下）中小学心理健康教育的主要内容有（　　　）。

A．普及心理健康基本知识　　　　　　B．树立心理健康意识

C．了解心理调节方法　　　　　　　　D．认识心理异常现象

E．掌握心理咨询技巧

3．（2024 上）全面加强和改进新时代学生心理健康工作的基本原则有（　　　）。

A．坚持全面发展　　　　　　　　　　B．坚持健康第一

C．坚持提升能力　　　　　　　　　　D．坚持系统治理

E．坚持健康监测

参考答案

一、判断题

1．√　**解析：**心理健康是一种良好的、持续的心理状态与过程，表现为个体具有生命的活力、积极的内心体验、良好的社会适应能力，能够有效地发挥个体的身心潜力，以及作为社会一员的积极的社会功能。由此可知，心理健康是指一种生活适应良好的状态，其本质是适应，包括两层含义：一是无心理疾病；二是有积极发展的心理状态。

2. √ **解析**：心理健康是相对的。每个人的心理在不同的发展阶段都含有健康或不健康的元素。

3. × **解析**：本题考查心理健康的人的情绪特点。心理健康的人在与人相处时，积极的态度（同情、友善、信任、尊敬等）总是多于消极的态度（猜疑、嫉妒、畏惧、敌视等），因而在社会生活中具有较强的适应能力和较充足的安全感。

4. × **解析**：心理健康教育是指学校根据学生生理、心理发展特点，运用有关心理健康教育方法和手段，培养学生良好的心理素质，促进学生身心全面和谐发展和素质全面提高的教育活动。学校心理健康教育的途径有开设心理健康教育课程、进行心理训练、开展心理辅导等。题干说法过于片面。

5. × **解析**：心理健康教育要求面向全体学生，以大多数正常的学生为主。

6. × **解析**：本题考查学校心理健康教育的原则。中小学心理健康教育强调面向全体学生，以正常学生为主要对象，以发展辅导为主要内容。故题干说法错误。

7. √ **解析**：中小学开展心理咨询必须遵守职业伦理规范，在学生知情自愿的基础上进行，严格遵循保密原则，保护学生隐私，谨慎使用心理测试量表或其他测试手段，不能强迫学生接受心理测试，禁止使用可能损害学生心理健康的仪器，要防止医学化的倾向。

8. √ **解析**：人本主义心理学认为，一方面，心理健康者应该是内心极其丰富，精神生活非常充实，潜能得以发挥和人生价值能够实现的人，发展性辅导将适应和发展并重，更突出发展；另一方面，个体都有向上发展与向更高级别发展的本能和动力，发展性辅导既关注个体已出现的问题，更关注解决问题和预防，从而帮助个体实现最佳发展。

9. × **解析**：本题考查心理辅导的途径。学校心理辅导的途径多种多样。在学科教学中渗透心理健康教育的内容属于心理辅导的途径。故题干说法错误。

10. × **解析**：本题考查心理防御机制。压抑是个体将不能接受或具有威胁性、感觉痛苦的经验及冲动，在不知不觉中从意识中排除或抑制。退行是个体受挫后采用倒退到童年或低于现实水平的行为来取得别人的同情和关怀，逃避紧张和焦虑。题干中，高一学生小黄出现一紧张就吃手指头的行为，是一种退行。

二、单项选择题

1. D **解析**：本题考查对心理健康的理解。A项正确，心理健康是一个动态的概念，也就是说，心理健康在不同的历史时期，有不同的要求。B项正确，心理健康受到遗传和环境的双重影响，尤其是个体幼年时期原生家庭的教养方式，对其心理健康的发展影响很大。C项正确，心理健康具有相对性。心理健康是相对于不健康而言的。从健康到不健康并不是从一点到另一点那么简单，而是从一个区间到另一个区间，且二者之间并无明确的数量界限。D项错误，人的社会价值不等同于心理健康，具有很高社会价值的人不一定就心理健康。

2. C **解析**：社会适应标准是指判断某个人的心理和行为是正常或异常主要看其是否符合社会常模，是否符合其心理活动和行为表现的常态。题干所述是社会适应标准。

3. B **解析**：中小学心理健康教育的主要任务，一是对全体学生开展心理健康教育，使学生不断正确认识自我，增强调控自我、承受挫折、适应环境的能力；培养学生健全的人格和良好的个性心理品质。二是对少数有心理困扰或心理障碍的学生，给予科学有效的心理咨询和辅导，使他们尽快摆脱障碍，调节自我，提高心理健康水平，增强发展自我的能力。心理疾病不属于心理健康教育的对象。

4. B **解析**：《中小学心理健康教育指导纲要》（2002年发布）规定，"开展心理健康教育的途径和方法可以多种多样，不同学校应根据自身的实际情况灵活选择、使用，注意发挥各种方式和途径的综合作用，增强心理健康教育的效果。心理健康教育的形式在小学可以以游戏和活动为主，营造乐学、合群的良好氛围；初中以活动和体验为主，在做好心理品质教育的同时，突出品格修养的教育；高中以体验和调适为主，并提倡课内与课外、教育与指导、咨询与服务的紧密配合"。故本题选 B。

5．A **解析**：学校心理健康教育的主要内容是普及心理健康知识，树立心理健康意识，了解心理调节方法，认识心理异常现象，掌握心理保健常识和技能。学校心理健康教育的重点是认识自我、学会学习、人际交往、情绪调适、升学择业以及生活和社会适应等方面的内容。学校心理健康教育的功能主要是预防与发展，而非矫治心理异常现象。

6．A **解析**：选择学校心理健康教育的主题应考虑以下几个方面：①学生成长过程中必然遇到的问题，即学生心理发展中的问题；②不同年龄阶段学生心理发展的特点，即对不同年龄阶段学生有不同的辅导重点；③学校对学生教育的整体规划的需要，即要结合学校德育工作来安排；④考虑学生所处的环境和他们的实际需要，即根据学生的生活环境和他们所关心的热点问题来安排。A 项不属于学校心理健康教育主题选择的依据，符合题意，当选。

7．C **解析**：个别心理辅导指教师与学生通过一对一的沟通方式，由教师运用心理健康的原理和方法对学生在学习和生活中出现的问题给予直接的指导，排解学生心理困扰，并对有关的心理问题进行诊断、矫治，以缓解学生的心理压力。题干中，教师发现某一名学生存在一些心理问题，未说明具体问题行为，不适合角色扮演和心理训练的方式，可采用的最恰当的方式是个别心理辅导。

8．D **解析**：情绪教育与辅导的内容包括情绪认识、情绪识别、情绪沟通、情绪控制和情绪熏陶。情绪教育与辅导有两个目标：一是培养积极的情绪和情感；二是调控消极的情绪和情感。D 项压抑负面情绪不属于情绪教育与辅导目标。

9．B **解析**：在人际交往过程中，衡量人际关系好坏最重要的指标是双方的心理距离。心理距离是个体对另一个体或群体亲近、接纳或难以相处的主观感情程度，表现为情感态度和行为上的疏密程度。

三、多项选择题

1．ABCDE **解析**：①促进和维护学生心理健康。心理素质教育的首要功能是促进和维护学生心理健康。学校心理素质教育运用现代心理科学的成果，针对学生心理素质发展中出现的问题，采取有效的干预措施（咨询辅导、心理训练等），消除学生的心理障碍或矛盾，使其处于心态平和、情绪稳定、积极进取、思维灵活、是非分明、举止适度这样一种有利于正常成长的态势之中，即首先使学生成为一个心理健康的人。D 项正确。

②开发智力，促进能力发展。现代心理学的研究表明，儿童、青少年时期是个体心理素质形成的关键期，且可塑性大，如能及时给予心理辅导或训练，有利于开发其大脑的智慧潜能，形成正常甚至超常的智能。B 项正确。

③提高德性修养，培养良好品德。个体良好品德的形成不但与社会道德规范的教化有密切的关系，而且与学生（主体）对社会道德的认识、情感、态度和行为评价等心理因素的水平紧密联系。此外，心理素质教育从学生具体心理需要入手，强调的针对性、主体性与自我内化体验等策略可以迁移到品德教育之中，能提高学校德育的效果，有利于学生良好品德的形成。A 项正确。

④培养主体意识，形成完善人格。学校心理素质教育坚持以人为本，强调尊重、理解、信任学生，使学生感受到自身的存在与价值、优点与缺点、现实与未来，能更有针对性地确立人生目标，

选择自己的成才道路，找准自己的位置，在学会处理与社会、他人的关系中，使自己的人格得到升华和完善。C 项正确。

⑤养成良好行为习惯，提高社会适应能力。心理与行为是不可分的，良好的行为习惯总是受良好的心理素质支配的，同时良好行为习惯又可内化积淀为一定的心理素质。人的心理素质一经形成，在相应情境中，会产生条件性反应，表现出与之匹配的行为，进而形成一定的适应能力。心理素质教育可以根据学生心理或行为中出现的问题，采取科学有效的教育方式，使其养成良好的行为习惯，提高其相应的社会适应能力。E 项正确。

2. ABCD **解析：** 本题考查中小学心理健康教育的内容。

心理健康教育的主要内容包括普及心理健康基本知识、树立心理健康意识、了解简单的心理调节方法、认识心理异常现象、初步掌握心理保健常识。重点是学会学习、人际交往、升学择业以及生活和社会等方面的常识。故本题选 ABCD。

3. ABCD **解析：** 本题考查新时代学生心理健康工作的基本原则。《全面加强和改进新时代学生心理健康工作专项行动计划（2023—2025 年）》提出，新时代学生心理健康工作的基本原则包括坚持全面发展、坚持健康第一、坚持提升能力和坚持系统治理。

第二节　学生常见的心理障碍与心理辅导

基础题 »»

一、判断题

1.（2017 下）考试焦虑的形成原因主要是学生内部的压力，因此，只要处理好学生的心态和观念就能达成预期目标。　　　（　　）

2.（2019 下）学校心理健康活动中，通过角色扮演增强学生的自信心，学生把学到的应对方式运用到实际生活中，这种训练方式称作肯定性训练。　　　（　　）

3.（2021 上）心理学家艾利斯提出的 ABC 理论中，A 是指事件造成的情绪结果。　　（　　）

二、单项选择题

1.（2022 上）小超平时沉溺于网络游戏，到期末考试时成绩不好，他将结果归因于考试题目太难。这是心理防御方式中的（　　）。

A. 文饰　　　　　　　　　　　　　　B. 投射

C. 代偿　　　　　　　　　　　　　　D. 升华

2.（2022 上）初中生小燕近半年来总是觉得很疲倦，尽管她并没有做什么特别消耗体力的事。每天早上醒来想到要上学就会觉得很难受，但她还是坚持上学。在学校的时候她感到难以集中注意力去学习，尽管她会要求自己反复看课本、写作业，似乎所有的字词都认识，但连成句子却莫名其妙地看不懂。她每天都熬夜到很晚，效率却很低，考试成绩也不怎么样。周末明明知道还有几张题单要完成，她却躺在床上看了一天的电视剧。小燕的父母也反映她最近总是出现腹泻、头痛和易发脾气的情况。这一系列表现表明小燕最有可能存在（　　）。

A. 焦虑障碍　　　　　　　　　　　　B. 抑郁障碍

C. 行为问题　　　　　　　　　　　　D. 品德问题

3.（2019下）对考试焦虑的学生进行心理辅导时，不宜采用的做法是（　　）。

A．强调考试的重要性

B．矫正学生的认知方式

C．培养学生调整自己目标的能力

D．让学生学会有意识调控自己的情绪

4.（2023上）班主任李老师希望帮助小丁克服考试焦虑的问题，下列做法中不恰当的是（　　）。

A．帮助小丁掌握应试技巧　　　　　　B．教给小丁放松训练方法

C．用暗示法调控紧张情绪　　　　　　D．开班会让同学现身说法

5.（2016下）临近期末，小飞因为担心期末考试自己考不好，吃不下睡不着、注意力集中不起来，严重影响了正常学习。小飞的这种情况最可能是产生了（　　）。

A．强迫症　　　　　　　　　　　　　B．焦虑症

C．抑郁症　　　　　　　　　　　　　D．恐惧症

6.（2015上）学生小敏近段时间总是反复检查自己的考卷、作业、书包等，总认为试题有遗漏，作业没做完，书包里的东西没收完……这些行为表明他有（　　）倾向。

A．焦虑　　　　　　　　　　　　　　B．过敏

C．强迫　　　　　　　　　　　　　　D．怀疑

7.（2014下）学生在公共社交场合讲话，总是出现发抖、脸红、声音发颤、口吃、不敢抬头、不敢正视对方眼睛的现象。这种心理症状是（　　）。

A．抑郁症　　　　　　　　　　　　　B．强迫症

C．焦虑症　　　　　　　　　　　　　D．恐惧症

8.（2020下）初中学生刘东，做事情总是放不开，与人交流时常说错话，他发现自己越想把事情说清楚却越说不清楚。为此，伤了一些同学和朋友的心。刘东最可能存在（　　）。

A．学习困难　　　　　　　　　　　　B．行为障碍

C．人际关系障碍　　　　　　　　　　D．自我意识偏差

9.（2018上）学校通过团体心理辅导活动促进学生心理健康成长的因素一般不包括（　　）。

A．在团体中获得情感的支持

B．在团体中锻炼坚韧的意志

C．在团体中发展特定的行为

D．在团体中重建理性的认知

10.（2022上）郑老师发现小礼同学非常害怕在全班同学面前发言，于是在语文"课前三分钟"给他安排了一系列的任务。先是让他坐着向同组的同学读一段阅读材料，如此练习一周后要求他在小组内站起来读，第三周让他只报告阅读材料的重点而不逐字逐句地读，最后逐步让他走到讲台上向全班同学作报告。郑老师采用的方法是（　　）。

A．行为塑造法　　　　　　　　　　　B．系统脱敏法

C．肯定性训练　　　　　　　　　　　D．代币奖励法

11.（2020上）某学生由于某个奋斗目标没有实现，心理受到严重挫伤。老师对其进行心理辅导，让他转移目标，减轻了挫败感。这种心理辅导方法是（　　）。

A．松弛法　　　　　　　　　　　　　B．移情法

C．移植法　　　　　　　　　　　　　D．系统脱敏法

12.（2022下）教师常常教育学生要将心比心，其心理机制是（　　）。

A．移情作用　　　　　　　　　　　　B．近因效应

C．期望效应　　　　　　　　　　　　D．安慰剂效应

提升题 ▶▶▶

一、判断题

1.（2020 下）全体学生心理健康水平和心理素质的提高是学校心理健康教育的出发点和最终目标。（　　）

2.（2019 上）心理健康活动的成效取决于实施者的努力程度和教育水平。（　　）

二、单项选择题

1.（2023 下）下列不属于心理防御机制中合理化机制的是（　　）。

A. 吃不到葡萄说葡萄酸　　　　　　　B. 塞翁失马，焉知非福

C. 阿 Q 精神　　　　　　　　　　　　D. 事后诸葛亮

2.（2024 上）张老师是一年级六班的班主任，开学两个月后，他发现学生王某（男，6 岁）在学校有以下表现：上课时不遵守纪律，小动作多；干扰同桌；甚至上课过程中跑到教室后面去；注意力不集中，很容易因班里的动静而分心并东张西望或接话茬儿；做事难以持久，常常一件事没做完又去做另一件事；无法按照老师的指令完成任务；做事时不注意细节，丢三落四，经常忘记带书本文具；课余活动中好奔跑喧闹；与老师和同学说话时常常心不在焉，似听非听；情绪不稳定，容易过度兴奋，常因一点小事而发脾气；学习成绩较差。张老师在与家长沟通后发现该生的这些行为在幼儿园时期就有所表现。请问张老师应该如何理解该生的这些行为表现？（　　）

A. 该生存在幼升小的适应问题　　　　B. 该生缺乏课堂学习的规则意识

C. 该生可能存在注意缺陷多动障碍　　D. 该生比较晚熟，心理发育晚于同龄人

3.（2015 下）小刚一到数学考试就特别紧张，一拿到试卷就手心出汗，甚至胃疼，觉得考不好就证明自己无能，今后一辈子就完了，也对不起父母的养育之恩。小刚的这种表现最有可能是（　　）。

A. 焦虑症状　　　　　　　　　　　　B. 恐怖症状

C. 强迫症状　　　　　　　　　　　　D. 抑郁症状

4.（2017 上）恐怖症是对特定的无实在危害的事物与场景的非理性害怕。下列不属于恐怖症的是（　　）。

A. 坐电梯时面色苍白、手心冒汗

B. 看见猛兽时心跳加速、呼吸急促

C. 与人接触时面红耳赤、不敢说话

D. 在空旷的地方时，感到头晕、胸闷

5.（2021 下）浩浩出生后，就成了全家人的中心，爷爷奶奶、姥姥姥爷、爸爸妈妈对他宠爱得不得了，只要浩浩有一点病痛，全家人都非常紧张。上幼儿园之后，浩浩像变了一个人，在家活泼好动的他在幼儿园里却不怎么说话。老师反映他时常哭闹，怎么劝说也不听。以上浩浩的情况属于（　　）。

A. 适应性心理问题　　　　　　　　　B. 障碍性心理问题

C. 特异性心理问题　　　　　　　　　D. 发展性心理问题

6.（2014 上）下列不属于学校心理健康教育范畴的是（　　）。

A. 心理健康课　　　　　　　　　　　B. 个别心理咨询

C. 课堂教学渗透　　　　　　　　　　D. 学科知识竞赛

7.（2014 上）系统脱敏法的理论基础是（　　　）。

A. 行为主义理论　　　　　　　　　　B. 认知主义理论

C. 精神分析理论　　　　　　　　　　D. 人本主义理论

8.（2022 下）班主任老师发现小唐最近一段时间都无精打采，情绪低落，还常常不完成作业，便带她到学校心理健康中心。心理健康中心的老师通过测评发现小唐可能是中度抑郁。下列说法中正确的是（　　　）。

A. 心理健康教师应对其进行转介

B. 抑郁是很常见的情绪，没必要在意

C. 心理健康教师应遵循保密原则，不能将测评结果告知他人

D. 心理健康教育应遵循自愿原则，班主任不应带小唐到心理健康中心

参考答案

基础题

一、判断题

1. ×　解析：考试焦虑形成的原因有学生自身的内部因素，如认知评价能力、知识储备与应试技能、身体素质、人格特征等，也有外部客观条件，如学校因素、社会因素、家庭因素等。

2. √　解析：肯定性训练也称自信训练、果敢训练，其目的是促进个人在人际关系中公开表达自己的真实情感和观点，维护自己权益的同时也尊重别人权益，发展人的自我肯定行为。肯定性训练通过角色扮演以增强自信心，然后再将学到的应对方式应用到实际生活情境中。通过训练，当事人不仅降低了焦虑程度，而且发展了应对实际生活的能力。

3. ×　解析：在艾利斯的 ABC 理论模型中，A 是指诱发性事件（Activating Event）；B 是指个体在遇到诱发性事件之后相应而生的信念（Belief），即个体对这一事件的看法、解释和评价；C 是指在特定情境下，个体的情绪及行为的结果（Consequence）。ABC 理论认为，情绪不是由某一诱发性事件本身引起的，而是由经历了这一事件的个体对这一事件的解释和评价引起的。

二、单项选择题

1. A　解析：文饰指无意识地用一种似乎有理的解释或实际上站不住脚的理由来为其难以接受的情感、行为或动机辩护以使其可以接受。推诿是文饰的表现形式之一，是指将个人的缺点或失败，推诿于其他理由，找人承担其过错，以保持内心的安宁。题干中，小超将考试成绩不好归因于题目太难，属于文饰中的推诿。

2. A　解析：焦虑障碍在心理上表现为紧张不安，忧心忡忡，集中注意困难，极端敏感，对轻微刺激作过度反应，难以做决定。在生理上表现为心跳加快、过度出汗、肌肉持续性紧张、尿频尿急、睡眠障碍等不适反应。

抑郁障碍表现为无助、无望、无价值或无用感；情绪低落、思维迟缓、意志活动减退；自责、自罪、自杀等。

行为问题包括生理行为异常（如多梦、睡眠不安、夜惊等）、运动行为异常（如咬指甲、磨牙、吮吸手指等）、社会行为异常、性格行为异常等。

品德问题是指在知情意行方面存在问题。

题干中，小燕每天醒来想到上学就会感到很难受，这属于对轻微刺激过度反应；在学习中表现

为集中注意力困难、忧心忡忡，说明其最有可能存在焦虑障碍。

3．A **解析：**考试焦虑是学生面临考试时产生的一种特殊的心理反应。它是学生在应试情境刺激下，受个体的认知评价能力、人格倾向和其他身心因素等影响而产生，以对考试成败的担忧和情绪紧张为主要特征，以防御或逃避为行为方式，并通过一定程度的生理反应表现出来的心理状态。通过矫正学生的认知方式、改变学生不合理的信念，培养学生调整自己目标的能力，让学生学会有意识调控自己的情绪，均可以缓解考试焦虑。强调考试的重要性可能会让学生更有压力，不宜采用。

4．A **解析：**本题考查克服考试焦虑的方法。在学生已经因考试焦虑而感到困扰的情况下向学生传授应试技巧，可能无形中增加了学生的压力。故 A 项相对不恰当。B 项和 C 项，通过放松训练和积极的暗示可以有效缓解考试焦虑。D 项，挖掘学生已有的成功经验，利用了同龄人的现身说法，可以有效缓解考试焦虑。

5．B **解析：**学生中常见的焦虑反应是考试焦虑。其表现是随着考试临近，心情极度紧张。考试时不能集中注意，知觉范围变窄，思维刻板，出现慌乱，无法发挥正常水平。考试后又持久地不能松弛下来。题干中小飞临近考试注意力不能集中等表现是典型的考试焦虑症。

6．C **解析：**小敏的行为是强迫行为的表现，表明他有强迫倾向。

7．D **解析：**题干描述属于典型的社交恐惧症的症状。

8．C **解析：**当前中小学生的心理障碍相对集中于人际关系、学习困难、自我意识、行为问题等方面。

A 项，学习困难是指有适当学习机会的学龄期儿童，由于环境、心理和素质等方面的问题，致使学习技能的获得或发展出现障碍。

B 项，行为障碍根据其不同表现方式，分类如下：①不良动作习惯，如挤眼、吐舌头、咬指甲、脸部抽搐等；②退缩性行为，如厌学、退学、欺瞒、倦怠等；③攻击性行为，如破坏、攻击、斗殴甚至犯罪；④特殊行为问题，如过度追星、耍酷、爱慕虚荣、迷恋游戏等。

C 项，人际交往障碍是指个体在现实生活中无法按照自己的意愿与别人进行必要的交流与沟通，个体为此感到苦恼，明显影响个体正常生活的一种现象。

D 项，自我意识问题包括自卑、自负、自我中心、孤独、妒忌、懦弱等对自己不正确的认识。这些问题可能是健康问题（包括生理缺陷、身心各种疾病）、家庭教养问题和学校环境所造成的。

题干中，刘东与人交流常说错话，伤了同学和朋友的心，属于人际关系障碍，A、B、D 三项均与题意不符，故本题选 C。

9．B **解析：**学校团体心理辅导活动促进学生心理健康成长的因素包括：在团体中获得情感的支持、在团体中发展特定的行为和在团体中重建理性的认知。

10．B **解析：**系统脱敏法是指当个体身体处于充分放松的状态下，让个体逐渐地接近所害怕或焦虑的事物，或是逐渐地提高此类刺激物强度，以逐渐降低个体的敏感性，从而减轻和消除对该刺激物的恐惧或焦虑情绪的方法。题干中，小礼同学害怕当众发言，郑老师便通过逐渐增加当众发言的刺激强度，从而减轻其对当众发言的恐惧，这种方法是系统脱敏法。

11．C **解析：**移植法是一个人的一种奋斗目标惨遭失败，心理上受到了严重伤害，如能将其奋斗目标加以转移，从而改变其痛苦的方法。题干所述为移植法。

12．A **解析：**本题考查常见的心理效应。"将心比心"是指设身处地地为别人着想。移情是将自己处在他人位置考虑他人的心理反应、理解他人的态度和情感的能力。题干中的"将心比心"的心理机制是移情作用。

近因效应是指在总体印象形成上，新近获得的信息比以往获得的信息影响更大的现象。

期望效应是指教师的期望或明或暗地被传送给学生，学生会按照教师期望的方向塑造自己的行为。

安慰剂效应是指病人虽然获得的是无效治疗，但由于预料或相信治疗有效，而让病患症状得到缓解的现象。

提升题 »

一、判断题

1. √　**解析：**心理健康教育的全体性原则是指心理健康教育要面向全校所有学生，全体学生都是心理健康教育的对象和参与者。学校的一切教育特别是心理健康教育的设计、实施以及计划、组织活动都要着眼于全体学生的发展，考虑到绝大多数学生普遍存在的问题，特别是要以绝大多数直至全体学生的心理健康水平和心理素质的提高作为学校心理健康教育的基本立足点和最终目标。

2. ×　**解析：**心理健康活动是实施者与被实施者之间的一种双边协同互动过程，其成效取决于互动主体双方的主动性。

二、单项选择题

1. D　**解析：**本题考查心理防御机制。

合理化指无意识地用似乎合理的解释来为难以接受的情感、行为、动机辩护，以使其可以被接受。A、B、C 三项都属于合理化。

"事后诸葛亮"在心理学上被称为"后视偏差"，是一种自我知觉的偏差，指个体在事后回忆自己的最初判断时，往往高估事前预测的准确性的倾向。故本题选 D。

2. C　**解析：**本题考查学生常见的心理问题。多动症也称注意缺陷多动障碍，是小学生中最为常见的一类以注意力缺陷和活动过度为主要特征的行为障碍综合征。多动症的学生行为表现为活动过多、注意力不集中、行为冲动和学习困难。题干中，王某小动作多、做事难以持久、情绪不稳定、容易过度兴奋等都是多动症的表现。

3. A　**解析：**考试焦虑是人由于面临考试而产生的一种特殊的心理反应。它是在应试情境刺激下，受个人的认知、评价、个性、特点等影响而产生的以对考试成败的担忧和情绪紧张为主要特征的心理反应状态。题干中小刚的表现属于焦虑。

4. B　**解析：**恐怖症是对特定的无实在危害的事物与场景的非理性害怕，看见猛兽心跳加速、呼吸急促属于条件反应中的第一信号系统，不属于恐怖症。

5. A　**解析：**人的心理问题从程度上划分可分为发展性心理问题、适应性心理问题和障碍性心理问题。其中，适应性心理问题指个体与环境不能取得协调一致所带来的心理困扰。适应性心理问题针对的是身心发展正常，但带有一定的心理问题、行为问题的个体。题干中，浩浩上学之前是家里的中心，享受着全家人的宠爱，上幼儿园之后，环境发生了很大变化，由于不能及时适应幼儿园的新生活，在适应方面产生了一定的困难，浩浩的这种情况属于适应性心理问题。故本题选 A。

B 项，障碍性心理问题指个体或外界因素引起的个体强烈的异常心理反应，伴有明显的躯体不适感。

C 项为干扰项。

D 项，发展性心理问题指个体自身不能树立正确的自我认知，特别是对自我能力、自我素质方面的认识，其心理素质及心理潜能没有得到有效、全面的发展。发展性心理问题针对的是心理健康、身心发展正常，但在发展方面仍有潜能可挖，心理素质尚待完善的个体。

6. D　**解析：**学校实施心理健康教育的途径：①开设心理健康教育的有关课程和心理辅导课程；②在学科教学中渗透心理健康教育的内容；③结合班级、团队活动开展心理健康教育；④个别心理辅导与咨询；⑤小组辅导。D项不属于学校心理健康教育的范畴，故当选。

7．A　**解析：**系统脱敏法是由沃尔帕于1958年首创的，其理论基础是经典条件反射理论和操作条件反射理论，属于行为主义理论。

8．A　**解析：**本题考查心理健康教育。

学生出现中度抑郁症，需要配合药物进行治疗，心理健康中心的教师需要将学生转介到更为专业的心理医生处进行治疗。A项说法正确。

对存在心理健康问题的学生一定要重视，及时处理。B项说法错误。

在心理健康教育中，教师需要遵循保密性原则，不能将学生的信息随意公开，但是对于有心理疾病的学生，心理健康教师需要对其进行转介，在向相关人员进行转介时，不可避免会对学生情况进行说明。C项说法错误。

当学生出现心理健康问题时，教师需要提供相应帮助、指导，不应带小唐到心理健康中心的说法错误。D项说法错误。

第十一章 课堂管理

第一节 课堂管理概述

一、判断题

（2023上）有效的课堂管理就是课堂教学中一旦出现问题行为，教师应该立即制止。 （   ）

二、单项选择题

（2014下）在教学时，通过协调课堂内的各种人际关系而有效地实现预期教学目标的过程称为（   ）。

A．课堂氛围   B．课堂管理
C．课堂凝聚力   D．课堂控制

参考答案

一、判断题

× **解析：** 本题考查教师对课堂问题行为的处理。在处理日常课堂问题行为时，要以最少干预为原则，即用最简短的干预纠正学生的行为。一般来说，教师发现学生出现问题行为时，应尽量用非言语手段如目光、面部表情、手势等提醒学生。当非言语提醒不起作用时，教师再采取言语提醒，及时制止学生的问题行为。如果一出现问题行为就立即出手制止，可能会打断课堂教学，延误教学进程，影响教学效果。

二、单项选择题

B **解析：** 课堂管理是教师通过协调课堂内的各种人际关系而有效地实现预期教学目标的过程。

第二节 课堂群体管理和结构管理

一、单项选择题

1．（2023下）下列关于班级中非正式群体特点的说法，正确的是（   ）。
A．规模大，人数多
B．群体内部有较强的凝聚力和约束力
C．群体内部成员自由平等，没有领袖人物
D．群体内部信息传递和沟通的效率较低

2.（2020上）当学生出现问题时，教师不是以权威者的面目出现，而是由学生来描述和评价，教师帮助学生制订计划，执行过程中指导学生修改完善计划，并争取家长和其他教师的协作。该教师采用的策略是（   ）。

A．问题防范策略

B．行为矫正策略

C．情绪疏导策略

D．团体动力策略

3.（2019下）"通过集体教育个人，通过个人教育集体"。这种班级管理策略是（   ）。

A．行为矫正策略

B．心理辅导策略

C．团体动力策略

D．家校联合策略

4.（2016上）吴老师是初二（2）班的班主任，在他上课时，教室里非常安静，同学们有的看书、翻作业本；有的心不在焉，似听非听。当吴老师提问时，大家都非常紧张，生怕被点名，没有人主动回答问题。这种课堂心理气氛是（   ）。

A．积极的

B．消极的

C．对抗的

D．失控的

5.（2019下）下列最能体现教师权威意识的课堂座位安排方式是（   ）。

A．马蹄式

B．秧田式

C．小组式

D．圆桌式

6.（2018下）在学校开展的各种心理健康教育团体辅导活动中，为了避免竞争带来的消极影响，我们应该（   ）。

A．取消各类竞争

B．开展学生个人间的竞争

C．开展学生群体间的竞争

D．取消学生群体间的竞争

7.（2023上）下列教师对学生课堂作业完成情况的处理方式中，最不恰当的是（   ）。

A．当学生课堂作业有错误时，教师当众进行批评

B．当学生课堂作业完成较好时，教师及时进行表扬

C．当学生没有完成课堂作业时，教师在课后询问原因

D．教师对课堂作业情况及时反馈，激发学生的学习兴趣

二、多项选择题

（2022下）秧田式座位安排的优点有（   ）。

A．便于教师监控整个课堂

B．便于教师向全班讲授知识

C．便于学生把注意力投向教师

D．便于周围同学开展小组合作学习

E．便于教师与后排和两边同学交流

参考答案

一、单项选择题

1．B　**解析：**本题考查班级非正式群体的特征。非正式群体源于班级组织的个人属性层面的人际关系，是学生在共同的学习与活动中基于成员的需求、能力、特点的不同，从个人好感出发而自然形成的。非正式群体的特征包括规模较小，人数较少；有较强的群体规范性，但这种规范是无形的；有较强的凝聚力和约束力；信息沟通灵敏，传递迅速；有自然形成的领袖式人物。故本题选B。

2．D　**解析：**团体动力策略是发展团体成员整体搭配与实现共同目标能力的策略。它是建立在

发展"共同愿景"这一共同目标上的，在团体成员中形成一致动力的策略。题干中，当学生出现问题时，由学生来描述和评价，教师帮助学生制订计划，执行过程中指导学生修改完善计划，并争取家长和其他教师的协作。这体现了教师、学生和家长为了共同的学习目的而努力，该教师采用的策略是团体动力策略。

3．C　解析：班级管理策略包括目标导向策略、果断纪律策略、团体动力策略、行为矫正策略、和谐沟通策略和需求满足策略等。其中，团体动力策略指一个人在团体中表现的行为可能和个人在独处时的行为不一样。团体的期待会影响个人行为，也会影响到团体。教师必须能察觉到团体行为的特征。团体会创造出自己的心理动力而影响个人的行为，并强烈地影响其成员的行为。教师对团体动力的有效察觉对控制课堂十分重要。题干所述的班级管理策略是团体动力策略。

4．B　解析：积极的课堂心理气氛是恬静与活跃、热烈与深沉、宽松与严谨的有机统一，A项错误。消极的课堂心理气氛通常以学生的紧张拘谨、心不在焉、反应迟钝为基本特征，B项正确。对抗的课堂心理气氛则是一种失控的课堂气氛，排除C、D。题干所述为消极的课堂心理气氛。

5．B　解析：秧田式是我国中小学最常用的座位编排方式，讲台置于教室的正前方，这种格局阻隔了师生之间的交往以及生生之间的交往，体现了以教师为中心，最能体现教师权威意识。

6．C　解析：群体间的竞争有助于增进学生的合作，又能避免竞争带来的消极影响。

7．A　解析：本题考查教师对学生问题行为的处理。对于课堂作业，教师及时、正向的反馈，能够有效激发学生的学习兴趣和积极性。当学生完成得较好时，及时的表扬能够强化学生的良好表现；当学生表现不佳时，教师要格外注意教育的方式方法，当众批评可能伤害学生的自尊，打消学生学习的积极性，可以在课后详细了解情况，对症下药，有针对性地帮助学生。

二、多项选择题

ABC　解析：本题考查秧田式座位安排形式。秧田式的座位安排有助于教师监控整个课堂，让众多学生把注意力集中在教师身上，有利于教师向全班讲授知识。A、B、C三项正确。

秧田式座位排列会不利于师生、生生之间的交流。坐在教室前半部分和中间地带的学生，往往能得到更多的与教师交流的机会，因而能更多地参与课堂，提高在课堂中的自主学习效率；而坐在教室后半部分和两侧的学生则可能因为距离太远，难以与教师通过眼神、表情进行交流，也较少得到教师的及时反馈，导致这部分学生对课堂活动反应冷漠，学习效率不高。D、E两项说法错误。

综上所述，本题选ABC。

第三节　课堂纪律管理

单项选择题

1．（2019上）上语文课时，高老师发现坐在后排的李同学趴在桌上睡觉后没有立即叫醒他，而是借朗诵课文的时候，边读边走到他身边，轻轻拍醒他，然后回到讲台上。班上同学都在集中注意力听老师朗读，没有发现当时这一幕。高老师这种课堂纪律管理方法属于（　　）。

A．正面提醒法　　　　　　　　　　B．提问法

C．非言语控制法　　　　　　　　　D．疏导法

2．（2020下）数学老师发现班上有个学生经常心不在焉，问他问题，他都能正确回答。课后班主任问他原因，他说数学老师讲课犹如老牛拉破车，讲第一遍他就懂了，可数学老师还要重复几

次，他就不想听。造成该生课堂问题行为的原因是（　　　）。

A．认知能力发展异于常人　　　　　　　　B．情感缺失

C．挑战课堂纪律的底线　　　　　　　　　D．性格偏向

参考答案

单项选择题

1．C　**解析：** 学生在课堂中出现问题行为时，为维持课堂纪律，教师可采取多种处理方法。正面提醒法是指不过分理睬违纪学生，而是正确友好地提醒学生注意当前的学习，告诉他应当做什么。提问法是指教师向不听讲的学生单独提问或向全班学生提问，让不听讲的学生回答，所提的问题应该与正在进行的教学活动相关。非言语控制法是指教师用目光、面部表情、手势、动作、走近学生等非言语手段，提示学生注意控制自己的违纪行为。非言语控制法的最大优点是教师制止学生违纪行为时，其他学生难以察觉。疏导法指教师依据学生思想行为活动基本规律要求，疏通学生的思想，将学生向正确方向引导。题干中，教师轻轻拍醒睡觉的同学，采用的是非言语控制法，故本题选 C。

2．A　**解析：** 由于班级中学生认知水平的参差不齐，教师在课堂教学中只能照顾大部分学生的需要，而处在两个极端水平的学生则最容易成为问题行为的"源头"。题干中，学生出现问题行为是因为该学生听一遍就懂了，说明其认知水平较高，但是老师仍然在重复地讲解，说明老师没有意识到该学生认知能力发展的水平，没有关注到学生之间水平的差异，导致学生产生问题行为。故本题选 A。

第三部分

教育法学

第一章　法与教育法

第一节　法的概述

一、判断题

1.（2022上）法具有强制性。因此，法以义务为主要内容。（　　）

2.（2017下）权威性法学著作是正式意义上的法的渊源。（　　）

二、单项选择题

（2018下）以下属于正式意义上的法的渊源的是（　　）。

A．道德　　　　　　B．习惯　　　　　　C．条约　　　　　　D．政策

参考答案

一、判断题

1．× **解析**：法的强制性是说，法由国家强制力保证实施。法以权利和义务为主要内容。

2．× **解析**：法的渊源包括正式的法源和非正式的法源。正式的法源主要指以规范性法律文件形式表现出来的成文法，如立法机关或立法主体制定的法律、法规、规章和条约。非正式法源是指那些具有法律意义的准则和观念。题干中的权威性法学著作未在法律中有明文体现，属于是非正式法源。

二、单项选择题

C **解析**：正式意义上的法的渊源，主要指以规范性法律文件的形式表现出来的成文法，如立法机关或立法主体制定的宪法、法律、法规、规章和条约等。非正式意义上的法的渊源，主要指具有法的意义的观念和其他相关准则，如正义和公平等观念，政策、道德和习惯等准则，还有权威性法学著作等。

第二节　教育法概述

| 基础题 | »»

一、判断题

1．（2019上）某省人民代表大会常务委员会通过的《某省实施〈中华人民共和国教师法〉办法》属于地方性教育法规。（　　）

2．（2021 下）师生之间的友谊关系更多地需要通过教育法规来加以调整。　　　　　（　　　）

3．（2018 下）教育法律规范对教育关系的调整具有局限性，教育关系还需受到教育道德的调节。

　　　　　　　　　　　　　　　　　　　　　　　　　　　　　　　　　　　　　（　　　）

4．（2014 上）在同一社会中，教育法规与占社会主导地位的教育道德具有共同的作用方向，反映的利益关系一致。　　　　　　　　　　　　　　　　　　　　　　　　　　　　　　　（　　　）

二、单项选择题

1．（2018 下）下列关于教育部新修订的《幼儿园工作规程》的说法，不正确的是（　　　）。

A．属于教育行政法规

B．由国家强制力保证实施

C．涉及的对象主要是幼儿园、教师和幼儿

D．新修订的规程生效前，原来的《幼儿园工作规程》继续有效

2．（2023 下）我国颁布的《学生伤害事故处理办法》属于我国教育法体系层次中的（　　　）。

A．全国人大制定的宪法中关于教育的条款

B．全国人大制定的教育法律

C．国务院制定的教育行政法规

D．国务院部委制定的教育规章

3．（2015 下）《中华人民共和国民办教育促进法实施条例》属于以下哪种规范性文件？（　　　）

A．教育基本法律　　　　　　　　　　B．教育行政法规

C．教育部门规章　　　　　　　　　　D．教育单行法律

4．（2015 上）在我国教育法规体系中，法的效力层次最低的是（　　　）。

A．教育行政法规　　　　　　　　　　B．教育单行法

C．地方性教育法规　　　　　　　　　D．教育行政规章

5．（2017 下）教育部有权制定（　　　）。

A．教育法律　　　　　　　　　　　　B．教育行政法规

C．教育部门规章　　　　　　　　　　D．单行条例

6．（2016 上）关于我国教育法规与教育道德的共性表现，以下描述不正确的是（　　　）。

A．违反二者的行为都要受到法律的制裁

B．二者以共同的现实物质生活条件为基础

C．二者都对社会关系起调整作用，对人的行为起规范作用

D．教育法规与占社会主导地位的教育道德具有共同的作用方向

三、多项选择题

（2020 上）以下教育法律法规处于同一效力等级的有（　　　）。

A．教育部颁发的《幼儿园工作规程》

B．国务院通过的《民办教育促进法实施条例》

C．某省人民政府通过的《某省〈校车安全管理条例〉实施办法》

D．全国人民代表大会常务委员会通过的《中华人民共和国教师法》

E．某省人民代表大会常务委员会通过的《某省实施〈中华人民共和国义务教育法〉办法》

| 提升题 | ▷▷▷

一、判断题

1.（2016上）教育法是国家大多数公民意志在教育方面的体现。（　　）

2.（2014上）教育法规的保障作用，是指教育法规保障各种教育主体的教育权利得到实现，教育义务得到履行，从而使教育活动有序、有效地进行。（　　）

3.（2022上）《中华人民共和国义务教育法》和《中华人民共和国教师法》处于同一法律效力等级。（　　）

4.（2020下）《中华人民共和国教育法》与《中华人民共和国义务教育法》是上位法和下位法关系。（　　）

5.（2016上）在教育实践中，所有与教育有关的行为都必须以教育法律规范来约束。（　　）

6.（2023上）《学校食品安全与营养健康管理规定》和《学校卫生工作条例》是上位法和下位法的关系。（　　）

7.（2023上）学生申诉和教师申诉的程序都包括申诉提出、申诉受理和申诉处理。（　　）

二、单项选择题

1.（2014下）以下不属于教育法本质特点的是（　　）。

A. 强制性　　　　　　　　　　　　B. 规范性

C. 普遍性　　　　　　　　　　　　D. 恒定性

2.（2021下）下列选项中，不属于教育行政法规的是（　　）。

A.《中华人民共和国中外合作办学条例》　B.《中华人民共和国学位条例》

C.《高等教育自学考试暂行条例》　　　　D.《扫除文盲工作条例》

3.（2021上）根据制定机关和法律效力等级，以下教育法规由高到低排序正确的是（　　）。

①《中华人民共和国教师法》　　　　　②《中华人民共和国教育法》

③《中小学教育惩戒规则（试行）》　　④《教师资格条例》

A. ①②④③　　　　　　　　　　　B. ③②①④

C. ②①④③　　　　　　　　　　　D. ②④①③

4.（2018上）关于我国教育道德，以下说法错误的是（　　）。

A. 教育道德规范的内容往往比较原则和抽象

B. 教育道德作用的实现主要依靠外在的强制力量

C. 教育道德主要关注人的行为动机本身是否善良、高尚

D. 教育道德旨在引导人们追求具有利他主义和奉献精神的理想人格

三、多项选择题

（2021下）《中华人民共和国教育法》明确规定"国家扶持边远贫困地区发展教育事业"。与此同时，国家坚持大力推进教育公平政策，统筹教育资源均衡配置，全面改善贫困地区义务教育薄弱学校基本办学条件，缩小城乡教育差距；通过努力帮助个体实现自我发展，帮扶贫困地区脱贫致富，促进社会纵向流动，增强人民教育获得感。下列关于教育法律与教育政策的说法正确的有（　　）。

A. 都体现了广大人民群众的利益和意志

B. 都作为上层建筑服务于社会主义社会的经济基础

C．都需要立法机关严格按照法定程序制定

D．都是行为准则，但教育政策在实施中具有更大的灵活性

E．都是为了落实教育优先发展的战略地位

参考答案

基础题 》》》

一、判断题

1．√　**解析：** 地方性教育法规一般由省、自治区、直辖市以及省级人民政府所在地的市和经国务院批准的较大的市的人民代表大会及其常务委员会制定，其名称通常有条例、办法、规定、规则、实施细则等。故题干描述的法规属于地方性教育法规。

2．×　**解析：** 师生之间的友谊关系依靠教育道德来规范。教育道德调整的关系比教育法规调整的关系广泛得多。教育法规可以规范和调整师生之间的权利义务关系，却不能调整师生之间的友谊关系。

3．√　**解析：** 教育法律规范调整的对象是在符合教育法律规范前提下的教育关系。此外，教育道德和教育政策对教育关系也能进行约束和调节。

4．√　**解析：** 在同一社会中，教育法规与占社会主导地位的教育道德具有共同的作用方向，反映的利益关系一致。教育法规与教育道德都具有阶级性，它们都受到统治阶级的法律及其所倡导的占社会主导地位的道德要求的影响。

二、单项选择题

1．A　**解析：** 教育行政法规一般是由国家最高行政机关制定的关于教育行政管理的规范性文件。其名称一般有三种：条例、规定、办法或细则。教育部新修订的《幼儿园工作规程》属于部门规章。

2．D　**解析：** 本题考查教育法律法规的分类。《学生伤害事故处理办法》由教育部制定，属于教育规章。故本题选 D。

3．B　**解析：** 我国的教育基本法律为 1995 年第八届全国人民代表大会第三次会议通过的《中华人民共和国教育法》。教育行政法规的名称一般有条例、规定、办法或细则三种。《中华人民共和国民办教育促进法实施条例》属于教育行政法规。部门教育规章是国务院所属各部、各委员会发布的有关教育的规范性文件。这类文件主要是就国家有关教育的法律、行政法规的实施问题制定出相应的实施办法、条例、大纲、标准等，以保证相关法律、法规的实施。教育单行法律是规定教育领域某一方面具体问题的规范性文件，如义务教育法、教师法、职业教育法、高等教育法等。

4．D　**解析：** 教育行政规章也称政府教育规章，由地方政府制定。根据有关法律的规定，省、自治区、直辖市可以根据法律和行政法规制定规章，因此行政规章处于法律等级的最低位阶。

5．C　**解析：** 教育法律由全国人民代表大会及其常务委员会制定。教育行政法规由国家最高行政机关（国务院）制定。教育部门规章由教育部制定。单行条例由民族自治地方的人民代表大会制定。

6．A　**解析：** 教育法规与教育道德以共同的现实物质生活条件为基础；在同一社会中，教育法规与占社会主导地位的教育道德具有共同的作用方向，反映的利益关系一致。违反教育法规的行为要受到一定的法律制裁，承担一定的法律后果，使其行为得以改正，并对其行为所造成的损失后果

采取一定物质上或精神上的补救措施。违反教育道德的行为主要受良心、社会舆论的谴责。其行为能否得到改正，或其行为所造成的损失后果能否得到补救，主要靠行为主体良心的觉醒程度和对社会舆论压力的承受能力。

三、多项选择题

AC **解析**：从纵向上（主要依据教育法的效力等级），我国教育法律法规可分为我国宪法中有关教育的条款、教育基本法、教育部门法（教育单行法）、教育行政法规、地方性教育法规、教育行政规章。其中，教育行政规章包括部门教育规章和地方政府教育规章。部门教育规章与地方政府教育规章具有同等效力。部门教育规章一般是由国务院所属各部、各委员会发布的有关教育的规范性文件。A项属于部门教育规章。地方性教育规章一般是由省、自治区、直辖市以及省、自治区的人民政府所在地的市和经国务院批准的较大的市的人民政府所制定的有关教育的规范性文件。C项属于地方政府教育规章。A、C两项处于同一等级效力。教育行政法规一般是由国家最高行政机关制定的关于教育行政管理的规范性文件。B项属于教育行政法规。教育部门法（教育单行法）一般是由全国人民代表大会常务委员会制定的、规定教育领域某一方面具体问题的规范性文件。D项属于教育部门法。地方性教育法规一般由省、自治区、直辖市以及省级人民政府所在地的市和经国务院批准的较大的市的人民代表大会及其常务委员会制定。E项属于地方性教育法规。

▍提升题 ▮»»

一、判断题

1. √ **解析**：教育法是调整和规范教育活动和教育关系的规则。教育法是国家制定或认可的教育活动规范。教育法是由国家强制力保证实施的规则。教育法是国家大多数公民意志在教育方面的体现。教育法是教育规律的法律体现。

2. √ **解析**：教育法规的保障作用是指教育法规保障各种教育主体的教育权利得到实现，教育义务得到履行，从而使教育活动有序、有效地进行。

3. √ **解析**：教育法规的纵向结构是指法规之间的效力高低。《中华人民共和国义务教育法》和《中华人民共和国教师法》都属于教育单行法，属于同一层次，故效力相等。

4. √ **解析**：教育法规的纵向结构是按照效力等级划分形成的法律体系。效力等级的高低与教育法规的制定主体地位有关，我国教育法规的纵向结构的层次：宪法中有关教育的条款＞教育基本法律＞教育单行法＞教育行政法规＞地方性教育法规＞教育行政规章。题干中的《中华人民共和国教育法》属于教育基本法，《中华人民共和国义务教育法》属于教育单行法。教育基本法的效力高于教育单行法，两者是上位法与下位法的关系。

5. × **解析**：大部分和教育相关的行为应该要用教育法律法规来约束，但并不是所有的教育行为都要用法律来约束。例如，教师怎样进行教学、学生怎么进行学习都属于教育行为，但是教育法律法规却无权干涉这些行为。与教育有关的行为，还受教育道德、教育政策等影响。

6. × **解析**：本题考查我国教育法律的层级效力。根据《中华人民共和国立法法》规定的原则，宪法具有最高的法律效力，宪法以下依次是教育基本法、教育单行法、教育行政法规、地方性教育法规和教育行政规章。《学校食品安全与营养健康管理规定》属于教育行政规章，《学校卫生工作条例》属于教育行政法规。《学校食品安全与营养健康管理规定》是下位法，《学校卫生工作条例》是上位法。

7. √ **解析**：本题考查申诉的程序。学生申诉和教师申诉一般都由申诉提出、受理和处理三个环节构成。

二、单项选择题

1．D　**解析**：教育法的本质特点是国家意志性、强制性、规范性、普遍性。

2．B　**解析**：教育行政法规是由国家最高行政机关（国务院）依据《中华人民共和国宪法》和教育法律制定的关于教育行政管理的规范性文件。其效力低于《中华人民共和国宪法》和教育基本法，高于地方性教育法规和教育行政规章。A、C、D三项都由国务院颁布，属于行政法规。

《中华人民共和国学位条例》是由全国人民代表大会常务委员会制定，属于教育单行法，不属于教育行政法规。故本题选B。

3．C　**解析**：教育法的法律效力由高到低依次为《中华人民共和国宪法》中有关教育的条款、教育基本法、教育单行法、教育行政法规、地方性教育法规、教育行政规章。

①《中华人民共和国教师法》属于教育单行法；②《中华人民共和国教育法》属于教育基本法；③《中小学教育惩戒规则（试行）》属于教育行政规章；④《教师资格条例》属于教育行政法规。它们由高到低排序应为②①④③，C项正确。

4．B　**解析**：教育道德作用的实现，主要是靠主体主观内在的道德价值判断来支配的，即主要靠发自内心的信念力量，而不是外在的强制力量。

三、多项选择题

ABDE　**解析**：教育法规与教育政策的任务都是保障和落实教育优先发展的战略地位，它们是两个既相联系又有区别的概念。两者的一致性表现在以下几个方面：①两者都是社会主义上层建筑的重要组成部分；②都是由经济基础决定并为社会的经济基础服务的；③都是无产阶级和广大人民群众意志的反映；④都是人们行为的规则，具有规范性；⑤都是教育行政管理的依据和准则。两者的区别表现在以下几个方面：①教育政策是由党中央和中央政府所授权的部门或地方政府制定的，不经过立法程序，对教育机构及个人的教育行为具有指导性，在具体贯彻中可以因人、因事、因条件而异，具有较多的灵活性和弹性；教育法规是经过立法手续制定的，有关社会成员和行政人员都必须遵照执行。②教育政策与教育法规虽然都是一种行为规则，但教育政策的规定比较原则、概括，而教育法规的规定则比较具体、明确。③教育法规与教育政策相比，具有明显的稳定性和连续性。A、B、D、E四项说法正确，C项说法错误。故本题选ABDE。

第二章 教育法律规范

一、判断题

1.（2017 下）教育法和教育法律规范的含义是相同的。 （　　）
2.（2020 上）《中华人民共和国教育法》属于教育法律法规的共同法源。 （　　）
3.（2020 下）教育法律法规中，最常见的是授权性规范。 （　　）
4.（2023 下）"各级人民政府应当采取措施，为适龄儿童接受学前教育提供条件和支持。"该法条属于授权性法律规范。 （　　）
5.（2021 上）《中华人民共和国教育法》中对违法责任作出规定的规范，属于教育法律规范的调整性规范。 （　　）

二、单项选择题

1.（2022 上）《中华人民共和国教育法》规定"国家实行教育与宗教相分离。任何组织和个人不得利用宗教进行妨碍国家教育制度的活动"。其中"不得"体现了本法律规范的类型是（　　）。
　　A．义务性规范　　　　　　　　　　　B．禁止性规范
　　C．授权性规范　　　　　　　　　　　D．权利性规范

2.（2020 上）《中华人民共和国教师法》第四条规定，"各级人民政府应当采取措施，加强教师的思想政治教育和业务培训，改善教师的工作条件和生活条件，保障教师的合法权益，提高教师的社会地位。全社会都应当尊重教师"。本条教育法律规范属于（　　）。
　　A．原则性规范　　　　　　　　　　　B．义务性规范
　　C．禁止性规范　　　　　　　　　　　D．授权性规范

3.（2016 上）《中华人民共和国教师法》规定，教师的平均工资水平应当不低于或高于国家公务员的平均工资水平，并逐步提高。从教育法律法规看，该表述属于（　　）。
　　A．概念性规范　　　　　　　　　　　B．原则性规范
　　C．技术性规范　　　　　　　　　　　D．确定性规范

4.（2018 上）在教育法律规范中，具体规定权利和义务及其法律后果的行为准则属于（　　）。
　　A．一般性规范　　　　　　　　　　　B．概念性规范
　　C．原则性规范　　　　　　　　　　　D．规则性规范

5.（2021 下）《中华人民共和国教育法》第十二条规定，"国家通用语言文字为学校及其他教育机构的基本教育教学语言文字，学校及其他教育机构应当使用国家通用语言文字进行教育教学"。此条规定属于教育法律规范类型中的（　　）。
　　A．概念性法律规范　　　　　　　　　B．禁止性法律规范
　　C．授权性法律规范　　　　　　　　　D．义务性法律规范

6.（2023 下）"学校及其他教育机构的设立、变更和终止，应当按照国家有关规定办理审核、批准、注册或者备案手续。"此规定属于教育法律规范结构中的（　　）。
　　A．假定条件　　　B．行为模式　　　C．过程要求　　　D．法律后果

7.（2016下）《中华人民共和国义务教育法》第十一条规定，"凡年满六周岁的儿童，其父母或者其他法定监护人应当送其入学接受并完成义务教育"。其中，"年满六周岁"是本条教育法律规范结构的（　　）。

　　A. 假定　　　　　　　　B. 处理　　　　　　　　C. 制裁　　　　　　　　D. 设置

8.（2014上）教育法律规范的构成要素中，使主体明确可以做什么，禁止做什么，以及要求做什么的要素是（　　）。

　　A. 假定　　　　　　　　B. 处理　　　　　　　　C. 制裁　　　　　　　　D. 定案

9.（2017下）《中华人民共和国未成年人保护法》第三十九条规定，"任何组织或者个人不得披露未成年人的个人隐私"。这里包含的教育法律规范构成要素有（　　）。

　　A. 假定、处理　　　　B. 处理、责任　　　　C. 假定、制裁　　　　D. 处理、制裁

10.（2022下）教育法律规范的逻辑结构通常包括（　　）。

①假定条件　　　　　②法律条文　　　　　③行为模式　　　　　④法律实施
⑤法律后果

　　A. ①③⑤　　　　　　B. ②③④　　　　　　C. ③④⑤　　　　　　D. ①②④

参考答案

一、判断题

1. ×　**解析**：教育法是国家制定或认可，并由国家强制力保证其实施的，调整教育活动中各种社会关系的法律规范的总和。教育法律规范，又称为教育法律规则，是教育法的主要构成要素。两者的含义是不一样的。

2. ×　**解析**：教育法律规范在表现形式上可分为专门法源与共同法源，专门法源是指直接表达教育法律规范，对教育事务进行规范的法律形式，如《中华人民共和国教育法》《中华人民共和国教师法》《中华人民共和国义务教育法》等。共同法源是指在引用时不是专门对教育问题做出规定的法律法规，而是对涉及教育与其他领域共同问题进行规定的法律法规。

3. ×　**解析**：按照法律规范的行为模式，教育法律规范可以分为授权性规范、义务性规范和禁止性规范。其中，授权性规范是规定人们可以为一定的行为或者不为一定的行为，以及可以要求他人为一定的行为或者不为一定的行为的法律规范。按照法律规范内容的确定性程度，教育法律规范可以分为确定性规范、委任性规范和准用性规范。其中，确定性规范是指直接而明确地规定了行为规则的内容，适用时无须再援用其他的法律规范来补充或说明的法律规范。大多数法律规范是确定性规范。

4. ×　**解析**：本题考查教育法律规范的类型。授权性规范指"行为准则"要素中规定教育法律关系主体有权做出或不做出某种行为的法律规范。授权性规范在表述形式上通常采用"可以""有权""不受……干涉""有……的自由"等术语。义务性规范指在某种条件或情况出现时，人们必须做出某种行为的法律规范，常常出现"必须""应当""义务"等字样。题干中含有"应当"一词，属于义务性规范，题干说法错误。

5. ×　**解析**：调整性规范是指设立以一定教育权利和义务关系为内容的教育法律关系模式的规范。其主要作用是确立一定的教育关系秩序，使之按照实现一定教育目标的轨道运行。如《中华人民共和国教育法》中规定教育制度的规范，明确教育主体权利和义务的规范。保障性规范是指规定法律责任措施和保护权利措施的规范。从实施角度来看，保障性规范是调整性规范受到相应主体遵守的保证。《中华人民共和国教育法》中对违法责任作出规定的规范属于保障性规范。

二、单项选择题

1. B **解析：**禁止性规范是直接规定人们不准做出某种行为的法律规范。禁止性规范在文字表述上一般有"禁止""不准""不得"等字样。B项符合题意，故当选。

义务性规范即在某种条件或情况出现时，人们必须做出某种行为的法律规范。义务性规范在文字表述上通常采用"必须""应当""义务"等字样。

授权性规范也称权利性规范，是指某种条件或情况出现时，人们有权做出或不做出某种行为的法律规范。在文字的表述形式上，通常采用"可以""有权""不受干涉""有……的自由"等字样。

2. A **解析：**根据法律规范专门职能，可以分出执行各种专门职能规范的类别，主要包括一般性规范、概念性规范、原则性规范、规则性规范、技术性规范等。原则性规范也称宣言性规范，其所表达的教育法律原则是一种具有综合性、稳定性的原理和准则。原则性规范按照其内容的性质又可分为政策性原则和公理性原则。其中，教育政策性法律原则具有号召性、比较概括、内容主要是设立某种义务等特征。题干所述为原则性规范。A项正确。根据法律规范行为性质的不同，教育法律规范可分为义务性规范、禁止性规范和授权性规范。义务性规范是规定人们必须积极做出一定行为的法律规范。禁止性规范是规定禁止人们做出一定行为或者必须不为一定行为的法律规范。授权性规范是规定人们可以为一定的行为或者不为一定的行为，以及可以要求他人为一定的行为或者不为一定的行为的法律规范。B、C、D三项不符合题意。

3. B **解析：**原则性规范所表达的教育法律原则是一种具有综合性、稳定性的原理和准则。题干中所述属于原则性规范。

4. D **解析：**在教育法律规范中，规则性规范是指具体规定权利和义务及其法律后果的行为准则。

5. D **解析：**根据法律规范行为性质的不同，教育法律规范可分为义务性法律规范、禁止性法律规范和授权性法律规范。其中，义务性法律规范是指在某种条件或情况出现时，人们必须做出某种行为的法律规范。义务性规范在文字表述上通常采用"必须""应当""义务"等字样。题干中，"学校及其他教育机构应当使用国家通用语言文字进行教育教学"这属于义务性规范。

6. B **解析：**本题考查法律规范的结构。一般认为法律规范是由假定条件、行为模式和法律后果三个要素构成的。假定条件是指该有关适用该规范的条件和情况。行为模式是指法律规范要求的作为和不作为。法律后果是指法律规则对人们具有法律意义的行为的态度。题干中的法条是针对学校及其他教育机构行为模式的规定。故本题选B。

7. A **解析：**教育法律规则的结构三要素分别是假定、处理和制裁。其中，假定是指法律规范适用的条件和范围。题干中"年满六周岁"表明的是对什么人适用，属于假定。

8. B **解析：**教育法律规范具有三个内在的构成要素，即假定、处理和制裁。其中，处理是指行为规范本身，它指明该项法律规范确定的行为模式的内容，使主体明确可以做什么，禁止做什么，以及要求做什么。

9. A **解析：**教育法律规范包括法定条件（假定）、行为准则（处理）和法律后果（制裁）三个要素。假定是指法律规范适用的条件和范围，处理是指法律规范要求的作为和不作为，制裁指违反该项法律规范时所导致的法律后果。"任何组织或个人"属于假定，"不得披露未成年人的个人隐私"属于处理。

10. A **解析：**本题考查教育法律规范的逻辑结构。教育法律规范在逻辑结构上具有三个内在的构成要素，即假定（假定条件）、处理（行为模式）、制裁（法律后果）。故本题选A。

第三章 教育法律关系

基础题 ≫

一、判断题

1.（2018 下）教育关系中的所有社会关系都要由教育法来调整。 （ ）

2.（2016 上）如果学生违反纪律，教师可以给予其警告或记过等处分。 （ ）

3.（2020 下）张老师因生病住院请假一个月，学校将他所带班级交由李老师代管，代管期间张老师与该班学生的教育法律关系消灭。 （ ）

4.（2023 下）A、B 两校签订了帮扶合作协议，后经协商修改了其中的履行的条款。这一行为导致了教育法律关系主体的改变。 （ ）

5.（2022 上）民办学校存续期间，举办者不得恶意抽逃出资，不得挪用办学经费。这体现了国家对教育法律关系中客体行为能力的限制。 （ ）

6.（2019 上）某高三学生因不满老师的批评教育，在网上公开辱骂老师，造成恶劣影响，被该老师起诉至法院。这一法律关系中，学生是客体，老师是主体。 （ ）

7.（2021 下）8 岁以下的小学生作为无民事行为能力人，只是权利的享有者，无需承担义务。（ ）

8.（2021 下）在教育工作中，教师"不得因学生的成绩而体罚学生"属于积极义务。 （ ）

9.（2020 上）从我国公民具有的受教育权利来看，我国公民接受高等教育的权利属于非基本权利。 （ ）

二、单项选择题

1.（2014 上）教育法律关系是一种特定的（ ）。
A. 政治关系 B. 经济关系
C. 社会关系 D. 文化关系

2.（2017 下）以主体的合法行为为基础，不需要使用法律制裁手段的教育法律关系是（ ）。
A. 隶属型教育法律关系 B. 平权型教育法律关系
C. 调整性教育法律关系 D. 保护性教育法律关系

3.（2023 上）小华从师范大学毕业后，顺利通过招聘考试，正式成为某中学的一名数学教师。对于该中学来说，这属于教育法律关系的（ ）。
A. 产生 B. 延伸 C. 变更 D. 消灭

4.（2017 下）林老师在签订聘任合同后，经与校方商量又增加合同内容的行为，属于教育法律关系的（ ）。
A. 形成 B. 调整 C. 变更 D. 消灭

5.（2019 下）下列关于教育法律事实、教育法律关系和教育法律规范三者之间的关系描述，不正确的是（ ）。
A. 教育法律关系是教育法律事实导致的结果
B. 教育法律事实是判定教育法律规范是否形成的依据

C. 教育法律关系是教育法律规范作用于社会关系的表现

D. 教育法律事实是引起教育法律关系产生、变更或消灭的直接原因

6.（2021 上）以下说法不正确的是（　　）。

A. 行政诉讼的受理机关不能是上一级人民政府

B. 教育法律责任有行政法律责任、民事法律责任、刑事法律责任

C. 学生权利受侵害时，学生可作为教育法律关系的客体提起申诉

D. 侵犯未成年人隐私，构成违反治安管理行为的，由公安机关依法给予行政处罚

7.（2024 上）赵老师指导高三学生张某参加机器人设计大赛，不久后发现，其参赛作品被主办方擅自出售营利。赵老师将主办方告上法庭。关于本案中的教育法律关系，下列说法正确的是（　　）。

A. 赵老师与张某都是主体，主办方是客体　　　B. 赵老师、张某与主办方都是主体

C. 赵老师与参赛作品都是主体　　　　　　　　D. 主办方与参赛作品都是客体

8.（2019 下）赵老师是某小学二年级班主任，因王强同学多次迟到，屡教不改，赵老师罚他每迟到一次给班级买一盆盆栽。王强母亲向学校提起申诉，主张赵老师侵犯了学生财产权。在这一法律关系中，下列说法正确的是（　　）。

A. 王强是主体，赵老师是客体　　　　　　　　B. 王强是客体，赵老师是主体

C. 王强和赵老师都是主体　　　　　　　　　　D. 王强和赵老师都是客体

9.（2017 上）在教育法律关系中，中小学校和教职员工可以依法分别成为法律关系的（　　）。

A. 主体和主体　　　　　　　　　　　　　　　B. 主体和客体

C. 客体和客体　　　　　　　　　　　　　　　D. 客体和主体

10.（2017 上）13 岁的初中生小张放学路上破坏了公交站站牌，侵犯了公共财产权益，违反了治安管理规定。对此事件，下列说法不正确的是（　　）。

A. 对小张不予处罚　　　　　　　　　　　　　B. 小张需要承担法律责任

C. 监护人应承担赔偿责任　　　　　　　　　　D. 监护人应对小张严加管教

11.（2020 下）《中华人民共和国教师法》规定，教师具有评价学生学业成绩的权利。李老师对班上的小刚近期的学习表现做出评价。这里的教育法律关系的客体是（　　）。

A. 教育物质　　　　　　　　　　　　　　　　B. 教育活动

C. 精神产品　　　　　　　　　　　　　　　　D. 评价方法

12.（2020 上）中学生林某喜欢做些小发明。近期他发明了一种可调节型手机支架，张老师觉得很有创意且非常实用，很好地解决了网络授课中画面抖动的问题。于是在学生不知情的情况下以个人名义将此项小发明申请了实用新型专利。林某知晓后向当地教育行政部门提起申诉，认为张老师侵犯了自己的发明权。在这一法律关系中，以下说法正确的是（　　）。

A. 张老师是主体，林某是客体　　　　　　　　B. 林某是主体，张老师是客体

C. 张老师和林某是客体，支架发明是主体　　　D. 张老师和林某是主体，支架发明是客体

13.（2016 上）学校上课铃响后，教师根据事先准备好的教案内容给学生上课。在此情境中，下列属于教育法律关系的主体和客体的是（　　）。

A. 教师与学生　　　　　　　　　　　　　　　B. 学生与学校

C. 教师与学校　　　　　　　　　　　　　　　D. 教师与教案

14.（2021 上）学校有维护教育教学正常秩序的权利，其中包括要求义务人停止侵害教育教学正常秩序、维护自己利益的权利；也包括可以要求负有积极义务的义务人做出这种积极行为的权利。这体现的教育法律权利的表现形式是（　　）。

A. 行为权　　　　　　　　　　　　　　　　　B. 要求权

C. 请求权　　　　　　　　　　　　　　　　　D. 保障权

▎提升题▎ ▶▶▶

一、判断题

1.（2021 上）通过教师招聘，某学校聘用小张并签订了教师聘用合同，这样学校与小张之间形成了教育法律关系。 （ ）

2.（2015 下）某私立学校因为经营不善无法继续办学，学生与该校之间的教育法律关系自动终止。 （ ）

3.（2018 下）《中华人民共和国义务教育法》规定，适龄儿童依法享有平等接受义务教育的权利，也有履行接受义务教育的义务。这说明权利关系主体对权利和义务都不具有选择性。 （ ）

二、单项选择题

1.（2019 上）在教师聘任法律关系中，受聘教师具体享有哪些权利，应履行哪些义务是固定的；与之对应的，聘任者具体享有哪些权利，履行哪些义务也是固定的。根据教育法律关系主体是否完全特定化，这种教育法律关系的类型是（ ）。

 A. 平权型教育法律关系　　　　　B. 隶属型教育法律关系
 C. 绝对教育法律关系　　　　　　D. 相对教育法律关系

2.（2021 下）张老师在微信朋友圈分享了自己的一篇教学设计。后来发现，该教学设计被某网站出售营利，于是张老师把该网站负责人告上法庭。关于本案中的教育法律关系，下列说法正确的是（ ）。

 A. 张老师和他的教学设计都是教学主体
 B. 张老师和某网站负责人都是主体
 C. 某网站负责人和张老师的教学设计都是客体
 D. 张老师是主体，某网站负责人是客体

3.（2018 上）张敏，16 周岁，初中毕业，在某餐馆全职打工养活自己，偶尔还给家人生活费。张敏在行为能力上属于（ ）。

 A. 无行为能力人　　　　　　　　B. 限制行为能力人
 C. 准行为能力人　　　　　　　　D. 完全行为能力人

4.（2016 上）下列关于教育法律关系的描述，错误的是（ ）。

 A. 权利和义务不一定是对等的
 B. 权利和义务对其主体来说，其有可选择性
 C. 教育法律关系的内容由教育权利和义务构成
 D. 权利和义务的关系是一种成对的相互依存的关系

参考答案

▎基础题▎ ▶▶▶

一、判断题

1. × 解析：教育法是国家制定或认可，并由国家强制力保证其实施的，调整教育活动中各种社会关系的法律规范的总和。教育法调整的是在教育活动中以符合教育法律规范为前提的教育关系。

2．× **解析：** 学生与教师系平权型教育法律关系，教师不能给予学生行政处分。可给予学生处分的是学校。

3．× **解析：** 教育法律关系的产生是指教育法律关系主体之间权利义务关系的确立，如因委托培养合同的签订产生了用人单位与学校以及学生之间的权利和义务关系。

教育法律关系的变更是指法律关系构成要素的变更，即主体、客体、内容的变更。主体变更是指主体的增加、减少和改变。如学校与企业间的委托培养学生因原委托企业破产而改变委托方。

教育法律关系的消灭是指教育法律关系主体、客体的消灭，主体间权利义务的终止。如学校向某一企业借款而形成了民事法律关系（债权关系），学校为债务人，企业为债权人。届时学校依照合同返还了借款，则与该企业的债权债务民事关系归于消灭。

题干中，张老师与该班学生的教育关系发生变更，而不是消灭，表现在教育法律关系的主体的增加与内容的变化。故此题说法错误。

4．× **解析：** 本题考查教育法律关系的产生、变更和消灭。教育法律关系的变更指的是教育法律关系主体、客体或内容的改变而导致的双方之间权利与义务的改变。合同内容发生了修订是指教育法律关系内容的改变，主体没有发生变化。故题干说法错误。

5．× **解析：** 教育法律关系的要素包括主体、客体和内容。其中，教育法律关系的主体是指教育法律关系的参加者，包括公民（自然人）、机构或组织（法人）、国家。题干中，民办学校这一主体能够做什么，不能够做什么是国家对教育法律关系中主体行为能力的限制。

6．× **解析：** 教育法律关系的主体亦称作权利主体或义务主体，包括教育法律关系中权利的享受者和义务的承担者。教育法律关系中最重要的法律主体是学生与教师。教育法律关系客体是教育法律关系主体的权利与义务所指向的对象，即教育法律关系内容客观化的表现形式。教育法律关系的内容是教育法律关系的主体依据法律规定而享有的权利与义务。

7．× **解析：** 公民既拥有权利，也要履行义务。无民事行为能力人也具备相应的义务，如消极义务，包括不得妨碍财产所有人行使所有权、不得侵犯他人人身权等内容。

8．× **解析：** 教师义务可分为积极义务和消极义务。积极义务即必须做出一定行为的义务，如《中华人民共和国教师法》中规定的教师义务等。消极义务即不做出一定行为的义务，如不得体罚学生。题干所述是教师的消极义务。

9．√ **解析：** 从我国公民具有的受教育权利来看，我国公民接受九年制义务教育的权利和参与高中以上其他各级各类教育的平等竞争权利是基本权利，而接受高中以上各级各类教育的权利则属于非基本权利。基本权利具有平等的特征，其实现具有普遍性；而非基本权利具有不平等的特征，其实现需要一定前提条件，不具备普遍性。

二、单项选择题

1．C **解析：** 教育法律关系是指教育法律规范在调整教育社会关系中所形成的人们之间的权利与义务关系，所以是一种社会关系。

2．C **解析：** 根据教育法律规范的职能，教育法律关系分为调整性教育法律关系和保护性教育法律关系。调整性教育法律关系是基于教育法律关系主体的合法行为而产生的，不需要使用法律制裁手段。保护性教育法律关系是由违法行为而产生的，在教育法律关系主体的权利和义务不能正常实现的情况下，通过保护性教育法律规范，采取法律制裁手段而形成的教育法律关系。

3．A **解析：** 本题考查教育法律关系的运动变化。教育法律关系是教育法律规范在调整人们有关教育活动的行为过程中形成的权利和义务关系。由于社会生活本身是不断变化的，教育法律关系也就具有了动态性，从而表现为一个产生、变更与消灭的过程。

教育法律关系的产生，是指教育法律关系主体之间形成了一定的权利和义务关系。

教育法律关系的变更，是指教育法律关系构成要素的改变，包括主体、客体或内容等要素的改变。

教育法律关系的消灭，是指教育法律关系主体之间权利义务的终止。

题干中，小华正式成为某中学的教师，即与该中学形成了一定的权利和义务关系，这属于教育法律关系的产生。

4．C　**解析：** 教育法律关系的变更是指教育法律关系构成要素的变更，即主体、客体、内容的变更。

5．B　**解析：** 教育法律关系是指由教育法律规范确认和调整的，表现为特定法人之间权利和义务联系的一种特殊社会关系。教育法律规范又称教育法律规则，是教育法的主要构成要素，是由国家制定或认可，体现国家在教育方面意志的，通过一定的教育法律条文表现出来的，具体规定教育主体的权利和义务及法律后果，具有自己内在逻辑结构的教育行为标准或准则。所以教育法律关系是教育法律事实导致的结果。A项说法正确。教育法律规范是判定教育法律事实是否形成的依据。B项说法错误。教育法律关系是教育法律规范作用于社会关系的表现。C项说法正确。教育法律事实包括教育法律事件和教育法律行为，是引起教育法律关系产生、变更或消灭的直接原因。D项说法正确。

6．C　**解析：** 教育法律关系的主体是指教育法律关系的参加者，即在教育法律关系中权利的享受者和义务的承担者。教育法律关系中最重要的法律主体是教师与学生。教育法律关系的客体是教育法律关系主体的权利与义务所指向的对象，即教育法律关系内容客观化的表现形式。教育法律关系的客体一般包括物、行为、精神财富。学生不属于教育法律关系的客体。C项说法错误，符合题意，当选。

A项，教育行政诉讼是指教育行政管理相对人认为教育行政机关的具体行政行为侵犯其合法权益，依法向人民法院提起诉讼，请求给予法律救济，并由人民法院对行政行为进行审查和裁判的诉讼救济活动。行政诉讼的受理机关是人民法院，不能是上一级人民政府。

B项，根据违法主体的法律地位、违法行为的性质和危害程度的不同，教育法律责任可分为行政法律责任、民事法律责任和刑事法律责任三种。

D项，《中华人民共和国未成年人保护法》（2012年修正）第六十九条规定，"侵犯未成年人隐私，构成违反治安管理行为的，由公安机关依法给予行政处罚"。

备注：本题D项的依据是2012年修正的《中华人民共和国未成年人保护法》。2020年新修订的未成年人保护法删除了与本题相关的法条内容。

7．B　**解析：** 本题考查教育法律关系的构成要素。教育法律关系的主体是指教育法律关系的参加者，即在教育法律关系中权利的享受者和义务的承担者。我国教育法律关系的主体可分为三类：一是公民（自然人），即个人主体；二是机构和组织（法人）；三是国家。教育法律关系的客体是教育法律关系主体的权利与义务所指向的对象。教育法律关系的客体一般包括物、行为、精神财富。因此，题干中，赵老师、张某与主办方都是主体，参赛作品是客体。

8．C　**解析：** 教育法律关系的主体是指教育法律关系的参加者，也称权利主体或义务主体，包括教育法律关系中权利的享受者和义务的承担者。我国教育法律关系的主体可分为三类：一是自然人，即个人主体；二是机构和组织（法人）；三是国家。教育法律关系的客体是教育法律关系主体的权利与义务所指向的对象，即教育法律关系内容客观化的表现形式。典型的教育法律关系客体包括物、行为和精神财富。在此案例中，王强和赵老师都是教育法律关系的主体。

9．A　**解析：** 教育法律关系包括主体、客体和内容三个方面。法律关系主体是指权利的享受者和义务的承担者，法律关系的主体主要有自然人、法人和国家。法律关系的客体是指权利和义务所指向的对象，包含物、行为和精神财富。法律关系的内容是指教育法律主体依据法律规定而享有的权利和义务。中小学校和教职员工都属于法律关系的主体。

10．B　解析：《中华人民共和国治安管理处罚法》（2012年修正）第十二条规定，"已满十四周岁不满十八周岁的人违反治安管理的，从轻或者减轻处罚；不满十四周岁的人违反治安管理的，不予处罚，但是应当责令其监护人严加管教"。A、D两项正确。《中华人民共和国民法典》（2020年颁布）第一千一百八十八条第一款规定，"无民事行为能力人、限制民事行为能力人造成他人损害的，由监护人承担侵权责任。监护人尽到监护职责的，可以减轻其侵权责任"。B项错误，C项正确。

11．B　解析：教育法律关系的客体是指教育法律关系的权利和义务所指向的对象。教育法律关系的客体具体包括三种：一是一定主体的教育活动，即各种有关的教育行为；二是一切用于举办教育事业的物质，包括各种物资、财产、设施、场所、资金等；三是精神产品，包括教育者或者受教育者的知识产权、学术著作、发明创造等。

题干中，教师具有评价学生成绩的权利，那么教师根据这项权利做出的评价行为就属于客体中的教育活动。A、C、D三项均属于客体，但题干中没有直接体现，故本题选择B。

12．D　解析：教育法律关系的主体、客体与内容三者是构成教育法律关系的基本要素。其中，教育法律关系的主体是指教育法律关系的参加者，即在教育法律关系中权利的享有者和义务的承担者。教育法律关系的主体概括起来有三类：一是自然人，即个人主体；二是机构和组织（法人）；三是国家。教育法律关系中最重要的法律主体是学生与教师。题干所述法律关系中，张老师和林某都是主体。教育法律关系的客体是指教育法律关系的权利和义务所指向的对象。题干所述法律关系中，支架发明是客体。D项正确。

13．D　解析：教育法律关系的主体包括自然人和法人，在我国，教育法律关系的主体主要有国家、教育行政机关及其人员；学校及其他教育机构、教职员工、学生、学生家长；用人单位、其他国家机关、企事业单位、社会组织；其他公民、外国人和无国籍人。典型的教育法律关系客体包括物、行为、精神产品和其他智力成果。综合题意，D项正确。

14．B　解析：教育法律权利是指教育法律关系主体依法享有的某种利益。它通常有行为权、要求权、请求权等表现形式。其中，要求权是指教育法律关系主体要求义务人做出或者不做出某种行为的权利。这种权利设置的意义在于，保证权利人要求义务人停止侵害自己的利益，或者要求负有积极义务的义务人做出积极行为以满足权利人的利益要求。例如，学校有维护教育教学正常秩序的权利，其中包括要求义务人停止侵害教育教学正常秩序、维护自己利益的权利，也包括可以要求负有积极义务的义务人做出这种积极行为的权利。

▎提升题 ▎▶▶▶

一、判断题

1．√　解析：教育法律关系是教育法律规范在调整人们有关教育活动的行为过程中形成的权利和义务关系。教育法律关系的形成是指在教育法律关系主体之间产生了权利、义务关系。如因教师招聘，当事人双方签订教师聘用合同的行为而形成的合同关系，就是教育法律关系的形成。

2．×　解析：学校与学生之间的法律关系是可以选择的，一是民法上的监护关系，二是教育法上的教育、管理和保护关系。私立学校也是学校，是在国家的学校教育制度的管辖之下的，不得随意增删。其与学生间关系的建立与解除也都要经过教育部门同意。

3．×　解析：权利具有可选择性，而义务具有不可选择性。

二、单项选择题

1. D **解析**：相对教育法律关系是存在于特定的权利主体和特定的义务主体之间的教育法律关系。它表现为"某个人对某个人"。题干中，受聘教师和聘任者是特定的权利和义务的主体，这种教育法律关系的类型是相对教育法律关系。

2. B **解析**：教育法律关系的要素包括主体、客体和内容三部分。①教育法律关系的主体是指教育法律关系的参加者，即在教育法律关系中权利的享有者和义务的承担者。教育法律关系的主体概括起来有三类：一是自然人，即个人主体；二是机构和组织（法人）；三是国家。②教育法律关系的客体是指教育法律关系主体的权利和义务所指向的对象。典型的教育法律关系客体包括物、行为和精神财富。③教育法律关系的内容是指教育法律关系主体依据法律规定所享有的权利与承担的义务。

根据题干描述可知，张老师和某网站负责人属于教育法律关系中的主体，教学设计属于客体。故本题选 B。

3. D **解析**：《中华人民共和国民法典》（2020 年颁布）第十八条规定，"成年人为完全民事行为能力人，可以独立实施民事法律行为。十六周岁以上的未成年人，以自己的劳动收入为主要生活来源的，视为完全民事行为能力人"。题干中的张敏虽然只有 16 岁，但是她在餐馆全职打工养活自己。这说明张敏在行为能力上属于完全民事行为能力人。

4. B **解析**：教育法律关系是教育法律规范在调整人们有关教育活动的行为过程中形成的权利和义务关系。教育法律关系的内容是教育法律关系的组成要素之一，指的是教育法律关系的主体依据法律规定而享有的权利与义务。权利与义务的关系是一种成对的相互依存的关系。法律关系中的权利和义务从其主体的数量上来看不一定是对等的，即可能不是一对一的。有时一个主体享有权利，多个主体负有义务。义务不具有可选择性。B 项错误。

第四章　教育法制过程

第一节　教育立法

一、判断题

1.（2021 上）根据我国的教育立法体制，地方有权根据本地区的发展情况和需要制定相应的规范性教育法规文件。　　　　　　　　　　　　　　　　　　　　　　　　　（　　　）

2.（2018 上）在我国教育法律体系中，其他各项教育法律、法规必须以《中华人民共和国教育法》为依据，不得与《中华人民共和国教育法》确定的原则和规范相违背。　　（　　　）

3.（2019 上）在我国，教育立法程序中，最后一个步骤是通过法律。　　　　（　　　）

4.（2022 下）我国教育法规的适用对象是教育部门、学校和公民。　　　　　（　　　）

5.（2017 上）在我国，凡是中央国家机关制定的教育法律、教育行政法规和其他规范性文件，除非有特殊规定，一经公布施行，就在我国的全部领域内发生效力。　　　　（　　　）

6.（2022 下）在我国，凡是中央国家机关制定的教育法律、教育行政法规和其他规范性文件，除非有特殊规定，一经公布施行，就在我国领域内发生效力。　　　　　　（　　　）

7.（2020 上）对教育法规所做的学理解释也具有法律上的约束力，可以作为实施法律的依据。　　　　　　　　　　　　　　　　　　　　　　　　　　　　　　　　　（　　　）

二、单项选择题

1.（2019 下）立法过程中，通过合理的公众参与机制，使人民群众有效地参与立法，充分地表达自己的意愿。这体现了立法应遵循（　　　）。

　　A. 民主原则　　　　　　　　　　　　B. 科学原则

　　C. 实事求是原则　　　　　　　　　　D. 方向性原则

2.（2014 上）教育立法必须从教育工作的实际情况出发，从现实国情出发，从社会生产力的发展水平出发，从已有的经济基础出发。这体现了教育立法的（　　　）。

　　A. 实事求是原则　　　　　　　　　　B. 统一、协调原则

　　C. 社会主义方向性原则　　　　　　　D. 稳定连贯性原则

3.（2023 上）1995 年颁布的《中华人民共和国教育法》在效力方面优于 1993 年颁布的《中华人民共和国教师法》，这主要是因为两者（　　　）。

　　A. 时间效力不同　　　　　　　　　　B. 空间效力不同

　　C. 立法主体不同　　　　　　　　　　D. 适用对象不同

4.（2014 下）我国的教育立法程序除教育立法准备、提出立法议案、表决和通过法律草案、公布法律之外，还有（　　　）。

　　A. 审议法律草案　　　　　　　　　　B. 制定法律规则

　　C. 解释法律条款　　　　　　　　　　D. 制定立法程序

5. （2021 上）我国《中学生日常行为规范》《小学生守则》只适用于中、小学生，《中等专业学校教师职务试行条例》只适用于中等专业学校的教师。这体现了教育法规实施的（　　）。

A. 时间效力　　　　　　　　　　　　B. 空间效力

C. 形式效力　　　　　　　　　　　　D. 对人的效力

6. （2019 下）《中华人民共和国职业教育法》规定，"任何组织和个人不得挪用、克扣职业教育的经费"。此规定体现了教育法规的（　　）。

A. 形式效力　　　　B. 时间效力　　　　C. 空间效力　　　　D. 对人的效力

7. （2021 下）下列关于教育法规解释正确的是（　　）。

A. 学术著作中对法律所作的解释，可以作为实施法律的依据

B. 正式解释同被解释的法律一样，都具有普遍的约束力

C. 学理解释没有法律效力，因此这种解释没有意义

D. 正式解释和非正式解释的主体是相同的

8. （2016 下）下列对于教育法规的解释，没有法律上的约束力的是（　　）。

A. 司法解释　　　　B. 行政解释　　　　C. 学理解释　　　　D. 地方解释

三、多项选择题

（2022 下）下列关于教育法规实施方式的说法中，错误的有（　　）。

A. 教育法规的适用具有强制性

B. 教育法规遵守和适用的主体是相同的

C. 教育法规的适用是教育法规实施的主要方式

D. 教育法规的遵守和适用都是法的他律性实施

E. 教育行政机关是否能够依法行政，直接影响着教育法规的实施

参考答案

一、判断题

1. √　**解析：** 教育法的制定不仅是中央的事，也是地方的事，各级主体都有权根据本地区的发展情况和需要制定相应的规范性教育法规文件。但是，由于立法权限的不同，中央和地方制定的这些文件的效力和性质是有根本区别的。

2. √　**解析：** 《中华人民共和国教育法》在我国教育法律体系中处于"母法"的地位。其他各项教育法律、法规必须以《中华人民共和国教育法》为依据，不得与《中华人民共和国教育法》确定的原则和规范相违背。

3. ×　**解析：** 教育立法的程序是指国家机关在制定、修改或废止教育法规的活动中，必须进行的法定步骤和手续。教育立法一般分为教育立法准备、提出立法议案、审议法律草案、表决和通过法律、公布法律五个步骤。

4. ×　**解析：** 本题考查教育法规的特征。我国教育法规的适用对象包括教育部门、学校、公民、行政机关、司法机关、社会组织等。题干缩小了教育法规的适用对象范围，说法错误。

5. √　**解析：** 教育法的空间效力是指教育法律在什么地域发生法律效力。根据我国立法的原则，凡是中央国家机关制定的教育法律、教育行政法规和其他规范性文件，除非有特殊规定，一经公布施行，就在我国的全部领域内发生效力，包括领土、领海、领空以及延伸意义上的领域。地方性教育法规只适用于其管辖的行政区域。

6. √　**解析：**本题考查教育法规的效力。教育法规的效力指教育法规的保护力和约束力，一般分为形式效力、时间效力、空间效力和对人的效力。"在我国，凡是中央国家机关制定的教育法律、教育行政法规和其他规范性文件，除非有特殊规定，一经公布施行，就在我国领域内发生效力"符合空间效力的内涵。故题干说法正确。

7. ×　**解析：**法律解释由于解释主体和解释的效力的不同，可以分为正式解释与非正式解释两种。正式解释也叫法定解释，是指由特定的国家机关、官员或其他有解释权的人对法律做出的具有法律上的约束力的解释。非正式解释也叫学理解释，一般是指由学者或其他个人及组织对法律规定所做出的不具有法律约束力的解释。这种解释是学术性或常识性的，不被作为执行法律的依据。

二、单项选择题

1. A　**解析：**民主原则要求在教育立法过程中广泛听取人民的意见和要求，通过各种程序和形式，将人民分散的、零碎的愿望和要求转变为集中的、系统的意愿，拟订法律初稿，形成法律草案，然后再向群众广泛征求意见，进行修改后再提交立法机关审议通过，使人民的意愿上升为法律规范。题干所述体现了立法应遵循民主原则。

2. A　**解析：**实事求是的原则就是要求在制定教育法规时必须从教育工作的实际情况出发，从现实国情出发，从社会生产力的发展水平、已有的经济基础出发，从社会发展的客观规律出发，还必须从本国的文化背景、民族心理和公民的普遍素质出发来制定法规。

3. C　**解析：**本题考查影响法律效力等级的因素。影响法律效力等级的因素主要有立法主体的地位、法律的适用范围、法律的制定时间等。

从立法主体的地位来看，上位法优于下位法，即上一级立法主体制定的法律效力高于下一级立法主体制定的法律的效力。

从法律的适用范围来看，特别法优于一般法。

从法律的制定时间来看，新法优于旧法。

题干中，1995年版的《中华人民共和国教育法》的立法主体是全国人民代表大会，1993年版的《中华人民共和国教师法》的立法主体是全国人民代表大会常务委员会，全国人民代表大会常务委员会是全国人民代表大会的常设机关。二者的法律效力不同，主要是因为立法主体不同。

4. A　**解析：**教育立法的五步骤：教育立法准备、提出立法议案、审议法律草案、表决和通过法律草案、公布法律。

5. D　**解析：**教育法规有形式效力、时间效力、地域效力和对人的效力。其中，对人的效力。教育法规对人的效力是指教育法规对适用对象的规定。题干中，各类教育法规对适用对象做出了规定，这体现了教育法规实施的对人的效力。

6. D　**解析：**教育法的效力是指教育法的适用范围，可分为以下几种：①形式效力，指母法与子法、上位法与下位法的层级效力关系。②时间效力，指教育法何时生效、何时失效以及有无溯及力。③空间效力（地域效力），指教育法适用的地域范围。④对人的效力，指教育法对什么人有约束力。这里的人指法律关系主体，包括自然人和法人，也包括国际组织和机构。题干中的规定体现了教育法规的对人的效力。

7. B　**解析：**正式解释又称法定解释、有权解释，是由特定的国家机关依照宪法和法律所赋予的权限，对有关法律所进行的解释，它同被解释的法律具有同等的法律效力。故本题选B。

学理解释又称无权解释、非正式解释、法理解释，一般是指社会组织、学者和报刊对有关法律所进行的法理性的、法制宣传性的解释。如在有关的学术研究、学术著作、课堂教学和专题讲座中对法律所做的解释。学理解释一般属于研究性质，没有法律上的约束力，不能作为实施法律的依据。尽管如此，这种解释依然是十分有意义的。它对正确理解和实施教育法规，以及公民增强法律意识、增强法制观念、加强守法的自觉性，具有非常重要的作用。A、C 两项说法错误。

正式解释和非正式解释的主体是不相同的。正式解释的主体是特定的国家机关，非正式解释的主体一般为社会组织、学者、报刊等。D 项说法错误。

8. C **解析**：教育法规的解释是指特定的国家机关、社会组织和个人对教育法规规范的内容和含义所做的说明。教育法规的解释依据其解释的效力可分为：正式解释（立法解释、司法解释、行政解释、地方解释）和非正式解释（学理解释和任意解释）。正式解释又称有权解释、法定解释或有效解释，是指由特定的国家机关按照宪法和法律所赋予的权限，对有关的法律规范所进行的解释，具有法律效力。非正式解释又叫无权解释或无效法律解释，是指未经授权的机关、团体社会组织、学术机构以及公民对法律规范所做的解释，该解释在法律上没有约束力。

三、多项选择题

BCD **解析**：本题考查教育法规的实施方式。

教育法规的适用以国家名义，采用国家强制力进行，具有很大的强制性。A 项说法正确。

教育法遵守的主体是一切国家机关、社会组织和个人。教育法规适用的主体是国家机关。B 项说法错误。

社会各方面自觉地遵守教育法规是教育法规实施的主要方式。C 项说法错误。

教育法规的遵守是法的自律性实施，教育法规的适用是法的他律性实施。D 项说法错误。

教育行政机关是否能够依法行政，直接影响着教育法规的实施。因此，教育行政机关必须带头严格守法，按照法定的权限和程序履行自己的职责。E 项说法正确。

第二节　教育法规实施

一、判断题

（2017 下）教育法规适用的主体是国家机关及其工作人员、社会团体和公民。　　　　（　　　）

二、单项选择题

1.（2014 上）在教育法规实施的过程中把执法、守法和法规教育结合起来，以说服教育为主，行政、司法强制为辅，使教育主体自觉做到学法、知法、守法。这遵守了教育法规实施的（　　　）。

 A. 教育性原则　　　　　　　　　　B. 效力性原则

 C. 民主性原则　　　　　　　　　　D. 平等性原则

2.（2017 上）《中华人民共和国教育法》明确规定，"中华人民共和国公民有受教育的权利和义务。公民不分民族、种族、性别、职业、财产状况、宗教信仰等，依法享有受教育机会"。这体现了我国教育法的基本原则是（　　　）。

 A. 方向性原则　　　　　　　　　　B. 公共性原则

 C. 平等性原则　　　　　　　　　　D. 保障性原则

3.（2017 上）《中华人民共和国教育法》规定，"任何组织和个人不得以营利为目的举办学校及其他教育机构"。从教育法规实施的方式来看，这项规定体现出的是（　　　）。

 A. 禁令的遵守　　　　　　　　　　B. 义务的履行

 C. 权利的享用　　　　　　　　　　D. 法规的适用

4.（2016下）《中华人民共和国教育法》第八条规定，"任何组织和个人不得利用宗教进行妨碍国家教育制度的活动"。执行此规定属于教育法规实施方式的（　　）。

A. 法规的适用　　　　　　　　　　B. 禁令的遵守

C. 义务的履行　　　　　　　　　　D. 权利的享用

5.（2019上）《中华人民共和国教师法》规定，教师要指导学生的学习和发展，评定学生的品行和学业成绩。执行此规定属于教育法律法规实施方式的（　　）。

A. 禁令的遵守　　　　　　　　　　B. 义务的履行

C. 权利的享用　　　　　　　　　　D. 责任的实施

三、多项选择题

（2018上）在教育法规的实施方式中，下列行为属于遵守的有（　　）。

A. 为人师表　　　　　　　　　　　B. 不体罚学生

C. 进行教育教学活动　　　　　　　D. 不断提高教育教学业务水平

E. 对侮辱学生的教师给予行政处分

参考答案

一、判断题

×　**解析：**教育法规适用的主体是国家机关。教育法适用的形式包括教育行政执法和教育司法。在我国，各级教育行政机关是教育行政执法的主体。各级法院、检察院是教育司法的主体。只有特定的主体才有权适用教育法，行使行政执法权和司法权。

二、单项选择题

1. A　**解析：**教育法规的实施有其特殊性，与其他法规相比，教育法规的强制性显然要低得多。这是因为教育法规所涉及的对象中，有相当一部分是未成年人，不可能对他们采取过于强硬的措施，并且教育工作是一项培养人的工作，其间出现的问题大多数都是比较轻微的违法行为。在教育法规实施过程中把执法、守法和法规教育结合起来，以说服教育为主，行政、司法强制为辅，这遵守了教育性原则。

2. C　**解析：**平等性原则是指所有的公民都有平等的受教育的权利，故本题选C。

3. A　**解析：**教育法规的实施包括两种形式，即教育法规的适用和教育法规的遵守。教育法规的适用是教育法规实施的一种重要形式，它是指专门的国家机关及其工作人员依照法定的职权和程序，将教育法规所确定的行为规范适用于具体人或组织的专门活动，即依照法规来解决具体问题，行使权力活动。教育法规的遵守是指一切国家机关、社会组织和个人自觉地按照教育法规确定的行为规范进行活动，严格地依法办事，包括行使教育法规所规定的权利，履行教育法规所规定的义务，遵守教育法规规定的禁令。禁令的遵守是指教育法规的若干规范中，规定了一些义务人必须抑制的行为，即要求义务人不做出某种行为。题干中"任何组织和个人不得以营利为目的举办学校及其他教育机构"就是禁令的遵守。

4. B　**解析：**教育法规的实施包括两种形式，即教育法规的适用和教育法规的遵守。教育法规的适用是教育法规实施的一种重要形式，它是指专门的国家机关及其工作人员依照法定的职权和程序，将教育法规所确定的行为规范适用于具体人或组织的专门活动，即依照法规来解决具体问题，行使权力活动。教育法规的遵守是指一切国家机关、社会组织和个人自觉地按照教育法规确定的行为规范进行活动，严格地依法办事。它包括行使教育法规所规定的权利，履行教育法规所规定的义务，遵守教育法规规定的禁令。禁令的遵守是指教育法规的若干规范中，规定了一些义务人必须抑制的行为，即要求义务人不做出某种行为。题干中"任何组织和个人不得利用宗教进行妨碍国家教育制度的活动"就是禁令的遵守。

5．C 解析：按照法律调整方式的不同，法的实施分为禁令的遵守、权利的享用和义务的履行三种。禁令的遵守指不做出法律所禁止的行为，表现为消极的不作为。义务的履行与义务性规范相关，义务性规范要求公民必须做出某种行为，不履行义务要受到法律制裁。权利的享用指允许人们做出某种积极的行为，赋予人们某种权利。题干描述的是教师享有指导评价权，执行教师法中的该条规定属于权利的享用。

三、多项选择题

ABCD 解析：教育法规的遵守包括三类，行使教育法规定的合法权利、积极履行教育法规定的义务和遵守教育法规定的禁令。为人师表属于履行教育法规定的义务，不体罚学生属于遵守教育法规定的禁令，进行教育教学活动属于行使教育法规定的合法权利，不断提高教育教学业务水平属于履行教育法规定的义务。E 项属于教育法执行中的教育行政处罚。

第三节 教育行政执法

基础题 »»

一、判断题

1．（2014 上）教育行政执法是一种具有法律意义的活动，也是一场具有国家意志的活动。（ ）

2．（2021 下）教育行政执法的主体可以是国家有关行政机关及其工作人员，也可以是社会团体和公民。（ ）

3．（2015 上）在教育行政执法中，违法者必须服从教育行政执法主体单方做出的处置决定。（ ）

二、单项选择题

1．（2018 下）我国教育行政执法的主体是（ ）。
A．各级法院　　　　　　　　　B．各级检察院
C．各级教育行政机关　　　　　D．各级地方人民政府

2．（2019 上）"五一"放假期间，某小学几名学生相约在学校操场上打篮球，不小心撞伤了手臂。学校值班老师及时将其送到医院并通知其父母。该教师的行为遵循了教育行政执法中的（ ）。
A．合法性原则　　　　　　　　B．合理性原则
C．公开公正原则　　　　　　　D．应急性原则

3．（2019 下）教育局在检查学校工作时，认为学校食堂卫生不合格，要求其停业整改。该校认为，食堂卫生检查没有卫生部门的参与，仅由教育局做出检查结论，检查结果不可信，遂提出申诉。该事件反映出的教育行政执法原则是（ ）。
A．合法性原则　　　　　　　　B．越权无效原则
C．合理性原则　　　　　　　　D．公开公正原则

4.（2014下）提出教育行政执法合理性原则的原因是在教育行政执法中存在（　　　）。

A．自由执法权 　　　　　　　　B．自由解释权

C．自由决定权 　　　　　　　　D．自由裁量权

提升题 ▶▶▶

一、判断题

1.（2015下）在教育行政执法中，只要不是国家法律禁止教育行政机关行使的职权，教育行政机关就可以行使。　　　　　　　　　　　　　　　　　　　　　　　　　　　（　　）

2.（2020上）教育局颁发教师资格证书的行为属于行政确认。　　　　　　　　（　　）

二、单项选择题

1.（2014下）教育行政执法的特点是（　　　）。

A．不告不理 　　　　　　　　　B．主动执法

C．主体单一 　　　　　　　　　D．教育为主

2.（2016下）当突然出现自然灾害，校舍处于危险状态，可能会危及师生生命安全时，学校临时做出的停课决定是有效的。这属于教育行政执法的（　　　）。

A．合理性原则 　　　　　　　　B．应急性原则

C．越权无效原则 　　　　　　　D．公开、公正原则

参考答案

基础题 ▶▶▶

一、判断题

1．√　解析：教育行政执法首先是一种以国家权力机关的执行机关为主体来实施的活动。同时，教育法规作为国家法律的一个分支，其所体现的是上升为国家意志的中国人民的共同教育意志。教育行政执法其次是一种法律行为，它依法成立后就产生行政法律效果，非依法不得变更或者撤销。教育行政执法也是受法律约束的具体行政行为。

2．×　解析：教育行政执法也称教育执法，是指有关行政机关及其工作人员按照法定职权和程序采取的直接影响公民、社会组织或其他社会力量有关教育的权利和义务，或对其教育权利和义务的行使和履行进行监督的行政行为。教育行政执法的主体是教育行政机关及其工作人员。

3．√　解析：教育行政执法具有单向性。

二、单项选择题

1．C　解析：教育行政执法也称教育执法，是指国家有关行政机关及其所属工作人员，在现实生活中实施教育法规的活动，是有关行政机关及其工作人员按照法定职权和程序所采取的直接影响公民、社会组织或其他社会力量有关教育的权利和义务，或对其教育权利和义务的行使和履行进行监督的行政行为。我国教育行政执法的主体是各级教育行政机关。

2．A　解析：教育行政执法不是一种任意进行的执法活动，它必须遵循合法性、合理性、应急性、公开公正、责权统一、越权无效等原则。其中，合法性原则是指教育行政主体在行政执法过程

中要遵循教育法律法规，教育行政执法活动要有法的依据，严格依法办事。题干中，教师将受伤学生送到医院并通知其父母的行为符合法律规定，体现的是合法性原则。

3．B 解析：越权无效原则指超越法定职权范围的教育行政执法行为属于无效行为。题干中，教育局对学校食堂卫生的处理决定，不属于教育局的职权范围，因此这种行政执法行为属于无效行为，反映了教育行政执法的越权无效原则。

4．D 解析：为防止教育行政执法中滥用自由裁量权，教育行政执法必须遵循合理性原则。

提升题 »»»

一、判断题

1．× 解析：职权法定是指行政机关及其工作人员的行政权力必须有法律的明确授权，不能自行设定。行政机关要做到依法行政，首先必须有法律明确授予的行政职权，必须在法律规定的职权范围内活动。非经法律授权，行政机关不能做出行政管理行为；超出法律授权范围，行政机关也不享有对有关事务的管理权，否则都属于行政违法。

2．× 解析：教育行政许可、教育行政确认属于教育行政执法的类型。教育行政确认是指教育行政机关应行政相对人的申请，依法对行政管理相对人的法律地位、法律关系或者有关法律事实进行甄别，给予确认、认可、证明、登记、鉴证，并予以宣告的具体行政行为。教育行政许可是指教育行政机关根据公民、法人或者其他社会组织的申请，经依法审查，准予其从事特定教育活动的行为。教育行政主管机关通过审查、核准，颁发教师资格证书的行为属于行政许可行为。

二、单项选择题

1．B 解析：不告不理是民事司法的特点。教育行政执法具有主动性、执法主体多元性的特征。教育行政执法一般由行政机关主动做出，即一经发现就必须处理。

2．B 解析：应急性原则是指根据公共利益的需要，在紧急情况下，采取的非法行为可以有效。突然出现自然灾害时，学校做出停课决定，是教育行政执法应急性原则的体现。

第五章 教育法律责任与制裁

第一节 教育法律责任概述

一、判断题

1.（2022上）承担教育法律责任的当事人必须是教育法律关系中义务的履行者。　（　　）

2.（2021下）教育法律责任的追究和实现是以国家强制力作保证的。　（　　）

3.（2014上）《中华人民共和国教育法》规定的法律责任只是一种民事责任。　（　　）

4.（2016上）小强是一名初三在校生，参与团伙抢劫，由于年龄只有15岁，故不能处以刑事处罚。　（　　）

5.（2018上）某教师因教育方式不当，对学生进行人格侮辱，学生因不堪忍受而自杀。该教师的行为有过失的因素，要承担相应的法律责任。　（　　）

6.（2019上）过错责任实行谁主张谁举证的原则。　（　　）

7.（2014下）根据我国教育法律责任的归责原则，教育法律关系的主体如果没有过错则不承担法律责任。　（　　）

8.（2022下）一般来说，教师的教学和学生的学习都可以在教育法律关系中成为主体。（　　）

二、单项选择题

1.（2021下）下列关于教育行政法律责任的说法，错误的是（　　）。

A. 教育行政责任应由有关的国家机关依照相关行政法律法规的条件和程序予以追究

B. 追究教育行政法律责任主要适用行政程序

C. 行政机关是教育行政法律责任的唯一主体

D. 国家的行政机关应依照法定的授权，履行行政管理职责

2.（2018上）根据《国家教育考试违规处理办法》，考试工作人员应回避考试工作却隐瞒不报的，对其应追究的法律责任是（　　）。

A. 行政法律责任　　　　　　　　　　B. 民事法律责任

C. 刑事法律责任　　　　　　　　　　D. 违宪责任

3.（2021上）允许当事人在法律许可范围内协商解决，并具有补偿性的法律责任类型是（　　）。

A. 刑事法律责任　　　　　　　　　　B. 民事法律责任

C. 行政法律责任　　　　　　　　　　D. 违宪法律责任

4.（2017上）侮辱、殴打、打击报复教师应承担最为严厉的法律责任是（　　）。

A. 行政法律责任　　　　　　　　　　B. 民事法律责任

C. 刑事法律责任　　　　　　　　　　D. 违宪法律责任

5.（2014上）构成教育法律责任的前提条件是（　　）。

A. 有损害事实　　　　　　　　　　　B. 行为人主观有过错

C. 损害的行为必须违法　　　　　　　D. 违法行为与损害事实之间具有因果关系

6.（2016 下）某校三年级学生小强与同班女生小红发生矛盾，打了小红，老师对小强进行了批评教育。小红父亲得知此事赶到学校，冲进教室，不顾上课老师的阻拦，将小强打伤。事后小强家长将小红父亲和学校一起告上法庭。该事件经法院审理，判决学校承担 40% 的责任。法院对这起学生伤害事故采用的归责原则是（　　　）。

A．过错原则　　　　　　　　　　B．无过错原则

C．公平原则　　　　　　　　　　D．补偿原则

7.（2022 下）幼儿在幼儿园生活期间发生的人身伤害事故，幼儿园承担责任的归责，遵循（　　　）。

A．严格责任原则　　　　　　　　B．过错责任原则

C．公平责任原则　　　　　　　　D．过错推定责任原则

参考答案

一、判断题

1.　√　**解析**：教育法律责任具有归责特定性，即法律责任由违法的教育法律关系主体承担。除法律特别规定的以外，当事人必须是教育法律关系中义务的履行者，因其未履行相关义务而须承担教育法律责任，否则，就不会导致教育法律责任。

2.　√　**解析**：教育法律责任具有以下特征：①必须有法律规范的规定。②以国家强制力保证执行。对违反教育法律法规行为的追究是以国家强制力来保证实施的，并对所有的违法者和一切违法行为都予以制裁。③由违法的教育法律关系主体所承担。④由国家专门机关或国家授权机关依法追究。

3.　×　**解析**：《中华人民共和国教育法》规定的法律责任可以是行政法律责任、民事法律责任和刑事法律责任，并不是只有一种民事责任。

4.　×　**解析**：《中华人民共和国刑法》（2020 年修正）第十七条第二款规定，"已满十四周岁不满十六周岁的人，犯故意杀人、故意伤害致人重伤或者死亡、强奸、抢劫、贩卖毒品、放火、爆炸、投放危险物质罪的，应当负刑事责任"。

5.　√　**解析**：教育法律责任的归责要件包括：有损害事实、损害行为必须违法、行为人主观有过错、违法行为与损害事实之间具有因果关系。该教师的行为有过失的因素，肯定要承担相应的法律责任。

6.　√　**解析**：过错责任是指以过错作为归责的构成要件和归责的最终要件，同时，以过错作为确定行为人责任范围的重要依据。过错责任实行谁主张谁举证原则，受害人须就加害人的过错进行举证。

7.　×　**解析**：我国教育法律责任的归责原则中的无过错责任原则是指当损害发生后，当事人无过错也要承担责任的一种法律责任形式。其目的在于补偿受害人所受到的损失。因此教育法律关系的主体如果没有过错也要承担法律责任。

8.　×　**解析**：本题考查对教育法律关系主体的认识。教育法律关系的主体是指教育法律关系的参加者，也就是在具体的教育法律关系中享有权利并承担义务的人和组织。我国教育法律关系的主体可分为三类：自然人、机构和组织（法人）、国家。教育法律关系中最重要的法律主体是学生与教师。教育法律关系的客体是指教育法律关系主体的权利和义务所指向的对象。典型的教育法律关系客体包括物、行为、精神财富。题干中，教师的教学和学生的学习行为属于教育法律关系的客体，故题干说法错误。

二、单项选择题

1．C　**解析**：根据违法主体的法律地位、违法行为的性质和危害程度的不同，教育法律责任可分为行政法律责任、民事法律责任和刑事法律责任三种。其中，行政法律责任是指行为人因实施行政违法行为而应承担的法律责任，简称行政责任。其特点表现为以下三个方面：①行政责任基于违反行政法律义务而产生。承担行政责任的主体主要包括行政机关、国家行政机关工作人员、行政受托人、相对人。②行政责任应由国家机关依照相关行政法规定的条件和程序予以追究。③追究行政责任主要适用行政程序。C项说法错误，符合题意，故当选。

D项，国家的行政机关应依照法定的授权，履行行政管理的职责。国家机关有进行管理的权力，但同时也有保障相对人合法权益的义务。

2．A　**解析**：《国家教育考试违规处理办法》（2012年修正）第十三条规定，"考试工作人员应当认真履行工作职责，在考试管理、组织及评卷等工作过程中，有下列行为之一的，应当停止其参加当年及下一年度的国家教育考试工作，并由教育考试机构或者建议其所在单位视情节轻重分别给予相应的行政处分：（一）应回避考试工作却隐瞒不报的……（十）其他违反监考、评卷等管理规定的行为"。

3．B　**解析**：民事法律责任简称民事责任，是指由于人们实施民事违法行为所导致的赔偿或补偿的法律责任。民事法律责任的特征：①民事法律责任是由于违反民法规定而产生的；②民事法律责任主要是财产责任；③民事法律责任具有补偿性；④民事法律责任可以由当事人协商解决。

4．C　**解析**：侮辱、殴打、打击报复教师构成犯罪，应予以追究刑事责任。追究教育刑事法律责任是国家对违反教育法的行为人最为严厉的法律制裁。

5．A　**解析**：有损害事实是指行为人有侵害教育管理、教学秩序及从事教育教学活动的公民、法人和其他组织的合法权益的客观事实存在，这是构成教育法律责任的前提条件。

6．A　**解析**：过错责任原则是指以过错作为归责的最终构成要件，同时以过错作为确定行为人责任范围的重要依据。学校承担着对学生进行安全教育、管理和保护的责任。案例中学校未充分履行管理和保护义务，有过错行为，所以需要承担法律责任。

7．D　**解析**：本题考查教育法律责任归责原则。

严格责任是指不考虑行为人的主观态度和心理状况，仅据其行为危害结果确定犯罪和刑事责任。

过错责任是指以过错作为归责的构成要件和归责的最终要件，同时，以过错作为确定行为人责任范围的重要依据。过错责任原则采取"谁主张，谁举证"的原则。

公平责任是指当事人双方在造成损害时均没有过错的情况下，由人民法院根据公平的原则，来判定当事人对受害人的财产损失给予适当的补偿。

过错推定责任是指如果原告能证明其所受的损害是由被告所致，而被告不能证明自己没有过错，则应推定被告有过错并应承担民事责任。《中华人民共和国民法典》第一千一百九十九条规定，无民事行为能力人在幼儿园、学校或者其他教育机构学习、生活期间受到人身损害的，幼儿园、学校或者其他教育机构应当承担侵权责任；但是，能够证明尽到教育、管理职责的，不承担侵权责任。此时教育机构承担责任的归责原则是过错推定原则。故本题选D。

第二节　法律制裁

一、判断题

1.（2014 上）法律制裁只有民事和刑事两种。　　　　　　　　　　　　　（　　）

2.（2014 下）某校高二学生王某撕毁图书室的图书彩图插页 5 页，学校根据本校的规定对王某进行了罚款。学校的这一做法是合法的。　　　　　　　　　　　　（　　）

3.（2018 上）刑罚只能由人民法院依法判处，其他国家机关均不得适用。　　（　　）

4.（2018 下）高二学生小张在期末考试中作弊，学校应依据《国家教育考试违规处理办法》中的相关条款对其进行处理。　　　　　　　　　　　　　　　　　　　　　　（　　）

二、单项选择题

1.（2015 上）下列属于最严重的行政处罚的是（　　　）。

A. 财产罚　　　　　　　B. 申诚罚　　　　　　　C. 人身罚　　　　　　　D. 行为罚

2.（2017 下）教育部颁发的《教育行政处罚暂行实施办法》中，对教育行政处罚的种类作出了明确规定，其中包括"撤销违法举办的学校和其他教育机构""取消其颁发的学历、学位和其他学业证书的资格"。这两条规定属于行政处罚分类中的（　　　）。

A. 申诚罚　　　　　　　　　　　　　B. 财产罚

C. 行为罚　　　　　　　　　　　　　D. 人身罚

3.（2016 上）幼儿园园舍、设施不符合国家卫生标准、安全标准，损害幼儿身体健康或者威胁幼儿生命安全的，若情节严重，教育行政部门可以停止其招生。这属于教育行政处罚中的（　　　）。

A. 人身罚　　　　　　　　　　　　　B. 行为罚

C. 财产罚　　　　　　　　　　　　　D. 声誉罚

4.（2017 下）关于教育法规，下列说法错误的是（　　　）。

A. 教育法规的制裁主要依据人的行为动机

B. 违反教育法规的行为要受到一定的法律制裁

C. 教育法规作用的实现主要依靠外在的强制力量

D. 教育法规大多由较为明确、具体的教育行为规则构成

5.（2023 上）下列选项中不属于教育行政处罚的是（　　　）。

A. 教育局对校长进行纪律处分

B. 教育局取缔违法举办的学校

C. 教育局撤销张某的教师资格

D. 教育局没收教育培训机构的违法所得

参考答案

一、判断题

1. × **解析：**根据违法行为和法律责任的性质不同，法律制裁可以分为司法制裁（包括民事制裁、刑事制裁）和行政制裁、违宪制裁。

2．×　**解析**：学生损坏公物、违反纪律给予警告处分和要求照价赔偿是合法的，而对学生给以罚款则是一种典型的违法行为。罚款是行政处罚的一种，只有国家特定的行政机关才有行政处罚权。学校是事业单位，当然也就没有行政处罚权，无权对学生进行罚款。

3．√　**解析**：刑事制裁是对违反刑事法律规范的犯罪分子依其所应承担的刑事责任而实施的刑罚。刑罚只能由人民法院依法判处，任何其他国家机关均不得适用。

4．×　**解析**：《国家教育考试违规处理办法》（2012年修正）第二条规定，"本办法所称国家教育考试是指普通和成人高等学校招生考试、全国硕士研究生招生考试、高等教育自学考试等，由国务院教育行政部门确定实施，由经批准的实施教育考试的机构承办，面向社会公开、统一举行，其结果作为招收学历教育学生或者取得国家承认学历、学位证书依据的测试活动"。学校自行组织的期末考试不属于国家教育考试。

二、单项选择题

1．C　**解析**：人身罚也称自由罚，是指特定行政主体限制和剥夺违法行为人的人身自由的行政处罚。人身罚主要是指行政拘留和劳动教养，是最严厉的行政处罚。

2．C　**解析**：行政处罚的种类包括人身罚、行为罚、财产罚和申诫罚。行为罚又称能力罚，是指行政主体限制或剥夺违法行为人特定的行为能力的制裁形式。"撤销违法举办的学校和其他教育机构""取消其颁发的学历、学位和其他学业证书的资格"都属于行为罚。

3．B　**解析**：行为罚又称能力罚，是指行政主体限制或剥夺违法行为人特定的行为能力的制裁形式，如责令停产、停业，暂扣或吊销许可证和营业执照等。

4．A　**解析**：教育法规的制裁主要依据人的最终行为，而不是人的行为动机。A项错误。

5．A　**解析**：本题考查行政处分和行政处罚的区别。

行政处分是指国家机关、企业、事业单位对所属人员中有轻微违法失职行为而尚未构成犯罪的人或违反纪律的人所给予的处分。处罚机关与被处罚者之间有隶属关系。行政处分包括警告、记过、记大过、降级、降职、撤职、开除等。

行政处罚是指行政机关或法定授权组织对违反特定的行政管理法规，但尚未构成犯罪的个人和组织所给予的惩罚措施。处罚机关与被处罚者之间无隶属关系。行政处罚一般包括警告、罚款、没收违法所得、吊销许可证件、责令停产停业、行政拘留等。

A项属于行政处分。B、C、D三项属于行政处罚。

第三节　教育侵权责任的认定与赔偿

一、判断题

1．（2020下）无民事行为能力人在幼儿园遭受人身损害，幼儿园侵权责任是过错推定责任。
（　　）

2．（2015下）不满8周岁的学生在校期间发生的伤害事故，适用过错推定责任原则。（　　）

二、单项选择题

（2019上）某小学一年级的学生小明在课间玩单杠时不小心摔坏了左脚，需住院治疗。学校和家长对谁应该在这件事件中负主要责任争执不下。此案例中的归责应该遵循（　　）。

A．过错推定原则　　B．过错责任原则　　C．公平责任原则　　D．严格责任原则

三、多项选择题

（2018下）某小学五年级学生在操场上体育课，体育老师给学生讲解完打篮球的要点和有关安全注意事项后，把班上的同学分为几个小组，练习投篮和抢篮板球。李同学和刘同学分在一个小组。李同学在抢球时不慎摔倒在地，恰巧被奔跑而来的刘同学踏在腿上，致使小腿骨折。随后李同学住院几个月，花费了医疗费、护养费等共计一万多元。在该事故中应承担李同学医疗费用的有（   ）。

　　A．学校

　　B．刘同学

　　C．李同学

　　D．体育老师

　　E．小组其他同学

参考答案

一、判断题

1．√　**解析：**过错推定责任是指一旦行为人的行为致人损害就推定其主观上有过错，除非行为人能证明自己没有过错，否则应承担民事责任。过错推定责任以过错作为承担责任的基础，它是过错责任原则的一种特殊形式。

《中华人民共和国民法典》（2020年颁布）第一千一百九十九条规定，"无民事行为能力人在幼儿园、学校或者其他教育机构学习、生活期间受到人身损害的，幼儿园、学校或者其他教育机构应当承担侵权责任；但是，能够证明尽到教育、管理职责的，不承担侵权责任"。此时幼儿园承担责任的归责原则是过错推定原则。故此题说法正确。

2．√　**解析：**过错推定责任也称过失推定责任，是指如果原告能证明其所受的损害是由被告所致，而被告不能证明自己没有过错，则应推定被告有过错并应承担民事责任。《中华人民共和国民法典》（2020年颁布）第二十条规定，"不满八周岁的未成年人为无民事行为能力人，由其法定代理人代理实施民事法律行为"。该法第一千一百九十九条规定，"无民事行为能力人在幼儿园、学校或者其他教育机构学习、生活期间受到人身损害的，幼儿园、学校或者其他教育机构应当承担侵权责任；但是，能够证明尽到教育、管理职责的，不承担侵权责任"。

二、单项选择题

A　**解析：**教育法律责任的归责原则包括过错责任原则、过错推定原则、公平责任原则和无过错责任原则。其中，过错推定原则也称过失推定原则，指如果原告能证明其所受的损害是由被告所致，而被告不能证明自己没有过错，则应推定被告有过错并应承担民事责任。《中华人民共和国民法典》（2020年颁布）第一千一百九十九条规定，"无民事行为能力人在幼儿园、学校或者其他教育机构学习、生活期间受到人身损害的，幼儿园、学校或者其他教育机构应当承担侵权责任，但是，能够证明尽到教育、管理职责的，不承担侵权责任"。小明是一年级的学生，属于无民事行为能力人。因此，学校是否需要承担责任，需要通过证明学校是否尽到教育、管理职责来推定，此案例中的归责应该遵循过错推定原则。

三、多项选择题

BC **解析：** 根据教育法律责任归责要件，李同学是不慎摔倒，而刘同学的踩踏属于可预见范围外的突发事故，双方对损害均没有过错。根据公平责任原则，双方应适当分担李同学的医疗费，故BC正确。《学生伤害事故处理办法》（2010年修正）第十二条规定，"因下列情形之一造成的学生伤害事故，学校已履行了相应职责，行为并无不当的，无法律责任：……（五）在对抗性或者具有风险性的体育竞赛活动中发生意外伤害的……"。体育老师在教育教学过程中已经给学生讲解了安全注意事项，履行了相应的职责，且此次学生的伤害属于在具有对抗性的竞赛中发生的可预见范围外的事故，因而体育老师和学校不承担责任，E项属于干扰选项。

第六章 学生和教师的权利及其维护

第一节 学生权利的内容和维护

一、判断题

1.（2022 上）小剑在课堂上扰乱课堂秩序，班主任让其在体育课时间到办公室写检讨。班主任的做法侵犯了小剑的受教育权。 （ ）

2.（2019 上）我国宪法规定中华人民共和国公民享有受教育的权利和义务，其中的教育是指义务教育，不包括高等教育、职业教育等。 （ ）

3.（2017 上）公民的受教育权不属于宪法规定的基本权利。 （ ）

二、单项选择题

1.（2021 上）四位同学为我国公民受教育权的时间起点进行争论。你认为谁的说法是正确的？（ ）

A．甲说从出生开始   B．乙说从年满 6 周岁开始

C．丙说从年满 14 周岁开始   D．丁说从年满 18 周岁开始

2.（2016 上）学生平等接受教育的权利首先体现在（ ）。

A．学校平等   B．教师平等

C．机会平等   D．教材平等

3.（2015 上）在教育权利中，最基本的教育权利是（ ）。

A．家长的教育权利   B．国家的教育权利

C．学校的教育权利   D．学生的受教育权利

4.（2017 上）10 岁的林某非常调皮，一次和同学打架后，班主任当着全班同学的面严厉地批评了他，并说："林某，如果你继续这样，早晚有一天你和你爸爸一样也进监狱。"班主任的这一做法侵犯了林某的（ ）。

A．知情权   B．姓名权

C．隐私权   D．荣誉权

5.（2022 下）六年级（1）班的王某和陈某在课间休息时，发生肢体冲突。针对此事，班主任在班会上对二人进行了严厉批评，并指着王某说："你再这样不知收敛，将来会和你爸爸一样走上犯罪道路。"班主任这一做法侵犯了王某的（ ）。

A．荣誉权   B．隐私权

C．知情权   D．健康权

6.（2024 上）罗老师在全班范围内批评小吴时，说出了小吴初中曾因严重违纪被处分的事情。罗老师的做法损害了小吴的（ ）。

A．受教育权   B．名誉权

C．隐私权   D．身心健康权

7.（2016下）下列行为未侵犯学生受教育权的是（　　）。

A．教师上课无故旷工 　　　　　　　　B．学生课堂违纪被赶出教室

C．从课堂抽调学生去做与学习无关的事情　　D．教师突击检查学生书包

8.（2015上）教育部在《关于全面贯彻教育方针减轻中小学生过重课业负担的意见》中明确规定，学校、教师不得按学生考分高低排列名次、张榜公布。这是为了保护未成年人的（　　）。

A．财产权 　　　　　　　　　　　　　B．隐私权

C．受教育权 　　　　　　　　　　　　D．姓名权

9.（2017上）以下不属于侵犯学生权利的行为有（　　）。

①学校让严重违纪的学生转学　　　　　②学校指定购买教学参考书

③学校没收学生偷玩的玩具　　　　　　④学校公布作文比赛获奖名单

⑤学校公布学生违纪处分决定

A．①② 　　　　　　　　　　　　　　B．②③

C．③④ 　　　　　　　　　　　　　　D．④⑤

10.（2019上）某执法部门想到幼儿园找小朋友玲子谈话，了解一下昨天她家邻居放在家门口的包被盗一事，但遭到了园长的拒绝。园长的做法主要体现了《儿童权利公约》中的（　　）。

A．平等原则 　　　　　　　　　　　　B．不歧视原则

C．尊重儿童意见原则 　　　　　　　　D．儿童最大利益原则

三、多项选择题

1.（2022下）13岁的初中生小兵经常利用业余时间搞一些小发明。在放寒假期间，小兵受电视节目启发，发明了一种自动黑板擦，并向国家申请了发明专利。开学后，小兵高兴地将自动黑板擦带到学校向老师和同学展示。老师看到后，在没有告知小兵的情况下就在全校范围内推广使用该自动黑板擦。

关于学校老师的做法，下列说法中正确的有（　　）。

A．小兵作为在校生，学校有权随意使用其发明

B．小兵虽是在校生，老师也无权随意使用其发明

C．小兵作为未成年人，可以采取法律措施保护其知识产权

D．小兵作为未成年人，其智力成果和荣誉权无法归属于他人

E．小兵取得的发明成果是学校老师培养的结果，老师对该项发明的推广体现了与小兵的权利共享

2.（2020下）为了保障学生的合法权利，学校在学生管理中应遵循的原则有（　　）。

A．合法性原则 　　　　　　　　　　　B．合理性原则

C．教育性原则 　　　　　　　　　　　D．惩戒性原则

E．保护性原则

参考答案

一、判断题

1.√　**解析**：学生的受教育权包括受完法定年限教育权、学习权和公正评价权。其中，学习权是指学生在义务教育年限内有权利在校学习。在教育教学过程中，教师不得以任何借口随意侵犯或剥夺学生参加学习活动，诸如听课、写作业的权利。题干中，班主任不让小剑上体育课，侵犯了

小剑的受教育权。

2. ×　**解析:**《中华人民共和国宪法》（2018 年修正）第四十六条规定，"中华人民共和国公民有受教育的权利和义务。国家培养青年、少年、儿童在品德、智力、体质等方面全面发展"。由此可见，我国公民所受教育的内容既包括义务教育，也包括高等教育、职业教育、成人教育等。

3. ×　**解析:**《中华人民共和国宪法》（2018 年修正）第四十六条规定，"中华人民共和国公民有受教育的权利和义务"。

二、单项选择题

1. A　**解析：**1989 年通过的《儿童权利公约》规定，受教育权是儿童出生后所具有的基本权利之一，属于儿童所具有的 "包括生存、发展和充分参与社会、文化、教育活动以及他们个人成长与福利所必需的其他活动的权利"。我国政府于 1990 年正式签署了这一公约。因此，我国公民受教育权的时间起点是从出生开始的。A 项正确。

2. C　**解析：**学生平等接受教育的权利首先体现在教育机会平等。

3. D　**解析：**在教育权利中最基本的教育权利是学生的受教育权利。

4. C　**解析：**题干中，班主任讥讽林某继续打架会像他爸爸一样进监狱的行为，泄露了林某的家庭隐私，侵犯了林某的隐私权。

5. B　**解析：**本题考查学生的权利。

荣誉权是指自然人所享有的，因自己的突出贡献或特殊劳动成果而获得的光荣称号或其他荣誉的权利。

隐私权是指自然人有不愿或不便让他人干涉的、与公共利益无关的信息或生活领域不被他人所知的权利。题干中，王某父亲犯罪的事实是王某的隐私，班主任在班会上透露王某父亲犯罪这一情况，侵犯了王某的隐私权。B 项符合题意，当选。

知情权是自然人享有的知悉、获取信息的自由与权利，包括从官方或非官方渠道知悉、获取相关信息。

健康权是自然人依法享有的保持其自身及其器官以至身体整体的功能安全为内容的人格权。

6. C　**解析：**本题考查学生权利。隐私权是指学生有要求私人的、不愿或不便让他人获知或干涉的、与公共利益无关的信息或生活领域不被他人所知的权利。题干中，罗老师将小吴初中被处分的隐私告知了全班同学，侵犯了小吴的隐私权。

7. D　**解析：**学生具有参加教育教学计划安排的各种活动的权利，A、B、C 三项均侵犯了学生的受教育权。D 项检查学生书包侵犯了学生的人身权中的隐私权。

8. B　**解析：**学校、教师不得按学生考分高低排列名次、张榜公布。这是为了保护学生的隐私权。

9. D　**解析：**学校让严重违纪的学生转学，侵犯了学生的受教育权；学校指定购买教学参考书、没收学生玩具，侵犯了学生的财产权。

10. D　**解析:**《儿童权利公约》建立在四项基本原则之上。①儿童最大利益原则：涉及儿童的一切行为，必须首先考虑儿童的最大利益，即任何涉及儿童的事件都要以儿童的权利为最重要。②不歧视原则：每一个儿童都平等地享有公约所规定的全部权利，儿童不应因其本人及其父母的种族、肤色、性别、宗教、民族等受到任何歧视。③尊重儿童权利与尊严原则：所有儿童都享有生存和发展的权利，应最大限度地确保儿童的生存和发展。④尊重儿童观点与意见原则：任何涉及儿童的事情，均应听取儿童的意见。题干中，针对涉及儿童的盗窃事件，园长不让儿童参与调查是优先考虑儿童最大利益的表现，遵循的是儿童最大利益原则。

三、多项选择题

1．BC　**解析**：本题考查学生的权利。知识产权共享是指两个或两个以上的知识产权人共同享有同一知识产权。题干中，自动黑板擦属于小兵的智力成果，相关的知识产权归属小兵，任何人不得侵犯。A、E两项说法错误，B项说法正确。小兵的知识产权受到了侵犯，可以利用学生申诉制度保护自己的权利。C项说法正确。智力成果属于教育法律关系的客体，可以进行法律关系的变更。D项说法错误。故本题选BC。

2．ABCE　**解析**：做好学生管理工作应当遵循合法性原则、合理性原则、合乎教育规律和教育目的的原则、符合身心发展规律与特点的原则、教育性原则、保护性原则、溶清性原则、参与性原则、文明性原则、激励性原则、一致性原则、管理与教育的及时性原则等。A、B、C、E四项正确。

第二节　教师权利的内容和维护

一、判断题

1．（2016下）教师的人身权利包括生命权、健康权、财产权和人身自由权。　　　　（　　　）

2．（2016上）对每一个教师而言，教书育人是一种权利也是一种义务。　　　　　（　　　）

二、单项选择题

1．（2021下）李老师根据班级学生的学习特点，把行动引导教学法和翻转课堂融入教学中，培养学生的自学能力和社会实践能力。李老师行使的是（　　　）。

A．管理学生权　　　　　　　　　　　B．教育教学权

C．科学研究权　　　　　　　　　　　D．进修培训权

2．（2015上）教师最基本的职业权利是（　　　）。

A．学术研究权　　　　　　　　　　　B．教育教学权

C．获得报酬权　　　　　　　　　　　D．参与学校管理权

3．（2016上）《中华人民共和国教师法》规定，教师享有"指导学生的学习和发展，评定学生的品行和学业成绩"的权利。这项权利属于（　　　）。

A．教育教学权　　　　　　　　　　　B．学术自由权

C．评价学生权　　　　　　　　　　　D．参与学校管理权

4．（2015下）教师参与学校民主管理的方式主要是通过（　　　）。

A．全校职工大会　　　　　　　　　　B．教职工代表大会

C．教研组会议　　　　　　　　　　　D．年级组会议

5．（2018下）教初中语文的张老师利用休息时间撰写了一部长篇小说《花开》，又根据学校安排和提供的资料，编写了一本记载学校发展历程的纪实文学作品《辉煌》。学校与张老师未对著作权归属进行约定。下列说法不正确的是（　　　）。

A．《花开》不属于职务作品

B．学校享有《花开》和《辉煌》的发表权

C．《辉煌》属于职务作品，张老师享有其著作权

D．不论《花开》是否发表，张老师均享有著作权

三、多项选择题

（2019 下）某小学五（2）班的李老师怀孕了，她有时会因做产检或身体不舒服而请假，学校便会让其他老师来顶替李老师上课。该班的家长认为李老师请假次数太多，影响了孩子学习，要求学校换老师。对此下列说法正确的有（　　　）。

A．家长的要求是合理的

B．教师怀孕请假产检是教师的基本权利

C．李老师请假不上课，侵犯学生的受教育权

D．家长要求换老师，侵犯了李老师的职业权利

E．学校在李老师请假时调换其他老师代课，保护了学生的受教育权

参考答案

一、判断题

1．×　解析：人身权指与人身相联系或不可分离的没有直接财产内容的权利。人身权与财产权共同构成了民法中的两大类基本民事权利。人身权包括人格权和身份权两大类，其中人格权包括生命权、身体权、健康权、姓名权、名称权、名誉权、肖像权。身份权包括亲权、配偶权、亲属权、荣誉权。财产权不属于人身权。

2．√　解析：教师享有教育教学权，因此有教书育人的权利，同时教师也有促进学生全面发展的义务。

二、单项选择题

1．B　解析：教师享有教育教学权、科学研究和学术交流权、指导和管理学生权、获取报酬和相关待遇权、民主管理权、进修培训权六项权利。其中，教育教学权是指教师享有进行教育教学活动、开展教育教学改革和实验的权利。题干中，李教师采用新的教学方法，主动开展改革和试验，行使的是教育教学权。

2．B　解析：教育教学权是教师最基本的职业权利。

3．C　解析：教师指导学生的学习和发展，评定学生的品行和学业成绩属于教师的评价学生权。

4．B　解析：《中华人民共和国教师法》（2009 年修正）第七条规定，教师享有对学校教育教学、管理工作和教育行政部门的工作提出意见和建议，通过教职工代表大会或者其他形式，参与学校的民主管理的权利。

5．B　解析：《中华人民共和国著作权法》（2020 年修正）第十八条第一款规定，"自然人为完成法人或者非法人组织工作任务所创作的作品是职务作品，除本条第二款的规定以外，著作权由作者享有，但法人或者非法人组织有权在其业务范围内优先使用。作品完成两年内，未经单位同意，作者不得许可第三人以与单位使用的相同方式使用该作品"。《花开》是张老师在休息时间创作的，不属于职务作品，学校无权发表。B 项错误。

三、多项选择题

BDE　解析：家长的要求侵犯了教师的职业权利——教育教学权，其要求是不合理的。A 项错误，D 项正确。《女职工劳动保护特别规定》（2012 年发布）第六条第三款规定，"怀孕女职工在劳动时间内进行产前检查，所需时间计入劳动时间"。这属于教师的基本权利。B 项正确，C 项错误。学校在李老师请假时调换其他老师代课，保护了该班学生的受教育权。E 项正确。

第七章　教育法律救济

第一节　教育法律救济概述

一、判断题

1.（2020 上）只要有法律纠纷，就可以提出教育法律救济。　　　　　　　　　　　　（　　）
2.（2019 下）侵权损害事实的存在是实施法律救济的前提。　　　　　　　　　　　　（　　）
3.（2016 下）教育法律救济应以合法权益受到侵害并造成损害为前提。　　　　　　　（　　）
4.（2015 下）教育行政复议机关的复议决定具有最终的法律效力。　　　　　　　　　（　　）
5.（2017 下）教育法律救济的行政救济、司法救济是由国家机关运用国家强制力实施的。（　　）
6.（2024 上）在教育法律救济途径中，仲裁是解决纠纷最权威的途径。　　　　　　　（　　）

二、单项选择题

1.（2015 上）教育法律救济的主要方式是（　　）。
A. 行政渠道　　　　　　　　　　　　　　B. 司法渠道
C. 仲裁渠道　　　　　　　　　　　　　　D. 调解渠道

2.（2021 上）教师提出教育行政救济时，不能提出（　　）。
A. 行政申诉　　　　　　　　　　　　　　B. 行政复议
C. 行政赔偿　　　　　　　　　　　　　　D. 行政诉讼

3.（2017 上）依据我国教育行政诉讼和复议的相关规定，下列说法不正确的是（　　）。
A. 教育行政复议是行政行为　　　　　　　B. 教育行政诉讼是司法行为
C. 校长可以成为行政诉讼被告　　　　　　D. 学校可以成为行政复议的被申请人

4.（2020 上）关于教育行政赔偿的特征，以下说法错误的是（　　）。
A. 侵权行为源于违法行政
B. 教育行政赔偿的主体是国家
C. 教育行政赔偿是一种法律责任
D. 侵权主体为国家机关、社会团体和公民

5.（2018 上）根据法律救济的渠道分类，下列属于国家机关运用国家强制力实施的法律救济渠道的是（　　）。
A. 行政渠道和仲裁渠道　　　　　　　　　B. 司法渠道和调解渠道
C. 仲裁渠道和司法渠道　　　　　　　　　D. 行政渠道和司法渠道

6.（2016 上）《中华人民共和国教育法》规定，受教育者有"对学校给予的处分不服向有关部门提出申诉，对学校、教师侵犯其人身权、财产权等合法权益，提出申诉或者依法提起诉讼"的权利。该条款包含的教育法律救济方式有（　　）。
A. 行政、诉讼　　　　　　　　　　　　　B. 仲裁、调解
C. 行政、仲裁　　　　　　　　　　　　　D. 诉讼、调解

参考答案

一、判断题

1．× **解析**：教育法律救济是指通过一定的程序和途径裁决教育法律纠纷，从而使相对人受到损害的权益获得法律上的补救的法律制度。损害事实是教育法律救济的基本依据。损害事实是指损害方实施了违法行为或权力运用不当造成了受害方财产上或人身上实际的损失。若没有发生教育损害事实，教育法律救济就无从发生。即使存在教育法律纠纷，但是并未因此造成实际上的损害，即未出现损害事实，教育法律救济也就无从发生。相对人只能在合法权益受到侵害的基础上才可以提出救济请求。

2．√ **解析**：法律救济以侵权损害事实为前提。任何法律上的救济，均起因于侵权损害，无侵权损害就无所谓救济，侵权损害事实的存在是实施法律救济的前提。

3．√ **解析**：任何法律上的救济都是因为发生了侵权损害，无侵权损害就无所谓救济。损害的发生是教育法律救济的前提。

4．× **解析**：教育行政复议机关的复议结果不具有最终的法律效力，对复议结果不服的还可以提起诉讼。

5．√ **解析**：教育法律救济有行政、司法、仲裁、调解四种。行政救济、司法救济是由国家机关运用国家强制力实施的。调解救济和仲裁救济是通过教育系统内部或机构以及民间方式实施的。

6．× **解析**：本题考查法律救济途径。教育法律救济途径包括司法救济（诉讼）、行政救济（行政申诉、复议、赔偿）以及仲裁、调解等。诉讼是解决纠纷的最权威的途径。

二、单项选择题

1．A **解析**：在教育法律救济渠道中，最主要、占比例最大的是行政渠道，如行政申诉、赔偿。

2．D **解析**：教育行政救济主要是指行政申诉、行政复议和行政赔偿。行政渠道是教育法律救济中最主要、占比最大的方式。A、B、C三项不符合题意。

教育行政诉讼是指教育行政管理相对人认为教育行政机关的具体行政行为侵犯其合法权益，依法向人民法院提起诉讼，请求给予法律救济，并由人民法院对行政行为进行审查和裁判的诉讼救济活动。D项是教师提出教育行政救济时不能提出的，符合题意。

3．C **解析**：教育法律救济的途径主要有诉讼渠道（司法救济渠道）、行政渠道（行政申诉和行政复议）和其他渠道。诉讼救济是指相对人就特定的侵权行为向人民法院提起诉讼，请求人民法院依法对纠纷作出公正裁决，为相对人提供救济。被诉具体行政行为的行政机关是被告，申请人对校长有意见，只能诉讼学校而不是校长，校长不能成为行政诉讼被告。教育行政复议是指教育管理相对人认为教育行政机关作出的具体行政行为侵犯其合法权益，依法向作出该行为的上一级教育行政机关或法律、法规规定的其他行政机关提出申诉，受理行政机关对该行政行为进行复查并作出裁决的活动的制度。申请人对行政机关做出的具体行政行为不服，直接申请复议的，该行政机关是被申请人。学校可以成为行政复议的被申请人。

4．D **解析**：教育行政赔偿是指国家教育行政机关及其工作人员违法行使职权侵犯了学生、学校或其他教育机构的合法权益并造成损害，依照相关法律规定由国家承担赔偿责任的制度。教育行政赔偿具有不同于一般侵权赔偿的特征：①教育行政赔偿的侵权主体只能是教育行政机关及其工作人员，而不能是其他公民、法人或组织。②只有在行使教育行政权力的执行行政职务行为过程中发生的侵权行为才属于教育行政赔偿的范围。③教育行政机关及其工作人员的侵权行为是违法行政的行为。④教育行政赔偿的主体是国家，其具体承担者是代表国家并以国家名义执行行政职务的具体的国家教育行政机关。⑤教育行政赔偿是一种具有惩戒意义的法定的赔偿制度，是国家机关承担法律责任和进行法律救济的一种方式。A、B、C三项正确。D项错误。

5．D **解析：** 教育法律救济有四种：行政、司法、仲裁和调解。行政救济、司法救济是由国家机关运用国家强制力实施的。调解救济和仲裁救济是通过教育系统内部或机构以及民间方式实施的。

6．A **解析：** 从一般意义上讲，教育法律救济的途径主要有三种，即诉讼渠道（司法救济渠道）、行政渠道（行政救济渠道）和其他渠道。诉讼救济，也叫司法救济，是指相对人就特定的侵权行为向人民法院提起诉讼，请求人民法院依法对纠纷做出公正裁决，为相对人提供救济。行政救济主要是指行政申诉和行政复议制度。其他渠道主要是指通过学校或其他教育机构内部或者民间组织进行救济的渠道，如校内调解、教育仲裁等。题干中申诉属于行政救济，没有体现调解和仲裁。

第二节　教育行政申诉制度

一、判断题

1．（2014上）在教育领域内，有两类特殊的法律救济制度，分别是教师申诉制度和学生申诉制度。　　　　　　　　　　（　　）

2．（2017上）张老师因上课连续迟到，学校依据相关规章制度给予其记过处分，并停发半年绩效工资。张老师不服处理结果，向当地教育行政部门提出申诉。张老师的申诉不符合非诉讼的申诉制度，当地教育行政部门应不予受理。　　　　　　　　（　　）

3．（2018下）教师申诉制度是非诉讼意义上的行政申诉制度。　　　　（　　）

4．（2015上）学生申诉必须以书面形式提出。　　　　　　　　　　（　　）

二、单项选择题

1．（2014上）教育申诉制度的性质属于（　　）。

A．民事性的　　　B．行政性的　　　C．刑事性的　　　D．强制性的

2．（2023下）高中学生张某由于考试夹带纸条被监考的焦老师发现，焦老师记下张某的名字并上报给学校政教处，政教处给予张某记过处分。张某认为学校的处分过重，提出申诉。张某申诉的对象应是（　　）。

A．学校　　　　　　　　　　B．学校政教处

C．学校校长　　　　　　　　D．焦老师

3．（2021上）关于《中华人民共和国教育法》和《中华人民共和国教师法》规定的教师申诉制度和学生申诉制度，下列说法正确的是（　　）。

A．都是权利救济制度　　　　B．都可向行政机关或个人提出申诉

C．都可以书面或口头的形式提出申诉　　D．申诉人都是指合法权益受到侵害的本人

4．（2020上）初中生小陈因在学校的跳高训练中受伤，将学校诉至区人民法院，要求学校赔偿医疗费、护理费等各项损失六万余元。以下说法正确的是（　　）。

A．区人民法院无权受理此案　　B．小陈在本案中提起的是行政申诉

C．小陈在本案中提起的是行政诉讼　　D．小陈在本案中提起的是民事诉讼

参考答案

一、判断题

1. √ **解析**：在教育领域内，有两类特殊的法律救济制度，分别是教师申诉制度和学生申诉制度。教师申诉制度是指教师对学校或其他教育机构及有关政府部门做出的处理不服，或对侵犯其权益的行为，依照教师法的规定，向主管的行政机关申诉理由，请求处理的制度。学生申诉制度是指学生在接受教育的过程中，对学校给予的处分不服或认为学校和教师侵犯了其合法权益而向有关部门提出重新做出处理的制度。

2. × **解析**：学校停发张老师半年的绩效工资侵犯了张老师获得工资报酬的权利，张老师有权向有关部门提出申诉。

3. √ **解析**：教师申诉制度中的申诉是教师就自己的权益问题向主管的行政机关而非向人民法院或检察院提出处理请求，因此教师申诉制度是一种非诉讼意义上的申诉制度。教师申诉制度是教育行政机关对教师的申诉依法做出行政处理的制度，其行政处理决定具有行政法上的效力。因此，教师申诉制度是一种行政申诉制度。

4. × **解析**：学生申诉可以以书面或口头形式提出。

二、单项选择题

1. B **解析**：教师申诉不是通过司法机关的诉讼程序进行的，不具有诉讼的性质。《关于〈中华人民共和国教师法〉若干问题的实施意见》规定，"教师对学校或者其他教育机构提出的申诉，由其所在区域的主管教育行政部门受理。省、市、县教育行政部门或者主管部门应当确定相应的职能机构或者专门人员，依法办理教师申诉案件"。从上述规定可以看出，受理教师申诉的机构是主管教育行政部门或是政府部门，所以这种申诉性质是行政性的。

2. A **解析**：本题考查学生申诉相关知识点。学生申诉制度是学生在接受教育的过程中，对学校给予的处分不服，或认为学校和教师侵犯了其合法权益而向有关部门提出重新做出处理的制度。题干中，张某认为学校侵权，故申诉对象为学校，故本题选 A。

3. A **解析**：教育权利法律救济是指教育法律关系当中的主体权益受到侵害时使自己的权利得到恢复和补救的法律制度。目前，法律救济在教育领域的主要体现方式有教育申诉制度、行政复议制度和诉讼制度。教育申诉，即作为教育法律关系主体的法人、组织和公民，在其合法权益受到损害时，向教育行政部门等国家行政机关申诉理由、请求处理的制度。它是保障我国宪法赋予公民申诉权利在教育法律关系中的具体体现。在《中华人民共和国教育法》和《中华人民共和国教师法》中，具体规定了教师申诉制度和学生申诉制度。除此之外，其他教育法律关系中的主体，如果认为自己的合法权益受到侵害，一样可以按照法定的程序进行教育申诉。除了教师和学生之外，其他的教育主体，如学校、教育中介组织等可以根据有关的法律规定向教育行政部门等行政机关提起申诉。A 项正确。

教师申诉的受理机关是根据法律规定受理教师申诉的有关行政部门；学生申诉应当先向所在学校申诉处理委员会提出，对学校申诉处理委员会的复查决定有异议，再向学校所在地的上级教育行政部门申诉。B 项错误。

教师申诉应以递交申诉书的书面形式向行政机关申诉；学生申诉可采用口头或书面形式。C 项错误。

教师申诉的申诉人是认为其权利受到侵害、有权依据教育法和教师法提出申诉的教师本人；学生申诉的申诉人主要包括合法权益受到侵害的学生本人及其监护人。D 项错误。

4．D　**解析：**民事诉讼是指处于平等地位的法律关系主体之间因财产关系或人身关系产生纠纷，依法向人民法院起诉，请求给予法律救济，人民法院在双方当事人和其他诉讼参加人的参加下，依法审理和解决民事纠纷，保护当事人合法权益的法律救济活动。题干中，小陈因为在学校的跳高训练中受伤起诉学校，属于民事纠纷，提起的是民事诉讼。D项正确。《中华人民共和国民事诉讼法》（2017年修正）第十七条规定，"基层人民法院管辖第一审民事案件，但本法另有规定的除外"。该法第二十八条规定，"因侵权行为提起的诉讼，由侵权行为地或者被告住所地人民法院管辖"。因此，区人民法院有权受理此案。A项错误。行政申诉制度是指公民或其他组织认为自己的合法权益受到侵害，依法向有关机关提出复查该处理行为的申请，申诉受理机关依照法定程序对被申请的处理行为进行审查，并做出决定的一种非诉讼法律救济制度。题干中，小陈提起的是诉讼，受理机关是人民法院，不属于行政申诉。B项错误。行政诉讼是指公民、法人或者其他组织认为行政机关和行政机关工作人员的行政行为侵犯其合法权益，依法提起的诉讼。题干中，学校不属于行政机关，因此小陈提起的不是行政诉讼。C项错误。

第八章 教育法律法规及教育时政热点

第一节 《中华人民共和国教育法》

一、判断题

1.（2023 上）国家通用语言文字为学校及其他教育机构的基本教育教学语言文字。　　（　　）

2.（2023 上）受教育者在入学、升学、就业等方面依法享有平等权利。　　（　　）

3.（2022 下）上课时刘老师没收了明明的小风扇，之后明明多次找刘老师想要回，但刘老师一直不归还。针对此事，明明可以向有关部门提出申诉。　　（　　）

4.（2024 上）某中学为了维护学校教学秩序，成立了"护校队"。某日，几名社会青年在校门口无端闹事，护校队员一拥而上将他们制服，随后将其关押在一间房里直至学生放学。该校的做法合法，维护了学校正常的教学秩序。　　（　　）

5.（2024 上）考生在国家教育考试中抄袭他人答案的行为，不会被追究刑事责任。　　（　　）

二、单项选择题

1.（2020 下）某小学老师跟学生约定，上课不准使用手机，否则将没收销毁，并让学生写下承诺书。一次，老师抓住一个上课玩手机游戏的学生，并当场毁坏手机以示惩戒。下列说法错误的是（　　）。

A. 老师侵犯了学生的财产权　　　　　　B. 学生可以提出民事诉讼要求赔偿

C. 老师和学生的约定没有法律效力　　　D. 学生可以向学校提出教育行政申诉

2.（2019 下）下列行为违反相关法律规定的是（　　）。

A. 某学校开办免费兴趣班　　　　　　　B. 某学校向学生收取图书借阅费

C. 某学校在课后组织师生参加志愿者活动　　D. 某学校帮生病学生向全校师生众筹医药费

3.（2023 上）下列选项中不属于学生特有权利的是（　　）。

A. 参加教育教学活动权

B. 提出申诉或依法提起诉讼权

C. 获得奖学金、贷学金、助学金权

D. 获得公正评价和相应的学业证书、学位证书权

4.（2023 下）根据《中华人民共和国教育法》中关于教育经费的规定，下列说法正确的是（　　）。

A. 各级人民政府的教育经费支出，按照事权和财权相统一的原则，在财政预算中单独列项

B. 县级人民政府根据国务院的有关规定，可以决定开征用于教育的地方附加费，专款专用

C. 为了重点扶持边远贫困地区、少数民族地区实施义务教育，应由国务院设立教育专项资金

D. 各级人民政府教育财政拨款的增长应当不高于财政经常性收入的增长

5.（2024 上）根据我国教育法，对盗用、冒用他人身份，顶替他人取得入学资格的人员的处理规定，下列说法错误的是（　　）。

A. 由教育行政部门或者其他有关行政部门责令撤销入学资格

B. 责令停止参加相关国家教育考试二年以上五年以下

C. 已经成为公职人员的，依法给予开除处理

D. 学历证书需要重新更名后颁发

6.（2014下）根据《中华人民共和国教育法》的规定，学校及其他教育机构违反国家相关规定向受教育者收取费用的，由教育行政部门责令退还所收费用；对直接负责的主管人员和其他直接责任人员，依法（　　）。

A. 责令引咎辞职　　　　　　　　　B. 承担民事责任

C. 给予行政处分　　　　　　　　　D. 追究领导责任

7.（2022上）某高校已毕业两年的学生宋某被人举报学位论文剽窃他人成果，学校调查核实后认为剽窃成立。对宋某的处罚，正确的是（　　）。

A. 该校要求宋某重新撰写论文并答辩

B. 公安机关依法给予宋某治安管理处罚

C. 该校撤销宋某的学历证书和学位证书

D. 教育行政部门宣布宋某的学历证书和学位证书无效

三、多项选择题

1.（2022下）新修订的《中华人民共和国教育法》于2021年4月30日起施行，其中第七条明确要求教育应当继承和弘扬（　　）。

A. 革命文化　　　　　　　　　　　B. 中华优秀传统文化

C. 社会主义先进文化　　　　　　　D. 世界各国先进文化

E. 共产主义先进文化

2.（2020下）王明是某小学五年级学生，班上只有他一人经常不完成家庭作业，班主任反复对王明进行教育。在与家长多次电话沟通无果后，班主任请家长到学校当面沟通。家长来校后，认为班主任是找他麻烦，就对班主任说以后王明想做作业就做，不想做就不做，做不做作业是他的权利。对此，下列说法正确的有（　　）。

A. 王明家长行使了在学校教育中的共同参与权

B. 做不做作业是王明的权利，他有权利选择不做作业

C. 完成规定的学习任务是学生的义务，王明应该完成作业

D. 当王明没有完成作业时，班主任有权对王明进行批评教育

E. 针对这种情况，班主任可以要求家长自行批改王明的家庭作业

参考答案

一、判断题

1. √　**解析**：本题考查《中华人民共和国教育法》对教学语言的规定。《中华人民共和国教育法》（2021年修正）第十二条第一款规定，国家通用语言文字为学校及其他教育机构的基本教育教学语言文字，学校及其他教育机构应当使用国家通用语言文字进行教育教学。

2. √　**解析**：本题考查受教育者的权利。《中华人民共和国教育法》（2021年修正）第三十七条第一款规定，受教育者在入学、升学、就业等方面依法享有平等权利。

3. √　**解析**：本题考查学生申诉制度。依据《中华人民共和国教育法》（2021年修正）第四十三条第四项的规定，受教育者享有"对学校给予的处分不服向有关部门提出申诉，对学校、教

师侵犯其人身权、财产权等合法权益，提出申诉或者依法提起诉讼"的权利。题干中的刘老师没收明明的小风扇不归还，侵犯了明明的财产权，明明可以依法向有关部门提出申诉。故题干说法正确。

4．×　**解析**：本题考查对"校闹"的处理。《中华人民共和国教育法》（2021年修正）第七十二条第一款规定，结伙斗殴、寻衅滋事，扰乱学校及其他教育机构教育教学秩序或者破坏校舍、场地及其他财产的，由公安机关给予治安管理处罚；构成犯罪的，依法追究刑事责任。题干中，学校人员无权对闹事的社会青年进行处理，应该及时通知公安机关，该校擅自处理做法不合法。

5．×　**解析**：本题考查作弊的法律责任。《中华人民共和国教育法》（2021年修正）第七十九条规定，考生在国家教育考试中有抄袭他人答案的，由组织考试的教育考试机构工作人员在考试现场采取必要措施予以制止并终止其继续参加考试；组织考试的教育考试机构可以取消其相关考试资格或者考试成绩；情节严重的，由教育行政部门责令停止参加相关国家教育考试一年以上三年以下；构成违反治安管理行为的，由公安机关依法给予治安管理处罚；构成犯罪的，依法追究刑事责任。

二、单项选择题

1．D　**解析**：A项，手机属于学生的财产，老师将其当场毁坏，侵犯了学生的财产权，故说法正确。

B项，老师侵犯了学生的财产权，学生可以提出民事诉讼要求赔偿，故说法正确。

C项，《中华人民共和国合同法》第五十二条第五款规定，"违反法律、行政法规的强制性规定"的合同无效。该案例中老师和学生约定将手机没收销毁，违反了《中华人民共和国民法典》（2020年颁布）第二百六十七条"私人的合法财产受法律保护，禁止任何组织或者个人侵占、哄抢、破坏"的强制规定，故没有法律效力。说法正确。

D项，《中华人民共和国教育法》（2021年修正）四十三条第四项规定，受教育者享有"对学校给予的处分不服向有关部门提出申诉，对学校、教师侵犯其人身权、财产权等合法权益，提出申诉或者依法提起诉讼"的权利。故学生提出教育行政申诉应该是向有关部门提出，而不是向学校提出，所以说法错误。

2．B　**解析**：《中华人民共和国教育法》（2021年修正）第四十三条规定，"受教育者享有下列权利:（一）参加教育教学计划安排的各种活动，使用教育教学设施、设备、图书资料;（二）按照国家有关规定获得奖学金、贷学金、助学金;（三）在学业成绩和品行上获得公正评价，完成规定的学业后获得相应的学业证书、学位证书;（四）对学校给予的处分不服向有关部门提出申诉，对学校、教师侵犯其人身权、财产权等合法权益，提出申诉或者依法提起诉讼;（五）法律、法规规定的其他权利"。B项某学校向学生收取图书借阅费侵犯了学生享有的"使用教育教学设施、设备、图书资料"的权利。

3．B　**解析**：本题考查学生的权利。根据《中华人民共和国教育法》（2021年修正）第四十三条的规定，受教育者享有参加教育教学活动权，获得奖学金、贷学金、助学金权，获得公正评价和相应的学业证书、学位证书权，提出申诉或依法提起诉讼权等权利。A、C、D三项均是学生特有的权利。

根据《中华人民共和国教师法》（2009年修正）第三十九条的规定，教师对学校或者其他教育机构或者当地人民政府有关行政部门侵犯其合法权益的，可以提出申诉。故B项不是学生特有的权利。

4．A　**解析**：本题考查《中华人民共和国教育法》中关于教育经费的规定。

该法第五十六条第一款规定，各级人民政府的教育经费支出，按照事权和财权相统一的原则，在财政预算中单独列项。A项说法正确。

该法第五十八条第二款规定，省、自治区、直辖市人民政府根据国务院的有关规定，可以决定开征用于教育的地方附加费，专款专用。B项说法错误。

该法第五十七条规定，国务院及县级以上地方各级人民政府应当设立教育专项资金，重点扶持边远贫困地区、少数民族地区实施义务教育。C项说法错误。

该法第五十六条第二款规定，各级人民政府教育财政拨款的增长应当高于财政经常性收入的增长，并使按在校学生人数平均的教育费用逐步增长，保证教师工资和学生人均公用经费逐步增长。D项说法错误。

5. D 解析：本题考查冒名顶替入学的法律责任。《中华人民共和国教育法》（2021年修正）第七十七条第二款规定，对盗用、冒用他人身份，顶替他人取得入学资格的，由教育行政部门或者其他有关行政部门责令撤销入学资格，并责令停止参加相关国家教育考试二年以上五年以下；已经取得学位证书、学历证书或者其他学业证书的，由颁发机构撤销相关证书；已经成为公职人员的，依法给予开除处分；构成违反治安管理行为的，由公安机关依法给予治安管理处罚；构成犯罪的，依法追究刑事责任。

6. C 解析：《中华人民共和国教育法》（2021年修正）第七十八条规定，"学校及其他教育机构违反国家有关规定向受教育者收取费用的，由教育行政部门责令退还所收费用；对直接负责的主管人员和其他直接责任人员，依法给予行政处分"。

7. C 解析：《中华人民共和国教育法》（2021年修正）第八十二条第三款规定，"以作弊、剽窃、抄袭等欺诈行为或者其他不正当手段获得学位证书、学历证书或者其他学业证书的，由颁发机构撤销相关证书。购买、使用假冒学位证书、学历证书或者其他学业证书，构成违反治安管理行为的，由公安机关依法给予治安管理处罚"。题干中，宋某通过剽窃他人成果的不正当手段获得学历证书和学位证书，因此，可由该校撤销宋某的学历证书和学位证书。

三、多项选择题

1. ABC 解析：本题考查《中华人民共和国教育法》。《中华人民共和国教育法》（2021年修正）第七条规定，教育应当继承和弘扬中华优秀传统文化、革命文化、社会主义先进文化，吸收人类文明发展的一切优秀成果。故本题选ABC。

2. CD 解析：A项，王明家长拒绝配合班主任共同监督王明做作业，没有行使在学校教育中的共同参与权，A项说法错误。

B、C两项，《中华人民共和国教育法》（2021年修正）第四十四条第三项规定，"努力学习，完成规定的学习任务"是受教育者应当履行的义务，王明应该完成作业。B项说法错误，C项说法正确。

D项，《中小学班主任工作规定》（2009年印发）第十六条规定，"班主任在日常教育教学管理中，有采取适当方式对学生进行批评教育的权利"。王明没有完成作业，班主任有权对王明进行批评教育。D项说法正确。

E项，班主任无权要求家长自行批改王明的家庭作业，E项说法错误。

综上所述，C、D两项正确。

第二节 《中华人民共和国义务教育法》

一、判断题

1.（2015 上）根据《中华人民共和国义务教育法》的规定，实施义务教育，不收学费，可收杂费。 （ ）

2.（2014 上）根据《中华人民共和国义务教育法》的规定，实施义务教育，不收取学费和书本费。 （ ）

3.（2018 上）根据《中华人民共和国义务教育法》，目前我国的学前教育不属于义务教育阶段。 （ ）

4.（2015 下）县级人民政府教育行政部门对本行政区域内的军人子女接受义务教育予以保障。 （ ）

5.（2014 下）中小学有权将违反校规校纪的学生开除。 （ ）

二、单项选择题

1.（2022 上）我国义务教育实行的管理体制是（ ）。

A．国务院领导，省、自治区、直辖市人民政府统筹规划实施，市级人民政府为主管理

B．国务院领导，省、自治区、直辖市人民政府统筹规划实施，县级人民政府为主管理

C．教育部领导，省、自治区、直辖市教育行政部门统筹规划实施，市级教育行政部门为主管理

D．教育部领导，省、自治区、直辖市教育行政部门统筹规划实施，县级教育行政部门为主管理

2.（2020 下）林杨是×县×镇人，今年 6 周岁，因身体发育迟缓需延缓入学，林杨父母提出延缓一年入学的申请。有权批准该申请的机构是（ ）。

A．学校　　　　　　　　　　　　　　B．镇人民政府

C．县级人民政府　　　　　　　　　　D．市级人民政府教育行政部门

3.（2019 下）8 岁的小丽因意外截去左手两根手指，原学校以小丽有残疾为由，拒绝其入校继续学习，并建议其父母送小丽去特殊学校就读。针对此案例，下列说法正确的是（ ）。

A．义务教育阶段，学校无权拒收任何学生

B．小丽属于残疾人，本就应该去特殊学校学习

C．学校有招生自主权，对于不符合本校要求的学生，可以拒收

D．小丽虽有残疾，但具有接受普通教育的能力，学校不得拒收

4.（2023 上）学校的下列做法中属于违法行为的是（ ）。

A．学校提醒学生家长自愿为学生购买一份人身意外保险

B．学校同意教数学的罗老师请假参加数学教科书的编写工作

C．学校拒绝聘任犯过贪污罪但改过自新、提前释放的高级教师张某

D．学校拒绝接收 6 岁且具有接受普通教育能力的肢体残疾儿童李某随班就读一年级

5.（2016 上）以下关于义务教育阶段学校权利与义务的说法错误的是（ ）。

A．学校具有教育管理学生的权利

B．学校不得违反国家规定收取费用

C. 学校不得开除违反学校管理制度的学生

D. 学校无条件接收残疾适龄儿童随班就读

6. （2015 下）规定不得将学校分为重点学校和非重点学校，学校不得分设重点班和非重点班的法律是（　　　）。

A.《中华人民共和国教育法》　　　　　　B.《中华人民共和国教师法》

C.《中华人民共和国义务教育法》　　　　D.《中华人民共和国未成年人保护法》

7. （2024 上）关于义务教育阶段的教师，下列说法错误的是（　　　）。

A. 特殊教育教师享有特殊岗位补助津贴

B. 教师的平均工资水平应当高于当地公务员的平均工资水平

C. 小学和中学教师职务都分为初级职务、中级职务和高级职务

D. 在民族地区和边远贫困地区工作的教师享有艰苦贫困地区补助津贴

8. （2024 上）根据《中华人民共和国义务教育法》的规定，农村义务教育经费负担的原则是（　　　）。

A. 以县级人民政府为主，省、自治区、直辖市人民政府负责统筹落实

B. 以地方各级人民政府负担为主，以国务院的转移支付为辅

C. 由各级人民政府根据国务院的规定分项目、按比例分担

D. 由省、自治区、直辖市和县级人民政府共同负担

9. （2020 下）依据《中华人民共和国义务教育法》的规定，国务院及县级以上地方人民政府应当设立专项资金，扶持义务教育发展的地区有（　　　）。

①边远贫困地区　　　　　　　　　　②农村地区

③城市周边地区　　　　　　　　　　④民族地区

A. ①②　　　　　　　　　　　　　　B. ①④

C. ②④　　　　　　　　　　　　　　D. ①③

10. （2022 上）某地区教育行政部门将区域内学校分为重点学校和非重点学校，严重破坏教育公平。根据《中华人民共和国义务教育法》的规定，上级人民政府或者其教育行政部门应对直接负责的主管人员和其他直接责任人员依法（　　　）。

A. 追究刑事责任　　　　　　　　　B. 给予行政处分

C. 追究民事责任　　　　　　　　　D. 给予行政处罚

11. （2014 下）适龄儿童、少年的父母或者其他法定监护人无正当理由未依照《中华人民共和国义务教育法》的规定送适龄儿童、少年入学接受义务教育的，由（　　　）。

A. 学校或当地乡镇人民政府给予批评教育，责令限期改正

B. 学校或当地乡镇人民政府向当地法院起诉，责令限期改正

C. 当地乡镇人民政府或县教育局给予批评教育，责令限期改正

D. 当地法院或县教育局给予批评教育，责令限期改正

三、多项选择题

1. （2023 上）根据《中华人民共和国义务教育法》的规定，下列因素中，不影响儿童享有接受义务教育权利的有（　　　）。

A. 国籍　　　　　　　　　　　　B. 种族

C. 年龄　　　　　　　　　　　　D. 民族

E. 宗教信仰

2.（2022上）下列人员中，可以参加义务教育教科书编写的有（　　　）。

A. 学科专家　　　　　　　　　　　　B. 中学教师

C. 国家机关工作人员　　　　　　　　D. 教科书审查人员

E. 教育行政部门工作人员

参考答案

一、判断题

1. ×　**解析**：《中华人民共和国义务教育法》（2018年修正）第二条第三款规定，"实施义务教育，不收学费、杂费"。

2. ×　**解析**：《中华人民共和国义务教育法》（2018年修正）第二条第三款规定，"实施义务教育，不收学费、杂费"。

3. √　**解析**：《中华人民共和国义务教育法》（2018年修正）第十一条规定，"凡年满六周岁的儿童，其父母或者其他法定监护人应当送其入学接受并完成义务教育"。国家实行九年义务教育制度。义务教育包括小学和初中两个阶段。学前教育可分为两个阶段，即0~3岁的学前早期教育和3~6岁的幼儿教育。学前教育不属于义务教育阶段。

4. √　**解析**：《中华人民共和国义务教育法》（2018年修正）第十二条第三款规定，"县级人民政府教育行政部门对本行政区域内的军人子女接受义务教育予以保障"。

5. ×　**解析**：《中华人民共和国义务教育法》（2018年修正）第二十七条规定，"对违反学校管理制度的学生，学校应当予以批评教育，不得开除"。

二、单项选择题

1. B　**解析**：根据《中华人民共和国义务教育法》（2018年修正）第七条的规定，义务教育实行国务院领导，省、自治区、直辖市人民政府统筹规划实施，县级人民政府为主管理的体制。

2. B　**解析**：《中华人民共和国义务教育法》（2018年修正）第十一条第二款规定，"适龄儿童、少年因身体状况需要延缓入学或者休学的，其父母或者其他法定监护人应当提出申请，由当地乡镇人民政府或者县级人民政府教育行政部门批准"。

3. D　**解析**：《中华人民共和国义务教育法》（2018年修正）第十九条第二款规定，"普通学校应当接收具有接受普通教育能力的残疾适龄儿童、少年随班就读，并为其学习、康复提供帮助"。题干中，小丽虽有残疾，但具有接受普通教育的能力。因此，学校不得拒收。

4. D　**解析**：本题考查教育法律法规中关于学校行为的规定。《中华人民共和国义务教育法》（2018年修正）第十九条第二款规定，普通学校应当接收具有接受普通教育能力的残疾适龄儿童、少年随班就读，并为其学习、康复提供帮助。D项中，残疾儿童李某具有接受普通教育的能力且已达到接受义务教育的年龄，学校不得拒绝接收其随班就读。

5. D　**解析**：《中华人民共和国义务教育法》（2018年修正）第十九条第二款规定，"普通学校应当接收具有接受普通教育能力的残疾适龄儿童、少年随班就读，并为其学习、康复提供帮助"。D项学校无条件接收残疾适龄儿童随班就读错误。

6. C　**解析**：《中华人民共和国义务教育法》（2018年修正）第二十二条第一款规定，"县级以上人民政府及其教育行政部门应当促进学校均衡发展，缩小学校之间办学条件的差距，不得将学校分为重点学校和非重点学校。学校不得分设重点班和非重点班"。

7. B　**解析**：本题考查《中华人民共和国义务教育法》。《中华人民共和国义务教育法》

（2018年修正）第三十一条第二款规定，教师的平均工资水平应当不低于当地公务员的平均工资水平。B项说法错误。

8．C　解析：本题考查《中华人民共和国义务教育法》。根据《中华人民共和国义务教育法》（2018年修正）第四十四条的规定，农村义务教育所需经费，由各级人民政府根据国务院的规定分项目、按比例分担。

9．C　解析：《中华人民共和国义务教育法》（2018年修正）第四十七条规定，"国务院和县级以上地方人民政府根据实际需要，设立专项资金，扶持农村地区、民族地区实施义务教育"。因此②④正确。

10．B　解析：根据《中华人民共和国义务教育法》（2018年修正）第五十三条的规定，"县级以上人民政府或者其教育行政部门有下列情形之一的，由上级人民政府或者其教育行政部门责令限期改正、通报批评；情节严重的，对直接负责的主管人员和其他直接责任人员依法给予行政处分：（一）将学校分为重点学校和非重点学校的；（二）改变或者变相改变公办学校性质的"。题干中，某地区教育行政部门将学校分为重点学校和非重点学校，故应对直接负责的主管人员和其他直接责任人员依法给予行政处分。

11．C　解析：《中华人民共和国义务教育法》（2018年修正）第五十八条规定，"适龄儿童、少年的父母或者其他法定监护人无正当理由未依照本法规定送适龄儿童、少年入学接受义务教育的，由当地乡镇人民政府或者县级人民政府教育行政部门给予批评教育，责令限期改正"。

三、多项选择题

1．BDE　解析：本题考查我国儿童接受义务教育的条件。《中华人民共和国义务教育法》（2018年修正）第四条规定，凡具有中华人民共和国国籍的适龄儿童、少年，不分性别、民族、种族、家庭财产状况、宗教信仰等，依法享有平等接受义务教育的权利，并履行接受义务教育的义务。

我国儿童接受义务教育需具有中华人民共和国国籍且年满六周岁。

2．AB　解析：教科书根据国家教育方针和课程标准编写，内容力求精简，精选必备的基础知识、基本技能，经济实用，保证质量。国家机关工作人员和教科书审查人员，不得参与或者变相参与教科书的编写工作。这里的国家机关，是指国家机关中从事公务的人员，包括在各级国家权力机关、行政机关、监察机关、司法机关和军事机关中从事公务的人员。

第三节　《中华人民共和国教师法》

一、判断题

1．（2017下）教师进行学习提升既是权利也是义务。　　　　　　　　　　　　　　　　（　　　）

2．（2014下）教师的教育权利是可以放弃的。　　　　　　　　　　　　　　　　　　　（　　　）

3．（2022下）与一些职业利益相关的职业权利，教师可以根据自己的情况进行选择，也可以放弃。　　　　　　　　　　　　　　　　　　　　　　　　　　　　　　　　　　　　　　　（　　　）

4．（2024上）取得教师资格的人员首次任教时应当有试用期。　　　　　　　　　　　　（　　　）

5．（2021上）教师有故意不完成教育教学任务给教育教学工作造成损失的情形，应由其所在学校或者教育行政部门给予行政处分，但不能解聘。　　　　　　　　　　　　　　　　　　　（　　　）

6．（2019下）某教师经常上课迟到，没有履行《中华人民共和国教师法》规定的"完成教育教学工作任务"的义务，该学校可以对教师进行行政处分。　　　　　　　　　　　　　　　（　　　）

二、单项选择题

1.（2019上）下列不属于《中华人民共和国教师法》立法目的的是（　　）。

A．提高教师的法律素养

B．保障教师的合法权益

C．促进社会主义教育事业的发展

D．建设具有良好思想品德修养和业务素质的教师队伍

2.（2022上）教师的职业权利包括（　　）。

①生命健康权　　　　　　　　　　　②教育教学权

③受聘权　　　　　　　　　　　　　④获取报酬权

⑤民主管理权

A．①②③　　　　　B．②③⑤　　　　　C．②③④　　　　　D．②④⑤

3.（2018下）根据《中华人民共和国教师法》规定，下列不属于教师职业权利的是（　　）。

A．按时获取工资报酬

B．参加进修或者其他方式的培训

C．不断提高思想政治觉悟和教育教学业务水平

D．指导学生的学习和发展，评定学生的品行和学业成绩

4.（2023上）根据教育相关法律规定，下列选项中不属于教师权利的是（　　）。

A．进行教育教学活动，开展教育教学改革和实验

B．指导学生的学习和发展，评定学生的品行和学业成绩

C．制止有害于学生的行为或者其他侵犯学生合法权益的行为

D．按时获取工资报酬，享受国家规定的福利待遇以及寒暑假期的带薪休假

5.（2023下）下列属于教师履行积极义务的是（　　）。

A．按时获取工资报酬

B．关心、爱护全体学生，尊重学生人格

C．不得歧视、侮辱学生，严禁虐待、伤害学生

D．不得在教育教学活动中遇突发事件、面临危险时，不顾学生安危，擅离职守，自行逃离

6.（2020上）张平系某校中学教师，因故意犯罪被处三年有期徒刑，丧失教师资格。按照《中华人民共和国教师法》，以下说法正确的是（　　）。

A．张平刑满后可恢复教师资格

B．张平终身不能取得教师资格证

C．张平刑满后可重新考取教师资格证

D．张平刑满五年后可重新考取教师资格证

7.（2024上）关于教师申诉制度，下列说法正确的是（　　）。

A．张老师认为学校对他的处分程序不合法，张老师可以提出申诉

B．秦老师认为肖同学在网上传播了他的课件，秦老师可以提出申诉

C．李老师未经王老师同意，擅自使用了王老师的课件进行授课，王老师可以提出申诉

D．刘老师认为当地教育行政部门侵犯了他的权利，他只能向上一级人民政府有关部门提出申诉

8.（2018下）教师向教育行政部门提出申诉，教育行政部门做出处理的时限是在接到申诉后（　　）。

A．60日内　　　　　B．30日内　　　　　C．20日内　　　　　D．15日内

9.（2017下）下列关于教师申诉的说法，不正确的是（　　　）。

A．教师对学校的处理结果不服可以申诉

B．教师认为家长侵犯了其合法权益可以申诉

C．教师认为学校侵犯了其合法权益可以申诉

D．教师认为教育行政部门侵犯了其合法权益可以申诉

三、多项选择题

1.（2023上）为了响应县教育局提出的教育均衡发展规划，朱老师主动申请从A校轮岗至B校一年。在B校工作期间，朱老师可以（　　　）。

A．带薪休假

B．对B校的管理工作提出建议

C．请扰乱课堂秩序的学生在教室内站立听课

D．利用周末时间参加自己所教语文学科的学术交流

E．进行课堂观察进而开展"山区小学生学习习惯培养"的课题研究

2.（2024上）下列属于教师的学生指导权的有（　　　）。

A．针对不同的教育教学对象，选择教育教学的形式和方法

B．对学生的思想政治和品德的发展给予客观的评价

C．以学生学习指导为主题发表自己的观点和看法

D．运用适当科学的方式方法促使学生的个性发展

E．引导学生，培养学生的法制意识

3.（2022上）根据《中华人民共和国教师法》和《中华人民共和国义务教育法》的规定，下列关于教师待遇的说法正确的有（　　　）。

A．中小学教师和职业学校教师享受教龄津贴和其他津贴

B．义务教育阶段的特殊教育教师享有特殊岗位补助津贴

C．教师的平均工资水平应当高于国家公务员的平均工资水平，并逐步提高

D．县级以上地方人民政府可以适当提高长期从事教育教学工作的中小学退休教师的退休金比例

E．中专以上学历的毕业生到少数民族地区和边远贫困地区从事教育教学工作的，政府应当予以补贴

参考答案

一、判断题

1. √　**解析：**《中华人民共和国教师法》（2009年修正）第七条第六项规定了教师具有"参加进修或者其他方式的培训"的权利；第八条第六项规定了教师具有"不断提高思想政治觉悟和教育教学业务水平"的义务。

2. ×　**解析：**根据《中华人民共和国教师法》（2009年修正）的规定，教师的教育权，既是权利，也是义务，不得放弃。

3. √　**解析：**本题考查对教师职业权利的理解。在教师的职业权利中，既包括了与教育教学相关的权利，也包括了与职业相关的一些利益。由于教师的职业权利是一种公务性质的行为，且涉及学生，因此往往是不能放弃的；而与职业相关的利益，教师则可以根据自己的情况进行选择，也

可以放弃。故题干说法正确。

4. √　**解析：** 本题考查教师任教要求。《中华人民共和国教师法》（2009年修正）第十三条第三款规定，取得教师资格的人员首次任教时，应当有试用期。

5. ×　**解析：**《中华人民共和国教师法》（2009年修正）第三十七条规定，"教师有下列情形之一的，由所在学校、其他教育机构或者教育行政部门给予行政处分或者解聘。（一）故意不完成教育教学任务给教育教学工作造成损失的；（二）体罚学生，经教育不改的；（三）品行不良、侮辱学生，影响恶劣的。教师有前款第（二）项、第（三）项所列情形之一，情节严重，构成犯罪的，依法追究刑事责任"。

6. √　**解析：**《中华人民共和国教师法》（2009年修正）第三十七条规定，"教师有下列情形之一的，由所在学校、其他教育机构或者教育行政部门给予行政处分或者解聘。（一）故意不完成教育教学任务给教育教学工作造成损失的；（二）体罚学生，经教育不改的；（三）品行不良、侮辱学生，影响恶劣的。教师有前款第（二）项、第（三）项所列情形之一，情节严重，构成犯罪的，依法追究刑事责任"。题干中的教师经常迟到，没有履行完成教育教学工作任务的义务，其所在的学校可以对该教师进行行政处分。

二、单项选择题

1. A　**解析：**《中华人民共和国教师法》（2009年修正）第一条规定，"为了保障教师的合法权益，建设具有良好思想品德修养和业务素质的教师队伍，促进社会主义教育事业的发展，制定本法"。因此，A项不属于《中华人民共和国教师法》的立法目的。

2. D　**解析：**《中华人民共和国教师法》（2009年修正）第七条规定，"教师享有下列权利：（一）进行教育教学活动，开展教育教学改革和实验；（二）从事科学研究、学术交流，参加专业的学术团体，在学术活动中充分发表意见；（三）指导学生的学习和发展，评定学生的品行和学业成绩；（四）按时获取工资报酬，享受国家规定的福利待遇以及寒暑假期的带薪休假；（五）对学校教育教学、管理工作和教育行政部门的工作提出意见和建议，通过教职工代表大会或者其他形式，参与学校的民主管理；（六）参加进修或者其他方式的培训"。故教师的职业权利包括教育教学权、科学研究权、指导评价权、获取报酬权、民主管理权和进修培训权。②④⑤属于教师的职业权利，故本题选D。①生命健康权是一般公民权利，③受聘权是干扰项。

3. C　**解析：**《中华人民共和国教师法》（2009年修正）第七条规定，"教师享有下列权利：（一）进行教育教学活动，开展教育教学改革和实验；（二）从事科学研究、学术交流，参加专业的学术团体，在学术活动中充分发表意见；（三）指导学生的学习和发展，评定学生的品行和学业成绩；（四）按时获取工资报酬，享受国家规定的福利待遇以及寒暑假期的带薪休假；（五）对学校教育教学、管理工作和教育行政部门的工作提出意见和建议，通过教职工代表大会或者其他形式，参与学校的民主管理；（六）参加进修或者其他方式的培训。""不断提高思想政治觉悟和教育教学业务水平"属于教师应履行的义务。

4. C　**解析：** 本题考查教师的权利和义务。《中华人民共和国教师法》（2009年修正）第七条规定，教师享有下列权利：（一）进行教育教学活动，开展教育教学改革和实验；（二）从事科学研究、学术交流，参加专业的学术团体，在学术活动中充分发表意见；（三）指导学生的学习和发展，评定学生的品行和学业成绩；（四）按时获取工资报酬，享受国家规定的福利待遇以及寒暑假期的带薪休假；（五）对学校教育教学、管理工作和教育行政部门的工作提出意见和建议，通过教职工代表大会或者其他形式，参与学校的民主管理；（六）参加进修或者其他方式的培训。A、B、D三项均属于教师的权利。

根据《中华人民共和国教师法》（2009年修正）第八条的规定，C项属于教师的义务。

5. B **解析：**本题主要考查教师的义务。积极义务即必须做出一定行为的义务，如纳税、抚养的义务；消极义务即不做出一定行为的义务，如不得侵入他人住宅的义务。

A项属于教师的权利。B项属于教师的积极义务。C、D两项属于教师的消极义务。故本题选B。

6. B **解析：**《中华人民共和国教师法》（2009年修正）第十四条规定，"受到剥夺政治权利或者故意犯罪受到有期徒刑以上刑事处罚的，不能取得教师资格；已经取得教师资格的，丧失教师资格"。题干中，张平因故意犯罪被处三年有期徒刑，终身不能取得教师资格证。B项正确，A、C、D三项错误。

7. A **解析：**本题考查教师申诉。《中华人民共和国教师法》（2009年修正）第三十九条规定，教师对学校或者其他教育机构侵犯其合法权益的，或者对学校或者其他教育机构作出的处理不服的，可以向教育行政部门提出申诉，教育行政部门应当在接到申诉的三十日内，作出处理。教师认为当地人民政府有关行政部门侵犯其根据本法规定享有的权利的，可以向同级人民政府或者上一级人民政府有关部门提出申诉，同级人民政府或者上一级人民政府有关部门应当作出处理。A项正确；D项，刘老师也可以向同级人民政府申诉。B、C两项，教师申诉的侵权主体必须是学校、教育机构和当地人民政府有关行政部门，学生和同事不能作为教师申诉的侵权主体。

8. B **解析：**《中华人民共和国教师法》（2009年修正）第三十九条规定，"教师对学校或者其他教育机构侵犯其合法权益的，或者对学校或者其他教育机构作出的处理不服的，可以向教育行政部门提出申诉，教育行政部门应当在接到申诉的三十日内，作出处理"。

9. B **解析：**《中华人民共和国教师法》（2009年修正）第三十九条规定，"教师对学校或者其他教育机构侵犯其合法权益的，或者对学校或者其他教育机构作出的处理不服的，可以向教育行政部门提出申诉，教育行政部门应在接到申诉的三十日内，作出处理。教师认为当地人民政府有关行政部门侵犯其根据本法规定享有的权利的，可以向同级人民政府或者上一级人民政府有关部门申诉，同级人民政府或者上一级人民政府有关部门应当作出处理"。

三、多项选择题

1. ABCDE **解析：**本题考查教师权利。《中华人民共和国教师法》（2009年修正）第七条规定，教师享有下列权利：（一）进行教育教学活动，开展教育教学改革和实验；（二）从事科学研究、学术交流，参加专业的学术团体，在学术活动中充分发表意见；（三）指导学生的学习和发展，评定学生的品行和学业成绩；（四）按时获取工资报酬，享受国家规定的福利待遇以及寒暑假期的带薪休假；（五）对学校教育教学、管理工作和教育行政部门的工作提出意见和建议，通过教职工代表大会或者其他形式，参与学校的民主管理；（六）参加进修或者其他方式的培训。A、B、D、E四项均属于教师的法定权利。

根据《中小学教育惩戒规则（试行）》（2020年发布）第八条的规定，一节课堂教学时间内的教室内站立属于对轻微违纪行为的正常惩戒措施。故C项也是朱老师可以实施的行为。

2. BD **解析：**本题考查教师的权利。《中华人民共和国教师法》（2009年修订）第七条规定，教师享有教育教学权、科学研究权、学生指导权、获取报酬待遇权、民主管理权和进修培训权。A项是教育教学权。B、D两项是学生指导权。C项是科学研究权。E项是教师的义务。

3. ABDE **解析：**A项，根据《中华人民共和国教师法》（2009年修正）第二十六条的规定，中小学教师和职业学校教师享受教龄津贴和其他津贴。故A项说法正确。

B项，根据《中华人民共和国义务教育法》（2018年修正）第三十一条的规定，特殊教育教师享有特殊岗位补助津贴。故B项说法正确。

C 项，根据《中华人民共和国教师法》（2009 年修正）第二十五条的规定，教师的平均工资水平应当不低于或者高于国家公务员的平均工资水平，并逐步提高。故 C 项说法错误。

D 项，根据《中华人民共和国教师法》（2009 年修正）第三十条的规定，县级以上地方人民政府可以适当提高长期从事教育教学工作的中小学退休教师的退休金比例。故 D 项说法正确。

E 项，根据《中华人民共和国教师法》（2009 年修正）第二十七条的规定，地方各级人民政府对教师以及具有中专以上学历的毕业生到少数民族地区和边远贫困地区从事教育教学工作的，应当予以补贴。故 E 项说法正确。

第四节 《中华人民共和国未成年人保护法》

一、判断题

1.（2016 下）教师对学生进行轻微的体罚不会侵犯学生的人身权。 （　　）

2.（2020 下）学校发现未成年学生的监护人有严重损害被监护人身心健康的行为，有权申请法院撤销其监护人资格。 （　　）

3.（2019 上）小瑞经常因为没有按时完成学校的作业被父亲暴打。班主任在与小瑞父亲多次沟通无效的情况下，可以帮助小瑞向法院申请撤销其父亲的监护人资格。 （　　）

二、单项选择题

1.（2022 上）《中华人民共和国未成年人保护法》规定，保护未成年人，应当坚持最有利于未成年人的原则。处理涉及未成年人事项，应当（　　）。

①尊重未成年人的人格尊严　　　　　②听取未成年人监护人的意见
③适应未成年人身心健康发展的规律和特点　　④保护与教育相结合

A. ①②③　　　　　　　　　　　　　B. ①③④
C. ②③④　　　　　　　　　　　　　D. ①②④

2.（2020 下）15 周岁的初二学生张某因多次违纪被学校"勒令退学"。一学期后，张某要求复学，学校不同意。依据《中华人民共和国未成年人保护法》，下列说法正确的是（　　）。

A. 学校"勒令张某退学"的做法并无不妥
B. 学校作为教育机构，有权不同意该生复学
C. 学校的做法是违法的，侵犯了未成年人的受教育权
D. 学校的做法属于学校内部管理问题，行为不当，但不违法

3.（2019 下）根据《中华人民共和国预防未成年人犯罪法》的规定，下列属于"严重不良行为"的是（　　）。

A. 携带管制刀具，屡教不改　　　　　B. 打架斗殴、辱骂他人
C. 参与赌博或者变相赌博　　　　　　D. 偷窃、故意毁坏财物

4.（2016 下）下列情况中，违反《中华人民共和国未成年人保护法》的是（　　）。

A. 初中教师在学校食堂吃饭时喝酒并大声说笑，引起很多学生关注
B. 对无行为能力的未成年人的信件、邮件等可由其父母代为开拆、查阅
C. 教师不得披露未成年人的个人隐私
D. 父母或者其他监护人不履行监护职责，经教育不改的，可依法另行指定监护人

5.（2016下）某校初一住校生周某，某天晚自习时偷跑到网吧玩游戏，第二天继续逃课在外上网10个多小时后，猝死在网吧。针对此事件，以下说法错误的是（   ）。

A. 网吧不应该让周某进入，网吧要承担一定的责任

B. 学校应加强管理，采取措施保障未成年人的安全

C. 周某的父亲或监护人有责任引导其进行有益身心健康的活动

D. 周某违反学校规定偷跑到网吧上网致死，学校没有责任

6.（2018上）依据《中华人民共和国未成年人保护法》，以下选项中不属于对未成年人权利保护规定的是（   ）。

A. 人格尊严权   B. 免受惩罚权

C. 个人隐私权   D. 荣誉权

7.（2015上）根据《中华人民共和国未成年人保护法》的规定，对于违法犯罪的未成年人应实行（   ）。

A. 教育为主、惩罚为辅   B. 惩罚为主、教育为辅

C. 只能教育、不能惩罚   D. 严厉惩罚，并从学校开除

参考答案

一、判断题

1. ×　解析：《中华人民共和国未成年人保护法》（2020年修订）第二十七条规定，"学校、幼儿园的教职员工应当尊重未成年人人格尊严，不得对未成年人实施体罚、变相体罚或者其他侮辱人格尊严的行为"。因此，即使是轻微的体罚也会侵犯学生的人身权。

2. √　解析：《中华人民共和国未成年人保护法》（2020年修订）第一百零八条规定，"未成年人的父母或者其他监护人不依法履行监护职责或者严重侵犯被监护的未成年人合法权益的，人民法院可以根据有关人员或者单位的申请，依法作出人身安全保护令或者撤销监护人资格。被撤销监护人资格的父母或者其他监护人应当依法继续负担抚养费用"。本题说法正确。

3. √　解析：《中华人民共和国未成年人保护法》（2020年修订）第十六条第一项规定，未成年人的父母或者其他监护人应当履行"为未成年人提供生活、健康、安全等方面的保障"的监护职责。该法第一百零八条第一款规定，"未成年人的父母或者其他监护人不依法履行监护职责或者严重侵犯被监护的未成年人合法权益的，人民法院可以根据有关人员或者单位的申请，依法作出人身安全保护令或者撤销监护人资格"。因此，班主任可以帮助小瑞向法院申请撤销其父亲的监护人资格。

二、单项选择题

1. B　解析：《中华人民共和国未成年人保护法》（2020年修订）第四条规定，"保护未成年人，应当坚持最有利于未成年人的原则。处理涉及未成年人事项，应当符合下列要求：（一）给予未成年人特殊、优先保护；（二）尊重未成年人人格尊严；（三）保护未成年人隐私权和个人信息；（四）适应未成年人身心健康发展的规律和特点；（五）听取未成年人的意见；（六）保护与教育相结合"。故①③④正确。

2. C　解析：《中华人民共和国未成年人保护法》（2020年修订）第二十八条规定，"学校应当保障未成年学生受教育的权利，不得违反国家规定开除、变相开除未成年学生"。题干中，学校勒令张某退学的做法是违法的，侵犯了张某的受教育权。C说法正确。

3．A 解析：《中华人民共和国预防未成年人犯罪法》（2012 年修正）第三十四条规定，"本法所称'严重不良行为'，是指下列严重危害社会，尚不够刑事处罚的违法行为：（一）纠集他人结伙滋事，扰乱治安；（二）携带管制刀具，屡教不改；（三）多次拦截殴打他人或者强行索要他人财物；（四）传播淫秽的读物或者音像制品等；（五）进行淫乱或者色情、卖淫活动；（六）多次偷窃；（七）参与赌博，屡教不改；（八）吸食、注射毒品；（九）其他严重危害社会的行为"。B、C、D 三项属于《中华人民共和国预防未成年人犯罪法》（2012 年修正）规定的不良行为。

备注：本题依据 2012 年修正的《中华人民共和国预防未成年人犯罪法》作答。2020 年修订的《中华人民共和国预防未成年人犯罪法》对本题涉及的法条进行了修改，该法第三十八条规定，"本法所称严重不良行为，是指未成年人实施的有刑法规定、因不满法定刑事责任年龄不予刑事处罚的行为，以及严重危害社会的下列行为：（一）结伙斗殴，追逐、拦截他人，强拿硬要或者任意损毁、占用公私财物等寻衅滋事行为；（二）非法携带枪支、弹药或者弩、匕首等国家规定的管制器具；（三）殴打、辱骂、恐吓，或者故意伤害他人身体；（四）盗窃、哄抢、抢夺或者故意损毁公私财物；（五）传播淫秽的读物、音像制品或者信息等；（六）卖淫、嫖娼，或者进行淫秽表演；（七）吸食、注射毒品，或者向他人提供毒品；（八）参与赌博赌资较大；（九）其他严重危害社会的行为"。

4．A 解析：《中华人民共和国未成年人保护法》（2012 年修正）第三十七条规定，"任何人不得在中小学校、幼儿园、托儿所的教室、寝室、活动室和其他未成年人集中活动的场所吸烟、饮酒"。A 项，教师的行为违反了本条规定。《中华人民共和国未成年人保护法》（2012 年修正）第三十九条规定，"任何组织或者个人不得披露未成年人的个人隐私。对未成年人的信件、日记、电子邮件，任何组织或者个人不得隐匿、毁弃；除因追查犯罪的需要，由公安机关或者人民检察院依法进行检查，或者对无行为能力的未成年人的信件、日记、电子邮件由其父母或者其他监护人代为开拆、查阅外，任何组织或者个人不得开拆、查阅"。《中华人民共和国未成年人保护法》（2012 年修正）第五十三条规定，"父母或者其他监护人不履行监护职责或者侵害被监护的未成年人的合法权益，经教育不改的，人民法院可以根据有关人员或者有关单位的申请，撤销其监护人的资格，依法另行指定监护人"。

B、C、D 三项均合乎法律规定。

备注：本题依据 2012 年修正的《中华人民共和国未成年人保护法》作答。2020 修订的《中华人民共和国未成年人保护法》对本题涉及的法条进行了修改，但不影响答案。其中第第五十九条规定，"任何人不得在学校、幼儿园和其他未成年人集中活动的公共场所吸烟、饮酒"。第六十三条规定，"任何组织或者个人不得隐匿、毁弃、非法删除未成年人的信件、日记、电子邮件或者其他网络通讯内容。除下列情形外，任何组织或者个人不得开拆、查阅未成年人的信件、日记、电子邮件或者其他网络通讯内容：（一）无民事行为能力未成年人的父母或者其他监护人代未成年人开拆、查阅；（二）因国家安全或者追查刑事犯罪依法进行检查；（三）紧急情况下为了保护未成年人本人的人身安全"。第一百零八条规定，"未成年人的父母或者其他监护人不依法履行监护职责或者严重侵犯被监护的未成年人合法权益的，人民法院可以根据有关人员或者单位的申请，依法作出人身安全保护令或者撤销监护人资格"。

5．D 解析：《中华人民共和国未成年人保护法》（2020 年修订）第五十八条规定，"学校、幼儿园周边不得设置营业性娱乐场所、酒吧、互联网上网服务营业场所等不适宜未成年人活动的场所。营业性歌舞娱乐场所、酒吧、互联网上网服务营业场所等不适宜未成年人活动场所的经营者，不得允许未成年人进入；游艺娱乐场所设置的电子游戏设备，除国家法定节假日外，不得向未成年人提供。经营者应当在显著位置设置未成年人禁入、限入标志；对难以判明是否是未成年人的，应当要求其出示身份证件"。A 项正确。该法第三十五条第一款规定，"学校、幼儿园应当建立安全管理制度，对未成年人进行安全教育，完善安保设施、配备安保人员，保障未成年人在校、在园期间的人身和财产安全"。B项正确。该法第十六条第六项规定，未成年人的父母或者其他监护人应当履行"保障未成年人休息、娱乐和体育锻炼的时间，引导未成年人进行有益身心健康的活动"的监护职责。C项正确。《中华人民共和国预防未成年人犯罪法》（2020年修订）第三十四条规定，"未成年学生旷课、逃学的，学校应当及时联系其父母或者其他监护人，了解有关情况；无正当理由的，学校和未成年学生的父母或者其他监护人应当督促其返校学习"。案例中的学校没有尽到责任，违反法律规定，需要承担责任。

6. B　解析：《中华人民共和国未成年人保护法》（2020年修订）第一百一十三条第一款规定，"对违法犯罪的未成年人，实行教育、感化、挽救的方针，坚持教育为主、惩罚为辅的原则"。B项中的"免受惩罚权"不属于对未成年人权利保护的规定。

7. A　解析：《中华人民共和国未成年人保护法》（2020年修订）第一百一十三条第一款规定，"对违法犯罪的未成年人，实行教育、感化、挽救的方针，坚持教育为主、惩罚为辅的原则"。

第五节　《中华人民共和国预防未成年人犯罪法》

一、判断题

1.（2015上）根据《中华人民共和国预防未成年人犯罪法》的规定，教师和学校对学生的法制教育负有直接责任。　　　　　　　　　　　　　　　　　　　（　　）

2.（2017上）学生不按教师的方法和步骤完成作业是一种失德行为。　　（　　）

3.（2021上）15岁的王某非常顽劣，因与校外学生打架致人重伤，被判刑半年。刑满释放后，王某要求回学校继续读完初三，学校有权拒绝王某的就读申请。　　　（　　）

二、单项选择题

（2022下）周某今年14岁，弟弟6岁。下列说法中，符合我国教育法律规范的是（　　）。

A. 征得父母同意后，周某可以在同学家留宿

B. 父母短期出差时，可以留周某一人在家照顾弟弟

C. 周某的父母可以查阅她的电子邮件，更好地了解她的学习与人际交往情况

D. 征得周某父母同意后，网络直播服务提供者可以为她提供网络直播发布者账号注册服务

三、多项选择题

（2020上）十岁的小余是某小学的小霸王，经常欺负同学，打女同学的耳光。班主任多次教育无果，其家长也以"管不住"为由任其对同学屡次施暴。该班其他学生家长要求学校进行处理，纷纷提出了处理建议。从教育法的角度来看，以下建议可取的是（　　）。

A. 小余没遵守校规校纪，屡教不改，必要时可开除学籍

B. 小余不满14周岁，公安机关应责令其监护人严加管教

C. 父母未履行配合学校教育子女的义务，学校应对其提供家庭教育指导

D. 学校应暂停小余的学业，将其不良行为矫治后再允许其入学接受教育

E. 小余继续在学校可能威胁到其他同学的生命健康，应该由政府收容教养

参考答案

一、判断题

1. × **解析**:《中华人民共和国预防未成年人犯罪法》(2012 年修正)第十条规定,"未成年人的父母或者其他监护人对未成年人的法制教育负有直接责任。学校在对学生进行预防犯罪教育时,应当将教育计划告知未成年人的父母或者其他监护人,未成年人的父母或者其他监护人应当结合学校的计划,针对具体情况进行教育"。

2. × **解析**:学生的不良品德行为是指学生个体或群体由错误道德意识支配的、严重违反道德规范、损害他人或集体利益的行为。学生努力学习,完成规定的学习任务是学生的义务。

3. × **解析**:《中华人民共和国预防未成年人犯罪法》(2020 年修订)第五十八条规定,"刑满释放和接受社区矫正的未成年人,在复学、升学、就业等方面依法享有与其他未成年人同等的权利,任何单位和个人不得歧视"。15 岁的王某属于未成年人,学校不能拒绝王某继续读完初三的要求。

二、单项选择题

A **解析**:本题考查关于未成年人的法律法规。

A 项,《中华人民共和国预防未成年人犯罪法》(2020 年修订)第三十五第二款条规定,收留夜不归宿、离家出走未成年人的,应当及时联系其父母或者其他监护人、所在学校;无法取得联系的,应当及时向公安机关报告。A 项符合题意,当选。

B 项,《中华人民共和国未成年人保护法》(2020 年修订)第二十一条第二款规定,未成年人的父母或者其他监护人不得使未满十六周岁的未成年人脱离监护单独生活。周某今年 14 岁,弟弟 6 岁,周某不能独自在家照顾弟弟。

C 项,《中华人民共和国未成年人保护法》(2020 年修订)第六十三条规定,任何组织或者个人不得隐匿、毁弃、非法删除未成年人的信件、日记、电子邮件或者其他网络通讯内容。除下列情形外,任何组织或者个人不得开拆、查阅未成年人的信件、日记、电子邮件或者其他网络通讯内容:(一)无民事行为能力未成年人的父母或者其他监护人代未成年人开拆、查阅;(二)因国家安全或者追查刑事犯罪依法进行检查;(三)紧急情况下为了保护未成年人本人的人身安全。周某的父母不可以查阅周某的电子邮件。

D 项,《中华人民共和国未成年人保护法》(2020 年修订)第七十六条规定,网络直播服务提供者不得为未满十六周岁的未成年人提供网络直播发布者账号注册服务;为年满十六周岁的未成年人提供网络直播发布者账号注册服务时,应当对其身份信息进行认证,并征得其父母或者其他监护人同意。周某未满十六周岁,故网络直播服务提供者不得为其提供网络直播发布者账号注册服务。

三、多项选择题

BC **解析**:《中华人民共和国义务教育法》(2018 年修正)第二十七条规定,"对违反学校管理制度的学生,学校应当予以批评教育,不得开除"。A 项做法不可取。《中华人民共和国预防未成年人犯罪法》(2012 年修正)第四十九条规定,"未成年人的父母或者其他监护人不履行监护职责,放任未成年人有本法规定的不良行为或者严重不良行为的,由公安机关对未成年人的父母或者其他监护人予以训诫,责令其严加管教"。B 项做法可取。《中华人民共和国教育法》(2015 年修正)第五十条第二、三款规定,"未成年人的父母或者其他监护人应当配合学校及其他教育机构,对其未成年子女或者其他被监护人进行教育。学校、教师可以对学生家长提供家庭教育指导"。C 项做法可取。学生享有受教育权，暂停小余学业的做法侵犯了小余的受教育权。D项做法不可取。《中华人民共和国预防未成年人犯罪法》（2012年修正）第三十八条规定，"未成年人因不满十六周岁不予刑事处罚的，责令他的父母或者其他监护人严加管教；在必要的时候，也可以由政府依法收容教养"。题干表述中未体现小余的行为应当受到刑事处罚，不应由政府收容教养。E项做法不可取。

备注：本题涉及的《中华人民共和国预防未成年人犯罪法》依据2012年的修正版内容作答。2020修订的《中华人民共和国预防未成年人犯罪法》对本题涉及的法条有所修改，其中第六十一条规定，"公安机关、人民检察院、人民法院在办理案件过程中发现实施严重不良行为的未成年人的父母或者其他监护人不依法履行监护职责的，应当予以训诫，并可以责令其接受家庭教育指导"。考生应注意法条的更新。

第六节　《学生伤害事故处理办法》

一、判断题

1.（2019下）未成年学生在校期间其监护权由学校行使。　　　　　　　　　　（　　）

2.（2017下）学校对未成年学生不承担监护职责。　　　　　　　　　　　　　（　　）

3.（2019下）在某小学六年级正常的教育教学时间内，教师让没有带教科书的学生回家取书，学生在回家取书的路上发生了交通事故，学校应负直接责任。　　　　　　（　　）

4.（2016上）在国庆节放假期间，小轩约了几个同学在学校踢足球时摔掉了门牙。家长要求学校承担医疗费，由于事故在学校内发生，学校应该承担部分事故责任。　　　　（　　）

二、单项选择题

1.（2022下）下列关于学生伤害事故的说法中，错误的是（　　　）。

A．学生伤害事故一般是对在校学生造成的伤害

B．发生在学校内的事故才能定义为学生伤害事故

C．学生伤害事故处理结束，学校应当将事故处理结果书面报告主管的教育行政部门

D．发生学生伤害事故，学校应当及时救助受伤害学生，并应当及时告知未成年学生的监护人

2.（2024上）作为班主任，如果班上的学生发生伤害事故，其首先应该做的是（　　　）。

A．保护现场　　　　　　　　　　　　B．救助学生

C．报告校长　　　　　　　　　　　　D．告知家长

3.（2017下）林某是小学四年级的学生。在一次值日中，教师安排林某擦教室立式空调顶部的灰尘时，凳子倾倒，林某摔倒在地受重伤，住院花了不少钱。关于该事故，说法正确的是（　　　）。

A．学校无过错，不承担法律责任　　　　B．学校有过错，承担相应法律责任

C．学校无过错，但应负赔偿责任　　　　D．学校有过错，但应由教师承担赔偿责任

4.（2023上）五（3）班的赵某在上英语课时突感腹痛，向任课教师张老师提出去医务室治疗。张老师认为赵某撒谎，不予应允。赵某因未及时就医导致急性胃出血而住院治疗。在该事件中，对赵某造成的伤害应当（　　　）。

A．由张老师赔偿

B．由学校和张老师各赔偿一半或协商赔偿

C．由学校予以赔偿，且学校不能向张老师追偿

D．由学校予以赔偿，且学校可以向张老师追偿

5.（2018下）李某上课与同学说话，被张老师用笔帽砸伤眼睛，经鉴定为十级伤残。家长把学校告上法庭，法院审理调查后判定学校应赔偿李某医疗费、伙食补助费、营养费、残疾补偿金、精神慰问金共计57063元。该案例中，学校负有（　　　　）。

A．刑事法律责任　　　　　　　　　　B．民事法律责任

C．行政法律责任　　　　　　　　　　D．违宪法律责任

6.（2019下）某小学生小明偷偷带了芒果并与同桌小红分享，班主任看到后明知小红对芒果过敏，却未及时制止（小明不知道小红对芒果过敏）。小红食用芒果后因严重过敏入院，小红的家长要求赔偿相关费用。下列选项中，应承担主要赔偿责任的是（　　　　）。

A．小明　　　　　　　　　　　　　　B．班主任

C．该校校长　　　　　　　　　　　　D．学校

7.（2020上）课间，九岁的小陈在关门时，夹伤了同班同学小黄的手。医务室老师认为伤势严重，需送往医院治疗。小黄要求小陈付医药费，但怕父母责备，请求老师不要告诉父母自己受伤的事。从教育法的角度来看，班主任老师最佳的做法是（　　　　）。

A．不告诉小黄家长，并主张学校负担医药费

B．告知双方家长，并主张小陈的家长负担医药费

C．不告诉小黄家长，并主张小陈的家长负担医药费

D．告知双方家长，并主张双方家长共同负担医药费

三、多项选择题

（2021下）某工程承包商与一所小学签订了翻修操场的协议，操场翻修后，在操场边形成了4米高的土堆，未及时铲走，学校也未做安全提示。某周二中午，三年级（2）班的王某在土堆玩耍时不慎摔下，造成左臂骨折。此事故中承担责任的有（　　　　）。

A．班主任　　　　　　　　　　　　　B．王某的监护人

C．校长　　　　　　　　　　　　　　D．工程承包商

E．学校

参考答案

一、判断题

1．×　**解析：**《学生伤害事故处理办法》（2010年修正）第七条规定，"未成年学生的父母或者其他监护人（以下称为监护人）应当依法履行监护职责，配合学校对学生进行安全教育、管理和保护工作。学校对未成年学生不承担监护职责，但法律有规定的或者学校依法接受委托承担相应监护职责的情形除外"。据此规定，学校不能行使未成年学生在校期间的监护权。

2．√　**解析：**《学生伤害事故处理办法》（2010年修正）第七条规定，"未成年学生的父母或者其他监护人应当依法履行监护职责，配合学校对学生进行安全教育、管理和保护工作。学校对未成年学生不承担监护职责，但法律有规定的或者学校依法接受委托承担相应监护职责的情形除外"。《学生伤害事故处理办法》在明确学校不对学生承担监护职责的同时，也明确规定了学校"对学生进行安全教育、管理和保护"的职责。

3．×　**解析：**根据《学生伤害事故处理办法》（2010年修正）第九条第九项的规定，因"学校教师或者其他工作人员体罚或者变相体罚学生，或者在履行职责过程中违反工作要求、操作规程、职业道德或者其他有关规定的"造成的学生伤害事故，学校应当依法承担相应的责任。题干中的教

师在履行职责的过程中违反工作要求，擅自让未成年学生离校，导致学生发生了事故。由于学校没有尽到相应的管理职责，应承担补充连带责任；而交通事故的肇事者是学生受伤的直接原因，应该承担直接责任。

4．×　**解析**：根据《学生伤害事故处理办法》（2010 年修正）第十三条第三项的规定，在放学后、节假日或者假期等学校工作时间以外，学生自行滞留学校或者自行到校发生的造成学生人身损害后果的事故，学校行为并无不当的，不承担事故责任。

二、单项选择题

1．B　**解析**：本题考查对学生伤害事故的基本内涵的理解。《学生伤害事故处理办法》（2010 年修正）第二条规定，在学校实施的教育教学活动或者学校组织的校外活动中，以及在学校负有管理责任的校舍、场地、其他教育教学设施、生活设施内发生的，造成在校学生人身损害后果的事故的处理，适用本办法。由此可知，学生伤害事故一般是对在校学生造成的伤害，在学校组织的校外活动中造成的事故也属于学生伤害事故。A 项说法正确。B 项说法错误，符合题意，故本题选 B。

C 项，该办法第二十二条规定，事故处理结束，学校应当将事故处理结果书面报告主管的教育行政部门；重大伤亡事故的处理结果，学校主管的教育行政部门应当向同级人民政府和上一级教育行政部门报告。C 项说法正确，与题干不符，排除。

D 项，该办法第十五条规定，发生学生伤害事故，学校应当及时救助受伤害学生，并应当及时告知未成年学生的监护人；有条件的，应当采取紧急救援等方式救助。D 项说法正确，与题干不符，排除。

2．B　**解析**：本题考查学生发生伤害事故的处理。根据《学生伤害事故处理办法》（2010 年修正）第五条第一款规定，当发生伤害事故时，学校应当及时采取措施救助受伤害学生。B 项正确。

3．B　**解析**：《学生伤害事故处理办法》（2010 年修正）第九条第六款规定，"学校违反有关规定，组织或者安排未成年学生从事不宜未成年人参加的劳动、体育运动或者其他活动"造成的学生伤害事故，学校应当依法承担相应的责任。"擦立式空调"属于不适宜未成年人参加的劳动。学校应对此事件承担相应的法律责任。

4．D　**解析**：本题考查对学生伤害事故的处理。《学生伤害事故处理办法》（2010 年修正）第九条第八项规定，因学生在校期间突发疾病或者受到伤害，学校发现，但未根据实际情况及时采取相应措施，导致不良后果加重的情形造成的学生伤害事故，学校应当依法承担相应的责任。该办法第二十七条规定，因学校教师或者其他工作人员在履行职务中的故意或者重大过失造成的学生伤害事故，学校予以赔偿后，可以向有关责任人员追偿。

题干中，张老师得知赵某身体不适但未采取必要措施，导致赵某病情加重，应由学校承担相应责任。学校予以赔偿后，可以向张老师追偿。

5．B　**解析**：根据《学生伤害事故处理办法》（2010 年修正）第九条的规定，因学校教师或者其他工作人员体罚或者变相体罚学生，或者在履行职责过程中违反工作要求、操作规程、职业道德或者其他有关规定的造成的学生伤害事故，学校应当依法承担相应的责任。依法承担的民事责任，是一种以财产为主要内容的责任。案例中，张老师在教育教学过程中，即履行职责的过程中导致损害发生，应该由学校承担民事法律责任。

6．D　**解析**：根据《学生伤害事故处理办法》（2010 年修正）第九条第十项的规定，因"学校教师或其他工作人员在负有组织、管理未成年学生的职责期间，发现学生行为具有危险性，但未进行必要的管理、告诫或制止的"情形下造成的学生伤害事故，学校应当依法承担相应责任。该法第二十七条规定，"因学校教师或者其他工作人员在履行职务中的故意或者重大过失造成的学生伤事故,学校予以赔偿后,可以向有关责任人员追偿"。题干中,班主任明明知道小红对芒果过敏却未及时制止,导致小红食用后因严重过敏入院,所以学校应当承担主要赔偿责任,学校赔偿后可向该班主任追偿。

7．B　**解析:**《学生伤害事故处理办法》(2010年修正)第十五条规定,"发生学生伤害事故,学校应当及时救助受伤害学生,并应当及时告知未成年学生的监护人;有条件的,应当采取紧急救援等方式救助"。A、C两项不告诉小黄家长的做法错误。根据该法第十条的规定,学生或者未成年学生监护人由于过错,造成学生伤害事故,应当依法承担相应的责任。该法第二十八条第一款规定,"未成年学生对学生伤害事故负有责任的,由其监护人依法承担相应的赔偿责任"。题干中,小陈关门时不慎夹到了小黄的手,小陈是过错方,小陈尚未成年,故小陈的家长应当负担医药费。B项正确,D项错误。

三、多项选择题

DE　**解析:**《学生伤害事故处理办法》(2010年修正)第九条第一项规定,因"学校的校舍、场地、其他公共设施,以及学校提供给学生使用的学具、教育教学和生活设施、设备不符合国家规定的标准,或者有明显不安全因素的"造成的学生伤害事故,学校应当依法承担相应的责任。题干中,学校操场有明显不安全因素,且学校未做安全提示,存在管理失职,需承担相应的法律责任。工程承包商在施工过程中未及时清理土堆,存在过错,也应该承担相应的责任。故本题选DE。

第七节　《中学教师专业标准(试行)》

一、判断题

(2021上)《中学教师专业标准(试行)》《小学教师专业标准(试行)》是中小学教师的职业准入标准。　　　　　　　　　　　　　　　　　　　　　　　　　　　　(　　)

二、单项选择题

1．(2021上)以下不属于教师专业发展标准的是(　　　)。
A．师德为先　　　　　　　　　　　　B．知识为上
C．能力为重　　　　　　　　　　　　D．学生为本

2．(2024上)下列不属于中学教师"反思与发展"领域要求的是(　　　)。
A．制定专业发展规划,积极参加专业培训,不断提高自身专业素质
B．主动收集分析相关信息,不断进行反思,改进教育教学工作
C．针对教育教学工作中的现实需要与问题,进行探索和研究
D．与同事合作交流,分享经验和资源,共同发展

参考答案

一、判断题

√　**解析:**《中学教师专业标准(试行)》《小学教师专业标准(试行)》是国家对合格中小学教师的基本专业要求,是中小学教师开展教育教学活动的基本规范,是引领中小学教师专业发展的基

本准则，是中小学教师培养、准入、培训、考核等工作的重要依据。

二、单项选择题

1．B　**解析：**我国中小学教师专业发展标准的基本理念包括师德为先、学生为本、能力为重、终身学习。B项不属于教师专业发展标准，符合题意，当选。

2．D　**解析：**本题考查《中学教师专业标准（试行）》。《中学教师专业标准（试行）》（2012年发布）中的"反思与发展"领域要求教师"主动收集分析相关信息，不断进行反思，改进教育教学工作。针对教育教学工作中的现实需要与问题，进行探索和研究。制定专业发展规划，积极参加专业培训，不断提高自身专业素质"。D项属于"沟通与合作"领域的要求。

第八节　《小学教师专业标准（试行）》

一、判断题

（2014上）教师职业道德是教师专业发展的重要内容。　　　　　　　　　　　　　（　　）

二、单项选择题

（2019上）《小学教师专业标准（试行）》规定教师应具备的基本理念不包括（　　　）。
A．智育为基　　　　　B．学生为本　　　　　C．师德为先　　　　　D．终身学习

参考答案

一、判断题

√　**解析：**教师职业道德是教师的专业素养之一。2012年，教育部印发的《中学教师专业标准（试行）》和《小学教师专业标准（试行）》中都明确指出要以"师德为先"，并将"师德"作为教师专业标准的重要测评维度之一。

二、单项选择题

A　**解析：**《小学教师专业标准（试行）》（2012年印发）提出的基本理念包括师德为先、学生为本、能力为重、终身学习。

第九节　《中国学生发展核心素养》

一、单项选择题

（2018下）某市教育局下达了"在全市小学开展国学经典诵读系列活动的实施意见"。该举措在于培养学生核心素养中的（　　　）。
A．健康生活　　　　　　　　　　　　　B．实践创新

C．人文底蕴　　　　　　　　　　D．学会学习

二、多项选择题

（2019 上）下列关于中国学生发展核心素养的说法，正确的有（　　　）。
A．以培养"全面发展的人"为核心
B．以前瞻性、国际性、时代性为基本原则
C．综合表现为责任担当、实践创新等六大素养
D．分为文化基础、自主发展、社会参与三个方面
E．充分反映新时期经济社会发展对人才培养的新要求

参考答案

一、单项选择题

C　解析：中国学生发展核心素养以培养"全面发展的人"为核心，分为文化基础、自主发展、社会参与三个方面，综合表现为人文底蕴、科学精神、学会学习、健康生活、责任担当、实践创新六大素养。其中，人文底蕴主要是指学生在学习、理解、运用人文领域知识和技能等方面所形成的基本能力、情感态度和价值取向，具体包括人文积淀、人文情怀和审美情趣等基本要点。开展国学经典诵读系列活动的目的在于培养学生核心素养中的人文底蕴。

二、多项选择题

ACDE　解析：《中国学生发展核心素养》（2016 年发布）中的"总体框架"明确指出，中国学生发展核心素养，以科学性、时代性和民族性为基本原则，以培养"全面发展的人"为核心，分为文化基础、自主发展、社会参与三个方面。综合表现为人文底蕴、科学精神、学会学习、健康生活、责任担当、实践创新六大素养，具体细化为国家认同等十八个基本要点。其中，时代性要求充分反映新时期经济社会发展对人才培养的新要求。据此可知，选项中说法错误的只有 B 项，故本题选 ACDE。

第十节　习近平总书记关于教育重要论述的主要内容

一、判断题

1．（2021 下）立德是育人的首要任务。　　　　　　　　　　　　　　（　　）
2．（2020 下）坚持立德树人需要加强中华优秀传统文化教育。　　　　（　　）
3．（2021 下）习近平总书记提出，教育要为人民服务，为中国共产党治国理政服务，为巩固和发展中国特色社会主义制度服务，为改革开放和社会主义现代化服务。　　（　　）
4．（2022 上）全面深化教育领域综合改革，需要坚持创新、协调、绿色、开放、共享的新发展理念。　　　　　　　　　　　　　　　　　　　　　　　　　（　　）
5．（2023 下）当前，我国教育已由规模扩张阶段转向高质量发展阶段。　（　　）

二、单项选择题

1.（2022 上）党的十九大报告指出，必须把教育事业放在优先位置，深化教育改革，加快教育现代化，办好（　　）。

A. 提高生产力水平的教育　　　　　B. 人民满意的教育

C. 共建共治共享的教育　　　　　　D. 跻身世界一流的教育

2.（2021 上）以下对"立德树人"的理解不正确的是（　　）。

A. 揭示了教育的本质

B. 强调以品德教育为重，知识教育为轻

C. 强调促进人的德性成长是教育的首要任务

D. 揭示了道德发展与人的全面发展的辩证关系

3.（2021 上）习近平总书记指出，评价教师队伍素质的第一标准应该是（　　）。

A. 学生发展　　　　　　　　　　　B. 教师学历

C. 师德师风　　　　　　　　　　　D. 教学能力

三、多项选择题

1.（2022 上）习近平总书记在与北京师范大学师生代表座谈时，对教师的工作性质做了重要定位：教师重要，就在于教师的工作是（　　）的工作。

A. 塑造灵魂　　　　　　　　　　　B. 塑造生命

C. 塑造人　　　　　　　　　　　　D. 塑造精神

E. 塑造道德

2.（2020 上）习近平总书记提出的"四有"好老师的标准是（　　）。

A. 有理想信念　　　　　　　　　　B. 有扎实学识

C. 有创新精神　　　　　　　　　　D. 有仁爱之心

E. 有道德情操

3.（2020 下）习近平总书记勉励教师要努力做到"三个牢固树立"，即（　　）。

A. 牢固树立改革创新意识

B. 牢固树立终身学习理念

C. 牢固树立以人为本的育人理念

D. 牢固树立为人民服务的奉献意识

E. 牢固树立中国特色社会主义理想信念

4.（2021 下）习近平总书记重视师德师风建设，对教师提出了坚持"四个相统一"的要求，其内涵包括（　　）。

A. 坚持教书和育人相统一　　　　　B. 坚持授业和解惑相统一

C. 坚持潜心问道和关注社会相统一　D. 坚持言传和身教相统一

E. 坚持学术自由和学术规范相统一

5.（2021 上）习近平总书记提出教师要做学生的"引路人"，明确要求广大教师（　　）。

A. 要做学生劳动创造的引路人

B. 要做学生锤炼品格的引路人

C. 要做学生学习知识的引路人

D. 要做学生创新思维的引路人

E. 要做学生奉献祖国的引路人

参考答案

一、判断题

1. √ **解析**：立德树人揭示了德育在人的全面发展中的突出地位，强调促进人的德行成长是教育的首要任务。因此，育人的首要任务是立德，即对学生进行思想道德等方面的教育。

2. √ **解析**：加强中华优秀传统文化教育，是培育和践行社会主义核心价值观，落实立德树人根本任务的重要基础。加强中华优秀传统文化教育，对于引导青少年学生增强民族文化自信和价值观自信，自觉践行社会主义核心价值观具有重要作用。

3. √ **解析**：习近平总书记提出的"四个服务"是指教育要为人民服务，为中国共产党治国理政服务，为巩固和发展中国特色社会主义制度服务，为改革开放和社会主义现代化建设服务。

4. √ **解析**：创新、协调、绿色、开放、共享五大理念是我国发展思路、发展方向、发展着力点的集中体现。全面深化教育领域综合改革，需要坚持这五大理念。

5. √ **解析**：本题考查时政热点。习近平总书记在关于建设教育强国的重要论述中指出："加快建设高质量教育体系。当前，我国教育已由规模扩张阶段转向高质量发展阶段。"故题干说法正确。

二、单项选择题

1. B **解析**：党的十九大报告指出，建设教育强国是中华民族伟大复兴的基础工程，必须把教育事业放在优先位置，深化教育改革，加快教育现代化，办好人民满意的教育。

2. B **解析**：立德树人的内涵有三点：①揭示了教育的本质，是对教育本质的最新认识；②揭示了"德育"在人的全面发展教育中的突出地位，强调促进人的德性成长是教育的首要任务；③揭示了道德发展与人的全面发展的辩证关系，强调德性成长是人的全面发展的根本保障。A、C、D 三项说法正确，不符合题意。

立德树人是一个系统工程，不仅要加强对青年学生的文化知识教育，而且要切实加强对青年学生的思想政治教育、品德教育、纪律教育、法制教育。B 项说法错误，符合题意。

3. C **解析**：《关于加强和改进新时代师德师风建设的意见》（2019 年发布）指出，新时代师德师风建设工作要以习近平新时代中国特色社会主义思想为指导，把立德树人的成效作为检验学校一切工作的根本标准，把师德师风作为评价教师队伍素质的第一标准。C 项正确。

三、多项选择题

1. ABC **解析**：习近平总书记在同北京师范大学师生代表座谈时指出，教师重要，就在于教师的工作是塑造灵魂、塑造生命、塑造人的工作。一个人遇到好老师是人生的幸运，一个学校拥有好老师是学校的光荣，一个民族源源不断涌现出一批又一批好老师则是民族的希望。

2. ABDE **解析**：2014 年 9 月 9 日，习近平总书记在北京师范大学强调全国广大教师要做"有理想信念、有道德情操、有扎实学识、有仁爱之心"的"四有"好教师，为发展具有中国特色、世界水平的现代教育，培养社会主义事业建设者和接班人做出更大贡献。

3. ABE **解析**：中共中央总书记、国家主席、中央军委主席习近平在 2013 年 9 月 9 日向全国广大教师致慰问信中指出，全国广大教师牢固树立中国特色社会主义理想信念，带头践行社会主义核心价值观，自觉增强立德树人、教书育人的荣誉感和责任感，学为人师，行为世范，做学生健康成长的指导者和引路人；牢固树立终身学习理念，加强学习，拓宽视野，更新知识，不断提高业务能力和教育教学质量，努力成为业务精湛、学生喜爱的高素质教师；牢固树立改革创新意识，踊跃投身教育创新实践，为发展具有中国特色、世界水平的现代教育作出贡献。A、B、E 三项正确。

4．ACDE　解析：习近平总书记重视师德师风建设，对教师提出了坚持"四个相统一"的要求，即坚持教书和育人相统一，坚持言传和身教相统一，坚持潜心问道和关注社会相统一，坚持学术自由和学术规范相统一。故本题选 ACDE。

5．BCDE　解析：2016 年 9 月 9 日，习近平总书记在考察北京市八一学校时强调，广大教师要做学生锤炼品格的引路人，做学生学习知识的引路人，做学生创新思维的引路人，做学生奉献祖国的引路人。B、C、D、E 四项正确。

第十一节　教育政策与热点

基础题 ▶▶▶

一、判断题

1．（2014 下）《中小学幼儿安全管理办法》规定，小学、幼儿园应该建立中低年级学生、幼儿上下学时接送的交接制度，不得将晚离学校的中低年级学生、幼儿交与无关人员。（　　）

2．（2020 下）未经监护人委托或者同意，幼儿园不得给幼儿用药。（　　）

3．（2023 上）根据《关于进一步减轻义务教育阶段学生作业负担和校外培训负担的意见》，教师可根据实际情况利用课后服务时间讲新课。（　　）

4．（2024 上）根据中共中央办公厅、国务院办公厅印发的《关于进一步减轻义务教育阶段学生作业负担和校外培训负担的意见》，学校要确保小学一、二年级不布置家庭书面作业，可在校内适当安排巩固练习。（　　）

二、单项选择题

1．（2021 下）根据"双减"政策要求，小学三至六年级学生的书面作业平均完成时间不超过（　　）。

A．30 分钟　　　　　　　　　　　　B．120 分钟

C．90 分钟　　　　　　　　　　　　D．60 分钟

2．（2021 下）根据国务院教育督导委员会办公室印发的《关于组织责任督学进行"五项管理"督导的通知》，以下不属于中小学生"五项管理"的是（　　）。

A．手机管理　　　　　　　　　　　B．读物管理

C．体质管理　　　　　　　　　　　D．心态管理

3．（2014 下）《教育部关于建立中小学幼儿园家长委员会的指导意见》中关于家长委员会的基本职责不包含（　　）。

A．参与学校管理　　　　　　　　　B．参与教育工作

C．建议解聘教师　　　　　　　　　D．沟通学校和家庭

4．（2016 下）以下对《班主任工作规定》的内容理解不正确的是（　　）。

A．学校应发挥班主任的骨干作用

B．班主任要深入分析学生的思想、学习等状况

C．班主任不一定产生于任课教师队伍

D．明确了班主任工作量的折算方式

5.（2015下）我国《校车安全管理条例》明确规定，县级以上人民政府应采取措施，保障获得校车服务的对象是（　　）。

A．幼儿园学生和小学生　　　　　　　　B．小学生和初中生

C．初中生和高中生　　　　　　　　　　D．高中和大学生

6.（2019上）李老师在上课时经常辱骂学生，造成了恶劣影响，被相关教育行政部门撤销了教师资格证。根据《教师资格条例》，他在（　　）年内不能重新申请教师资格证。

A．3年　　　　　　　　　　　　　　　　B．5年

C．8年　　　　　　　　　　　　　　　　D．10年

7.（2016上）依照我国《〈教师资格条例〉实施办法》的规定，关于教师教育教学能力的标准中，不包括（　　）。

A．普通话达到二级乙等以上标准

B．具有师范院校颁发的毕业证书

C．具有良好的身体素质和心理素质

D．具备承担教育教学所必需的基本素质和能力

8.（2023下）小学二年级王同学违反校规校纪，被刘老师点名批评后拒不改正。刘老师可以实施的适当惩戒是（　　）。

A．增加额外的作业任务　　　　　　　　B．承担校内公益服务任务

C．一节课堂教学时间内的教室内站立　　D．由法治副校长或者法治辅导员予以训诫

▌提升题 ▌▶▶▶

一、判断题

1.（2020上）根据《中华人民共和国立法法》的规定，有中国国籍的公民都可向立法机关提出立法议案。　　　　　　　　　　　　　　　　　　　　　　　　　　　　　　（　　）

2.（2016下）初中教师有进行教育教学活动和自主选用教科书的权利。　　　　（　　）

3.（2017上）无民事行为能力人在幼儿园、学校或者其他教育机构学习、生活期间受到人身损害的，幼儿园、学校或者其他教育机构应当承担责任，但能够证明尽到教育、管理职责的，不承担责任。　　　　　　　　　　　　　　　　　　　　　　　　　　　　　　（　　）

4.（2016下）由于未成年学生属于限制民事行为能力人或无民事行为能力人，所以未成年学生在学校上学时由于自身主观过错导致学校财产损害，不用赔偿。　　　　　　　　　　（　　）

二、单项选择题

1.（2022下）二年级数学"元、角、分"单元学习后，杨老师布置的课后作业是"到文具店买文具"。关于杨老师的做法，下列说法错误的是（　　）。

A．有助于学生运算能力的培养

B．有悖于"双减"政策的具体要求

C．帮助学生体会数学与生活之间的联系

D．符合《义务教育数学课程标准》（2022年版）的要求

2.（2015上）在《中小学班主任工作规定》中，班主任角色的定位不包括（　　）。

A．学生日常思想道德教育的实施者　　　B．学生健康成长的引领者

C．学生自我完善的辅导者　　　　　　　D．学生管理工作的主要实施者

3.（2020下）当交通运输部与省级政府对校车的规定不一致时，按《中华人民共和国立法法》规定，裁决者应是（　　）。

A．教育部 　　　　　　　　　　　B．全国人民代表大会

C．国务院 　　　　　　　　　　　D．全国人民代表大会常务委员会

4.（2020上）关于公民取得选举权的时间起点，以下说法正确的是（　　）。

A．从出生算起 　　　　　　　　　B．从取得户籍算起

C．从年满八周岁算起 　　　　　　D．从年满十八周岁算起

5.（2019上）下列不属于学校教职工代表大会行使的职权的是（　　）。

A．审查校内工资方案 　　　　　　B．审议学校的发展规划

C．决定学校中层干部任免 　　　　D．评议、监督学校行政领导干部

6.（2018下）成年人高某对6岁的小强说："你要是敢砸人家的车，就说明你很勇敢。"小强为了证明自己的勇气，拿起砖头砸坏了停放在路边车辆的玻璃。该案例中，应承担赔偿责任的是（　　）。

A．小强 　　　　　　　　　　　　B．高某

C．小强的法定监护人 　　　　　　D．小强的法定监护人和高某

7.（2018上）某小学语文教师林某，利用假期为学生进行有偿补课。学校查实后，对林某进行了批评教育，给予记过处分，并告诫其如果再不听劝阻，学校将按相关规定解除聘用合同。对此理解正确的是（　　）。

A．林某有偿补课，应受到处分

B．林某利用假期有偿补课，不应该被处理

C．林某无权向教育行政主管部门提出申诉

D．这样的处罚侵害了林某的教育教学权

8.（2016下）某校15岁的学生林某放学回家途中，与同学肖某发生争执，用随身携带的水果刀将肖某捅成重伤。对此事件，以下说法不正确的是（　　）。

A．对林某应当从轻或者减轻处罚

B．林某未满16周岁，不用负刑事责任

C．对林某违法行为的责任追究要体现"教育为主，惩罚为辅"的原则

D．林某放学后在校外与他人发生冲突，学校无需承担责任

三、多项选择题

1.（2021下）"双减"政策中的"双减"是指减轻义务教育阶段的（　　）。

A．家长精力负担 　　　　　　　　B．教师教学负担

C．学生校外培训负担 　　　　　　D．学生作业负担

E．家庭教育支出负担

2.（2019上）上初三的杨浩对班主任说："我上个月满18周岁了，我想出去打工赚钱，不想读书了。"班主任拒绝了他的退学申请。针对此事，下列说法正确的有（　　）。

A．杨浩具有完全民事行为能力，可以退学打工

B．接受义务教育是杨浩的权利，也是他的义务

C．杨浩可以向教育行政部门提出教育申诉

D．杨浩不能向教育行政部门提出行政复议

E．班主任应当依法保障杨浩完成义务教育

3.（2023下）2021年7月，教育部办公厅发布《关于开展中小学有偿补课和教师违规收受礼品礼金问题专项整治工作的通知》，要求各地开展自查自改，完善管理机制，建立工作台账，对查实的问题依法依规严肃处理，持之以恒抓好师生群众反映强烈、影响恶劣的突出问题整治。教育部对教师"课上不讲课下讲""组织开办校外培训班""同家长搞利益交换"等行为采取"零容忍"态度。根据上述资料，下列说法正确的有（　　　）。

A. 完善师德师风建设应将专项整治与常态化管理结合起来

B. 群众反映强烈、影响恶劣的突出问题才会被追责问责

C. 教师收受礼金，只要是家长自愿，就不算违规

D. 家长自愿有偿请学校教师补课，教师也算违规

E. 教师组织开办校外培训班必须在地方教育行政部门备案

参考答案

基础题 ▶▶

一、判断题

1. × 　**解析：**《中小学幼儿园安全管理办法》（2006年发布）第三十一条规定，"小学、幼儿园应当建立低年级学生、幼儿上下学时接送的交接制度，不得将晚离学校的低年级学生、幼儿交予无关人员"。其中不包括中年级学生。

2. √ 　**解析：**《幼儿园工作规程》（2015年发布）第二十条规定，"幼儿园应当建立卫生消毒、晨检、午检制度和病儿隔离制度，配合卫生部门做好计划免疫工作。幼儿园应当建立传染病预防和管理制度，制定突发传染病应急预案，认真做好疾病防控工作。幼儿园应当建立患病幼儿用药的委托交接制度，未经监护人委托或者同意，幼儿园不得给幼儿用药。幼儿园应当妥善管理药品，保证幼儿用药安全。幼儿园内禁止吸烟、饮酒"。故此题说法正确。

3. × 　**解析：**本题考查关于课后服务时间的规定。《关于进一步减轻义务教育阶段学生作业负担和校外培训负担的意见》指出，教师要充分用好课后服务时间，指导学生认真完成作业，对学习有困难的学生进行补习辅导与答疑，为学有余力的学生拓展学习空间，开展丰富多彩的科普、文体、艺术、劳动、阅读、兴趣小组及社团活动。不得利用课后服务时间讲新课。

4. √ 　**解析：**本题考查双减政策。《关于进一步减轻义务教育阶段学生作业负担和校外培训负担的意见》中强调要分类明确作业总量。学校要确保小学一、二年级不布置家庭书面作业，可在校内适当安排巩固练习；小学三至六年级书面作业平均完成时间不超过60分钟，初中书面作业平均完成时间不超过90分钟。

二、单项选择题

1. D 　**解析：**中共中央办公厅、国务院办公厅印发的《关于进一步减轻义务教育阶段学生作业负担和校外培训负担的意见》（2021年发布）中规定，学校要确保小学一、二年级不布置家庭书面作业，可在校内适当安排巩固练习；小学三至六年级书面作业平均完成时间不超过60分钟，初中书面作业平均完成时间不超过90分钟。故本题选D。

2. D 　**解析：**2021年5月，国务院教育督导委员会办公室印发《关于组织责任督学进行"五项管理"督导的通知》，指出加强中小学生作业、睡眠、手机、读物、体质管理（简称"五项管理"），关系学生健康成长、全面发展，是深入推进立德树人的重大举措。D项不属于"五项管理"

的内容，符合题意，故当选。

3．C　解析：《教育部关于建立中小学幼儿园家长委员会的指导意见》（2012年发布）中明确家长委员会的基本职责有参与学校管理、参与教育工作、沟通学校和家庭。

4．C　解析：《中小学班主任工作规定》（2009年印发）第五条规定，"班主任由学校从班级任课教师中选聘。聘期由学校确定，担任一个班级的班主任时间一般应连续1学年以上"。

5．B　解析：《校车安全管理条例》（2012年发布）第二条第一款规定，"本条例所称校车，是指依照本条例取得使用许可，用于接送接受义务教育的学生上下学的7座以上的载客汽车"。该法第三条第二、三款规定，"县级以上地方人民政府应当采取措施，发展城市和农村的公共交通，合理规划、设置公共交通线路和站点，为需要乘车上下学的学生提供方便。对确实难以保障就近入学，并且公共交通不能满足学生上下学需要的农村地区，县级以上地方人民政府应当采取措施，保障接受义务教育的学生获得校车服务"。

6．B　解析：《教师资格条例》（1995年发布）第十九条第二款规定，"被撤销教师资格的，自撤销之日起5年内不得重新申请认定教师资格，其教师资格证书由县级以上人民政府教育行政部门收缴"。

7．B　解析：《〈教师资格条例〉实施办法》（2000年发布）第八条规定，"申请认定教师资格者的教育教学能力应当符合下列要求：（一）具备承担教育教学工作所必需的基本素质和能力。具体测试办法和标准由省级教育行政部门制定。（二）普通话水平应当达到国家语言文字工作委员会颁布的《普通话水平测试等级标准》二级乙等以上标准。少数方言复杂地区的普通话水平应当达到三级甲等以上标准；使用汉语和当地民族语言教学的少数民族自治地区的普通话水平，由省级人民政府教育行政部门规定标准。（三）具有良好的身体素质和心理素质，无传染性疾病，无精神病史，适应教育教学工作的需要，在教师资格认定机构指定的县级以上医院体检合格"。

8．B　解析：本题考查惩戒规则。学生违反校规校纪，情节较重或者经当场教育惩戒拒不改正的，学校可以实施以下教育惩戒，并应当及时告知家长：①由学校德育工作负责人予以训导；②承担校内公益服务任务；③安排接受专门的校规校纪、行为规则教育；④暂停或者限制学生参加游览、校外集体活动以及其他外出集体活动；⑤学校校规校纪规定的其他适当措施。题干中，王同学违反校规校纪，经当场教育惩戒（点名批评）后拒不改正，可以令其承担校内公益服务任务。故本题选B。

提升题 ▶▶▶

一、判断题

1．×　解析：中国的立法机关是指全国人民代表大会及其常务委员会。《中华人民共和国立法法》（2015年修正）第十四条第一款规定，"全国人民代表大会主席团可以向全国人民代表大会提出法律案，由全国人民代表大会会议审议"。该法第十五条第一款规定，"一个代表团或者三十名以上的代表联名，可以向全国人民代表大会提出法律案，由主席团决定是否列入会议议程，或者先交有关的专门委员会审议、提出是否列入会议议程的意见，再决定是否列入会议议程"。因此，并非所有具有中国国籍的公民都可向立法机关提出立法议案。

2．×　解析：《中小学教科书选用管理暂行办法》（2014年印发）第五条规定，"中小学教科书选用单位由省级教育行政部门根据当地实际情况确定"。该法第六条规定，"选用教科书应当组织成立教科书选用委员会，具体负责教科书的选用工作"。该法第七条规定，"教科书选用委员会应当由课程教材专家、教研员、中小学校长和教师等组成，其中一线教师不少于1/2。教科书选用委员会分学科组负责教科书初选工作"。根据以上规定，教师不能自主选用教科书。

3．√　**解析**：《中华人民共和国民法典》（2020年颁布）第一千一百九十九条规定，"无民事行为能力人在幼儿园、学校或者其他教育机构学习、生活期间受到人身损害的，幼儿园、学校或者其他教育机构应当承担侵权责任，但是，能够证明尽到教育、管理职责的，不承担侵权责任"。

4．×　**解析**：《中华人民共和国民法典》（2020年颁布）第一千一百八十八条第一款规定，"无民事行为能力人、限制民事行为能力人造成他人损害的，由监护人承担侵权责任。监护人尽到监护职责的，可以减轻其侵权责任"。

二、单项选择题

1．B　**解析**：本题考查课后作业的布置。我国"双减"政策要求小学一二年级不布置书面家庭作业，题干中的杨老师作为小学二年级的教师，其布置的作业为实践活动类作业，非书面作业，有助于学生培养运算能力、体会数学与生活之间的联系，做法符合我国"双减"政策的要求、《义务教育数学课程标准（2022年版）》的要求。B项符合题意，故当选。

2．C　**解析**：《中小学班主任工作规定》（2009年印发）第二条第一款规定，"班主任是中小学日常思想道德教育和学生管理工作的主要实施者，是中小学生健康成长的引领者，班主任要努力成为中小学生的人生导师"。

3．C　**解析**：《中华人民共和国立法法》（2015年修正）第九十五条第（三）项规定，"部门规章之间、部门规章与地方政府规章之间对同一事项的规定不一致时，由国务院裁决"。C项正确。

4．D　**解析**：《中华人民共和国宪法》（2018年修正）第三十四条规定，"中华人民共和国年满十八周岁的公民，不分民族、种族、性别、职业、家庭出身、宗教信仰、教育程度、财产状况、居住期限，都有选举权和被选举权；但是依照法律被剥夺政治权利的人除外"。D项说法正确，A、B、C三项错误。

5．C　**解析**：《学校教职工代表大会规定》（2011年发布）第七条规定，"教职工代表大会的职权是：（一）听取学校章程草案的制定和修订情况报告，提出修改意见和建议；（二）听取学校发展规划、教职工队伍建设、教育教学改革、校园建设以及其他重大改革和重大问题解决方案的报告，提出意见和建议；（三）听取学校年度工作、财务工作、工会工作报告以及其他专项工作报告，提出意见和建议；（四）讨论通过学校提出的与教职工利益直接相关的福利、校内分配实施方案以及相应的教职工聘任、考核、奖惩办法；（五）审议学校上一届（次）教职工代表大会提案的办理情况报告；（六）按照有关工作规定和安排评议学校领导干部；（七）通过多种方式对学校工作提出意见和建议，监督学校章程、规章制度和决策的落实，提出整改意见和建议；（八）讨论法律法规规章规定的以及学校与学校工会商定的其他事项"。学校教职工代表大会没有学校干部的任免决定权，故本题选C。

6．B　**解析**：《中华人民共和国民法典》（2020年颁布）第一千一百六十九条规定，"教唆、帮助无民事行为能力人、限制民事行为能力人实施侵权行为的，应当承担侵权责任；该无民事行为能力人、限制民事行为能力人的监护人未尽到监护责任的，应当承担相应的责任"。小强只有6岁，为无民事行为能力人。高某教唆小强实施侵权行为，故高某应当承担侵权责任。材料中并没有体现小强的法定监护人有无尽到监护责任，无法判断其法定监护人是否应承担责任。

7．A　**解析**：2015年6月29日，教育部以教师〔2015〕5号印发《严禁中小学校和在职中小学教师有偿补课的规定》。对违反规定的在职中小学教师，视情节轻重，分别给予批评教育、诫勉谈话、责令检查、通报批评直至相应的行政处分。故林某对学生进行有偿补课，应受到处分。

8．B　**解析**：《中华人民共和国刑法》（2020年修正）第十七条第二款规定，"已满十四周岁不满十六周岁的人，犯故意杀人、故意伤害致人重伤或者死亡、强奸、抢劫、贩卖毒品、放火、爆炸、投放危险物质罪的，应当负刑事责任"。

三、多项选择题

1. **CD** 解析：2021 年 7 月 24 日，中共中央办公厅、国务院办公厅印发《关于进一步减轻义务教育阶段学生作业负担和校外培训负担的意见》。"双减"主要是指减轻义务教育阶段学生作业负担和校外培训负担。故本题选 CD。

2. **ACD** 解析：《中华人民共和国民法典》（2020 年颁布）第十七条规定"十八周岁以上的自然人为成年人。不满十八周岁的自然人为未成年人"。第十八条规定，"成年人为完全民事行为能力人，可以独立实施民事法律行为"。《四川省中小学生学籍管理办法》第二十七条规定，"年龄不足十八周岁、未完成九年义务教育的学生，不允许退学。年满十八周岁，不宜在校继续学习的，可以办理退学手续"。义务教育是指依据法律规定，适龄儿童和少年都必须接受的国民教育。题干中的杨浩已满十八周岁，属于完全行为能力人，可根据相关法律办理退学手续。A 项正确。B 项错误。学生申诉制度是学生在接受教育的过程中，对学校给予的处分不服或认为学校和教师侵犯了其合法权益而向有关部门提出重新做出处理的制度。教师、学生可以对受到的处理、处分提起申诉，也可以对其他侵犯合法权益的行为提起申诉。教育行政复议是指教育行政相对人（如学校、教师）认为教育行政机关做出的具体行政行为侵犯其合法权益，向做出该行为的行政机关的上一级教育行政机关或该机关所属的本级人民政府提出申请，受理申请的行政机关对发生争议的具体行政行为进行复查并做出决定的活动。若杨浩认为班主任侵犯了其合法权益，可以提出教育申诉，C 项正确。此事件未涉及教育行政机关做出的具体行政行为，杨浩不能提出行政复议，D 项正确。《中华人民共和国义务教育法》（2018 年修正）第五条第三款规定，"依法实施义务教育的学校应当按照规定标准完成教育教学任务，保证教育教学质量"。国家、社会、学校、家庭都应当依法保证义务教育的实施，不应该由班主任来保障，E 项错误。

3. **AD** 解析：本题考查教育政策。

A 项，完善师德师风建设应将专项整治与常态化管理结合起来，A 项说法正确。

B 项，只要是违反法律法规的行为，无论群众反映是否强烈、影响是否恶劣都会被追责问责。B 项说法错误。

C、D 两项，教育部对教师"同家长搞利益交换"的行为采取"零容忍"态度。教师收受礼金，即使是家长自愿，也算违规；家长自愿有偿请学校教师补课，教师也算违规。C 项说法错误，D 项说法正确。

E 项，教师不得组织开办校外培训班。E 项说法错误。

综上所述，本题选 AD。

第四部分

教师职业道德

第一章　教师职业道德概述

第一节　教师职业道德的含义、结构和特点

一、判断题

1.（2014 上）师德建立在尊师重道的基础上。　　　　　　　　　　　　　　（　　）

2.（2014 上）师德的重要内容随着社会的发展而发展变化。　　　　　　　　（　　）

3.（2019 上）教师职业道德是在教师职业劳动产生之后逐渐形成的。　　　　（　　）

4.（2017 下）本能需要是教师职业道德产生的实践基础。　　　　　　　　　（　　）

5.（2015 上）教师职业道德构成中最重要的是教师职业道德认知。　　　　　（　　）

6.（2014 上）教师职业道德就是组织教师学习法律法规。　　　　　　　　　（　　）

7.（2021 上）好老师的道德情操最终要体现到对所从事职业的忠诚和热爱上来。（　　）

8.（2016 上）教师职业道德要求教师应具有高度的责任感、事业心、渊博的学识以及奉献精神等素质。　　　　　　　　　　　　　　　　　　　　　　　　　　（　　）

9.（2024 上）教师职业道德是外部的规范与约束，教师职业道德素养则侧重于教师个人自觉的道德修养。　　　　　　　　　　　　　　　　　　　　　　　　（　　）

二、单项选择题

1.（2017 下）"师也者，教之以事而喻诸德者也。"这句话主要体现了教师职业道德要求的特点是（　　）。

A．针对性　　　　　　B．全面性　　　　　　C．双重性　　　　　　D．典范性

2.（2022 上）古有"师者，所以传道受业解惑也"，今天我们提出教师教书育人的要求，这反映出的教师职业道德的特点为（　　）。

A．在规范形式上有灵活性

B．在规范方法上有多样性

C．在调整对象和范围上有明显的专业性和特定性

D．在道德内容和结构上有一定的继承性和稳定性

3.（2014 上）教师职业道德不仅在教育过程中有重大作用，而且可以促进整个社会良好风气的形成。这表明教师职业道德具有（　　）。

A．奉献性　　　　　　　　　　　　B．导向性

C．全局性　　　　　　　　　　　　D．发展性

4.（2019 上）与其他职业道德相比，下列对教师职业道德的描述不正确的（　　）。

A．教师职业道德对人的影响更深、更广

B．教师职业道德对人的影响更具示范性

C．教师职业道德的调节方式更具他律性

D．社会各方面对教师职业道德要求更高

5.（2022上）下列对教师职业道德理解错误的是（　　）。

A．教师职业道德更强调教师的内在道德自律

B．教师职业道德形式上表现为正式的规章制度

C．教师职业道德是社会道德规范体系的组成部分

D．教师职业道德关注的重点是教师职业工作中的人际关系

参考答案

一、判断题

1．× **解析：**师德是建立在职业道德的基础上的。

2．√ **解析：**师德的形成和变化受社会大系统和社会发展的制约，因此师德的内容在不同的社会背景下也是会变化的。

3．√ **解析：**教师职业道德是职业道德的一种表现形式，它是在教师职业劳动产生之后才逐渐形成的。从一般意义上讲，教师职业道德是指教师在从事教育劳动过程中形成的，调节教师与他人、与社会、与集体、与学生等职业工作关系时所必须遵守的基本道德规范和行为准则，以及在此基础上所表现出来的道德观念、情操和品质。

4．× **解析：**教育劳动是教师职业道德的实践基础，深刻认识和把握教育劳动的性质和特点是理解和领会教师职业道德的前提。

5．× **解析：**教师职业道德主要是由教师职业理想、教师职业责任、教师职业态度、教师职业纪律、教师职业技能、教师职业良心、教师职业作风以及教师职业荣誉八个要素构成，不包括教师职业道德认知。

6．× **解析：**教师职业道德是教师在从事教育劳动时应遵循的行为规范和必备的品德的总和，是调节教师与他人、与社会等关系时必须遵守的基本道德规范和行为准则，以及在此基础上表现出来的道德观念、情操和品质。教师职业道德主要由教师职业理想、教师职业责任、教师职业态度、教师职业纪律、教师职业技能、教师职业良心、教师职业作风和教师职业荣誉八个因素构成。

7．√ **解析：**好老师的道德情操最终要体现到对所从事职业的忠诚和热爱上来。好老师应该执着于教书育人。我们常说干一行爱一行，做老师就要热爱教育工作，不能把教育岗位仅仅作为一个养家糊口的职业。有了为事业奋斗的志向，才能在老师这个岗位上干得有滋有味，干出好成绩。

8．√ **解析：**教师职业道德要求教师树立正确的教育观、具有热爱教育的事业心、全心全意培养教育学生的道德责任感、良好的道德品质等。

9．√ **解析：**本题考查教师职业道德。教师职业道德素养是教师自觉自愿地遵守教师职业道德规范，它包括两方面的内容：一是教师在教师职业道德规范下的自我约束；二是教师在日常的教育教学实践中通过自身的修养而获得的良好品质。因此，教师职业道德素养侧重于教师个人自觉的道德修养，而教师职业道德是外部的规范与约束。

二、单项选择题

1．C **解析：**教师应德才兼备，不仅要授学生"谋事之才"，更要传学生"立世之德"。教师的职责是既要教学生有关事物的知识，又要让学生知晓立身处世的品德。这体现了教师职业道德要求的双重性。

2．D **解析：**职业道德一般具有以下特征：①在调整对象和范围上具有明显的专业性和特定性。职业道德是同人们的职业生活实践息息相关的，往往只对从事某种特定行业的人起调节作用。

如"为人师表"的要求只适用于教师，"救死扶伤"的道德只适用于医生。②在具体内容和结构上具有一定的继承性和稳定性。如"为人师表""以身立教"等道德规范都有较悠久的历史传统，从古至今，都有基本一致的要求。③在规范形式和方法上具有明显的灵活性和多样性。道德既有比较正规的规章制度，也有非正式的口号与标语，还有一些不成文的行规、习惯等。④在不良后果的处理上具有一定程度的强制性或处罚性。违反职业道德或职业纪律通常会受到相应的处罚，如批评、警告、撤职、解聘等，严重的还会受到法律制裁。题干中，"师者，所以传道受业解惑也"说明从古至今都要求教师要做到教书和育人，反映了其在道德内容和结构上有一定的继承性和稳定性。

3. C **解析**：从教师的社会责任来看，师德具有全局性。中央地方各级领导部门全面重视教育，全党、全社会对教师素质的要求，使师德远远地超出了本部门职业道德的范围。教师职业道德不仅在教育过程中有重大作用，而且可以促进整个社会良好风气的形成，这体现了教师职业道德的全局性。

4. C **解析**：教师的劳动对象是人，人具有主观能动性，教师职业道德对人的影响比其他职业道德更深、更广、更远，A项正确。教师是学生最直接的榜样，与其他职业道德相比，教师职业道德具有教育人、感化人的作用，对人的影响更具有示范性，B项正确。教师职业道德的主要特点是自觉性，即教师所表现出的自觉自为的道德精神，C项错误。社会各方面对教师职业道德要求更高，是因为教师肩负着教书育人的责任，D项正确。

5. B **解析**：道德更加强调内在的纪律约束，教师职业道德是一种由外在纪律向内在纪律的发展。A项说法正确。教师职业道德在形式和方法上具有灵活性和多样性，既有正式的规章制度形式，也有非正式的俗语、口语形式。B项说法错误，符合题意。教师职业道德是教师在从事教育劳动时应遵循的行为规范和必备的品德的总和，它是一般社会道德在教师职业中的特殊体现，是社会道德规范中的组成部分。C项说法正确。教师职业道德关注的重点是教师职业工作中的人际关系，包括教师与学生、集体、社会等之间的关系。D项说法正确。

第二节　教师职业道德的地位、功能与作用

一、判断题

1.（2021下）教师职业道德对教师来说具有"准法律"的地位。　　　　　　　　　　（　　）
2.（2021上）教师职业道德是教师职业社会威望形成的基础。　　　　　　　　　　（　　）
3.（2018上）师德对教师的行为起着规范和评价的作用。　　　　　　　　　　　　（　　）

二、单项选择题

1.（2015下）教师职业道德具有纠正人的行为和指导实际活动的作用，不仅指向教育过程，而且指向教师本身。这说明教师职业道德具有（　　　）。
A. 教育功能　　　　B. 社会功能　　　　C. 调节功能　　　　D. 认识功能

2.（2014下）以"应当怎样"和"不应当怎样"的表述来规范教师的言行，保证教育行为的正常进行，体现了教师职业道德的（　　　）。
A. 动力功能　　　　B. 调节功能　　　　C. 评价功能　　　　D. 教育功能

3.（2014上）教师的行为符合道德规范，对学生具有指导作用。这说明教师职业道德对教育对象具有（　　　）。
A. 评价功能　　　　B. 教育功能　　　　C. 辅导功能　　　　D. 说服功能

参考答案

一、判断题

1. √ **解析：**准法律是一种道德规范在法制生活中转化而成的更具有规范性、明确性与可操作性的行为规则，是介于法律规范与道德规范之间的一种行为规范，是类似于法律但又区别于法律的东西，就是我们经常说的"墙上的法律"，具体表现为我们日常生活中的行为规范，比如，小学生行为规范、公务员行为守则、律师职业道德与职业纪律、法官工作守则和公民道德实施纲要等。

1997 年、2008 年修订的《中小学教师职业道德规范》是由官方机构颁行的，对全体教职人员具有"准法律"效力的守则。

2. √ **解析：**教师职业道德是伴随着教师这一行业或者社会角色的出现而出现的，是指教师在其职业生活中调节和处理与他人、与社会、与集体的关系时所应该遵循的基本行为规范或行为准则。教师职业道德是教师职业社会威望形成的基础。

3. √ **解析：**教师职业道德是教师在从事教育活动过程中，应遵循的调节教师与学生、教师与集体、教师与社会之间关系的比较稳定的行为规范和所应具备的道德品质。教师职业道德对教师的行为有规范和评价的作用。

二、单项选择题

1. C **解析：**调节功能是教师职业道德的最基本、最主要的功能。它不仅指向教育过程，而且指向教师本身。教师职业道德对教育过程具有调节作用、对教师本身具有自我调节功能。

2. B **解析：**教师职业道德以"应当怎样"和"不应当怎样"的表述来规范教师的言行，保证教育行为的正常进行，因而具有调节教师言行的作用，即具有教师职业道德的调节功能。

3. B **解析：**教师职业道德对教育对象具有教育功能。教师按照教师职业道德作为，会使道德要求具体化、人格化，从而使学生在榜样中受到启迪和教育。

第二章　教师职业道德的范畴

第一节　教师职业道德范畴概述

一、判断题

（2015 下）乐观朴实属于广义的教师道德范畴。　　　　　　　　　　　（　　）

二、单项选择题

（2015 下）教师个体基本道德品质主要包括（　　）。
A．谦虚、朴实、仁爱、自制
B．谦虚、仁爱、乐观、自制
C．朴实、仁爱、乐观、自制
D．谦虚、朴实、仁爱、乐观

参考答案

一、判断题

√　**解析：**教师的教育伦理范畴或师德范畴有广义和狭义的理解。广义的师德范畴包括教师道德原则、规范中所有的基本概念，也包括反映教师个体道德品质的基本概念（如"谦虚""朴实""仁爱""乐观"等），还包括教师道德评价、道德修养和道德教育等方面的基本概念（如"善""恶""自制""慎独"等）。狭义的师德范畴则专指可以纳入教师道德规范体系并需要专门研究的基本概念。

二、单项选择题

D　**解析：**教师个体基本道德品质主要有谦虚、朴实、仁爱、乐观。自制、慎独是道德修养方面的品质。

第二节　教师职业道德的主要范畴

一、判断题

1．（2024 上）只要能做到对学生公正，就是一名公正的教师。　　　　（　　）
2．（2016 上）用同一种方法或同一种态度对待所有学生才真正体现了教育的公平。　（　　）

二、单项选择题

1.（2020 下）下列表述中蕴含的教师伦理范畴与其他三项不同的是（   ）。

A. 要成为孩子真正的教育者，就要把自己的心奉献给他们

B. 凡是不能为爱他的人活着的人，就根本不可能成为真正的教育者

C. 培养儿童的公正品德时，教师在对待他们的态度上也应该是公正的

D. 凡是教师缺乏爱的地方，无论品格或其智慧都不能充分自由地发展

2.（2022 上）孔子的"己所不欲，勿施于人"主要体现了教师职业道德基本范畴中教师的（   ）。

A. 公正　　　　　　　　　　　　B. 幸福

C. 良心　　　　　　　　　　　　D. 仁慈

3.（2021 下）"亲其师，信其道"所体现的教师权威来自（   ）。

A. 文化传统　　　　　　　　　　B. 学识专长

C. 人格魅力　　　　　　　　　　D. 法律赋予

4.（2020 下）下列不属于教师威信形成的主观条件的是（   ）。

A. 教师的专业素质　　　　　　　B. 教师的人格魅力

C. 教师的评价手段　　　　　　　D. 教师的社会经济地位

5.（2018 下）以下对教师"言传身教"的理解不正确是（   ）。

A. 它是教师道德的重要规范　　　B. 它是教师虚心学习的主要表现

C. 它是教师做好教育工作的重要保证　　D. 它对青少年学生起到直接影响的作用

三、多项选择题

（2021 下）小学二年级的学生小汪，数学学得很不好，刘老师发现他的问题在于没有记住乘法口诀表，就对他进行了单独辅导。刘老师将 9×9 乘法表根据其长度和难度依次分为 5 个部分，带着他重新学习，要求小汪依次背诵、默写。辅导后，小汪能够准确解答多道计算题，上学的热情也获得了极大提升。下列对刘老师教学行为的评价正确的有（   ）。

A. 体现了教师仁慈　　　　　　　B. 具有教育效能感

C. 遵循了教学公正　　　　　　　D. 运用了程序教学的基本原理

E. 恰当安排了教学内容

参考答案

一、判断题

1. ×　**解析**：本题考查教师公正的内涵。教师公正是指教师在教育职业活动中，公平合理地对待和评价全体合作者。从外部来看，主要是教师同社会各界的关系；从内部来看，主要是教师个人同领导、同事和学生的关系。

2. ×　**解析**：体现教育公平并不是要求用同一种方法对待学生。教育公平的主要理念是"满足所有人的基本学习需要"。教师应该了解学生的个体差异，通过因材施教满足不同学生的不同需求，促使每个学生得到全面、个性的发展。

二、单项选择题

1. C　**解析**：教师伦理范畴反映教师与学生、教师与同事及教师集体、教师与教育事业、教师

与社会之间最本质、最主要、最普遍的道德关系的基本概念，体现了社会对教师的根本要求，是教师应该引以为行动指南的最基本的行为准则。教师伦理范畴包括义务、良心、公正、仁慈、荣誉、幸福、人格等。

教师良心是教师个人在自己的教育实践中，对社会向教师提出的一系列道德要求的自觉意识，是教师个人对学生、教师集体和社会自觉履行其职责的道德责任感以及对自己教育行为进行道德控制和道德评价的能力，是多种教师职业道德心理因素在教师个人意识中的有机统一。A、B、D三项所述均体现的是教师良心。

教师公正即教师的教育公正，是指教师在教育和教学过程中，公平合理地对待和评价每一个学生。教师公正是教师职业道德素养水平的标志。教师公正的核心是对学生的公平。C项所述体现的是教师公正。

2. A　**解析**：教师公正是指教师在教育和教学过程中，公平合理地对待和评价每一个学生，它包括对等性和可互换性。其中，可互换性是指教师应做到对人对己用一个标准，当自己处于对方位置时，仍能接受自己原本承认的法则。"己所不欲，勿施于人"的意思是自己不愿意的，不要施加给别人，体现了教师公正的可互换性。

3. C　**解析**：教师权威包括制度性权威和个人权威。教师的制度性权威包括传统权威和法定权威。传统权威指社会的文化传统赋予的权威；法定权威指社会制度和法律法规等因素赋予的权威。个人权威包括知识权威和感召权威。知识权威由教师个人的学识、专长等构成。感召权威包括教师本人的人格魅力、爱心、同情心等。"亲其师，信其道"的意思是一个人只有在亲近、尊敬自己的师长时，才会相信、学习师长传授的知识和道理。即学生受到教师的人格魅力的影响才能更信奉教师传授的道理。这句话说明教师权威来自人格魅力。故本题选C。

4. D　**解析**：教师的威信主要受专业素质、人格魅力、师生关系、评价手段等四方面主观因素的制约。影响教师威信形成的客观条件包括以下几个方面：①教师在全社会的政治和经济地位；②教育行政机关和学校领导对教师工作的信任、关心和支持；③家长对教师的态度。

D项，教师的社会经济地位属于教师威信形成的客观条件。

5. B　**解析**：教师虚心学习不属于"言传身教"，而属于"终身学习"的范畴。

三、多项选择题

ABCDE　**解析**：A项，教师仁慈的核心体现在对学生的仁慈施教上。教师要有无条件的爱心和高度的宽容与耐心，要相信学生有发展的潜能，积极帮助和引导学生。题干中，小汪数学学得很不好，刘老师发现他的问题后，耐心地对其进行了单独辅导。这体现了教师的教师仁慈，不放弃任何一个学生，认真施教。A项正确。

B项，教育效能感是教师对自己影响学生学习行为和学习成绩的能力的主观判断。题干中，经过刘老师的单独辅导，小汪能够准确解答多道计算题，且上学的热情也获得极大提升。这说明刘老师具有较高的教育效能感，相信学生能在自己的指导、教育下获得更好的发展。B项正确。

C项，教学公正是指教师在教育教学过程中，公平合理地对待和评价每一个学生。题干中，刘老师公平合理地对待小汪同学，并未因他学不好而歧视、放弃他，反而根据他自身的问题采取有效的教育措施，这说明该教师做到了平等待生，遵循了教学公正。C项正确。

D、E两项，程序教学是指将要学习的大问题分解成若干小问题，按一定顺序呈现给学生，要求学生一一回答，然后给予反馈。程序教学的小步子原则是把教材上的知识项目分成具有逻辑联系的小步子。题干中，刘老师将9×9乘法表根据其长度和难度依次分为5个部分，带着小汪重新学习，这体现了教师恰当安排教学内容，遵循了程序教学的小步子原则。D、E两项正确。

第三章 教师职业道德规范

第一节 《中小学教师职业道德规范》(2008年修订)

一、判断题

1. (2022下)教师不能以违法的方式对待学生的违法行为。 （　）

2. (2022下)在偏僻乡村任教的李老师多年来以教育为乐,执着坚守,无私奉献,无怨无悔。这体现了教师职业道德规范中的爱岗敬业。 （　）

3. (2019下)在教师职业道德规范中,爱岗敬业是职业道德的基础。 （　）

4. (2018上)保护学生安全不属于《中小学教师职业道德规范》的要求。 （　）

5. (2015下)教师职业道德规范中,关爱学生就是尊重和接纳学生的所有行为。 （　）

6. (2014下)保护学生安全是教师职业道德的应有内容。 （　）

7. (2014上)体罚可以帮助教师树立威信,所以不能因为某位教师体罚了某位学生而说该教师违反了教师职业道德。 （　）

8. (2016下)我国《中小学教师职业道德规范》中提出"教书育人",要求不以分数作为评价学生的标准。 （　）

9. (2020上)教师职业道德的一切内容都围绕教书和育人展开。 （　）

10. (2020下)"教人者教己"要求教师对自己高标准、严要求、为人师表。 （　）

11. (2023下)言传身教,身体力行,是教师职业道德区别于其他职业道德的重要标志之一。 （　）

12. (2019下)某班数学老师要求班委会使用班费给全班同学购买某出版社出版的数学练习册,该行为违反了教师职业道德规范。 （　）

13. (2016下)教师要不断提高教书育人的能力水平,这既是《中华人民共和国教师法》的要求,也是《中小学教师职业道德规范》的要求。 （　）

14. (2015上)终身学习是我国《中小学教师职业道德规范》中的基本内容。 （　）

二、单项选择题

1. (2024上)某初中学生不遵守课堂纪律,班主任文老师强令该生家长来校陪读,但因家长要上班无法陪读,文老师就将该生赶出学校。文老师主要违反了《中小学教师职业道德规范》中的哪一项要求?（　）
   - A. 教书育人
   - B. 为人师表
   - C. 爱国守法
   - D. 爱岗敬业

2. (2022下)教师在网上发表与"双减"政策相悖的言论,此行为违反了教师职业道德规范的（　）。
   - A. 爱国守法
   - B. 教书育人
   - C. 关爱学生
   - D. 为人师表

3.（2022下）王老师自从在医院检查出轻微的颈椎骨质增生后，经常以身体不适为由找他人代课或完成其他日常工作。针对此情况，下列说法中正确的是（　　　）。

A．王老师应坚持完成工作　　　　　　B．王老师尽到了工作职责

C．学校应该让王老师转岗　　　　　　D．王老师保障了自己的健康权

4.（2018上）下面对教师爱岗敬业理解不正确的是（　　　）。

A．爱岗敬业是教师做好本职工作的前提

B．爱岗敬业是教师乐教勤业的动力源泉

C．爱岗敬业是保持教师队伍稳定的基础

D．爱岗敬业是教师职业区别于其他职业的条件

5.（2020上）梦晨同学由于家里出了些事，上课时总是走神。班主任当着全班同学的面说："你爹妈真会取名字，难怪生下来就不行，每天都做白日梦。"该班主任的做法主要违背了教师职业道德中的（　　　）。

A．爱岗敬业　　　　B．关爱学生　　　　C．教书育人　　　　D．为人师表

6.（2015上）师德的灵魂是（　　　）。

A．关爱学生　　　　　　　　　　　　B．加强修养

C．认真教学　　　　　　　　　　　　D．提高业务水平

7.（2021下）李校长走到学校超市门口，看到随意丢弃的果皮，会弯下腰捡起果皮，扔进垃圾桶。这体现了教师职业道德规范中的（　　　）。

A．教书育人　　　　　　　　　　　　B．爱岗敬业

C．关爱学生　　　　　　　　　　　　D．为人师表

8.（2016下）在我国《中小学教师职业道德规范》中，以下不属于"为人师表"的内容的是（　　　）。

A．衣着得体，举止文明

B．关心集体，团结协作

C．保护学生安全，维护学生合法权益

D．自觉抵制有偿家教，不利用职务之便谋取私利

9.（2023下）何老师硕士毕业后入职一所中学教授物理，在做好教学工作的同时，追踪物理学前沿知识，参加学术活动，不断更新知识结构。这说明何老师具有（　　　）。

A．自我反思精神　　　　　　　　　　B．创新创业激情

C．终身学习意识　　　　　　　　　　D．课程开发能力

10.（2021上）朱熹曾经说过："无一事而不学，无一时而不学，无一处而不学。"这句话体现了教师职业道德规范的（　　　）。

A．为人师表　　　　　　　　　　　　B．终身学习

C．爱岗敬业　　　　　　　　　　　　D．关爱学生

11.（2018上）下列不属于《中小学教师职业道德规范》中"终身学习"的内容的是（　　　）。

A．崇尚科学精神　　　　　　　　　　B．拓宽知识视野，更新知识结构

C．认真备课上课　　　　　　　　　　D．潜心钻研业务，勇于探索创新

12.（2014下）以下说法，正确的是（　　　）。

A．"身教重于言教"忽视了教师传授知识的天职

B．"教师应该遵守法律"是法律要求而不是师德要求

C．在市场经济时代，要求教师廉洁从教是一句空话

D．教师不思进取也是不符合师德要求的

13.（2023 上）童老师在教学之余开展了自己的"第二职业"，利用学生家长从众及不愿自己的孩子落后的攀比心态，在学生放学后巧立名目开办补习班，大大加重了家长的负担。这种做法违背的教师职业道德规范是（ ）。

A．平等友善　　　　　　　　　　　B．清正廉洁

C．爱岗敬业　　　　　　　　　　　D．表里如一

三、多项选择题

1.（2024 上）中小学教师职业道德规范中，关于教师"爱国"的基本要求有（ ）。

A．自觉地学法、懂法和守法

B．在教育教学中积极实施爱国主义教育

C．把中国建设成为富强、民主、文明的社会主义国家

D．在教育教学活动中，严格遵循宪法和教育法律法规，做到依法执教

E．牢固树立中华民族和国家利益至上的意识，自觉维护祖国的独立、统一和利益

2.（2020 下）下列表述能体现教师爱岗敬业的有（ ）。

A．能做好教师职业生涯规划

B．能对教育事业保持忠诚、执着

C．能不断取得多方认可的工作绩效

D．能以积极的态度对待教师日常工作

E．能以科学的教育理念为指导，履行教师基本职责

3.（2018 下）下列属于《中小学教师职业道德规范》中"教书育人"要求的有（ ）。

A．遵循教育规律，实施素质教育

B．循循善诱，诲人不倦，因材施教

C．不以分数作为评价学生的唯一标准

D．崇尚科学精神，树立终身学习理念

E．培养学生良好品行，激发学生创新精神，促进学生全面发展

4.（2023 上）下列选项中对《中小学教师职业道德规范》解读错误的有（ ）。

A．关爱学生要求教师不能对学生实施教育惩戒

B．教育规律是教师履行教书育人职责所应遵循的依据

C．该规范体现了教育以育人为本、以学生为主体的思想

D．终身学习是因为教师要通过终身学习来适应日新月异的社会变化

E．为人师表要求教师不论在公共场合还是在私人领域都要做真实的自己

参考答案

一、判断题

1. √ **解析：**本题考查教师职业道德规范。《中小学教师职业道德规范》（2008 年修订）中的爱国守法要求教师自觉遵守教育法律法规，依法履行教师职责权利。故教师必须依法执教，遵守法律法规，不能以违法的方式对待学生的违法行为。故题干说法正确。

2. √ **解析：**本题考查教师职业道德规范。《中小学教师职业道德规范》（2008 年修订）中的爱岗敬业要求教师忠诚于人民教育事业，志存高远，勤恳敬业，甘为人梯，乐于奉献。对工作高度负责，认真备课上课，认真批改作业，认真辅导学生。不得敷衍塞责。题干中的李老师以教

育为乐，执着坚守，无私奉献，无怨无悔，其行为和理念符合爱岗敬业的具体要求，故题干说法正确。

3. √ **解析**：爱岗敬业是教师处理个人利益与教育事业关系的准则，是做好教育工作的情感要求，是教师职业的本质要求，是全部教师职业道德的基础和前提。

4. × **解析**：《中小学教师职业道德规范》（2008年修订）中的"关爱学生"要求："关心爱护全体学生，尊重学生人格，平等公正对待学生。对学生严慈相济，做学生良师益友。保护学生安全，关心学生健康，维护学生权益。不讽刺、挖苦、歧视学生，不体罚或变相体罚学生"。保护学生安全属于《中小学教师职业道德规范》的要求。

5. × **解析**：关爱学生指关心爱护全体学生，尊重学生人格，平等公正对待学生；对学生严慈相济，做学生的良师益友；保护学生安全，关心学生健康，维护学生权益；不讽刺、挖苦、歧视学生，不体罚或变相体罚学生。

6. √ **解析**：教师职业道德中的"关爱学生"要求教师要保护学生安全。

7. × **解析**：《中小学教师职业道德规范》（2008年修订）中的"关爱学生"要求教师"关心爱护全体学生，尊重学生人格，平等公正对待学生。对学生严慈相济，做学生良师益友。保护学生安全，关心学生健康，维护学生权益。不讽刺、挖苦、歧视学生，不体罚或变相体罚学生"。因而可以说该教师违反了教师职业道德。

8. × **解析**：《中小学教师职业道德规范》（2008年修订）中的"教书育人"要求教师必须遵循教育规律，实施素质教育。循循善诱，诲人不倦，因材施教。培养学生良好品行，激发学生创新精神，促进学生全面发展。不以分数作为评价学生的唯一标准。因此，分数可以作为评价学生的标准，但并不是唯一标准。故题干的说法是错误的。

9. √ **解析**：2008年修订的《中小学教师职业道德规范》共六条，体现了教师职业特点对师德的本质要求和时代特征，"爱"与"责任"是贯穿其中的核心和灵魂。"教书育人""爱岗敬业"和"为人师表"是教师职业道德规范的核心内容。教师职业道德的一切内容都围绕教书和育人展开。

10. √ **解析**："教人者教己"体现了为人师表、教学相长的原则，认为教师育人先须正己，要以高尚的师德和深厚的学养去影响、教育学生。因此，"教人者教己"要求教师用教育人的标准严格要求自己，提高自我素养，做到为人师表。

11. √ **解析**：本题考查教师职业道德规范。为人师表是教师职业道德与其他职业道德的区别。言传身教，身体力行是为人师表的要求。故题干说法正确。

12. √ **解析**：2008年修订的《中小学教师职业道德规范》中的"为人师表"要求教师做到"坚守高尚情操，知荣明耻，严于律己，以身作则。衣着得体，语言规范，举止文明。关心集体，团结协作，尊重同事，尊重家长。作风正派，廉洁奉公。自觉抵制有偿家教，不利用职务之便谋取私利"。题干中，该数学老师要求班委会使用班费给全班同学统一订购教辅资料，变相给学生推销商品，违背了"为人师表"的职业道德。

13. √ **解析**：《中华人民共和国教师法》（2009年修正）第三条规定，"教师是履行教育教学职责的专业人员，承担教书育人，培养社会主义事业建设者和接班人、提高民族素质的使命"。该法第八条第六项规定，教师应当履行"不断提高思想政治觉悟和教育教学业务水平"的义务。《中小学教师职业道德规范》（2008年修订）中的"终身学习"要求教师"崇尚科学精神，树立终身学习理念，拓宽知识视野，更新知识结构。潜心钻研业务，勇于探索创新，不断提高专业素养和教育教学水平"。

14. √ **解析**：《中小学教师职业道德规范》（2008年修订）第六条内容为终身学习。

二、单项选择题

1. C **解析：**本题考查《中小学教师职业道德规范》。《中小学教师职业道德规范》（2008 年修订）中的"爱国守法"要求教师"热爱祖国，热爱人民，拥护中国共产党领导，拥护社会主义。全面贯彻国家教育方针，自觉遵守教育法律法规，依法履行教师职责权利。不得有违背党和国家方针政策的言行"。题干中，文老师将初中学生赶出学校，侵犯了学生的受教育权，是违法行为，违背了"爱国守法"的师德规范。

2. A **解析：**本题考查教师职业道德规范。

"爱国守法"要求教师热爱祖国，热爱人民，拥护中国共产党领导，拥护社会主义。全面贯彻国家教育方针，自觉遵守教育法律法规，依法履行教师职责权利。不得有违背党和国家方针政策的言行。题干中，教师在网上发表与"双减"政策相悖的言论正违反了此规范。故本题选 A。

"教书育人"要求教师遵循教育规律，实施素质教育。循循善诱，诲人不倦，因材施教。培养学生良好品行，激发学生创新精神，促进学生全面发展。不以分数作为评价学生的唯一标准。B 项与题干不符，排除。

"关爱学生"要求教师关心爱护全体学生，尊重学生人格，平等公正对待学生。对学生严慈相济，做学生良师益友。保护学生安全，关心学生健康，维护学生权益。不讽刺、挖苦、歧视学生，不体罚或变相体罚学生。C 项与题干不符，排除。

"为人师表"要求教师坚守高尚情操，知荣明耻，严于律己，以身作则。衣着得体，语言规范，举止文明。关心集体，团结协作，尊重同事，尊重家长。作风正派，廉洁奉公。自觉抵制有偿家教，不利用职务之便谋取私利。D 项与题干不符，排除。

3. A **解析：**本题考查教师职业道德规范。《中小学教师职业道德规范》（2008 年修订）中的"爱岗敬业"要求教师忠诚于人民教育事业，志存高远，勤恳敬业，甘为人梯，乐于奉献。对工作高度负责，认真备课上课，认真批改作业，认真辅导学生。不得敷衍塞责。王老师在病症较轻，可以坚持完成工作的情况下找他人替自己完成工作，未做到爱岗敬业，他应坚持完成工作。A 项正确，B 项错误。

C 项，转岗剥夺了王老师的教育教学权；D 项，健康权是自然人依法享有的保持其自身及其器官以至身体整体的功能安全为内容的人格权。案例并未涉及非法侵害王老师健康权的现象。

4. D **解析：**爱岗敬业是教师做好本职工作的前提，爱岗敬业是教师乐教勤业的动力源泉，爱岗敬业是保持教师队伍稳定的基础。教师更倾向于从社会地位上而非经济地位上来获得尊严，这是教师与其他许多职业不同的地方。

5. B **解析：**2008 年修订的《中小学教师职业道德规范》中的"关爱学生"要求教师"关心爱护全体学生，尊重学生人格，平等公正对待学生。对学生严慈相济，做学生良师益友。保护学生安全，关心学生健康，维护学生权益。不讽刺、挖苦、歧视学生，不体罚或变相体罚学生"。题干中，班主任非但不关心同学的家事，反而借名字讽刺、挖苦学生，用不当的语言对学生施行心灵惩罚，是关爱的大忌，违背了关爱学生的职业道德要求。

6. A **解析：**关爱学生是师德的灵魂。关爱学生要求教师有关心爱护学生、诲人不倦的情感和爱心。

7. D **解析：**《中小学教师职业道德规范》（2008 年修订）的基本内容包括爱国守法、爱岗敬业、关爱学生、教书育人、为人师表、终身学习。其中，"为人师表"要求教师"坚守高尚情操，知荣明耻，严于律己，以身作则。衣着得体，语言规范，举止文明。关心集体，团结协作，尊重同事，尊重家长。作风正派，廉洁奉公。自觉抵制有偿家教，不利用职务之便谋取私利"。题干中，李校长弯腰捡起果皮扔进垃圾桶，通过身体力行为学生树立了良好的榜样，这体现教师职业道德规范中的为人师表。

8．C　解析：《中小学教师职业道德规范》（2008 年修订）中关于"为人师表"的内容要求：坚守高尚情操，知荣明耻，严于律己，以身作则；衣着得体，语言规范，举止文明；关心集体，团结协作，尊重同事，尊重家长；作风正派，廉洁奉公；自觉抵制有偿家教，不利用职务之便谋取私利。A、B、D 三项均符合，C 项属于"关爱学生"的要求。

9．C　解析：本题主要考查教师职业道德相关知识点。题干中，何老师参加学术活动，不断更新知识结构，体现的是终身学习意识。故本题选 C。

10．B　解析：《中小学教师职业道德规范》（2008 年修订）中的"终身学习"要求教师"崇尚科学精神，树立终身学习理念，拓宽知识视野，更新知识结构。潜心钻研业务，勇于探索创新，不断提高专业素养和教育教学水平"。题干中，朱熹的话的意思是每件事情、每个时刻、每个地方都要学习，体现了教师职业道德规范中的终身学习。

11．C　解析：《中小学教师职业道德规范》（2008 年修订）对"终身学习"的表述是崇尚科学精神，树立终身学习理念，拓宽知识视野，更新知识结构。潜心钻研业务，勇于探索创新，不断提高专业素养和教育教学水平。"认真备课上课"是"爱岗敬业"中的要求。

12．D　解析：教师职业道德中终身学习要求教师要不断提升自己的教育教学水平，不思进取不符合教师职业道德的要求。

13．B　解析：本题考查教师职业道德规范。题干中，童老师利用职务之便谋取私利，违背了清正廉洁的师德规范。

三、多项选择题

1．BCE　解析：本题考查教师爱国守法的要求。爱国守法包括爱国和守法两个方面的含义。

"爱国"的基本要求：一是牢固树立中华民族和国家利益至上的意识，自觉维护祖国的独立、统一、尊严和利益；二是为建设富强、民主、文明、和谐、美丽的社会主义现代化强国作出力所能及的贡献；三是在教育教学中，积极实施爱国主义教育。B、C、E 三项属于"爱国"的要求。

"守法"强调教师要自觉地学法、懂法和守法，同时在教育教学中，严格遵守宪法和教育法律法规，使自己的教育教学活动合法、规范，做到依法执教。A、D 两项属于"守法"的要求。

2．ABCDE　解析：《中小学教师职业道德规范》（2008 年修订）规定教师职业道德的内容包括爱国守法、爱岗敬业、关爱学生、教书育人、为人师表、终身学习。其中，"爱岗敬业"要求教师"忠诚于人民教育事业，志存高远，勤恳敬业，甘为人梯，乐于奉献。对工作高度负责，认真备课上课，认真批改作业，认真辅导学生。不得敷衍塞责"。

A 项，教师做好职业生涯规划是爱岗敬业的重要内容，说法正确。

B 项，爱岗敬业强调忠诚于人民教育事业，说法正确。

C 项，爱岗敬业是能不断取得多方认可的工作绩效的主要因素之一。能不断取得多方认可的工作绩效也能体现爱岗敬业，说法正确。

D 项，爱岗敬业强调对工作高度负责，认真备课上课，因此以积极的态度对待教师日常工作体现了爱岗敬业的要求，说法正确。

E 项，爱岗敬业强调完成教师的本职工作。以科学的教育理念为指导，履行教师基本职责体现了爱岗敬业的要求，说法正确。

3．ABCE　解析：《中小学教师职业道德规范》（2008 年修订）中关于"教书育人"的要求包括"遵循教育规律，实施素质教育。循循善诱，诲人不倦，因材施教。培养学生良好品行，激发学生创新精神，促进学生全面发展。不以分数作为评价学生的唯一标准"。D 项属于"终身学习"的要求。

4．AE　**解析**：本题考查对《中小学教师职业道德规范》的理解。

教育惩戒的目的在于使学生引以为戒、认识和改正错误，即在于促进学生更好的发展，实施教育惩戒应当符合教育规律，注重育人效果；遵循法治原则，做到客观公正；选择适当措施，与学生过错程度相适应。这不违背关爱学生的要求。A项解读错误。

教书育人要求教师遵循教育规律，实施素质教育。B项解读正确。

《中小学教师职业道德规范》充分体现了"教育以育人为本，以学生为主体""办学以人才为本，以教师为主体"的理念，强调尊重教师，强调教师责任与权利的统一。C项解读正确。

终身学习既是适应时代发展的要求，也是由教师职业的特点决定的。教师通过终身学习以适应日新月异的社会变化，从而更好地满足学生全面发展的需要。D项解读正确。

为人师表侧重于对教师在其职业领域内的"公德"的规范，而非其私人领域内的"私德"；侧重于教师在学生面前规范自己的言行，而非表现个性。E项解读错误。

第二节　《中小学教师职业道德规范》（1997年修订）

单项选择题

1．（2018上）苏霍姆林斯基指出：尽可能地了解每个孩子的精神世界——这是教师和校长的首条金科玉律。这句话体现了（　　）。

A．严谨治学、勇于创新　　　　　　B．热爱学生、诲人不倦

C．以身作则、为人师表　　　　　　D．关心集体、团结协作

2．（2014上）教师职业道德的核心是（　　）。

A．热爱教育　　　　　　　　　　　B．热爱学校

C．热爱教学　　　　　　　　　　　D．热爱学生

3．（2014上）教师之间"谦虚谨慎，尊重同志，相互学习，相互帮助，维护其他教师在学生中的威信；关心集体，维护学校荣誉，共创文明校风"。这是师德教育的（　　）。

A．隐含性原则　　　　　　　　　　B．团结一致原则

C．"双赢"协作原则　　　　　　　　D．和平共处原则

4．（2017上）按照《教师职业道德行为规范》的规定，教师的以下做法正确的是（　　）。

A．学生违规时，教师可以批评家长

B．对家庭贫困的学生，教师要避免家访

C．在不违法的前提下，教师可请家长代办私事

D．对学生实施重大处分前，教师应与家长沟通

5．（2016下）某班主任在家长会上帮商家推广一种"心算"教材，但并未强制家长们购买。该班主任的做法（　　）。

A．凸显了敬业精神　　　　　　　　B．违背了师德规范

C．违反了教学规律　　　　　　　　D．体现了务真求实

6．（2015上）李老师在教师节收了学生家长送给他的一盆盆栽。李老师的行为违背了教师职业道德规范中的（　　）。

A．依法执教　　　　　　　　　　　B．关爱学生

C．爱岗敬业　　　　　　　　　　　D．廉洁从教

7.（2016 上）2008 年教育部新修订的《中小学教师职业道德规范》中首次增加以下哪一条？（　　）

A. 维护学生合法权益　　　　　　　　B. 公正对待学生

C. 保护学生安全　　　　　　　　　　D. 平等对待学生

8.（2016 下）一位教师说："我因为热爱自己的教师职业，把自己的收入也拿来助学。没钱时，我就出力。"以下最能体现出该教师职业道德规范的是（　　）。

A. 爱国守法　　　　　　　　　　　　B. 敬业奉献

C. 热爱学生　　　　　　　　　　　　D. 教书育人

参考答案

单项选择题

1. B　**解析**：了解学生是教育好学生的前提条件之一，是教师关爱学生的体现。"尽可能地了解每个孩子的精神世界——这是教师和校长的首条金科玉律"体现的是热爱学生，诲人不倦。

2. D　**解析**：热爱学生是教师忠诚于教育事业的重要表现，热爱学生是教师职业道德的核心和精髓，是教师最宝贵的职业情感。

3. C　**解析**：《中小学教师职业道德规范》（1997 年修订）指出，教师之间要"谦虚谨慎，尊重同志，相互学习，相互帮助，维护其他教师在学生中的威信。关心集体，维护学校荣誉，共创文明校风"。这就告诉教师，任何一所学校，全体教师必须本着双赢的思维，齐心协力，才能完成教书育人的重任。

4. D　**解析**：学生违规时，教师不能随意批评家长，要团结和尊重家长；对家庭贫困的学生，教师要尽最大的能力关爱学生，包括通过家访的形式了解学生的家庭情况，有针对性地展开帮扶工作；不管什么情况，教师都不可以让家长代办私事，要做到廉洁奉公；对学生实施重大处分前，为了更好地促进学生的成长，教师应与家长沟通。所以 D 项正确。

5. B　**解析**：本题主要考查教师职业道德规范。题干中班主任在家长会上的行为属于推销、变相推销物品，虽然没有强制家长们购买，但是有暗示其购买的嫌疑。这违背了为人师表、廉洁从教的教师职业道德规范。

6. D　**解析**：收受礼物、财物违背了廉洁从教的教师职业道德范畴。

7. C　**解析**：对比 2008 年和 1997 年教师职业道德规范可知，保护学生安全是新增加的内容。

8. B　**解析**：题干中的教师热爱教师职业，乐于奉献，体现了其敬业奉献的精神。

第四章 教师职业道德养成

第一节 教师职业道德养成概述

一、判断题

1.（2018 上）教师职业道德修养是社会对教师职业道德的要求。 （ ）

2.（2020 下）提高教师职业道德认识是师德养成的前提。 （ ）

3.（2017 上）教师职业道德修养伴随教师一生。 （ ）

二、单项选择题

1.（2017 下）教师进行师德修养的起点和前提是（ ）。

A．教师职业道德情感 B．教师职业道德认识

C．教师职业道德意志 D．教师职业道德行为

2.（2016 下）关于"教师职业道德自我养成"的作用，以下说法不正确的是（ ）。

A．它能促进教师的专业发展 B．它是教师主体性的体现

C．它是学生成长的需要 D．它能直接促进学生的成绩提高

3.（2014 下）教师职业道德的继承性的基础是人类社会对教师职业道德认知的（ ）。

A．共同性 B．广泛性 C．独特性 D．延展性

参考答案

一、判断题

1．× **解析**：道德原则和道德规范是一定社会向人们提出的普遍要求。教师职业道德规范是社会对教师的职业道德的要求。教师职业道德修养是教师为培养良好的职业道德品质所进行的自我锻炼、自我陶冶、自我教育、自我改造的过程。

2．√ **解析**：教师职业道德认识是教师对职业道德知识的理解和掌握，是进行师德修养的起点和前提。认识是行动的先导，教师要形成良好的道德品质，就必须不断学习和掌握教师职业道德知识，深刻理解并努力提高对教师职业道德原则、规范的认识，把道德原则、规范逐步内化为自己从事教育事业的行为准则。

3．√ **解析**：教师提高职业道德修养在教师的整个职业生涯中将是伴随教师一生的事情。

二、单项选择题

1．B **解析**：教师进行师德修养的起点和前提是教师职业道德认识。

2．D **解析**：教师职业道德自我养成能促进教师的专业发展，是教师自主性的体现，也是学生成长的需要，因而教师职业道德自我养成有利于促进学生多方面的发展，但是对促进学生的成绩提

高并不起直接性的作用，是一种间接性的作用结果，因而 D 项不正确。

3. D 解析：继承性是指教师职业道德的自身发展的历史延续性。每个社会的教师职业道德，都是从一定的社会或阶级利益出发，在批判继承历史上优秀的教师职业道德遗产的基础上产生和发展起来的。

第二节 教师职业道德教育

单项选择题

（2015 上）中小学教师对自己的职业道德行为进行自我教育、自我批评、自我陶冶、自我锻炼和自我改造的方法属于（　　）。

A. 宣传演讲法　　　　B. 榜样教育法　　　　C. 自我修养法　　　　D. 对话教育法

参考答案

单项选择题

C 解析：自我修养法是指中小学教师在师德培训的基础上，源于职业理想或师德目标的追求对自我的职业道德行为进行的自我教育、自我批评、自我陶冶、自我锻炼和自我改造的过程。

第三节 教师职业道德的自我养成

判断题

1.（2017 下）教师职业道德养成主要依靠自律，与外部环境和社会无关。　　　　　（　　）
2.（2014 下）师德的内涵不会随着时间的变化而变化。　　　　　　　　　　　　　（　　）
3.（2014 下）积极参加社会实践，做到知行统一，是提高教师职业道德修养的重要途径。（　　）
4.（2020 上）教师职业道德修养与仪表修饰无关。　　　　　　　　　　　　　　　（　　）

参考答案

判断题

1. × 解析：教师职业道德的养成既要依靠自律，也要受到社会与环境的影响，故

2. × 解析：现代师德是对古代师德的传承与发展，知识经济时代则对师德赋予了新的内涵。师德的内涵会随着时间的变化而变化。

3. √ 解析：知行统一是教师职业道德修养的重要途径。

4. × 解析：教师职业道德修养是教师为了培养高尚的师德所进行的自我锻炼、自我教育、自我陶冶的功夫及其所达到的师德水平和精神境界。在具体的修养方法上，新时期教师既要借鉴传统的知行合一、自省慎独、好礼守节的道德修养方法，又要做到学习与实践、他律与自律、品质锻炼

与仪表修饰三结合，以更好地履行教书育人的使命。

第四节　教师职业道德管理

一、判断题

1.（2021上）《新时代中小学教师职业行为十项准则》与《中华人民共和国教师法》规定的教师基本法律义务所体现的精神是一致的。　　　　　　　　　　　　　　（　　）

2.（2018下）教育部2018年修订的《中小学教师违反职业道德行为处理办法》中，对教师的处分有警告、记过、降低岗位等级或撤职、开除。　　　　　　　　　　　（　　）

二、单项选择题

（2023下）下列关于教师职业行为规范说法错误的是（　　　）。

A．中小学教师要言行雅正

B．中小学教师不得组织、参与有偿补课

C．在教学活动中突遇危险时教师可以自行离场

D．师德师风是评价中小学教师队伍素质的第一标准

三、多项选择题

（2023下）《新时代中小学教师职业行为十项准则》中对教师言行雅正的要求有（　　　）。

A．学而不厌　　　　　　　　　　　B．作风正派

C．举止文明　　　　　　　　　　　D．以身作则

E．为人师表

参考答案

一、判断题

1. √　**解析**：《新时代中小学教师职业行为十项准则》（2018年发布）规定教师应遵守"坚定政治方向、自觉爱国守法、传播优秀文化、潜心教书育人、关心爱护学生、加强安全防范、坚持言行雅正、秉持公平诚信、坚守廉洁自律和规范从教行为"十项准则。

《中华人民共和国教师法》（2009年修正）第八条规定，"教师应当履行下列义务：（一）遵守宪法、法律和职业道德，为人师表；（二）贯彻国家的教育方针，遵守规章制度，执行学校的教学计划，履行教师聘约，完成教育教学工作任务；（三）对学生进行宪法所确定的基本原则的教育和爱国主义、民族团结的教育，法制教育以及思想品德、文化、科学技术教育，组织、带领学生开展有益的社会活动；（四）关心、爱护全体学生，尊重学生人格，促进学生在品德、智力、体质等方面全面发展；（五）制止有害于学生的行为或者其他侵犯学生合法权益的行为，批评和抵制有害于学生健康成长的现象；（六）不断提高思想政治觉悟和教育教学业务水平"。

综上，《新时代中小学教师职业行为十项准则》与《中华人民共和国教师法》规定的教师基本法律义务所体现的精神是一致的。

2. √　**解析**：《中小学教师违反职业道德行为处理办法》（2018年修订）第三条第一款规定，

"本办法所称处理包括处分和其他处理。处分包括警告、记过、降低岗位等级或撤职、开除。警告期限为 6 个月，记过期限为 12 个月，降低岗位等级或撤职期限为 24 个月。是中共党员的，同时给予党纪处分"。

二、单项选择题

C 解析：本题考查教师职业行为规范。《新时代中小学教师职业行为十项准则》（2018 年发布）要求教师加强安全防范，不得在教育教学活动中遇突发事件、面临危险时，不顾学生安危，擅离职守，自行逃离。C 项说法错误，故本题选 C。

三、多项选择题

BCDE 解析：本题考查《新时代中小学教师职业行为十项准则》。《新时代中小学教师职业行为十项准则》（2018 年发布）规定，教师应坚持言行雅正。为人师表，以身作则，举止文明，作风正派，自重自爱；不得与学生发生任何不正当关系，严禁任何形式的猥亵、性骚扰行为。故本题选 BCDE。

第五部分

案例分析题专项训练

第一章　教育学部分

1.（2022下）根据下面资料，作答（1）（2）题。

【资料】以下是某生物课老师的教学情况，阅读后回答相关问题。

课题：种子的结构

教具：装在种子瓶内的种子，大豆、蚕豆、绿豆、赤豆、玉米等；浸软的大豆与玉米的种子；蚕豆的幼苗（在花盆内萌发）；大豆幼苗一碟（在培养皿内萌发）；小麦幼苗一碟（在培养皿内萌发）；解剖刀、解剖针、镊子、碘酒。

教学主要环节：

师：上一节课我们讲了种子的成分。种子的成分有多少种？

生（集体）：有机物和无机物。

师：无机物是什么？

生（集体）：是水分、矿物质。

师：有机物是什么？

生（集体）：淀粉、蛋白质、脂肪。

师：怎样证明种子里含有水分？

学生举手，老师先后指名回答。

生1：放在试管里燃烧，管壁会出现水。

生2：把小麦种子放在干燥的试管里加热，管壁上会出现水。这说明了种子里含有水分。

师：上一节课讲了种子成分。绿色植物一般是由什么发育来的呢？大家都知道是由种子发育来的。那么种子的发育跟种子的构造又是怎样的关系呢？这一节课就要来研究这个问题。【出示蚕豆幼苗一盆、小麦幼苗一碟】

大家看，这是蚕豆幼苗，这是小麦幼苗。绿色植物是由种子萌发来的，种子怎样萌发成幼苗，这肯定跟种子的结构相关。现在，我们就来研究种子的结构。

【板书：第一节 种子的结构】【出示各种种子】

大家看，这些种子的形状、大小、颜色都不一样。有圆的、扁的、椭圆的；有大的、小的；有黄的、绿的、咖啡色的。种子的内部结构是怎样的呢？是不是都一样？这个问题很值得研究。现在大家来做个实验。

【给每位同学发一粒浸软的大豆种子和玉米种子】

大家注意，发给大家种子，目的是研究种子的结构。

【板书：一、大豆种子的结构】【边讲边演示】

大家跟我一起做实验和观察。先轻轻把大豆外面的一层皮剥开，因为这层皮是包在种子外面的，所以叫种皮，能保护种子。【板书：种皮——保护作用】大家再看，种子凹陷地方的种皮上有个深色的疤痕，这叫种脐。【板书：种脐】大家再用刀片把大豆轻轻地剖成两片。注意不要损伤上面突起的部位。【板画：展示胚根】

师：这两片不叫叶子，它叫胚芽。【板书：胚芽】【板画：展示胚芽】刚刚我们看到的那个突起，叫作胚根。【板书：胚根】在胚芽和胚根之间的交界部分的轴体，叫胚轴。【板书：胚轴】【边讲边演示】大家看，这两片叫子叶。它连在什么地方呢？

生（集体）：胚轴。

师：对，两片子叶连在胚轴上。【板书：子叶（两片）】【接着老师出示大豆幼苗】胚芽、胚根、胚轴、子叶合起来构成胚。大家看，这是大豆的茎和叶，它是由胚芽发育而来的。这是根，它是由胚根发育而来的。连接根和茎的部位是由胚轴发育而来的。

【老师就大豆幼苗边指边讲】：胚将来发育成幼苗，所以是种子的主要部分。这个时候的幼苗是柔弱的，如果有人踩踏它，它很可能就会失去生命，因此，我们在公园玩耍时，要爱惜花草树木，因为植物也是有生命的。

老师用同样的方法讲玉米种子结构：先用刀片将玉米种子切成两半，再让学生到讲台上在切面上滴一滴碘酒，提醒学生注意观察切面颜色的变化——变成紫色，指出变色的部位是胚乳，并指导学生用针挑出胚芽、胚根和子叶。要求学生比较大豆和玉米的结构……最后老师要求学生回家做大豆和玉米的萌发实验，比较两者的不同，做好观察记录。

（1）下列选项中对该老师教学评价正确的有（　　）。

A．注重课程思政

B．强调核心概念的掌握

C．教学既有预设又有生成

D．采用了复习旧知导入新知的导课方法

E．采用了启发式、探究式、参与式等教学方式

（2）下列选项中对该老师专业发展评价正确的有（　　）。

A．用多元评价方法，全过程、多视角评价学生发展

B．合理利用教学资源，采用恰当方法设计教学过程

C．从课堂教学关注的焦点看，该老师处于"关注学生"阶段

D．在学科知识方面，该老师掌握了生物学科的基本知识、基本原则与技能

E．在学科教学和知识方面，该老师掌握了针对生物学科内容进行教学的方法与策略

2．（2022 上）根据下面资料，作答（1）（2）题。

【资料】小学五年级《真分数与假分数》课堂教学片段。

上课开始了，王老师在 PPT 上展示："$\frac{?}{4}$"，然后问学生："这个分数可能是 4 分之几？你们可以任意说出分母是 4 的分数。"同学们非常踊跃地回答："$\frac{1}{4}$、$\frac{2}{4}$……"王老师说："怎么表示这些分数呢？"有同学说："可以画 1 个圆，用涂阴影的方法来表示。""行。"随后，同学们积极画图并涂色表示分数。王老师查看后，将学生的活动结果展示出来，说："我们用 1 个圆表示了 $\frac{1}{4}$、$\frac{2}{4}$、$\frac{3}{4}$、$\frac{4}{4}$。想一想，$\frac{5}{4}$ 是不是分数？请同桌相互讨论，看看能不能也用 1 个圆来表示？"

同学们纷纷行动起来，继续画 1 个圆表示分数。一段时间后，同学们发现画 1 个圆不能表示 $\frac{5}{4}$，有个同学提问："老师，可以画 2 个圆表示分数吗？"王老师点头示意可以，并请他上讲台在黑板上示范。等他画好后，王老师问："为什么 $\frac{5}{4}$ 要增加 1 个圆才能表示？单位'1'是什么？"学生甲回答："1 个圆表示 $\frac{4}{4}$，再用 1 个跟这个圆相等的圆的一部分来表示 $\frac{1}{4}$。"

王老师问："大家在生活中有没有遇到过类似的例子？"一个学生说："1 个比萨饼不够分，我们可以再分一个。"另一个学生说："1 个苹果不够分，我们也可以再分一个。"王老师接着说："通过

刚才的活动，我们发现 1 个圆只能表示 4 个 $\frac{1}{4}$，再添上 1 个 $\frac{1}{4}$，就表示出了 $\frac{5}{4}$。那我们还可以用其他方式来表示 $\frac{5}{4}$ 吗？"有同学提出可以用数轴。王老师请该同学来演示。该同学在黑板上画出了数轴，并标出 $\frac{5}{4}$ 的位置，说道："我把这条数轴上 0 到 1 之间的长度看作'1'，1 到 2 之间的长度也看作'1'。这里就是 $\frac{5}{4}$。"

王老师表扬了该同学，并请其他同学自己画数轴并标出 $\frac{5}{4}$。接着，王老师把 $\frac{1}{4}$、$\frac{2}{4}$、$\frac{3}{4}$、$\frac{4}{4}$、$\frac{5}{4}$ 在黑板上板书出来，要求学生给它们分类。第一小组的学生按照分子与分母的大小来分类：分子比分母小、分子比分母大、分子分母相同；第二小组的学生根据这些分数与 1 比大小来分类：比 1 小的分数、比 1 大的分数、与 1 相同的分数。

王老师说："刚才大家按照自己的想法将这些分数进行了分类。我们来观察这两种分法，它们的结果相同，分类标准不同。看看有没有什么联系？"同学们积极地观察、思考、发言……

王老师总结："这节课的重点是按照分子与分母的大小关系进行分类，其实这些分数在数学上都有自己的名字。分子比分母小的分数叫真分数，真分数小于 1；分子比分母大或分子等于分母的分数叫假分数，假分数大于 1 或等于 1。"

（1）针对该教学片段，下列说法正确的有（　　）。

A．涂色活动是学生自主学习的有效方式

B．变式的运用加深了学生对概念的理解

C．王老师在教学中主要运用了讲授法、谈话法

D．王老师根据课堂生成展开教学，体现了学生主导的教学理念

E．课堂气氛活跃、学习活动自由，这是一种放任型的师生关系

（2）该案例给我们的启示有（　　）。

A．课堂教学要强调核心概念的掌握

B．要树立"生活中的数学"的教学理念

C．教学要把学生现有的知识经验作为新知识学习的起点

D．小学高段学生抽象思维的训练不能脱离直观形象材料

E．为保证教学效果，教师在教学中要严格坚持课程内容的顺序性

3．（2017 下）根据下面资料，作答（1）（2）题。

【资料】孔子非常重视"知人"，他说："不患人之不己知，患不知人也。"如何"知人"？子曰："以言取人，失之宰我；以貌取人，失之子羽"（宰我、子羽为孔子的学生）"始吾于人也，听其言而信其行；今吾于人也，听其言而观其行。"孔子"知人"的方法很多，除注意他们的言论和行为，他还对学生"视其所以，观其所由，察其所安"，以便对学生的思想面貌进行透彻了解。在孔子看来，知人是其进行教育的首要条件，只有准确地知人，才能给予不同的教育。

（1）孔子的做法体现的现代教育观点有（　　）。

A．因材施教　　　　　　　　　　B．知行合一

C．了解学生要避免晕轮效应　　　D．个别教育与集体教育相结合

E．教师应以发展的眼光看学生

（2）在上述材料中，孔子了解学生的方法有（　　）。

A．观察法　　　　　　　　　　　B．考察法

C．谈话法　　　　　　　　　　　D．材料分析法

E．实验法

4．（2015下）根据下面资料，作答（1）（2）题。

【资料】某教师回到办公室说："二年级（二）班的学生真笨，这堂课我连续讲了三遍，他们还是不会。我是发挥了教师的主导作用了，他们不会我有什么办法？"

（1）上述案例中，该教师存在的问题有（　　　）。

A．没有因材施教　　　　　　　　B．缺乏自我反省

C．采用了导学模式　　　　　　　D．学生做练习时教师没有指导

E．对教师主导、学生主体理解错误

（2）针对存在的问题，教师应该（　　　）。

A．扮演指导者、组织者等角色，而不是单一的知识传播者

B．帮助学生学习，培养学生的自主学习能力

C．明确学生是学习的主体，从学生实际出发设计教学

D．加强教育反思，注重学生的个体差异

E．认真分析教材，更耐心地进行讲解

5．（2014下）根据下面资料，作答（1）（2）题。

【资料】语文课上，新来的王老师讲到"蚍蜉撼大树，可笑不自量"这一句时，一向调皮的奇奇插嘴了："老师，这句诗我以前听爸爸说过，这个蚍蜉是蚂蚁，大蚂蚁呢！但是如果满树都是大蚂蚁，也有可能摇动一棵小树啊！"旁边的同学笑了，有几个男生也跟着附和。王老师先是愣了一下，立马笑着说："这样吧，这个词确实很生僻，我们先跳过这一句，把它留给大家当课外作业，查查到底什么是蚍蜉，下一堂课我们再讨论奇奇同学的设想是否有道理，好吗？"第二堂课，准备充分的同学们积极讨论，迸发出奇思妙想，王老师对奇奇进行了鼓励和肯定。

（1）关于王老师的做法，以下观点正确的是（　　　）。

A．王老师使用了以引导探究为主的教学方法

B．王老师具有一定的课堂教学机智

C．王老师在课堂教学中发挥了主导作用

D．王老师面对学生的提问，没有给予正面回答，反而将问题推给学生，做法欠妥

E．王老师遵守了教师主导与学生主体相结合这一教学原则

（2）以上案例对我们的启发是（　　　）。

A．根据教学内容的特点，确定相应的教学方法和学习方法

B．教学中要尊重学生的个性差异

C．教学中要尊重学生的好奇心、想象力和创造力

D．教学中要提供学生自主学习的条件，营造轻松的学习氛围

E．教师应不断提高自身修养，为学生起到示范作用

6．（2020下）根据下面资料，作答（1）（2）题。

【资料】初三的小黄，平时做数学作业时常能采用多种方法解题，表现出较好的数学素养，但考试成绩却不尽人意。就此，数学教师陈老师找到小黄一同探究原因。小黄说："我考数学时，总是莫名紧张，集中不了注意力。""其他学科也这样吗？"陈老师追问道。小黄回答道："不是，只有考数学时才这样……"之后陈老师又与小黄的妈妈展开了一次深入的交流。据小黄妈妈回忆说："他初二之前的数学成绩非常好，每次考试在班里都是数一数二的。直至初二上学期期中考试，他因疏忽大意，加上身体不适，考砸了。当时的数学教师王老师就批评他骄傲自满，甚至数落道：'我看你也就这个水平了，学不好数学了。'此后，还曾多次在课堂上批评他，甚至拿他没考好的事情做反面教材，教育其他学生。孩子可能受到了打击，并对王老师产生了厌烦心理，开始不听

课……尽管我发现了这一问题，几次想找王老师谈谈，但又怕得罪老师，影响到孩子……"陈老师再次找到小黄，询问道："王老师批评你之后，你怎么做的？""我就想着我自己学，考个好成绩，给自己争口气……但是越想考好，越紧张，越难以集中精力……好像陷入到了恶性循环之中……"小黄回答道。

陈老师似乎找到了小黄数学考试成绩不理想的深层原因。他深知小黄的数学素养没有问题，只要加以正确引导，定能助其提高数学成绩。此后的日子里，陈老师经常询问小黄在数学学习上有无困难，并关注其课堂表现，鼓励其多发言，为其提供更多的表现机会。一次自习课上，陈老师看到小黄为其他同学讲解数学题，马上在全班给予了表扬。还有一次，小黄的作业订正得很好，陈老师同样给予了表扬……偶尔在小测验里考出高分，陈老师依然给予表扬。最近一次的期中考试前，陈老师找到小黄谈心，告诉他："我从不以考试成绩的高低论英雄，我相信你的能力……"期中考试成绩下来的那一天，小黄与陈老师均露出了喜悦的笑脸。

（1）针对此案例，下列说法正确的有（　　　　）。

A．师源型考试焦虑导致了小黄考试成绩不理想

B．小黄对考试失利的归因属于稳定的内部归因

C．陈老师利用"罗森塔尔效应"提高了小黄的数学成绩

D．陈老师在教育小黄的过程中更多地扮演了"促进者"的角色

E．陈老师关爱学生，善于发现学生的优点，具有较高的教师职业道德情操

（2）从该案例得到的启示有（　　　　）。

A．良好的师生关系是一种教育力量

B．教师在处理学生问题时应注意尊重和理解他们

C．良好的家校合作，有利于学生的健康成长和成绩的提高

D．教师在教育学生时要考虑到学生的个性特征，做到因材施教

E．对学生进行评价时不仅要注重学习成绩的评价，更要注重学习能力的评价

7．（2017下）根据下面资料，作答（1）（2）题。

【资料】在某九年义务教育学校，赵老师正在给五年级学生上语文课，忽然有一只蜻蜓飞进了教室，安静的课堂马上热闹起来。同学们用眼睛盯着飞来飞去的蜻蜓，有的同学用书本偷偷地扑赶蜻蜓……蜻蜓飞出窗外。教室恢复平静后，赵老师灵机一动，便放弃了原来的教学内容，而让学生根据刚才的经历写一篇作文。结果，同学们个个情绪高涨、议论纷纷，写的作文很精彩，赵老师也满脸笑容。

林老师是该校八年级的数学老师，他班上有一位学生汪明最近变得越来越不想学习了。无论是单元测验还是期中检测，该同学都有几门功课考试成绩不理想。全班物理不及格的五个人中有他，数学不及格的三个人中有他。林老师还用红笔在他的试卷上写评语：卷面潦草、思维混乱，简直不是人写的！其实，汪明同学也曾有辉煌的成绩。小学时，他曾经被评为三好学生，在校征文比赛中获得过一等奖，小学毕业成绩名列前十。然而，在升入初中后的几次考试中，他的成绩只能排在班上的三十名左右。渐渐地，汪明便丧失了自信心，上课爱听不听，作业也马虎应付……

（1）针对上述两位教师的做法，评价正确的有（　　　　）。

A．赵老师展现了自己的教学机智，进行了"创造性教学"

B．赵老师的教学过程体现了"教师中心"的理念

C．赵老师重视了学生的兴趣，激发了学生的求知欲

D．林老师批评学生只是对学生严格要求的表现

E．林老师的评语对学生是一种"冷暴力"，不利于学生的身心发展

（2）针对上述案例，我们从中得到的启示是什么？（ ）

A．教师应重视课程的生成性，更多地关注学生而非学科

B．教师应坚持教育公正，处理好学生发展的共同性和差异性

C．教师在教学过程中遇到偶发事件，应以完成既定的教学任务为重

D．教师应引导学生正确看待自己的学业成绩，并进行科学合理的归因

E．教师要从多个角度评价学生，尊重、关心、理解学生，构建良好的师生关系

8．（2021下）根据下面资料，作答（1）（2）题。

【资料】以下是章老师教学《展示华夏文化魅力》一课的安排。

课前让学生预习课文；分组搜索、查找有关建筑大师贝聿铭建筑设计代表作的相关资料，并要求各组派一名代表做一个5分钟的交流发言。

下面记录的是教学片段：上课伊始，一名小组代表走上讲台，介绍香港中银大厦……掌声四起，发言同学也带着笑容回到座位。接着另一小组的代表开始介绍香山饭店："……香山饭店大面积采用白色，给这个建筑形象带来了鲜明强烈的特征……"此时有一位同学迫不及待地站起来问："请问为什么香山饭店采用白色作为主色就能带来鲜明强烈的特征呢？"

"我……我没有找到有关这个问题的说法。"发言人一下子涨红了脸。

看着学生求助的双眼，我迅速接过话题说："同学们，该同学提出的这个问题非常有价值。想想看，香山不仅以灿烂的红叶出名，而且还有见证了前辈们为国事操劳的双清别墅，清静优雅的碧云寺、卧佛寺。香山饭店依山而建，堪称将西方现代建筑和中国传统庭院巧妙结合的典范。大师为什么会选中白色，请试着谈谈你们自己的看法，好吗？"

学生们投入到了更激烈的自由讨论中。

生1："老师，香山以红叶出名，白色掩映在红叶中，起眼。"

师："的确，秋天的香山，层林尽染，红叶焕发出惊人的生命力，让所有的花草都相形见绌，白色的香山饭店点缀其间，这样的分析有道理，还有别的补充吗？"

生2："以这样的思路来说，香山饭店在春天和夏天也是显眼的，因为白色掩映在一片绿色林海中。"

生3："北京的冬天，周围群山比较萧瑟，白色更加显眼，如果下雪，白雪覆盖时，饭店与群山浑然一体。"

师："我们可以相信贝聿铭选择白色是为了让香山饭店与周围的山光水色、参天古树融为一体，让它四时之景虽不同，却又独具魅力，可谓'清水出芙蓉，天然去雕饰'。建筑是凝固的音乐，建筑融合自然的空间理念主导着贝聿铭一生的作品。他多次到香山勘察地形，俯瞰周围环境，不辞劳苦地走访了扬州、苏州、承德等地，考察当地的大建筑和园林，可以说贝聿铭用心血、用情感、用智慧构建了香山饭店。除了从季节这个角度考虑外，还能从哪些角度思考？"

受到前面几位同学的启发，学生们更加踊跃起来。

生4："我从电视上、书上看到的中国传统园林建筑都是以红色为主，大师喜欢与众不同，我想这也是他选择的突破点，所以一反常态选用白色。"

生5："我认为白色是纯洁的象征，因为他是用心和情感来设计的，所以大师把饭店当作自己的女儿，希望她具有传统的纯洁、自然之美。"

生6："我觉得大师是把饭店看作自己妻子的化身，具有温柔、贤惠之美，妻子的默默支持是贝聿铭成为大师的关键，因为一个成功男人背后都有一个女人在支持。此时，课堂上善意的笑声和掌声交织成一片。"

章老师总结说："同学们，如果说香港中银大厦、巴黎卢浮宫的玻璃金字塔展现的是阳刚之美的话，那贝大师设计的香山饭店就展现了温柔、贤淑之美。表面看，它普通、质朴，但认真看，就

像内秀的姑娘，越看越美。"

（1）下列对该节课评价正确的有（　　）。

A. 指导学生采用了组织策略进行学习

B. 课前活动运用了先行组织者

C. 体现了学生主体、教师主导

D. 对学生的评价观体现了发展性原则和指导性原则

E. 教学模式属于问题－探究式教学

（2）这节课对我们的启示有（　　）。

A. 课堂教学是美育的途径之一

B. 教学切忌机械死板、程序化，而要灵活机动，充分发挥师生的创新性

C. 把学生兴趣激发出来，顺着他们的喜好，就能完成教学任务

D. 按照教师精心设计的教案实施教学，是课堂教学成功的保证

E. 教师要善于将学生的好奇心引导到获取真知的目的上来

9.（2021上）根据下面资料，作答（1）（2）题。

【资料】以下是某初中物理老师教学"压强的现象"的主要步骤。

一、演示导入

教师取一块牛奶糖，将一端捏成针状后，直立于地面，让一个柚子在牛奶糖上方自由落下，便可让牛奶糖钉入柚子中。

在此过程中，学生观察牛奶糖是否钉入柚子中并推测其可能的原因，教师示范后请几位学生重复此实验，分析成功或不成功的原因，加以修正后，重复做几次。

二、展示教学目标

（一）压强和受力面积的关系

（二）压强的定义、公式和单位

（三）压强的计算

三、讲解指导

（一）压强与受力面积的关系

1. 示范并请学生一起做：分别用两只手的手指，同时压住无盖的钢笔的两端，并让钢笔保持不动。

问：（1）手指有何感觉？手指上的肌肉有什么现象发生？（2）两手手指施力的大小相同吗？如何得知？（3）既然两端的施力大小相同，为什么有一端凹陷较深呢？

2. 将装满水的塑料瓶放在海绵上，让学生比较塑料瓶直立和倒立时海绵凹陷的程度。

问：为什么？

（二）压强和压力的关系

拿两瓶大小相同、容量也相同的易拉罐饮料放在海绵上，让学生观察两者在直立时海绵凹陷的程度。

问：如果要让海绵凹陷得更深，该怎么办？

（三）掌握压强概念

1. 定义：压强＝单位面积所受的压力。

2. 物理意义：受力面积相同，压力越大则单位面积承受的力越大。

3. 公式：$p=F/S$。

4. 压强的计算：（1）20 N 的力垂直作用在面积为 $10\,cm^2$ 的水平面上，求压强的大小；

（2）20 N 的力垂直作用于面积为 $0.1\,cm^2$ 的水平面上，求压强的大小。

5．小组讨论：假设砖块的质量为 2 000 g，长、宽、高分别为 20 cm、10 cm、5 cm。

求：（1）当砖块平放时，海绵承受的压强有多大？

（2）当砖块直立时，海绵承受的压强有多大？

每组讨论后推选一名代表发言。

四、思考讨论

（一）一块豆腐放在一根钉子上，豆腐马上被刺破，但把豆腐放在布满钉子的平面上，就不会被刺破，为什么？

（二）牛奶糖为什么可以穿透柚子？

（三）为什么刀口钝了就难以切开柠檬？

（1）对该老师的教学，以下分析正确的有（　　　　）。

A．属于程序教学模式

B．教学活动围绕问题进行

C．既有自主学习，也有合作学习

D．主要体现了行为主义的教学思想

E．既强调了学生的认知主体作用，也重视教师的指导作用

（2）从该案例中得到的启示有（　　　　）。

A．信息社会更要强调知识的传授

B．各组学生进行经验分享时，教师应给出标准答案

C．教师的角色应从知识的灌输者向学生学习的帮助者、促进者转变

D．学生学习新知识时，总是涉及原有认知结构，要依赖自身既有经验来理解新知识

E．知识是学习者在一定情境下，借助他人的帮助，利用必要的学习资料，通过意义建构的方式获得的

10．（2023上）根据下面资料，作答（1）（2）题。

【资料】上课了，李老师出示了冰淇淋融化的图片，说道："夏天，冰淇淋很受欢迎，但冰淇淋又易融化。这个单元，我们就围绕'制作冰淇淋冷藏箱'的任务，来了解更多和热有关的知识。关于冰淇淋的融化，你们已经知道些什么？还有哪些想要研究的问题？"

学生纷纷发言，"温度高，冰淇淋会融化""怎样让冰淇淋融化得慢一些""对呀，怎样才能让冰淇淋化得不那么快"……

李老师："大家提出的问题最好能够用观察、实验、查阅资料、调查等具体方法来解决。说到具体方法，大家觉得怎样才能使冰淇淋融化得慢一些呢？"

张同学："降低冷藏箱的温度。"

李老师："这可能是一种方法。根据你的想法，把我们之前提的问题修改一下：降低冷藏箱的温度能不能让冰淇淋融化得慢一些？这样修改之后有什么好处？"

张同学："当然有了。可以用一个温度高的冷藏箱和一个温度低的冷藏箱，观察冰淇淋在哪个冷藏箱里面融化得慢一些。"

李老师："如果我们的问题涉及具体方法，解决问题的方向就更明确，这样的问题就更适合探究。你们还能再提出一个可以探究的问题吗？"

王同学："在冷藏箱外面包上一层布会不会让冰淇淋融化得慢一些？"

李老师："大家提的问题可探究性越来越强了。还有别的想研究的问题吗？"

（学生们回答）

李老师："刚才大家尝试从冰淇淋变化条件的角度提出了两个可以探究的问题，这很好。温度高于0℃时，冰会融化，可冰淇淋的温度本来是低于0℃的，它为什么会融化呢？"

李同学："因为冰淇淋的温度会升高。"

李老师："冰淇淋的温度为什么会升高？"

李同学："有热传递。"

李老师："热是从哪里来的？"

刘同学："冷藏箱。"

李老师："热可以由冷藏箱传递给冰淇淋。生活中有无类似现象？"

丁同学："打饭的饭盒摸起来很烫，热从饭传给了饭盒。"

李老师："摸起来很烫，说明热还从饭盒传向了哪里？"

丁同学："手。"

李老师："还有类似现象吗？"

（学生们继续举例）

李老师："谁能用一句话来总结一下？"

彭同学："热可以从一个物体传递给另一个物体。"

李老师："热可以从一个物体传递给另一个物体，这种现象就叫热传递。热可以在一个物体和另一个物体之间传递，它可以在一个物体的内部传递吗？这是一根铜棒，如果我们用酒精灯加热它，铜棒中没有与火焰接触的部分会变热吗？今天老师为大家带来了铜棒、蜡环、酒精灯、火柴等材料，这些材料可以帮助我们证明自己的猜想吗？请同学们以4人为一个小组，先简单讨论一下，最好能写出大概的实验方案。"

（学生分组讨论如何证明热在铜棒中的传递过程并用图画或符号表示出简要的实验方案。学生分组汇报实验方案）

李老师："热的传递是一个不容易被直接观察到的过程。你们的设计很棒，在铜棒的远端、中端、近端套上蜡环，通过蜡环的变化观察到热的传递过程。你们认为蜡环会怎样掉落？"

朱同学："离酒精灯近的先掉落，远的后掉落。"

李老师："如果我们的猜测是成立的，可能会出现哪些现象？下面用5~8分钟时间来验证我们的猜测。"

（学生分组实验，研究热在铜棒中的传递）

李老师："离下课时间还有5分钟，我们来总结一下这堂课的学习情况。通过刚才的实验，你们发现热是怎样传递的？"

李同学："我发现热在铜棒中是从离酒精灯近的地方逐步传向离酒精灯远的地方。"

钟同学："离酒精灯近的蜡环最先掉落，接着中间的蜡环掉落，最远的那个最后掉落。"

李老师总结："热总是从高温物体传向低温物体，或者从物体的高温部分传向低温部分。"

（1）针对此案例，下列说法中正确的有（　　　　）。

A．学生通过概念形成的方式获得了"热传递"的概念

B．李老师在教学过程中安排了积极的师生交流和组间交流

C．本节课的主要教学目的之一是培养学生提出可探究问题的能力

D．李老师的教学具有很强的开放性，教学时间、教学内容安排合理

E．李老师综合运用了讨论法、实验法、问答法等，启发学生积极思维

（2）针对本节课教学中的不足，可以从哪几个方面进行改进？（　　　　）

A．合理分配和把控各个环节的教学时间，使学生处于积极的专注状态

B．在教学过程中不断提出问题，层层推进，叫答更多学生以启发学生积极思维

C．引导学生对多种材料、多种形状的物体进行研究来构建和修正"热传递"的概念

D．选择对话式问答策略，鼓励学生积极参与课堂教学，充分调动学生学习的主动性

E. 将"设计实验，进行探究"作为本节课的重点环节，用实验或者事实来证明结果，帮助学生解决疑难问题

11.（2020 上）根据下面资料，作答（1）（2）题。

两个老师的"磁铁"课

（一）开始上课了，王老师拿出一根条形磁铁让学生看，然后问："磁铁能吸铁，是不是磁铁的每一处都能吸铁呢？"说完，王老师拿一根铁钉放在磁铁的正中间，学生惊奇地发现磁铁竟然没有吸住铁钉。

王老师："这说明什么？"

学生："说明磁铁有些地方磁性强，有些地方磁性弱。"

王老师："磁铁什么地方磁性最强呢？"接着王老师把条形磁铁平放到一堆铁钉里，拿起来。

王老师："你们看到了什么？"

学生："钉子都集中在磁铁的两端。"

王老师："这说明什么？"

学生带着这些疑惑阅读教材，最终得出"磁铁两端的磁性最强"的结论。王老师对磁铁的特性做小结，并板书在黑板上。接着，王老师要学生完成相关练习题。以同样的步骤和方法，王老师带领学生学习磁铁的另一个性质。

（二）李老师在课前准备好了以下材料：条形磁铁、铁钉若干，装有铁末的塑料盒，塑料片、铜钥匙、小车等。一上课，李老师就向学生介绍以上材料，介绍完后就说："大家玩过磁铁吗？磁铁能吸什么？不能吸什么？磁铁与磁铁能吸吗？下面就由你们去研究磁铁的本领。"

李老师话音刚落，一个男生就迫不及待地动起了手，两只手各拿着一根磁铁到处碰。当把一根磁铁接近另一根磁铁时，他一边碰，一边说："这个能吸。""这个不能吸。"他似乎有了一些什么发现，激动地拉着旁边的同学："快来看！快来看！"一个女生聚精会神地拿着装有铁末的透明塑料盒，把一根磁铁放在盒子下面，用手指轻轻地敲击盒子，还不时摇摇头。另外一个男生用手直拍头，"这两个小车有什么用呢？"学生的表现十分活跃。

活动了一定时间后，李老师让学生停下来，汇报各自的发现。学生用自己的语言将磁铁的本领，逐一汇报出来，只是对"同极相斥，异极相吸"这个性质表述得不是很准确。李老师就指导学生用小车再做实验，经过争论，意见很快就统一了。

（1）对这两位老师的教学进行比较，以下说法正确的有（　　）。

A. 在教学组织方面，两位老师都采用了小组合作学习

B. 在教学原则的运用上，两个老师都采用了直观性原则和启发性原则

C. 在教学方法的使用上，王老师主要采用了问答法，李老师主要采用了实验法

D. 在教学理念上，王老师有明显的现代教学特色，李老师有明显的传统教学特色

E. 在教学模式的选择上，王老师采用了传授 – 接受式，李老师采用了问题 – 探究式

（2）对两个老师的教学设计，以下分析正确的有（　　）。

A. 王老师选取演示导入的理由是，激发学生的求知欲是教学的中心环节

B. 王老师的教学体现了教师在教学中的主导作用

C. 李老师让学生"做中学"，是因为知识存在于具体的、情境性的、可感知的活动之中

D. 李老师采用该教学模式的理由是，学生学习的主要任务是通过亲身实践来获取知识

E. 两个老师的教学都体现了教学是一种特殊的认识过程，具有间接性、引导性和简捷性的特点

12.（2015 上）根据下面资料，作答（1）（2）题。

【资料】某小学语文教师教《瑞雪图》时是这样教学的：在背景音乐声中，屏幕上显现大雪纷

飞的图景……导入课题后，教师要求学生自读课文，然后设问："雪花是什么形状呢？请同学们观察。"随即将雪花投影在屏幕上。接着教师范读，学生默读。教师要求学生找出描写雪景的词语和句子，并进行解析。对写雪景的段落，教师点了几个学生来读。学生都读得声情并茂，得到了教师的表扬。最后全班齐读，教师总结归纳。

在讲解词语时，教师为了对比形近字，采用不同的颜色，如"析"和"拆"。"析"字是白底黑字，"拆"字特地用了白底红字。

在分析课文时，教师问："同学们，冬天和春天的树有什么不同呢？"甲同学回答："冬天的树叶子全掉光了，春天来了树叶又长出来了。"教师点头说该同学观察仔细，又点了乙同学起来回答。乙同学说："我们四川冬天很多树不掉叶子，反倒是春天里落叶。"教师说："这是你个人的看法，我不这样认为。"教师又问下一个问题："瑞雪为什么是丰年的预兆？"学生们纷纷举手，几个学生的回答都差不多，教师都予以肯定。乙同学也举了手，但直到下课也没机会。课后，乙同学说，他不但看了《大百科全书》，还上网搜索了相关信息，觉得瑞雪兆丰年还有其他解释……

（1）关于该教师的教学，以下说法正确的是（　　　）。

A. 教师采用了情境教学，将学生置于虚拟的雪景中，有助于学生对课文的理解

B. 对比形近字时，"拆"字白底红字，清晰突出，更能引起注意

C. 让学生观察屏幕上的雪花形状，是启发式教学

D. 该教师对待乙同学的方法，保证了教学任务的完成，体现了教学机智

E. 被点到的几个学生都回答得很好，说明该老师善于因材施教

（2）针对该案例，以下说法正确的是（　　　）。

A. 网络时代，学生知道的或许教师不知道，师和生的角色不是绝对的

B. 该教师采用了自读、默读、范读、齐读，学生的主体性得到充分体现

C. 课堂上不同地区冬天和春天树木落叶的争论，说明新课改倡导的三级课程体系确有必要

D. 乙同学对"瑞雪兆丰年"的探究，说明他的求异思维能力比较强

E. 教师在教学中应该是一个裁判，否则学生无所适从

13.（2019下）根据下面资料，回答（1）（2）题。

【资料】数学课刚开始，老师就说："同学们，数学是无处不在的，今天我们就来谈谈文学与数学——从《西游记》谈起。"老师板书"文学 - 数学，从《西游记》谈起"。

见学生一脸惊疑，老师接着说："相信大家都看过《西游记》，但可能大家没注意到其中的数学问题。例如，去西天取经路上，孙悟空与一妖魔相遇，妖魔喝道：'我数百年的修炼才有今天，你小小年纪算得了什么，快与我闪开。'孙悟空哈哈大笑着说：'你连我孙子还够不上呢！'"学生们听得津津有味。

接着，老师把事先录制好的、由班上的故事大王韩同学讲的故事录音播放出来："老孙年纪的1/4是在花果山为王，后来又上天当了290天齐天大圣，天上一日人间一年，等于你在下界的290年；因大闹天宫，被压在五行山下度过了我年纪的一半；然后护送师傅去西天取经，至今又有10年了。你算算我有多大岁数？"老师要大家来算算孙大圣的岁数，同学们热烈讨论后，纷纷拿出纸笔计算起来。经过一番思索和计算，大家终于知道孙悟空当时有1 200岁了。

最后，老师说："同学们，文学作品里的数学具有神奇色彩和诱人魅力，我们应该关注文学作品里的数学问题。"

（1）针对该教师的教学，以下说法正确的有（　　　）。

A. 教学设计具有系统性、程序性

B. 较好地激发了学生的附属内驱力

C. 教学设计主要受行为主义的影响

D. 设置的问题情境激发了学生的内部动机

E. 教学设计有利于提高学生的自我效能感

（2）此案例给我们的启示有（　　　）。

A. 教师要找准学生学习的起点，在读懂学生的基础上展开教学

B. 学习是由学生新旧知识、经验相互作用引发的认知结构的重组

C. 教学设计时要站在学生学的角度，考虑"为什么学""如何学""学得如何"

D. 在课堂教学中，教师要传授系统知识，注意课堂规范，保证"目标—达成—评价"三部曲的顺利完成

E. 教师要发挥学生的主体性，运用启发式、探究式、讨论式等教学方式，引导学生亲自探究，获取知识

14.（2018下）根据下面资料，作答（1）（2）题。

【资料】李老师在讲授《美丽的小兴安岭》一课时，设计了一堂小组讨论课。设计思路：（1）学生自读课文；（2）根据学生最喜欢的季节，自由分成四个小组；（3）以"你最喜欢的季节"为主题，展开小组讨论，总结喜欢的原因。但教学实施时却出现了诸多意想不到的"小状况"。有的学生提出："老师，我喜欢两个季节""老师，我四季都喜欢"……面对学生的发言，李老师要求学生只能选择一个季节。之后，她要求学生与志同道合的伙伴组成小组。"惨剧"发生了：班长选择了冬季，全班三分之二的同学，围到了班长的身边。面对"一边倒"的分组局面，李老师自己果断地将全班分成了四个小组，并分别命名为"春天组""夏天组""秋天组""冬天组"。学生在不情愿的情况下，开展小组讨论……

一堂原本自认为设计完美的讨论课，在死气沉沉中草草结束。李老师在课后反思中写道："教学未能按照预期进行的原因在于两方面：一是班长的威信过高，学生盲目跟从；二是生活在南方的学生，对北方的雪都充满好奇和向往，所以大多选择了冬天。"

（1）针对此案例，以下说法正确的有（　　　）。

A. 李老师面对"一边倒"的分组局面，果断将全班学生分成四个小组，体现了教学机智

B. 李老师对教学未能按照预期进行的原因进行了反思，体现出李老师的专业素养

C. 李老师在教学过程中，按照自己的设计进行教学，没有处理好预设与生成的关系

D. 李老师的教学设计，意在彰显学生的主体性，激发学生学习的积极性

E. 李老师的教学没有达到预期效果是因为班长威信高、学生好奇心重

（2）以上案例给我们的启示有（　　　）。

A. 课堂教学应该严格按照教学设计来推进

B. 教学设计应充分考虑学生的特点与学情

C. 教学设计应做好应对突发事件的预案

D. 教师的课后反思，应聚焦课堂与学生

E. 教师应具备较高的教学机智，及时调整教学策略

15.（2017上）根据下面资料，作答（1）（2）题。

【资料】进入大班不久，孩子们总是围在一起谈电视、图书中有关恐龙的故事，来园时有的带恐龙玩具，有的带图书资料，对探索恐龙的事情表现出极大的兴趣。区角活动中一个孩子画的恐龙，吸引了很多小朋友。为什么霸王龙是食肉的而剑龙是食草的？恐龙蛋是怎样变成小恐龙的？问题一个接着一个，这些问题也成为他们探索的焦点。于是，刘老师为幼儿创设了资料角，提供一些有关的书籍和各种恐龙游戏材料，让孩子们在活动中了解认识不同的恐龙形态和习性，以进一步引发幼儿探究恐龙的兴趣。

（1）针对此案例，以下评价正确的是（　　　）。

A. 刘老师的教学设计满足了幼儿发展的需要

B. 刘老师为幼儿创设了更加丰富的游戏活动场地

C. 刘老师的教学活动有利于幼儿掌握系统的知识

D. 刘老师的教学设计有利于培养幼儿的探究能力

E. 刘老师整合了教学资源，灵活调整了原有的教学计划

（2）这个案例给我们的启示是（　　　）。

A. 教师设计教育活动时要尊重幼儿意愿，坚持以学生为本

B. 在幼儿教育中，激发兴趣非常重要，教师不要太担心教学目标

C. 幼儿的成长要求学校课程设计生活化，丰富扩大幼儿的生活经验

D. 学校应该为学生提供合适的课程学习环境，满足学生的成长性需要

E. 教师教学要符合幼儿身心发展特点，不仅要适应兴趣，更要引导兴趣

16.（2016上）根据下面资料，作答（1）（2）题。

【资料】某小学周老师要上一节公开课，为此她穿了一条非常漂亮的裙子。裙子上用双面胶粘上了很多自己手工制作的红色小花，非常炫目。

上课过程中，周老师的教学环节比较清楚，教学效果也比较好。其中有一点让听课老师觉得很有意思。那就是，周老师在课堂上只要发现某个同学发言积极、活动积极，就取下一朵小红花贴在孩子额头上。

课后，有几个孩子围着周老师要小红花。周老师问："为什么呀？"孩子们说，他们上课的时候也举手了，但老师没有给他们回答问题的机会。于是，周老师拿出小红花，贴了他们几个的额头上。还剩下几朵，也给了其他没有举手的同学。

（1）在此案例中周老师的哪些做法属于有效教学行为？（　　　）

A. 课前准备充分

B. 注意形象打扮

C. 教学环节清楚，教学设计有创意

D. 用小红花强化学生的学习行为

E. 给没有回答问题的学生也发了小红花

（2）就周老师的教学可提出的改进建议有（　　　）。

A. 公开课应该是常态课，不要上成表演课

B. 小红花不应该贴在额头上，以免影响学生形象

C. 改革教学内容、调整教学方式、扩大激励范围

D. 减少与课堂无关的外部刺激，以免分散学生注意力

E. 制定合理的奖惩标准，使每一朵小红花都发挥激励作用

17.（2015下）根据下面资料，作答（1）（2）题。

【资料】A老师教学《大江保卫战》，安排学生浏览课文后在黑板上板书这样一句话："大江保卫战是一场＿＿＿＿＿的战斗。"要求学生填上合适的词语。学生纷纷发言，填上了"凶险""惊心动魄""伟大""气壮山河"等词语，教学进行得很顺利，A老师表扬了学生。

B老师听了A老师的课后，认真思考，调整了自己的教学设计，他的课是这样教的：先让学生想想"你看到了什么，听到了什么"，然后把文字符号换成一幅幅鲜活的图像，如汹涌的洪水、恶劣的环境、威武不屈的官兵、奋不顾身的连长……再通过提问引导学生交流，"看到这样的场面，你有什么样的感受，你想说些什么"，然后再做填词练习。

（1）关于 A 老师的教学，以下说法正确的是（　　　）。

A. 善于了解学生的准备状态　　　　　B. 做好了教学铺垫

C. 预设了教学目标　　　　　　　　　D. 采用了浅层次的探究性策略

E. 善于根据学生的反馈及时调整教学

（2）关于 B 老师的教学，以下说法正确的是（　　　）。

A. 有明确的教学目标　　　　　　　　B. 教学预设有弹性

C. 激发了学生的学习兴趣　　　　　　D. 提升了课堂教学的有效性

E. 减轻了学生的学习负担

18.（2018 上）根据下面资料，作答（1）（2）题。

【资料】上课了，章老师走进了八年级（1）班的教室，手里没拿书，只拿了一架已经折好的纸飞机和一张纸。同学们疑惑地看着张老师。有同学问："老师，这节课我们不上课吗？"章老师坦然地说："不上啦，我们玩纸飞机好吗？"同学们很高兴，纷纷拿出纸来折飞机。

同学们的纸飞机都折好了，这些纸飞机飞了一次又一次。玩着玩着，突然同学们似乎想起了什么，捡起地上的纸飞机看着章老师。章老师不失时机地问："玩得如何？"

同学们高兴地说："好！"

章老师说："那就说说你们的纸飞机吧！"

学生甲说："我的飞机飞得又快又高。"乙说："我的飞机飞的时间长。"丙说："我把飞机和纸同时扔出，发现纸很快就落到地上，而纸飞机却像鸟一样飞一段时间才落到地上。"

章老师又问："鸟为什么会飞而人不会呢？"

一个学生说因为鸟有能扇动的翅膀而人没有，另一个说因为人的体重大而鸟体重轻，还有一个学生说因为鸟的体形呈纺锤形，飞行时尖尖的嘴总是向前伸，就减少了阻力。

章老师又问："你们说鸟有能扇动的翅膀，那它的翅膀为什么能扇动呢？还有人说鸟轻所以能飞，能说出其中的道理吗？"

这时班上一个不太爱学习的同学站起来说："我观察我家鸽子很久了，发现它们一天到晚找食吃，但总吃不饱，排便次数很多。我想是鸽子吃得多，消化得快，并且不存储粪便，就减轻了体重。"

一个女生也起来说："鸟的身体轻是因为它的骨头轻。"

章老师肯定了他们的发言，又问："它的翅膀为什么能扇动呢？"

大家面面相觑，于是章老师要大家分组讨论。

讨论完毕后，一个小组的代表说："我们认为，这可能是翅膀的基部有什么专门带动翅膀扇动的机关。"他的发言引来一阵笑声，章老师也笑了，但没有批评。

另一小组的代表说："我们认为鸟的胸部有发达的肌肉，是它的肌肉的收缩和舒张牵引翅膀扇动。"

章老师对后一小组的说法表示肯定，并接着问："关于这个问题，大家还有没有别的想法？"

一位平时不爱发言的女同学起来小声说："书上有资料，其中的图片专门画了鸟的气囊，我想这与它的飞行有关。"

章老师鼓励道："说得好！气囊与鸟的飞行确实有关，可大家知道其中的缘故吗？"

见学生们面露难色，章老师就让他们阅读课本资料，观察图片。

一个男生站起来说："老师，我看不出这些气囊在呼吸过程中到底起到了什么作用。"

章老师刚说明气体出入肺和气囊的过程，就有同学迫不及待举手站起来说："这么说，鸟每呼吸一次，气体就在肺内交换两次吗？"

章老师点头称赞："真聪明！"并进一步解释说，"这种呼吸叫双重呼吸，只在鸟飞行时进行。"……

（1）以下关于章老师教学的评价，正确的有（　　）。

A. 是一种程序化教学

B. 采用了问题－探究教学模式

C. 教学过程富有趣味性，忽视了知识性

D. 体现了学习的主动建构性、社会互动性和情境性

E. 将书本知识与生活知识、间接经验与直接经验统一起来

（2）从章老师的教学中，我们受到的启示有（　　）。

A. 有效教学的核心是调动学生的学习主动性

B. 要成为专家型教师，需要提升专业知识和专业技能

C. 教学中要善于处理好智力活动和非智力活动的关系

D. 教师应该是专业人员，教师职业不仅仅是谋生的普通职业

E. 教师在教学中处于中心地位，向学生传授知识、培养技能主要靠教师

19.（2019 上）根据下面资料，作答（1）（2）题。

【资料】小学六年级的科学课上，王老师先问学生平时是如何吹气球的，学生们议论纷纷。王老师接着将一些液体倒入气球中，系紧气球口并晃荡。这时，奇迹发生了，气球逐渐膨胀，最后被"吹"得胀鼓鼓的。此时王老师揭穿谜底，倒入气球的液体是白醋和小苏打混合溶液。

王老师给每组学生一杯白醋和一小杯小苏打，让学生观察两种物质，并记录其特点。在此过程中，有学生不小心弄洒了杯中的白醋。王老师就强调"要按规矩来，不要碰倒了杯子"，并说可以眼看、手摸、鼻闻。观察结束后，学生汇报，王老师点评后把事先准备好的结论用 PPT 展示给学生看。接下来，王老师让各小组讨论小苏打和白醋应该如何混合以及混合后还要做什么。在王老师讲的过程中，有学生想将小苏打倒入白醋中，被王老师制止。讨论结束后，王老师让两个学生上台汇报讨论结果，其他学生大多在摆弄小苏打和白醋。

统一实验程序后，开始小组实验了。王老师要求学生取小苏打放入白醋中，仔细观察实验变化，并且记录下来。五六分钟后，王老师让学生回答实验结果，学生一致说"看到了大量气泡产生"，但有的学生说"还看到有白色沉淀生成"，有的说小苏打是分几次加入的，有的在加入小苏打后还去闻气味，有的说气味像洗衣液，有的说和发霉的面包差不多，有的说只闻到醋味。王老师解释说，这是大家加入小苏打的量不同导致的结果。解释完后王老师开始提问："大家说产生的是什么气体？"学生都说是 CO_2。王老师又问："你们怎么知道的？"学生 A 说："我看到一本书上说，能让人头晕的气体就是 CO_2。"王老师说"不一定"。学生 B 说："我看到的现象很像打开雪碧的样子，冒出的气体就是 CO_2。"学生 A 又补充说："柠檬酸是白色粉末的重要成分，小苏打里有碳酸根，与白醋反应就会生成 CO_2。"王老师一再强调不要先入为主。

争论结束后，王老师做演示实验：将一根点燃的细木条夹着放入一个空杯中，木条继续燃烧；再将其放入小苏打和白醋反应过的杯中，木条就立即熄灭。此时有学生大声说："是 CO_2，因为 CO_2 能隔绝空气。"王老师说"也不一定"，又接着做第二个实验：在一个杯子中安放高矮不同的两根点燃的蜡烛，将小苏打和白醋混合后倒入蜡烛燃烧着的杯中。这时下课铃响了，但实验还没做完。

（1）对于王老师的这节课，下列说法正确的有（　　）。

A. 王老师在导入环节创设的情境意在打通学生的生活世界与书本世界

B. 王老师的提问建立在教师演示、学生动手的基础上，既有反问，也有点拨

C. 在将教材知识转化为学生个人知识的过程中，王老师对所教学科的知识体系缺乏整体把控

D. 在学生根据先前的知识回答出"反应产生 CO_2"时，王老师强调不一定，由此引发的辩论

是必要的

E．王老师设计的教学环节是创设情境—观察小苏打的白醋的特点并讨论—制订实验计划—观察实验现象并讨论

（2）如果你是王老师，将如何实施这堂课？（　　　　）

A．加强课堂管控，严格实验要求与程序

B．分析学情，了解学生对气体知识掌握的程度

C．对学生的多次正确回答给予积极的反馈，以完成教学目标

D．增加师生课堂讨论和学生动手做实验的时间，减少学生观察的时间

E．在做第二个演示实验前，先让学生预测结果并说明理由，增强探究性

20．（2017上）根据下面资料，作答（1）（2）题。

【资料】李老师上小学三年级的数学课，上课开始就在屏幕上投影出：

三角形的面积＝

平行四边形的面积＝

接着就复习计算三角形面积的公式，请一位学生起来回答什么是三角形的面积的公式。学生回答：“三角形的面积等于底乘以高除以2。”李老师又问其他同学：“回答是否正确？”学生齐声回答：“对。”李老师再说：“请同学们一起回答三角形的面积公式。”于是大家一齐说：“三角形的面积等于底乘以高除以2。”

然后，李老师开始讲平行四边形面积的计算公式，很快就讲完了，学生也记住了平行四边形面积的计算公式。

接下来李老师要学生做课堂练习，习题是三角形和平行四边形的面积计算。他分别找两个学生在黑板上完成，其他同学在练习本上做练习，做完后李老师再订正。被叫上讲台在黑板上计算三角形面积的学生画错了高，于是李老师换了个学生。这个学生打算画辅助线，可是又没有学过相关的知识。李老师就让他下去，又换了个学生上去试。这个学生还是想画辅助线，但最终依然没成功。李老师只好作罢，自己画了高。

最后，李老师让学生再次背诵三角形和平行四边形的面积的计算公式，这节课就结束了。

（1）以下对李老师教法评价正确的是（　　　　）。

A．李老师的提问是对学生的诊断性评价

B．李老师主要让学生记住公式而不是运用公式

C．李老师的提问多样化，发挥了学生的主动性

D．李老师采用了练习法，上了一堂综合课

E．李老师没有让学生"试错"，忽视了学生的自主思考

（2）如果你是李老师，应该怎么做？（　　　　）

A．应让学生多记公式，强化学生对公式的理解

B．应善问，提出的问题要明确，能激活和深化学生的思考

C．应在理解和扩充、改组和运用中积极巩固知识，而不要简单复述

D．应在第一个学生画不出高的情况下，就果断终止，进行评讲订正环节

E．应在充分了解学生知识掌握水平的基础上，以教学的发展性原则来指导教学设计

21．（2016下）根据下面资料，作答（1）（2）题。

【资料】新入职的李老师准备上一堂公开课，选的课文是《小蝌蚪找妈妈》。

为了上好这堂课，给领导和同事留下好印象，她查找了很多资料，认真设计教案，蝌蚪到青蛙变化过程的图片也准备了好多张，什么时候提问、问谁等细节都安排好了。上课前一天，李老师还特意提醒要读课文的几个同学要预习课文。其中，读小蝌蚪的是普通话标准、很讨老师喜欢的

小丽。

上课时来了十几位听课的老师。李老师一开始就进入新课学习："同学们，今天我们学《小蝌蚪找妈妈》，请大家打开书，默读课文。"课堂里鸦雀无声，都静静地看书。接着就是教生字、词语，教师逐段范读、学生齐读，然后分析概括段落大意。期间，李老师不但把重要的字、词、句写在黑板上，还把小蝌蚪到青蛙的变化过程用图片展示了出来。

终于到了分角色朗读了，可事先安排读小蝌蚪的小丽怯场了，不敢举手。李老师几次示意，将目光投向她，可小丽却将头埋得更低了……

李老师的声音有了些变化，连说几遍："哪位同学愿意来读小蝌蚪的话呢？"

坐在后排的小强终于举起了手，李老师环顾四周，始终没其他人举手，只好让小强朗读了小蝌蚪的话。小强声音响亮，不过上周才学过的几个词语却读错了。

读完了课文，李老师又问："同学们对课文理解了吗？如果还有什么问题，就提出来；没有的话，我们就进入下一步。"小强又举起了手，说："老师，小蝌蚪的尾巴哪里去了呢？就像壁虎那样脱落了吗？"李老师一下子愣住了……下课铃声也响了起来。

（1）对该案例中李老师的评价正确的有（　　　　）。

A．李老师注重预设性教学

B．李老师注重生成性教学

C．李老师主要采用了讲授法和演示法

D．李老师采用了问题 - 探究的教学模式

E．李老师采取了相互调适的课程实施取向

（2）针对这堂课，如果你是李老师，还可以做哪些改进？（　　　　）

A．应要求所有学生预习、复习相关知识

B．应设计好导入语，引发学生的求知欲

C．应用语言直观，不要用图像直观，因为学生对小蝌蚪、小青蛙的形状已有了解

D．应全部采用多媒体教学，不在黑板上写板书，以节省时间

E．应充分考虑学情，课堂教学要灵活多变

22．（2014上）根据下面资料，作答（1）（2）题。

【资料】一位语文老师在批改学生作文时，发现一位学生作文写得不错。在随后的语文课上，该老师在班级里念这位学生的作文，当进行到一半时，班里许多同学打断了老师，大声说该作文是抄袭的。语文老师灵机一动，问全班同学，这篇作文写得好不好？同学回答："好是好，但是该作文是抄袭……"老师打断学生们并大声问道："我问的是作文好不好！"全班学生都大声回答："好！"语文老师说："欢迎大家摘录精彩、生动的文章化为己用，多看些精妙的文章对提高写作水平有帮助。"

后来班级的同学们都积极学习。抄袭文章的那位同学说："老师的这次教育学习，让我一生都难以忘记！"

（1）关于语文老师的做法，正确的观点是（　　　　）。

A．语文老师用自己的教学智慧化解一次课堂危机

B．课堂突发事件是宝贵的教学资源，要好好利用

C．语文老师欠妥当，应当严厉批评抄袭的那位同学

D．老师备课不充分，自身积累不够，险酿成大错

E．老师教学机智，以特殊形式教育了犯错同学

（2）该案例给我们的启示包括（　　　　）。

A．教学策略的实时调控性

B. 生成性课堂教学更符合实际需要

C. 教学是一项复杂活动，教学情景多变

D. 教学策略一旦设定不能轻易改变

E. 教学策略有相应的灵活性，应根据实际情况选择

23.（2021下）根据下面资料，作答（1）（2）题。

【资料】初一新学期开始后的一天下午，我们在办公室备课，学生小羽利用课间休息来找我，要求换座位。我问她原因，她说中午的时候，她正和同桌交流，不承想坐在前面的小林猛地将她桌子掀翻，文具、书本散落一地，把她吓着了……我答应了小羽，并要小林在班会上公开检讨。

过了些天，我正在批改作业，又有学生来说小林把小唐鼻子打出血了。我一听，很生气，这个小林怎么尽给我这个班主任添麻烦呀。我赶去教室，安排学生将小唐送医务室，又把小林叫到办公室，问他打人原因。他说："小唐当着女同学面说我人品不好，还叫大家不要理我。我心里一急，就打了他鼻子一拳。"我说："你几天前推翻同学桌子，这次又打人，严重违反校规校纪，够得上纪律处分了。"他一听要处分他，赶忙说："王老师，能不能再给我一次改过自新的机会呀，我意识到我的错误了。"我就说："你得拿出实际行动来。首先，写份书面检讨，向小唐同学真诚地赔礼道歉，请他原谅你的鲁莽；其次，将功补过，为班级做 10 件好事。"他同意了。我也和小林家长沟通，了解他在家里的表现，但没有告状；问了原来教过他的一些老师，对小林的过去有了认识；我还看了他写的周记和作文……综合以上信息，我觉得小林并非朽木不可雕，是可以教育好的。但他承诺的 10 件好事究竟完成得怎么样了呢？一天，我走到操场边，见小林正在收拾体育器材，就叫住他，问："现在你在班上的人缘怎么样了？"他说："不怎么样，搭理我的同学不多。"我说："同学相处有讲究，你们小学不是学过《太阳与风谁更有力量》的课文吗？这则寓言故事阐明了什么样的道理？"小林想了想，说："王老师，听你这么一说，我觉得这则寓言启示我，人与人之间是相互的，你对别人不友好，别人就会对你冷若冰霜；人温暖，别人也会投桃报李。同学之间互帮互助，才相处愉快。"顿了顿，他又说："我身上的毛病不少，有同学与我保持距离，是我的问题，我下决心改。"看着他诚恳的表情，我也体会到了作为班主任老师的意义和价值。

到了期末，班委要改选了，体育老师推荐小林当体育委员，说："你班上的小林，上体育课认真，成绩好，还特别有责任心，每次上完体育课都主动收拾器械，适合做体育委员。"我进一步了解到，小林不只做了 10 件好事，还把做好事的习惯坚持了下来。我就对体育老师说："可以选他当体育委员，但最终还是要同学们投票认可。你可以在课上多表扬他，让同学们知道他为班上做的贡献。"我也动员小林竞选体育委员，他有点信心不足："我能行吗？大家会投我票吗？"我说："你试试看。"班会课上，我也公开讲了小林同学的变化和体育课为大家服务的事。经由同学们投票后，小林顺利当选为体育委员。

一年一度的校运会开始了，小林忙前忙后，最后我班获得运动会团体第一名、入场式特等奖，小林也荣获 100 米第三名……

同学之间的打架没有了，人际关系有了显著改善，班级凝聚力明显增强。在小林的期末评定上，我写了"该同学知错就改，热心为班集体服务"的评语。

（1）对于班主任王老师的做法，下列评价正确的有（　　　）。

A. 对小林的教育是从增强其意志品质入手的

B. 体现了长善救失、教育影响的一致性和连贯性原则

C. 善于通过道德认知评价转化学生

D. 通过教育，小林改变了班级面貌，是平行教育的展现

E. 要求小林将功补过，这种教育方式是自然后果法

（2）从上述案例可得到的启示有（　　　）。

A. 班主任要善于通过塑造参照群体，改变非正式群体

B. 班主任要正确处理偶发事件，启发学生认识错误，处分只是教育的辅助手段

C. 对品德发展处于习俗水平阶段的学生，采用教育惩戒的方法效果显著

D. 学科教学是重要的德育途径

E. 班主任要通过多种途径了解学生，这是教育好学生的起点

24.（2022上）根据下面资料，作答（1）（2）题。

【资料】一年一度的毕业季到了，学生们既兴奋又忐忑，同学间关系也出现了较大的变化。如何利用在校的最后这段时间为孩子们六年的学习画上一个圆满的句号，成为张老师这几天重点思考的问题。

周四下班后，张老师接到小黄妈妈的电话，询问小黄在学校的情况并说今天回家时他看起来很生气，情绪很不稳定，问他他也不说话。张老师随即打电话对小黄进行安抚并多方了解情况。原来这周同学们正在写同学录，小黄今天在好几本同学录上看到王博对自己的评价都很不友好，因此很难过，认为自己很失败。第二天，张老师浏览了学生们的同学录，发现今年的同学录新增了一个"吐槽区"，差不多一半的学生在吐槽区留下了笔墨，写下了各种吐槽：

小轩总是不捡垃圾，不收拾抽屉，不爱干净。——馨馨

小黄你害了我，你混蛋。——王博

小杰你太聪明了，简直是我心中的福尔摩斯。——萌萌

小黄是个偏心眼儿，故意针对我。——王博

……

张老师发现，大多数同学都是简单地将他人划分为"我喜欢的"和"我讨厌的"，同时发现王博在多个吐槽区表达了对小黄的不满。到底是什么缘故让王博写下这样的文字呢？张老师找来王博了解情况：原来有一次王博在课堂上和同学说话，作为纪律委员的小黄把这件事告诉了张老师，张老师私下批评了王博。此后，王博就耿耿于怀。张老师给王博讲解了纪律委员的职责，并引导他思考"如果自己作为纪律委员，在这种情况下会怎么做"。经过一番思考，王博认识到自己的错误并真诚地向小黄表达了歉意。

随后，张老师以"亲爱的同学，我想对你说"为主题召开了一次班会，请大家表达对同学想说的话。

生1："即将毕业啦，小沙，你永远是我的哥们儿。"

生2："谢谢你这段时间对我学习上的帮助，张小萱有你这个朋友，我真的非常感激。"

……

小黄："这几天，其实我非常难过，因为我发现班上有同学骂我。我作为班级的纪律委员，在管理纪律时确实比较严格，我应该在同学出现违纪行为时，多提醒他们，帮助他们改进。"教室里响起了热烈的掌声，可有部分同学却低下了头。

王博也分享道："我吐槽小黄只是想宣泄一下情绪，没想到会给他带来这么大的伤害。作为纪律委员，他把纪律情况反映给老师是职责所在，并没有错。其实我们相处的时间只有一个月了，我们在这个班级待了快六年时间，有什么比这段友谊更珍贵的呢？"说完，便走到小黄面前深深地鞠了一躬，两位男孩拥抱在了一起。

在同学们热烈的掌声中，张老师动情地说："对呀，其实我们之间的同学情非常珍贵，在这六年里，我们一起学习、一起玩耍，拥有了很多美好的回忆，希望同学们好好珍惜这最后的相处时光。"

王博说："张老师，我想重写对小黄的吐槽，可以吗？""好的！"同学们异口同声地代张老师回

答道。

课后，大多数同学都重写了自己的吐槽，这里面既有对同学的祝福和歉意，也有对同学的敬佩和期待，还有对过去交往和友谊的回忆，更有对未来的畅想……

（1）针对该案例，下列说法正确的有（　　　　）。

A. 小黄的情绪具有冲动性与表现性

B. 小黄的道德发展处于社会契约阶段

C. 王博的道德发展处于相对功利阶段

D. 在真实情景中利用换位思考有利于学生理解规则

E. 张老师召开主题班会，遵循了在集体中教育的原则

（2）该案例给我们的启示有（　　　　）。

A. 教师在学生人际关系的发展中发挥示范引导作用

B. 同伴关系能为个体自我概念的形成和评价提供机会

C. 班级中的非正式群体对个体成长的影响是多方面的

D. 重视学生突发情绪问题，是维护校园安全的重要保证

E. 使用"最小干预原则"能够很好地解决学生的问题行为

25.（2014下）根据下面资料，作答（1）（2）题。

【资料】三年级（4）班的课堂上，佳佳突然大哭起来，谢老师赶忙询问，原来佳佳正在给每位老师写新年贺卡，而同桌亮亮也想要一张，遭到佳佳拒绝后将她所有的贺卡都用彩色笔画花了。谢老师问清楚情况后让亮亮赔礼道歉，平时一直很倔强的亮亮就是不道歉。谢老师将亮亮拉到教室外，给亮亮爸爸打电话让他立刻买贺卡送到学校来，并当着亮亮爸爸的面批评了亮亮。

（1）关于谢老师的做法，以下观点正确的是（　　　　）。

A. 亮亮犯了错误，老师就应该进行批评和教育

B. 亮亮性格倔强，老师就应该采取强硬的方式来教育

C. 老师让亮亮爸爸买贺卡来学校，是对亮亮不良行为的矫正

D. 老师应该用温和的方式来处理这一事件

E. 老师对学生的批评教育是基于对学生的关爱

（2）这个案例给了我们哪些启示？（　　　　）

A. 当学生出现错误时，只有严厉批评才能进行行为矫正

B. 教育方法应当适度，不能给学生带来过重的心理负担

C. 教师对于学生的问题行为，不能一味批评，而应该循循善诱

D. 针对性格不尽相同的学生，应该采取不同的方式处理问题

E. 对性格倔强的孩子的教育，家长应负主要责任

26.（2020下）根据下面资料，作答（1）（2）题。

【资料】课前，班主任文老师走进小学二年级（1）班教室。班长马上过来报告："李勇又偷拿东西了，偷拿讲台上的水彩笔！"文老师走到李勇面前，让他将水彩笔拿出来看看。李勇昂着头，非常生气地大声喊："文老师，我没有偷东西！"同时手里紧紧抓着一支水彩笔。陆续进来的同学都来围观，纷纷指责李勇。看到这个情形，文老师很想发火，更想很快问清楚事情的缘由，但想到马上就要上课了，就先请大家安静下来上课。课后，文老师把李勇叫到办公室，让他说明具体情况。李勇说美术课需要用水彩笔，今天他忘带了，看到讲台上放着一支水彩笔没人要，就顺手拿走了。文老师跟李勇谈了很久，告诉他不属于自己的东西不能随便拿。李勇向文老师保证以后再也不会了。其实李勇已经不是第一次出现类似情况，虽然这次承认了错误，但很难保证下次不再出现。文老师通过和李勇及其他同学谈话发现，学生私拿他人物品的情况不是个别现象，这些学生常有"我

喜欢，我就要""它没主人，那就归我"的想法。了解情况后，文老师想到李勇曾经协助老师办过一期墙报，就向全班同学解释李勇拿水彩笔是为了办学校墙报，并宣布让李勇和宣传委员一起办班级墙报，和劳动委员一起负责整理、保管讲台上的所有物品。这时李勇羞愧地低下了头。后来，李勇在同学的提醒和帮助下逐渐养成了每天整理讲台的好习惯，班级墙报也办得很好，而且在学校评比中获得二等奖。对此，文老师在全班同学面前对李勇进行了表扬。老师和同学们发现李勇后来再也没有随便拿过讲台上的东西。

（1）针对此案例，下列说法正确的有（　　　）。

A. 文老师的教育遵循了发展性、针对性、保密性等原则

B. 根据柯尔伯格的理论，李勇的道德发展更有可能处于后习俗水平

C. 文老师的做法符合行为主义理论，成功地改变了李勇的不良行为

D. 文老师运用了锻炼、修养等方法进行教育引导，促进了李勇的转变

E. 文老师没有批评李勇，还对全班同学说李勇拿水彩笔是为了办学校墙报，这是一种教育纵容行为

（2）从该案例得到的启示有（　　　）。

A. 教师要注意保护学生的自尊心，不宜当众批评

B. 教师要一分为二地看待学生，要善于利用其积极因素，克服消极因素

C. 学生品德的发展不仅受社会环境的影响，还要受个人身心发展水平的制约

D. 当学生犯错后，教师要想办法激发其认知内驱力，促进其积极改正错误行为

E. 教师要正确认识学生的心理发展特点，不能简单地把学生的某些行为判定为"道德问题"

27.（2016下）根据下面资料，作答（1）（2）题。

【资料】壮壮是个三岁半的男孩，活泼好动，但语言表达能力不是很好。一天，在教室玩玩具时，壮壮和叮叮发生争抢。叮叮伸手推了壮壮，壮壮反击，抓伤了叮叮的额头。王老师马上让张老师带叮叮去医务室进行消毒处理，随后，王老师让壮壮不要玩玩具了，靠墙坐在凳子上，对壮壮进行批评教育，让他认识到自己的行为是不对的。最后，王老师让全班每个小朋友都走到壮壮面前对他说："壮壮，你这样做是不对的。以后再这样的话，就把你送到门口保安叔叔那里。"

幼儿园放学，妈妈接壮壮回家时，王老师当着壮壮的面，告诉妈妈壮壮今天抓伤小朋友的事，请她回家对壮壮多进行管教。壮壮回家后，情绪非常低落。妈妈询问壮壮当日幼儿园发生的事情经过，壮壮只说和叮叮争抢玩具，抓伤了叮叮，被老师批评，关于老师怎样批评他的，他也说不清楚。妈妈以为壮壮是挨了老师的批评才导致情绪低落的，就没有太在意，认为小孩子的情绪很快就能恢复。而跟壮壮妈妈要好的另一个小朋友的家长，在听到她的孩子对当天幼儿园生活的表述后，告诉了壮壮妈妈王老师批评壮壮的过程。壮壮妈妈晚上纠结再三，决定第二天早上送壮壮上学时，找王老师谈谈。第二天早上，壮壮妈妈跟王老师谈过后，老师向壮壮妈妈道歉，表明以后会注意教育方式。

（1）针对该案例，以下说法正确的是（　　　）。

A. 王老师让张老师及时带叮叮去医务室进行消毒，妥善处理了突发事件

B. 王老师让壮壮不要玩玩具了，剥夺了壮壮的受教育权

C. 王老师让壮壮靠墙而坐，对他进行批评教育，体现了教师的教育权

D. 王老师让每个孩子都对壮壮说他是不对的，该做法属于教育冷暴力

E. 壮壮妈妈干预教师对学生的教育，是过度保护自己的孩子

（2）该案例给我们的启示是（　　　）。

A. 一名优秀的教师应具备处理突发事件的能力

B. 教师在进行教育时，要多用奖励的方法，少用惩罚的方法

C. 教育冷暴力不利于学生的身心健康

D. 教师具有教育教学权，家长无权干涉

E. 家长应与教师多沟通，才会产生更好的教育效果

28.（2016上）根据下面资料，作答（1）（2）题。

【资料】某初中林老师上课时，学习成绩不怎么好的女生王某又姗姗来迟，林老师批评了她几句，让其进了教室。约十分钟后，坐在王某前面的女生突然尖叫起来，原来是王某用力扯了她的头发。林老师呵斥王某是"耗子屎"，王某不服，与老师对吵。林老师很生气，叫王某滚出教室。王某不动，林老师扯着王某进了年级办公室，说要让学校给王某处分，然后林老师又回教室上课。

张老师进了办公室，见王某独自站在办公室，就关切地拉了张凳子要其坐下，问："吃早饭了没有？"见王某没吭声，张老师打开抽屉拿出牛奶、饼干让她吃。等她吃完后，张老师问她怎么回事。王某一下子泪流满面，张老师掏出纸巾替她擦干。原来王某的父母前段时间离婚了，谁都不愿抚养孩子，王某只好暂住奶奶家。王某的奶奶是个麻将迷，对王某的学习生活关注不够。王某心里憋闷，对学习没有了兴趣……就有了今天上课违纪的一幕。

了解这些后，张老师向学校领导做了汇报。学校在学习和生活上给王某一定照顾，让王某感受到了温暖。王某也不再迟到，更没有违纪了。一段时间后，王某的学习有了很大起色。

（1）针对该案例，对林老师、张老师评价正确的是（　　）。

A. 林老师处理课堂偶发事件太冲动，教育效果也不好

B. 林老师伤害了学生的自尊心，侵犯了学生的受教育权

C. 林老师为了保证其他学生的受教育权，应将王某带离教室

D. 张老师的做法体现了以生为本的教育理念

E. 张老师能在教育者和朋友的角色间转换，取得了较好的教育效果

（2）针对以上案例，说法正确的是（　　）。

A. 教师教育学生，应有爱心、耐心、信心

B. 对学生的批评和处分，只能作为辅助手段

C. 教师处理课堂偶发事件，应冷静、沉着、慎重

D. 师生之间的心理关系除了有认知关系，还存在情感关系

E. 两位教师教育学生的方式截然不同，这是由于他们的教师观有差异

29.（2016上）根据下面资料，作答（1）（2）题。

【资料】一个寒冬的清晨，某校初三学生高某因为其他同学说话影响了他休息，一气之下，提了一桶冷水就往别人的床上泼，寝室里的几张床铺被他泼得湿淋淋的。事发后班主任马老师来到寝室，看着那些湿被子，看着高某和其他的学生，她克制住内心的愤怒，沉思了一会，对高某的行为只字未语，一方面叫学生把泼湿的被子搬到家里烘烤，另一方面把自己家的被子搬到了学生寝室。事后马老师找高某谈话。通过马老师的教育，高某承认了错误，说："马老师我错了，你骂我一顿吧，我实在对不住你。"马老师对他微微地笑了，安慰他说："你认识到自己错了，知道改正就好。"后来，这个学生像变了个人似的，不但团结同学，而且乐于助人。

（1）对马老师的做法，以下说法正确的是（　　）。

A. 马老师对高某的教育采用的是自然后果法

B. 马老师表现出了高尚的师德和高超的教育艺术

C. 马老师善于引导学生自我批评，进行自我教育

D. 马老师在现场对高某的行为一言不发是对高某的纵容

E. 马老师对学生的爱是一种巨大的教育力量，也是一种重要的手段

（2）该案例给我们的启示是（　　）。

A．教师应借助处理偶发事件引导学生成长

B．体谅德育模式在班级管理中具有显著的指导意义

C．有时候教师对学生的错误行为"冷处理"比"热处理"好

D．为了保护学生的自尊和个性，学生犯错时教师应多鼓励、不批评

E．学生犯错误并不可怕，可怕的是教师找不到有效的教育方法和管理策略

30．（2023上）根据下面资料，作答（1）（2）题。

【资料】放学了，陈力默不作声地跟着妈妈往家走，这个平常像小雀儿一样总爱叽叽喳喳说个不停的孩子今天沉默了。妈妈正在纳闷儿，突然，一个小男孩儿从后面追来，大声地对妈妈说道："阿姨，今天陈力犯错误了，我们全班同学都很气愤！"说着，他还面带怒色地对着陈力举了举小拳头。陈力更加害怕了，赶紧躲到了妈妈身后。妈妈诧异地追问小男孩儿："他犯什么错误了？"小男孩儿怒瞪着陈力答道："他今天说我们老师要死。"

回到家，妈妈假装不经意地问陈力为什么说老师要死。陈力脸涨得通红，半天说不出话来。过了好一会儿，陈力才怯怯地跟妈妈说："妈妈，明天我不想去上学。"妈妈深知自己的孩子绝不会无故说"老师要死"的话，也意识到这件事已经对孩子产生了不好的影响，于是安抚了孩子，让他不要有心理负担，并鼓励陈力讲出事情经过。原来，在今天的数学课上，班主任张老师出了一个题目："小朋友们现在7岁，张老师34岁，20年后，你们多少岁？张老师多少岁？"陈力不假思索地就喊了起来："张老师，20年那么久，那时候你不都死了吗？"于是，班上顿时沸腾起来，群起声讨陈力不该说老师要死。下课后，全班同学围着陈力，七嘴八舌地指责他："你太坏了！怎么能说老师要死呢！"陈力不知道自己做错了什么，怯怯地不断躲避。可无论他走到哪儿，同学们都追到哪儿并继续指责他，甚至有同学向他扔纸团和铅笔。陈力很难过，也很害怕，不知道该怎么办，吓得直哭，直到上课铃声响起才无奈地回到座位上。

晚上，陈力妈妈给张老师打电话确认了事情的经过。通过交流，妈妈和张老师达成了共识，认为说"老师要死"一话并非陈力刻意而为，而是他缺乏对20年时间的认知，也没有把它放在张老师给出的数学题中去思考。张老师表示能够理解陈力的行为，童言无忌，不会计较孩子无心的话。当从陈力妈妈处得知班上同学围堵陈力一事时，张老师表示会对班上同学进行教育。

第二天，张老师利用班会时间向全班同学对陈力昨天的课堂言行做了解释，说明陈力并非诅咒老师，他只是没有计算出年岁，反而是心疼老师会老死。张老师批评了同学们围堵陈力的行为，教育他们要互相友爱、互相帮助。听了张老师的一席话，孩子们意识到自己误解了陈力，纷纷向陈力道歉。陈力也认识到了自己急躁、冲动的问题，表示以后一定认真思考、好好学习。

（1）针对该案例，下列说法中正确的有（　　）。

A．同学围堵陈力是一种校园欺凌行为

B．同学围堵陈力是一种从众行为，不必关注

C．对权威绝对服从的心理使陈力打消了不去上学的念头

D．陈力妈妈和张老师的沟通促成了对陈力和全班同学的积极引导

E．从同学们对陈力的态度可以推断，此时他们的品德发展处于习俗水平阶段

（2）该案例给我们的启示有（　　）。

A．不良事件的发生需要教师及时有效的干预

B．家校合作有助于教育问题的解决和班集体的建设

C．加强班集体建设能有效地促进小学低段学生同伴关系的发展

D．班集体舆论对学生的发展既能产生积极影响，也能产生消极影响，需要正确引导

E．抓好时机，利用低年级儿童对权威的绝对服从心理，引导形成积极向上的班级氛围

31.（2015上）根据下面资料，作答（1）（2）题。

【资料】数学课上教师要求学生独立思考一道难题。突然，一声喜悦的叫喊——"想出来了！"打破了教室的寂静，大家顿时笑了起来。教师一看，原来是比较腼腆、学习成绩并不突出的张彬。教师立即批评张彬扰乱了课堂秩序……受到批评的张彬马上趴在桌上默不出声。

（1）对于该教师的做法，以下观点正确的有（　　）。

A．教师批评张彬、维持课堂纪律的方式是正确的

B．教师打破了活跃愉快的课堂气氛

C．教师的批评挫伤了张彬的学习积极性

D．教师的做法是对的，张彬的叫喊扰乱了其他同学的思维

E．教师批评教育张彬的方式不当

（2）该案例给我们的启示是（　　）。

A．课堂教学秩序的维护需要教育机智

B．维持课堂纪律不能以损伤学生的自尊心为代价

C．教师应该了解学生的心理特征，才能更好地处理师生关系

D．纪律只是手段，维护学生的学习积极性，提高学习效果才是目的

E．教师权威比课堂气氛、学生心灵更重要

32.（2022上）根据下面资料，作答（1）（2）题。

【资料】为了更好地管理班级，班主任高老师给班长丁浩然一个厚厚的笔记本，安排他专门记录全班同学的不良表现，如上课迟到、没交作业、不参加劳动、上课搞小动作等。学生私下里将这个笔记本称为"黑名单"。班会设在每周五下午，每次班会上高老师都专门拿出时间当众宣读"黑名单"，以示警诫。班内"体育健将"刘轶男也曾榜上有名。一天上数学课时，窗外人声鼎沸，许多同学的注意力都被吸引到窗外，想知道外面发生了什么。正在上课的高老师当即要求学生将注意力收回，老师写完数学公式后，发现刘轶男还在看向窗外，于是大喊一声："刘轶男，上课走神，记名字一次。"刘轶男吓了一跳，立马坐好，心里感到委屈。

两周后，学校秋季运动会开始了。刘轶男想花更多时间学习文化课，争取考上理想高中，就没有报名参与运动会。高老师也因为忙于学生竞赛，而把运动会事项交由丁浩然负责。然而，运动会第一天结束后，一班的分数远远低于其他班级，高老师发现班里的"体育健将"刘轶男没有报名参加运动会。随后他回到班里，临时召开班会。班会上，高老师生气地说："我们班上出了一个大能人呀，初一、初二还知道要参加运动会为班争光，现在高傲了，听说瞧不上学校里小小的运动会了，不屑参加……"刘轶男一下子蒙了，不知所措。随后的半个小时里，高老师批评了刘轶男，认为他漠视班级荣誉，有能力为班级争光却不作为，甚至指责刘轶男："像你这种自私自利的人长大后是不会有出息的。"刘轶男默默地低下头。班会结束高老师离开后，同学们就此事议论纷纷……

（1）根据上述案例，下列说法正确的有（　　）。

A．高老师的管理方式属于民主型

B．高老师的管理理念和方式受传统学生观的影响

C．准确纪录学生的不良行为可以有效促进班级管理目标的达成

D．学生有权自主选择是否参加运动会，教师不能强求学生参加

E．定期宣读具有不良行为的学生名单，有利于矫正学生的不良行为

（2）该案例给我们的启示有（　　）。

A．班主任应联合其他任课老师在班级管理中形成合力

B．为了课堂教学和班级管理出成效，教师可以采用一切手段

C．当体育活动与智育活动产生冲突时，学校可以优先满足智育活动

D．学生出现非期望行为时，教师只有调查清楚原因后，其矫正措施才能有效

E．学生是有意志、有情感的个体，教师在纠正其错误行为时要注意维护其尊严

33．（2021上）根据下面资料，作答（1）（2）题。

【资料】开学不久，班主任张老师发现本班新安装的百叶窗帘坏了。张老师看在眼里，急在心里，怎么办？思前想后，她决定将下午班会的主题临时改为"我来说窗帘"。班会开始，张老师首先让同学们思考一个问题："窗帘有什么作用？"同学们七嘴八舌地回答起来。有的说"窗帘可以遮隐私"，有的说"房间里有窗帘好"，还有的说"窗帘可以遮挡阳光"……张老师对教室里安装窗帘的作用进行了补充和总结。然后，张老师在PPT上展示了被损坏的窗帘图片：笔直的方向调节杆被拉了下来，扭曲成几段，扔在垃圾袋里；淡蓝色的塑料条，有的破碎、有的断裂，整个窗帘歪歪斜斜地挂着……全班一片哗然："谁干的？""我那天看到有人在拉窗帘""让他赔"……同学们安静下来后，张老师诚恳地说："我不知道是谁干的，我也不想知道这是谁干的。这件事情的主要责任在我，作为班主任，我没有在安装窗帘时及时向同学们明确提出爱护公物的要求，是我的失职。现在窗帘不能用了，怎么办？"同学们三三两两地讨论起来。

过了一会儿，班长站起来说："张老师，让我们自己来处理这件事情吧！"老师点点头，说："好，我相信你们能解决好这个问题！"接下来，班长让各位同学拿出一张纸写下自己的看法和解决办法。不一会儿，50张纸条交了上来。

甲：损坏公物是错误的行为，应当赔偿。

乙：不要追究责任，给犯错误的同学一次改正的机会。

丙：损坏窗帘虽然是个别同学的行为，但赔偿应该是全班同学，因为我们是一个集体，我们发现了这个错误，但没有制止。我们应该对自己的行为负责。

班长一一宣读后，选出几条比较集中的意见进行讨论，最后无记名投票统一处理决定，原谅损坏窗帘的同学，大家凑钱买一个新窗帘。班会结束前，张老师第一个向班长交了钱，并说道："我也是班级的一员。"

班会结束后，张老师收到了一张纸条，上面写着："张老师，对不起，我错了，您的学生×××。"

（1）对于张老师的做法，以下评价正确的有（　　　）。

A．灵活运用了自然后果法，取得了良好的教育效果

B．不追究损坏窗帘的学生的责任，忽视了教育惩戒的作用

C．通过学生对班级的自主管理，培养了学生的责任意识与担当意识

D．让学生自己决策班级事务，没有承担起班级管理的指导和引领责任

E．善于抓住教育契机，采用价值澄清的方法，提高学生自我教育的能力

（2）该案例给我们的启示有（　　　）。

A．班级纪律是维持班级组织的主要手段

B．学生集体是教育的对象，也是教育的主体

C．班主任要强化角色意识，也要善于转换角色

D．教师要善于通过集体教育个人，也要善于通过个人教育集体

E．师生之间、生生之间的包容、信任，有利于学生健全人格的发展

34．（2020上）根据下面资料，作答（1）（2）题。

【资料】以下是何老师的教学日记片段。

我刚接手四（二）班时，这是一个全校有名的"差班"，学生的学习纪律差，活动参与度不高，成绩差的学生较多……到期末评奖时，不是奖项不够，而是符合获奖条件的人不多。上学期期末，除了几个优秀学生能毫无争议地拿走几个奖状外，其他奖项的发放都引出了一些质疑声。"劳动小

能手怎么是他？上次扫地还撂挑子！""迟到的人能当纪律标兵吗？""他怎么是学习进步奖？这次考试我还进步了 10 分！"……

怎样能让班级状况得到改善，让更多学生取得进步并获得荣誉呢？我给学生布置了一个作文题目："和老师说说心里话"。作文交上来了，学生写道："我成绩不好，老师说我像驴一样笨，让我无地自容。""我在家常被父母打骂，到学校又被老师批评，真不知道怎么当一个好学生。""有一次生病发烧迟到，一进教室老师就说'你又玩游戏去了！'"……

学生的心里话让我反思，是应该改进自己的教育教学了！

我将学生的心里话反馈给任课老师，并召开家长会进行沟通，又做出一个大胆的决定——提前公布荣誉的相关信息。

首先，告知学生每一学期都有什么荣誉在等待他们，如区级"雷锋式少年"；校级"三好学生""优秀班委"；年级"学习之星"等。其次，告知学生每一份荣誉都需要什么品质，如校级"文明奖"需满足在学习态度、学习成绩、文明礼仪等方面的 12 条相应标准。再次，提前申请，提前行动。我把所有荣誉的份额扩大 2~3 倍，提前印发出各类×××申请表，鼓励学生们主动申请。最后，鼓励没有自主领取申请表的学生，充分表达自己意愿，让老师看见他们追求美好的愿望。

现在，同学们的精神面貌发生了明显的改变。

（1）针对以上材料，下列说法正确的有（　　　）。

A．何老师应在家长会上对打骂学生的家长进行批评教育

B．何老师采用了目标管理法，以此实现了学生的自我管理

C．何老师提前告知了各类荣誉的具体要求，有利于学生向优秀靠拢

D．何老师力求将"传道"之"道"蕴含在"授业""解惑"的过程之中

E．荣誉具有"稀缺性"，何老师多发奖项的做法会丧失荣誉对学生的激励作用

（2）以上材料给我们的启示有（　　　）。

A．个别教育就是做好后进生的思想工作

B．学生的成长需要教师、家长、同伴形成合力

C．班级管理的有效性取决于学生对班主任的权威服从

D．教师要有良好的道德情操，不断反思，提高自己的专业水平和能力

E．班级是一个"造梦工厂"，班主任是学生梦想的"激发者"和"引路人"

35．（2022 下）根据下面资料，作答（1）（2）题。

【资料】新学期伊始，五（6）班班主任张老师注意到班里戴眼镜的同学又增加了四人。课间休息时孩子们不大爱外出活动，大家集中在教室里聊天。聊天的内容基本都是游戏、明星、八卦。

她查阅资料后发现，绿植对预防近视和恢复视力有一定的作用，于是想到把教室里的阳台利用起来做一个种植角。为此，张老师召开了主题班会，征求大家意见，在种什么、怎样管理等方面孩子们纷纷建言献策。同学们受《落花生》的启发，一致同意种植小番茄。因为它既有观赏价值，成熟后又可以吃。后经全体同学投票，给种植角起名为"花田"，并选举向阳等五位同学做"花田"管理员。买种、育苗、移栽……"花田"从无到有。

看着番茄苗一天天长高，孩子们随时关注着番茄的生长状态。张老师邀请科学课老师参与指导"花田"建设，科学课老师给每位同学发放了《番茄生长观察记录表》，请同学们记录番茄的生长状况。"花田"管理员们自学了番茄种植的相关方法，并负责定期浇水、除草、施肥，有的孩子还发挥聪明才智利用废旧矿泉水瓶研发了简易自动灌溉系统。

此后，一下课同学们就纷纷围到"花田"旁边，谈论着这一株株番茄苗的变化，"番茄"成了高频词。小番茄开花了……挂果了……成熟了。

五（6）班办了一个丰收节，邀请各科老师来品尝他们的劳动果实，孩子们沉浸在收获的喜

悦中。

（1）针对此案例，下列说法中正确的有（　　　）。

A. 张老师了解和研究学生的方法是调查法

B. 张老师善于利用环境创设，扩大学生课外活动空间

C. 张老师在班级管理中扮演着组织者、协调者的角色

D. 参与番茄的种植过程，也是学生接受生命教育的过程

E. "花田"的建设过程促进了学生的劳动意识、实践能力的提高

（2）从此案例中可以得到的启示有（　　　）。

A. 参与班级活动有利于发挥学生的主体性

B. 了解学生是班主任做好教育管理工作的前提条件

C. 要管好一个班级，离不开科任老师的支持与帮助

D. 学生的健康成长需要学校、家庭、社会的协调合作

E. 教育与劳动生产相结合是培养学生创新能力的重要途径

36.（2019下）根据下面资料，回答（1）（2）题。

【资料】张老师一接手初二年级（1）班的班主任工作，就开始了解学生。她认真阅读全班学生的相关资料，很快摸清了学生的基本情况。上课时她发现小汪无精打采，对学习一点兴趣都没有，作业要么不做、要么不完整；下课却精力旺盛，追逐打闹，以模仿影视剧中的"武侠"为荣……科任教师和同学几乎天天来告状。

张老师利用班会活动对全班进行纪律教育，又找小汪单独谈话，希望他能遵守班规，以学习为重，按时完成作业，知错就改，争取做一个好学生。小汪口头上答应了可实际上还是一如既往，毫无长进，张老师再次找他谈话。交谈中，张老师了解到小汪十分怨恨以前的班主任，就问："你为什么恨他？"小汪说："因为他经常批评我。"张老师接着问："为什么他要批评你？"小汪说："因为我经常违反纪律，不按时完成作业。"张老师说："其实你已经意识到了自己的错误，说明你勇于认错，但还不够，你觉得该怎样做才好？"小汪最后保证："我要遵守纪律，好好与同学相处，认真完成作业。"

后来，张老师还到小汪家去家访，与其他科任教师以及原班主任沟通后，对小汪的了解更全面了。此后，小汪无论是在遵守纪律上还是学习上，都有一些进步，张老师也不失时机地给予表扬，和他一起分析影视剧中的"武侠"，让他感受到老师时时在关心自己。同时，张老师还安排一名责任心强、学习成绩好、乐于助人、细心细致的女同学与他同桌，并事先提醒她，不要歧视小汪，要耐心帮助他。

小汪在大家的影响下逐渐转变。大家发现小汪努力了，能遵守纪律了，不再模仿"武侠"了，成绩也有大幅度提高。同时全班同学也从中受到教育，班风班貌有了很大改善。

（1）根据上述材料，对张老师评价正确的有（　　　）。

A. 运用了平行教育原则

B. 符合社会观察学习理论

C. 主要扮演了心理调节者的角色

D. 采用了情境陶冶、实践锻炼等教育方法

E. 了解小汪的方法有观察、谈话、分析书面材料和调查研究

（2）该案例给我们的启示有（　　　）。

A. 教育学生有固定的方法，要以情入手转化他们

B. 班集体不仅是教育的对象，而且是教育的巨大力量

C. 班主任要走进学生的内心世界，善于通过谈心转化学生

D. 班主任要有耐心、信心和毅力，因为班主任的工作是长期而艰巨的

E. 学生的参照群体对学生影响很大，班主任要了解学生选择的参照群体，教育才能有的放矢

37.（2018下）根据下面资料，作答（1）（2）题。

【资料】某校初二女生小陈学习认真，但数学成绩一直不太好。一次，她听见父母和朋友聊天，说在抽象逻辑思维方面女生天生不如男生。小陈觉得很有道理，此后，她对学习数学就没那么认真了，数学作业也不按时完成。李老师发现这一情况后，找到了小陈。了解原因后，李老师对小陈说："女生同样可以学好数学"，并列举了多位女科学家的成功事例，又引导小陈反思自己平时的学习习惯，帮助她分析了在数学学习上存在的问题，指导她找到适合自己的学习方法。李老师还找家长谈话，希望家长注意自己的言行，配合学校，多从正面鼓励孩子。一个学期以后，小陈的数学成绩有了提高。

（1）针对以上案例，以下说法正确的有（　　）。

A. 李老师与家长沟通，体现了家校共育的理念

B. 李老师通过榜样示范法，激发了小陈的自我效能感

C. 李老师通过有效的学法指导，促进了小陈数学成绩的提高

D. 李老师引导小陈将数学成绩不好归因于可控的不稳定因素

E. 女生的抽象逻辑思维不如男生，是因为男女生的智力水平存在差异

（2）该案例给我们的启示有（　　）。

A. 教师要善于发现学生学习中的问题，并深入分析和正确引导

B. 在教育过程中，教师应采用多种方法有效解决学生的问题

C. 只要树立了自信心，学习问题就会迎刃而解

D. 学生的学习需要家长、教师等多方面的支持

E. 学习方法是影响学习成绩的决定性因素

38.（2018下）根据下面资料，作答（1）（2）题。

【资料】四年级（1）班的李想在很多科任老师心目中都是一个令人头疼的学生。他不仅学习成绩不佳，时不时还带动一些同学影响课堂纪律。新学期，王老师担任了该班的班主任。开学初，王老师便对李想进行了一次家访。在李想房间的书桌上，王老师看到了一张他和班中几位同学的合照以及一本画册，合照上正是那几位经常扰乱课堂纪律的同学。王老师会心地笑了一下。随后，王老师在李想的同意下翻看了那本画册，发现里面都是李想自创的漫画作品。尽管画作水平有限，但构思却不乏新意。王老师当场表扬了李想，并请他为班里做一期以漫画为主题的黑板报。李想在诧异中欣然接受了王老师的提议。李想和班中几位好友合作推出的黑板报受到了同学们的一致好评，之后他被选为美术课代表。期中考试时，李想的成绩略有提高。王老师趁热打铁，与他展开了一次更为深入的谈话，询问其是否想成为一名优秀的漫画家。得到肯定的答复后，王老师给他留了个特别的课外作业，让他思考一下优秀的漫画家要具备哪些品质，自己有哪些优点，应该克服哪些缺点。谈话结束后，王老师还送了一幅以李想为原型的人物漫画给他，并告诉他这是自己学了两个月后画出来的第一幅漫画。期末时，李想的学业成绩又有了进步，班级课堂纪律也得到了全面改善。

（1）针对以上案例，以下说法正确的有（　　）。

A. 王老师鼓励学生成为一名优秀的漫画家，引导学生认识到自身与理想之间的差距，激发了学生的成就动机

B. 王老师进行了有效的家访，发现了学生身上的积极因素，找到了教育的契机

C. 王老师让李想及其几位好友合作推出黑板报，充分发挥了班集体的积极作用

D. 王老师对学生的教育遵从自己的意志，体现了以教师为中心的教育理念

E. 王老师为了更好地教育学生，不断自我学习，做到了教学相长

（2）从上述案例可以看出，一名合格的班主任应具备的基本品质有（　　）。

A. 热爱教育事业　　　　　　　　　B. 有较强的亲和力

C. 有为人师表的风范　　　　　　　D. 有坚定的教育信念

E. 琴棋书画样样精通

39.（2016 上）根据下面资料，作答（1）（2）题。

【资料】小辉是 G 市一所中学初二的学生，前几天因交友的事情离家出走了。小辉成绩不错，与班上几个成绩差的同学是好朋友，经常与他们一起打球，参加比赛，还把作业拿给他们抄。班主任刘老师担心小辉成绩下滑，为此多次批评小辉，让他少与这几个同学一起玩，但没有效果。刘老师将此情况告诉了小辉的父母，小辉的父母十分反对他与这几个同学交往，经常与小辉发生争执。前几日，父母又为此事跟小辉大吵一架，父母扬言，若小辉再不与这几个同学断交，就要给他转学。不料次日起床，父母就在小辉的桌上发现一封信，信上写着："爸爸妈妈，我知道你们很爱我，但我有我的自由，我不想失去朋友，我现在想出去走走，你们不要找我。"与孩子一起消失的还有书包、几百元压岁钱和几套衣服。夫妻俩看到信，赶紧组织亲戚朋友分头寻找，终于在当天下午将孩子找到。

（1）针对该案例，以下说法正确的是（　　）。

A. 教师和家长应从多角度看待每个孩子，避免以偏概全

B. 小辉因兴趣相投而交友，教师和家长应引导他们共同学习

C. 小辉正处于心理断乳期，家长对孩子的教育，不能急于求成

D. 家长对子女有教育的义务，替孩子选择益友是家长应尽之责

E. 教师和家长阻止小辉与成绩差的同学交往，是对他的一种保护

（2）该案例给我们的启示是（　　）。

A. 教育孩子时，家长应多听听孩子的心声，而不是替孩子做决定

B. 教师应注意发挥班级中非正式群体的积极作用，引导其健康发展

C. 教师和家长应尊重孩子的交友选择，不能采取强制措施或威胁手段

D. 家长应为孩子创造和睦的家庭氛围，依法履行对未成年的监护职责

E. 如果不及时对班级中的非正式群体进行干预，任其发展，会造成严重后果

40.（2015 下）根据下面资料，作答（1）（2）题。

【资料】张老师新接任初二（1）班的班主任，近来很苦恼。起初他对学生和颜悦色，可他班上总有个别学生不听课，扰乱课堂秩序，提醒、批评都没有多大作用，于是他就安排这些学生坐最后一排。年级组长在开会的时候强调每个班级的期末平均成绩必须达到一定的分数，为此张老师吃不香、睡不好。他把精力集中在优秀学生身上，希望他们能为班级争光。但学期结束时，张老师任教的班级学习成绩下滑，后排的学生也破罐子破摔……张老师开始板着脸说话，对学生不理不睬，人也变得消沉下来。

（1）针对以上案例，以下说法正确的是（　　）。

A. 张老师的做法导致了学生的成绩下降

B. 张老师产生了情感衰竭等职业倦怠表现

C. 年级组长设置的目标使张老师产生了压力

D. 张老师对部分学生有歧视

E. 张老师充分发挥了优秀学生的作用

（2）下列关于张老师应该怎么做的说法正确的是（　　）。

A. 更加严厉地管教学生

B. 调节情绪，克服职业倦怠

C. 了解学生，关爱每一位学生

D. 建设好班集体，关爱每一位学生

E. 用实际行动达到年级组的分数要求

41.（2014上）根据下面资料，作答（1）（2）题。

【资料】小海是一名初中学生，在老师眼里是那种"大错不犯，小错不断"的学生。暑假里，小海留了一头长发，并且染成黄色。老师认为这违反了学校的规定，责令小海剪掉头发。小海认为留长发是个人的事，拒不剪掉头发。一次老师在与小海的沟通中，明确表示让小海剪掉头发，否则第二天就不用来上课了。第二天小海剃了一个光头来上课。

（1）小海有此做法的根本原因是（　　　）。

A. 故意违反校规　　　　　　　　　　B. 渴望得到他人的关注

C. 认知偏差　　　　　　　　　　　　D. 行为习惯不好

E. 家庭教育缺失

（2）应该怎么处理？（　　　　）

A. 按照校规严肃处理

B. 学校有些要求的确没有必要，睁一只眼，闭一只眼

C. 采用更有策略的方式，不刺激学生的逆反心理

D. 寻找背后的原因，更有针对性地教育

E. 让家长处理

42.（2024上）根据下面资料，作答（1）（2）题。

【资料】新学期学校安排胡老师接任五年级三班的班主任。胡老师还未正式接手，就有教师和家长来找他，希望在他的带领下，班级面貌有所好转，学生行为有所规范。胡老师认为教育学生应当从培养集体开始，要使班级有所改变，仅仅靠自己是不够的，必须要先培养班干部以形成集体核心。于是胡老师决定从整顿班委会开始自己的带班工作。

开学不久，就有学生反映，纪律委员赵庆经常在自习课上和自己交往密切的同学讲话。胡老师经侧面打听，发现情况属实，于是马上宣布因为纪律委员赵庆未遵守纪律而予以撤换，并宣布两周后将通过公开竞选的方式确定纪律委员的人选。看到赵庆情绪低落，胡老师有些担忧，但为了班级，也只有这样做。放学后，胡老师找到赵庆谈话。胡老师先让赵庆反思自己的言行，再让他学习纪律委员应承担的职责，最后再次强调他不能继续当纪律委员的原因。赵庆认识到了自己的错误：作为纪律委员，不但没有维持班级纪律，还带头违反纪律，自己和几个同学的所作所为影响了班级形象。他愿意改正错误，想参加两周后班级竞选。胡老师肯定了赵庆的认识及要求进步的决心，相信他会言而有信，希望他和交往密切的同学在学习上互帮互助，共同进步。

一周过去了，胡老师观察到班级有了一些变化：班干部履责认真仔细了；同学们上课讲话少了；尤其是赵庆在自习课上再也没有随意讲话了，主动帮助学习有困难的同学，还代替请假同学做值日，他那几个伙伴也规矩了许多……

班级竞选开始了，有三个同学参加，其中之一就是赵庆。竞选演讲后就是投票。投票结果让胡老师有点吃惊又很欣慰，因为原来的纪律委员赵庆票数最多——说明他近段时间来变化大，赢得了同学的信任。于是胡老师正式宣布赵庆继续担任纪律委员。赵庆也向全班同学吐露心声——原先没做好，很抱歉，感谢大家再给他一次机会，希望大家监督他……班级里响起一片掌声。

（1）关于胡老师的做法，下列说法正确的有（　　　）。

A. 通过观察、调查和谈话了解学生的情况

B. 创设和营造了一种没有"歧视"的班级氛围

C. 严格要求与尊重信任相结合促进了学生的成长

D. 对非正式群体领头人物的转化工作促进了班集体的发展

E. 采用民主选举、公平竞争方式选拔班干部，让学生成为班级管理的主要力量

（2）根据上述案例，可以得到的启示有（　　　）。

A. 集体教育和个别教育要协调统一

B. 做好班干部的选拔和培养有助于发挥班级作用、健全班级功能

C. 设置统一的参照群体，引导学生向参照群体看齐，是班级进步的关键

D. 正确对待正式群体和非正式群体，不偏爱正式群体，不歧视、打击非正式群体

E. 做好偶发事件中的个别教育，启发学生认识错误，有助于形成良好的班级氛围

43.（2023 下）根据下面资料，作答（1）（2）题。

【资料】《动物的互惠互助》同课异构教学片段

教学片段一：

李老师在教学时，有这样一段对话。

师：同学们，这一自然段写了谁和谁的合作？

生：写了蜜獾和导蜜鸟的合作。

师：它们在哪件事上分工合作呢？

生：它们在捣毁蜂巢这件事上分工合作。

师：它们是怎么互相帮助的？书上是怎么写的呢？

生：野蜂常常把巢筑在高高的树上……蜜獾得到信号，便匆匆赶来……吃掉蜂蜜。（朗读书上的语句）

师：结果它们各自有什么好处？

生：蜜獾吃蜂蜜，导蜜鸟吃蜂蜡。

教学片段二：

张老师在教学时，先是出示了一张表格。

合作伙伴	合作项目	互助情况	互惠情况
导蜜鸟			
蜜獾			

　　然后让学生分小组学习读书，并互相讨论圈画词语。张老师在小组内和学生一起探讨、解决疑难，对理解困难的学生进行个别帮助，共同填表。填好后，各小组选派代表汇报小组讨论情况，其他成员可进行补充。张老师并不设定标准答案，允许符合题意的各种答案并存。然后，张老师小结填表的方法，再让各小组填写另外两组动物互惠互助的情况。

（1）对于上述两位老师的做法，下列说法正确的有（　　　）。

A. 李老师主要采用了传统的方法，直接将知识传授给学生

B. 李老师的教学充分发挥了教师的主导作用，教学过程符合预期

C. 张老师采用了以问题为中心的探究性学习

D. 较之采用传统的教学方法，张老师备课、上课均更为轻松，减少了教师在课堂上的压力

E. 张老师的教学方法可以全面复制到同类课程的教学中

（2）从上述案例可以得到的启示有（　　　）。

A. 教师应该成为学生学习的合作者

B. 同样的教学内容完全可以采用不同的教学方法

C. 师生互动的广度和深度影响着课堂教学质量

D. 学生是学习的主人，课堂教学要发挥学生的主动性

E. 教学方法应当依据教师的风格和特点进行选择

44.（2023下）根据下面资料，作答（1）（2）题。

【资料】我刚参加工作不久后的一天，一位同事下课回到办公室，显得十分懊恼。"高年级的孩子简直无法无天，完全不受纪律约束，对音乐课本上的音乐嗤之以鼻，对流行音乐却是顶礼膜拜。一上课就让我给他们放偶像歌手的歌，放课本上的音乐他们就起哄，完全拿他们没办法，哎……"她无奈地说道。

我开始焦虑起来，因为明天我也要开始给六年级的同学上音乐课了。我苦恼地备着课，一遍遍地读着歌词，哼着旋律。这时，一个想法从我脑海里闪过……嗯，明天就这样试试吧！

第二天，我怀着忐忑的心情进了教室。我刚介绍完自己，后排一个男孩子就把手举得老高："老师，我们要听周××！"我故作镇静地说："老师今天没准备流行歌，如果你表现好，我下次准备。"好几个孩子都举起了手："老师，我U盘里有！""我有刘××的！""我还有陈××的！"……

我想，今天肯定不能按教材上课了，这个时候只能冒险试试昨天的想法。于是我问："我们班谁最会朗诵？"孩子们立刻活跃起来说："肖琳。""肖琳会。老师，肖琳是我们全校朗诵比赛第二名。"我邀请肖琳上来并把歌词给她："你先准备一下，等会儿为全班同学朗诵这首歌词，好吗？"肖琳点点头，开始准备。我又要求全班同学默读一遍歌词。读完后，我问同学们："你们刚才默读完歌词，发现这首歌词像我们平时语文课上学的什么呀？"一部分孩子回应："像诗歌。""像诗。是的，这歌词就是一首优美的诗歌。下面我们请肖琳同学为我们朗诵一下这首歌词，你们想听吗？"孩子们几乎异口同声地回答："想。"肖琳不愧是全校朗诵比赛第二名，朗诵得非常棒，连我自己听完都更加觉得原来这首歌词竟然这么美！听完肖琳朗诵，孩子们热烈地鼓掌。

我的脑海里又冒出一个想法。我说："孩子们看，'一条大河波浪宽，风吹稻花香两岸，我家就在岸上住，听惯了艄公的号子，看惯了船上的白帆'，多么美的一幅风景画啊！同学们想不想画一画？""想！想！"我马上让班长拿来了白纸，发给每个同学。"现在，我会播放《我的祖国》这首歌曲，你们要仔细听，一边听一边感受歌曲的意境，并画出歌词反映的那幅画。"

接下来，我按下了播放键，伴随着音乐，孩子们安静而专注地作画。从他们的表情中，我感受到他们正沉浸在歌曲的意境里，专注地用笔描绘出歌曲所反映的美丽祥和的画面。这一场景也深深地打动了我……直到下课，还有学生在继续绘画，徜徉在音乐和绘画中……

我想，当孩子们以后听到《我的祖国》这首歌曲时，会想起一幅美丽的图画，当他们看到祖国的大好河山时，脑海里也会想起这首歌。

（1）针对该案例，下列说法正确的有（　　　）。

A. 该老师具有较高的教学机智

B. 该老师注重教学的预设与生成

C. 该老师对音乐课的调整属于校本课程的开发

D. 艺术学科教学是学校美育最主要的途径

E. 肖琳能完美地朗诵歌词，是因为她拥有较好的音乐智慧

（2）对这节课的评价正确的有（　　　）。

A. 遵循了教学的教育性原则

B. 突出了学生和教师的双主体地位

C. 创造了安全的课堂氛围，激发了学生的创造性

D. 将学科课程与活动课程融合，增加了课程表现形式的多样性

E. 在音乐课上创设审美鉴赏活动情境，发展了学生的审美判断力

参考答案

1.（1）ABDE　**解析**：本题考查对教师教学行为的评价。

A项，课程思政强调在课程中渗透思想政治教育。材料中的老师在讲解知识的过程中教育学生爱惜花草树木，体现了课程思政。A项说法正确。

B项，材料中，老师讲解、板书、板画演示重要概念，强调了核心概念的掌握。B项说法正确。

C项，生成强调随着教学展开适当调整教学过程，材料中没有体现。C项说法错误。

D项，在教学开始时，教师先提问学生上节课讲过的关于种子成分的知识，从而引出本节课的种子结构，采用了复习旧知导入新知的方法。D项说法正确。

E项，材料中的老师不断提出问题引导学生体现了启发式教学；给学生分发种子，让学生操作观察，体现了探究式和参与式教学。E项说法正确。

综上，本题选ABDE。

（2）BDE　**解析**：本题考查教师专业发展。

A项，材料没有体现老师从多视角、采用多种方法评价学生。A项为无关选项。

B项，材料中的老师采用实验法、问答法等方法，利用生活中常见的种子材料，结合板书和演示帮助学生理解核心知识，整个环节设计合理，重难点突出。B项说法正确。

C项，关注学生阶段强调教师关注的焦点转移到学生身上，能够注意到学生有个别差异性的特点，会努力思考怎么样更好地适应学生不同的特点，因材施教，促进学生的良性发展。材料中的教师更多关注的是教学过程，说明其处于关注情境阶段，C项说法错误。

D项，材料中的老师能用清楚的语言解释种子的各个结构，并带学生解剖种子观察其结构，体现了该老师掌握了生物学科的基本知识、基本原则与技能。D项说法正确。

E项，材料中的老师主要运用了演示法和实验法等方法，很好地帮助学生理解了种子的基本结构，体现了该老师掌握了针对生物学科内容进行教学的方法与策略。E项说法正确。

综上，本题选BDE。

2.（1）ABC　**解析**：案例中，同学们积极画图并涂色表示分数，说明涂色活动调动了学生积极性，促进学生自主学习。A项说法正确。

用画圆和画数轴的方式来表示真分数和假分数，运用了变式，变式能加深学生对概念的理解。B项说法正确。

王老师在整个教学过程中，通过问答的形式来引导学生获取知识，使用了谈话法；在课堂教学结束时讲解了真分数和假分数的理论知识，运用了讲授法。C项说法正确。

王老师根据课堂生成展开教学，体现了学生主体的教学理念，而不是学生主导的教学理念。D项说法错误。

该课堂气氛活跃、学习活动自由，是一种民主型的师生关系。E项说法错误。

（2）ABCD　**解析**：核心概念的掌握是教学目标之一，王老师在教学结束时点明主题，强调了核心概念。A项说法正确。

王老师运用生活中的实例引入教学内容，提问学生在生活中有没有遇到过类似的例子，体现了其树立"生活中的数学"的教学理念；让学生基于对分数的认识区分真分数与假分数，把学生现有的知识经验作为新知识学习的起点。B、C两项说法正确。

分数的学习属于抽象思维，王老师结合生活中的材料展开教学，说明小学高段学生抽象思维的训练不能脱离直观形象材料。D项说法正确。

王老师注重教学中的生成性，不需要严格坚持课程内容的顺序性。E项说法错误。

综上所述，故本题选择 ABCD。

3.（1）ABCE **解析：**"视其所以，观其所由，察其所安"指的是要了解一个人，应看他言行的动机，观察他所走的道路，考察他安心干什么，符合因材施教的理念。"听其言而观其行"是指从言语与行为两方面了解学生，体现了言行一致、知行统一的教育理念。"以言取人，失之宰我；以貌取人，失之子羽"是指避免以貌取人、以言取人，避免从学生的某一特征出发，对他的其他特征做出类似判断，即避免晕轮效应。材料中未明确体现将学生的个别与整个集体教育相结合的教育观点。"看清楚他过去的所作所为""以言取人，失之宰我"等暗含以发展的眼光看人。故本题选ABCE。

（2）AC **解析：**"视其所以，观其所由，察其所安"指孔子通过观察学生的言论和行为，以便对学生的思想面貌进行透彻了解，这体现了观察法。"听其言而观其行"体现了谈话法。

4.（1）ABE **解析：**首先，材料中的教师将二年级二班的学生与其他学生一并看待，没有做到因材施教；其次，当出现问题时，老师将责任全部推给学生，没有从自身出发寻找原因，缺乏自我反省；最后，教师没有深入理解教师主导与学生主体相结合规律的真谛，只关注自己的主导作用，而忽略了学生的主体地位。

（2）ABCD **解析：**首先，教师不仅仅是知识的传播者，材料中教师仅关注自己讲了三遍是不够的，还应该扮演学生学习的指导者、组织者；其次，要发挥学生的主体地位，从学生实际出发因材施教，设计教学，关注学生的个体差异，培养学生的学习能力；最后，要勤反思。关于 E 项，认真分析教材和耐心讲解，从老师讲了三遍其实就有所体现，并不是教师需要改正的核心问题，故不选。故本题选 ABCD。

5.（1）ABCE **解析：**王老师没有直接对学生的疑问给予正面回答，而是让学生主动探究，体现了以引导探究为主的教学方法。王老师能冷静理智地处理课堂突发行为，体现出课堂教学灵活机智。王老师在课堂上果断地将学生提出的疑惑作为课后作业研究，没有影响到本节课的教学，体现了教师的主导作用。学生的疑问最后由学生共同讨论得出，体现了教师主导与学生主体相结合的教学原则。

（2）ABCD **解析：**材料中的教师采用了学生主动探究、小组讨论的方法，获得了理想的结果，说明该部分教学内容是适合学生主动探究的，因此教学中提倡教师根据教学内容的特点，确定相应的教学方法和学习方法。A 项正确。由于学生的经验不同，对问题的理解不同，教师应该尊重学生的个体差异。B 项正确。学生具有很强的好奇心和想象力，教学中，教师要尊重学生的好奇心、想象力和创造力，促进学生发展。同时，该案例中教师面对学生的疑惑，没有采用批评或制止的方式维护自己的威信，而是以学生发展为目的，提供学生自主学习的条件，营造轻松的学习氛围，有助于学生全面发展。C、D 两项正确。E 项教师的示范性与案例无关，案例更多展现的是教师的创造性，E 项错误。

6.（1）ACDE **解析：**A 项，小黄的考试焦虑是由于教师评价不当引起的，因此属于师源型考试焦虑。A 项说法正确。

B 项，根据韦纳的归因理论，能力是内部、稳定的归因。小黄想通过努力提升自己的数学成绩，说明他并不将考试失利归因于能力，因此 B 项说法错误。

C 项，罗森塔尔效应认为教师的期望或明或暗地被传送给学生，学生会按照教师所期望的方向来塑造自己的行为。材料中，最近一次的期中考试前，陈老师找到小黄谈心，告诉他老师相信他的能力，最后小黄也取得了比较理想的成绩，体现了罗森塔尔效应。因此 C 项说法正确。

D 项，新课改下教师的角色是"学生学习的促进者"。案例中，面对数学成绩比较落后的小黄，陈老师没有放弃小黄而是通过耐心引导、帮助与表扬等方式，让小黄重新树立对数学的信心，故 D 项说法正确。

E项，从案例中可以看出陈老师关心爱护学生，体现了其良好的教师职业道德情操，故E项说法正确。

综上所述，A、C、D、E四项正确。

（2）ABCDE **解析**：A项，案例中，陈老师对小黄关心、引导建立起了良好的师生关系，从而促进了小黄的进步，体现了良好的师生关系是一种教育力量，因此A项说法正确。

B项，教师职业道德中的关爱学生要求教师关心爱护学生，尊重理解学生，因此B项说法正确。

C项，案例中面对小黄的数学问题，陈老师和小黄妈妈进行了一次深入的探讨，一起合作找到了小黄出现数学问题的根本原因，不仅帮助小黄重新找到了学习的乐趣和自信，也提高了小黄的数学成绩，体现了良好的家校合作有助于学生的健康成长和成绩的提高。因此C项说法正确。

D项，因材施教是根据学生的个性差异而提出来的，要求老师根据学生的实际情况，针对性地进行教育。材料中陈老师根据小黄的实际情况，通过多方了解找到了帮助小黄的好方法，体现了因材施教。因此D项说法正确。

E项，案例中陈老师说："我从不以考试成绩的高低论英雄，我相信你的能力……"，体现了在评价学生时不仅要注重成绩的评价，更要注重学习能力的评价。因此E项说法正确。

综上所述，A、B、C、D、E五项均正确。

7.（1）ACE **解析**：材料中，赵老师能利用一个突发事件，吸引学生兴趣，发挥了学生的主体性，体现了教育机智，符合教师劳动的创造性。林老师采取粗暴的方式对待学生，从言语上侵犯了学生。这并非出于对学生的严格要求，而是一种典型的教育冷暴力。故本题选ACE。

（2）ABDE **解析**：案例中赵老师注重课堂中的实际因素，关注学生的需要。其做法体现了课程的生成性，有利于师生关系的培养。教师公正即教师的教育公正，是指教师在教育和教学过程中，公平合理地对待和评价每一个学生。案例中林老师没有公正评价学生，也未做到尊重学生尊严。这启示我们要公正评价学生，从多角度评价学生，尊重、关心、理解学生，构建良好的师生关系。案例中汪明由于成绩连连下滑，失去了学习自信，产生了错误归因，所以教师要引导学生正确看待成绩变化，进行合理归因。故本题选ABDE。

8.（1）BCDE **解析**：组织策略是整合所学新知识之间、新旧知识之间的内在联系，形成新的知识结构。常用的组织策略包括列提纲、做图解、利用表格。案例中并未体现组织策略的相关内容。A项错误。

先行组织者是先于学习任务本身呈现的一种引导性材料，它要比学习任务本身有更高的抽象、概括和综合水平，并且能够清晰地与认知结构中原有观念和新任务关联起来。案例中，章老师上课之前要求学生查找有关建筑大师贝聿铭建筑设计代表作的相关资料，运用了先行组织者策略。B项正确。

教学过程的基本规律中的双边性规律要求，教学中既要发挥学生主体性，又要发挥教师的主导性。案例中，章老师让学生发言，表达自己的观点，能够体现发挥学生的主体性，同时教师对学生的讨论和观点进行引导和启发，发挥了教师的主导作用。C项正确。

教学评价的发展性原则是指教学评价是鼓励师生、促进教学的手段，因此教学评价应着眼于学生的学习进步和动态发展，着眼于教师的教学改进和能力提高，以调动师生的积极性，提高教学质量。指导性原则是指在进行教学评价时，不能就事论事，而要把评价和指导结合起来，要对评价的结果进行认真分析，从不同的角度找出因果关系，确认产生的原因，并通过及时的、具体的、启发性的信息反馈，使被评价者明确今后努力的方向。案例中，面对学生的发言，章老师有效地点评和引导，帮助学生真正理解知识并获得发展，章老师对学生的评价观体现出了发展性原则和指导性原则。D项正确。

问题－探究式教学模式以问题解决为中心，注重学生的独立活动，着眼于学生的思维能力的培养。案例中，章老师就"香山饭店为什么以白色作为主色"这一问题没有直接讲解答案，而是逐步引导学生讨论、猜想，再给出解释，最终解决了大家的疑惑。这一过程体现了问题－探究式的教学模式。E 项正确。

故本题选 BCDE。

（2）ABE 解析：美育是培养学生正确的审美观点以及感受美、鉴赏美和创造美的能力的教育。课堂教学是美育的途径之一。案例中，章老师在课堂上引导学生分析建筑大师贝聿铭的建筑特点，在教授学生基本知识的同时，也对学生进行了相应的美育教育。A 项正确。

B、D 两项，教案设计得好，课堂教学则灵活巧妙，进展顺畅，省时省力。但课堂教学并不能机械死板地按照教案的程序进行教学，而是应该根据学生新的特别是意外的情况，发挥教育机智，迅速而正确地做出判断，随机应变地采取及时、恰当而有效的教育措施解决问题。案例中，章老师能因势利导，将突发问题转变为教育契机，并取得了良好的教学效果，说明其充分发挥了师生的创新性。B 项正确，D 项错误。

C 项，在日常教学中，教师应该注重激发和培养学生的学习兴趣，尊重欣赏学生的喜好，但不是一味地顺从，更多的是要合理地制定教学目标，以目标为导向展开合情合理的教学设计。C 项错误。

案例中，章老师利用学生对"香山饭店为什么以白色为主色"这一问题的好奇心，循循善诱、因势利导地指引学生从自然季节、社会人文等多个角度去讨论、去探索，将学生的好奇心引导到获取真知的目的上来，且达到了良好的学习效果。E 项正确。

故本题选 ABE。

9.（1）BCE 解析：探究式教学是以问题解决为中心，注重学生独立活动的开展，注重学生的前认知，注重体验式教学，有利于培养学生的探究能力和思维能力。斯金纳根据行为主义学习理论，提出了程序教学模式。程序学习的过程是将要学习的大问题分解成若干小问题，按一定顺序呈现给学生，要求学生一一回答，然后给予反馈。学生对问题的回答相当于"反应"，反馈信息相当于"强化"。案例中，物理教师在教学时围绕问题展开，通过向学生提出一系列问题，引导学生积极思考，自主探究得出答案，且整个教学过程未涉及教师的反馈与强化，因此物理老师的教学属于探究式教学模式，教学活动围绕问题进行，不属于程序教学模式，也未体现行为主义的教学思想。B 项正确，A、D 两项错误。

教学应遵循教师主导作用与学生主体作用相统一的规律。在教学过程中，教师处于组织者的地位，应充分发挥教师对学生的指导作用；学生在教学过程中处于学习主体的地位，应充分发挥学生的主观能动性。自主学习是以学生为学习的主体，通过学生独立地分析、探索、实践、质疑、创造等方法来实现学习目标的学习方式。合作学习是指学生为了完成共同的任务，有明确的责任分工的互助性学习。案例中，物理老师不断向学生提出问题，引导学生进行自主学习（重复牛奶糖钉入柚子的实验，手指按压钢笔，思考、比较海绵凹陷程度等）和合作学习（小组讨论计算压强、思考讨论），这既发挥了学生的认知主体作用，也体现了教师对学生的指导。C、E 两项正确。

综上所述，本题选 B、C、E 三项。

（2）CDE 解析：新课程改革要求教师进行角色转变。从教师与学生的关系看，教师应该是学生学习的促进者。尤其是在信息社会，知识不断更新发展，教师不应局限于"授人以鱼"，仅做知识的传授者，而应"授人以渔"，教授学生学习的方法，引导学生主动发现知识、构建知识，实现从知识的灌输者向学生学习的帮助者、促进者转变。案例中，物理老师引导学生主动思考并获得知识，做到了教师角色的转变。A 项错误，C 项正确。

探究式教学的理论依据是皮亚杰和布鲁纳的建构主义理论。在知识观上，建构主义质疑知识的客观性和确定性，强调知识的动态性，认为知识不是问题的最终答案，而是会随着人类的进步而不断地被"革命",并随之出现新的假设。因此,教师在各组学生进行经验分享时应让学生主动探索问题的答案,直接给出标准答案的做法是不可取的。B项错误。

在学生观上,建构主义强调学生经验世界的丰富性,认为教学不能无视学生的已有经验,而是要把学生现有的知识经验作为新知识的生长点,引导学生从原有的知识经验中"生长"出新的知识经验。案例中,牛奶糖穿透柚子、刀口钝了难以切开柠檬等都是基于学生原有认知结构提出的问题。D项正确。

在学习观上,建构主义强调学习的主动建构性、社会互动性和情境性,认为知识是学习者在一定情境下,借助他人的帮助,利用必要的学习资料,通过意义建构的方式获得的。案例中,物理老师的引导、帮助,学生的自主探究与合作学习,促进了学生对知识的意义建构。E项正确。

综上所述,本题选C、D、E三项。

10.(1)ACE **解析**:概念形成即学生通过直接观察某类事物,经过分析、比较、抽象、概括、假设、检验等思维活动,找出这类事物共同的关键特征,并用词表示这个概念。案例中,李老师通过组织实验引导学生观察、分析、概括热传递的过程,并引导学生举例,在多个例子基础上把握"热传递"的概念,这种方式属于概念形成。A项正确。

李老师在教学过程中与学生积极交流互动(问答法)、组织学生分组讨论(讨论法),但没有安排积极的组间交流,B项错误。

李老师强调了可探究的科学问题的关键特征,并多次要求学生提出可探究的问题,说明本节课的主要教学目的之一是培养学生提出可探究问题的能力。C项正确。

李老师在教学时间安排上,前期对问题转化的指导花了较多的时间,导致后面的实验设计、学生交流和讨论时间不充足。D项错误。

李老师综合运用了讨论法、实验法、问答法等,启发学生积极思维。E项正确。

(2)ACE **解析**:本节课的不足主要体现在教学环节时间分配不合理、实验环节占比过少。李老师应该合理分配和把控各个环节的教学时间,时间分配向学生实验环节倾斜,让学生体验不同形状、不同材料的物体的热传递过程,将实验探究作为本节课的重点环节,让学生始终保持对课堂积极的兴趣和专注状态,通过充分的实验构建并不断修正"热传递"的概念。

B、D两项是本节课值得借鉴的地方。

11.(1)BCE **解析**:小组合作学习是以异质小组为基本形式,以小组为主体,以小组成员合作性活动为机制,以小组目标达成为标准,以小组成绩为奖励依据的教学组织形式。案例中,王老师和李老师均未将学生分成小组开展教学活动,没有采用小组合作学习的教学组织形式。A项错误。直观性原则是指在教学活动中,教师应尽量利用学生的多种感官和已有的经验,通过各种形式的感知,丰富学生的直接经验和感性认识,使学生获得生动的表象,从而比较全面、深刻地掌握知识。启发性原则是指在教学中,教师要主动承认学生是学习的主体,注意调动他们的学习主动性,引导他们独立思考,积极探索,生动活泼地学习,自觉地掌握科学知识和提高分析问题、解决问题的能力。案例中,王老师通过演示把铁钉放在磁铁的正中间、把条形磁铁平放到一堆铁钉里,使学生了解磁铁吸铁的过程,并且通过问答法,引导学生思考,运用了直观性原则和启发性原则。李老师通过让学生用磁铁做实验,使学生在实验中发现问题,最后指导学生用小车再做实验,从而得出磁铁的性质,体现其采用了直观性原则与启发性原则。B项正确。问答法也叫谈话法,是教师按一定的教学要求向学生提出问题,要求学生回答,并通过问答的形式来引导学生获取或巩固知识的方法。实验法是学生在教师的指导下,使用一定的仪器和设备,在一定条件下使某些事物和现象产生变化,进行观察和分析,以获得知识和技能的方法。案例中,王老师通过问答的形式引导学生思考问题,获得知识,主要采用了问答法;李老师通过让学生用磁铁、铁钉、塑料盒、塑料片、铜钥匙、小车等物品进行实验的方式获得知识,主要运用了实验法。C项正确。现代教学理念强调以学生为本，关注学生的发展，充分发挥学生的主体作用，允许学生有自己独特的见解，给学生充足的发挥空间。案例中，李老师让学生自己动手获得知识，充分尊重了学生的主体性，其教学理念具有明显的现代教学特色。D项错误。传授－接受式教学模式主要用于系统知识、技能的传授和学习，其最大特点是能够使学习者比较迅速有效地在单位时间内掌握较多的信息，有利于学生掌握完整的、系统的科学文化知识和技能技巧。案例中，王老师通过提问和演示实验引导学生逐步得出结论，这种教学方式用时少、学生能比较迅速地获得系统的知识，运用了传授－接受式教学模式。问题－探究式教学模式以问题解决为中心，注重学生的独立活动，注重体验式教学，有利于培养学生的探究能力和思维能力。案例中，李老师让学生带着问题自己动手、自己做实验，使其获得知识与技能并解决问题，属于问题－探究式教学模式。E项正确。

（2）BC　**解析：**教学过程的基本阶段包括引起求知欲（激发学习动机），感知教材，理解教材，巩固知识，运用知识和检查知识、技能和技巧六个基本环节。其中，引起求知欲是教学的起始阶段，理解教材是教学过程的中心环节。A项错误。案例中，王老师按照提问、演示、指导阅读、让学生做练习题的教学步骤进行课堂教学，体现了教师在教学中的主导作用。B项正确。案例中，李老师让学生"做中学"是基于建构主义学习理论。建构主义学习观强调学习的主动建构性、学习的社会互动性和学习的情境性。其中，学习的情境性强调学习、知识和智慧的情境性，认为知识存在于具体的、情境性的、可感知的活动之中，个体的学习应该与情境化的社会实践活动联系在一起。C项正确。案例中，直接经验是指学生通过亲自活动，探索获得的经验；间接经验是指他人的认识成果，主要指人类在长期认识过程中积累并整理而成的书本知识，此外还包括以各种现代技术形式表现的知识与信息，如磁带、录像带、电视和电影等。在教学中，学生以学习间接经验为主。D项错误。案例中，教学过程是一种特殊的认识过程，具有间接性、引导性和简捷性等特点。王老师通过问答、演示实验、让学生阅读教材来传授知识，体现了认识的间接性、引导性和简捷性。李老师通过让学生自己动手做实验来获取知识，说明其注重学生的亲身体验与直接经验知识。E项错误。

12.（1）AB　**解析：**观察雪花形状，是直观性教学，C项错误。老师直接反驳乙同学的观点，伤害了学生自尊心，做法不可取，D项错误。老师提问简单，且直接忽视、打击不同意见，违背了因材施教原则，E项错误。

（2）ACD　**解析：**网络时代，教师与学生都是信息的接受者，都需要互相学习和提高，A项正确。教学中虽然有多种读的方式，但是都是教师预设的，并不能体现学生的主体性，B项错误。不同地区有各自的特色，因此需要适合当地特色的课程，这正是设立三级课程的初衷，C项正确。乙同学能够对俗语做出不同的解释，说明该同学善于发散思维，求异思维强，D项正确。教师在教学中是个引导者，不一定当场判断，可以存疑，E项错误。

13.（1）ADE　**解析：**教学设计的系统性原则由教学目标和教学对象的分析、教学内容和方法的选择以及教学评估等子系统所组成，每个子系统应协调于整个教学系统中，做到整体与部分辩证地统一，系统的分析与系统的综合有机地结合，最终达到教学系统的整体优化。程序性原则强调教学设计中应体现出其程序的规定性及联系性，确保教学设计的科学性。题干中，老师整个课程安排体现了系统性和程序性。A项正确。附属内驱力是指个人为了获得长者或权威的赞许或认可，而表现出来的把学习或工作做好的需要。案例中老师利用西游记的故事激发了学生的兴趣，属于认知内驱力，并未体现附属内驱力。B项错误。案例中教师根据了解到的学生的已有经验去设置学习内容和问题，并让学生采用讨论合作学习，体现了建构主义的观点。案例中并无行为主义的观点。C项错误。教师通过西游记来设置问题，学生们热烈讨论想要解决的这个数学问题，这激发了学生的直接兴趣，属于内部动机。D项正确。影响自我效能感的主要因素是学生的成败经验，案例中老师通过对学生的了解，设置的问题是学生可以通过讨论得以解决的，并且案例中也强调了经过一番思索和计算，大家都计算出了孙悟空多少岁的问题，这是一种成功的经验，在一定程度上提高了学生的自我效能感。该教学设计有利于提高学生的自我效能感。E项正确。

（2）ABCE　解析：教师要找准学生学习的起点，在读懂学生的基础上展开教学，这是教学设计的要求。案例中的老师设置问题让学生通过讨论、思考解决问题，可以体现出教师是对学生的基础是有所了解的，所以才能取得相应的结果。A项正确。案例中的老师设置问题来启发学生，学生利用已有的知识与经验，通过合作学习来学习新知识以及解决问题，体现了学习是由学生新旧知识、经验相互作用引发的认知结构的重组。B项正确。案例中的老师考虑了学生的已有经验，在问题设置和方法的选用上以及最后的效果上，都体现了教学设计站在学生学的角度，考虑"为什么学""如何学""学得如何"。C项正确。教学设计的过程具有创造性，实际上也就是教师根据不同的教学目标和不同学生的特点，创造性地思考、设计教学实施方案的过程。D项错误。案例中老师运用提问开展教学体现了启发式教学，设置学生讨论探究体现了讨论式和探究式教学，都发挥了学生的主体性。E项正确。

14.（1）CD　解析：李老师自行将学生分成四个小组没有考虑学生的感受，没有做到因势利导，不能体现教学机智，A项错误。李老师在课后反思时，将教学未能按照预期进行的原因归结于学生是错误的，体现不出教师的专业素养，B项错误。在教学过程中，李老师看到学生"一边倒"的分组后，没有处理好突发的情况，只是将学生随意分成四个小组，没有处理好预设与生成的关系，C项正确。李老师设计小组讨论课，其出发点是好的，意在彰显学生的主体性，激发学生学习的积极性，D项正确。李老师的教学没有达到预期效果是因为没有处理好预设与生成的关系，E项错误。

（2）BCE　解析：课堂教学既要预设，也要考虑课堂中的生成，教师应因势利导，不是一定要严格按照教学设计进行，A项错误。案例中的李老师就是因为没有充分考虑学生的特点和学情，才使得教学效果不好，B项正确。在教学过程中，李老师看到学生"一边倒"的分组后，没有处理好突发情况，只是盲目按照自己的设计去分组，导致课堂教学效果不佳，C项正确。D项说法不全面，教师的课后反思还应该包括教师自身的教学设计等因素。李老师的教学没有达到预期教学效果，就是因为出现突发情况时没有处理好预设和生成的关系，没有及时调整教学策略，E项正确。

15.（1）ABDE　解析：刘老师创设资料角，为幼儿提供了一些书籍和有关恐龙的游戏材料，为幼儿创设了丰富的游戏活动场地。这有利于激发幼儿的学习兴趣，满足了幼儿的发展需要，让幼儿在游戏和活动中了解恐龙的形态和习性，有利于培养幼儿的探究能力。针对幼儿对恐龙的兴趣，刘老师整合了教学资源，灵活调整原有教学计划。A、B、D、E四项正确。题目中幼儿对恐龙知识的学习属于活动课程、经验课程，活动课程并不注重系统地传授知识，C项错误。

（2）ACDE　解析：幼儿主要是以活动课为主，活动课的设计要从幼儿的意愿出发，坚持以学生为本，教学设计生活化，联系和丰富幼儿的实际生活经验。幼儿教育不仅要适应幼儿的兴趣，而且要注重激发幼儿的学习兴趣，为幼儿提供合适的课程学习环境，满足幼儿的成长性需要。但幼儿课程也需要有一定的教学目标，课程的设计也应在教学大纲的指导之下进行。因此，A、C、D、E四项正确，B项错误。

16.（1）ACD　解析：从题干可以看出，周老师课前准备充足、备课充分，教学环节清楚，教学设计有创意，A、C两项当选。周老师过多的外在形象打扮会分散学生的无意注意，B项不选。周老师对发言积极、活动积极的学生给予小红花，强化学生的学习行为，D项当选。周老师给没有回答问题的学生也发小红花，不利于奖励强化，E项不选。

（2）ADE　解析：周老师的做法并没有影响学生形象，反而对学生起了激励作用，B项错误。材料中没有体现周老师在教学内容和教学方式方面的不当行为，且周老师对没有举手的同学也发小红花，激励范围过大，C项错误。

17.（1）ABD　解析：A老师的课堂教学，从教学设计来看，在学生浏览课文后（了解了学生的准备状态），通过提问的方式引导学生回答（做好了教学铺垫），顺利地展开了课堂教学，体现了浅层次的探究性策略，即让学生寻找适合的形容词填写在横线上。但关于预设和反馈体现得并不明显。故本题选 ABD。

（2）ABCDE **解析**：B 老师在 A 老师课堂之后进行的教学设计，有着明确的教学目标，并且不是给学生呈现"半成品"，即缺形容词的句子，而是更开放式的"听到什么""看到什么"，充分调动学生积极性，说明其预设有一定弹性。这样的教学安排，不仅能够激发学生的学习兴趣，而且能提升学生的参与性，提高教学的有效性，使学生将所学的内容与之前的经验以及实际生活联系起来，大大减轻了学生学习上的精神负担。

18.（1）BDE **解析**：程序化教学所呈示的教材被分解成一步一步的，前一步的学习为后一步的学习作铺垫，后一步学习在前一步学习后进行。章老师从纸飞机引导学生讨论，不属于程序化教学。A 项错误。章老师针对不同的教学内容，选择了多个恰当的问题和话题，引导学生展开讨论，采用了问题－探究的教学模式。B 项正确。章老师通过设置玩纸飞机的活动，做到了以学生为主体，充分发挥了学生的主观能动性，引导学生在讨论中获取知识。这体现了学习的主动建构性、社会互动性和情境性，注重了将书本知识和生活知识、间接经验和直接经验相统一，D、E 两项正确。章老师并没有忽视教学的知识性，C 项错误。

（2）ABCD **解析**：有效教学是师生遵循教学活动的客观规律，以最优的速度、效益和效率促进学生三维目标方面获得进步和发展，有效地实现预期的教学目标的教学活动。调动学生的学习主动性，使其主动参与课堂是有效教学的核心。A 项正确。传统教育学认为教师在教学中处于中心地位，向学生传授知识、培养技能主要靠教师。这种观点片面强调教师权威，忽视学生主动性，不利于培养学生的自主精神和创造才能。E 项错误。教师应该是专业人员，需要提升专业知识和专业技能，在教学中要善于处理好智力活动和非智力活动的关系。B、C、D 三项正确。

19.（1）AC **解析**：导入环节中，王老师先问学生平时是如何吹气球的，该问题属于学生的生活层面；接着通过演示实验创设问题情境，导入本课学习内容，意在打通学生的生活世界与书本世界，A 项正确。整个教学过程中，王老师不停地在提问，但他对于学生的答案要么是否定，要么是反问，并没有给予学生适当的点拨或提示，最终也没有引导学生得出正确结论，且没有完成本课教学内容。由此可见，王老师缺乏对学科知识体系的整体把控，故 B 项错误、C 项正确。"反应产生 CO_2"是一个正确答案，王老师的反馈是以自己预设的目标来进行的，完全是一种忠实的课程结果取向。王老师此时不应强调"不一定"并让学生辩论，而应给予学生肯定，然后让学生说明原因，D 项错误。王老师设计的教学环节除 E 项所述外，还包括"演示实验—得出结论"，E 项说法不完整。故本题选 AC。

（2）BCE **解析**：本课内容属于实验探究，新课程强调学生的自主学习和探究学习，教师应在课堂中起主导作用，发挥学生的主体性。因此，实施这堂课时，教师要引导学生进行实验探究，观察和做实验都是有必要的，而不应严格管控学生，故 A、D 两项错误，E 项正确。分析学情是教学设计的准备工作之一。了解学生对气体知识掌握的程度，教师就能针对学生的知识水平，提出相应的问题，引导学生做出正确的回答。王老师在实施这堂课程时出现的问题之一，就在于没有很好地分析学情，B 项正确。提问的启发性原则要求教师要注重启发引导。提问的反馈性原则要求教师对学生的提问给予积极的反馈，提问后要理答。对于学生的答案，教师要给予分析和确认，使问题有明确的结论，C 项正确。

20.（1）ABDE **解析**：李老师在课前提问学生三角形的面积公式，目的在于了解学生的学习准备状态，继而进入平行四边形的学习，因此是一种诊断性评价。李老师只要求学生机械地记忆公式，并未做到让学生理解和运用公式，而且她提问的方法机械且单一，并未做到多样化，也未重视学生主动性的发挥。在学生画不出三角形高的情况下，李老师也没有让学生通过"试错"的方法，让学生自主思考、自主探究。这堂课中既包含了复习巩固，又包含了新授课和练习，因此是一堂综合课，其中主要涉及了练习法。因此，A、B、D、E四项正确，C项错误。

（2）BCE　解析：案例中李老师只要求学生机械地复述和记忆知识点，并未重视学生对知识点的理解和掌握。李老师在课堂中只是简单机械地复习、提问，并未做到用启发的方法来引发学生的思考。简单的机械复习也不能真正了解学生的实际掌握水平，并指导教学。因此，B、C、E三项正确，A项错误。D项李老师应当充分发挥学生的主体性，引导学生对三角形的高的做法进行探索，而不是在学生画不出高的时候直接中断进行评讲订正。

21.（1）AC　解析：案例中李老师查找很多资料，认真准备教案，准备相应的图片，说明其注重课堂前的预设，即注重预设性教学。另外，李老师在课堂中采用的主要方法是讲授法和图片的演示法。但是，李老师在课堂教学中不主动以问题的形式让学生主动探究，所以没有采用问题－探究的教学模式。课程实施的忠实取向即课程实施者严格按照课程方案或课程计划的要求进行，在实际的实施过程中，"忠实"地落实课程设计者的意图，以使自己的实践最大限度地接近方案的要求；相互调适取向是指课程实施过程是课程计划与班级或学校实践情境在课程目标、内容、方法、组织模式诸方面相互调整、改变与适应的过程。题干中李老师的课程实施是忠实取向。

（2）ABE　解析：案例中李老师只要求个别学生来预习课文，应该让所有学生预习和复习相关知识。另外，案例中李老师直接开始课程的讲授，这是不恰当的。李老师应该设计好导入，激发学生的求知欲。在课堂教学中李老师没有关注学生的问题和情况，没有做到随机应变，因而李老师应该把握学情，做到随机应变。对于小学生，应该使用图片的直观形式，并且需要的时候可以使用板书。因此，C、D两项不恰当。

22.（1）ABE　解析：本节课本来是作文点评，班里许多同学打断教师的点评，并声讨抄袭行为。教师引导大家摘录精彩语句化为己用，提高写作水平。语文老师利用教学机智，将一次课堂危机成功化解了，并达到了赏析精彩语句的目的，并让抄袭的同学感受到抄袭的错误，以特殊形式教育了犯错的同学。

（2）ABCE　解析：教学策略并不是不能改变的，而应该根据实际教学情况进行调整。

23.（1）BCD　解析：道德意志是人们自觉地确定道德行为的目的，积极调节自己的活动，克服各种困难，以实现既定目的的心理过程。道德行为是指一个人遵照道德规范所采取的言论和行动。案例中，班主任老师让小林做十件好事，通过实际行动，来改变同学对自己的印象，体现了从道德行为入手的教育方法。A项错误。

长善救失原则是指教育者在进行德育时要调动学生自我教育的积极性，依靠和发扬他们自身的积极因素去克服他们品德上的消极因素，实现品德发展内部矛盾的转化。教育影响一致性与连贯性原则是指教育者在进行德育时应当有目的、有计划地把来自各方面对学生的教育影响加以组织、调节，使其相互配合，协调一致，前后连贯地进行，以保障学生的品德能按教育目的的要求发展。案例中，小林虽然品德方面存在一定问题，但是通过发挥小林认真、有责任心的积极因素，克服了其好打人的消极因素，班主任通过联合班级同学、体育教师、家长等多方面力量对小林进行教育，遵循了教育的一致性与连贯性原则。B项正确。

道德认知是指对道德行为准则及其执行意义的认识，是个体品德中的核心部分，是学生品德形成的基础。案例中，班主任通过寓言故事，让小林认识到，人与人之间是相互的，同学之间要互帮互助。C项正确。

平行教育是指通过集体影响个人，通过个人影响集体，集体教育和个别教育相结合。案例中，班主任在班上公开表扬小林，同学们选举小林当体育委员，因此，该班级和小林在校运会上都获得了奖项；小林的进步也影响了全班同学，改变了班级面貌，提升了班级凝聚力，这体现了平行教育的原则。D项正确。

自然后果法强调教师的不干预、不惩罚、不批评，让学生从自然的后果中认识到错误。案例中，班主任及时对小林批评教育，使其认识到了错误及行为后果的严重性，并让其通过写书面检讨和为班级做 10 件好事弥补自己的错误，从而避免了纪律处分的不良后果。E 项错误。

故本题选 BCD。

（2）BDE　**解析：**根据个体内心倾向和行为动机而划分为实属群体和参照群体。实属群体是个体实际归属的群体；参照群体是个体在心理上"向往"的群体。非正式群体主要是由学生个体之间需求、特点、爱好等的不同，而自发形成的个体间的人际关系。案例中，未体现出班主任通过塑造参照群体改变了非正式群体。A 项错误。

针对班级突发事件的处理，教师要注意贯彻启发性原则，即要注意启发学生自觉认识到自身的错误，而处分只是处理问题的辅助手段。材料中的教师没有直接处分学生，而是积极引导、启发学生认识并改正错误。B 项正确。

前习俗水平分为惩罚与服从定向阶段和相对功利定向阶段。处于惩罚与服从定向阶段的儿童根据行为的后果来判断行为的好坏及严重程度，他们还没有真正的道德概念，服从权威或规则只是为了避免惩罚，认为受赞扬的行为就是好的，受惩罚的行为就是坏的。所以，针对该阶段的儿童采用教育惩戒的方法效果显著。C 项错误。

德育的基本途径是思想品德教育和其他学科的教学。案例中，小林在体育课上表现良好，得到了老师的表扬与学生的认可，班主任引用小学语文课中的寓言故事使小林形成了正确的道德认知。这都体现了学科教学是一种重要的德育途径。D 项正确。

了解和研究学生是做好班主任工作的前提和基础。案例中，班主任老师通过联系家长、询问其他教师，看小林的周记和作文等多个途径了解了小林的个性特点和具体情况，为后续教育工作的开展提供了前提和基础。E 项正确。

故本题选 BDE。

24.（1）ACDE　**解析：**A 项，小黄放学回家后看起来很生气、情绪不稳定、一言不发等表现体现了小黄的情绪具有冲动性与表现性。A 项说法正确。

B 项，作为纪律委员的小黄将同学在课堂上说话这件事告诉张老师，这体现了其维护教师制定的权威，处于维护权威和秩序阶段，而非社会契约阶段。B 项说法错误。

C 项，小黄向老师告状，王博受到老师的批评后对小黄产生不满，这体现了王博更多考虑自己的利益，说明其处于相对功利阶段。C 项说法正确。

D 项，张老师引导学生思考"如果自己作为纪律委员，在这种情况下会怎么做？"使学生认识到自己的错误，这体现了换位思考。D 项说法正确。

E 项，张老师召开主题班会，对集体进行教育的同时也教育了其中的个别成员，体现了集体教育原则。E 项说法正确。

（2）ABDE　**解析：**A 项，张老师针对小黄和王博的人际关系进行了引导，发挥了示范引导作用。A 项说法正确。

B 项，班内的学生因同学对自己的评价产生不同的情绪体验，体现了同伴关系能为个体自我概念的形成和评价提供机会。B 项说法正确。

C 项，案例主要体现了正式群体对个人成长的影响，并未涉及非正式群体对个人成长的影响。C 项说法错误。

D 项，学生的情绪问题会影响人际关系，及时疏导学生的不良情绪，促进人际关系的健康发展，有助于维护校园安全。D 项说法正确。

E 项，张老师通过召开主题班会引导学生主动认识问题、解决问题，采用最小干预原则解决了学生的问题行为。E 项说法正确。

25.（1）D　解析：面对学生所犯的错误，教师应该进行教育，但不一定采取批评的方式，还可以采取说服教育的方式，A项错误。面对性格倔强的学生，强硬的方式极有可能引起学生进一步的抵触心理，产生极端后果，B项错误。教师让学生家长买贺卡的行为并非对学生不良行为的矫正，这一行为直接指向学生家长，并不对学生行为产生直接后果，C项错误。教师对亮亮的批评没有做到关爱学生，而是对学生的一种惩罚，E项错误。

（2）BCD　解析：当学生出现错误时，老师应该对学生循循善诱，A项错误，C项正确。材料中谢老师对于亮亮的批评教育过于严厉，老师在教育的过程中不应该给予学生过多的心理负担，B项正确。对性格不同的学生，教师应该因材施教，D项正确，E项材料中未体现。

26.（1）ACD　解析：A项，案例中文老师知道李勇的行为后并没有直接批评，而是进行教育，同时还让李勇参与墙报制作等，是在了解学生发展水平的基础上，从实际出发对李勇进行了教育，所以遵循了发展性原则；针对李勇的表现，文老师对李勇进行专门的教育，属于根据个别差异，针对学生的特点进行有区别地教学，符合针对性原则；文老师知道李勇偷拿水彩笔的原因但没有公布于众，符合保密性原则。故A项正确。

B项，案例中李勇说他是因为美术课需要用水彩笔且忘带而拿讲台上的水彩笔，这是柯尔伯格道德阶段发展理论中前习俗水平中的相对功利取向阶段的表现，儿童的道德价值判断来源于对自己需要的满足，所以B说法错误。

C项，案例中文老师发现李勇的不良行为后，通过各种方式帮助李勇改变他的不良行为，包括向全班同学解释李勇拿水彩笔的原因、让他一起办墙报、保管整理讲台上的物品以及李勇由于表现出色而得到文老师的表扬，都符合行为主义的强化理论。故C项正确。

D项，案例中文老师让李勇参与墙报制作，属于实际锻炼法；课后与李勇谈了很久，最终李勇向文老师保证再也不会犯错，可以说明李勇自身已认识到错误并在积极改正，属于道德修养法，故D项正确。

E项，文老师的做法保护了学生的隐私，属于教育机智的表现，而不是教育纵容行为，故E项错误。

综上所述，A、C、D三项正确。

（2）ABCE　解析：A项，品德评价法指通过对学生的思想和行为进行肯定的评价以引起学生愉快的体验，进而强化学生的健康品德和优良行为的方法。案例中，文老师对学生的不良行为进行教育时，充分保护了学生的自尊心。故A项说法正确。

B项，依靠积极因素克服消极因素（长善救失）原则指在德育工作中，教育者要善于依靠、发扬学生自身的积极因素，调动学生自我教育的积极性，克服消极因素。这要求教师要用一分为二的观点，全面分析，客观地评价学生的优点和不足。案例中，文老师利用李勇曾经协助老师办过墙报，热心班级事务为由，安排李勇和宣传委员一起办墙报、和劳动委员一起负责整理、保管讲台上的物品，最终使李勇养成了良好习惯，墙报也获得了二等奖，符合该原则。故B项说法正确。

C、E两项，德育方法的选择要考虑以下几个因素：①德育的目标和内容；②遵循德育的一般规律和原则；③德育对象的特点。其中，教师在选择德育方法时要根据学生的年龄特征和个性特点。材料中李勇是二年级学生，并且老师通过和同学谈话发现，私拿他人物品的情况不是个别现象，多数学生都会有"我喜欢，我就要""它没主人，那就归我"的错误想法。可见学生的认知不成熟，所以德育方法的选择不仅受社会环境的影响，还要受个人身心发展水平的制约，因此不能简单地把学生的某些行为判定为"道德问题"，故C、E两项说法正确。

D项，奥苏贝尔认为学校情境中的成就动机至少应包括三方面的内驱力，即认知内驱力、自我提高内驱力、附属内驱力。认知内驱力表现为对学习本身感兴趣，学习的目的就是为了满足自己的求知欲和好奇心、对真理的追求；自我提高内驱力表现为不对学习本身感兴趣，学习仅仅是一种手段，通过学习去追求学校情境中的地位、荣誉或者满足自己的自尊心；附属内驱力表现为通过学习获得家长和教师等的赞许或认可。案例中，李勇改变行为后得到了老师的表扬和全班同学的认可，属于附属内驱力，没有体现认知内驱力，故 D 项说法错误。

综上所述，A、B、C、E 四项正确。

27.（1）ABD 解析：根据题意，王老师发现叮叮额头受伤，立马叫张老师带叮叮去消毒处理，妥善地处理了班级的突发事件，保护了幼儿的健康。玩具是幼儿园为幼儿提供的教学用具，所以王老师不让壮壮玩玩具，侵犯了幼儿的受教育权。壮壮伤害了叮叮，老师应该履行教育权对其进行教育，让儿童靠墙而坐带有惩罚的意思，属于履行教育权中的不当行为，故 C 项错误。教师让其他学生指责壮壮，属于一种教育冷暴力，会给学生造成心理阴影。学生的教育应该是学校、家庭等多方面协调，壮壮妈妈的行为是正确的，并不存在过度保护的现象，故 E 项错误。

（2）ABCE 解析：该案例给我们的教学启示是教学过程中经常会有各类突发事件，教师应该具备教育机智去处理突发事件。对学生进行教育时，教师应该采用正强化的方式，多奖励，少惩罚。教育冷暴力不利于学生的身心健康，应该坚决抵制教育冷暴力的现象。家长应该跟教师多沟通，给出合适的意见和建议，形成教育合力，产生良好的教育效果。

28.（1）ABDE 解析：对迟到的王某，林老师未问原因先直接批评，后呵斥，并要求其滚出教室，可以看出林老师处理事件太冲动，伤害了学生的自尊心，侵犯了学生的受教育权。张老师关爱学生，跟学生谈心了解情况，体现了以生为本的教育理念。张老师能在教育者和朋友的角色间转换，取得了较好的教育效果。

（2）ABCDE 解析：根据材料和新课改的要求，A、B 两项正确。教师应具备一定的教育机智，处理课堂偶发事件，C 项正确。师生之间的心理关系是指教师和学生为了维持和发展教育关系而构成的内在联系，包括人际认知关系、情感关系、个性关系等，D 项正确。两位教师教育学生的方式截然不同，是由于他们的教师观不同，林老师没有做到现代教师观要求的尊重、赞赏和民主平等，E 项正确。

29.（1）BCE 解析：自然后果法是指如果孩子犯了错，造成了不良的后果，让他自作自受，亲身体验并承担自己所犯错误造成的不良后果，从中接受教训，A 项错误。马老师现场对高某的行为只字未提，并不是对高某的纵容，从过后找高某谈话也可以看出，这是高超的教育艺术，D 项错误。

（2）ABCE 解析：D 项当学生犯错误时，教师要采取适当的方式进行教育，而不是多鼓励、不批评。教师对学生的错误行为应根据具体情况采取不同的措施，是采用"冷处理"还是"热处理"应根据具体情况而定。因此，A、B、C、E 四项正确。

30.（1）ADE 解析：案例中，陈力的无意冒犯引发了众怒。同学们对陈力的围堵已经构成了欺凌，即蓄意通过肢体、语言等手段欺压、侮辱他人并造成他人人身伤害、财产损失或者精神损害。青少年身心发展尚不成熟，容易产生从众心理，若不及时关注，可能引发类似案例中的群体欺凌事件。A 项正确，B 项错误。

案例中，陈力妈妈的耐心引导和张老师的包容理解给了陈力安慰和勇气，让他重回学校；陈力妈妈和张老师的沟通也促成了对陈力和全班同学的积极引导。C 项错误，D 项正确。

同学们认为陈力不该说"老师要死"，是在以社会一般道德规范判断陈力的行为，说明同学们的道德发展处于习俗水平阶段。E 项正确。

（2）ABCDE 解析：案例中，陈力妈妈的积极配合和张老师的理解包容促成了一次有效的家校合作，对于陈力被欺凌问题的解决和该班团结友爱班风的建设起到了积极的促进作用。教师的及时干预有效处理了问题，避免事态严重。A、B 两项说法正确。

小学低年级儿童身心发展尚不成熟，他们的个人发展、同伴关系等各方面都容易受到班级氛围和集体舆论的影响，加强班集体建设能有效地促进小学低段学生同伴关系的发展。C项说法正确。

正确的舆论和良好的班风对学生有积极影响，而类似案例中的消极、错误的舆论对学生发展有消极影响。D项说法正确。

小学低年级儿童具有鲜明的向师性，教师是他们心目中的权威。这就要求教师抓住时机，正确引导、及时干预，加强班集体建设，营造良好的班级氛围。E项正确。

31.（1）CE　解析：教师的批评方式不对，伤害了张彬的自尊心，挫伤了其学习的积极性，A项错误，C、E两项正确。张彬叫喊"想出来了"引起大家哄笑，并不属于活跃愉快的课堂气氛，B项错误。张彬的叫喊虽然会影响到部分同学答题，但是教师的批评过于简单粗暴，方式不对，D项错误。

（2）ABCD　解析：教学中，学生心理健康、心灵成长更重要，而非教师权威，E项错误。

32.（1）BD　解析：A项，高老师记录学生的不良行为并严厉批评问题学生，强制学生参加运动会，喜欢管理与支配学生的一切行为，其管理方式属于专制型。A项说法错误。

B项，高老师一味批评学生，对学生严加管教，未尊重学生的主体地位，其管理理念和方式受传统学生观的影响。B项说法正确。

C项，只准确纪录学生的不良行为不能有效促进班级管理目标的达成。教师应采用合适的方法及时引导。C项说法错误。

D项，运动会属于课外活动，学生有权自主选择是否参加运动会，教师不能强求学生参加。D项说法正确。

E项，定期宣读具有不良行为的学生名单侵犯了学生的人格尊严权，且不利于纠正不良行为。E项说法错误。

（2）DE　解析：A项，案例中未出现其他任课老师，A项属于无关选项。

B项，教师应采用适当的方法进行课堂管理，提高课堂教学效率。"用尽一切手段"说法太过于绝对。B项说法错误。

C项，教育要促进学生全面发展，而不是以智育为先。C项说法错误。

D项，刘轶男因学习文化课未参与运动会，属于非预期行为，教师未调查清楚原因就一味批评他，这种做法错误，教师应调查清楚原因，并采取适当的矫正措施。D项说法正确。

E项，高老师在班内批评刘轶男漠视班级荣誉，有能力为班级争光却不作为，引起班内其他学生的议论，该做法未能维护学生尊严。教师在纠正学生错误时应尊重学生的人格，维护学生的尊严。E项说法正确。

33.（1）CE　解析：卢梭认为在德育上应实行"自然后果法"，即教育者要尊重儿童的天性和自由，在教育过程中不能过多地干预儿童的行为，由儿童的不良行为所产生的自然后果对其进行惩戒。例如，如果儿童打破了房间的窗子，不要急着找人来修好，而让他昼夜都受风吹，甚至着凉受寒，这样他就会很深刻地记住这个教训。案例中，学生把百叶窗帘弄坏后，并未产生自然后果，学生也没有因此受到惩戒。因此，张老师没有运用自然后果法。A项错误。

2020年12月，教育部颁布了《中小学教育惩戒规则（试行）》，明确教师在有必要的情况下可实施教育惩戒。但是，教育惩戒，教育在前、惩戒在后，惩戒只是一种手段，目的仍在教育。教师应慎用、善用教育惩戒权，而不是说只要学生犯错，就必须使用教育惩戒权。

案例中，张老师通过召开"我来说窗帘"的主题班会，巧妙引导学生自己决策百叶窗帘坏了的班级事务，并使弄坏窗帘的学生认识到了自己的错误，其做法是一种值得借鉴的教育行为，同时也担负起了班级管理的指导与引领的责任。B、D两项说法错误。

在班级管理的过程中，教师应调动学生自我教育的力量，发挥每一个学生的主人翁精神，使人人都积极主动地参与班级事务，让每个学生都成为班级的主人。案例中，张老师把学生看作班级的主人，引导学生自己处理百叶窗帘坏了的事情，这是学生自主管理班级的体现，培养了学生的责任意识与担当意识。C项正确。

价值澄清是指让学生通过选择、评价和行动，反思自己的生活、目标、感情、需求和经验，建立积极价值观的过程。案例中，张老师抓住"百叶窗帘坏了"这一教育契机，在班级开展"我来说窗帘"的主题班会，采用价值澄清的方法，让学生对这件事进行探讨、评价，最终形成一致的意见与看法，并得出了解决问题的方法，提高了学生自我教育的能力。E项正确。

综上所述，本题选C、E两项。

（2）BCDE　解析：良好的班级纪律是班集体得以存在、巩固和发展的重要保证。但案例中未涉及班级纪律。A项不符合题意。

学生集体不仅是教育的对象，而且是教育的主体。在教育过程中，教师要善于组织和教育学生集体，并依靠集体教育每个学生；同时又通过对个别学生的教育来促进集体的形成和发展，把集体教育和个别教育有机地结合起来。案例中，张老师通过召开主题班会，引导学生自己解决百叶窗帘的问题，注重学生在教育过程中的主体地位，同时又通过教育全班学生使弄坏窗帘的学生认识到了自己的错误，运用了集体教育与个人教育相结合的德育原则。B、D两项正确。

班主任和任课教师既要强化角色意识，认真履行自己的职责，同时也要善于转变角色，发扬教学民主，教学相长。案例中，张老师第一个向班长交了买新窗帘的钱，他不仅仅把自己看作班级的管理者，而且把自己看作班里的一员，这说明张老师具有强烈的角色意识，善于站在学生的角度对学生进行教育。C项正确。

师生之间、生生之间的包容与信任，有利于学生健全人格的发展。案例中，张老师以温和的方式解决百叶窗帘的问题，学生们原谅了损坏窗帘的同学，决定凑钱买一个新窗帘，体现了师生、生生之间的包容与信任。同时，损坏窗帘的学生在班会结束后主动承认了自己的错误并向张老师道歉，说明其人格得到了健康的发展。E项正确。

综上所述，本题选B、C、D、E四项。

34.（1）BCD　解析：教师与家长是民主平等的关系，教师要主动与学生家长联系，认真听取意见和建议，取得支持与配合。教师批评家长容易引起家长的抵触情绪，不利于形成教育合力。因此，教师不应训斥、指责、批评学生家长。A项错误。目标管理法是班级管理者和班级学生根据社会发展要求、学校管理目标和班级实际情况，共同制定在一定时间内班级要达到的目标，并将班级发展的共同目标分解成一定的层次，逐级落实，通过采取一定的措施，努力使班级发展的共同目标得以实现的班级管理方法。案例中，何老师根据班级的实际情况，告知学生区级、校级、年级等不同层级的奖项及其需要的品质，鼓励学生具有追求美好的愿望，引导学生提前行动，使其根据荣誉目标自己管理自己，采用了目标管理法。B项正确。荣誉有利于学生明确自己的发展方向与目标，并激励其向目标不断靠近，向优秀靠拢。案例中，何老师提前告知学生荣誉的具体要求，有助于学生规范自己的行为，向优秀靠拢。C项正确。韩愈在《师说》中指出，教师有三大职责，即传道、授业、解惑。"传道"就是传授为人之道，培养优良品德，就是今天所说的"育人"；"授业"和"解惑"就是讲授文化知识，解答疑难问题，就是今天所讲的"教书"。案例中，针对班级学习纪律差、活动参与度不高、学生成绩差的特点，何老师通过"雷锋式少年""三好学生""学习之星"等荣誉激励学生，既教书又育人，使学生在知识、品德等方面均有所提升。D项正确。案例中，何老师多发奖项的做法并没有使荣誉丧失激励学生的作用，反而激励学生不断进步，使其精神面貌发生了明显的改变。E项错误。

（2）BDE　解析：班主任个别教育工作的教育对象是全体学生，包括做好先进生、中等生和后进生的教育工作，并且要与集体教育结合起来。A项错误。学生的发展受到多种因素的影响，家庭、社会、学校等都对学生的发展产生影响。案例中，为了教育全班学生，何老师将学生的心里话反馈给任课老师，召开家长会与家长进行沟通等，说明学生的成长需要教师、家长等方面形成合力。B项正确。有效的班级管理不是通过施加压力的方式或者发挥权威的方式进行管理，而是用自身优秀的言行潜移默化地影响学生。C项错误。教师要有高尚的道德情操、优良的个性品质，在教育教学工作中不断反思自己，坚持终身学习，提高自己的专业水平和能力。案例中，面对学生的心里话，何老师并没有责备学生，体现了教师要有良好的道德情操；何老师进行自我反思，改进自己的教育教学，体现了教师要不断反思，提高自己的专业水平和能力。D项正确。班级是一个"造梦工厂"，何老师在班级管理中，鼓励学生积极获取荣誉，激励学生具有追求美好的愿望，是学生梦想的"激发者"和"引路人"。E项正确。

35.（1）**BCDE** **解析**：本题考查班主任工作的主要内容与方法。

A项，张老师了解和研究学生的方法是观察法。A项说法错误。

B项，张老师把教室里的阳台利用起来做了一个种植角，体现了张老师善于利用环境创设，扩大学生课外活动空间。B项说法正确。

C项，张老师前期召开主题班会，征求大家意见，选举管理员等，体现了组织者的角色；后期邀请科任老师共同参与，协调了各方面教育影响，体现了协调者的角色。C项说法正确。

D项，学生在番茄种植的过程中，记录番茄成长状况，观察番茄从开花、挂果到成熟全过程，也是接受生命教育的过程。D项说法正确。

E项，"花田"建设过程中，学生亲自参与，亲自动手，还设计了简易自动灌溉系统，均有助于提高劳动意识、实践能力。E项说法正确。

综上，本题选 BCDE。

（2）**ABCE** **解析**：本题考查班主任工作的主要内容与方法。

A项，学生在班级活动中积极参与，自己决定种什么，怎么种，还设计出了简易自动灌溉系统，这些都有利于学生主体性的发挥。A项说法正确。

B项，张老师观察到学生的近视情况，注意学生的日常表现，进一步设计了后续活动，体现了了解学生是班主任做好教育管理工作的前提条件。B项说法正确。

C项，张老师邀请科学课老师参与指导"花田"建设，体现了科任老师的支持与帮助。C项说法正确。

D项，材料未体现家庭和社会的参与，不属于可以从案例中获得的启示。D项为无关选项。

E项，学生在生产劳动中研发了简易自动灌溉系统，体现了学生的创造性。E项说法正确。

综上，本题选 ABCE。

36.（1）**ABCE** **解析**：平行教育原则指教师通过集体影响个人，通过个人影响集体，使集体教育和个别教育相结合。张老师一方面利用班会活动对全班进行纪律教育，体现了集体教育，又找小汪单独谈话，体现了个别教育。张老师安排责任心强、成绩好、助人为乐的女同学与小汪同桌，希望小汪向她学习，体现了观察学习理论。张老师通过与小汪的深入沟通，引导小汪认识到了自身的缺点和努力方向，体现了心理调节者的角色。张老师为了了解学生，认真阅读全班学生的相关资料，摸清学生基本情况，体现了分析书面材料法；对小汪上课和下课的表现是通过观察法发现的，体现了观察法；找小汪谈话属于谈话法；与小汪的父母、科任教师、原班主任沟通，体现了调查研究。陶冶教育法是教师利用环境和自身的教育因素，对学生进行熏陶，使其在耳濡目染中受到感化的方法。题干中，张老师给小汪安排同桌、家访等都是有利于创设良好的育人环境，体现了情境陶冶的教育方法。实践锻炼法是让学生参加各种实践活动，在活动中锻炼思想、增长才干、培养优良思想和行为习惯的方法。题干中未明显体现实践锻炼。D项错误。

（2）**BCDE** **解析**：教育学生没有固定的方法，教师应该因材施教。A项错误。张老师通过开班会的形式进行纪律教育，对学生产生了重要影响。B项正确。教师通过与学生单独谈话，促进了小汪的转变。C项正确。班主任做到了教育的连贯性，坚持不懈地对学生进行耐心教育。D项正确。参照群体是指成员用来作为某种参照对象，并对成员的态度、认识产生重大影响的非所属群体，电视剧中的"武侠"属于小汪的参照群体，班主任以此为契机，对学生进行教育。E项正确。

37.（1）ABCD　解析：A项，李老师找家长谈话交流，体现了家校共育的理念。B项，李老师列举了很多女科学家的成功事例，目的是通过榜样的作用激发小陈的自我效能感。C项，李老师引导小陈反思自己的学习习惯和学习问题，指导她找到适合自己的学习方法，促进了她的数学成绩的提高。D项，李老师引导小陈查找自身学习的原因，就是将成绩不好归因于努力因素，即可控的不稳定因素。E项，女生的抽象逻辑思维不如男生，是因为男女生的智力类型存在差异。

（2）ABD　解析：A项，李老师善于发现和分析学生的问题，并引导学生解决问题。B项，李老师能用多种方法引导学生，采取跟家长交流等方法帮助学生解决问题。C项说法过于绝对，除了帮助学生树立自信心之外，教师还需要指导学生改变学习方法等。D项，该案例体现了家长和教师对学生的学习都会产生重要的影响。因此，学生的学习需要家长、教师等多方面的支持。E项，学习成绩受多方面因素的影响，并不是由学习方法决定的。

38.（1）ABCE　解析：A项，王老师通过与李想的谈话引导其认识到自身与理想之间的差距，激发了学生的成就动机。B项，王老师通过开学初的家访发现了李想画漫画的特长，找到了教育契机。C项，为班级推出黑板报是引导李想及其好友为班级做出贡献，同时，也是引导其感受班集体的荣誉感和责任感。班集体的力量和信任使他们能认真对待该任务，充分发挥了班集体的积极作用。D项，题目体现的是以学生为中心的教育理念。E项，王老师通过自学漫画来教育学生，做到了教学相长。

（2）ABCD　解析：A项，王老师对待学生认真负责，主动家访等都体现了其对教育事业的热爱。B项，王老师耐心地和问题学生交流，帮助学生取得进步，体现了较强的亲和力。C项，王老师能做到尊重学生、主动交流，体现了为人师表的风范。D项，王老师对待问题学生十分耐心，采取了很多教育方法，体现了其坚定的教育信念。E项说法过于绝对，教师应具备宽厚的文化素养，但应根据自身特点进行学习，不一定要样样精通。

39.（1）ABC　解析：学生是不断发展中的人，具有发展的潜能。教师和家长应该从多种角度看待孩子，避免以偏概全。教师和家长应该成为学生的促进者和引导者，对小辉及他的同学应该多引导。初二的学生处于心理断乳期，家长不能急于求成。教师和家长对孩子有教育的义务，但是孩子是独立的人，少年期同龄人之间的交往和认同大大增强，教师和家长不能阻碍学生之间的正常交往。

（2）ABCD　解析：教师和家长应该尊重孩子的意见和建议，多听孩子的心声，尊重孩子的选择。教师要注意班级中的非正式群体的积极影响，引导其健康发展。教师要正确认识非正式群体，有针对性地开展教育引导工作，而不是一味地干预。

40.（1）ABCD　解析：案例中的张老师将学生划分为优等生和后进生，这种做法不仅歧视了学习落后的学生，而且不利于班级的整体发展；由于年级组长设置的目标使张老师压力重重，导致他"吃不好""睡不香""人消沉"等，这是职业倦怠的表现。

（2）BCD　解析：班级管理应宽严相济，更加严厉的管教必然会使班级发展更不好，A项错误。而E项，若张老师一味地追求班级名次、学生成绩，就会忽略学生的其他发展，也不利于班级建设，E项错误。

41.（1）BC　解析：小海认为留头发是个人的事，忽视学校的规定，是其认知上存在偏差。教师让其剪头发而他剃光头实际上是以这种行为博得他人的关注。

（2）CD　解析：教师处理此类问题时，应该以学生为本，寻找背后的原因，从思想上转变学生，而不能采取强硬的措施，避免引起学生的逆反心理。

42.（1）ABCDE　**解析：**本题考查教师行为。

A项正确。胡老师侧面打听赵庆的违纪情况，运用了调查法；撤销赵庆职务后，看到赵庆情绪低落，运用了观察法；和赵庆谈话，帮助赵庆反省自己的错误，运用了谈话法。

B项正确。胡老师对问题频出的新班级没有放弃，赵庆违纪后没有"歧视"赵庆，选拔纪律委员采用公开竞选、民主投票的方式都体现其营造了良好的班级氛围。

C项正确。胡老师了解到赵庆违纪，撤销赵庆纪律委员职务，是严格要求学生的表现；赵庆后期认识到自己的问题并愿意改正错误，胡老师又给了他参与竞选的机会，是尊重信任学生的表现。

D项正确。胡老师引导赵庆遵守纪律后，他的几个伙伴也规矩多了，班干部履责认真仔细了，同学们上课讲话也少了，说明对非正式群体领头人物的转化工作促进了班集体的发展。

E项正确。胡老师通过竞选确定纪律委员，说明其采用民主方式选拔班干部，让学生成为班级管理的主要力量。

（2）ABDE　**解析：**本题考查教师行为的启示。

A项正确。胡老师通过对纪律委员赵庆的个别教育促进了集体纪律的规范，改善了整个班级的面貌。

B项正确。胡老师通过培养和选拔纪律委员规范整个班级纪律，发挥了班集体促进学生发展的功能。

C项错误。参照群体是指学生个人乐意把它的目标、标准和规范作为自己的行为动机、调节自己思想和行为的一种群体。胡老师并未设置参照群体。

D项正确。胡老师耐心引导赵庆遵守纪律后，他的几个伙伴也开始遵守纪律。这说明胡老师没有歧视、打击非正式群体，善于引导非正式群体。

E项正确。案例中，事情的起因是纪律委员带头违纪，属于偶发事件，教师应做好个别教育。

43.（1）C　**解析：**本题考查教学方法的选择。

A项，李老师主要采用了问答法，提出问题让学生在文中找出答案，并未直接将知识传授给学生。A项说法错误。

B项，李老师没有准确把握教师的主导作用，将学生限定在了教师预设的轨道上，忽视了学生的主体地位。B项说法错误。

C项，探究性学习是基于问题解决活动来建构知识的过程。探究性学习通过有意义的问题情境，让学生通过不断地发现问题和解决问题，来学习与所探究的问题有关的知识，形成解决问题的技能以及自主学习的能力。案例中，张老师抛出问题让学生讨论、探究，并最终解决问题，运用了探究性学习。C项说法正确。

D项，探究性学习需要教师对教学内容的理解更加深入，对教学过程的把控更加灵活，对教师的教育教学能力提出了更高的要求。D项说法错误。

E项，教学有法，教无定法，教师要根据学情和自身的业务能力灵活调整教学方法，并非全面复制。E项说法错误。

故本题选择C。

（2）ABCD　**解析：**本题考查教学方法的选择。

A项，教师是学生意义建构的帮助者、促进者，是学生学习的合作者，而不是知识的灌输者。案例中，张老师在小组内和学生一起探讨、解决疑难，体现了这一点。A项说法正确。

B项，案例中，对于同样的教学内容，李老师和张老师分别采用了不同的教学方法。B项说法正确。

C项，两则教学片段相比较，教学片段二中师生互动的广度和深度更大，学生的收获更全面、理解更深刻。C项说法正确。

D 项，案例中，张老师以学生为主体，认识到学生是学习的主人，恰当地发挥了教师的主导作用，调动了学生学习的主动性。D 项说法正确。

E 项，教学方法的选择要考虑多方面因素，比如教学目的和任务，学科内容的特点，学生的特点，教师的水平等。E 项说法错误。

44.（1）ABD　**解析**：本题考查的是课程相关知识。

教学机智强调教师在面对突发事件时，能够快速、合理地做出处理。案例中的教师面对学生想在课堂上听流行歌曲的情况，对课程安排进行调整，通过让学生欣赏朗诵等方式激起学生对教学内容的兴趣，体现了教学机智。A 项说法正确。

预设是教师在课前对教学进行有目的、有计划的设想和安排；生成是师生在与教学情境的交互作用以及师生对话互动中现时生成的超出预设方案的新问题、新情况。案例中的教师针对课堂的突发情况，对原有课程（预设）进行相应的调整（生成），既重视预设又重视生成。B 项说法正确。

校本课程开发者强调教师要参与校本课程的编制和开发，从学校角度出发，开发符合办学特色和办学宗旨的课程。案例中的教师仅对教学安排进行调整和优化，不属于校本课程开发。C 项说法错误。

美育途径包括课堂教学和课外文化艺术活动，以及通过大自然和日常生活进行美育。其中，最主要的途径为课堂教学。案例中，教师在音乐课上带领学生欣赏朗诵、动手作画，体现了通过艺术学科教学进行美育。D 项说法正确。

音乐智能主要是指敏感地感知音调、旋律、节奏和音色等的能力。语言智力是指运用言语思维，使用语言表达和欣赏语言作品深层内涵的能力。肖琳能完美地朗诵歌词，是因为她拥有较好的语言智力而非音乐智力。E 项说法错误。

故本题选 ABD。

（2）ABCDE　**解析**：本题考查德育原则、教学规律等。

教学的教育性原则强调在教学中对学生进行品德教育。案例中，教师挖掘歌曲《我的祖国》中的德育因素，为学生渲染出祖国大好河山的美丽图画，激发了学生的爱国主义情怀。A 项说法正确。

案例中，师生互相交流，共同探讨，互相促进，形成信息互送、互收、互相反馈的良好效果，体现了双主体地位。B 项说法正确。

案例中的课堂纪律良好，师生关系和谐，学生精神饱满，注意力集中，认真听讲，在朗诵和配乐创作绘画时，教师善于引导学生积极参与，给学生较大的发挥空间，让学生可以安心创作。C 项说法正确。

案例中，教师不仅进行了音乐教学，还通过多种活动增加了课程表现形式的多样性。D 项说法正确。

案例中，教师通过艺术学科教学活动培养了学生感知美、鉴赏美和创造美的能力。E 项说法正确。

综上，本题选 ABCDE。

1.（2021下）根据下面资料，作答（1）（2）题。

【资料】钟老师新接手了一个初二年级中相对困难的班级，班里调皮的孩子很多。经过一个多月的了解，钟老师整理出了班级里比较有代表性的两个孩子：张小飞和杨阳。

张小飞人很聪明，但讨厌学习，经常在课堂上睡觉，考试也喜欢交白卷。经过了解，钟老师发现张小飞小学时成绩不错，但因为家庭困难被同学嘲笑后，就开始变得沉默，很少和他人交往，对学习也失去了兴趣，甚至对到学校上课也充满了抵触情绪。杨阳性格活泼，是个热心肠，乐于帮助他人，集体意识也较强，但对文化课常常敷衍了事。初一时由于成绩不理想，数学老师常说他是"猪脑子"，久而久之，他也认为自己脑子笨，不适合读书，其父母对他的成绩也从不过问。针对张小飞和杨阳的情况，钟老师选择了不同的教育方式。

对张小飞，钟老师首先对他进行了个别谈话，想办法帮助他解开心结。紧接着，钟老师让性格开朗、行为习惯良好的班长与张小飞坐同桌，试图带领张小飞重新融入班级。随后，钟老师在班级里开展了以"你是我的朋友吗？"为主题的班会活动，引导同学们学会尊重与接纳他人。最后，钟老师要求张小飞记录下自己每周做的事情，并和他一起分析每周的变化与小进步，鼓励张小飞重新建立起对学习的信心和兴趣。

对杨阳，考虑到他热爱集体、喜欢帮助同学的特点，钟老师让杨阳担任了学习督导员，负责督促同学们认真上课，希望他在这一过程中也能受到影响，自觉提高学习成绩。一个多月后，有一天杨阳主动找到钟老师聊天，说自己担任了学习督导员后，看到了很多同学的好习惯。他发现只要有好的学习方法并且坚持不懈，就会有进步，并说要好好学习，希望为班级争光。钟老师听到后很欣慰，再次鼓励了他。

经过一个学期，张小飞和杨阳都有了明显进步，张小飞经常拿着题本在办公室问问题，杨阳也因为表现突出获得了最佳进步奖。看到他们的变化，钟老师十分欣慰和感动，他相信，只要变嫌弃为喜爱，变忽视为重视，变冷漠为关注，变薄待为厚待，学生们也一定会用他们的进步作为回报。

（1）根据以上案例，下列说法正确的是（　　　　）。

A. 看到其他同学的进步，杨阳增强了信心，这是替代强化的结果

B. 杨阳"希望为班级争光而学习"属于远景的间接性动机

C. 张小飞不喜欢学习是因为缺乏认知内驱力

D. 数学老师违反了关爱学生的职业道德

E. 钟老师对张小飞的教育采用了系统脱敏法

（2）以上案例给我们的启示有（　　　　）。

A. 教师需要帮助处于自我同一性发展阶段的学生形成正确的自我认识

B. 学生的情绪需要在教师的引导下获得合理的释放和积极体验

C. 教师的积极期待会潜移默化地影响学生

D. 根据需求层次理论，学生缺乏学习兴趣，有可能是其缺失性需要没有得到满足

E. 教师的言语劝说不能提高学生的自我效能感

2.（2019上）根据下面资料，作答（1）（2）题。

【资料】小刚和小松是一对好朋友，两人自上中学后一直在一个班，几乎形影不离，学习上你追我赶，也一直不相上下。但二人各有侧重：小刚更喜欢安静地看书并独自做读书笔记，小松更愿意在老师的指导下学习。升入初三时，学校调换了他们的班主任老师。一个学期后，小松的成绩下滑得很厉害，而小刚的成绩则波动不大。家长追问小松原因，小松说："原来的班主任老师对我很好，经常鼓励我。新的班主任太严厉了，每天不苟言笑，看到他我就害怕。"而小刚则说："班主任是谁无所谓，学习本身就很有意思啊！"

（1）针对此案例，下列说法正确的有（　　　）。

A. 小松更喜欢有严密结构的教学活动

B. 小刚和小松拥有不同的认知学习风格

C. 小松在学习上易受暗示，学习欠主动

D. 小刚在学习中的加工信息方式是深层加工型

E. 初三阶段，教师期望效应的影响比其他阶段更明显

（2）根据认知风格的相关研究，下列说法正确的有（　　　）。

A. 小刚的认知风格是场独立型

B. 小刚更擅长的学科是社会科学类

C. 小刚的认知风格依赖于内在主体感觉

D. 小刚的认知风格依赖于外在客观事物

E. 小刚的学习以"视觉－言语"通道为主

3.（2020上）根据下面资料，作答（1）（2）题。

【资料】周聪天资聪颖、接受能力强、成绩好，学习中他总是能用别人一半的时间完成老师布置的作业，而且书写整洁。任课老师都很喜欢他。期中考试后的一天，周聪的同桌和前后桌一起去办公室找到了班主任杨老师说，周聪完成作业后总是找同学说话，老师讲课的时候，我们都还没有听懂，他就大声报答案，或者在座位上摇摇晃晃，影响周围同学学习。

杨老师发现，周聪确实如此。上课不到10分钟，他就开始左顾右盼，摇头晃脑；很快写完作业后就去扒拉前后左右的同学，无话找话。自觉的学生就捂着耳朵写作业，不自觉的学生就听他说话或跟着他一起讲话。在课间，随时能听到他高谈阔论："新闻上说，有个女的装扮成一个男的，谈了好多个女朋友""有一个明星，就是演那……今天晚上要去参加一个综艺节目……""……刚才我看到体育老师了，……哈哈哈……"尽管周聪在各个老师的课堂上都会接话，但因为他学习成绩好，任课老师都不批评他。

为了改变周聪的状况，杨老师每天早自习时在黑板上写一句珍惜时间的名言警句，要求全体同学抄到笔记本上，仔细体会，并跟自己的行为进行对照，然后请一个同学谈感受。两周后，轮到了周聪。周聪站起来分享："生命对于我们只有一次，我们要珍惜时间，珍惜属于我们的分分秒秒。"杨老师问道："我们应该怎样珍惜时间？我们用珍惜的时间做什么？平时你是怎么珍惜时间的？"面对这样的问题，周聪没有答上来。杨老师同时与各任课教师沟通，请他们帮助周聪改正缺点。

随后，杨老师组织了一次班会，对"珍惜时间"活动进行总结。班会上，同学们纷纷发表了自己的见解，周聪也发言了。趁此机会，杨老师给大家布置了一道数学题：假设一个人一生可以活80年，我们还有多少天可以有效利用？大家开始埋头计算，当然还是周聪最快。但他没有抢答，而是举手示意。杨老师请周聪一边计算一边讲解：按一个人活到80岁计算，总共有29200天，我们平均每天睡眠7小时，吃饭2小时，休息1小时，这些用掉的时间约是12167天。我们真正清醒的时间大约是17033天。按工作到65岁为止，减15年，还剩13839天。我们今年15岁，再减去15年，还剩10645天。算完后，周聪突然表情凝重，全班同学都安静了下来：人的一生真的很短暂。从此

以后，同学们都懂得了时间的珍贵，周聪也收起了调皮的个性，不再干扰同学，而是抓紧时间努力学习。

（1）针对此案例，以下说法正确的有（　　　）。

A．周聪上课讲话是一种应答性行为

B．计算有效时间的做法借助了元认知策略来帮助学生进行自我管理

C．由周聪的两次回答可知，其抽象思维发展处于由经验型向理论型过渡阶段

D．由周聪能够归纳概括出珍惜时间的结论可知，其认知发展处于形式运算阶段

E．任课老师之所以对周聪上课讲话不予批评，是因为存在着"成绩好就是好学生"的观念

（2）以上案例给我们的启示有（　　　）。

A．个体成败经验影响学生自我效能感的形成

B．对课堂上"吃不饱"的学生可以增加学习难度

C．学生是发展中的人，教师对学生身心发展中出现的问题应宽容

D．为保证教育的有效性，科任老师应严格按照班主任的要求管教学生

E．按行为主义的观点，无论成绩好坏，只要学生违反班规，老师都应该批评教育

4．（2022下）根据下面资料，作答（1）（2）题。

【资料】"我们宁可一睁眼担心公司的生意不好，也不愿像现在这样每天为孩子的学习发愁。做生意可能有赔有赚，但孩子一旦对学习失去了兴趣，对我们来说可就是赔上了一生。"梁女士说起自己的儿子小宇，满脸的担忧。

小宇从小就是家里的宠儿。梁女士记得，刚上小学时，有一次班里评小红花，奖品是一支铅笔，小宇因为有一次忘带作业而没有得到奖励，哭着回家了。梁女士看到孩子哭得伤心，立刻出去买了10支铅笔给小宇。

还有一次，小宇想要一个品牌篮球，他小姨主动说："如果你期末考试考好了，我就给你买一个。"小宇听后学习特别认真，每天上课记的笔记都有好几页，结果可能因为太重视期末考试了，小宇发挥得并不好，成绩很不理想。谁知成绩出来的第二天，小姨还是买了一个品牌篮球给他，并告诉小宇："这次是老师题目出难了，不怪你，下次考好就是了！"

渐渐地，小宇对学习越来越不感兴趣，因为他觉得考得好不好都有奖励，家长说的惩罚也从来没实施过。

到了初中，小宇的父母对小宇的学习抓得更紧了，但物质奖励对他已经不起作用。小宇说："我爸爸当时念书是为了上大学，找一份好工作，可以有好的物质条件。现在这些都有了，那我努力是为了什么？"

梁女士的邻居小雪，从小就学习钢琴，在市里获得了大大小小各种奖项，虽然练琴很苦，小雪却乐在其中。小雪的父亲老张是个二胡爱好者，每次小雪在书房练琴时，老张就在一旁拉二胡，虽然两个乐器看似不那么协调，两人却时常配合，默契十足。前段时间，小雪参加省里的钢琴比赛得了第八名，老张还奖励她去录音棚录了音，可把小雪高兴坏了。

每次在小区碰到其乐融融的老张和小雪，梁女士都满眼美慕。"明明都是爱孩子，都对孩子好，为什么结果却千差万别……"梁女士长长地叹了口气。

（1）针对该案例，下列说法中正确的有（　　　）。

A．小雪学习钢琴主要源于直接兴趣

B．小雪的成功在于其有较高的自我效能感

C．小宇没考好，小姨还给他买礼物，这属于负强化

D．小宇的失败在于家庭忽视了其认知内驱力的激发

E．小姨对小宇考试失利的归因属于外部稳定可控归因

（2）该案例给我们的启示有（　　　）。

A. 保持更高的动机水平有利于学习任务的完成

B. 过多地提供外部的物质奖励会削弱孩子的内部动机

C. 成长性需要的激发与满足是促进孩子持续学习的动力

D. 父母是孩子学习的榜样，在教育中要注意自己的言行举止

E. 为了保护孩子的自尊心，应该引导其将失败归因于外部稳定不可控因素

5.（2019下）根据下面资料，回答（1）（2）题。

【资料】小学二年级学生小明，性格活泼好动，喜欢和同学玩闹，上课也喜欢回答问题，经常还没想清楚就迫不及待地开始回答，想什么就说什么；上课时注意力总是不够集中；作业时书写速度通常较慢，对数学符号的辨认有一定的困难，如经常将"8"写成"∞"等等，导致考试成绩远落后于班级平均水平。妈妈问他怎么回事，他说："其他同学都比我聪明，我再怎么努力也赶不上他们。"小明的妈妈很生气，认为小明是在找借口，于是说要是小明下次考不到90分就不允许他跟其他小朋友一块儿玩了。从此以后，小明每次遇到考试就肚子痛。妈妈拿小明没办法，只好去找老师商量，老师建议小明妈妈不要太着急，应该给小明足够的时间，并建议给小明一些鼓励。妈妈回来后对小明说"你下次要是考了60分，我就带你去动物园。"小明果然完成了任务。妈妈又给小明定了65分的新目标……渐渐地，小明的学习状态越来越好。

（1）针对此案例，以下说法正确的是（　　　）。

A. 小明的认知方式属于冲动型

B. 小明的归因方式容易造成习得性无助

C. 考上60分就可以去动物园玩，这属于负强化

D. 考不上90分就不能和其他小朋友玩，这属于正强化

E. 为了让小明在课堂上集中注意力，应该加强无意注意的培养

（2）此案例给我们的启示是（　　　）。

A. 教育方法应该根据儿童的特点来选择

B. 进行成绩的横向比较，可以激发儿童的自尊心

C. 对孩子不能用惩罚的方式，都应该用鼓励的方式

D. 家长应主动寻求教师的帮助，提高家庭教育的水平

E. 近景性目标的设立能为学习困难的学生提供成功的机会，可激发学习动机

6.（2018上）根据下面资料，作答（1）（2）题。

【资料】三年级学生小峰是一个成绩中等、平常不多言多语，但大错误不犯小错误不断的孩子。他隔三岔五就得出点状况、惹点事端，要么在安静的课堂上把他的铁皮笔盒故意掉落在地上，要么在同学们认真听课时飞个纸飞机，要么在同桌起来回答问题时把椅子移开，要么就把前排女同学的辫子悄悄系在椅背上……每当班主任赵老师批评时，小峰态度又很诚恳，而且经常是刚一下课，他的认错书、检讨书、保证书等就写好了，然后很欣然地在教师办公室门口等着赵老师批评。这让赵老师异常头疼。赵老师为此请过家长，也非常严厉地批评过小峰，甚至让他在教师办公室罚过站，但仍然无济于事。

学校钱老师知晓后，找到小峰，一连几天与小峰聊各种各样他感兴趣的话题，也巧妙地把要遵守课堂纪律、要听老师的话、要做好学生的要求提了出来。在这种聊天进行到第七次的时候，小峰哭着说："钱老师，我不是故意的，我真不是故意的。"钱老师反复追问，终于明白了小峰的问题所在。其实刚上学的小峰在班级里并不引人注意。二年级上学期的时候，赵老师的一堂公开课上，小峰不小心把铁皮笔盒碰到地上，下课后被赵老师叫到办公室狠狠地批评了一顿。此事之后小峰渐渐变成了这样。

（1）针对此案例，以下说法正确的有（　　　　）。

A. 赵老师的做法体现了人本主义心理学的主张

B. 钱老师的做法体现了行为主义心理学的主张

C. 钱老师的陪伴适应了小峰心理发展的特点，这样才能了解问题的缘由

D. 小峰是为了引起赵老师的注意，其行为是学生"向师性"特点的体现

E. 赵老师的批评并没有起到改变小峰行为的作用，反而满足了小峰的某种需求，成了他违反纪律的诱因

（2）如果你是赵老师，你认为应该怎样做？（　　　　）

A. 对小峰违反纪律的行为要加大惩罚力度

B. 小峰违反纪律时，不予过多关注；当他表现好时，及时表扬

C. 可以安排一名成绩好、表现好的同学挨着小峰坐，对其行为产生好的影响

D. 加强与其他老师和家长的沟通，探究小峰行为背后的原因，形成教育合力

E. 一旦小峰在课堂上影响到了其他同学，应马上请家长领回家，教育好了再来

7.（2018上）根据下面资料，作答（1）（2）小题。

【资料】9岁的田田是一个很聪明的孩子，语言表达能力比较突出，思维清晰，反应敏捷。在学校里有时与同学有小纠纷，他总说是别人的错而不反思自己的问题。他平时喜欢做手工和小种植，在学习上却不愿意花精力投入。家长对孩子的管理是粗放和随意的，管得紧一点时，孩子的表现就好一些，学习方面也不至于问题太多；疏于管理时，就会出现作业不完成且出错还很多的情况。

周一下午，王老师检查周末作业，发现田田的作业又未完成，特别是很简单的题都没做完，且出错很多；作文潦潦草草，篇幅也不够。这样的情形已经出现好多次了。王老师非常生气。课堂上王老师很激动地当着全班同学的面严厉地批评了田田，指责他太懒，作业多次做不完，太不像话！要求他下课不许玩，必须把作业补完！

晚上，王老师收到田田家长发的短信，说孩子今天放学回家情绪很低落。因老师在全班同学面前指责他懒，完不成作业，他很难过。孩子晚上不吃饭，情绪反应很强烈，甚至说不想活了。田田的家长还表达了作为家长的担心和恳求。王老师看完短信，陷入了沉思……

（1）针对以上案例，以下说法正确的有（　　　　）。

A. 教师当着全班同学的面伤了田田的自尊，应及时沟通

B. 对田田的行为，教师可以采用消退的方式进行矫正

C. 田田有很多优点，教师应及时发现并给予赏识和激励

D. 王老师对田田的批评是对的，但应提高语言素养，讲究批评的艺术

E. 教育不能没有一点奖惩，孩子受不了时，家长可以做工作，不用给老师发短信

（2）以上案例给我们的启示有（　　　　）。

A. 针对此类学生，教师应定期家访，提高家访的效果

B. 师生之间要相互理解，有效沟通，教师应具备同理心

C. 家长在家庭教育方式上应保持一致，否则孩子容易形成反抗型依恋

D. 教育过程中，对学生严厉指责的冷暴力行为会对学生造成心理伤害

E. 教师每天面对几十个活蹦乱跳的学生，在处理教育教学事件时，出现情绪化现象是正常的

8.（2016下）根据下面资料，作答（1）（2）题。

【资料】小刘学习比较认真，但数学学习的效果不理想。在一次应用题的解题过程中，老师发现小刘对题目无从下手，情绪很是急躁。"小刘，我知道你能做出这道题的。"老师在小刘耳边低语，"你先好好花上几分钟仔细阅读题目，看能不能把题目分解成几部分，等一下我再过来看你做

得怎么样。"

几分钟后，老师回来问道："怎么样？"

小刘还是不能完全理解题目，但是似乎已经摸到了问题的关键，并开始尝试动手解答。他说："他们想知道这单价降低的百分比。"老师笑着说："很好，你还知道了些什么？"

小刘继续解释他对问题的理解，老师不断地提出相关的问题让他回到合适的思路上来，最终小刘找到了解题的途径。老师笑着说："太棒了，我知道你能行！现在你再重新想想是怎么一步一步地解决这个问题的，我一会儿再来看你最终的解答。"

最后，小刘自己解出了这道题。

（1）关于该教师的做法，以下说法正确的是（　　　）。

A．教师相信学生，树立了学生的自信心

B．教师不断给学生压力，学生产生了学习动力

C．教师善于启发，引导学生掌握了解题策略

D．教师直观展示，学生容易理解题目

E．教师理论联系实际，让学生抓到了问题的关键

（2）该案例给我们的启示是（　　　）。

A．教师应研究学生，根据学生的特点进行教学指导

B．教师对学生的期待，影响着学生的学业成绩

C．教师要善于激发学生的学习动机

D．教师应有积极的自我意识和稳定的情绪

E．教师在教学过程中应扮演好多重角色

9．（2023上）根据下面资料，作答（1）（2）题。

【资料】进入初二后，由于学习内容难度加大，小强经常完不成老师布置的作业，成绩一落千丈。原本开朗的小强变得性格内向，沉默寡言，走路总是低着头，班级活动也不积极参加，觉得干什么都没有意思，情绪低落，自我存在感很低。放学回到家后，小强为了逃避学习，经常偷偷用手机打游戏，甚至晚上不睡觉躲在被窝里打游戏。张老师发现小强在课堂上注意力越来越差，跟不上老师讲课的思路，这几天还开始在课堂上睡觉了。一次课后，张老师找到了小强，说他最近学习表现差并询问其原因。小强低着头小声地说自己很想认真学习以取得好成绩，成为一名好学生，但不知道怎么做；而且自己最近越来越沉溺于网络游戏，自律能力变得很差。张老师还了解到，小强是家里的独生子，父母对他要求很高，对他的未来寄予了很大期望。如果小强在学习上不能让父亲满意，就会受到父亲的严厉批评甚至打骂。小强的学习动力主要也是满足父母的要求，自己并没有明确的目标。

张老师了解了小强的具体情况后，对小强的行为进行了一系列干预。张老师把小强的座位调到了前面，减少前排同学对他的干扰以提高小强的注意力。课堂上，张老师请小强回答一些简单的问题，并与同学们一起给予小强鼓励和肯定，让小强获得成就感。恰逢学校运动会，张老师知道小强擅长长跑，她鼓励小强报名参加三千米长跑。比赛中，在老师和同学们的鼓励下，小强通过努力获得了第一名，这让他感到非常自豪。运动会后，张老师找到小强，对他说："老师看到你虽然没有在起跑后抢到有利位置，但你在跑的过程中努力寻找突破口。看到有些同学跑在前面，你没有急着去追，但也不掉队，而且始终靠内侧跑。学习就像长跑一样，既要有坚持努力的意志力，也需要正确的方法。你接下来再思考一下你能从长跑的成功中获得什么启示吧。"第二天，张老师再次找到小强。小强说："张老师，您说得对，学习和长跑有很多类似的地方。学习需要有目标，要有正确的方法来达成目标。学习也需要坚持不懈，不放弃。"张老师肯定了他的想法，说道："是的，做任何事情首先需要有目标。那我们一起来制定一些近期可达到的、具体的目标吧。"于是张老师和小

强一起制定了如下目标：每堂课至少回答一个问题；回到家及时完成家庭作业；每天玩游戏的时间控制在 20 分钟以内……接着，张老师说："有了目标，我们还要有正确的学习方法，特别是在初二这样一个重要的转折期。"于是，张老师教给小强一些学习方法，比如上课做笔记、课后及时总结知识点、讲出解题思路等。听了张老师的讲解，小强表示自己会坚持执行与老师一起制定的目标，并把这些方法应用到学习中。张老师也再次鼓励小强："我相信你可以做到。"张老师还联系了小强的父亲，告知他小强最近取得的进步；同时告知小强的父亲要注意自己的教育方式，孩子需要父母无条件的爱和尊重，不能因学习中的一点不满意就全面否定孩子。小强的父亲也认识到自己在教育方式上的不足，表示不再用简单粗暴的方式教育小强。经过一段时间的努力与坚持，小强逐渐可以在课堂上集中注意力听讲，并通过在课堂上回答问题慢慢建立了自信，对学习逐渐产生了兴趣。

（1）针对该案例，下列说法中正确的有（　　　）。

A. 小强的自我意识分化出了理想自我和现实自我

B. 张老师让小强回答简单问题，这能帮助他建立自信

C. 张老师通过成败归因训练，提高了小强的学习动机

D. 在课堂管理中，张老师对小强座位的安排遵循了服务于教学原则

E. 由于长时间跟不上课堂上老师的讲解，小强在学习上出现了习得性无助

（2）从该案例中可以得到的启示有（　　　）。

A. 缺失性需要能为学生成长提供源源不断的动力

B. 教师应根据学生所处的年级帮助他们调整学习策略

C. 教师和父母应帮助孩子全面、客观、正确地认识自己

D. 教师应充分利用反馈信息，对学生的不良行为进行及时干预

E. 制定具体、清晰、合理的学习目标可以提高学生的学习动机

10.（2021 上）根据下面资料，作答（1）（2）题。

【资料】宁宁是这学期刚从外地转学来的学生，语文成绩很差，特别是作文，每次交上来的作业都十分敷衍。有一次，我让同学们完成一篇作文，没想到她随便抄了一篇短文，字迹潦草就交上来了，看到后我既生气又无奈。已经单独找她谈过几次话了，但宁宁却没有丝毫改进，只是告诉我她以前的老师说她不是学语文的料，她也觉得自己不可能写好作文。"该怎么办呢？"我一边翻看着宁宁摘抄的短文，一边陷入了沉思。这时，一个想法闯进了我的脑海。

第二天的语文课，我调整了教学内容，让同学们说说自己最喜欢的季节及为什么。同学们都积极发言，许多同学都发表了自己的想法。

"刚刚许多同学都分享了自己喜欢的季节，老师这里有一篇描写季节的短文，现在读给大家，同学们来听一听作者喜欢的是什么季节，听完后说说你们的看法。"说完，我开始声情并茂地读了起来："我讨厌你——秋。你永远都是那么忧郁，那么沉闷，那么孤寂。是你，让艳丽的花儿失去了色彩；是你，让繁茂的大树落光了头发；也是你，让快乐的小鸟失去了北方的家。黄昏，独自在空寂的大街上散步，时不时地会有几片枯黄的落叶盘旋着落在我的头上、肩上。这时，我忽然抬起头，不禁惊呆了，落叶随风飘飘然地起舞，漫天飞舞着黄色的'蝴蝶'，刹那间，我好像进入了一个奇幻的世界。这个世界太漂亮……"

当我读完时，同学们不约而同地鼓起了掌。"写得太美了！""老师，这篇文章写得太好了，让我仿佛置身于一片金色的秋的海洋。"

同学们七嘴八舌地讨论起来，都对这篇文章赞不绝口。

"同学们，这篇文章出自我们班宁宁之手，这是她为大家摘抄的一篇精彩的短文，同学们喜不喜欢呢？"

"喜欢。"

"那我们要不要一起把掌声送给宁宁，感谢她为我们带来了这么好的一篇短文？"

教室里响起了阵阵掌声。在掌声中，我看到了宁宁开心、害羞又感动的表情。

第二天，宁宁主动找到我，交给我一篇她自己写的作文，字迹工整。那一刻，我开心地笑了。

（1）针对此案例，下列说法正确的有（　　　）。

A. 老师的表扬提高了宁宁的附属内驱力

B. 宁宁主动交了一篇字迹工整的作文，这是态度迁移的结果

C. 老师及时调整了教学内容，说明该老师注重结果性教学目标

D. 宁宁对写作文自暴自弃的态度，说明自我效能感会受过去经验的影响

E. 宁宁因为以前老师的评价，认为自己"不是学语文的料"，这属于内部、不稳定、不可控的归因

（2）从上述案例可以得到的启示有（　　　）。

A. 良好的师生关系是一种强大的教育力量

B. 合理营造课堂的竞争气氛，有利于调动学生的学习积极性

C. 当学生犯错误的时候教师要给他们机会，用爱和温暖去感化学生

D. 在归因时，教师应鼓励学生进行外部归因，从而避免学生失去信心

E. 培养学生的学习动机，使学生乐学、好学应成为教育的重点目标之一

11.（2017上）根据下面资料，作答（1）（2）题。

【资料】小明的父母从农村进入城市工作，因此小明跟随父母从农村学校转学到城市学校。小明在农村学校学习时，性格开朗，学习积极性高，各方面表现都很好，经常得到老师的表扬。但小明转入城市学校后，感觉处处不适应。老师还经常批评他，说他学习习惯不好，让他好好向其他同学学习。小明自己也时常与同班同学相比，认为同学们学习成绩好，很多人还有自己的爱好和特长，都比自己强。小明渐渐沉默起来，不和同学交往，学习上也有力不从心的感觉，认为自己无论怎样努力都难赶上其他同学，于是向父母提出要回农村读书。其父母也与小明的看法相同，将小明送回了农村学校。

（1）针对此案例，以下说法正确的是（　　　）。

A. 父母应帮助小明适应新环境

B. 小明无法适应新环境，最好是回原学校

C. 老师应针对小明的实际情况，因材施教

D. 小明从农村学校转入城市学校，存在适应问题是正常的

E. 老师的批评和与同学的反复对比，使小明产生了自卑心理

（2）如果你是小明的老师，应该怎样做？（　　　）

A. 经常与小明的父母沟通，家校共育

B. 在教学过程中循序渐进地培养小明的学习习惯

C. 小明产生了心理障碍，建议家长带他看心理医生

D. 通过小组合作学习、同伴互助，让小明融入集体

E. 利用小明学习中的点滴进步，帮助他克服自卑，树立自信

12.（2014下）根据下面资料，作答（1）（2）题。

【资料】成绩平平的雯雯初一时因一次数学考试得了全班第一而信心大增，对数学特别投入，成绩直线上升。进入初三时，新任数学老师非常严厉，对所有学生考试中出现的错误都毫不留情，经常在全班点名批评。雯雯平时有些"马大哈"，一次又因粗心大意被数学老师点名："不管你多聪明，平时考得再好都没有用，关键是大考，如果大考时还粗心，一切都玩儿完！"老师的话时常响在雯雯耳边，每逢数学考试都很紧张，生怕自己考不好，但越是这样越出错，雯雯的数学成绩逐渐

下滑。

（1）造成雯雯学习效果不好的原因是（　　）。

A．教师的严厉批评给了学生负强化

B．教师忽视了学生的个体差异

C．学生产生了考试焦虑

D．学生的期望值太高造成失败

E．学生的基础不好引起考试失误

（2）根据材料，采取什么样的措施能帮助雯雯解决这一问题？（　　）

A．与教师沟通，改变对学生的评价方式

B．对学生进行行为训练，改变粗心的习惯

C．及时给予正强化，帮助学生树立信心

D．指导学生制订学习计划，提升数学成绩

E．降低学生对考试结果的期望，减少焦虑

13.（2024上）根据下面资料，作答（1）（2）题。

【资料】上课伊始，秦老师告诉学生："今天，我给大家请来了一位神奇的老师。"接着打开多媒体，屏幕上出现了一片绿茵茵的草地，一头牛被绳子拴在木桩上低头吃草。画外音响起：这头牛能吃多大范围的草？

学生思考后回答："牛吃草的范围就是以木桩为圆心，以拴牛的绳子长为半径的圆的面积。"随即屏幕上出现了牛吃草的范围；绿色的草地上闪现出一个以牛绳为半径，以木桩为圆心的黄色的圆。秦老师要求学生找出求这个圆的面积的方法。学生们议论纷纷，但谁都说不出正确的方法。

秦老师要求大家继续观看：屏幕上出现了一个圆——这个圆被分为绿、黄两种颜色的两个半圆——两个半圆各被平均分为4份，然后交叉拼在一起。秦老师让学生仔细观察，说出像什么图形。有的学生说："像长方形，但又不像，因为它的边是弧形。"学生继续观察：屏幕上再次出现一个等大的圆，它的两个半圆各被平均分为16份。

重复上述过程。学生比较后，得出结论：这个图形更接近长方形。

此时，秦老师引导学生想象："照此分下去，拼下去，最后能得到什么图形？"学生思考后说："可以把一个圆拼成一个长方形。"秦老师用多媒体演示上述过程，验证了学生的想法。

在此基础上，秦老师又引导学生思考圆的半径、周长与长方形的长和宽的关系。经过观察和思考，一部分学生找出了它们之间的关系，还有一部分学生没有找出来并持不同意见。争论一阵后，同学们一致同意再次请教"多媒体老师"。秦老师用红色标识圆的半径，用蓝色标识周长，然后用多媒体再次演示拼接过程。这次展示，使学生们直观看出了圆的半径就是拼得的长方形的宽，圆的周长的一半就是长方形的长。据此，秦老师让学生推导出圆的面积计算公式：$S=\pi r^2$，圆满完成了教学任务。

（1）对秦老师的教学，下列评价正确的有（　　）。

A．将教学的预设与生成有机结合，促进了学生对知识的掌握

B．利用了实物直观，生动演示了圆的面积转化为长方形面积的过程

C．引导学生认识圆与长方形的关系的教学方法，符合学生经验型抽象思维的特点

D．运用多媒体导课，吸引了学生的无意注意，为便捷、高效传递教学信息打下了基础

E．利用学生已有的知识"长方形的面积"学习新知识"圆的面积"，促进了新旧知识的联系和转化

（2）根据上述案例，可以得到的启示有（　　）。

A．让学生明确学习目标能激发学生的学习动机

B．小组合作探究在概念掌握学习中有独特作用

C．高效的课堂教学离不开现代教学媒体的支持

D．优化材料的呈现方式有助于学生问题解决能力的培养

E．引导学生归纳推理有助于学生的认识从感性发展到理性

14．（2024上）根据下面资料，作答（1）（2）题。

【资料】小希是一名初一新生，小学阶段成绩在班上名列前茅，很受同学们欢迎。然而进入初一后，随着学科增多和课程难度的增加，他虽然每天都很努力，但学习成绩却逐渐下滑。他开始感受到前所未有的压力，担心自己无法保持优秀的成绩，会让老师和父母失望，不再受到同学们的喜爱。慢慢地，在上课的时候，他难以集中注意专心听讲，常错过老师讲解的重要知识点；在和同学相处的过程中，他觉得自己总是被孤立，很难和同学们打成一片。这些情况使小希学习成绩大幅度下降，他开始出现迟到、旷课现象。

班主任毛老师觉察到小希的变化后及时打电话联系了小希的妈妈。从沟通中了解到，小希家经济条件不好，父母每天早出晚归，根本没有时间管他。小希一般都是自己照顾自己，因此他们对小希近段时间的变化并不知情。毛老师告诉小希妈妈，孩子的成长只有一次，父母要多关心孩子、陪伴孩子，要经常和孩子交流，了解他的学习、生活和情绪状况，这些都有助于孩子学习成绩的提高。随后，毛老师把小希叫到办公室，没有直接批评他，而是首先了解他的学习目标和理想，帮助他明确自我定位，告诉他虽然学习不是立竿见影的事情，但只要不断努力，就可以取得进步。接着，毛老师与小希一起分析他的学习方法，发现小希已有的死记硬背的学习方法已经不能适用于初中课程的学习，建议他在以后的学习中加强对知识的理解和逻辑思维的训练。

之后，小希调整了学习方法，根据每天作业完成情况及时分析自己的不足，调整第二天的学习内容。每周五毛老师都会抽时间与小希一起对本周学习进行总结分析，对其进步及时表扬，对其不足给予建议和鼓励。此外，小希父母也调整了上下班时间，确保每天都有陪伴和与孩子交流的时间。慢慢地，小希课堂表现越来越好，学习成绩逐步提高，这让他对学习、对自己更加有信心了。最终，小希顺利地度过了初中一年级。

（1）根据以上案例，下列说法正确的有（　　　）。

A．小希的学习动机主要为附属内驱力

B．小希在之后的学习中运用了元认知策略

C．小希学习方式的转变是认知顺应的结果

D．毛老师在教育过程中使用了定比强化

E．小希父母的教养方式属于放任型

（2）根据上述案例，可以得到的启示有（　　　）。

A．情绪与认知在学习生活中存在交互作用

B．良好的同伴关系对青少年心理发展和社会适应至关重要

C．教师为学生的自我和学业提供现实的反馈有助于学生获得同一性

D．适度的压力有助于提高学习效果，过强的压力可能会产生负面影响

E．在进行学习归因时，教师要引导学生尽量将成功归因于内部稳定的因素

15．（2023下）根据下面资料，作答（1）（2）题。

【资料】张鑫是一名小学三年级的学生。上课时他不是抠橡皮就是玩铅笔，对上课内容提不起兴趣，总要老师批评他才能管住自己一会儿。课后如果没有人提醒，张鑫很难主动做作业，做完作业从不主动检查，错误率很高。因为学习差，张鑫经常被老师批评，部分同学也不喜欢他。在家里，张鑫的学习由妈妈负责。有时候张鑫没有完成作业或作业错误，老师问起来，张鑫就会以"妈妈今天忙"或者"妈妈没有给我检查"来推脱。妈妈很爱张鑫，张鑫小时候穿衣慢，妈妈怕他受凉

就帮他穿；张鑫想帮妈妈做事，妈妈也会说："你还小，做不好。"张鑫上小学后，妈妈对他的学习要求非常严格，希望他未来能考一个好大学。对于张鑫学习不认真、成绩差的问题，妈妈打骂多次，但并不见效。

有一天，科学课老师给大家发了蚕卵，要大家养蚕并记录蚕的生长过程。张鑫破天荒地全程认真听完老师对养蚕的介绍。接下来的几天里，他起床和放学后做的第一件事就是去看蚕有没有变化。为了给蚕找食物，他学会了认识桑树。每天一放学就去摘桑叶喂蚕，并认真打扫蚕的"房间"。一段时间后，科学课老师让同学们把前一阶段蚕的生长记录作业交上去，张鑫的作业第一次得到老师的表扬。但是除了"养蚕"这个作业能认真完成以外，对其他学习，张鑫依然如故。妈妈看他学习本来就困难，现在还在养蚕上耗时间，心里着急不已，便找到班主任陈老师请她想想办法。陈老师劝解妈妈说养蚕也是老师布置的作业，并告诉她这个作业张鑫完成得很好。接下来，陈老师把张鑫叫到办公室，表扬了他认真完成养蚕作业的行为，并进行了如下对话：

"你喜欢上课吗？""不喜欢。""为什么不喜欢？""因为我学不好。""我听你妈妈说，你把蚕养得白白胖胖的。科学老师说你的养蚕记录写得很好。为什么你能把养蚕的作业做得这么好？""养蚕好玩，给它们喂桑叶，它们就会长大。""老师觉得，你专心养蚕，所以能把蚕养好；如果专心上课，你也能够把学习搞好，你愿意试试吗？""我愿意。"

经过与张鑫的沟通，根据他的实际情况，陈老师和妈妈与张鑫约定：张鑫哪一天能够主动完成家庭作业并改错，那一天就由他照顾蚕宝宝；如果需要妈妈提醒才能做到，那一天就由妈妈照顾蚕宝宝。两周以后，妈妈告诉陈老师，张鑫主动做作业的时候变多了，完成作业的速度和质量也提高了。

（1）根据上述案例，下列说法正确的有（　　　　）。

A. 张鑫存在注意缺陷障碍

B. 张鑫的学习动机属于高趋高避型

C. 张鑫对养蚕的重视说明他的成就目标属于掌握定向

D. 张鑫处于埃里克森人格发展阶段理论中的主动对内疚阶段

E. 陈老师的期望有助于张鑫学习兴趣的激发

（2）根据上述案例，可以得到的启示有（　　　　）。

A. 师生共同制定可达成的行为准则有助于良好行为的形成

B. 家长对子女活动的包办代替可能降低其自我效能感

C. 满足学生的基本需要是提高学生学习动机的基础

D. 家长的教育方式决定了孩子的学习行为和学习效果

E. 家校合作有助于促进学生的发展

参考答案

1.（1）ABD　**解析**：替代强化是指观察者因看到榜样受强化而受到的强化。案例中，杨阳通过观察学习受到了同学们作为正面榜样的积极影响，这是替代强化的表现。A项正确。

根据学习动机的作用与学习活动的关系，学习动机可以分为近景性动机和远景性动机。近景性动机是与学习活动直接相关的，来源于对学习内容或学习结果的兴趣，如学生的求知欲、对某门学科浓厚的兴趣、教师教学内容的新颖性等。远景性动机是与学习的社会意义和个人前途相关联的，如为不辜负父母的期望、为集体争取荣誉、完成自己的历史使命等。案例中，为班级争光应属于远景的间接性动机。B项正确。

认知内驱力是指学生渴望认知、理解和掌握知识，以及陈述和解决问题的倾向。这是一种内部动机。案例中的张小飞不爱学习是因为家庭贫困而遭到同学嘲笑，这属于外部因素引起的学习动机降低。C项错误。

案例中的数学老师说杨阳是"猪脑子"，这是对学生人格的侮辱，违反了"关爱学生"的师德规范。D项正确。

系统脱敏法是指当个体身体处于充分放松的状态下，让个体逐渐接近所害怕或焦虑的事物，或是逐渐地提高此类刺激物的强度，以逐渐降低个体的敏感性，从而减轻和消除对该刺激物的恐惧或焦虑情绪。案例中并未体现。

故本题选 ABD。

（2）ABCD　解析：案例中，张小飞、杨阳是初二年级的学生，此时处于青少年期，面临的矛盾冲突是同一性对角色混乱，此阶段容易丧失目标，失去信心，且二人出现问题的主要问题是对自我认知不足，所以作为老师需要帮助处于自我同一性发展阶段的学生形成正确的自我认识。A项正确。

张小飞起初对学习充满抵触情绪，也不愿意与人交往，后经钟老师的引导对学习重新产生兴趣，也愿意积极投入人际交往，这体现了教师的引导和帮助有助于学生情绪的合理释放和疏导。B项正确。

教师期望效应认为教师的期望或明或暗地传送给学生，学生会按照教师所期望的方向来塑造自己的行为。案例中，钟老师对两位学习落后的学生积极引导与教育，而且两位同学取得了明显的进步。这体现了教师的积极期待对学生的激励作用。C项正确。

张小飞因为归属与爱的需要没有得到满足，杨阳因为尊重的需要没有得到满足，因此他们都渐渐对学习没有了兴趣。这说明学生缺乏学习兴趣，有可能是因为缺失性需要未满足而阻碍了高级需要的发展。D项正确。

影响自我效能感的因素包括学习成功与失败的经验、替代性经验、言语说服以及情绪唤醒。教师的言语劝说可以提高学生的自我效能感。E项错误。

故本题选 ABCD。

2.（1）ABCD　解析：根据材料中的"小刚更喜欢安静地看书并独自做读书笔记，小松更愿意在老师的指导下学习"，可判断出小刚是场独立型的学生，能够独立自觉学习，偏爱结构不严密的教学；小松是场依存型的学生，易受暗示，学习被动，偏爱结构严密的教学，二者具有不同的认知风格。故 A、B、C 三项正确。深层加工型和表层加工型是美国心理学家斯诺等人根据学生对信息加工的深度提出的两种认知加工方式。深层加工型的学生能够深刻理解所学内容，并将所学内容与更大的框架联系起来，以获得深层意义。表层加工型的学生在学习时记忆学习内容的表面信息，不能将所学的内容与更大框架联系起来。材料中，小刚属于场独立型的学生，倾向于在更抽象的和分析的水平上加工信息，其信息加工方式是深层加工型，D项正确。题干中并未体现教师期望效应对初三阶段学生的影响是否明显，教师期望效应的发挥因人而异，E项错误。故本题选 ABCD。

（2）ACE　解析：认知风格为场独立型的学生，在对客观事物做判断时，常常利用自己内部的参照，不易受外来因素的影响和干扰；在认知方面独立于他们的周围背景，倾向于在更抽象的和分析的水平上加工信息，独立地对事物做出判断。场独立型的学生偏好理科、自然科学，人文、社会科学成绩差。视觉-言语学习方式是指学习者偏爱以视觉形式和书面语言形式呈现信息，而且他们从这种形式呈现的信息中学得最好，倾向于独立安静地学习。阅读教科书和笔记、阅读演讲提纲是这类学习者偏爱的学习活动。综上所述，小刚的认知风格是场独立型，不擅长社会科学类，学习以"视觉-言语"通道为主。故本题选 ACE。

3.（1）CDE　解析：斯金纳认为人和动物的行为有两类：应答性行为和操作性行为。应答性行为是由特定刺激引起的，是不随意的反射性反应，是经典条件作用的研究对象；而操作性行为则不与任何特定刺激相联系，是有机体自发做出的随意反应，是操作性条件作用的研究对象。案例中，周聪上课随意讲话不是由特定刺激引起的，而是有机体的自发行为，是一种操作性行为。A项错误。常用的资源管理策略主要有时间管理策略、环境管理策略、努力管理策略和资源利用策略。其中，时间管理策略包括统筹安排学习时间、高效利用最佳时间、灵活利用零碎时间等。案例中，计算有效时间的做法借助了资源策略中的时间管理策略来帮助学生进行自我管理。B项错误。在青少年时期，思维的发展是其认知能力发展的标志，抽象逻辑思维在青少年的思维中逐步处于优势地位，并开始由经验型向理论型过渡，进入形式运算思维阶段，即可以在头脑中把形式和内容分开，脱离具体事物进行逻辑推演。但是，青少年的抽象思维在很大程度上尚属于经验型，在掌握复杂的概念和原理时，还需要具体的、直观形象的感性经验的直接支持。案例中，面对老师提出的问题，周聪没有回答出来，第二次他借助计算，将有效利用的时间用具体的天数表示，得出人的一生真的很短暂的结论，并懂得通过努力学习去珍惜时间，说明其抽象思维发展处于由经验型向理论型过渡阶段；通过人的一生可有效利用的天数归纳概括出珍惜时间的结论，说明其能脱离具体事物进行逻辑推演，其认知发展处于形式运算阶段。C、D两项正确。在应试教育的影响下，一些老师认为分数高、成绩好就是好学生，对其缺点视而不见。正因为如此，任课老师才对周聪上课讲话不予批评。但这是一种错误的教学观点，教育应培养德、智、体、美、劳等全面发展的人。E项正确。

（2）BC　**解析**：自我效能感指人们对自己是否能够成功地从事某一成就行为的主观判断。影响自我效能感的因素包括以下几点：①学习的成败经验（直接经验）；②替代性经验（间接经验）；③言语劝说；④情绪唤醒。其中，影响自我效能感最主要的因素是个体学习的成败经验。案例中并没有体现出周聪以往的成败体验，也没有体现出周聪对某一成就行为是否能够成功的主观判断。A项为干扰项。在教学过程中教师要针对学生的不同特点，采用个性化教学模式，因材施教，使每个学生获得最佳的发展。对于"吃不饱"的学生，要加大学习难度，加快学习进度，使其积极思考；对于"吃不了"的学生，引导其通过重复学习，逐步掌握知识。案例中，周聪属于"吃不饱"的学生，由于课堂上老师讲的知识点对他而言没有难度，所以其在课堂上左顾右盼、摇头晃脑并且打扰其他学生学习。因此，对其可以增加学习难度。B项正确。学生是发展中的人，是不成熟的人，是在教师指导下不断成长的人。在发展过程中，学生难免会产生这样或那样的问题，对于学生身心发展中出现的问题，教师要理解和宽容学生，了解学生的需要，并根据他们的需要和特点提出教育的要求。C项正确。为了促进学生的发展，科任教师要与班主任形成对学生的统一要求，但由于老师不同的教学风格，学生具有不同的特点，教师应用不同的方法教育学生，"严格按照班主任的要求管教学生"的说法过于绝对。D项错误。行为主义强调强化、奖赏与惩罚的重要性。对于一些错误，教师可以给予学生适当的批评教育。选项中"只要学生违反班规，老师都应该批评教育"的说法过于绝对，教师应具体问题具体分析，根据学生特点和违反班规的原因，采取不同的教育方法。E项错误。

4.（1）AD　**解析**：本题考查强化的类型、维纳归因理论和奥苏贝尔成就动机分类。

A项，直接兴趣是对活动过程本身的兴趣，是由认识事物本身的需要引起的。小雪对于练琴乐在其中，说明小雪学习钢琴主要源于直接兴趣。A项说法正确。

B项，自我效能感指人们对自己能否成功从事某一成就行为的主观判断和信念。材料主要描述了小雪的家庭氛围和父亲的教育方式，没有强调小雪的自我效能感对其成功的影响。B项说法错误。

C项，负强化指个体做出某种行为后，令其摆脱厌恶刺激，从而增强行为出现的概率。正强化指个体做出某种行为后，给予其一个愉快刺激，从而提高行为出现的概率。题干中，小宇努力后没考好，小姨给小宇买礼物（呈现愉快刺激），属于正强化。C项说法错误。

D项，认知内驱力指学生渴望了解和理解，要求掌握知识以及系统地阐述问题并解决问题的倾向，属于内部动机。小宇的父母和小姨习惯使用奖励和惩罚，激起小宇的外部动机，忽略了认知内驱力的激发。D项说法正确。

E项，小姨将小宇失败的原因归为"老师题目出难了"，即任务难度，任务难度属于外部、稳定、不可控因素。E项说法错误。

综上，本题选AD。

（2）BCD　**解析**：本题考查学习动机与学习效率的关系、维纳归因理论、需要层次理论、班杜拉社会学习理论。

A项，耶克斯和多德森的研究表明，各种活动都存在一个最佳的动机水平。动机不足或过分强烈都会导致工作效率下降，中等强度动机效果最佳。材料中，小宇因过于渴望成功而在考试中失利证明了这一点。A项说法错误。

B项，适度的奖励有利于巩固个体的内在动机，但过多的奖励却有可能降低个体对事情本身的兴趣，削弱个体的内部动机。材料中，小宇因无论成功与否都能得到奖励而对学习本身没有兴趣，对学习的内部动机被削弱。B项说法正确。

C项，根据马斯洛需要层次理论，成长性需要包括求知需要、审美需要和自我实现的需要。题干中，小雪具有自我实现的需要，说明成长性需要的激发与满足是促进学习的动力。C项说法正确。

D项，小雪的父亲老张是个二胡爱好者，每次小雪在书房练琴时，老张就在一旁拉二胡，起到了良好的榜样示范作用。D项说法正确。

E项，应引导孩子将失败归于努力的缺乏，从而增强学生的成功期望，提高学生的自尊心，增加行为的持续性。学生如果把失败归因于外部稳定的不可控因素可能会感到绝望，无力控制。E项说法错误。

综上，本题选BCD。

5.（1）AB　**解析**：冲动型认知方式是指个体倾向于很快地检验假设，且常常出错。小明总是迫不及待回答问题，他的认知方式属于冲动型。A项正确。习得性无助感是指由于连续的失败体验而导致个体产生的对行为结果感到无力控制、无能为力的心理状态。总是把失败归因于内部的、稳定的、不可控的因素的学生会形成一种习得性无助的自我感觉。题干中的小明将失败归因于自己不够聪明即能力不足，容易产生习得性无助。B项正确。正强化是指个体在做出某种反应之后，给予一个愉快刺激，从而提高其类似行为出现的概率。考上60分就可以去动物园玩属于正强化。C项错误。惩罚是指当有机体做出某种反应之后，呈现一个厌恶刺激或撤销一个愉快刺激，那么以后在类似情境或刺激下，该行为的发生概率就会降低甚至受到抑制。考不上90分就不能和其他小朋友玩属于惩罚。D项错误。有意注意是有预先目的，必要时需要意志努力，主动地对一定事物发生的注意。这种注意显示了人的心理活动的主动性、积极性。小明在上课时需要集中有意注意，因此教师应加强对小明的有意注意的培养。E项错误。

（2）ADE　**解析**：小明的妈妈在教育小明的过程中先采取的是惩罚措施，效果不佳，而后采取了强化的措施，取得了较好的教育效果。这是由于学生是独特的人，有其自身的独特性，教育方法应该根据儿童的特点来选择。A项正确。横向比较是让儿童与其他儿童针对自身的不同方面进行的比较。纵向比较是指让学生跟自己的过去和未来比较。进行横向比较容易挫伤小明的自尊心。B项错误。少量的、方式适当的惩罚可有效地减少学生的问题行为。不能用惩罚的方式的说法太绝对。C项错误。父母在教育中存在问题，可以主动地向老师请教和寻求帮助，形成家校合力。D项正确。近景性目标与近期目标相联系，是学生通过努力可达到的。考上60分属于近景性目标，是小明能通过努力达到的，有利于激发学习兴趣。E项正确。

6.（1）CDE　**解析**：赵老师对小峰的积极关注，是对小峰不遵守纪律行为的强化。赵老师的做法体现了行为主义心理学的主张。A 项错误。钱老师通过一连几天的谈话，做到了以学生为中心、给学生安全感，促进了学生的自发学习。其做法体现了人本主义心理学的主张。B 项错误。钱老师的陪伴消除了小峰的心理障碍，适应了他心理发展的特点，C 项正确。向师性即学生尊重、崇敬教师，乐意接受教师教导的自然倾向。学生希望得到教师的注意，是"向师性"特点的表现。赵老师的关注满足了小峰的心理需求，D、E 两项正确。

（2）BCD　**解析**：惩罚的运用必须慎重。惩罚只是暂时抑制行为而不能根除行为。而且小峰将惩罚作为受到注意的表现，意味着惩罚已经失去了效果。A 项错误。教师将小峰撵回家，侵犯了小峰的受教育权。E 项错误。当小峰违反纪律时，不予过多关注，实质上是利用消退的机制改善其行为；当小峰表现好时，及时表扬，实质上是用强化的办法改善其行为。B 项正确。成绩好、表现好的同学可以起到榜样的作用。教师可利用榜样示范法改善小峰的行为。C 项正确。加强与其他老师、家长的沟通，协调各方面教育力量，形成家校教育合力，也有助于小峰的行为的改变。D 项正确。

7.（1）ACD　**解析**：王老师当着全班同学的面批评田田的行为是不正确的，损害了田田的自尊心。A 项正确。题干中所述的情况不适宜用消退法，教师应该对田田正确的行为及时奖励，使用强化法。B 项错误。田田很聪明，在语言表达方面有特长，王老师据此可以及时给予赏识和激励，依靠积极因素，克服消极因素。C 项正确。由王老师指责他"太懒""不太像话""不许玩"可以看出，王老师的批评简单粗暴，他应提高语言素养，讲究批评艺术。D 项正确。惩罚一定要有度，不能出现孩子受不了的情形。E 项错误。

（2）ABCD　**解析**：在案例中，田田的问题较为突出，田田的家长对其教育重视度也不够。教师应该定期家访，提高家访效果，协调各方面的教育力量。A 项正确。师生之间要相互尊重、理解，在沟通时教师要有同理心，B 项正确。案例中田田的家长有时管孩子，有时又不管孩子，在教育方式上未保持一致，缺乏一贯性，导致田田逐渐形成反抗型依恋。C 项正确。教育过程中，严厉的冷暴力行为会给学生造成心理伤害，也容易使他们产生抗拒心理，而达不到批评教育的目的。D 项正确。教师是专门的职业，关心爱护学生是基本的职业道德要求。教师要避免情绪化对教育活动的消极影响。E 项错误。

8.（1）AC　**解析**：案例中的这位老师相信学生，相信其可以把答案想出来，树立了学生的自信心。另外，老师不断地启发引导学生，激发其学习动力。案例中老师不断给学生动力，而不是压力，B 项错误。材料中的老师没有采用直观教学和理论联系实际的教学，D、E 两项错误。

（2）ABCE　**解析**：案例中教师研究学生，针对学生的特点来进行相应的教学指导。同时，教师对学生抱有积极的期望，在一定程度上可以促进学生的积极表现。另外，教师还需要做到激发学生的学习动机。在案例中，这位老师的做法告诉我们不仅仅要做好讲授者的角色，还要做好学习促进者的角色。但是，教师应有积极的自我意识和稳定的情绪和题干无关，所以不选择 D 项。

9.（1）ABCE　**解析**：案例中的小强想认真学习，成为一名好学生，这是他理想中的自我；但现实中，由于跟不上教学的进度，屡屡失败的经验让小强产生了习得性无助，他逐渐放弃努力，甚至开始在课堂上睡觉，成了一名"坏学生"，这是他现实的自我。张老师并没有因为小强的"失败"而放弃小强，她采取了一系列措施：让小强回答简单问题，获得成功体验，增强信心；遵循减少干扰原则，将小强的座位调到前面，让他能专注学习；借助小强长跑的优势，将长跑获得成功的原因归为小强的努力，进而引导小强在学习上付出努力、明确目标，增强小强的学习动机。

（2）ABCDE　**解析**：张老师的耐心帮助和父母教育方式的转变满足了小强归属和爱的需要、尊重的需要（缺失性需要），为小强不断进步提供了源源不断的动力。这启示我们在教育工作中，要充分利用各种反馈信息，干预学生不良行为；要了解学生的个性特点和年龄特点，帮助学生全面、客观地认识自己；为学生制定明确的、有针对性的学习目标，提高学生的学习动机；及时调整学习策略，促进学生更好地发展。

10.（1）ABD　**解析**：附属内驱力是指个人为了获得长者或同伴的赞许或认可，而表现出来的把学习或工作做好的需要。它既不直接指向学习任务本身，也不把学业成就看作赢得地位的手段，而是为了获得长者或同伴的赞许和接纳。案例中，宁宁因为受到老师的表扬，而自己写作文并主动交给老师，这是一种附属内驱力。A项正确。

态度迁移是指一种态度对另一种态度的影响。如一个不喜欢数学的学生，在多次得到数学老师无微不至的关心和帮助之后，态度发生改变，不仅对数学老师产生好感，进而喜欢上数学这门学科。案例中，宁宁被老师表扬之后，对写作文的态度由十分敷衍、字迹潦草向主动撰写、字迹工整转变，这是态度迁移的结果。B项正确。

课程标准中的目标主要是按结果性目标和体验性目标来描述的。结果性目标主要用于对"知识与技能"目标领域的刻画，而体验性目标则主要用于反映"过程与方法""情感态度与价值观"等目标领域的要求。案例中，老师让学生说出自己喜欢的季节及原因，并且读了宁宁摘抄的短文，从而使宁宁的态度发生了转变，说明该教师更加注重"情感态度与价值观"领域的教学，这属于体验性教学目标。C项错误。

自我效能感指人们对自己是否能够成功地从事某一成就行为的主观判断。自我效能感的影响因素有学习的成败经验（直接经验）、替代性经验（间接经验）、言语劝说、情绪唤醒等。其中，影响自我效能感最主要的因素是个体学习的成败经验。案例中，宁宁以前的老师说她"不是学语文的料"，进而导致她觉得自己不可能写好作文，自暴自弃，体现了自我效能感受过去学习经验的影响。D项正确。

维纳认为人们倾向于将活动成败的原因归结为以下六个因素，即能力高低、努力程度、任务难度、运气（机遇）好坏、身心状态、外界环境等。同时，这六个因素可归为三个维度，即内部归因和外部归因（内在性）、稳定归因和不稳定归因（稳定性）、可控归因和不可控归因（可控性）。案例中，宁宁认为自己"不是学语文的料"，属于能力归因，即内部、稳定、不可控的归因。E项错误。

综上所述，本题选A、B、D三项。

（2）ACE　**解析**：良好的师生关系是教育教学活动顺利进行的重要条件。构建良好的师生关系，要求教师对待学生有充分的耐心和爱心，热爱、尊重学生，公平公正对待学生。案例中，对于宁宁抄写作文的错误行为，老师没有直接对其进行批评，而是采用调整教学内容的方式，通过在语文课上阅读宁宁摘抄的短文，并对她进行表扬，用自己的爱和温暖去感化宁宁，从而使这种和谐的师生关系转化为强大的教育力量，促使宁宁上交了一篇自己写的字迹工整的作文。A、C两项正确。

在课程上营造合理、适当的学习竞争气氛，在一定程度上可以调动学生学习的积极性，但案例中未涉及课程竞争气氛的营造。B项不符合题意。

根据维纳的归因理论，外部归因的学生倾向于从外部找原因，把学习的成功归因于运气较好，把学习的失败归因于运气不好、教师教得不好、学习任务太难。这是对学习成功和失败的消极态度。内部归因的学生倾向于把学习的成功归结为自己的能力和勤奋，而把学习的失败归结为自己的努力不够，因而在事后分析原因时，把失败作为需要付出更大努力的标志。内部归因的学生的成就动机比较高，学业成功的可能性也比较大。因此，在归因时，教师应鼓励学生进行内部归因，从而避免学生失去信心。D项错误。

学习动机是直接推动学生进行学习的原因和内部动力，是激励和指引学生进行学习的一种需要。案例中，老师通过对宁宁进行表扬的方式，激发了宁宁的学习动机，使其主动写作文。因此，激发学生的学习动机，让学生真正地乐学、好学应成为教育的重点目标之一。E项正确。

综上所述，本题选 A、C、E 三项。

11.（1）ACDE　**解析**：案例中有关小明问题的描述反映了小明从农村学校到城市学校，对新环境无法适应。凡是生活、学习和工作环境发生了重大改变，个体就有可能出现心理、行为上的无法适应。存在适应问题是正常的。父母和老师应当根据小明的实际情况，有针对性地帮助小明适应新环境，而不是逃避问题，返回原学校。此外，老师的批评和与同学的对比，让小明觉得自己方方面面不如其他同学，使小明产生了自卑心理。因此，A、C、D、E 四项正确，B 项错误。

（2）ABDE　**解析**：针对小明存在的适应问题，教师和家长应该加强沟通，共同努力，形成教育合力，帮助小明克服困难，同时，也可以通过同伴互助，用集体的力量让小明产生归属感，帮助小明克服适应问题。针对小明学习习惯的问题，教师应该在教学过程中循序渐进地进行培养，不能一味地批评。针对小明的自卑心理，家长和教师可以利用小明的点滴进步，对他进行鼓励，帮助小明树立自信，克服自卑。小明无法适应新环境，已经出现了学习困难和自卑心理，这属于学习心理障碍，可以通过自我调节或求助父母、亲友、老师等方法进行调节。由于小明的情况并不是特别严重，暂时不需要去看专业心理医生。故本题选 ABDE。

12.（1）BCD　**解析**：教师的严厉批评对学生而言是一种惩罚而非负强化，A 项错误。材料中教师对所有学生都十分严厉，忽视了学生的个别差异性，B 项正确。从材料最后可知，雯雯产生了考试焦虑。另外雯雯个人对考试期望太高也容易导致紧张、焦虑，降低了学习效果。C、D 两项正确。从题干中无法得出学生基础不好，E 项错误。

（2）ABCDE　**解析**：材料中教师过于严厉的评价方式，不利于学生学习，需要改进，A 项正确。对于雯雯粗心的不良习惯可通过行为训练进行矫正，B 项正确。材料中雯雯对考试失去信心，可通过正强化进行改善，C 项正确。针对雯雯学习成绩下降可通过制订学习计划，改善学习提高成绩，D 项正确。学生过重视考试结果容易产生焦虑，因此可引导学生正确认识考试结果，减少焦虑，E 项正确。

13.（1）ACDE　**解析**：本题考查教师教学行为。

A 项正确。案例中，秦老师设计逐层深入的问答环节体现了教学的预设；在问答过程中，学生出现讨论未果的情况，超出了教学预设。秦老师适时调整策略，借助多媒体继续完成教学。

B 项错误。案例中，秦老师通过多媒体展示圆面积转化为长方形面积的过程，属于模象直观。

C 项正确。经验型抽象思维是低水平的抽象思维，带有浓厚的具体形象水平色彩和很大的直观形象性。案例中，秦老师通过切割圆形的动画引导学生认识圆与长方形的关系，直观形象，属于经验型抽象思维。

D 项正确。无意注意是没有预定目的、不需要意志努力、不由自主地对一定事物发生的注意。案例中，秦老师运用新异的动画吸引学生注意，属于无意注意。

E 项正确。案例中，秦老师引导学生在圆的面积（新知识）和长方形面积（旧知识）之间建立转化关系，将新旧知识联系起来，便于学生更好地掌握新知识。

（2）ACDE　**解析**：本题考查教师教学行为的启示。

A 项正确。案例中，秦老师要求学生找出求圆的面积的方法是明确学习目标，激发了学生解决问题的动机。

B 项错误。案例中，秦老师没有对学生进行分组，不属于小组合作学习。学习圆面积与长方形面积的关系是命题学习，不是概念学习。

C 项正确。多媒体信息技术通过创造生动有趣的教学情境，激发学生的学习兴趣和想象力，使学生更加主动地参与学习过程，提高课堂教学效率。案例中，秦老师借助多媒体圆满完成了教学任务。

D 项正确。优化材料的呈现方式可以提高直观性，有助于学生更准确地理解问题，有利于提高学生的问题解决能力。案例中，秦老师以切割圆形的直观方式帮助学生更好地探究圆的面积公式。

E项正确。案例中，秦老师引导学生通过观察、比较和归纳，在探究中由已知推导未知，有利于学生从感性认识发展到理性认识，进而提高学生的思维能力。

14.（1）ABCE　解析：本题考查学习心理。

A项正确。附属内驱力是指个人为了获得长者（如家长、教师等）的赞许、认可或同伴的接纳，而表现出来的把学习或工作做好的需要。小希学习的动机是获得家长、教师的认可和同伴的接纳，属于附属内驱力。

B项正确。小希后来调整了学习方法，根据每天作业完成情况及时分析自己的不足，调整第二天的学习内容，运用了元认知策略中的监控和调节策略。

C项正确。顺应是指学习个体的认知结构因外部刺激的影响，而发生改变的过程。小希原有的学习方法不适用于初中课程的学习，于是改变了学习方法适应新的学习内容。

D项错误。定比强化是在固定反应次数后给予强化。毛老师每周五与小希一起总结分析并对其进步及时表扬。这是定时强化。

E项正确。放任型教养方式包含放任忽视型和放任溺爱型。前期小希的父母每天早出晚归，根本没有时间管他，可知小希父母早期的教养方式属于放任忽视型。

（2）ABCD　解析：本题考查学生学习的影响因素。

A项正确。消极情绪会削弱学习动机和努力程度，干扰注意和记忆活动等。小希前期压力大时无法集中注意力听讲。

B项正确。小希在和同学相处的过程中觉得自己总是被孤立，很难和同学们打成一片，这在一定程度上影响了他的情绪状态，进而对其发展产生负面影响。

C项正确。案例中，毛老师帮小希明确目标和理想，给予小希学业反馈，有助于小希获得同一性。

D项正确。小希前期压力过大导致学习效果不理想，后期调整后学习进步明显。

E项错误。引导学生将成功归因于内部不稳定的因素（努力）比归因于内部稳定的因素（能力）更能激发学生的学习动机。

15.（1）CE　解析：本题考查心理障碍、自我价值理论、成就目标理论、社会性发展、教师期望。

A项，张鑫能够全程认真听完老师介绍养蚕，说明他课堂上的小动作不是由于注意缺陷，而是对学习内容缺乏兴趣。A项说法错误。

B项，高趋高避型个体既追求成功又害怕失败。他们往往有完美主义的倾向，给自己太大的压力，处在持续恐惧之中。案例中，张鑫对上课内容提不起兴趣，渴求成功的趋向弱，不属于高趋高避型。B项说法错误。

C项，掌握定向强调个体的学习目标在于掌握知识而不在于表现自己的能力。案例中，张鑫对养蚕的重视出自其对养蚕过程的兴趣和好奇，并不是为了表现自己，其成就目标属于掌握定向。C项说法正确。

D项，张鑫为小学三年级学生，处于学龄期，其处于勤奋对自卑阶段。D项说法错误。

E项，罗森塔尔效应认为教师的期望或明或暗地被传送给学生，学生会按照教师所期望的方向来塑造自己的行为。案例中，陈老师鼓励张鑫，对他给予积极期望，促使他产生学习动力，有助于激发其学习动机。E项说法正确。

综上所述，本题选CE。

（2）ABCE　解析：本题考查自我效能感、学习动机、家校合作。

案例中，经过与张鑫的沟通，并结合他的实际情况，陈老师和他立下约定，促使张鑫向积极方面改进。A 项说法正确。

案例中，张鑫妈妈包办张鑫的生活琐事，在学习上替张鑫检查作业，这使得张鑫难以获得自主完成任务带来的成功体验。因此，家长对子女活动的包办代替可能降低子女的自我效能感。B 项说法正确。

案例中，教师表扬了张鑫认真完成养蚕作业的行为，满足了其尊重需要，自此，张鑫主动做作业的时候变多了，完成作业的速度和质量也提高了。这表明满足学生的基本需要是提高学生学习动机的基础。C 项说法正确。

案例中，孩子的学习行为和学习效果更多地取决于个体的主观能动性，家长的教育方式会产生影响，但不起决定作用。D 项说法错误。

案例中，张鑫妈妈和陈老师的合作共育促进了张鑫行为的转变，体现了家校合作促进学生的发展。E 项说法正确。

综上所述，本题选 ABCE。

第三章　教育法学部分

1.（2022下）根据下面资料，作答（1）（2）题。

【资料】小张与小王是某中学同班同学。周二下午体育课，体育老师黄某在学校操场上组织包括小张和小王在内的学生进行1 000米竞跑，在竞跑过程中，小张被后面抢道冲上来的小王撞倒，痛感剧烈。黄老师感觉事态严重，立即拨打"120"，同时报告给学校。分管体育的顾校长和政教主任鲁老师立即赶到操场，并随救护车到人民医院对小张进行检查，检查结果为左锁骨骨折。检查完毕后小张的父母才赶到医院，学校随即和家长完成交接。人民医院对小张的治疗采取内固定物固定，医嘱一年后手术取出固定物，12天共计支出医药费10 277元。小张的伤情被当地司法鉴定所鉴定为十级伤残。出院后小张一个多月没有到校上学，成绩受到影响，后来虽然参加了学业水平考试，但成绩很差，未能考入高中。事情发生后，小张的父母多次与学校和小王的家长协商解决，但一直没有结果，只好到法院提起诉讼，要求学校和小王家长承担医疗费、护理费、营养费等费用。

学校为了应诉，积极准备材料，向法院提交证据，包括：

证据一：市教育局文件复印件。复印件证明各区县统一测试项目，男生1 000米，女生800米。证明1 000米是考试的必考项目。

证据二：学校安全管理制度。该制度证明学校的安全教育是常规工作，事故发生后，学校在第一时间内完全按照学校应急预案处理。

证据三：小张的班主任翟老师提供的会议记录复印件。复印件中学校安监办刘主任在全体老师例会上强调了活动安全教育；班主任在班会上强调体育活动应量力而行，注意安全，证明学校对所有学生进行了安全教育。

证据四：学校与小张签订的学生安全管理目标责任书，责任书中约定"在对抗性或者具有风险性的体育竞赛活动中发生的意外伤害事故，一切责任由家长或监护人承担"。

证据五：证明材料一份。该材料系小张本人书写，证明小张跑了不到100米时，被王某撞倒摔伤的事实及摔伤后学校处置事故的经过。

（1）对于学校提交的证据，下列说法中正确的有（　　　）。

A. 市教育局文件复印件，可以作为学校免除责任的依据

B. 安全管理制度属于学校的规章制度，可以作为学校免除责任的依据

C. 班主任翟某提供的会议记录复印件，不可以作为学校免除责任的依据

D. 学校与小张签订的学生安全管理目标责任书，可以作为学校免除责任的依据

E. 小张本人书写的证明材料，不可以作为学校免除责任的依据

（2）下列有关伤害事故处理的说法中，正确的有（　　　）。

A. 小张可以向相关责任人请求精神损害赔偿

B. 小王抢道致使小张受伤，应对此事故承担责任

C. 小张住院治疗产生的费用中，因其由父母照顾，所以不存在护理费

D. 学校没有对竞跑过程进行有序监管，致使伤害事故发生，应承担一定的责任

E. 1000米竞跑存在一定的风险，小张应该接受这种风险，对此事故承担一定的责任

2.（2015 下）根据下面资料，作答（1）（2）题。

【资料】某校五年级学生小童把父亲的集邮册带到学校向同学炫耀，上科学课时同学小钟偷偷翻看集邮册被老师发现。科学课老师将集邮册没收后交给了小童的班主任阳老师。阳老师随手将集邮册放在办公室的书架上，随后因工作繁忙将此事淡忘。小童的父亲在发现集邮册不见后询问小童，才得知已被老师没收。其父亲赶到学校，一是向老师道歉，二是要求归还集邮册。但阳老师这才发现集邮册不见了踪影。小童的父亲认为自己的集邮册收藏了一些价值较高的邮品，要求赔偿，而阳老师认为此事的引发是小童违反校规在先，否则也不会发生这样的事。

（1）针对此案例，以下说法正确的是（　　　）。

A. 学生上课时玩与学习无关的物品，教师应当制止，但不能没收

B. 学生将与学习无关的物品带到学校，影响学习，教师可以没收

C. 学生违反校规校纪而被没收的物品，学校没有保管责任

D. 教师没收学生违规带入的物品，应当妥善保管

E. 教师没收学生物品后，应当及时通知家长来领取

（2）在本案例中，关于集邮册丢失的赔偿责任，以下说法正确的是（　　　）。

A. 阳老师没有保管好没收的集邮册，致其丢失，应当承担赔偿责任

B. 家长疏于管教，致小童将集邮册偷带到学校丢失，家长应负主要责任

C. 教师在课堂上没收学生的物品是职务行为，学校应承担赔偿责任

D. 集邮册被没收是同学小钟引发的，小钟应承担一定的赔偿责任

E. 小童违反校规将与学习无关的物品带进学校，应当自行负责

3.（2019 下）根据下面资料，回答（1）（2）题。

【资料】王老师是某小学三年级（7）班的班主任。有一天，班上同学小林违反了学校规定，将新买的小型风扇带到了学校，并在课堂上玩耍小风扇。最后，王老师将其没收，并要求小林在期中考试前进五名可将小风扇归还给他。期中考试后，小林只前进了两名，但因为十分喜欢此风扇，便想去要回小风扇。小林去办公室发现王老师正在使用小风扇并且用旧了，王老师以小林未达成目标为由拒绝了归还给小林，并在班上将此事讲出，说小林没有完成目标还想要回东西，语言激烈。小林非常不开心，将此事告诉了妈妈。小林的妈妈得知此事后，在家长群里指责王老师没收东西私自使用，有损师德，此事引起来了较大风波。最后，学校要求王老师另买新的风扇归还给学生，并以给学校惹事为由对王老师处以 300 元罚款。

（1）针对以上案例，说法正确的是（　　　）。

A. 老师没有权利没收小林的风扇

B. 学校应该维护学生的合法权益

C. 老师没收小林的东西属于正确行为

D. 学校没有权利对老师进行罚款

E. 小林妈妈将王老师没收小林风扇的事在家长群大肆宣扬，行为恶劣

（2）此案例给我们的启示是（　　　）。

A. 遵守校纪校规是学生的义务

B. 教师要培养师德修养，提升专业素质

C. 家长应该与学校保持一致，形成教学合力

D. 教师应该知法懂法，对侵犯自身权利的行为进行申诉

E. 学校应该维护学生合法权益

4.（2017 上）根据下面资料，作答（1）（2）题。

【资料】某校八年级一班学生王某，人称"女汉子"，性格粗犷、学习不认真、纪律观念淡薄。

一次英语课堂上，她用橡皮泥"擀拉面"，任课教师赵老师多次用眼神暗示不能这样做，王某视而不见，反而更加肆无忌惮，严重影响课堂秩序。赵老师走到她的课桌旁边，制止王某的行为。

赵老师刚转过身，王某轻声地辱骂老师。赵老师听到后，非常生气，但还是克制住了，当作什么也没有听见，回到讲台上继续上课。

下课后赵老师将王某叫到办公室，问她："你刚才上课时是不是骂了我？"王某不吭声，将头侧向一边，不予理睬。赵老师见王某态度如此傲慢，说："既然如此，那就叫你家长过来。"王某得知家长要来，拔腿就跑，很快就冲出了校门……赵老师本想赶出校门将王某拉回学校，但是另一个班的学生正等着她上课，无奈之下，赵老师只好一方面联系住在附近的王某家长找人，另一方面电话向校长报告情况，请校长安排保卫处老师赶紧找人。

过了没多久，王某家长来到学校，赵老师将课堂上发生的一切坦诚地告诉了王某家长，并问其是否找到王某。王某家长说："她的性格我非常清楚，别担心。"到了晚上，王某家长电话告诉赵老师，王某还没有回家，叫赵老师帮他找人。赵老师协同王某家长四处寻找，没有找到王某。

三天以后，王某依然没有出现。王某家长扬言，如果赵老师不帮他把孩子找回来，他就要报复赵老师，并到学校威胁说如果再过三天还是见不到他的女儿，就要将赵老师告上法庭。面对各种压力，赵老师只得发动学生和她一起再次寻找王某……第四天，王某回到了学校，像往常一样正常上课。

有老师建议学校开除王某，王某家长说："我女儿受义务教育法保护，谁敢开除？"

（1）针对此事件，以下说法正确的是（　　　）。

A. 王某严重违反校规校纪，学校应给予纪律处分

B. 王某严重违反校规校纪，学校应给予劝其退学的处分

C. 面对家长的威胁，赵老师应运用法律手段保护自己

D. 在此事件中，学校没有协调处理，是一种不作为行为

E. 王某之所以如此嚣张，是赵老师一步一步纵容起来的

（2）如果你是赵老师，你应该怎么做？（　　　）

A. 王某严重干扰课堂秩序，应请出教室

B. 课后应先与家长沟通，争取家长配合

C. 王某跑出学校，应放下一切工作去寻找

D. 要求学校采取措施，维护教师的合法权益

E. 面对这样的工作环境，选择离开

5.（2016下）根据下面资料，作答（1）（2）题。

【资料】某校校长周一在全校课间操上突然宣布，下个星期学校将以班为单位进行综合评比，各班排名靠后的学生要在学校公示。全校师生对校长的这个决定都感到很意外。一周之后，八（2）班开始采用无记名投票的方式进行评选，王晓在本班排名垫底。结果公布后王晓独自到校外买了一瓶老鼠药。晚自习结束，她在楼梯间哭了很久，直到同学们都睡了才回到宿舍。第二天上午上完第一节课，王晓跑回了宿舍。上午放学后，班主任到寝室找王晓，发现她喝了老鼠药，便急忙将她送到附近的医院。

（1）针对该案例，以下说法正确的是（　　　）。

A. 中小学实行校长负责制，校长有权独自做出决策

B. 学校评选并公示排名结果，侵犯了学生的隐私权

C. 学校评选并公示排名结果，可以激发学生的上进心

D. 王晓心理承受能力差是导致此事件发生的主要原因

E. 在此事件中，学校应当承担主要责任

（2）该案例给我们的启示是（　　）。

A. 校长是学校管理的责任人，但重大的教育决策不能一个人说了算，必须依法治校

B. 学生个体差异性大，因此在学校发生伤害事故不可避免

C. 教师应当关爱学生，及时关注学生的心理和行为动向

D. 学校应制定周密的学生安全防范措施，及时处理突发事件

E. 教师有学校管理和重大决策的参与权，若发现校长决策的偏差应及时提出

6.（2021上）根据下面资料，作答（1）（2）题。

【资料】2019年6月15日下午，某学校初二（3）班正在进行期末数学考试。江老师在校园巡考时，发现该班有两名女生，座位一前一后，有相互交谈的动作，手上好像还拿着小纸条。江老师径直步入教室，检查了这两位女生的桌面、抽屉等，但均未发现作弊的小纸条。走出考室时，江老师叮嘱负责该教室监考的马老师要注意维护考场纪律，做好违纪学生记录。马老师发现，这两位女生中，前排的小萍只要抓住机会就试图和后排女生交流。为了维护考场秩序，马老师走到小萍面前，当着全班的面说："我现在郑重警告你，继续作弊的话我就要没收试卷，让你离开考场。"他在考场记录表上写下"小萍作弊警告"这几个字。之后小萍也没有其他异样的举动。

2019年7月2日，学校公布期末成绩，小萍惊讶地发现自己的数学成绩为零分，原因是考试作弊，并且学校发布公告给予自己记过处分。她的母亲知道了女儿在学校的表现，觉得很丢脸，怒斥其不用功、不争气。小萍在母亲面前拒不承认自己作弊，第二天就负气出走了。小萍母亲四处寻找，直到7月4日还没有消息，觉得事态严重，遂到学校找班主任和学校领导理论。学校拿出了当天的考场记录表，虽然上面没有小萍的签名，但的确有当天监考的马老师的签名，所以学校认为，认定小萍作弊事实是清楚的。对于小萍的离家出走，学校也表示很遗憾，也很着急，但并无相关责任。

小萍母亲却不这么看，她认为：第一，小萍正常完成了考试，学校不能仅凭监考教师一人所做的"小萍作弊警告"记录认定小萍作弊。第二，学校的处理意见半个月后才告知小萍及其家长，教育管理上有过失，学校公开处分造成其女儿离家出走，学校要承担名誉侵权责任。第三，学校必须迅速与家长一起寻找小萍，如果学校置之不理，她将状告学校。

（1）针对此案例，下列说法正确的有（　　）。

A. 学校为严肃考风考纪，给小萍记过处分是正确行使了其权利

B. 学校采取公告形式处分学生，违背了《中华人民共和国未成年人保护法》

C. 学校没有掌握有效的纸质或录像证据，不能轻易认定小萍有作弊行为

D. 考场记录表上有马老师的签名，小萍应当被判定为作弊并受到纪律处分

E. 小萍的离家出走，反映了其心理承受能力差，主要是家庭教育导致，与学校处分无必然联系

（2）从此案例中可以得到的启示有（　　）。

A. 学校应当建立健全现代学校管理制度，提高依法治校水平

B. 从长远来看，教师对问题学生进行惩戒正是对学生受教育权的保护

C. 学校和家长要加强学生心理承受力的教育和训练，充分尊重学生的名誉权

D. 当未成年人合法权益受到侵害时，被侵害人及其监护人均有权向有关部门投诉

E. 学校对考试作弊行为的处理涉及学生的重大利益，必须事实清楚、证据确凿、程序完整

7.（2020上）根据下面资料，作答（1）（2）题。

【资料】星期四早上，五年级班主任赵老师收到了小瑶妈妈发来的QQ消息："我家小瑶因感冒发烧，今日无法到校上课，我要带她去医院，需要请假一天，请赵老师批准。明天好转后我会把她送到学校。"赵老师回复："好的，请看完病后及时将病情诊断书传给我。"到了中午12点，赵老师

还未收到病情诊断书。于是打电话询问小瑶妈妈，小瑶妈妈表示根本不知道小瑶请假的事。经查，原来是小瑶登录了妈妈的QQ号，自己发的请假信息。此时，小瑶妈妈接到一个电话，得知小瑶独自在外面玩耍摔伤了。事后，小瑶妈妈声称赵老师当时应该打电话确认请假事宜，并以班主任管理失责为由要求学校承担医药费。学校也认为赵老师失责，给予赵老师警告处分。赵老师对处分不服，随即查阅学校的《学生请假管理制度实施细则》，其中规定"学生请病假，家长可到校或通过电话、QQ、微信等形式向班主任说明情况，班主任批准后需在当天确认病情诊断书存档"。赵老师认为自己的做法符合规定，于是向当地教育局起诉。

（1）针对此案例，以下说法正确的是（　　　　）。

A. 此次意外学校无过错，无须承担责任

B. 小瑶在上课时间段受伤，学校应该承担主要责任

C. 赵老师的做法符合学校规定，学校不应处分赵老师

D. 学校给予赵老师处分是在行使对职工的管理权，做法正确

E. 赵老师未电话确认信息是否属实，存在失责，不能提起申诉

（2）根据此案例，学校应采取的改进措施有（　　　　）。

A. 学校应要求老师不得歧视品行有缺点的学生

B. 为规避此类事件再次发生，学校应完善请假制度

C. 学校应制定措施，要求家长管理好自己的通信工具

D. 针对小瑶的不诚信行为，学校有必要对小瑶行使惩戒权

E. 学校应加强与小瑶家长的沟通，家校共育，促进小瑶全面发展

8.（2019上）根据下面资料，作答（1）（2）题。

【资料】某学校语文老师为了提高学生的语文成绩，与学生一起设定了每个学生的语文考试成绩目标，并签订了相关协议：如果分数不达标，学生就会受到惩罚，低于目标一分会被语文老师用扫帚打十下。一次考试过后，语文老师按照协议对考试不达标的学生进行批评和惩罚，造成多名学生受轻伤。当时，班里有一名达标的男同学看到语文老师惩罚同学，想去向校长反映此事，但被班里的纪律委员发现后告到了语文老师那里。语文老师就在教室里打了这名男同学，导致其脸部受伤。学生回家后，有家长发现并了解此事后非常生气，于是联系其他学生的家长向校长反映此事，并提出强烈抗议。为了维护学校声誉，校长与家长们协商后决定，根据学生受伤程度，减免当年的学费，部分学生减免5 000元，另一部分学生减免3 000元，此事很快得以平息。

（1）针对此案例，下列说法正确的有（　　　　）。

A. 为了学生的学习，语文老师可以与学生签订上述协议

B. 减免学费可以弥补语文老师对学生的伤害

C. 为了学校的声誉，校长的决定及时、恰当

D. 教育局应对学校相关人员进行行政处分

E. 语文老师应承担相应的民事责任

（2）以上案例给我们的启示有（　　　　）。

A. 教师可以按照协议对学生进行惩罚

B. 教师要知法懂法、遵法守法、依法执教

C. 教师进行教育教学时，要注意教育的方式、方法

D. 校长在处理教育事件时，要以维护学校声誉为重

E. 教育行政部门应加强对学校教育教学工作的监管

9.（2017下）根据下面资料，作答（1）（2）题。

【资料】据新闻报道，某幼儿园老师在给小班的孩子换衣服时，由于孩子不配合，将孩子的衣

服摔在地上。孩子开始哭泣，老师没有理睬。十分钟后，孩子仍然哭闹不止。老师于是走过去，一把将孩子推倒在地。家长知晓此事后，将该情况反映给了当地教育行政部门。

又据新闻报道，某幼儿园小班的家长放学接孩子回家时，发现孩子手里捏着药片，便问孩子药片的来源。孩子告诉家长药是老师给的，是让他们睡觉前吃下去的。孩子还说："老师说不睡觉就打针，不听话也打针。"家长于是报警。

（1）综上所述，下列说法正确的有（　　）。

A. 幼儿教师的做法违反了《中华人民共和国教师法》和《中华人民共和国未成年人保护法》

B. 幼儿年龄小，不能控制自己的行为，教师应该严格管教

C. 该幼儿教师职业道德素养不高，专业性不强

D. 幼儿教师心理压力大，偶尔发脾气情有可原

E. 教师应该注意幼儿良好习惯的养成，不能因为其年龄小而肆意妄为

（2）以上案例给我们的启示有（　　）。

A. 加强幼儿园规范管理，保障幼儿身心健康发展

B. 提升教师职业素养，严把幼儿教师入口关

C. 提高教师心理健康水平，学会自我调适

D. 幼儿园建设发展太快，政府应严格控制

E. 重视教师职后教育，依法执教，依法办园

10.（2018下）根据下面资料，作答（1）（2）题。

【资料】初一男生小文的父母在县城里打工，平时小文寄住在叔叔家。一天，同班同学小谭丢失了20元零花钱，怀疑是小文偷的。小谭邀来高年级学生小陈找小文要钱，小文不给，三人扭打起来。小文被打后立即报告给班主任刘老师，但是刘老师忙着上课，告诉他明天再来处理。第二天中午，小文再次找到刘老师，刘老师说："班上其他同学都看见了，你们三个不遵守校纪校规，在学校互殴应按照校园内打架斗殴进行处理。"小文立即辩解，但刘老师未予理睬。晚上放学回家后，小文对叔叔说："我不想去学校了，你送我到城里去找爸爸妈妈吧。"叔叔回答："你爸妈把你委托给我，就是让你好好读书。"第三天，小文到学校去上课，在校门口又见到在等他的小谭和小陈。两人再次逼小文拿钱，并殴打小文。有家长出来制止，小谭和小陈就跑了。此时，小文再也不想迈进学校的大门。他回到叔叔家，谎称学校要收100元新校服的钱，叔叔把钱给了他。小文拿着钱，坐上了去县城的汽车。小文在县城找到父亲。在工厂门口，他给父亲讲了在学校被欺负和骗叔叔钱的经过。父亲听后狠狠地训斥了小文，要他马上回去，小文内心很不情愿。父亲离开后，他并没有乘车回家，而是在县城独自游荡。两天后，叔叔打电话给小文父亲，小文的父母才知道孩子一直没回家。

（1）针对该案例，以下说法正确的有（　　）。

A. 父亲在县城让小文独自回家，未尽到法定监护责任

B. 小谭和小陈找小文要钱并殴打小文属于校园欺凌行为

C. 刘老师当天忙着上课，没有及时处理学生打架事件，情有可原

D. 叔叔受托照顾小文，一直对小文读书很支持，尽到了委托监护责任

E. 小文两天没上学，学校没有及时通知家长，违反了《中华人民共和国预防未成年人犯罪法》

（2）对于小文这类留守儿童的教育，以下理解正确的有（　　）。

A. 针对留守儿童存在的孤独、无助等心理问题，教师应具备相应的疏导能力

B. 学校要教育留守儿童维护自己的合法权益，增强自我保护的意识和能力

C. 教师和家长不仅要关心留守儿童的生活，还要关心他们的心理健康

D. 对校园内发生的学生冲突事件，教师要做深入的调查和分析

E. 由于父母长期在外，对留守儿童就难以做到家校共育

11.（2021下）根据下面资料，作答（1）（2）题。

【资料】13岁的肖某、范某、李某均系某校八年级学生。一天14时15分许，在上体育课时，肖某将足球踢出了学校围墙，为捡回足球，肖某、范某、李某不顾围墙上"禁止翻越"的标语，企图爬墙，被体育老师发现后及时制止。下课后，趁体育老师不备，肖某提议，由范某、李某分别抱住其双腿，协助其爬围墙捡球。在爬围墙时，肖某不慎从围墙上摔下，头先着地。范某、李某见状后将肖某送往学校医务室。医务室老师为肖某头部做了冷敷后，进行观察，随后立即与肖某母亲联系。因联系不上，肖某的班主任张老师随即骑车去肖某母亲单位找肖母。17时许，肖某母亲单位的同事来到学校，将肖某送往医院治疗。经诊断治疗，肖某颅内出血，造成继发脑疝，致左上肢、左右下肢瘫痪。法医鉴定结论认为：伤者肖某颅脑外伤后如果能及时送医院进行救治，采取颅内减压等治疗一般不会产生颅内高压继发脑疝，造成目前如此严重的后果。肖某父母将学校、学生范某和李某告上法院，提出如下要求：第一，以某中学管理上的失职及延误医疗时间造成其终身瘫痪为由，要求学校赔偿94万余元以及承担今后继续治疗的费用；第二，要求学校承担教育肖某至高中毕业的责任；第三，要求学生范某和李某承担经济赔偿15万元。

（1）针对以上案例，下列说法正确的有（ ）。

A. 范某、李某协助肖某爬墙致其受伤，范某、李某应承担部分赔偿责任

B. 肖某违反学校纪律，爬墙受伤，肖某自己需要承担部分赔偿责任

C. 肖某违反学校纪律，爬墙受伤，责任在肖某，学校不应承担赔偿责任

D. 肖某爬墙受伤，学校延误送医，学校应当承担全部赔偿责任

E. 肖某在校受伤瘫痪，学校应承担教育肖某至高中毕业的责任

（2）以上案例给我们的启示有（ ）。

A. 不管是学生还是学校，在正当权益受到侵害时，都应当拿起法律的武器保护自己

B. 学生在校应当遵守校规校纪，否则需承担相应后果

C. 侵权责任赔偿的本质就是减损优势方的利益，弥补劣势方的损失

D. 学校要加强管理，尽到教育、保护学生的义务，避免再出现类似情况

E. 学校应当对学生做好安全教育，引导学生树立安全意识

12.（2022上）根据下面资料，作答（1）（2）题。

【资料】15岁的初三学生小章，平时调皮捣蛋，成绩较差。某天化学课上，他故意向前排同学扔橡皮，扰乱课堂秩序。于是，化学老师点名请他起来回答问题，小章插科打诨，回答一些与课堂无关的答案。老师不太高兴地说："猪都教会了，就你不会！"小章满不在乎地说："我属猪，我就是猪，我们班都是猪。"全班顿时骚动起来。化学老师很生气地大吼："说你是猪还侮辱了猪，你给我滚出去！"小章不服气，化学老师直接将他推出教室并关上教室门。事后，班级同学还用这件事情嘲笑小章，于是他便对化学老师怀恨在心。

第二天的化学课上，老师组织同学学习白磷的性质并让大家到实验室开展实验。实验之前，化学老师反复强调实验的注意事项，并说明实验室器材要小心使用，材料不能带出实验室。小章一门心思想报复化学老师，临到下课，趁老师未及时回收实验材料，故意偷拿了实验室的一小块白磷。回到教室，白磷在小章的裤兜里发生了自燃，导致其皮肤轻度灼伤。事后，小章的家长认为小章先是在学校受到了侮辱，又因为学校管理失误让小章把白磷带出实验室并受伤，要求化学老师向小章道歉，并要求化学老师和学校共同赔偿小章医疗费、营养费等各项费用3万元。

（1）关于案例中的法律主体责任划分，正确的有（ ）。

A. 化学老师存在过错，应承担全部赔偿责任

B. 根据过错责任原则，学校应当承担相应的赔偿责任

C．小章故意偷拿白磷导致受伤，应由小章及其监护人承担主要责任

D．小章已年满 15 岁，其偷拿行为应依据《中华人民共和国治安管理处罚法》承担相应责任

E．学校作为责任人承担赔偿责任后，应当要求化学老师承担所有赔偿，并给予相应行政处分

（2）针对上述案例，下列说法错误的有（　　　）。

A．教育惩戒是学生习得正确行为规范的充要条件

B．化学老师对安全问题的强调保证了学校安全制度的落实

C．化学老师根据未成年人的身心特点及时疏导了小章的负面情绪

D．小章的合法权益受到了侵犯，其父母可以向有关部门提出申诉

E．化学老师因为小章扰乱课堂秩序将其赶出教室，符合教育惩戒规定

13．（2014 下）根据下面资料，作答（1）（2）题。

【资料】某中学王老师和学生一向相处很好，但在新学期开学的第一天因为怀疑班上学生李某给他取外号，就把该学生叫来询问。该生不承认王老师的外号是他取的，与王老师争执抓扯。王老师一气之下打了该学生，造成该学生身体多处软组织损伤。

（1）对以上事件的处理，错误的是（　　　）。

A．学校研究决定，暂停王老师的教学工作

B．王老师向学生道歉，并在全校教师会上做检讨

C．要求王老师赔偿李某所有的医疗费、营养费和精神损失费

D．对王老师和李某分别进行批评教育

E．此事的发生是王老师的个人行为，学校不承担法律责任

（2）针对上述事件，以下说法正确的是（　　　）。

A．"禁止体罚学生"是教师一项非常重要的禁止性法律义务

B．王老师的这种行为是一种主观故意

C．鉴于王老师是初犯，不具有"经教育不改"的法定情节，可从轻处罚

D．王老师的行为涉嫌构成过失伤害罪

E．学生对老师不尊重，老师可以采取一定的惩罚措施

14．（2015 上）根据下面资料，作答（1）（2）题。

【资料】某初三学生住校，在宿舍睡上铺。一天晚上熄灯以后，该生违反学校规定，和宿舍同学一起看流星雨，不小心跌下床，摔成植物人……家长和学校为了巨额医疗费发生了争执。双方协商不成，学生家长将学校告上法庭。法院调查发现学生床的护栏高度只有 16.5 厘米，不符合国家不低于 20 厘米的标准。法院最终判决学校负主要责任。学校对该生的班主任也做了承担部分医疗费的处理。

（1）针对以上案例，学校的做法错误的是（　　　）。

A．学校购买的床不符合国家标准，要追究采购人员的责任

B．班主任对学生管理教育不力，承担学生治疗费用的 30%

C．给予同宿舍其他同学纪律处分

D．加强对全校学生的安全教育和管理

E．把不符合标准的床护栏全部换掉

（2）关于这起学生意外伤害事故，以下说法正确的是（　　　）。

A．学校在这起事故中有过错，应当承担主要责任

B．学生不遵守学校的管理规定，自己应当承担一定责任

C．学生床不符合国家标准，学校可以向生产厂商索赔

D．班主任对学生管理不到位，应当承担赔偿责任

E．班主任在该事件中没有直接过错，学校的处理不恰当

15．（2023 上）根据下面资料，作答（1）（2）题。

【资料】A 校是一所县城小学，为贯彻落实《教育部办公厅关于做好中小学生课后服务工作的指导意见》，经过前期的学生需求调研与精心准备，学校从 2020 年秋季开始，为愿意参加延时服务的学生提供了丰富多样的课后延时服务。学校大部分的延时服务由本校教师承担，也有延时服务聘请的是校外专业机构及人员。跆拳道社团属于 A 校五年级的年级社团，由五年级六个班的学生自愿选择参加，混合编班，训练时间为每周二、周四的下午 4:30~5:30。由于 A 校没有跆拳道专业教师，延时服务政策实施后，学校以购买教育服务的形式，聘请学校附近"向阳跆拳道馆"的专业人员孙某与 A 校的体育老师李某共同承担社团的训练任务。孙、李二人被要求承担各自的职责并同时出现在学校训练场上。2021 年春季学期开学的第四周，作为该校课后延时服务的特色社团，跆拳道社团要对前 3 周的学习效果进行检验与评估。课堂上，孙某让同学们两两组队，进行一些对抗性训练。孙某先请两位同学演示并指导了动作，强调了必须注意的安全事项，然后让同学们分组训练，15 分钟后进行考核。当孙某正在对第三组的两位同学的表现进行评估时，列队等待的第六组的两位同学发生了冲突。五（6）班学生朱某觉得五（5）班学生陈某刚才在训练中踢自己的一脚过重，是故意的。两人遂发生了口角并很快发展到相互推搡、打斗的地步。在推搡过程中，朱某趁陈某不备，一脚将陈某重重踢倒在地。经医院检查发现，陈某左侧肱骨粉碎性骨折，经鉴定为九级伤残。事发时，A 校体育老师李某生病请假，"向阳跆拳道馆"的孙某正在记录上一组两位学生的动作情况，未及时发现并制止学生陈某与朱某的冲突。陈某遂起诉 A 校、朱某和"向阳跆拳道馆"，请求人民法院判决他们共同承担侵权责任。

（1）针对此案例，下列说法中正确的有（　　　）。

A．课后延时服务与正常的课程不同，且学校无主观过错，学校不应当承担责任

B．陈某受伤并非跆拳道训练课程所致，故陈某不可以对"向阳跆拳道馆"提起诉讼

C．学校未合理配置每个场地中教职人员与接受培训的学生数量，存在一定过失，应承担一定的赔偿责任

D．学校聘请"向阳跆拳道馆"的孙某和学校体育教师一起对学生开展训练，当有一方请假缺席时，学生的训练课程应该暂停

E．陈、朱二人的责任划分中，朱某承担主要的赔偿责任，陈某承担次要的赔偿责任。因朱某是限制民事行为能力人，其承担责任部分由他的监护人承担

（2）以上案例给我们的启示有（　　　）。

A．合同中明确学校的免责条款，才能保证课后延时服务不发生纠纷

B．学校应提升安全管理意识，明确人员责任，加强安全教育，制定并落实相应的应急预案

C．学校通过购买教育服务的方式聘请校外人员参与课后延时服务具有一定的风险性，应该尽量减少这种做法

D．处理学生伤害事故时，当事人应当根据其行为过错程度的比例及其与损害后果之间的因果关系承担相应的责任

E．通过购买教育服务的方式聘请校外人员与校内教师一起开展课后延时服务，学校必须审查校外人员的专业资质

16．（2024 上）根据下面资料，作答（1）（2）题。

【资料】七年级二班的王某（13 周岁）是班级里的"活跃分子"，经常与班级同学打闹。在一次课间休息时，王某给班上一位男同学赖某（13 周岁）起了外号，叫他"癞皮狗"，并在班级里大肆宣扬。随后，两人发生肢体冲突，还好班主任唐老师及时赶到，制止了冲突进一步发展。为了警告教育，班主任要求王某和赖某留在教室写检讨，不让二人参加下午的科技馆参观学习。下午，王

某和赖某待在教室里觉得无聊，王某便提议二人一起翻越学校围墙，去校外网吧打游戏。王某和赖某翻越围墙过程中，正好被巡逻的学校安保人员发现，情急之下，赖某便把王某往围墙外推了一把，王某绊倒在地，受伤严重。王某受伤住院后，其父亲将赖某监护人和学校告上法庭。这件事经法庭审理判决赖某监护人负主要责任，学校承担部分责任。事后，赖某的父亲对审判结果很不满，某天冲进教室，对着正在上课的唐老师拳打脚踢，唐老师被打倒在地，口鼻鲜血直流。等到学生叫来其他老师和学校领导时，赖某的父亲早已扬长而去。大家急忙拨打120，将唐老师送进医院治疗。经医生诊断，唐老师鼻梁骨折，身体多处软组织挫伤并伴有轻微脑震荡，鉴定为轻伤。

（1）针对上述案例，下列说法正确的有（　　　）。

A．王某侵犯了赖某的姓名权

B．在王某的伤害事件中，对学校的追责适用的是过错责任原则

C．在王某的伤害事件中，教育法律关系的主体是赖某及其监护人

D．唐老师可以向公安机关报案，追究赖某父亲的刑事责任

E．唐老师不允许王某和赖某参加下午的科技馆参观学习活动，剥夺了学生的受教育权

（2）根据上述案例可以得到的启示有（　　　）。

A．教育法律关系的主体，如果没有过错，则不承担责任

B．学校要完善外来人员出入制度，加强安全保卫工作，建设平安校园

C．教师在执教时，应当增强教育法律意识，不得随意侵犯学生的权益

D．教师在执教过程中，遇到人身伤害时可以依法向主管行政机关申诉

E．学生纠纷的化解应加强多方沟通，避免矛盾升级，真正做到案结事了

17.（2023下）根据下面资料，作答（1）（2）题。

【资料】张某是某市一所小学四年级的学生。一天放学时，在学校过道排队，因人多拥挤，张某插队站在了同学李某前面，并不小心踩到了李某的脚，两人便起了争执。李某顺势推倒并猛踢张某。随后两人被同学拉开，在不远处组织放学的老师也迅速赶来查看情况。因受伤严重，张某被送往医院治疗，并因此住院17天，花去了一万余元的医疗费用。

张某出院后，其父母先后找到李某的家人、学校以及为学校承保的保险公司商量赔偿事宜。由于分歧过大，始终未能协商解决。无奈之下，张某的父母一纸诉状将李某的父母、学校以及为学校承保的保险公司告上法庭，要求判令三被告赔偿其护理费、医疗费、住院伙食补助费等共计一万八千余元。

法庭上，李某的父母辩称，本案发生在放学排队时学生较为集中的狭窄走廊上，本身这一地点就容易发生踩踏、肢体冲突、挤压等事件，而当时学校老师未在现场监督维持秩序，也没有发现两人发生了肢体冲突并及时制止与处理，导致两人相互推搡、打架受伤，故被告学校未尽到管理和保护职责，应当承担主要赔偿责任；而张某在排队时不遵守规则，有插队行为，才导致了李某同其发生争执进而两人打架，其自身也存在过错，故其应和李某共同承担次要责任。

被告小学辩称，学校每周都向学生进行安全教育，学校已经尽到保护义务。况且张某和李某是在放学排队时打的架，不属于学校监管范围，故其不应当承担赔偿责任。为证明自己的观点，被告小学还向法庭提供保险单及投保花名册各一份，证明小学为在校学生投保的情况。

被告保险公司辩称，本次事故属于突发事件，学校根本没有时间发现和制止，学校已经尽到安全保护义务，原告的伤害应当由侵权人的监护人承担责任，且公司虽然承保了事发小学的校方责任险，但根据双方的约定，该小学应在承担责任后提供相应材料向公司理赔，故保险公司不应作为被告。

（1）针对此案例，下列说法正确的有（　　　）。

A．张某和李某放学排队打架时，仍处在校方监管范围内

B. 李某父母的辩解中认为学校应承担责任，法庭应予以支持

C. 李某对张某的生命健康权造成了损害，应由其本人承担侵权责任

D. 学校开展了安全教育，并为学生投保，本案中学校的保护责任已经转移给了保险公司

E. 根据案发时的实际情况，应由张某、李某、组织放学的教师三者共同承担本案所涉的侵权责任

（2）根据上述案例，可以得到的启示有（　　）。

A. 学校为全体学生投保，能够减少学生伤害事故的发生

B. 安全教育不是证明校方尽到教育、管理职责的充分条件

C. 未成年人之间发生的冲突，法律保护受到伤害更大一方的权益

D. 对于未成年人的保护是国家机关、学校和监护人的共同责任

E. 学校和家长应引导孩子遵纪守法，不从事危险活动，玩耍打闹要适度，避免伤人伤己案件的发生

参考答案

1.（1）CE　**解析**：本题考查教育法律责任判定中的证据。

证据材料为复印件的，需要证明复印件与原件一致。没有其他材料可以印证的复印件，不能作为学校免责的依据。A项说法错误，C项说法正确。

安全管理制度属于学校的规章制度，是内部规章制度，不能作为学校免责依据。B项说法错误。

学校与小张签订的学生安全管理目标责任书与法律规定相悖，责任书无效，不能作为学校免责依据。D项说法错误。

由于未成年人排除干扰能力差，其证言易变性强，可能受到父母或利害关系人误导性暗示的影响，所以小张本人书写的证明材料效力很低，不可以作为学校免责的依据。E项说法正确。

综上，本题选CE。

（2）BDE　**解析**：本题考查教育法律责任。

A项，侵害自然人人身权益造成严重精神损害的，被侵权人有权请求精神损害赔偿。小张没有受到严重精神损害，不能请求精神损害赔偿。A项说法错误。

B项，小王抢道致小张受伤，小王作为加害人是存在过错的，应对此事故承担相应的责任。B项说法正确。

C项，小张虽由父母照顾，但仍可主张护理费。C项说法错误。

D项，学校没有对竞跑过程进行有序监管，致使伤害事故发生，应在未尽义务范围内承担与过错相应的责任。D项说法正确。

E项，竞跑存在一定的风险，小张参加活动意味着自愿承担可能受伤的风险，且小王并不存在故意或重大过失，所以小张也应该承担部分责任。E项说法正确。

综上，本题选BDE。

2.（1）BDE　**解析**：一般学校都禁止学生将与学习无关的物品带到学校，如有学生携带这些物品入校，学校和教师一般都会予以没收。教师的没收不同于法律意义上的没收，只是暂时扣留。为保障学生学习，教师可以善意没收集邮册，但是要保管好，并及时归还给家长，B项正确。教师对没收的集邮册没有处分权，要将其保管好，及时归还所有人，D项正确。该集邮册所有人是小童

的父亲，教师没收后要尽快归还，因此应及时通知家长来领取，E 项正确。

（2）C　解析：集邮册丢失，法律关系要理清楚。①学校和小童父亲之间：学校作为法人，对教师的职务行为承担责任，承担对于小童父亲的赔偿责任。②学校与老师之间：实施聘任制，是劳动关系，学校有对老师的管理权，针对集邮册丢失，可以对老师进行追偿。③老师和小童父亲之间没有直接法律关系，老师不承担法律责任。因此可得出结论：针对集邮册丢失，学校负主要责任，承担赔偿责任，可对教师进行追偿。在此事件中，教师没有法律责任，A 项错误。小童父亲没有看管好自己的财物致其丢失，承担一般责任而不是主要责任，B 项错误。教师没收是职务行为，学校作为法人应承担赔偿责任，C 项正确。虽然小钟违反正常秩序，偷看集邮册，但被老师没收后集邮册的丢失和小钟无关，小钟不需要承担赔偿责任，D 项错误。E 项，小童自行负责说法错误。故本题选 C。

3.（1）BCD　解析：在日常教学中，为了保证正常的教学秩序，保证学生的学习质量，学校一般都会要求学生禁止将与学习生活无关的物品带到学校。一旦教师发现学生违反规定，学生的物品严重违反了正常的教学秩序，老师就有可能将物品没收。这里的没收，并不是法律意义上的没收，而是将物品收缴、保管。对教师在课堂暂时性没收学生与教学无关物品应当有具体性处理流程，如通知学生父母领取，或在一定期限内归还学生。案例中，小林违反了学校规定，在课堂上玩耍小风扇，老师没收小林的风扇是正确的行为，并且应该代为保管好。A 项错误，C 项正确。《中华人民共和国教育法》（2021 年修正）第三十条第三项规定，学校及其他教育机构的应当履行的义务有"维护受教育者、教师及其他职工的合法权益"。材料中学生的权益受到了侵害，学校应该维护学生的合法权益。B 项正确。罚款属于行政处罚，有权罚款的机关是行政机关。学校无权罚款。D 项正确。小林妈妈虽然在群里宣扬了王老师的行为，但未引起不良后果，没有达到恶劣的地步。E 项错误。

（2）ABCDE　解析：《中华人民共和国教育法》（2021 年修正）第四十四条第四项规定，受教育者应当履行"遵守所在学校或者其他教育机构的管理制度"的义务。A 项正确。案例中教师将风扇归为己用，缺乏相关的道德修养，应培养教师的师德修养，提升教师的专业素质。B 项正确。家长应该与学校保持一致，形成教育合力。小林妈妈应该明确学校规定，与学校保持一致，教育小林不将小风扇带到学校。C 项正确。教师享有申诉权，当自身权益受到侵害时，教师可以拿起法律武器维护自身的权益。对于学校违规罚款 300 元的行为，教师可以依法进行申诉。D 项正确。该法第三十条第三项规定，学校及其他教育机构应当履行"维护受教育者、教师及其他职工的合法权益"的义务。材料中学生的权益受到了侵害，学校应该维护学生的合法权益。E 项正确。

4.（1）ACD　解析：王某严重影响课堂秩序、辱骂老师、逃课等行为严重违反校规校纪，学校应给予纪律处分，但不得开除。对王某的处理，赵老师的行为无不当之处。面对家长的威胁，赵老师应当运用法律手段保护自己。王某冲出学校之后，王老师一方面联系住在附近的家长找人，另一方面电话向校长报告情况，请校长安排保卫处老师赶紧找人，但学校并未采取措施，在赵老师收到王某家长的威胁后，也未进行协调，是一种不作为的行为。赵老师对王某辱骂老师的行为进行了"冷处理"，是恰当的，并不是纵容。因此 A、C、D 三项正确，B、E 两项错误。

（2）BD　解析：案例中王某严重干扰课堂秩序，老师应对其进行批评教育，但不能请出教室，否则侵犯学生的受教育权。对于王某的问题行为，学校应与家长沟通，形成教育合力，共同帮助王某成长。教师有进行教育教学活动的义务，放下一切工作去寻找王某的做法属于未履行教育教学的义务，侵犯了其他学生受教育的权利。对于王某离校行为的处理，赵老师的行为无不当之处，面对家长的威胁，赵老师应当要求学校采取措施，维护教师的合法权益。面对这样的工作环境，教师应当积极与学校沟通，进行自我调适，而不是一走了之。因此，B、D两项正确，A、C、E三项错误。

5.（1）BE　**解析：**学生享有隐私权，即学生有不愿或不便让他人干涉的、与公共利益无关的信息或生活领域不被他人所知的权利。学生的综合评比成绩属于学生个体隐私，评选后进行公示侵犯了学生的隐私权，并且直接导致王晓同学服老鼠药，损害了王晓的健康，学校作为过错方，应该承担主要责任。中小学实行校长负责制，但是并非一人专断，而应该根据法律进行决策的提出和发布。故A、C、D三项错误，B、E两项正确。

（2）ACDE　**解析：**从管理学校层面来看，校长不能独断专权，应该依法治校，根据法律法规的相关规定进行决策的制定和实施，并且学校教师需要履行民主管理权，对学校管理和重大决策进行切实的管理。从管理学生层面来看，学校和教师应该密切关注学生的身心发展，制定应急预案，做好防范处理突发事件，学生具有个别差异性，教师应该因材施教，防患于未然，从细节出发，关爱学生，及时关注学生的心理和行为动向。故B项错误，A、C、D、E四项正确。

6.（1）BC　**解析：**《中华人民共和国未成年人保护法》（2020年修订）第四条规定，处理涉及未成年人事项，应该符合"尊重未成年人人格尊严""保护未成年人隐私权和个人信息"的要求。案例中，学校采取公告形式对学生进行处分，既没有尊重学生的人格尊严，又侵犯了学生的隐私权，其行为违背了《中华人民共和国未成年人保护法》。B项正确。

学校在认定学生作弊时，应向有关人员和当事人调查清楚，同时要有确凿的证据，如纸质或录像证据。案例中，学校没有发现小萍考试作弊的确凿证据，不能仅因考场记录表上有马老师的签名，就认定小萍考试作弊，对小萍进行纪律处分。《中华人民共和国教育法》（2021年修正）第二十九条第四项规定，学校及其他教育机构行使"对受教育者进行学籍管理，实施奖励或者处分"的权利。学校有权对学生实施处分，但是学校在没有确凿证据的情况下，给予小萍记过处分，侵犯了小萍的名誉权，是错误行使其权利的表现。C项正确，A、D两项错误。

根据案例可知，由于学校认定小萍作弊，发布对其处分的公告，使得小萍的母亲对其进行怒斥，导致小萍离家出走。小萍的离家出走是学校处分间接导致的，与学校有一定的联系。E项错误。

综上所述，本题选B、C两项。

（2）ACDE　**解析：**案例中，学校在没有事先和小萍进行沟通，了解考试的真实情况，在没有确凿证据的情况下，仅根据考场记录表上马老师的签名，就认定小萍作弊。学校的处理意见半个月后才告知小萍及其家长，这说明学校的管理制度存在一定的缺陷，学校应当建立健全现代学校管理制度，提高依法治校的水平。同时，学校对涉及学生的重大利益的事情，例如考试作弊行为的处理，应该事实清楚、证据确凿、程序完整。A、E两项正确。

学校有权对问题学生实施教育惩戒，但学校对学生的处分可能会影响到学生继续接受教育的权利。因此，教师对问题学生进行惩戒并不是对学生受教育权的保护。B项错误。

学生享有名誉权，其名誉权受法律保护，禁止用侮辱、诽谤等方式损害学生的名誉。学校应该充分尊重学生的名誉权。案例中，学校没有找到小萍考试作弊的确凿证据就给予小萍记过处分，侵犯了小萍的名誉权。同时，小萍因学校公开处分而离家出走，说明其心理承受能力不强，学校和家长应加强对其心理承受力的教育和训练。C项正确。

《中华人民共和国未成年人保护法》（2012年修正）第四十九条规定，"未成年人的合法权益受到侵害的，被侵害人及其监护人或者其他组织和个人有权向有关部门投诉，有关部门应当依法及时处理"。案例中，学校侵犯了小萍的名誉权，小萍及其监护人均有权向有关部门投诉。D 项正确。

备注：2020 修订的未成年人保护法对该条法规的内容进行了修改，《中华人民共和国未成年人保护法》（2020 年修订）第二十条规定，"未成年人的父母或者其他监护人发现未成年人身心健康受到侵害、疑似受到侵害或者其他合法权益受到侵犯的，应当及时了解情况并采取保护措施；情况严重的，应当立即向公安、民政、教育等部门报告"。

综上所述，本题选 A、C、D、E 四项。

7. （1）C **解析**：小瑶登录妈妈的 QQ 号向赵老师请假，擅自外出并自己摔伤，其行为是导致事故发生的直接原因，因此小瑶及其监护人应承担主要责任。学校由于请假制度不合理而没有及时与家长取得联系间接导致了此次意外的发生，需要承担次要责任。A、B 两项错误。针对小瑶请假的事件，班主任赵老师按照学校的规定进行了处理，学校不应处分赵老师。C 项正确。学校给予赵老师处分是在行使其对职工的管理权，但赵老师的行为符合学校的规定，学校对其进行处分的做法不正确。D 项错误。《中华人民共和国教师法》（2009 年修正）第三十九条第一款规定，"教师对学校或者其他教育机构侵犯其合法权益的，或者对学校或者其他教育机构作出的处理不服的，可以向教育行政部门提出申诉，教育行政部门应当在接到申诉的三十日内，作出处理"。案例中，赵老师对学校给予的处分不服，可以提出申诉。E 项错误。

（2）BCDE **解析**：《中华人民共和国未成年人保护法》（2012 年修正）第十八条规定，"学校应当尊重未成年学生受教育的权利，关心、爱护学生，对品行有缺点、学习有困难的学生，应当耐心教育、帮助，不得歧视，不得违反法律和国家规定开除未成年学生"。案例中，并未涉及老师歧视学生。A 项不符合题意。根据案例可知，学校的《学生请假管理制度实施细则》存在不合理的地方，因而导致家校沟通不及时。因此，为规避此类事件再次发生，学校应完善请假制度。B 项正确。针对小瑶的问题，学校应加强与小瑶家长的沟通，对家长提出一些要求与建议（例如保管好通信工具）；家长也应积极配合，实现家校共育，以促进小瑶全面发展。C、E 两项正确。出于教育目的和学校内部管理的需要，学校有权自行制定规则，行使惩戒权。因此，对于小瑶不诚实的行为，学校有必要对其行使惩戒权。D 项正确。

备注：本题依据 2012 年修正的《中华人民共和国未成年人保护法》作答。2020 年修订的《中华人民共和国未成年人保护法》对本题涉及的法条进行了修改，但不影响答案。该法第二十九条第一款规定，"学校应当关心、爱护未成年学生，不得因家庭、身体、心理、学习能力等情况歧视学生。对家庭困难、身心有障碍的学生，应当提供关爱；对行为异常、学习有困难的学生，应当耐心帮助"。

8. （1）DE **解析**：学生享有人格尊严权，学校和教师应当尊重学生的尊严，不得对学生实施体罚、变相体罚或其他侮辱人格尊严的行为。案例中，语文老师与学生签订的协议为无效协议，其对学生实施体罚的行为侵犯了学生的权益，A 项错误。《中华人民共和国未成年人保护法》（2020 年修订）第一百二十九条第一款规定，"违反本法规定，侵犯未成年人合法权益，造成人身、财产或者其他损害的，依法承担民事责任"。材料中，语文老师的行为给学生的身体造成了损伤，应承担民事责任，不能由学校减免学费来弥补语文老师对学生的伤害，B 项错误、E 项正确。新课程的基本理念是以学生为本，校长应维护学生的基本权益，而不是维护学校的声誉，其做法不恰当，C 项错误。《中华人民共和国教师法》（2009 年修正）第三十七条规定，"教师有下列情形之一的，由所在学校、其他教育机构或者教育行政部门给予行政处分或者解聘。（一）故意不完成教育教学任务给教育教学工作造成损失的；（二）体罚学生，经教育不改的；（三）品行不良、侮辱学生，影响恶劣的。教师有前款第（二）项、第（三）项所列情形之一，情节严重，构成犯罪的，依法追究刑事责任"。案例中，语文老师侮辱学生，造成了恶劣影响，校长处理方式不当，教育局应对相关人员进行行政处分，D 项正确。故本题选 DE。

（2）BCE 解析：教师和学校在进行教育教学时，应遵守法律规定和教师职业道德规范，以学生为本，关爱学生，保护未成年人的合法权益不受侵害。教育行政部门应加强对学校教育教学工作的监管，避免材料中的事件再发生。综上所述，B、C、E 三项正确，A、D 两项错误。

9.（1）ACE 解析：材料中幼儿教师的做法侵犯了幼儿的人身权，违反了《中华人民共和国教师法》和《中华人民共和国未成年人保护法》，也违反了关爱学生的教师职业道德规范。因此 A、C 两项正确。幼儿年龄小，不能控制自己的行为，教师应该耐心教导，而不是严格管教，B 项错误。教师要调控自己的不合理情绪，不把情绪带到工作中，不能对幼儿发脾气，D 项错误。教师应该用合理的方法培养幼儿的良好的习惯，不能因为幼儿年龄小而肆意妄为，E 项正确。

（2）ABCE 解析：材料中幼儿园教师的做法侵犯了幼儿的身心健康权，并且也违背了教师职业道德规范。政府应加强幼儿园规范管理，提升教师的职业素养，A、B 两项正确。教师也要学会适当调适自己，控制好自己的情绪，C 项正确。政府应重视教师的职后教育，提升教师的法律意识，E 项正确。故本题选 ABCE。

10.（1）ABE 解析：A 项，小文是初一学生，属于未成年人，且为限制行为能力人，应该由监护人监护。B 项，小谭和小陈在学校及学校门口殴打小文的行为属于校园欺凌行为。C 项，教师承担着教书育人的职责，不能只顾教书，不管其他。D 项，叔叔没有关注到小文的心理变化，没有尽到委托监护责任。E 项，《中华人民共和国预防未成年人犯罪法》（2020 年修订）第三十四条规定，"未成年学生旷课、逃学的，学校应当及时联系其父母或者其他监护人，了解有关情况；无正当理由的，学校和未成年学生的父母或者其他监护人应当督促其返校学习"。

（2）ABCD 解析：A 项，心理健康教育是教师需要承担的教育责任。案例中的教师没有做到关注留守儿童的心理健康问题，最后产生了不良后果。B 项，案例中的小文缺乏自我保护的意识和能力，需要学校对其进行更多教育。C 项，案例中的教师和家长以及委托监护人都忽略了小文的心理健康状况。D 项，教师有责任了解和分析解决校园内发生的学生冲突事件。E 项，父母长期在外，可以通过跟学校保持联系来促进家校共育，也可以通过委托监护人与学校取得更多的联系。

11.（1）AB 解析：《学生伤害事故处理办法》（2010 年修正）第十条第二项规定，学生或者未成年学生监护人由于"学生行为具有危险性，学校、教师已经告诫、纠正，但学生不听劝阻、拒不改正的"造成学生伤害事故，应当依法承担相应的责任。案例中，三名学生在经过学校标语提示及老师的制止后仍然做出危险行为，导致损害的发生。三名学生都应当对损害承担责任。A、B 两项正确。D 项错误。

C 项，该办法第十五条规定，"发生学生伤害事故，学校应当及时救助受伤害学生，并应当及时告知未成年学生的监护人；有条件的，应当采取紧急救援等方式救助"。案例中，学生的病情加重是由于留校观察、未能及时送医导致的，因此学校也应当对损害承担责任。C 项说法错误。

E 项，该办法第二十六条第一款规定，"学校对学生伤害事故负有责任的，根据责任大小，适当予以经济赔偿，但不承担解决户口、住房、就业等与救助受伤害学生、赔偿相应经济损失无直接关系的其他事项"。E 项说法错误。

故本题选 AB。

（2）ABDE 解析：A 项，不管是学生还是学校，在正当权益受到侵害时，都应当拿起法律的武器保护自己。A项正确。

B项，《中华人民共和国教育法》（2021年修正）第四十四条规定，"受教育者应当履行下列义务：（一）遵守法律、法规；（二）遵守学生行为规范，尊敬师长，养成良好的思想品德和行为习惯；（三）努力学习，完成规定的学习任务；（四）遵守所在学校或者其他教育机构的管理制度"。学生在校应当遵守校规校纪，这是学生的义务，否则需承担相应后果。B项正确。

C项，侵权责任赔偿的一般性原则为过错责任原则，其本质是减损过错方的利益，以弥补受损者的损失。双方对于损害均没有过错的情况下，人民法院根据公平原则，由获得优势的一方给予另一方适当赔偿。C项错误。

D项，《中华人民共和国教育法》（2021年修正）第三十条第三项规定，学校及其他教育机构应当履行"维护受教育者、教师及其他职工的合法权益的义务"。所以，学校要加强管理，尽到教育、保护学生的义务，避免再出现类似情况。D项正确。

E项，《学生伤害事故处理办法》（2010年修正）第五条第一款规定，"学校应当对在校学生进行必要的安全教育和自护自救教育；应当按照规定，建立健全安全制度，采取相应的管理措施，预防和消除教育教学环境中存在的安全隐患；当发生伤害事故时，应当及时采取措施救助受伤害学生"。E项正确。

故本题选ABDE。

12.（1）BCD　**解析**：A、B两项，化学老师未及时收回实验材料，使小章有机会将白磷带出实验室，化学老师的过错属于职务行为过错，应该由学校承担相应的赔偿责任。A项说法错误，B项说法正确。

C项，小章故意偷拿白磷导致受伤，应由小章及其监护人承担主要责任。C项说法正确。

D项，《中华人民共和国治安管理处罚法》（2012年修正）第四十九条规定，"盗窃、诈骗、哄抢、抢夺、敲诈勒索或者故意损毁公私财物的，处五日以上十日以下拘留，可以并处五百元以下罚款；情节较重的，处十日以上十五日以下拘留，可以并处一千元以下罚款"。第十二条规定，"已满十四周岁不满十八周岁的人违反治安管理的，从轻或者减轻处罚"。小章15岁，应按规定从轻或减轻处罚。D项说法正确。

E项，《学生伤害事故处理办法》（2010年修正）第二十七条规定，因学校教师或者其他工作人员在履行职务中的故意或者重大过失造成的学生伤害事故，学校予以赔偿后，可以向有关责任人员追偿。化学老师并非因故意或重大过失而造成学生伤害，学校不应追偿。E项说法错误。

（2）ABCE　**解析**：A项，教育惩戒不是学生习得正确行为规范的充要条件。惩戒的目的重在教育，是出于对学生的关爱、保护，应从促进学生健康成长的愿望出发来实施教育惩戒。A项说法错误。

B项，化学老师仅口头强调安全问题，且出现了安全事故，说明其对安全问题的强调并没有保证学校安全制度的落实。B项说法错误。

C项，小章因受到化学老师的批评而"怀恨在心"，化学老师没有及时发现问题，未做到根据未成年人的身心特点及时疏导小章的负面情绪，导致小章出现报复行为。C项说法错误。

D项，小章的合法权益受到侵犯，可以由自己或监护人提出申诉。D项说法正确。

E项，化学老师将小章赶出教室，侵犯了小章的受教育权，不符合教育惩戒的规定。E项说法错误。

13.（1）A　**解析**：《学生伤害事故处理办法》（2010年修正）第十四条规定，"因学校教师或者其他工作人员与其职务无关的个人行为，或者因学生、教师及其他个人故意实施的违法犯罪行为，造成学生人身损害的，由致害人依法承担相应的责任"。案例中的学生受伤的事故是王老师的个人行为，并非发生在王老师履行教育教学职责过程中，与学校无关，故学校不承担法律责任。对学生造成的伤害，应由王老师承担全部责任，并进行赔偿，C、E两项正确。教师享有教育教学权，学校不能暂停王老师的教学工作，A项错误。教师是成年人，学生是未成年人，王老师的行为既对学生造成了伤害，也有损学校形象，故应该检讨，B项正确。学生与王老师发生争执，双方都有责任，故应该对老师和学生分别进行批评教育，D项正确。故本题选A。

（2）ACDE　**解析：**禁止性法律义务要求人们不得作出某种行为，"禁止体罚学生"就是一种禁止性法律义务，A项正确。主观故意指行为人为追求某结果的发生而故意采取某行为促成其发生。王老师并非为伤害学生而采取殴打行为，属于过失伤害，B项错误。王老师是初犯，不具有"经教育不改"的法定情节，可从轻处罚，C项正确。王老师并非为伤害学生而采取殴打行为，属于过失伤害，D项正确。对于学生不尊重老师，老师可根据具体情况采取一定的惩罚措施，E项正确。A、C、D、E四项正确。

14.（1）B　**解析：**学校购买的床不符合国家标准，可以追究采购人员的责任，A项做法正确。班主任对学生的意外事故没有直接或间接的关联，故不承担赔偿责任，更没有30%的说法，B项做法错误。其他同学熄灯看流星雨，违反了学校的规定，学校可以给其他学生纪律处分，C项做法正确。学校加强安全管理的做法是正确的，D项做法正确。学校应该把不符合标准的床护栏换掉，E项做法正确。

（2）ABCE　**解析：**《学生伤害事故处理办法》（2010年修正）第九条规定，"因学校的校舍、场地、其他公共设施，以及学校提供给学生使用的学具、教育教学和生活设施、设备不符合国家规定的标准，或者有明显不安全因素造成的学生伤害事故，学校应当依法承担相应的责任"。A项正确。学生违反学校管理规定，对事故有一定的责任，B项正确。厂商生产的床不符合国家标准，学校赔偿后可以向厂商追偿，C项正确。班主任对学生事故没有直接和间接的关联，但因为班主任对学生管理没有到位，可以承担相应的责任，但不是赔偿责任，D项错误。班主任在该事件中没有直接过错，学校对班主任的处理是不恰当的，E项正确。

15.（1）BCE　**解析：**本案中的跆拳道培训属延时服务课时间，并由某小学提供场地，学校的体育老师也参与培训和管理工作，故学生参加延时服务课的时间应视为在校学习期间。因学校未合理配置每个场地中教职人员与接受培训的学生数量，导致工作人员未及时发现并制止事件发生，该小学存在一定过失，应承担一定的责任。A项错误，C项正确。

学校以购买教育服务的形式，聘请了跆拳道馆的专业人员孙某。但陈某受伤并非跆拳道训练课程所致，跆拳道培训机构不承担责任。B项正确。

孙某与李某共同承担训练任务，承担各自的职责并需要同时出现在训练场上。一方请假缺席时，应该安排其他合适的老师，学生的训练课程不应该暂停。D项错误。

案例中，朱某与陈某发生打斗，朱某存在主观故意，致陈某受伤，应承担主要责任；陈某也存在一定过错，承担次要责任。因朱某是小学生，属于限制民事行为能力人，其承担责任部分由其监护人承担。E项正确。

（2）BDE　**解析：**通过购买教育服务丰富课后延时服务的内容，这种方式本身并没有错。学校不可因噎废食，应该在选择相关机构或个人时，提高警惕，提升安全管理意识，严格审查相关人员的专业资质，明确人员责任，加强安全教育，制定并落实相应的应急预案。这样才能在最大程度上减少纠纷和意外伤害事故的发生。如若发生学生伤害事故，则应当依法根据当事人行为过错程度及其与损害后果之间的因果关系判定责任归属。

16.（1）BDE **解析：**本题考查学生伤害事故和校园侵权事故。

A 项错误。王某没有干涉、盗用、假冒赖某的姓名，不构成侵犯姓名权。王某给赖某起外号侵犯的是赖某的名誉权。

B 项正确。受害人为限制民事行为能力人（8 岁以上的未成年人）的学生伤害事故，适用过错责任原则（即主张人需证明学校有过错）。案例中，受害人王某年龄为 13 岁，本案适用过错责任原则。

C 项错误。教育法律关系的主体是指教育法律关系的参加者，即在教育法律关系中权利的享受者和义务的承担者。在王某的伤害事件中，教育法律关系的主体是赖某及其监护人、王某及监护人和学校。

D 项正确。唐老师被赖某父亲故意殴打致轻伤，唐老师可以向公安机关报案，追究赖某父亲的刑事责任。

E 项正确。学生享有参加教育教学计划安排的各种活动的权利。唐老师不允许王某和赖某参加科技馆参观学习活动，侵犯了学生的受教育权。

（2）BCE **解析：**本题考查学生伤害事故和校园侵权。

A 项错误。教育法律责任的归责原则包括过错责任原则、过错推定原则、公平责任原则和无过错责任原则。教育法律关系主体担责与否，要视具体情形而定。

B 项正确。赖某的父亲能随意出入校园，说明该校安全保卫工作不到位，需要完善外来人员出入制度，保证校园平安。

C 项正确。唐老师不允许王某和赖某参加科技馆参观学习活动，侵犯了学生的受教育权，没有做到依法执教。

D 项错误。教师申诉制度适用于教师对学校或其他教育机构或有关政府部门做出的处理不服或认为其侵犯自己权益的情况。对于人身受到伤害的情况，教师可以向公安机关报案或向人民法院提起诉讼。

E 项正确。赖某的父亲由于不接受法院判决结果，引发了学生家长到校报复老师的恶性案件，说明调解没有到位，矛盾尚未化解。

17.（1）AB **解析：**本题考查学生伤害事故、侵权责任的认定与赔偿。

《中华人民共和国民法典》（2020 年颁布）第一千二百条规定，"限制民事行为能力人在学校或者其他教育机构学习、生活期间受到人身损害，学校或者其他教育机构未尽到教育、管理职责的，应当承担侵权责任"。案例中，张某、李某均是小学四年级学生，为限制民事行为能力人，学校对其有教育、管理、保护的责任和义务。张某在学校受伤，且学校未能提供证据证明其在整个事件发生过程中尽到教育、管理、保护职责，应当承担责任。A、B 两项说法正确。

《中华人民共和国民法典》（2020 年颁布）第一千一百八十八条规定，"无民事行为能力人、限制民事行为能力人造成他人损害的，由监护人承担侵权责任。监护人尽到监护职责的，可以减轻其侵权责任"。案例中，李某打伤张某，但因其是限制民事行为能力人，故应由其监护人承担侵权责任。C 项说法错误。

学校为学生投保并不能转移其对学生的保护责任。D 项说法错误。

《学生伤害事故处理办法》（2010 年修正）第九条第十项规定，因学校教师或者其他工作人员在负有组织、管理未成年学生的职责期间，发现学生行为具有危险性，但未进行必要的管理、告诫或者制止的情形造成的学生伤害事故，学校应当依法承担相应的责任。案例中，组织放学的教师未及时制止学生的危险行为，应由学校承担相应责任。E 项说法错误。

综上，本题选 AB。

（2）BDE　**解析：**本题考查学生伤害事故、未成年人保护法等。

投保主要解决事故发生后的赔偿问题，并不能从源头上减少事故的发生。A 项说法错误。

案例中，学校每周都向学生进行安全教育，但在事故发生时还是未能尽到管理职责，说明安全教育不是证明校方尽到教育、管理职责的充分条件。B 项说法正确。

对于未成年人之间发生的冲突，法律平等保护双方的合法权益。C 项说法错误。

保护未成年人是全社会的共同责任。D 项说法正确。

学校和家长应形成教育合力，共同引导孩子遵纪守法，不从事危险活动，玩耍打闹要适度，避免伤人伤己案件的发生。E 项说法正确。

综上，本题选 BDE。

第四章 教师职业道德部分

1.（2018上）根据下面资料，作答（1）（2）题。

【资料】某校初二学生刘军与同学相比，自控力较差、做事拖沓，为此经常被老师批评。一次批评中，班主任孙老师说他朽木不可雕也，刘军顶嘴。孙老师气急了，踢了刘军小腿一脚，致其受伤。刘军就医后，孙老师主动承担了医疗费。之后，孙老师与刘军的父亲私下签订了一份协议书，主要内容为由孙老师一次性支付刘军医疗费23000元，刘家不再为刘军受伤治疗一事追究孙老师任何责任。随后经鉴定，刘军右侧胫骨骨折，属轻伤。为此双方当事人发生争议，刘父将孙老师及学校告上法庭，要求二者共同承担赔偿责任。

（1）针对该案例，以下说法正确的有（　　）。

A. 孙老师体罚学生违背教师职业道德

B. 孙老师打学生并造成学生受伤是违法行为

C. 刘父与孙老师已签订谅解协议，不应再追究孙老师责任

D. 孙老师与学生的冲突是职务行为，应由学校承担全部责任

E. 孙老师认为学生发展存在差异性，将学生看作发展中的人

（2）以上案例给我们的启示有（　　）。

A. 应对家长进行契约教育，遵守已达成的协议

B. 教师对学生应严而有方，才有利于学生的发展

C. 教师应平等公正地对待学生，构建和谐的师生关系

D. 教育应"一切为了学生，为了学生的一切"。因此，教师的教育权利是无边界的

E. 学生的不成熟为其未来的发展提供了可能，从这个意义上说，学生的不成熟具有积极意义

2.（2015上）根据下面资料，作答（1）（2）题。

【资料】小飞是小学二年级的学生，因为某种原因未能按时完成作业，所以在早读课时抄同学的作业，被张老师叫到了办公室……

（1）张老师该怎样做更具教育意义？（　　）

A. 给小飞的父母打电话，批评家长不监督孩子做作业

B. 首先严厉地批评小飞抄作业的行为

C. 先向小飞了解情况，询问他未完成作业的原因

D. 要求小飞中午放学后把作业完成再吃午饭

E. 去小飞家家访，同其父母进行交流

（2）针对资料，以下说法正确的有（　　）。

A. 学生犯了错，家长也有责任，应该批评家长

B. 学生犯了错，教师批评时要讲究方式方法，因人而异

C. 家校双方应该沟通、合作，才能更好地对学生进行教育

D. 教师教育学生应该严慈相济

E. 教师应该了解学生，才有教育的针对性

参考答案

1.（1）ABD　**解析**：《中小学教师职业道德规范》（2008年修订）要求教师要关爱学生，尊重学生人格，不讽刺、挖苦学生，不体罚或变相体罚学生。孙老师违背了教师职业道德。A项正确。义务教育法、未成年人保护法都有不得体罚学生的规定，孙老师打学生是违法行为。B项正确。刘父不应为治疗之事追究孙老师的责任，无需与孙老师签订谅解协议。C项错误。在案例中，孙老师教育学生是职务行为，而学生并没有直接过错，应由学校承担全部责任。D项正确。孙老师认为学生"朽木不可雕"，说明其并没有将学生看作发展中的人，没有看到学生的潜能。E项错误。

（2）BCE　**解析**：教育法治要求教师遵循法律的准则处理教育活动的各种关系，而不是倡导私订协议。教师行使教育权利也需要在法律允许的范围之内。故A、D两项错误。教师应将尊重学生与严格要求学生相结合，对学生做到严而有方，才有利于学生的发展；教师应平等公正地对待学生，构建和谐的师生关系，培养学生健全的人格、促进学生的全面发展。B、C两项正确。学生是发展中的人，其不成熟具有成长价值，教师应该看到学生的不成熟的积极意义，指引学生发展。E项正确。

2.（1）CE　**解析**：A、B两项都属于严厉的措施，惩戒性质强，教育意义弱。D项是变相体罚。C、E两项是正确的做法，有利于了解孩子的情况，有针对性地给予教育。

（2）BCDE　**解析**：批评属于惩戒措施，要谨慎使用，对于家长更不能随意使用，A项错误。批评要讲究方法，学校教育和家庭教育要互相协作，这样才能更好地对学生进行教育。